内容简介

这是一本影响力巨大、全球畅销的会计用书。第23版沿用广受好评的CAP框架——概念、分析与程序，为财务会计的学习者提供一个循序渐进的基础；以通俗有趣的文字、丰富详尽的案例，系统讲述了会计循环及其理论概念与方法原理，货币资金及其内部控制，应收款项、存货、固定资产、无形资产、流动负债、长期负债与所有者权益等的会计处理程序与方法；强调会计环境对会计实务的影响、会计概念框架在会计处理中的指导作用、会计方法的可理解性与可操作性、会计方法的经济后果，以及章节之间的逻辑性。第23版具有以下特色：第一，强调可持续发展和社会责任，突出会计在其中的作用和具体实践；第二，吸收前沿的会计理论研究成果；第三，突出国际会计准则的发展与变化；第四，提供苹果等公司的综合性案例；第五，更新图表、调查数据等。

本书既能帮助读者正确理解会计、系统掌握会计基本程序与方法，同时又有高阶性、创新性和挑战性的知识延展，是一部打造“会计学原理”金课的理想用书。本书可作为会计学、财务管理、金融学、管理学专业本科生、学术型硕士生，MPAcc，MBA学员以及各类在职人员的会计入门用书。

本书英文版已由中国人民大学出版社出版。

主要作者简介

约翰·怀尔德（John J. Wild） 威斯康星大学商学院著名教授，曾任教于密歇根州立大学和曼彻斯特大学。多次获得各种教学奖项。美国会计学会会员，卓越会计教育奖励委员会委员。出版《会计学原理》《财务会计》《管理会计》《大学会计》等多部著作。在*The Accounting Review*，*Journal of Accounting Research*，*Journal of Accounting and Economics*，*Contemporary Accounting Research*等会计学术期刊发表多篇论文。曾任*Contemporary Accounting Research*副主编，*The Accounting Review*编委会成员。

译者简介

崔学刚 北京师范大学经济与工商管理学院副院长、会计学教授、博士生导师。主要研究领域为神经会计学、资本市场财务与会计、政府会计（医院管理会计）。入选教育部新世纪优秀人才、财政部会计名家、北京市教学名师、首批全国会计领军人才、全国会计领军人才特殊支持计划、北京市社科理论中青年“百人工程”。主持国家自然科学基金、国家社会科学基金等国家与省部级课题10余项，在*Abacus*、*Neuroscience*、《会计研究》等国内外学术期刊发表论文100余篇，获得省部级科研奖和教学奖多项。

工商管理经典译丛·会计与财务系列

Business Administration Classics

会计学原理

Fundamental Accounting Principles（23rd Edition）

[美] 约翰·怀尔德（John J. Wild）
肯·肖（Ken W. Shaw）
芭芭拉·基亚佩塔（Barbara Chiappetta） 著

崔学刚 译

第23版

中国人民大学出版社
·北京·

译者序

2007 年，针对当时国内会计学原理双语教学及全英语教学的实际需要，经过慎重选择和充分研讨，我们选择了怀尔德、拉森和基亚佩塔三位教授的著作《会计学原理（第 18 版）》进行改编。得益于原著的上乘质量、与时俱进的内容和精益求精的风格，得益于对国家教育政策和教材政策的领悟，得益于对会计国际化教材需求特点的把握，改编版教材一经出版就得到了会计教育界和市场的广泛认可，在同类教材中销量一直位居前列。2009 年改编版《会计学原理（第 18 版）》被教育部评为“普通高等教育‘十一五’国家级规划教材”，为国内开设会计专业的绝大多数高校所采用。此后，在充分吸收广大读者意见和建议、不断完善改编原则的基础上，我们对该教材第 19 版、第 21 版进行了改编，并从第 19 版开始同步推出中文翻译版。

进入社会主义新时代，我国的国际化战略和高等教育战略发生了深刻变化。在国际化战略方面，中国致力于打造人类命运共同体。高等教育战略提出致力于建设教育强国，高等教育受到前所未有的重视。全国教育大会的召开、新时代高教 40 条、高规格的教育指导委员会等，从新工科到新文科，从淘汰“水课”到打造“金课”，高等教育改革的各项措施已经开始实施。教材建设被提到前所未有的高度，国务院成立了国家教材委员会，并对教材建设提出了明确要求。为贯彻上述国家战略和高等教育政策精神，我们依据有关政策对《会计学原理（第 23 版）》进行了更为慎重的审视，并按照高等教育改革措施和教材建设要求做了深入分析和对标，重新修订了改编原则。

《会计学原理（第 23 版）》继续沿用广受好评的 CAP 框架——概念（conceptual）、分析（analytical）与程序（procedural），在保持内容框架的基础上，在以下方面做了提升：第一，强调可持续发展和社会责任，突出会计在可持续发展和社会责任中的作用和具体实践，每章都有相关专题和社会责任决策案例；第二，吸收了体现最新的会计理论发展的研究成果，例如，关于云计算、内部控制缺陷，以及会计欺诈与经济发展的关系等；第三，突出体现了国际会计准则的最新发展与变化，几乎在各章都安排了专门反映国际会计准则最新变化的内容，提供了国际公司案例，并安排了各种类型的习题供教学使用；第四，提供了详细的大型案例，在附录中提供了苹果、谷歌和三星三家世界著名公司的案例，其中苹果公司还提供了详细的年报，这三家公司贯穿各章，每章均有对应的知识点和专门习题，有助于学生更好地理解会计业务环境；第五，更新了最能反映教材内容的图表、调查数字、例题以及课后习题等。

为满足教学的需要，我们推出《会计学原理（第 23 版）》改编版的翻译版，内容与改编版基本对应，配合改编版使用，必将降低学习难度，提高学习效果。

由于《会计学原理（第 23 版）》改编版是原版的精华部分，且独成体系，因此该翻译版可作为各类学生以及在职管理人员的会计入门读物。

无论是改编版还是翻译版的出版，都离不开广大读者的支持和帮助，离不开众多师长和领导的指导和支持，在此表示敬意和感谢；我的博士生葛传路和硕士生黄钰清为本书的翻译出版做了大量的基础性工作，中国人民大学的魏文女士的督促、帮助和支持使得本书能够如期和大家见面，在此一并表示衷心的感谢。

同前几版翻译版一样，尽管始终以“信、雅、达”作为翻译的标准，但限于译者水平，上述境界实难达到，甚至各种疏漏在所难免，希望广大读者一如既往地给予批评、指导和建议。

崔学刚

目　录

第 1 章

经济活动中的会计

本章预览

会计的用途	会计职业道德	经济业务分析	财务报表
C1 会计的用途 C2 会计的重要性 会计工作机会	C3 职业道德——重要概念 C4 公认会计原则 概念框架	A1 会计等式及其构成 P2 经济业务分析——举例说明	P2 利润表 所有者权益表 资产负债表 现金流量表
NTK 1-1	NTK 1-2	NTK 1-3，1-4	NTK 1-5

学习目标

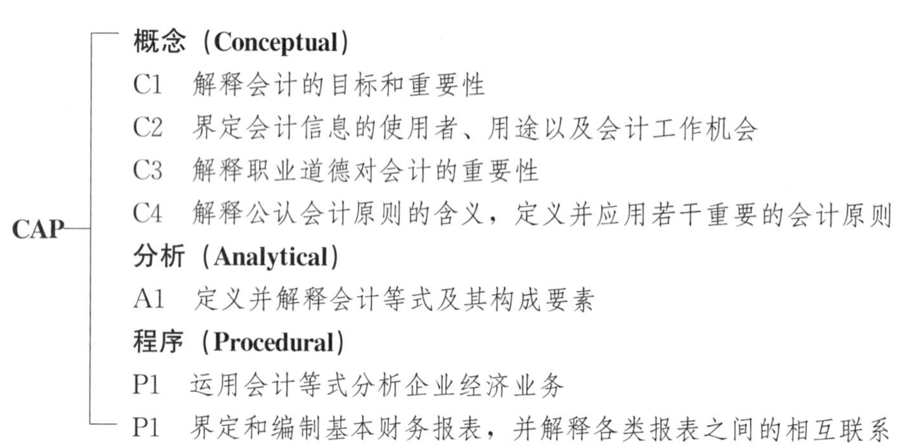

1.1 会计的重要性

为什么会计专业在大学如此受欢迎？为什么有很多与会计相关的工作等着毕业生去做？为什么会计对企业如此重要？为什么政治家和商业领袖们如此关心会计准则？答案是因为我们生活在信息时代，会计信息及其可靠性会影响我们每个人。

会计（accounting）是确认、记录、传递具有相关性、可靠性和可比性的有关组织（企业）经营活动信息的信息和计量系统。图表1-1总结了各种会计活动。

我们通常只在申请贷款、核对账户、填写税收表格以及领取工资单的时候才会接触会计，但这些活动主要侧重于记账，或**簿记**（recordkeeping or bookkeeping），即记录经济交易或会计事项。它仅仅是会计的一个组成部分，会计还包括分析和解释信息两部分。

技术是现代企业的重要组成部分，并在会计中发挥着重要作用。技术在提高精确性的同时，还可以减少时间和精力的投入，降低记账的成本。一些小企业使用手工方式完成各项会计工作，但同样也受到了信息技术的影响。随着技术能够提供越来越多的信息，人们对会计知识的需求在提高。现在，咨询、规划和其他财务服务都与会计息息相关。

图表 1-1　会计活动

会计信息使用者

会计常常被称为商业语言，因为所有的企业都会建立一套会计系统来传递信息，以便人们能够更好地做决策。如图表 1-2 所示，会计信息系统的使用者可以分为两类：外部信息使用者和内部信息使用者。

图表 1-2　会计信息使用者

外部信息使用者

会计信息的**外部使用者**（external users）不直接参与企业经营，且获取企业信息的渠道有限。**财务会计**（financial accounting）是主要通过提供通用财务报表向外部信息使用者提供服务的一个会计分支。所谓通用财务报表是指可供外部信息使用者用于多种用途的外部财务报表。以下列举了部分外部使用者以及他们利用会计信息所做的决策。

- 债权人将资金或其他资源借给企业。银行、储蓄贷款机构、合作社常常充当债权人的角色，通常会利用信息来判断一个企业能否还本付息。
- 股东（投资者）是企业的所有者，他们使用财务报表来决定是否购买、持有或出售股票。
- 董事通过选举成立董事会来监管企业。董事要向股东报告并雇佣高管。
- 外部（独立）审计人员检查财务报表以确定报表是否按照公认会计原则编制。
- 普通员工和工会使用财务报表来判断工资的分配是否公正、评价工作前景以及为实现加薪与企业进行谈判。
- 政府管理机构对于企业的某些活动享有法定权力。比如，美国国税局（IRS）要求企业提交财务报告以计算纳税额。
- 选民、立法者和政府官员使用会计信息来监督和评价政府收支。
- 为非营利组织提供捐赠的人使用会计信息来评价其捐献物的使用情况及效果。

- 供应商在赊销前使用会计信息判断客户的财务状况。
- 客户使用财务报告来评价潜在供应商能否长期供货。

内部信息使用者

会计信息的**内部使用者**（internal users）是指那些直接参与企业经营管理的人，例如首席执行官（CEO）及其他高管和管理人员。**管理会计**（managerial accounting）是会计的另一个分支，它主要满足内部信息使用者的决策需要。内部报表的编制不需要遵守外部报表的编制规则，内部报表是为了满足内部信息使用者的特殊需求而编制的。以下列举了部分内部使用者以及他们利用会计信息所做的决策。

- 研发经理想知道创新的成本和收入信息。
- 采购经理想知道应何时以何种价格采购何种物资。
- 人力资源经理需要有关员工工资、津贴、绩效和报酬方面的信息。
- 生产经理需要有关监控成本和质量保证方面的信息。
- 销售经理需要有关及时、准确、高效地交付产品和服务的报告。
- 营销经理需要使用有关销售和成本方面的报告去锁定目标客户，确定价格，了解顾客需求、品位及他们所能接受的价格。
- 服务经理需要掌握为提供产品和服务发生的成本及收益。

□ 会计工作机会

会计主要在四大领域提供工作机会：财务、管理、税务以及会计相关领域。图表1-3选列了每个领域的一些工作机会。

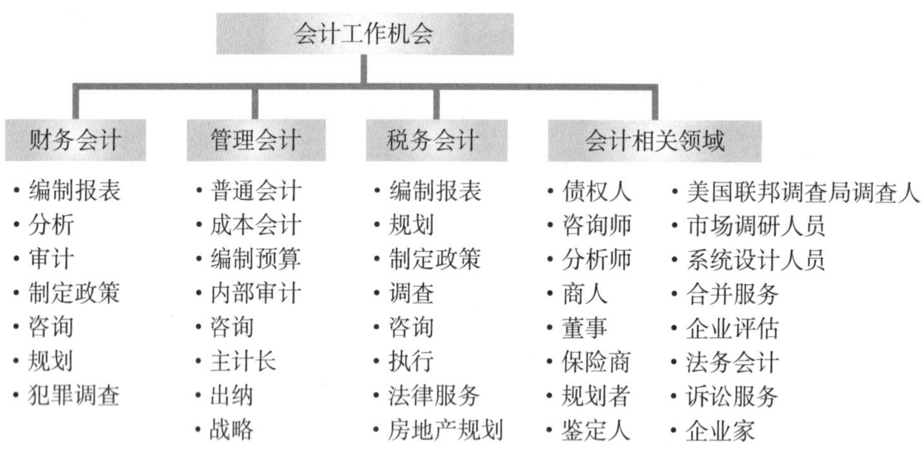

图表1-3 会计工作机会

如图表1-4所示，会计工作机会主要集中在私用会计领域，主要是指员工为企业提供的会计工作。公共会计领域位居第二，包括审计和税收指导。政府和非营利机构也存在一些工作机会，包括制定企业法规和进行违法行为调查。

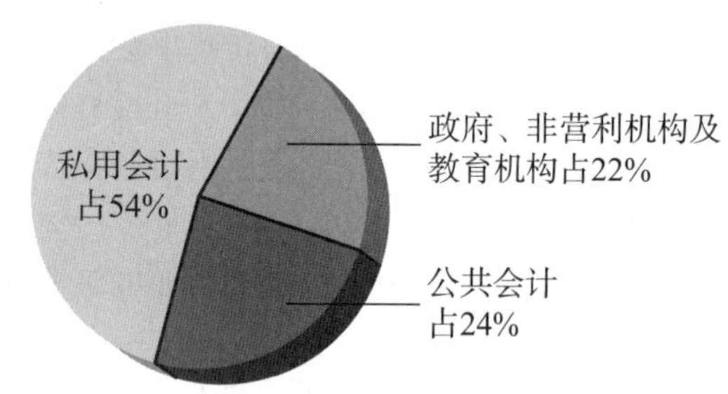

图表1-4 不同领域的会计工作机会

会计专家备受青睐，通常可以通过资格证书来判断他们的专业水平。要想成为注册会计师（CPA），除了满足学历和经验两方面的要求，还要通过考试并具备一定的职业道德。许多会计专家虽然没有CPA证书，但拥有其他证书，甚至还有一些会计专家同时拥有 CPA 证书和其他证书。注册管理会计师（CMA）和注册内部审计师（CIA）是两种最常见的资格证书。雇主也喜欢聘用拥有注册簿记员（CB）、注册薪金专家（CPP）以及注册舞弊检查师（CFE）、注册法务会计师（CrFA）等头衔的会计专家。

对会计专家的需求增加使其工资飞涨。图表 1－5 列出了几种会计职位的年平均工资，工资差别取决于企业的地理位置、规模和个人的头衔、经验及其他因素。比如，财务总监（CFO）的年薪从不足＄100 000 到＄100 万以上。同样，簿记员的年薪从不足＄30 000 到＄80 000 以上。

图表 1－5　特定会计领域的工资水平一览表　　单位：美元

领域	职位（经验）	2016 年的薪资水平	2021 年的预计薪资水平
公共会计	合伙人	240 000	265 000
	经理（6～8 年）	109 500	121 000
	高级会计（3～5 年）	88 000	97 000
	初级会计（0～2 年）	60 500	67 000
私用会计	财务总监	290 000	320 000
	主计长/出纳员	180 000	199 000
	经理（6～8 年）	98 500	109 000
	高级会计（3～5 年）	81 500	90 000
	初级会计（0～2 年）	58 000	64 000
簿记员	全功能簿记员	60 500	67 000
	账户管理员	58 000	64 000
	工资管理员	59 500	65 500
	记账员（0～2 年）	39 500	43 500

* 预计薪资是在现有水平上按照 2%的年复合增长率计算而来的（四舍五入到＄500）。

NTK 1－1

辨别下列会计信息使用者是（a）外部使用者还是（b）内部使用者。

1. ____政府管理机构　　4. ____主计长　　7. ____产品经理
2. ____首席执行官　　5. ____管理人员　　**8.** ____普通员工
3. ____股东　　**6.** ____外部审计师

答案：

1. a　2. b　3. a　4. b　5. b　6. a　7. b　8. a

1.2　会计基本原则

会计是按照一定的原则、准则、概念和假设来提供信息的。本节将讲述几项重要的基本会计原则。

□ 职业道德——一个重要概念

会计信息要想有用，就必须可信，这就要求会计工作必须遵守一定的职业道德。**职业道德**（ethics）是用来判断对错的各种信念，是被广泛接受的用来判断一种行为是好还是坏的标准。

确定职业道德路径能够避免所做的决策被他人质疑。例如，会计信息使用者不可能相信一个工资与客户成功挂钩的审计人员的报告。为了避免此类麻烦，通常要制定职业道德准则。比如，审计人员不允许直接在被审计机构中投资，也不允许接受根据被审计人报告中的数字计算出来的报酬。图表 1－6 给出了进行职业道德决策的三个步骤。

图表 1－6　职业道德决策指南

会计信息的提供者在编制财务报表时常常面临职业道德选择。这些选择会影响到工人的工资和奖金，甚至会影响到产品和服务能否获得成功。误导性的信息可能会导致一个部门倒闭，从而危害员工和业务的利益。我们必须记住这样一句老话：良好的职业道德就等于好生意。

欺诈三角形

欺诈三角形认为，一个有欺诈行为的人一定具备以下三个因素：机会、压力和借口。

- 机会指人们总是会想方设法通过一种不易令人察觉的途径实施犯罪行为。
- 压力或刺激即一个人要么被迫实施欺诈，要么有动机去实施欺诈。
- 借口或态度即一个人认为欺诈有合理的一面且没能意识到它的犯罪本质。

应对欺诈罪的关键环节是预防。预防欺诈的发生比识别欺诈的成本更低，且效率更高。当一项欺诈被发现时，钱已经消失了，找回来的机会极小。

内部信息使用者和外部信息使用者都依靠内部控制来降低欺诈发生的风险。内部控制是为了保护公司财产和设备、确保财务报告的可靠性、提高效率、鼓励遵守公司政策而建立起来的程序。例如，完善的记录、对实物的控制（锁、密码和保安）以及独立的检查。

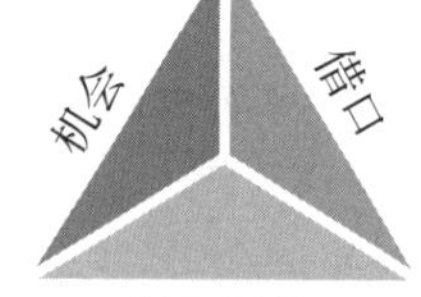

决策洞察力　　**做假账**

我们的经济和社会福利依赖于会计的可信度。一些人没有遵守原则，付出了应有的代价。例如，东芝的 Hisao Tanaka 因在五年内虚增收入＄12 亿入狱；奥林巴斯的 Tsuyoshi Kikukawa 因隐瞒损失＄17 亿而被判刑；世通的 Bernard Ebbers 因与一件涉事金额高达＄110 亿的会计丑闻有关而被捕；安然的 Andrew Fastow 被控隐藏债务且虚增收入；萨蒂扬软件技术的 Ramalinga Raju 因虚增资产＄15 亿被捕。

加强道德建设

作为对大部分会计丑闻（如安然事件、世通事件）的回应，国会通过了**《萨班斯-奥克斯利法案》**（Sarbanes-Oxley Act，也称 SOX 法案）以控制企业向公众出售股票时的财务滥用行为。SOX 法案要求企业记录并核实内部控制的存在，并增加对内部控制有效性的强调。违规会导致财务惩罚、股票退市或者对高管提起刑事诉讼。企业管理层必须发布公告声明其内部控制是有效的。如果 CEO 和 CFO 明知是虚假财务报告而签字，将面临数百万美元的罚款和多年监禁的风险。**审计师**（auditors）也必须核实其内部控制的有效性。

下表列举了一些近年来众所周知的会计丑闻。

公司	涉嫌的会计指控
特易购公司	虚增收入和收益，推迟费用
世通公司	低估费用以虚增收益和隐藏债务
时代华纳公司	虚增收入和收益
房利美公司	虚增收益
施乐公司	虚增收益
百时美施贵宝	虚增收入和收益
美国泰科公司	隐藏债务，CEO 逃避税收
环球电讯	虚增收入和收益
北电网络	低估费用以虚增收入
安然公司	虚增收入，隐藏债务，贿赂官员

美国国会通过了《**多德-弗兰克华尔街改革和消费者保护法案**》(Dodd-Frank Wall Street Reform and Consumer Protection Act，简称《多德-弗兰克法案》) 以实现以下目的：(1) 推进问责制和提高透明度；(2) 杜绝“大而不能倒”现象的存在；(3) 保护消费者免受金融服务滥用的危害。其中有两条规定需要注意：

- 追回政策：授权收回（追加）超额激励报酬。
- 举报人：要求美国证监会向举报人支付罚款中超过＄100 万部分的 10％～30％。

□ 公认会计原则

财务会计实务要受**公认会计原则**（generally accepted accounting principles，GAAP）的一系列概念和规则的约束。公认会计原则旨在使财务报表信息具有相关性、可靠性和可比性。具有相关性的信息会影响信息使用者的决策，具有可靠性的信息能够受到使用者的信赖，而具有可比性的信息则有利于不同企业间进行比较。

在美国，政府机构**证券交易委员会**（Securities and Exchange Commission，SEC）有权制定公认会计原则，并有权监督公开发行债券和股票的上市公司正确履行 GAAP。SEC 将大部分制定美国公认会计原则（U. S. GAAP）的权力授予美国**财务会计准则委员会**（Financial Accounting Standards Board，FASB）。FASB 是民间机构，既负责制定会计通则，也负责制定会计细则。

□ 国际准则

在当今世界经济中，外部信息使用者对公司报告的可比性提出了更多的要求。为此，独立组织**国际会计准则理事会**（International Accounting Standards Board，IASB，由来自不同国家的个体组成）发布了用来识别最佳会计实务的**国际财务报告准则**（International Financial Reporting Standards，IFRS）。这些准则与 GAAP 大部分相似，但也有一些不同之处。为了使全球范围内的使用者拥有统一的标准，FASB 和 IASB 逐步趋同，因而，U. S. GAAP 与 IFRS 之间的差别也在逐步减小。

□ 概念框架

FASB 指导下的**概念框架**（conceptual framework）包括：

- 目标——为投资者、债权人以及其他利益相关者提供有用的信息。
- 质量特征——具有相关性、可靠性和可比性。
- 会计要素——定义财务报表中包含的项目。
- 确认与计量——建立评判一个项目能否成为会计要素以及如何计量这些要素的标准。

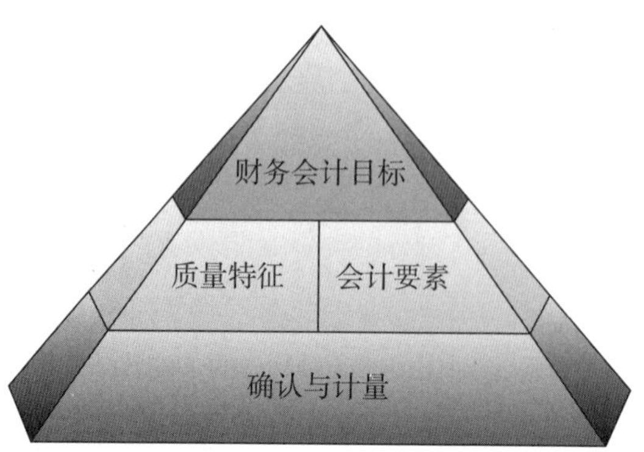

会计原则和会计假设

会计原则（和假设）可分为两类。通则是指编制财务报表时使用的各种基本假设、概念和指导方针，它们在图表1-7中以黑体字列出，关键假设以灰字列出。具体原则是指报告公司交易和事项时使用的各种具体原则，它们通常来自权威团体的裁决，后面遇到时再加以介绍。

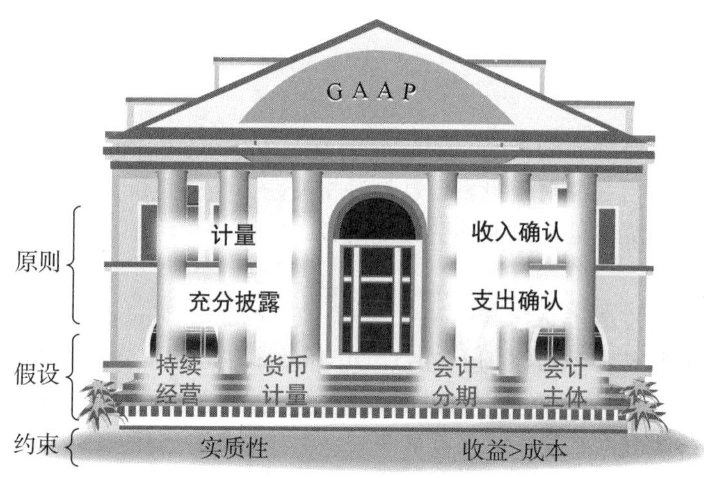

图表1-7　GAAP“大厦”的构建

会计原则　通则至少由四个基本原则、四个假设和两个约束构成。

- **计量原则**（measurement principle）也叫**成本原则**（cost principle），它要求会计信息必须以实际发生的成本为依据（随后可能根据市场进行调整）。成本用现金或现金等价物来计量。这意味着，如果提供某项服务得到的是现金，那么该项服务的成本就等于它所获得的现金数量。如果得到的是除现金以外的其他物品（比如用一辆小汽车换一辆卡车），那么该成本就等于换入或换出物品的货币价值。成本原则强调可靠性和可验证性，人们认为以成本为依据的信息才客观。客观性意味着信息由独立的、无偏见的证据所支持，它不仅仅是一个人的观点。后面的章节会介绍公允价值计量。
- 收入（销售额）是指销售产品和服务所获得的货币数量。**收入确认原则**（revenue recognition principle）规定应当这样确认收入：（1）当商品或服务已经提供给顾客时确认；（2）以预计可以从顾客方收到的金额确认。收入通常以现金形式存在，另一种常见形式是得到客户于未来某日支付现金的承诺，即赊销

（确认即意味着入账）。

● **支出确认原则**（expense recognition principle）又叫做**配比原则**（matching principle），是指企业必须记录为创造收入所发生的费用。配比和收入确认原则是现代会计的关键原则。

● **充分披露原则**（full disclosure principle）是指企业详细披露会影响使用者决策的隐藏在财务报表内部的信息。这些信息通常在报表附注中。

决策洞察力

卡罗来纳黑豹队、丹佛野马队、绿湾包装工队和其他职业橄榄球队的收入包括门票销售收入、电视和有线广播收入、电台转播权收入、特许权收入和广告收入。职业橄榄球大联盟（NFL）球队每场比赛的门票销售收入都可以确认为收入，但预售票收入不能确认为收入，因为它们代表一项负债，只有当 NFL 球队的比赛门票被出售时才能消除负债，确认收入。

会计假设　会计假设有四个：持续经营假设、货币计量假设、会计分期假设、会计主体假设。

● **持续经营假设**（going-concern assumption）是指在编制财务报表时假定企业会持续经营下去，不会关门或被卖掉。这就意味着财务报表中反映的是财产的成本，而不是企业关门时的清算价值。

● **货币计量假设**（monetary unit assumption）是指能够使用货币单位来表示交易或事项。货币是经营活动中一种常用的计量手段。例如，美国使用“美元”作为货币单位，而墨西哥则使用“比索”作为货币单位。

● **会计分期假设**（time period assumption）是指公司的经营过程可以分为不同期间，诸如以月份或年份为期间，公司要为这些期间出具财务报表。

● **会计主体假设**（business entity assumption）是指企业是独立于所有者及其他企业之外的。企业可以以三种法律形式存在：独资企业、合伙企业以及公司。

（1）**独资企业**（sole proprietorship or proprietorship）是指归个人所有的企业，需要单独核算。不过独资企业并非是一个独立于所有人之外的法人实体，也就是说，法院有权要求独资企业的所有人变卖其个人财产来偿还企业债务。所有人必须对企业债务承担无限责任是独资企业的一大缺点。而独资企业的优点则是：收入不需要缴纳企业所得税，只需要反映在所有人的纳税申报表中，缴纳个人所得税。

（2）**合伙企业**（partnership）是指由两个或两个以上的所有人共同拥有的企业，这些共同所有人称为合伙人，他们共同承担纳税及其他义务。合伙企业与独资企业一样，都不是独立于所有人之外的法人实体。也就是说，每个合伙人的利润份额都要反映在其纳税申报表中，并且要缴纳个人所得税。这也意味着合伙人要对企业债务承担无限责任。但至少有三种合伙企业的合伙人对企业债务承担有限责任：有限合伙企业（LP）、有限责任合伙企业（LLP）、有限责任公司（LLC）。LLC 形式最为常用，它在承担有限债务方面与公司一致，而在税收方面享受与合伙企业（和独资企业）相同的待遇。现在，大多数独资企业和合伙企业都是按 LLC 形式组建的。

（3）**公司**（corporation），也称 C 类公司，是指在法律上独立于所有人之外的一种企业组织形式，它只对自己的行为和债务负责。公司具有独立的法律地位，这就意味着公司在开展业务时，可以像人一样享有权利、承担责任和义务。公司的行为通过法人代表——经理来实现。公司的所有人，也叫**股东**（shareholders or stockholders），对公司的行为和债务不需要承担责任。有限责任是公司的一大优点，而双重课税则是公司的一大缺点。所谓双重课税是指：（1）公司的收入要缴税；（2）公司以股利形式分配给所有人的收入要缴纳个人所得税（对于“合格”的股息，根据税率等级分别征收 0%，15%或 20%的税）。S 级公司是一个例外，它因为具备某些特点而不需要缴纳企业所得税。S 级公司所有人从公司获得的分红与其个人收入一起报税。公司的所有权被分割成很多小的单位，我们把它们称为**股份**（shares）或**股票**

(stock)。如果一家公司只发行一种股票，我们就把这些股票称为**普通股**（common stock）或股本（capital stock)。图表1-8总结了独资企业、合伙企业及公司各自的特点。

图表1-8　各种企业组织形式的特点

特点	独资企业	合伙企业	公司
是否可以只有一位所有人	是	否	是
是否需要缴纳企业所得税	否	否	是
是否承担有限责任	否*	否*	是
是不是会计主体	是	是	是
是不是法人实体	否	否	是
是否具有无限存续期	否	否	是

* 按LLC形式设立的独资企业和合伙企业承担有限责任。

职业道德

企业家

你和一个朋友设计了一种新型直排轮溜冰鞋，这种溜冰鞋的速度和性能比普通溜冰鞋提高了25%～30%。你们打算成立一家企业，生产和销售这种溜冰鞋。你和你的朋友想尽量少缴税，但同时你们又非常担心用户在使用这种溜冰鞋时可能会因受伤而提起诉讼。你们应该选择什么样的企业组织形式？

会计约束　财务报告有两个基本的会计约束。

- **实质性约束**（materiality constraint）是指财务报告仅需披露会对理性决策者的决策过程造成影响的信息，例如性质重要或金额重大的信息。
- **成本收益约束**（cost-benefit constraint）是指披露该信息的收益必须大于其成本。

另外，有时我们认为稳健性和行业惯例也属于会计约束。

NTK 1-2

1. 识别下列术语是会计（a）原则，（b）假设，还是（c）约束。

1. ____实质性	4. ____持续经营	**7.** ____支出确认
2. ____计量	5. ____充分披露	**8.** ____收入确认
3. ____会计主体	6. ____会计分期	

答案：

1.c　2.a　3.b　4.b　5.a　6.b　7.a　8.a

2. 基于合伙企业或公司的特性在下表中填入“是”或“否”。

特性表述	合伙企业	公司
缴纳企业所得税	a. ____	e. ____
有限责任	b. ____	f. ____
法人实体	c. ____	g. ____
无限存续期	d. ____	h. ____

答案：

a. 否　b. 否　c. 否　d. 否　e. 是　f. 是　g. 是　h. 是

1.3　经济业务分析和会计等式

为了理解会计信息，我们需要了解会计系统如何获取交易的相关数据，并对其进行归类、记录以及利用这些数据编制报表。

□ 会计等式

会计系统反映企业的两个基本方面：自己有什么和欠别人什么。资产是企业拥有或控制的资源，如现金、物料、设备和土地。对企业资产享有的求偿权——企业对资产所有者承担的义务——可以分为两类：所有者求偿权和非所有者求偿权。负债是企业欠其非所有者（债权人）的债务，未来需要用现金、产品或服务加以偿还。权益（也叫所有者权益或资本）是指企业所有者对企业资产享有的求偿权。总之，负债和权益是企业获取资产的资金的来源。资产、负债和所有者权益三者之间的关系可以用下面的**会计等式**（accounting equation）来表示：

资产＝负债＋所有者权益

在等式中，负债通常放在所有者权益的前面，因为企业必须首先满足债权人的求偿权，然后才能去满足所有者的求偿权（我们可以将等式中的各项重新排列，如资产－负债＝所有者权益）。无论什么时候，会计等式都适用于所有的交易和事项，也适用于所有的公司和任何形式的企业。例如，苹果公司的资产总额为＄290 479，负债总额为＄171 124，所有者权益总额为＄119 355（以百万美元为单位）。下面我们将详细研究会计等式。

资产

资产（assets）是指企业拥有或控制的资源。这些资源预计在未来能够带来一定的经济效益。例如，网络服务企业拥有的网络服务器、摇滚乐队拥有的乐器及菜农拥有的土地。“应收”一词是指未来能够引起资源流入的资产。以赊销的方式提供产品或服务的企业设有对客户的应收账款账户。

负债

负债（liabilities）是指债权人对企业资产享有的求偿权。这种求偿权反映了企业向他人提供资产、产品或服务的义务。“应付”一词是指未来能够引起资源流出的负债。例如对员工的应付工资、对供应商的应付账款、对银行的应付票据以及对政府的应缴税金。

所有者权益

所有者权益（equity）是指所有者对企业资产享有的求偿权。权益等于资产减负债，因此我们也把权益称为净资产或剩余权益。

所有者投资和收入的增加都会带来所有者权益的增加，而所有者减资和费用增加则会引起所有者权益的减少。所有者权益包括四部分。

- **所有者投资**（owner investment）是指所有者投入企业的资源，例如现金或其他净资产。它可以归入通用账户**所有者名下的资本**（owner，capital）账户。
- **所有者提取**（owner withdrawals）是指所有者从企业提出的、用于私人用途的资源，如现金或其他净资产。它可以归入通用账户**所有者名下的提取**（owner，withdrawals）账户。

- **收入**（revenues）通过向客户销售商品和提供服务带来所有者权益（通过净收益）的增加。例如，销售产品、提供咨询服务、出租资产及收取服务佣金等。
- **费用**（expenses）是指为向客户提供产品和服务而付出的必要成本，会引起权益的减少。例如，利用员工的工作时间，使用物料以及他人提供的广告服务、公用事业服务和保险服务等。总之，把所有者权益分解以后，我们就得到了**扩展的会计等式**（expanded accounting equation）：

$$\text{资产}=\text{负债}+\overbrace{\text{所有者名下的资本}-\text{所有者名下的提取}+\text{收入}-\text{费用}}^{\text{所有者权益}}$$

收入大于费用时会产生**净收益**（net income）。净利润会引起所有者权益的增加。费用大于收入时会产生**净损失**（net loss）。净损失会引起所有者权益的减少。

决策洞察力　　**大数据**

大多数组织都提供对大型会计数据库的访问权限——苹果公司便是如此。SEC 拥有一个名为 EDGAR（sec. gov/edgar. shtml）的在线数据库，其中包含数千家向公众发行股票的公司的会计信息。大多数美国上市公司的年度报告称为表格 10-K，季度报告称为表格 10-Q。像 Finance. Google. com 和 Finance. Yahoo. com 这样的信息服务商会提供在线数据和分析。

NTK 1－3

1. 利用会计等式计算下表的缺失值。

公司	资产	负债	所有者权益
Bose	$150	$ 30	$ (a)
Vogue	$ (b)	$100	$300

答案：

a. $120　b. $400

2. 利用扩展的会计等式计算下表的缺失值。

公司	资产	负债	所有者名下的资本	所有者名下的提取	收入	费用
Tesla	$200	$ 80	$100	$5	(a)	$40
YouTube	$400	$160	$220	(b)	$120	$90

答案：

a. $65　b. $10

□ 经济业务分析

经济业务可以用交易和事项来描述。**外部交易**（external transactions）是指发生在两个企业之间的价值交换，它们会使会计等式发生变化，例如苹果公司出售其延保服务计划。**内部交易**（internal transactions）是指发生在企业内部的价值交换，它们可能影响会计等式。例如，推特会在使用自身提供的服务后在财务报告中将其列为费用。**事项**（events）是指会对企业的会计等式产生影响并且能够可靠计量的事件。事项包括商业事项，例如某些资产和负债的市价变动，也包括自然事项，如洪水、火灾等毁坏资产造成损失的事项等。

下面将使用会计等式来分析 11 项特定的交易和事项，这些交易和事项都是新成立的 FastForward 咨询公司第一个月发生的业务。切记：每笔交易和事项都能使会计等式保持平衡，并且资产永远等于负债与所有者权益之和。

业务 1：所有者投资

12 月 1 日，Chas Taylor 成立了一家名为 FastForward 的咨询公司，该公司主要致力于评价运动鞋及其配饰的性能。这家公司是由 Chas Taylor 个人出资成立的独资企业，因此归他个人所有，并且由他负责管理。公司的营销计划是主要发表线上评论并为运动俱乐部、运动员和其他向生产商订购运动鞋及其配饰的人提供咨询服务。Taylor 个人投资了 $ 30 000，并把这笔资金以 FastForward 公司的名义存入了银行。此时，现金（资产）和所有者权益相等，均为 $ 30 000。所有者权益的增加来源于所有者投资，所有者投资被记入"C. Taylor 名下的资本"科目中（所有者投资通常记入"××（所有者）名下的资本"科目）。我们可以从下面的会计等式中看出这笔业务对 FastForward 公司的影响：

	资产	=	负债	+	所有者权益
	现金	=			C. Taylor 名下的资本
(1)	+ $ 30 000	=			+ $ 30 000 所有者投资

业务 2：用现金采购物料

FastForward 公司花 $ 2 500 为以后几个月的性能测试购买了一批名牌运动鞋。这笔交易是用一种资产（现金）交换另一种资产（物料），它仅仅改变了资产的形式，即：将资产从现金变成物料，而且现金的减少额正好等于物料的增加额。这批运动鞋被列为资产，是因为对它们进行性能测试预计能够给企业带来一定的收益。我们可以用下面的会计等式来反映这笔业务：

	资产			=	负债	+	所有者权益
	现金	+	物料	=			C. Taylor 名下的资本
初始余额	$ 30 000			=			$ 30 000
(2)	−2 500	+	+ $ 2 500				
新余额	$ 27 500	+	+ $ 2 500	=			$ 30 000
	$ 30 000				$ 30 000		

业务 3：用现金购置设备

为了测试运动鞋的性能，FastForward 公司花 $ 26 000 购进了一套设备。和业务 2 一样，业务 3 也是用一种资产（现金）交换另外一种资产（设备）。设备之所以被列为资产，是因为测试运动鞋的性能会给公司带来预期收益。这笔采购交易改变了资产的构成，但并没有改变资产总额，会计等式仍然能够保持平衡。

	资产					=	负债	+	所有者权益
	现金	+	物料	+	设备	=			C. Taylor 名下的资本
初始余额	$ 27 500	+	$ 2 500	+		=			$ 30 000
(3)	−26 000	+		+	$ 26 000				
新余额	$ 1 500	+	$ 2 500	+	$ 26 000	=			$ 30 000
	$ 30 000						$ 30 000		

业务4：赊购物料

Taylor觉得自己需要更多的运动鞋及其配饰。购买新的物料需要$7 100，但是我们从业务3的会计等式中可以看出，FastForward公司目前只有$1 500现金。Taylor设法以赊购的方式从CalTech Supply公司购进这批物料。也就是说，FastForward公司以将来付款的承诺换回了这些物料。这笔赊购业务使公司资产增加了$7 100，公司负债（欠CalTech Supply公司的应付账款）也增加了同样的金额。我们可以从下面的会计等式中看出这笔业务对FastForward公司的影响：

	资产					=	负债	+	所有者权益
	现金	+	物料	+	设备	=	应付账款	+	C. Taylor名下的资本
初始余额	$1 500	+	$2 500	+	$26 000	=			$30 000
(4)		+	7 100	+			+$7 100		
新余额	$1 500	+	$9 600	+	$26 000	=	$7 100		$30 000
	$37 100						$37 100		

业务5：提供服务赚取现金

FastForward公司通过向制造商出售网站的广告空间以及向客户提供运动鞋及其配饰的测试结果赚取收入。只有当收入大于为获取收入而支付的费用时，公司才能盈利。在最初进行的一笔业务中，FastForward公司为一家运动俱乐部提供咨询服务，赚到了$4 200现金。因此在会计等式中，现金增加了$4 200，所有者权益也增加了$4 200。所有者权益的增加被记入下表中最右边的收入一栏，因为这笔金额是通过提供咨询服务取得的收入。

	资产					=	负债	+	所有者权益		
	现金	+	物料	+	设备	=	应付账款	+	C. Taylor名下的资本	+	收入
初始余额	$1 500	+	$9 600	+	$26 000	=	$7 100	+	$30 000		
(5)	+4 200									+	$4 200
新余额	$5 700	+	$9 600	+	$26 000	=	$7 100	+	$30 000	+	$4 200
	$41 300						$41 300				

业务6与业务7：用现金支付费用

FastForward公司向存放设备的厂房的房东支付了$1 000租金。支付了这笔费用以后，公司可以在12月份使用这间厂房。下面业务6的会计等式可以反映这笔租金支付业务。FastForward公司还向唯一的员工支付了半个月的工资$700。这笔业务反映在下面业务7的会计等式中。业务6和业务7都是FastForward公司12月份发生的费用。工资和租金成本与资产相反，都属于费用，因为它们所带来的收益已经在12月份耗用殆尽（在12月份以后，工资和租金都不会带来任何未来收益）。这两笔交易也耗用了FastForward公司的一项资产（现金）。从会计等式中可以看出，这两笔业务都减少了现金和所有者权益。这两笔减少额被列入下表中最右侧的费用一栏。

根据定义，费用增加导致所有者权益减少。

	资产					=	负债	+	所有者权益				
	现金	+	物料	+	设备	=	应付账款	+	C. Taylor 名下的资本	+	收入	−	费用
初始余额	$5 700	+	$9 600	+	$26 000	=	$7 100	+	$30 000	+	$4 200		
(6)	−1 000									+		−	$1 000
余额	4 700	+	9 600	+	26 000	=	7 100	+	30 000	+	4 200	−	1 000
(7)	−700									+		−	700
新余额	$4 000	+	$9 600	+	$26 000	=	$7 100	+	$30 000	+	$4 200	−	$1 700
	$39 600						$39 600						

业务 8：以赊销方式提供服务和出租设备

FastForward 公司为一家足疗中心提供了价值 $1 600 的咨询服务，并把自己的检测设备以 $300 的价格出租给了该中心。这笔出租业务还包括允许俱乐部成员在 FastForward 的实验场地内试穿推荐的运动鞋及其配饰。该俱乐部开出了一张 $1 900 的账单。这笔业务产生了一项新的资产——应收账款（accounts receivable）。这两笔收入被记入下面会计等式中的收入栏，同时，收入的增加也引起了所有者权益的增加。

	资产							=	负债	+	所有者权益				
	现金	+	应收账款	+	物料	+	设备	=	应付账款	+	C. Taylor 名下的资本	+	收入	−	费用
初始余额	$4 000	+		+	$9 600	+	$26 000	=	$7 100	+	$30 000	+	$4 200	−	$1 700
(8)		+	$1 900									+	1 600		
												+	300		
新余额	$4 000	+	$1 900	+	$9 600	+	$26 000	=	$7 100	+	$30 000	+	$6 100	−	$1 700
	$41 500								$41 500						

业务 9：收到应收账款

业务 8 中的客户（足疗中心）在为咨询服务签单后的第 10 天将 $1 900 支付给了 FastForward 公司。业务 9 并没有改变资产总额，也没有对负债和所有者权益产生任何影响，只是将应收账款（一项资产）转变成了现金（另一项资产）。业务 9 并没有创造新的收入。收入在业务 8 中 FastForward 公司提供服务之后确认，并没有等收到现金时才确认。强调取得收入的过程而非现金流入的过程是收入确认原则的一个目标，这样会给信息使用者提供有用的信息。该笔交易完成之后，新的余额如下所示：

	资产							=	负债	+	所有者权益				
	现金	+	应收账款	+	物料	+	设备	=	应付账款	+	C. Taylor 名下的资本	+	收入	−	费用
初始余额	$4 000	+	$1 900	+	$9 600	+	$26 000	=	$7 100	+	$30 000	+	$6 100	−	$1 700
(9)	+1 900	−	1 900												
新余额	$5 900	+	$0	+	$9 600	+	$26 000	=	$7 100	+	$30 000	+	$6 100	−	$1 700
	$41 500								$41 500						

业务 10：支付部分应付账款

FastForward 公司早先因采购物料欠了 CalTech Supply 公司 $ 7 100 的应付账款（业务 4），现在 FastForward 公司以分期付款的方式首先偿还了 $ 900，还剩 $ 6 200 没有偿还。我们从会计等式中可以看出：FastForward 公司的现金减少了 $ 900，同时欠 CalTech Supply 公司的负债也减少了 $ 900，而所有者权益则没有发生任何变化。虽然有现金从 FastForward 公司流出，但是这一事项并未产生费用（相反，FastForward 公司从这些物料中获得收入时才能记录费用）。

	资产							=	负债	+	所有者权益				
	现金	+	应收账款	+	物料	+	设备	=	应付账款	+	C. Taylor 名下的资本	+	收入	−	费用
初始余额	$ 5 900	+	$ 0	+	$ 9 600	+	$ 26 000	=	$ 7 100	+	$ 30 000	+	$ 6 100	−	$ 1 700
(10)	−900	−							−900						
新余额	$ 5 000	+	$ 0	+	$ 9 600	+	$ 26 000	=	$ 6 200	+	$ 30 000	+	$ 6 100	−	$ 1 700
	$ 40 600								$ 40 600						

业务 11：所有者提取现金

FastForward 公司的所有者提取了 $ 200 现金用做私人用途。所有者提取（减少所有者权益）并不会列为费用，因为所有者提取本身并不是企业获取收入过程的一部分，因此在计算净利润时不必把它计算在内。

根据定义，提取增加导致所有者权益减少。

	资产							=	负债	+	所有者权益						
	现金	+	应收账款	+	物料	+	设备	=	应付账款	+	C. Taylor 名下的资本	−	C. Taylor 名下的提取	+	收入	−	费用
初始余额	$ 5 000	+	$ 0	+	$ 9 600	+	$ 26 000	=	$ 62 000	+	$ 30 000			+	$ 6 100	−	$ 1 700
(11)	−200											−	$ 200				
新余额	$ 4 800	+	$ 0	+	$ 9 600	+	$ 26 000	=	$ 62 000	+	$ 30 000	−	$ 200	+	$ 6 100	−	$ 1 700
	$ 40 400								$ 40 400								

☐ 业务小结

在图表 1－9 中，我们使用会计等式总结了 FastForward 公司这 11 笔业务给企业带来的影响。我们注意到，每笔业务结束之后会计等式仍然保持平衡。

图表 1－9　使用会计等式编制的业务汇总表

	资产							=	负债	+	所有者权益						
	现金	+	应收账款	+	物料	+	设备	=	应付账款	+	C. Taylor 名下的资本	−	C. Taylor 名下的提取	+	收入	−	费用
(1)	$ 30 000							=			$ 30 000						
(2)	−2 500			+	$ 2 500												
余额	27 500			+	2 500			=			30 000						
(3)	−26 000					+	$ 26 000										
余额	1 500			+	2 500	+	26 000	=			30 000						

续表

	资产				= 负债	+	所有者权益		
	现金	+ 应收账款	+ 物料	+ 设备	= 应付账款	+ C. Taylor名下的资本	− C. Taylor名下的提取	+ 收入	− 费用
(4)			+ 7 100		+$7 100				
余额	1 500		+ 9 600	+ 26 000	= 7 100	+ 30 000			
(5)	+4 200							+ $4 200	
余额	5 700		+ 9 600	+ 26 000	= 7 100	+ 30 000		+ 4 200	
(6)	−1 000								− $1 000
余额	4 700		+ 9 600	+ 26 000	= 7 100	+ 30 000		+ 4 200	− 1 000
(7)	−700								− 700
余额	4 000		+ 9 600	+ 26 000	= 7 100	+ 30 000		+ 4 200	− 1 700
(8)		+ $1 900						+ 1 600	
								+ 300	
余额	4 000	+ 1 900	+ 9 600	+ 26 000	= 7 100	+ 30 000		+ 6 100	− 1 700
(9)	+1 900	− 1 900							
余额	5 900	+ 0	+ 9 600	+ 26 000	= 7 100	+ 30 000		+ 6 100	− 1 700
(10)	−900				−900				
余额	5 000	+ 0	+ 9 600	+ 26 000	= 6 200	+ 30 000		+ 6 100	− 1 700
(11)	−200						− $200		
余额	$4 800	+ $0	+ $9 600	+ $26 000	= $6 200	+ $30 000	− $200	+ $6 100	− $1 700

NTK 1－4

假定 Tata 公司自 1 月 1 日开始运营，并在第一个月完成了如下交易事项。将下列资产、负债、所有者权益列示在图表 1－9 中：现金；应收账款；设备；应付账款；J. Tata 名下的资本；J. Tata 名下的提取；收入和费用。

1 月 1 日　Jamsetji Tata 向 Tata 公司投资了 $4 000 现金。

5 日　公司赊购了价值 $2 000 的设备。

14 日　公司向客户赊销提供了价值 $540 的服务。

21 日　公司用现金支付了一名员工的工资 $250。

答案：

	资产			= 负债	+	所有者权益		
	现金	+ 应收账款	+ 设备	= 应付账款	+ J. Tata名下的资本	− J. Tata名下的提取	+ 收入	− 费用
1月1日	$4 000			=	$4 000			
1月5日			+$2 000	+$2 000				
余额	4 000		2 000	= 2 000	4 000			
1月14日		+$540					+$540	
余额	4 000	540	2 000	= 2 000	4 000		540	
1月21日	−250							− $250
余额	3 750	540	2 000	= 2 000	4 000		540	− 250
	$6 290			$6 290				

1.4 与用户沟通

本节将介绍如何通过分析企业业务来编制财务报表。我们先对四种财务报表及其用途进行介绍：

（1）**利润表**（income statement）——反映一段期间内企业的收入、费用以及由此产生的净利润或净损失的变动情况。

（2）**所有者权益表**（statement of owner's equity）——反映一段期间内由净利润（或净损失）以及所有者投资和提取的变化引起的所有者权益变动情况。

（3）**资产负债表**（balance sheet）——反映企业在某一时点的财务状况（资产、负债以及所有者权益的类型和金额）。

（4）**现金流量表**（statement of cash flows）——反映一段期间内企业的现金流入（收入）和现金流出（支出）情况。

我们使用 FastForward 公司的 11 笔业务来编制财务报表（从专业角度来讲，这些报表都属于未调整的财务报表。关于未调整的财务报表，我们将在第 2 章和第 3 章中讲到）。

利润表

FastForward 公司 12 月份的利润表见图表 1－10 最上方。我们很容易就能从图表 1－9 的所有者权益栏中获得关于收入和费用的信息。利润表中首先列出的是收入。收入包括业务 5 和业务 8 带来的 $ 5 800 的咨询收入和业务 8 带来的 $ 300 的租金收入。收入下面紧接着是费用（为了方便起见，本章中我们把大额收入列在前面，也可以使用其他方法给费用分类）。租金和工资费用分别是业务 6 和业务 7 带来的。费用反映的是为了形成收入所耗费的成本。在利润表的最下方，我们列出了净利润（或损失），它反映了 12 月份的经营成果。所有者的投资和提取不计入净利润。

所有者权益表

所有者权益表反映了报告期内所有者权益的变动情况。表中列出了初始资本、增加所有者权益的事项（所有者投资和净利润）以及减少所有者权益的事项（所有者提取和净损失）。所有者权益表计算出了期末资本余额，这一计算结果还反映在资产负债表中。图表 1－10 中的第二份报表就是 FastForward 公司的所有者权益表。初始资本余额是按照 12 月 1 日企业创办时的资本余额计算的。12 月 1 日的初始资本余额为 0，因为在此之前企业还没有成立。现存企业往往会根据上一个报告期期末的资本余额确定期初资本余额（例如现存企业 12 月 1 日的期初资本余额就等于 11 月 30 日的期末资本余额）。FastForward 公司所有者权益表中列出了 Taylor 的初始投资形成的 $ 30 000 所有者权益，也列出了 12 月份企业赚到的 $ 4 400 净利润。净利润将利润表和所有者权益表联系在了一起（见箭头线①）。所有者权益表中还列出了 Taylor 提取的 $ 200 以及 FastForward 公司的期末资本余额。

资产负债表

图表 1－10 中的第三份报表是 FastForward 公司的资产负债表。该表反映了 12 月 31 日业务结束时 FastForward 公司的财务状况。资产负债表的左侧列出了 FastForward 公司的资产：现金、物料和设备。

资产负债表右侧的上半部分列出了公司欠债权人的＄6 200负债。如果还有其他负债（如银行借款），也可以列在此处。所有者权益（资本）余额为＄34 200。注意所有者权益表中的期末余额与资产负债表此处的所有者权益余额的相互联系——见箭头线②（资产负债表有两种列示方法，一种是账户式列示法，另一种是报告式列示法。所谓账户式列示法就是将资产项目列在表的左边，将负债和所有者权益项目列在表的右边。所谓报告式列示法则是将资产项目列在表的最上方，将负债项目列在资产项目的下方，再将所有者权益项目列在表的最下方。使用这两种列示方法中的任何一种都可以）。和前文内容一样，会计等式在此处也适用：资产＄40 400＝负债＄6 200＋所有者权益＄34 200。

FastForward公司截至2017年12月31日的利润表

收入		
咨询收入（$4 200+$1 600）	$ 5 800	
租金收入	300	
收入合计		$ 6 100
费用		
租金费用	1 000	
工资费用	700	
费用合计		1 700
净利润		$ 4 400

FastForward公司截至2017年12月31日的所有者权益表

2009年12月1日C.Taylor名下的资本		$ 0 ①
加：所有者投资	$30 000	
净利润	4 400	34 400
		34 400
减：所有者名下的提取		200
2013年12月31日C.Taylor名下的资本		34 200

FastForward公司截至2017年12月31日的资产负债表

资产		负债	
现金	$ 4 800	应付账款	$ 6 200
物料	9 600	负债合计	$ 6 200
设备	26 000		
		所有者权益	
		Taylor名下的资本	34 200 ②
资产总计	$40 400	负债与所有者权益总计	$40 400

FastForward公司截至2017年12月31日的现金流量表

来自经营活动的现金流量:		
③ 从客户处收到的现金（$4 200+$1 900）	¥ 6 100	
费用支付的现金（$2 500+$900+$1 000+$700）	（5 100）	
来自经营活动的净现金流量		$ 1 000
来自投资活动的现金流量:		
购置设备支付的现金	（26 000）	
来自投资活动的净现金流量		（26 000）
来自融资活动的现金流量:		
所有者投资	30 000	
所有者提取	（200）	
来自融资活动的净现金流量		29 800
现金净增加额		$ 4 800
2017年12月1日的现金余额		0
2017年12月31日的现金余额		$ 4 800

要点：报表的表头列明了公司名称、报表名称及日期或报告期。

要点：箭头线显示了各个报表之间的联系。①用净利润来计算所有者权益。②用期末资本余额来编制资产负债表。③用资产负债表中的现金金额来调整现金流量表。

要点：利润表、所有者权益表和现金流量表都是反映某一期间的财务状况的报表，而资产负债表则是反映某一时点的财务状况的报表。

要点：单下划线表示加项或减项；双下划线表示最终计算结果；括号里的数字表示负数。

图表 1－10 四大财务报表及其相互联系

□ 现金流量表

图表 1－10 中的最后一份报表是 FastForward 公司的现金流量表。现金流量表的第一部分列出了来自经营活动的现金流量，包括从客户收到的＄6 100 现金以及采购物料、交纳租金、为员工发放工资时支付的＄5 100 现金。带有小括号的数字表示现金流出，需要进行扣减。12 月份来自经营活动的净现金流量为＄1 000。现金流量表的第二部分列出了来自投资活动的现金流量。投资活动包括对土地、设备等可供长期使用（一般超过一年）的资产的买卖。FastForward 公司 12 月份只进行了一项投

NTK 1－5

利用下列截取的重要数据编制苹果公司 2015 年 9 月 26 日财务年度结束时的（a）利润表，（b）所有者权益表和（c）资产负债表（单位：百万美元）。

应付账款	＄ 35 490	投资和其他资产	＄230 039
其他负债	135 634	土地和设备（净值）	22 471
销售成本	140 089	销售和其他费用	40 232
现金	21 120	应收账款	16 849
2014 年 9 月 27 日所有者名下的资本	111 547	净利润	53 394
2015 财年所有者名下的提取	45 586	2015 年 9 月 26 日所有者名下的资本	119 355
收入	233 715		

答案：

苹果公司
利润表
截至 2015 年 9 月 26 日的财务年度

收入		＄233 715
费用		
销售成本	＄140 089	
销售和其他费用	40 232	
总费用		180 321
净利润		＄ 53 394

苹果公司
所有者权益表
截至 2015 年 9 月 26 日的财务年度

2014 年 9 月 27 日所有者名下的资本	＄111 547
加：净利润	53 394
	164 941
减：所有者名下的提取	45 586
2015 年 9 月 26 日所有者名下的资本	＄119 355

苹果公司
资产负债表
2015 年 9 月 26 日

资产		负债	
现金	＄ 21 120	应付账款	＄ 35 490
应收账款	16 849	其他负债	135 634
土地和设备（净值）	22 471	负债合计	171 124
投资和其他资产	230 039	**所有者权益**	
		2015 年 9 月 26 日所有者名下的资本	119 355
资产总计	＄290 479	负债与所有者权益总计	＄290 479

资活动，那就是花＄26 000 购进了一套设备。现金流量表的第三部分列出了来自融资活动的现金流量。融资活动包括长期贷款的借入和偿还以及所有者投资和提取。FastForward 公司的现金流量表显示，所有者的初始投资为＄30 000，所有者提取为＄200。全部交易引起的现金流动的最终结果就是带来了＄29 800 净现金流入。现金流量表的最后一部分表明：12 月份 FastForward 公司的现金余额增加了＄4 800。因为企业的期初现金余额为零，所以期末余额也是＄4 800——见箭头线③。

可持续性与会计

可持续性指的是公司的环境、社会和治理（ESG）方面。公司的社会方面包括对医院、大学、社区项目和执法部门的捐赠。环境方面包括减少污染、提高产品安全性、改善工人待遇和支持“绿色”活动的计划。治理方面包括社会责任项目、社区关系和使用可持续材料。

可持续性会计准则委员会（Sustainability Accounting Standards Board，SASB）是一个非营利机构，致力于创建和传播可持续性会计准则供企业使用。可持续性会计准则旨在补充财务会计准则。SASB 有自己的概念框架来指导可持续性标准的发展。

正如本章开篇所介绍的，苹果公司关注可持续性，聘请了负责环保项目的副总裁莉萨·杰克逊（Lisa Jackson）来监督其可持续发展项目。

莉萨为苹果设定了很高的目标，包括所有设施 100%使用可再生能源，产品 100%可回收利用。“我们要实现全垒打。”莉萨说道，公司也确实取得了一些成果。在苹果公司的可持续发展报告中，莉萨指出，苹果公司的数据中心 100%使用可再生能源，且 80%的公司设施和 50%的零售商店使用可再生能源。

莉萨强调，“（可持续性）在苹果公司非常重要”。苹果公司致力于减少碳排放。“我们想消除某些有毒物质。”莉萨解释说。

苹果公司的可持续发展报告称其显著提高了碳效率，并减少了每 1 美元收入产生的二氧化碳量。莉萨强调：“让这个世界变得更好……才是真正激励苹果员工之处。”

NTK 1-6

经过几个月的筹划，Jasmine Worthy 开了一家名叫 Expressions 的理发店。下面是在理发店开业后的第一个月发生的各项经济业务：

a. 8 月 1 日，Worthy 向 Expressions 投入现金＄3 000 和价值＄15 000 的设备。

b. 8 月 2 日，Expressions 花＄600 购置了家具。

c. 8 月 3 日，Expressions 在商业街上租了一家临街的店面，支付＄500 作为 8 月份的租金。

d. 8 月 4 日，Expressions 使用应付票据赊购了一套价值＄1 200 的设备。

e. 8 月 5 日，Expressions 开始营业。前一周半（至 8 月 15 日）理发店的营业收入为＄825。

f. 8 月 15 日，以赊账的形式提供价值＄100 的理发服务。

g. 8 月 17 日，收到顾客偿还 15 日＄100 欠款的支票。

h. 8 月 17 日，向开业期间一直帮忙的助手支付了＄125 工资（现金）。

i. 8 月下旬，提供理发服务赚取营业收入＄930。

j. 8 月 31 日，支付＄400 用于偿还 8 月 4 日签发的应付票据。

k. 8 月 31 日，Worthy 取走＄900 现金供个人使用。

要求：

(1) 试参照图表1-9的样式将下列资产、负债以及所有者权益项目列在一张表中：现金、应收账款、家具、店铺设备、应付票据、J. Worthy 名下的资本、J. Worthy 名下的提取、收入以及费用。试用会计等式表示每笔交易所带来的影响。

(2) 试编制8月份的利润表。

(3) 试编制8月份的所有者权益表。

(4) 试编制8月31日的资产负债表。

(5) 试编制8月份的现金流量表。

解题步骤：

- 选择适当的会计栏目编制一张类似图表1-9的表格。
- 分析每笔经济业务，在相应的会计栏目中列明每笔经济业务的结果是增加还是减少，一定要确保每笔交易处理完之后会计等式仍然能够保持平衡。
- 编制利润表，确认收入和费用并列在利润表中，计算收入和费用的差额并计入净利润或净损失。
- 使用所有者权益栏的信息，编制所有者权益表。
- 使用最后一行的信息编制资产负债表。
- 编制现金流量表，将现金栏中所列的全部经济业务都列入现金流量表。将每笔现金流量按经营活动、投资活动和融资活动进行分类。

答案：

表1

	资产							=	负债	+	所有者权益						
	现金	+	应收账款	+	家具	+	店铺设备	=	应付票据	+	J. Worthy 名下的资本	−	J. Worthy 名下的提取	+	收入	−	费用
a.	$3 000						$15 000	=			$18 000						
b.	−600			+	$600												
余额	2 400	+		+	600	+	15 000	=			18 000						
c.	−500															−	$500
余额	1 900	+		+	600	+	15 000	=			18 000					−	500
d.						+	1 200		+$1 200								
余额	1 900	+		+	600	+	16 200	=	1 200	+	18 000					−	500
e.	+825													+	$825		
余额	2 725	+		+	600	+	16 200	=	1 200	+	18 000			+	825	−	500
f.		+	$100											+	100		
余额	2 725	+	100	+	600	+	16 200	=	1 200	+	18 000			+	925	−	500
g.	+100	−	100														
余额	2 825	+	0	+	600	+	16 200	=	1 200	+	18 000			+	925	−	500
h.	−125															−	125
余额	2 700	+	0	+	600	+	16 200	=	1 200	+	18 000			+	925	−	625
i.	+930													+	930		
余额	3 630	+	0	+	600	+	16 200	=	1 200	+	18 000			+	1 855	−	625
j.	−400								−400								
余额	3 230	+	0	+	600	+	16 200	=	800	+	18 000			+	1 855	−	625
k.	−900											−	$900				
余额	$2 330	+	0	+	$600	+	$16 200	=	$800	+	$18 000	−	$900	+	$1 855	−	$625

表 2

截至 8 月 31 日 Expressions 的利润表		
收入		
理发收入		$1 855
费用		
租金费用	$500	
工资费用	125	
费用合计		625
净利润		$1 230

表 3

截至 8 月 31 日 Expressions 的所有者权益表		
8 月 1 日 J. Worthy 名下的资本*		$　0
加：所有者投资	$18 000	
净利润	1 230	19 230
		19 230
减：所有者提取		900
8 月 31 日 J. Worthy 名下的资本		$18 330

* 如果 Expressions 不是刚创立的公司，那么其期初资本余额就应该等于上期期末资本余额。

表 4

Expressions 8 月 31 日的资产负债表			
资产		**负债**	
现金	$2 330	应付票据	$　800
家具	600	**所有者权益**	
店铺设备	16 200	J. Worthy 名下的资本	18 330
资产总计	$19 130	负债与所有者权益总计	$19 130

表 5

截至 8 月 31 日 Expressions 的现金流量表		
来自经营活动的现金流量：		
从客户处收到的现金	$1 855	
费用支付的现金	(1 025)	
来自经营活动的净现金流量		$830
来自投资活动的现金流量：		
购置家具支付的现金		(600)
来自融资活动的现金流量：		
所有者投资	3 000	
所有者提取	(900)	
来自融资活动的净现金流量		$2 100
现金净增加额		$2 330
8 月 1 日的现金余额		0
8 月 31 日的现金余额		$2 330

小 结

C1 解释会计的目标和重要性。会计是一个信息和计量系统，会计的目的就是要确认、记录和传递与经济活动有关的信息。会计信息能够帮助我们评价机会、产品、投资以及社会和公共责任。

C2 界定会计信息的使用者、用途以及会计工作机会。会计信息使用者既包括内部使用者又包括外部使用者。会计信息的使用者及用途包括：(a) 管理人员使用会计信息进行控制、监管及规划；(b) 债权人使用会计信息衡量贷款的风险与收益；(c) 股东使用会计信息评价股票的风险及收益；(d) 董事们使用会计信息监督管理层；(e) 员工使用会计信息来判断工作机会。会计工作机会包括财务会计、管理会计和税收会计领域。

C3 解释职业道德对会计的重要性。会计的目标是为制定决策提供有用信息。信息必须可信才有价值。这就要求会计工作必须遵守职业道德。

C4 解释公认会计原则的含义，定义并应用若干重要的会计原则。公认会计原则是会计人员经常使用的一套原则。会计原则可以帮助企业提供具有相关性、可靠性和可比性的信息。财务报表依据的四个会计原则包括：计量原则，收入确认原则，支出确认原则和充分披露原则。财务报表同时反映了四个会计假设：持续经营假设，货币计量假设，会计分期假设和会计主体假设。

A1 定义并解释会计等式及其构成要素。会计等式是：资产＝负债＋所有者权益。资产是指一家企业拥有的资源。负债是指债权人对企业资产享有的求偿权。所有者权益是指所有者对企业资产（剩余权益）享有的求偿权。扩展的会计等式是：资产＝负债＋(所有者名下的资本－所有者名下的提取＋收入－费用)。

P1 运用会计等式分析企业经济业务。交易是双方之间经济价值的交换，例如产品、服务、资金和收款权的交换。交易总是会对会计等式的一个或多个项目产生至少两种影响。会计等式总是能够保持平衡。

P2 界定和编制基本财务报表，并解释各类报表之间的相互联系。反映经济主体活动的财务报表主要有四种：资产负债表、利润表、所有者权益表和现金流量表。

关键术语

Accounting 会计
Accounting equation 会计等式
Assets 资产
Auditors 审计师
Balance sheet 资产负债表
Bookkeeping 簿记
Business entity assumption 会计主体假设
Common stock 普通股
Conceptual framework 概念框架
Corporation 公司
Cost-benefit constraint 成本收益约束
Cost principle 成本原则
Dodd-Frank Wall Street Reform and Consumer Protection Act 《多德-弗兰克华尔街改革和消费者保护法案》
Equity 权益
Ethics 职业道德
Events 事项
Expanded accounting equation 扩展的会计等式
Expense recognition principle 支出确认原则
Expenses 费用
External transactions 外部交易
External users 外部使用者
Financial accounting 财务会计
Financial Accounting Standards Board (FASB) 财务会计准则委员会
Full disclosure principle 充分披露原则
Generally Accepted Accounting Principles (GAAP) 公认会计原则
Going-concern assumption 持续经营假设
Income statement 利润表
Internal transactions 内部交易

Internal users 内部使用者
International Accounting Standards Board (IASB) 国际会计准则理事会
International Financial Reporting Standards (IFRS) 《国际财务报告准则》
Liabilities 负债
Managerial accounting 管理会计
Matching principle 配比原则
Materiality constraint 实质性约束
Measurement principle 计量原则
Monetary unit assumption 货币计量假设
Net income 净收益
Net loss 净损失
Owner, Capital 所有者名下的资本
Owner, Withdrawals 所有者名下的提取
Owner investment 所有者投资
Owner withdrawals 所有者提取
Partnership 合伙企业
Proprietorship 独资企业
Recordkeeping 簿记
Revenue recognition principle 收入确认原则
Revenues 收入
Sarbanes-Oxley Act 《萨班斯-奥克斯利法案》
Securities and Exchange Commission (SEC) 证券交易委员会
Shareholders 股东
Shares 股份
Sole proprietorship 独资企业
Statement of cash flows 现金流量表
Statement of owner's equity 所有者权益表
Stock 股票
Stockholders 股东
Sustainability Accounting Standards Board (SASB) 可持续性会计准则委员会
Time period assumption 会计分期假设

选择题*

1. 现有一幢大楼待售，标价为＄500 000，但其评估价为＄400 000。购楼者认为该楼值＄475 000，但最终以＄450 000购得。购楼者应以下面哪个价格将大楼入账？______

a. ＄50 000　b. ＄400 000　c. ＄450 000　d. ＄475 000　e. ＄500 000

2. 今年12月30日，毕马威会计师事务所（KPMG）与客户签订了一份合同，合同规定，毕马威将在明年为客户提供价值＄150 000的会计服务。已知毕马威采用自然年度作为其会计年度。下面哪条会计原则要求毕马威将来自该客户的会计服务收入于明年而不是今年入账？______

a. 会计主体假设　b. 收入确认原则　c. 货币计量假设　d. 计量原则　e. 持续经营假设

3. 某年，某公司的资产增加了＄100 000，同时负债增加了＄35 000，该年度该公司的所有者权益会发生怎样的变化？______

a. 增加＄135 000　b. 减少＄135 000　c. 减少＄65 000　d. 增加＄65 000　e. 增加＄100 000

4. Brunswick公司从第三国家银行贷款＄50 000。这笔交易会对该公司的会计等式产生怎样的影响？______

a. 资产增加＄50 000，负债增加＄50 000，所有者权益不变
b. 资产增加＄50 000，负债不变，所有者权益增加＄50 000
c. 资产增加＄50 000，负债减少＄50 000，所有者权益不变
d. 资产不变，负债增加＄50 000，所有者权益增加＄50 000
e. 资产不变，负债增加＄50 000，所有者权益减少＄50 000

* 因篇幅限制，本书的习题有所删减。——译者注

5. Geek Squad 为客户提供服务，客户开出了一张 $500 的支票。Geek Squad 应如何记录这笔交易？______

a. 应收账款增加 $500，收入增加 $500
b. 现金增加 $500，收入增加 $500
c. 应收账款增加 $500，收入减少 $500
d. 应收账款增加 $500，应付账款增加 $500
e. 应付账款增加 $500，收入增加 $500

讨论题

1. 社会中的会计目标是什么？
2. 技术日益用于会计数据的处理，为什么还要学习和理解会计知识呢？
3. 列出四种外部信息使用者，并说明他们是如何使用会计信息的。
4. 请列出至少三种企业所有者和管理者通过研究会计信息能够解决的问题。
5. 请列出三种提供服务的业务活动和三种提供产品的业务活动。
6. 请阐述会计在组织内的重要地位。
7. 请列出三种由会计专业人士提供的典型服务。
8. 什么类型的会计信息对市场营销经理是有用的？
9. 为什么会计被认为是一种服务活动？
10. 与会计相关的专业人士有哪些？
11. 职业道德如何影响审计人员对客户的选择？
12. 除了编制纳税申报表，税务会计专业人士还需要做什么工作？
13. 客观性的概念对财务报表上列示的信息的影响是怎样的？为什么？
14. 一家企业的资产负债表中列示的办公纸张的成本为 $400，而卖掉这些废纸最多能收回 $10。这项记录依据的会计原则或假设是什么？
15. 为什么需要收入确认原则？它的要求是什么？
16. 请列出三种基本的组织形式，并阐述它们各自的特点。
17. 界定什么是（a）资产，（b）负债，（c）权益，（d）净资产。
18. 哪些事件或交易能够改变所有者权益？
19. 请说出两类会计原则并加以说明。
20. 对会计人员而言，什么是收入？
21. 请给净利润下一个定义，并说明如何计算。
22. 请列出企业的四种基本财务报表。
23. 利润表需要披露什么信息？
24. 请列出企业可能发生的两种费用。
25. 所有者权益表的目标是什么？
26. 资产负债表包含哪些信息？
27. 现金流量表包含哪些主要业务活动？
32. 请参阅书末附录①中谷歌的财务报表回答下列问题：美元金额四舍五入的影响有多大？它的利润表对应哪个期间？

---

① 附录的内容可通过扫描第448页的二维码查看。

33. 访问 SEC EDGAR 数据库（SEC. gov）并搜索苹果公司 2015 年 10-K（2015 年 10 月 28 日提交）。确定其审计机构，并说明该机构对苹果公司的财务报表的责任是什么？

快速学习

QS 1-1　从术语 a～h 中选择适当选项填入 1～3 的表述中。

a. 会计　b. 识别　c. 记录　d. 沟通
e. 政府　f. 技术　g. 商业语言　h. 簿记

1. ______可以在提升记账准确性的同时减少簿记花费的时间、精力和成本。
2. ______商业活动要求按时间顺序记录以美元计量的交易和事件。
3. ______是交易和事项的手工或电子记录。

QS 1-3　欺诈三角形认为一个有欺诈行为的人一定存在以下三个因素：A. 机会；B. 压力；C. 借口。识别下列各情境中的欺诈风险因素（A，B 或 C）：

______1. 这家公司的仓库里没有摄像头或安保设备。
______2. 经理们不能使业绩提升就会被解雇。
______3. 一名工人看到其他员工定期取出存货供个人使用。
______4. 轮班结束后，没有人把收银机里的现金和收据进行匹配。
______5. 官员不能使收入增加就将面临被解雇的风险。
______6. 一名工人觉得同事不诚实。

QS 1-5　依据独资企业、合伙企业和公司的特征在下表中填入“是”或“否”。

特征	独资企业	合伙企业	公司
1. 是否需要缴纳企业所得税	____	____	____
2. 是不是企业个体	____	____	____
3. 是不是法人实体	____	____	____

QS 1-7

a. Charter 公司的总资产为 $ 700 000，所有者权益为 $ 420 000。它的负债是多少？
b. Martin Marine 的总资产为 $ 500 000，负债和所有者权益相等。它的负债和所有者权益各是多少？

QS 1-9　根据本书附录中谷歌公司 2015 年 12 月 31 日的财务报表回答下列问题：

a. 指出该公司 2015 年的（1）资产，（2）负债，（3）所有者权益。
b. 根据 a 的数据，证明等式“资产＝负债＋所有者权益”。

QS 1-11　创建与图表 1-9 类似的图表。

资产	＝	负债	＋	所有者权益
现金＋物料＋设备＋土地	＝	应付账款	＋	所有者名下的资本－所有者名下的提取＋收入－费用

然后使用加减法来表示每笔交易对会计等式的单个项目的影响。

a. 所有者（Alex Carr）向公司投资了 $ 15 000 现金。
b. 公司用现金购买了 $ 500 物料。
c. 所有者向公司投资了价值 $ 10 000 的设备。
d. 公司额外赊购了 $ 200 物料。
e. 公司用现金购买了价值 $ 9 000 的土地。

QS 1-13　将下列事项分类为收入（R）、费用（EX）或所有者提取（W）。

______ 1. 销售成本　　______ 2. 服务收入
______ 3. 工资费用　　______ 4. 所有者名下的提取
______ 5. 租金费用　　______ 6. 租金收入
______ 7. 保险费用　　______ 8. 咨询收入

QS 1-17 利用本书附录中三星公司2015年12月31日的财务报表回答下列问题：
a. 识别2015年三星公司的（1）资产，（2）负债，（3）所有者权益（单位：百万圆）。
b. 利用a的数据证明“资产=负债+所有者权益”。

练习题

Exercise 1-1 会计是一个确认、记录和传递与经济活动有关的具有相关性、可靠性和可比性的信息的信息和计量系统。将以下活动按照确认（I）、记录（R）或传递（C）分类：

______ 1. 分析和解读报表。　　______ 2. 列报财务信息。
______ 3. 保留服务成本日记账。　　______ 4. 计量生产成本。
______ 5. 编制财务报表。　　______ 6. 确认提供服务取得的收入。
______ 7. 确定一项服务所需的劳动量。　　______ 8. 确定销售产品得到的现金收入。

Exercise 1-3 很多会计人士在下列三个领域中工作：
A. 财务会计　　B. 管理会计　　C. 税务会计
请指出与下列责任最契合的会计领域：

______ 1. 内部审计　　______ 2. 外部审计
______ 3. 成本会计　　______ 4. 预算
______ 5. 调查违反税法的行为　　______ 6. 计划如何交易以规避纳税
______ 7. 编制外部财务报表　　______ 8. 审阅财务报告以与SEC的要求相一致

Exercise 1-5 将下列1～9的描述与其最能反映的术语相匹配。将术语前的字母填入空格中。
A. 职业道德　　B. 职业道德路径　　C. 欺诈三角形
D. 预防　　E. 内部控制　　F.《萨班斯-奥克斯利法案》
G. 审计　　H.《多德-弗兰克法案》　　I. 追回政策

______ 1. 追回超额的激励报酬。
______ 2. 推进问责制和提升透明度，保护消费者免受金融服务泛滥之害。
______ 3. 检查财务报表是否按照公认会计原则编制；它不能保证报表的绝对准确性。
______ 4. 需要内部控制的文件记录和验证，更加强调内部控制的有效性。
______ 5. 建立程序保护公司财产和设备，确保可靠的会计核算，提高效率，鼓励遵守政策。
______ 6. 一个用来阻止欺诈的价格更低和更有效的手段。
______ 7. 一个有欺诈行为的人一定具备三个因素：机会、压力和借口。
______ 8. 避免对自己的决定产生怀疑的行动路线。
______ 9. 区分是非的信念。

Exercise 1-7 请将最能反映下列事项的会计原则或会计假设对号入座。将每一原则或假设对应的字母填入空格中。
A. 通则　　B. 成本原则　　C. 会计主体假设
D. 收入确认原则　　E. 具体原则　　F. 配比原则（支出确认原则）
G. 持续经营假设　　H. 充分披露原则

______ 1. 一家企业详细地披露所有可能会影响使用者决策的财务报表信息。
______ 2. 财务报表反映企业能持续经营。
______ 3. 一家企业在记录产生的收入的同时也记录由此发生的费用。
______ 4. 由长期使用和普通接受的会计实践演化而来。
______ 5. 每一主体与它的所有者都是分别进行会计处理。
______ 6. 只有在产品和服务发出或提供后才确认收入。
______ 7. 通常由权威机构发布。
______ 8. 信息以实际交易活动中发生的成本为基础。

Exercise 1 - 9　回答下列问题（提示：运用会计等式）。

a. Addison 公司年初的资产为 $ 300 000，所有者权益为 $ 100 000。本年度资产增加了 $ 80 000，负债增加了 $ 50 000。那么该公司年底的所有者权益是多少？

b. Office Store 公司年底的资产为 $ 123 000，负债为 $ 47 000。那么该公司年底的所有者权益是多少？

c. Quasar 公司年初的负债为 $ 70 000。本年度资产增加了 $ 60 000，年末资产为 $ 190 000。本年度负债减少了 $ 5 000。那么年初和年末的所有者权益分别是多少？

Exercise 1 - 11　以下图表反映了五笔交易（1～5）对 Mulan 精品店的资产、负债和所有者权益的影响。

	资产							=	负债	+	所有者权益		
交易	现金	+	应收账款	+	办公用品	+	土地	=	应付账款	+	Trista 名下的资本	+	收入
	$ 21 000	+	$ 0	+	$ 3 000	+	$ 19 000	=	$ 0	+	$ 43 000	+	$ 0
___ 1.	−4 000					+	4 000						
___ 2.				+	1 000				+1 000				
___ 3.		+	1 900									+	1 900
___ 4.	−1 000								−1 000				
___ 5.	+1 900	−	1 900										
	$ 17 900	+	$ 0	+	$ 4 000	+	$ 23 000	=	$ 0	+	$ 43 000	+	$ 1 900

从下面的 a～j 中找出最能描述每一笔交易的信息，并填入编号前的空白处。

a. 公司赊购了价值 $ 1 000 的办公用品。
b. 公司收回 $ 1 900 现金的应收账款。
c. 公司出售土地收到 $ 4 000 现金。
d. 所有者从企业中取出 $ 1 000 现金。
e. 公司以 $ 1 000 现金购买了办公用品。
f. 公司以 $ 4 000 现金购买了土地。
g. 公司向客户提供服务后开具了 $ 1 900 的账单。
h. 公司支付了 $ 1 000 现金以偿还应付账款。
i. 所有者投资了 $ 1 900 现金。
j. 公司赊销办公用品 $ 1 900。

Exercise 1 - 13　Ming Chen 在 7 月 1 日开始进行专业实践，计划在每个月月底编制财务报表。7 月份，Ming Chen（所有者）完成了以下交易：

a. 所有者的初始投资为 $ 60 000 现金和一台市场价值 $ 15 000 的设备。
b. 公司每月用现金支付办公室租金 $ 1 500。
c. 公司赊购了一台设备，购买价格为 $ 10 000（30 天内支付完毕）。

d. 公司为一位客户提供服务，收到现金＄2 500。

e. 公司为一位客户提供服务，向对方寄了＄8 000 的账单，要求 30 天内还清。

f. 公司用现金购买一台价值＄6 000 的设备。

g. 公司每月用现金支付助理工资＄3 000。

h. 公司收到客户偿还交易 e 中部分应收账款的现金＄5 000。

i. 公司支付现金＄10 000 以偿还交易 c 产生的负债。

j. 所有者从公司提取＄1 000 现金用作私人用途。

要求：

制作一张与图表 1－9 相似的表格。

资产					=	负债	+	所有者权益						
现金	＋	应收账款	＋	设备	＝	应付账款	＋	Chen 名下的资本	－	Chen 名下的提取	＋	收入	－	费用

通过每一独立业务的加减来反映会计等式的变化，展现每一业务发生后新的平衡。

Exercise 1－15　10 月 1 日，Ebony Ernst 组建了一家新的咨询公司——Ernst 咨询公司。10 月 3 日，所有者投入现金＄84 000。10 月 31 日，公司的业务记录如下所示。请通过以下信息编制 10 月份的利润表。

现金	＄11 360	所有者提取的现金	＄2 000
应收账款	14 000	咨询收入	14 000
办公用品	3 250	租金费用	3 550
土地	46 000	工资费用	7 000
办公设备	18 000	电话费用	760
应付账款	8 500	其他费用	580
所有者投资	84 000		

Exercise 1－19　指出下列活动分别在现金流量表的哪一部分出现。

O. 经营活动现金流量

I. 投资活动现金流量

F. 筹资活动现金流量

______ 1. 用现金购买设备。　　______ 2. 所有者提取现金。

______ 3. 用现金支付广告费。　　______ 4. 用现金支付工资。

______ 5. 用现金支付供应商的应付账款。　　______ 6. 从客户那里收到现金。

______ 7. 所有者投入现金。　　______ 8. 用现金支付租金。

综合题

Problem 1－1A　确定下列 1～10 每一项单独的交易对财务报表的影响。若使科目数额增加，在相应单元格中填“＋”和金额。若减少，在相应单元格中填“－”和金额。有些单元格可能既有增加（＋）也有减少（－）。第一项交易已填好，作为示例。

要求：

a. 对于资产负债表，确定每笔交易如何影响总资产、总负债和总所有者权益。对于利润表，确定每笔交易如何影响净利润。

b. 对于现金流量表，确定每笔交易如何影响经营活动的现金流、投资活动的现金流和融资活动的现金流。

	a.				b.		
	资产负债表			利润表	现金流量表		
交易	总资产	总负债	总所有者权益	净利润	经营活动	投资活动	融资活动
1　所有者向企业投入 $ 900 现金	+900		+900				+900
2　提供服务收到 $ 700 现金							
3　用现金支付员工工资 $ 500							
4　使用信用卡支付 $ 100 法律费用							
5　赊购 $ 200 物料							
6　现金购买 $ 300 设备							
7　支付 $ 200 应付账款							
8　赊销价值 $ 400 的服务							
9　所有者提取 $ 50 现金							
10　收到客户偿还应收账款的 $ 400 现金							

拓展题

BTN 1－1　以下是苹果公司 2015 年 9 月 26 日会计年度结束时的关键财务指标。

单位：百万美元

关键指标	
负债+所有者权益	$ 290 479
净利润	53 394
收入	233 715

要求：

1. 苹果公司的资产总额是多少？
2. 苹果公司 2015 财年末的资产回报率是多少？2014 年 9 月 27 日该公司资产总额为 $ 231 839（百万）。
3. 苹果公司截至 2015 财年的费用总额是多少？
4. 如果竞争对手的平均收益率是 10%，那么苹果公司 2015 财年的资产回报率是否令人满意？

全球视角

美国公认会计原则（U. S. GAAP）和国际财务报告准则（IFRS）是类似的，但并不完全相同。在本书各章节的最后一部分，我们将比较美国公认会计原则和国际财务报告准则各章节内容主要的相同和不同之处。

基本原则　美国公认会计原则和国际财务报告准则均对会计工作制定了通用原则，并且这些原则是类似的。但是，美国公认会计原则和国际财务报告准则均没有对会计账户名称和列报的具体要求做出规定。不同的是，国际财务报告准则提出了资产负债表列报内容的最低要求，而美国公认会计原则未提出相关要求。另一方面，美国公认会计原则要求利润表、现金流量表、留存收益（权益）表披露当年和前两年的相应内容，而国际财务报告准则只要求披露当年与前一年的相应内容。但这两个体系所遵循的基本原则相似。

经济业务分析 正如本章所述，美国公认会计原则和国际财务报告准则在指导经济业务分析方面相同。尽管在收入和支出确认以及其他一些原则上存在若干差异，但是在这两种体系下，本章中所有经济业务的会计记账过程相同。一般认为，美国公认会计原则偏向规则导向（rules-based），而国际财务报告准则偏向原则导向（principles-based）。在美国公认会计原则下，记录经济业务需要严格遵守会计准则，而在国际财务报告准则下，记录经济业务需要根据具体情况来考虑如何记录才最准确。这种不同超出了本书的讨论范围。

财务报表 在美国公认会计原则和国际财务报告准则下，企业都需要编制四类相同的基本财务报表。例如，以下是三星公司依照韩国的国际财务报告准则编制的简化利润表。本书附录有三星、苹果、谷歌公司完整的财务报表。

三星公司
利润表（单位：千美元）
2015年

收入	$177 365 404
销售成本	109 150 639
推销、工资、折旧及其他费用（净额）	45 266 834
税费	6 099 929
净利润（收益）	$ 16 848 002

国际财务报告准则的地位 如今有超过115个国家接受或采用国际财务报告准则。这些国家和地区贡献了全球国内生产总值（GDP）的97%。更新的全球会计信息可以在AICPA（aicpa.org），FASB（fasb.org），IASB（ifrs.org）三者的官网查看。

国际财务报告准则

与美国财务会计准则委员会一样，国际会计准则理事会使用概念框架来修正或是起草新的准则。然而，与美国财务会计准则委员会不同的是，国际会计准则理事会仅在缺少具体准则的情况下使用概念框架进行指导，同时，国际会计准则理事会还要求每一笔经济业务根据其实质内容记账（不仅仅是根据法律形式记账），并且财务报表需以公允价值为基础，而美国财务会计准则委员会仅仅在美国公认会计原则要求采用公允价值计量时才要求企业财务报表以公允价值为基础。

选择题答案

1. c；实际发生成本为$450 000。
2. b；收入在发生时确认。
3. d；

资产	=	负债	+	所有者权益
+$100 000	=	+$35 000	+	?

所有者权益变化=$100 000−$35 000=$65 000

4. a
5. a

第 2 章

经济业务分析与记录

本章预览

会计系统	借贷关系	交易记录	试算平衡表	财务报表
C1 原始凭证 C2 账户种类 C3 总分类账	T型账户 C4 借贷关系 正常余额	P1 日记账和过账 A1 交易过程举例	P2 试算平衡表的编制和使用 错误识别	P3 编制财务报表
NTK 2-1	NTK 2-2	NTK 2-3	NTK 2-4	NTK 2-5

学习目标

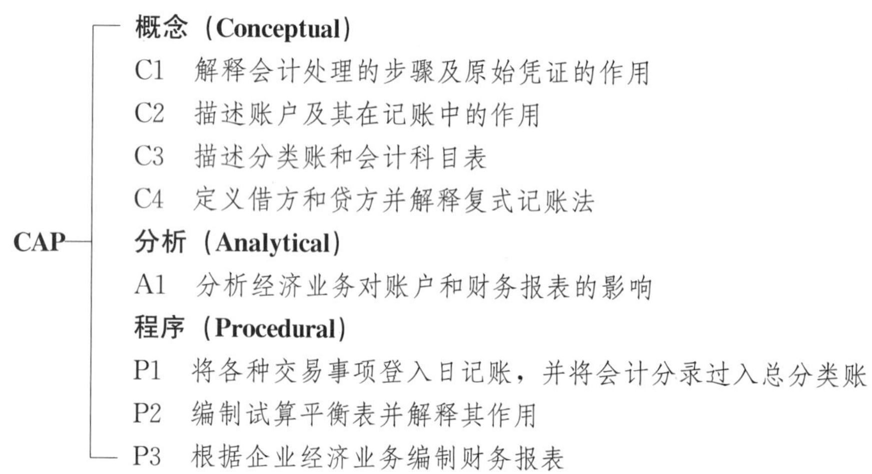

2.1 会计系统

交易和事项是经济业务分析和记录的起点。从交易和事项到编制财务报表的过程包括如下内容：

- 从原始记录中识别每个交易和事项。
- 利用会计等式分析每个交易和事项。
- 将相关的交易和事项记录在日记账中。
- 将日记账信息过入总分类账。
- 编制和分析试算平衡表和财务报表。

□ 原始凭证

原始凭证（source documents）可以确认和描述进入会计系统的交易和事项。原始凭证既可以是纸质的，也可以是电子形式的。例如，销售发票、支票、订货单、供应商签发的账单、员工收入记录以及银行对账单都属于原始凭证。很多收银系统将每笔销售业务的信息记录在系统内部的磁带或电子文档中。这种记录可以作为在会计账簿中记录销售活动的原始凭证。原始凭证能够为交易和事项及其金额提供客观可靠的证据。

账户及其分析

账户（account）是某一项资产、负债、所有者权益、收入或费用增减变动情况的记录。**总分类账**（general ledger），简称**分类账**（ledger），是一种包括企业使用的全部账户的账簿。分类账通常采用电子形式。尽管大多数企业的分类账都类似，但由于业务类型不同，企业往往会根据自己的具体业务情况使用一个或多个特殊账户。未分类的资产负债表将账户广义地分为资产、负债和所有者权益三类，如图表 2-1 所示。

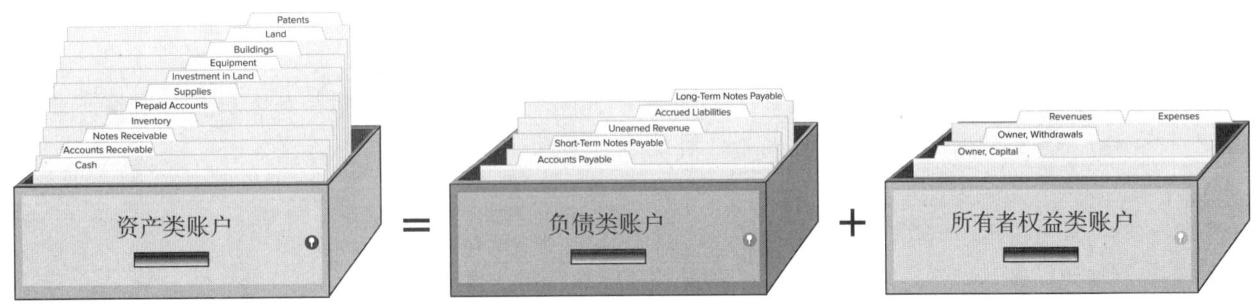

图表 2-1　根据会计等式给账户分类

资产类账户

资产是指企业拥有或控制的预计能够给企业带来一定经济效益的资源。大多数会计系统（至少）包含以下几个独立的资产账户。

现金　“现金”账户反映企业的现金余额，现金的增减变动情况要记录在现金账户中。现金包括货币和其他各种可以在银行存入的资金（硬币、支票、汇票和支票账户余额）。

应收账款　应收账款由卖方持有，是买方对卖方的付款承诺。这类交易通常称为赊销。赊销会增加应收账款，同时会向客户开具账单，客户付款会使应收账款减少。我们将应收账款的增减变动情况都记录在“应收账款”账户下。当存在多个客户的应收账款时，企业需要单独记录每个客户的应收账款：“应收账款——客户名字”。

应收票据　应收票据也称期票，是一种书面承诺，保证在未来的某个特定时间会把一笔金额确定的款项支付给票据持有人。企业将其作为资产进行记录。

预付账款　预付账款也叫预付费用，是一个资产类账户，代表提前支付的未来费用（预计会在未来一个及以上会计期间发生的费用）。以后，当费用发生时，“预付账款”账户中的金额将被转入费用账户。常见的预付账款包括预付保险费、预付租金和预付服务费（例如俱乐部会员费）。随着时间的推移（例如租金）或服务被使用（例如预付的餐券费用），预付账款将会到期。在编制财务报表时，(1) 所有已到期或者已使用的预付账款都要记入费用；(2) 所有尚未到期或者未使用完的预付账款都要记入资产（反映其在未来时期的用途）。我们以保险费用为例来说明。当企业预付保险费用时，这项支出通常会被记入“预付保险费”这一资产类账户。随着时间的推移，待摊保险费中到期的部分会从资产账户中转出，作为费用列示在利润表中。而没有到期的保险费用则保留在“预付保险费”账户中，作为一项资产列示在资产负债表中。

物料　物料在使用完之前都属于资产。在物料使用完之后，其成本会被记入费用账户。未被耗用的物料的成本会被记入“物料”这一资产类账户。我们通常根据物料的用途对它们进行分类——例如：物料可以分为办公用品和商店用品。办公用品包括纸张、墨粉及笔。商店用品包括包装物和清洁物品。

设备 设备也是一项资产。随着设备被使用及耗费，其成本也一点一点地确认为费用（这种费用称为折旧）。通常根据设备的用途对它们进行分类——例如：设备可以分为办公设备和商店设备。办公设备包括计算机和办公桌。商店设备记录的是柜台收银机等在商店中使用的资产的成本。

建筑物 建筑物如商铺、办公室、仓库和厂房，也属于资产，因为它们预计能够为其持有者或控制者带来收益。它们的成本会被记入“建筑物”这一资产类科目。如果企业同时拥有多种建筑物，那么可以设立几个独立的账户来分别记录这些建筑物。

土地 企业拥有的土地的成本会被记入“土地”账户。在土地上面建造的建筑物要与土地分开核算，建筑物的成本要记入一个或者多个“建筑物”账户。

决策洞察力

女性企业家

Sara Blakely 是亿万富翁企业家、SPANX 所有者，承诺会把一半的财产捐给慈善机构。女性商业研究报告说，所有者为女性的企业正在增加，并且它们：

- 超过 1 100 万家，雇用了近 2 000 万工人。
- 每年创造 2.5 万亿美元的销售额，并倾向于使用技术。
- 慈善特征明显——70%的企业所有者至少每个月做一次志愿者。
- 更可能由个人投资者（73%）而不是风险公司（15%）投资。

负债类账户

负债是指（债权人）对资产的求偿权，换句话说，负债是指债务人承担的向其他个体转让资产或提供产品或服务的义务。**债权人**（creditors）是指享有向企业索偿债务权利的个人或组织。下面介绍一些常用的负债类账户。

应付账款 应付账款是会在未来付款的承诺，通常由购买商品产生，也可以由购买物料、机器设备或者服务引起。我们将所有支付的增加与减少记录在“应付账款”账户中。当存在多个供应商时，应单独记录在“应付账款——供应商名字”中。

应付票据 应付票据是一种较为正式的会在未来付款的承诺，通常以债务人出具期票的形式来呈现。根据偿还时间的不同，应付票据可以分为短期应付票据和长期应付票据。关于长期应付票据和短期应付票据应该如何划分，我们将在后两章详细介绍。

预收账款 预收账款是指在未来企业提供产品或服务时才能得以清偿的一种负债。当客户预付货款购买产品或服务时（收入尚未实现），收入确认原则要求卖方将这笔货款确认为预收账款。预收账款包括出版社提前收取的杂志订阅费、土地所有者提前收取的租金以及运动队出售季票的收入。卖方将把这些收入记入预收杂志订阅费、预收租金或预收票款等负债类账户。在未来提供产品或服务以后，预收账款中已经实现的部分就可以转入杂志订阅费、租金收入和票款收入等收入类账户。①

应计负债 应计负债是指企业所欠的尚未偿还的债务，例如应付工资、应缴税款和应付利息。这些项目通常都要记入“应计负债”项目，但是要针对每个项目设立单独的明细科目。如果这些项目的金额不大，那么可以在资产负债表上将一个或多个分类账账户列在同一项目下，计算它们的合计额（财务报表上

① 在实践中，不同企业使用的账户名称各不相同。例如，订阅费有时候也叫订阅费收入、订阅费所得或所得订阅费。再比如，租金有时候也叫租金收入、租赁收入或所得租金收入。在阅读财务报表时，我们必须具备良好的判断力，因为即便是在同一行业，不同的企业也可能会使用不同的账户名称。例如苹果公司把产品销售收入称为销售净额，谷歌公司、三星公司则把它称为收入。一般来讲，服务性企业经常使用收入或费用，而生产性企业则经常使用销售净额或销售额。

常常出现列示几个分类账账户总金额的情况）。

决策洞察力

预收账款

西雅图海鹰队、丹佛野马队、新英格兰爱国者队和大多数 NFL 球队的预售票收入都超过 1 亿美元，被确认为预收账款。当一支球队在主场比赛时，它会将这一负债转嫁给持票人，然后将收到的金额转到门票收入中。其他主要体育项目的球队，如国家女子足球联赛和国家女子篮球协会，也有预收账款。

所有者权益类账户

我们把所有者对企业资产的求偿权称为权益或所有者权益。权益是所有者对企业资产扣除负债之后的余额享有的剩余利益。权益类账户可以分成四类，关系如下所示：

所有者权益＝所有者名下的资本－所有者名下的提取＋收入－费用

图表 2－2 使用扩展的会计等式进行说明。我们还将资产和负债组成具有类似属性的部分。资产和负债的一个重要组成部分是流动项目，通常指那些预计在一年内到期的项目（已收的或所欠的）。接下来的两章将详细解释。本阶段需要知道分类资产负债表将账户归入各个明细分类（如将土地和建筑物归入固定资产），在非流动资产之前报告流动资产，在非流动负债之前报告流动负债。

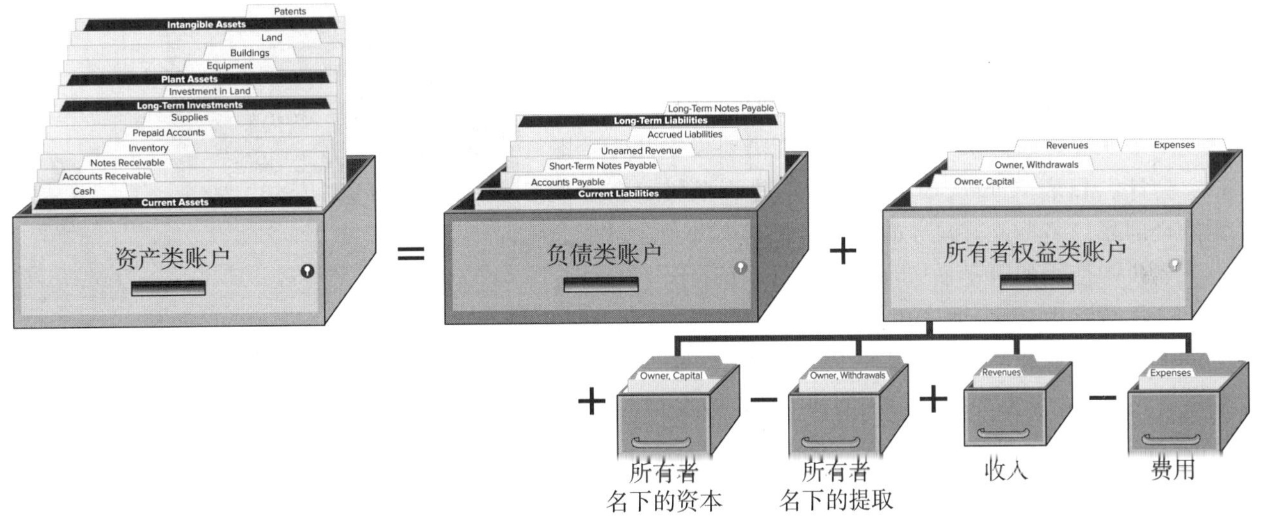

图表 2－2 扩展的会计等式

所有者名下的资本 所有者向企业投资会同时增加企业的资产和所有者权益。增加的所有者权益将记入**“所有者名下的资本”**账户。FastForward 公司就使用了一个名为“C. Taylor 名下的资本”的账户。今后所有者全部的追加投资都将记入该账户。

所有者名下的提取 当所有者出于私人用途提取资产时，所有者权益总额和企业资产总额将同时减少。权益的减少记录在“所有者名下的提取”账户中。FastForward 公司就使用了名为“C. Taylor 名下的提取”的账户。所有者名下的提取并非企业发生的费用，它仅仅是所有者投资的反向科目（所有者无法从企业领取薪水，因为从法律上讲，他们与企业是一个整体；所有者也不能跟自己的企业签订合同）。

收入账户 通过向客户提供商品或服务获得的净资产流入，通过增加收入而增加所有者权益。收入账户包括销售收入、佣金收入、专业费用收入、租金收入和利息收入等。收入能增加所有者权益。

费用账户 有助于形成收入的净资产的流出体现为费用账户的增加，会使所有者权益减少。费用账户包括广告费、仓储费、办公室人员工资费用、办公用品、租赁费用、公用事业费用和保险费用。费用会使所有者权益减少（企业使用的账户名称有时会有所不同。例如，有些企业可能使用的是“利息收入”而不是“利息所得”，或者使用的是“租赁费”而不是“租金费用”。不管使用什么样的账户名称，最重要的是保证账户名称能够代表它所记载的内容）。

决策洞察力

克利夫兰骑士队、波士顿凯尔特人队、圣安东尼奥马刺队、金州勇士队、洛杉矶快船队和其他 NBA 球队的收入和支出账目如下所示：

收入	费用
门票销售收入	团队工资
电视和电台广播费用	游戏成本
广告收入	NBA 的特许经营费用
季后赛收入	促销费用

分类账和会计科目表

会计系统中所有账户及账户余额的集合叫做分类账（或总分类账）。企业规模的大小和业务的多样性会影响企业需要设立的账户的数量。一家小型企业可能只需要设立二三十个账户，而一家大型企业则可能需要设立几千个账户。**会计科目表**（chart of accounts）是一张列示企业使用的全部账户名称及其编号的列表。一家小型企业可能会在其账户中使用如图表 2－3所示的编号系统。

图表 2－3 小型企业的会计科目表

这些数字为会计记账提供了三位数的编码。在上面提到的例子中，资产类账户打头的数字为 1，负债类账户打头的数字为 2，依此类推。第二位和第三位数字与各账户子类有关。图表 2－4 截取了第 1 章提到的 FastForward 公司的部分会计科目表。

图表 2－4 FastForward 公司的部分会计科目表

科目表									
资产		负债		权益					
101	现金	201	应付账款			301	C. Taylor 名下的资本		
106	应收账款	236	预收咨询收入			302	C. Taylor 名下的提取		
126	物料			收入				费用	
128	预付保险费			403	咨询收入			622	工资费用
167	设备			406	租金收入			637	保险费用
								640	租金费用
								652	物料费用
								690	公用事业费用

NTK 2－1

将下列账户分类为资产（A）、负债（L）或所有者权益（EQ）。

1. ____预付租金
2. ____所有者名下的资本
3. ____应收票据
4. ____应付账款
5. ____应收账款
6. ____设备
7. ____应付利息
8. ____预收账款
9. ____土地
10. ____预付保险费
11. ____应付工资
12. ____应付租金

答案：

1. A　2. EQ　3. A　4. L　5. A　6. A　7. L　8. L　9. A　10. A　11. L　12. L

2.2　复式记账法

本节将介绍复式记账法的结构，包括借方和贷方。

借方与贷方

T 型账户（T-account）代表一个总分类账账户，是理解一项或多项交易带来的影响的工具。它的名字来源于它的形状，因为看上去很像字母 T，所以命名为 T 型账户。如图表 2－5 所示，T 型账户的结构为：（1）抬头为账户名称；（2）左边为借方；（3）右边为贷方。

账户名称	
（左边） 借	（右边） 贷

图表 2－5　T 型账户

账户的左边称为"**借方**"（debit），通常缩写为"借（Dr.）"；右边称为"**贷方**"（credit），缩写为"贷（Cr.）"。[①] 在账户的左边填写金额就表示借记该账户；在右边填写金额则表示贷记该账户。千万不要错误地以为借就是增加，贷就是减少。借和贷究竟是增加还是减少，取决于所借贷的账户。

一个账户借方总额与贷方总额之间的差额（包括期初余额）就是**账户余额**（account balance）。任何期初余额都被包括在内。如果借方合计超过了贷方合计，那么该账户就是借方余额。如果贷方合计超过了借方合计，那么该账户就是贷方余额。如果借方合计等于贷方合计，那么该账户就没有余额，或者说余额是零。

复式记账法

复式记账法（double-entry accounting）要求会计等式两边相等，即对于每一笔交易而言：

- 至少会对两个账户产生影响，因此需要在这两个账户中分别进行记录，记录时至少有一个借方和一个贷方。
- 借方总额必须等于贷方总额。

这意味着所有分录的借方总额必须等于其贷方总额，而总分类账中借方余额合计也一定等于贷方余额合计。借贷记账法的依据就是我们经常使用的会计等式，具体请参见图表 2－6。

---

① 这两种缩写方式是从 18 世纪英国记账法流传下来的，当时使用的是"debitor"和"creditor"，而不是"debit"和"credit"。就像"St."和"Dr."分别取"Saint"和"Doctor"的首字母和尾字母一样，"Dr."和"Cr."这两个缩略语分别取"debitor"和"creditor"的首字母和尾字母。

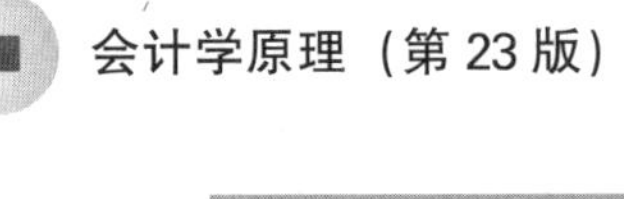

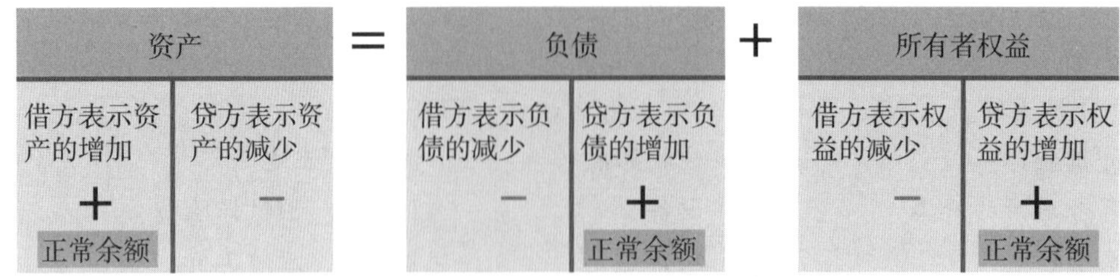

图表 2-6　会计等式中的借方和贷方

第一，如果等式的一边增加或减少，那么等式的另一边同样会增加或减少相同的金额。例如，如果等式左边的资产有所增加，那么等式右边的负债和所有者权益必然也会增加相同的金额。有些交易只会影响等式的一边，如以现金资产购买土地资产，但此时等式这一边所受的净影响为零。

第二，等式的左边是资产的正常余额，右边是负债和所有者权益的正常余额。这与会计等式的格局一致，因为会计等式的左边是资产，右边是负债和所有者权益。

第三，所有者权益的增加来源于收入和所有者投资，所有者权益的减少则来源于费用和所有者提取。图表 2-7 通过扩展的会计等式反映出这些重要的权益关系。

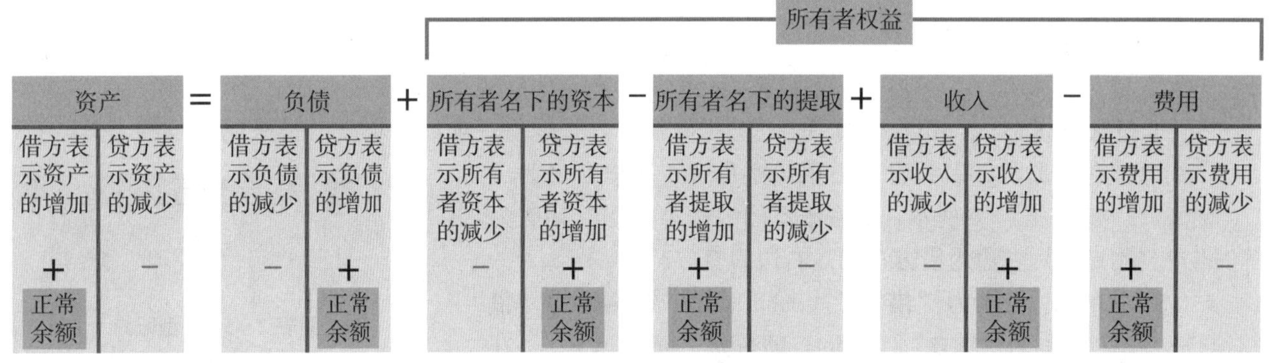

图表 2-7　扩展的会计等式中的借方和贷方

第四，所有者名下的资本和收入的增加会引起所有者权益的增加（记入贷方），所有者名下的提取和费用的增加则会引起所有者权益的减少（记入借方）。账户（如资产、负债、所有者名下的资本、所有者名下的提取、收入和费用等）的正常余额是指记录增加额的那一边，既可以是左边也可以是右边，既可能是借方也可能是贷方。

图表 2-8 为 FastForward 公司的现金 T 型账户，它反映了该公司的前 11 笔业务（见图表 1-9）。现金账户的总增加额（借方）为 $36 100，总减少额（贷方）为 $31 300，借方总额比贷方总额多 $4 800，因此该账户的借方余额为 $4 800。

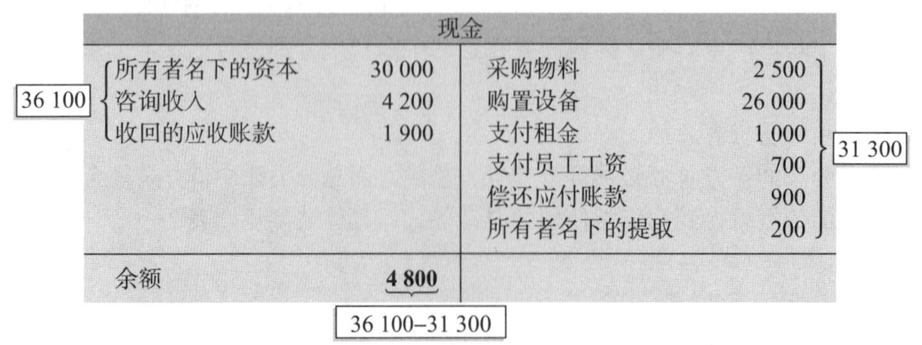

图表 2-8　T 型账户余额的计算

NTK 2-2

为下列每一个账户确认初始余额（借方或贷方）。

1. ____预付租金	5. ____应收账款	9. ____土地
2. ____所有者名下的资本	6. ____设备	10. ____预付保险费
3. ____应收票据	7. ____应付利息	11. ____所有者名下的提取
4. ____应付账款	8. ____预收账款	12. ____物料

答案：

1. 借方 2. 贷方 3. 借方 4. 贷方 5. 借方 6. 借方 7. 贷方 8. 贷方 9. 借方 10. 借方 11. 借方 12. 借方

2.3 分析和交易处理

本节将解释什么是分析、记录与过账。

登记日记账和过账

图表 2-9 描述了过账常用的四个步骤。第 1 步和第 2 步——经济业务分析和会计等式——在前几节已经介绍过了，本节将重点讨论第 3 步和第 4 步。第 3 步是在日记账中按时间顺序记录每一笔交易活动。**日记账**（journal）在同一个账簿中完整记录每一笔交易，而且列明每笔交易的借方发生额和贷方发生额。在日记账中记录各项交易活动的过程叫做**登记日记账**（journalizing）。第 4 步是将日记账分录转记到（过入）总分类账。这个将日记账分录转记到总分类账的过程叫做**过账**（posting）。

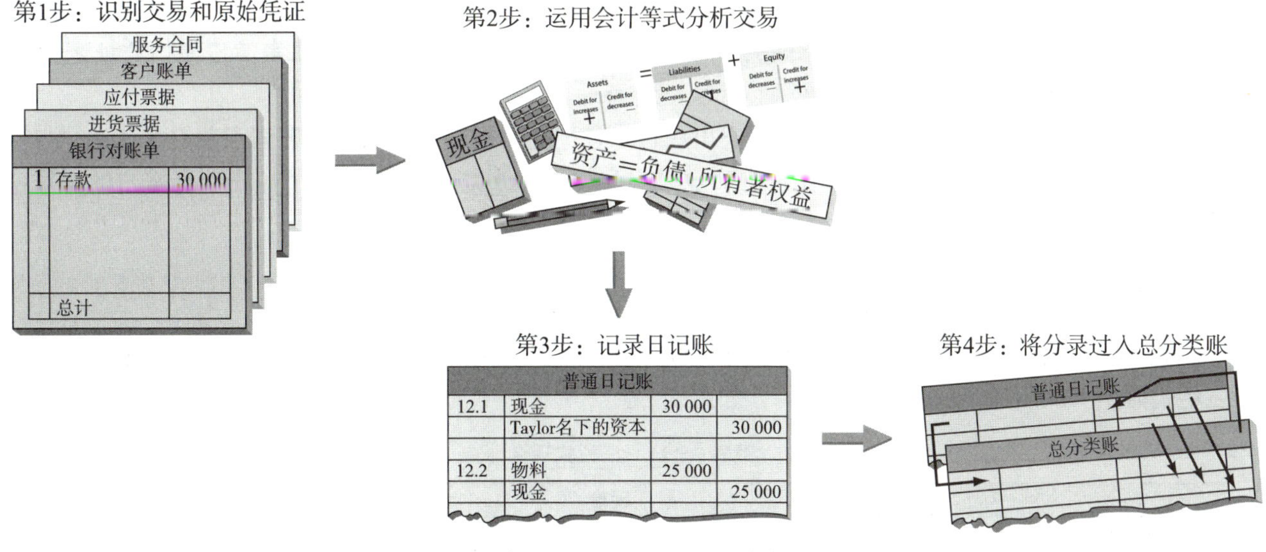

图表 2-9 处理交易数据的步骤

将各种交易事项登入日记账

要想将各种交易事项登入日记账，需要先了解一下日记账。尽管各家公司使用的日记账不尽相同，但它们使用相同的**普通日记账**（general journal）。普通日记账可以用来记录各种交易活动，其中包含每笔交易以下几方面的信息：(a) 交易日期；(b) 交易活动涉及的账户名称；(c) 借贷金额；(d) 对交易活动的说明。图表 2－10 给出了 FastForward 公司头两笔交易在普通日记账中的记录情况。无论是传统手工会计还是电算化会计，这一过程都大同小异。电算化条件下的日记账通常设计成与手工操作条件下的日记账类似的形式，而且为了保证每笔分录的借贷方相等，电算化条件下的日记账中还包含错误检验程序。电算化条件下的日记账还有一个非常便捷之处，就是会计人员可以在下拉菜单中选择账户名称及其代码。

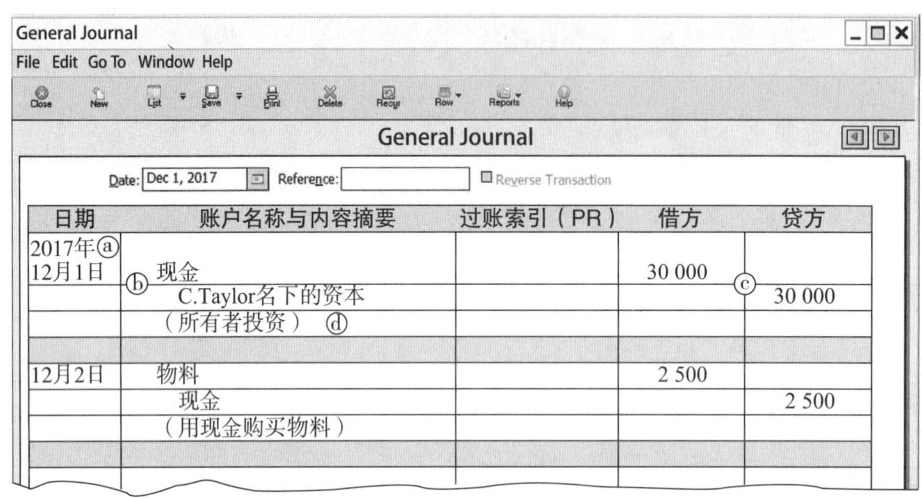
General Journal
File Edit Go To Window Help
Close New List Save Print Delete Recur Row Reports Help
General Journal
Date: Dec 1, 2017 Reference: Reverse Transaction

日期	账户名称与内容摘要	过账索引（PR）	借方	贷方
2017年ⓐ 12月1日	ⓑ 现金		30 000	ⓒ
	C.Taylor名下的资本			30 000
	（所有者投资） ⓓ			
12月2日	物料		2 500	
	现金			2 500
	（用现金购买物料）			

图表 2－10　FastForward 公司的部分普通日记账

将分录记入普通日记账需要遵循以下几个步骤，我们以图表 2－10 中的分录为例加以说明。(a) 填写交易日期：在第一栏的最上方填写年份，然后在每笔日记账分录的第一行填写月份和日期。(b) 填写借方账户的名称，并在同一行的“借方”一栏填写借记的金额。所有的借方账户名称都来自会计科目表，并且要与“账户名称与内容摘要”一栏的左边对齐。(c) 填写贷方账户的名称，并在同一行的“贷方”一栏填写贷记的金额。所有的贷方账户名称也都来自会计科目表，为了与借方账户区分开来，所有的贷方账户名称要从左边缩进一些。(d) 在分录下面的一行中填写该笔交易的内容摘要（通常参考原始凭证来填写）。为了与账户名称区分开来，内容摘要加上括号。

为了表述清晰，每两个分录之间都要空出一行。登记完一笔交易之后，**过账索引栏**（posting reference (PR) column）是空着的（在手工操作系统下）。将分录过入总分类账之后再将每个总分类账账户的编号填入 PR 栏。

三栏式账户

T 型账户能够简单直接地反映整个会计过程，但实际使用的会计系统需要更多结构，因此，我们使用**三栏式账户**（balance column accounts），如图表 2－11 所示。

图表 2－11　三栏式现金账户

现金					账户编号：101
日期	内容摘要	PR	借方	贷方	余额
2017 年 12 月 1 日		G1	30 000		30 000
12 月 2 日		G1		2 500	27 500
12 月 3 日		G1		26 000	1 500
12 月 10 日		G1	4 200		5 700

T 型账户和三栏式账户的相似之处在于二者都设有借方栏和贷方栏，不同之处在于三栏式账户增设了“日期”和“内容摘要”两栏，且在登记完每笔分录之后，都要在“余额”栏中填写各个账户的余额。以 FastForward 公司为例，如图表 2－11 所示，现金账户在 12 月 1 日因所有者投资借记＄30 000，于是产生了＄30 000 的借方余额。12 月 2 日，现金账户又贷记了＄2 500，从而使借方余额变成了＄27 500。12 月 3 日，现金账户再次贷记了＄26 000，借方余额减至＄1 500。12 月 10 日，现金账户又借记了＄4 200，使借方余额增加到＄5 700；依此类推。

余额栏的抬头并没有显示是借方余额还是贷方余额。通常，我们假设一个账户拥有的是正常余额。但有时异常事项会使账户临时出现异常余额。异常余额是记录减少额的那一方出现的余额。例如，一个客户可能因为一时疏忽多支付了应付款项。这样一来，在供货商处该客户的“应收账款”账户中就出现了异常余额（这里是贷方余额）。对于异常余额，我们通常会予以强调，把它圈出来，或者是用红色或其他特殊颜色标注出来。另外，即便账户出现零余额，余额栏也不要空着，通常的做法是填写数字“0”或者是画一条短线。

过账

处理交易数据的第 4 步是将日记账分录过入总分类账（见图表 2－9）。在编制财务报表之前，所有的分录都要过入分类账，这样才能保证报表能够反映最新的交易情况。在将分录过入总分类账时，日记账分录的借方要记入总分类账对应科目的借方，日记账分录的贷方要记入总分类账对应科目的贷方。图表 2－12列出了过账的四个步骤。第一步，确定分录过入总分类账后应该借记哪个账户，在总分类账中填写分录日期，在 PR 栏中填写日记账页码，填写借方金额和总分类账新的余额（字母 G 代表分录来源于普通日记账）。第二步，将总分类账的账户编号填入日记账的 PR 栏。第三步和第四步涉及贷方，重复前两步中对借方分录和金额的处理即可。过账让日记账分录和总分类账分录之间建立起一定的联系。利用这种联系，我们可以顺藤摸瓜查出一笔款项的由来。

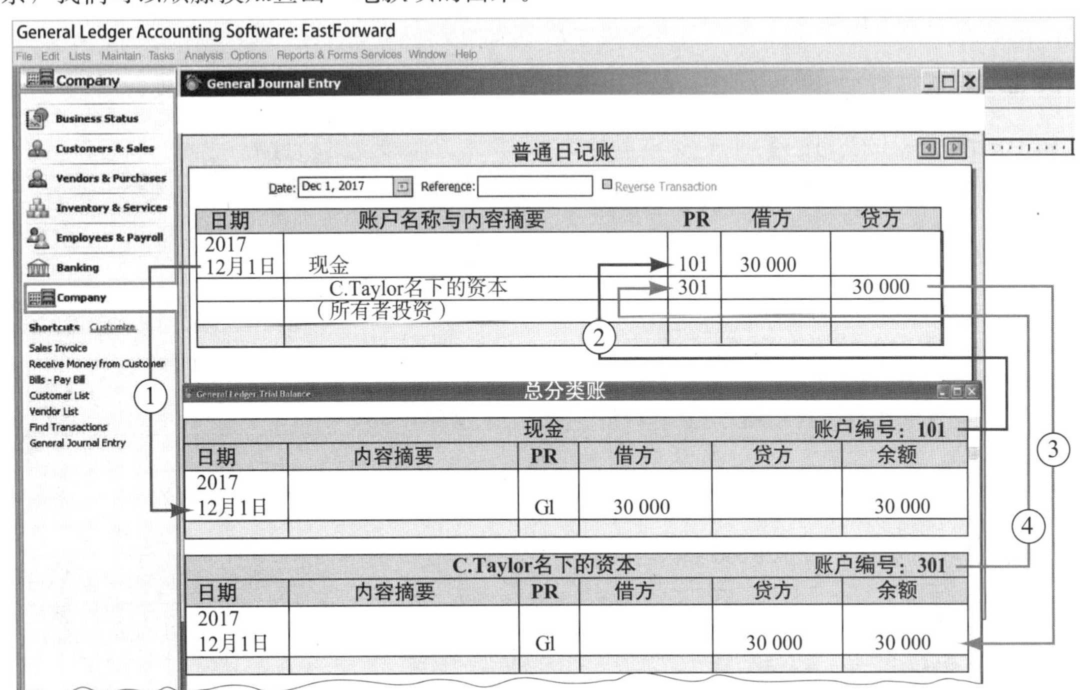

要点：①确定分录过入总分类账后应该借记哪个账户：填写日期、日记账页码、借记金额及余额。
②将总分类账借方账户编号填入日记账的PR栏。
③确定分录过入总分类账后应该贷记哪个账户：填写日期、日记账页码、贷记金额及余额。
④将总分类账贷方账户编号填入日记账的PR栏。

图表 2－12　将日记账分录过入总分类账

□ 经济业务分析——举例

我们仍以 FastForward 公司为例来看复式记账法在分析和处理经济业务过程中发挥的作用。如图表 2 - 9 所示，经济业务分析遵循以下四个步骤：

步骤 1，识别交易活动以及各种原始凭证。

步骤 2，运用会计等式分析交易活动。

步骤 3，用复式记账法将经济业务活动编制成日记账分录。

步骤 4，将日记账分录过入总分类账（为了简便，我们使用 T 型账户来表示总分类账）。

在进行下一步工作前，我们要深入地分析每一笔业务。除了前 11 项在第 1 章分析过的经济业务活动，还要分析先前省略掉的 FastForward 公司在 12 月份进行的另外 5 项经济业务活动（即第 12～16 项经济业务活动）。

1. 所有者投资

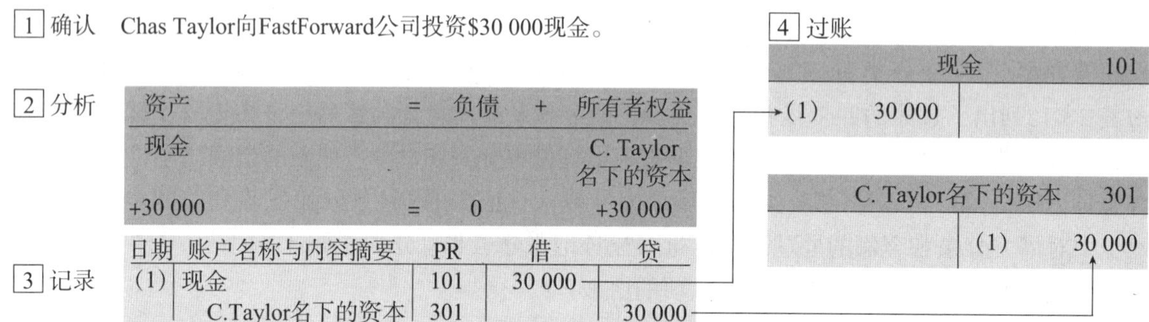

2. 用现金采购物料

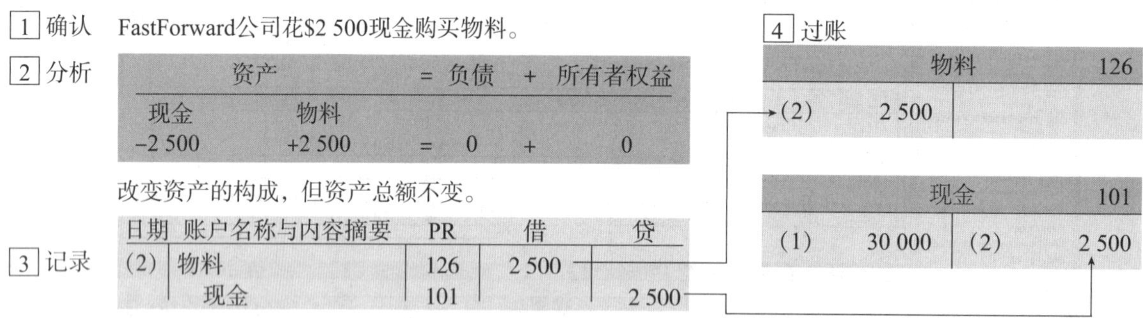

3. 用现金购置设备

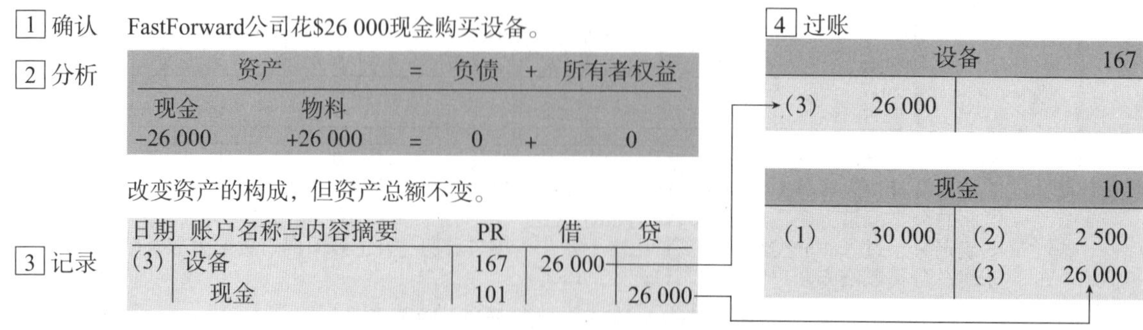

4. 赊购物料

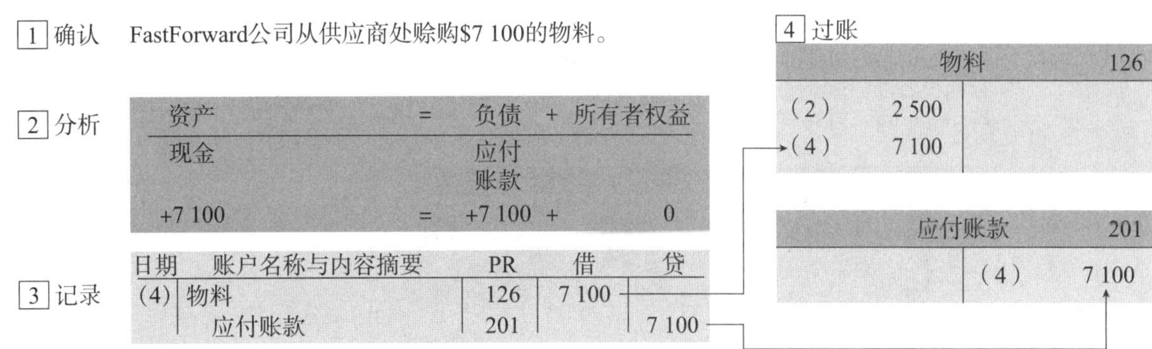

5. 提供服务赚取现金

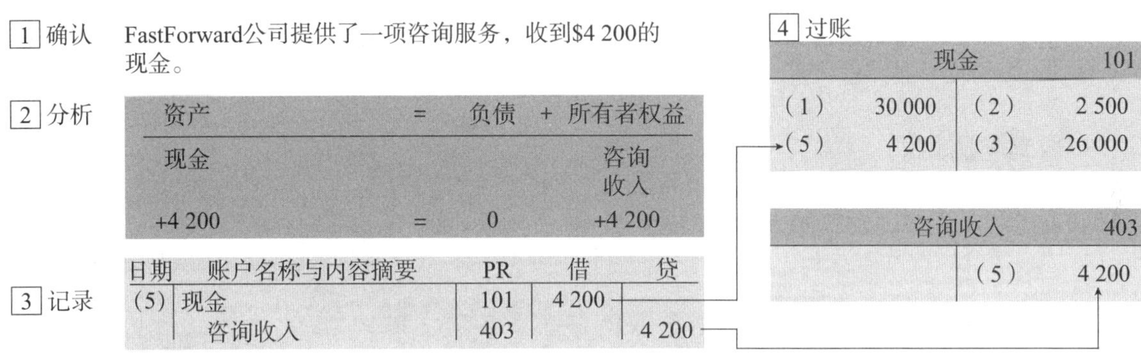

6. 用现金支付费用

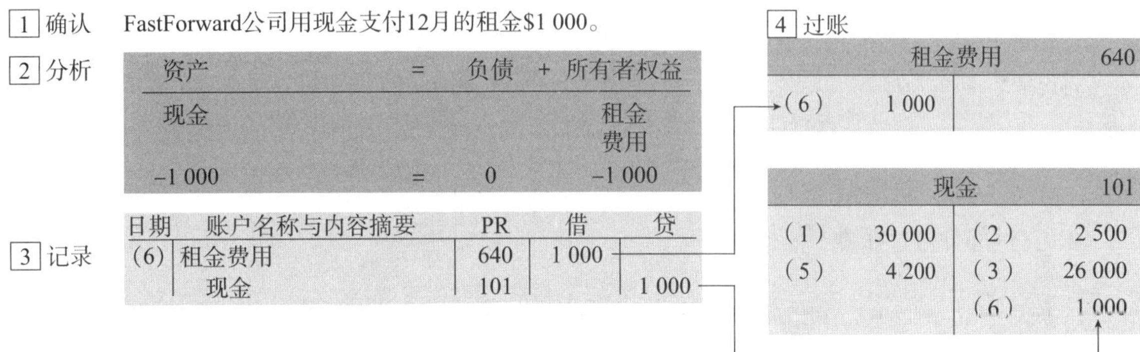

7. 用现金支付费用

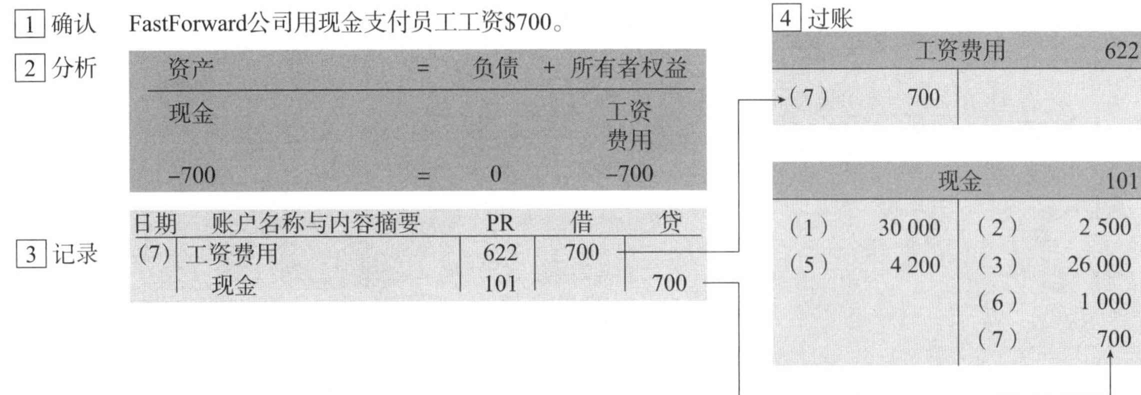

8. 以赊销方式提供服务和出租设备

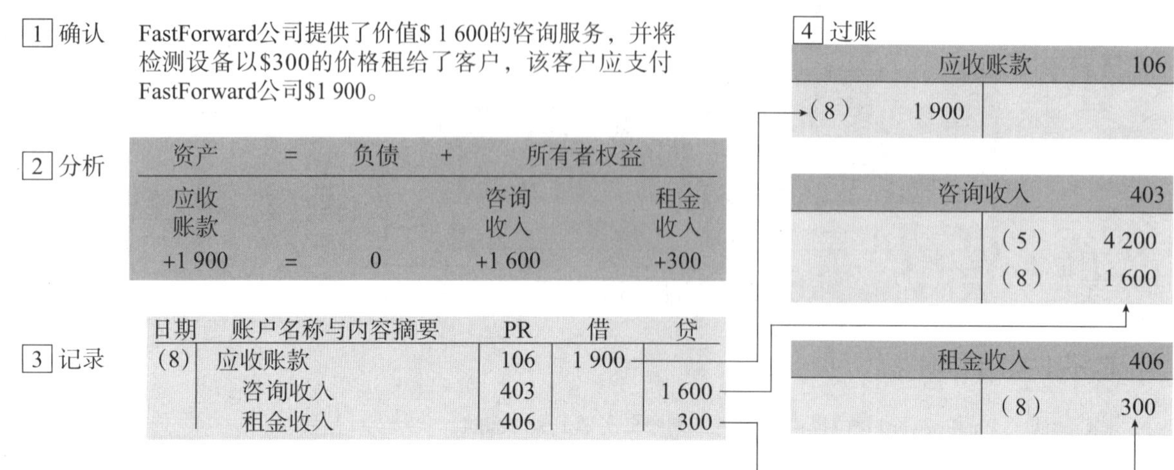

1 确认　FastForward公司提供了价值$ 1 600的咨询服务，并将检测设备以$300的价格租给了客户，该客户应支付FastForward公司$1 900。

2 分析

资产	=	负债	+	所有者权益	
应收账款				咨询收入	租金收入
+1 900	=	0		+1 600	+300

3 记录

日期	账户名称与内容摘要	PR	借	贷
(8)	应收账款	106	1 900	
	咨询收入	403		1 600
	租金收入	406		300

4 过账

应收账款			106
(8)	1 900		

咨询收入			403
		(5)	4 200
		(8)	1 600

租金收入			406
		(8)	300

9. 收到应收账款

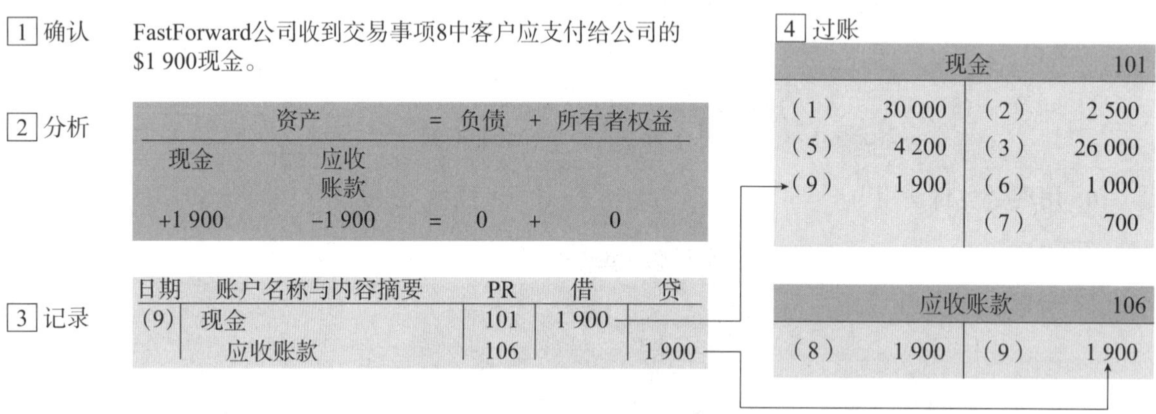

1 确认　FastForward公司收到交易事项8中客户应支付给公司的$1 900现金。

2 分析

资产		=	负债	+	所有者权益
现金	应收账款				
+1 900	−1 900	=	0	+	0

3 记录

日期	账户名称与内容摘要	PR	借	贷
(9)	现金	101	1 900	
	应收账款	106		1 900

4 过账

现金			101
(1)	30 000	(2)	2 500
(5)	4 200	(3)	26 000
(9)	1 900	(6)	1 000
		(7)	700

应收账款			106
(8)	1 900	(9)	1 900

10. 支付部分应付账款

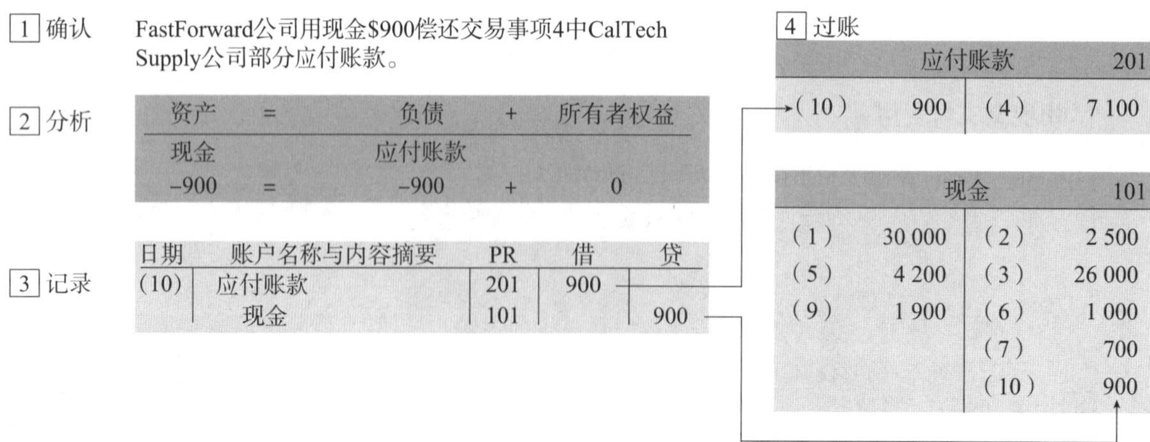

1 确认　FastForward公司用现金$900偿还交易事项4中CalTech Supply公司部分应付账款。

2 分析

资产	=	负债	+	所有者权益
现金		应付账款		
−900	=	−900	+	0

3 记录

日期	账户名称与内容摘要	PR	借	贷
(10)	应付账款	201	900	
	现金	101		900

4 过账

应付账款			201
(10)	900	(4)	7 100

现金			101
(1)	30 000	(2)	2 500
(5)	4 200	(3)	26 000
(9)	1 900	(6)	1 000
		(7)	700
		(10)	900

11. 所有者提取现金

1 确认　Chas Taylor从FastForward公司提走$200现金以供个人使用。

2 分析

资产	=	负债	+	所有者权益
现金				C.Taylor名下的提取
-200	=	0	+	-200

3 记录

日期	账户名称与内容摘要	PR	借	贷
(11)	C.Taylor名下的提取	302	200	
	现金	101		200

4 过账

C.Taylor名下的提取　302

(11)	200		

现金　101

(1)	30 000	(2)	2 500
(5)	4 200	(3)	26 000
(9)	1 900	(6)	1 000
		(7)	700
		(10)	900
		(11)	200

12. 收到客户提前支付的现金

1 确认　FastForward公司收到客户提前支付的咨询收入$3 000现金。

2 分析

资产	=	负债	+	所有者权益
现金		预收咨询收入		
+3 000	=	+3 000	+	0

预收的$3 000现金构成了FastForward公司的一项负债，将来FastForward公司必须以提供服务的形式偿还。提供服务以后收入才能实现。

3 记录

日期	账户名称与内容摘要	PR	借	贷
(12)	现金	101	3 000	
	预收咨询收入	236		3 000

4 过账

现金　101

(1)	30 000	(2)	2 500
(5)	4 200	(3)	26 000
(9)	1 900	(6)	1 000
(12)	3 000	(7)	700
		(10)	900
		(11)	200

预收咨询收入　236

		(12)	3 000

13. 用现金预付保险费

1 确认　FastForward公司用现金支付保险期为24个月的保险费$2 400。保险期从12月1日开始。

2 分析

资产		=	负债	+	所有者权益
现金	预付保险费				
-2 400	+2 400	=	0	+	0

资产内部构成发生变化，现金变为预付保险费。保险到期后才能确认费用。

3 记录

日期	账户名称与内容摘要	PR	借	贷
(13)	预付保险费	128	2 400	
	现金	101		2 400

4 过账

预付保险费　128

(13)	2 400		

现金　101

(1)	30 000	(2)	2 500
(5)	4 200	(3)	26 000
(9)	1 900	(6)	1 000
(12)	3 000	(7)	700
		(10)	900
		(11)	200
		(13)	2 400

14. 用现金购买物料

1 确认　FastForward公司花$120现金购买物料。

2 分析

资产		=	负债	+	所有者权益
现金	物料				
−120	+120	=		+	0

3 记录

日期	账户名称与内容摘要	PR	借	贷
(14)	物料	126	120	
	现金	101		120

4 过账

物料			126
(2)	2 500		
(4)	7 100		
(14)	120		

现金			101
(1)	30 000	(2)	2 500
(5)	4 200	(3)	26 000
(9)	1 900	(6)	1 000
(12)	3 000	(7)	700
		(10)	900
		(11)	200
		(13)	2 400
		(14)	120

15. 用现金支付费用

1 确认　FastForward公司用现金支付12月份的公用事业费用$305。

2 分析

资产	=	负债	+	所有者权益
现金				公用事业费用
−305	=	0		−305

3 记录

日期	账户名称与内容摘要	PR	借	贷
(15)	公用事业费用	690	305	
	现金	101		305

4 过账

公用事业费用			690
(15)	305		

现金			101
(1)	30 000	(2)	2 500
(5)	4 200	(3)	26 000
(9)	1 900	(6)	1 000
(12)	3 000	(7)	700
		(10)	900
		(11)	200
		(13)	2 400
		(14)	120
		(15)	305

16. 用现金支付费用

1 确认　FastForward公司支付12月下半月员工工资$700。

2 分析

资产	=	负债	+	所有者权益
现金				工资费用
−700	=	0		−700

3 记录

日期	账户名称与内容摘要	PR	借	贷
(16)	工资费用	622	700	
	现金	101		700

4 过账

工资费用			622
(7)	700		
(16)	700		

现金			101
(1)	30 000	(2)	2 500
(5)	4 200	(3)	26 000
(9)	1 900	(6)	1 000
(12)	3 000	(7)	700
		(10)	900
		(11)	200
		(13)	2 400
		(14)	120
		(15)	305
		(16)	700

□ 分类账交易汇总

图表 2 - 13 给出了将上述 16 笔业务都记入账户并过户、计算余额以后的 FastForward 公司的总分类账（采用 T 型账户的形式）。我们根据会计等式将所有的账户划分成资产、负债和所有者权益三大类，分列成三大栏。

- 三栏的总额必须符合会计等式。具体来讲，资产总额为 \$ 42 395（4 275＋0＋9 720＋2 400＋26 000）；负债总额为 \$ 9 200（6 200＋3 000）；所有者权益总额为 \$ 33 195（30 000－200＋5 800＋300－1 400－1 000－305）。这些数字正好符合会计等式：资产总额 \$ 42 395＝负债总额 \$ 9 200＋所有者权益总额 \$ 33 195。
- 所有者名下的资本、所有者名下的提取、收入和费用账户反映了影响所有者权益变动的交易活动。
- 收入和费用账户的余额加总后填入利润表。

图表 2 - 13　FastForward 公司的总分类账

资产	＝	负债	＋	所有者权益

资产

现金			101
(1)	30 000	(2)	2 500
(5)	4 200	(3)	26 000
(9)	1 900	(6)	1 000
(12)	3 000	(7)	700
		(10)	900
		(11)	200
		(13)	2 400
		(14)	120
		(15)	305
		(16)	700
余额	4 275		

应收账款			106
(8)	1 900	(9)	1 900
余额	0		

物料			126
(2)	2 500		
(4)	7 100		
(14)	120		
余额	9 720		

预付保险费			128
(13)	2 400		

设备			167
(3)	26 000		

负债

应付账款			201
(10)	900	(4)	7 100
		余额	6 200

预收咨询收入			236
		(12)	3 000

所有者权益

C. Taylor 名下的资本			301
		(1)	30 000

C. Taylor 名下的提取			302
(11)	200		

咨询收入			403
		(5)	4 200
		(8)	1 600
		余额	5 800

租金收入			406
		(8)	300

工资费用			622
(7)	700		
(16)	700		
余额	1 400		

租金费用			640
(6)	1 000		

公用事业费用			690
(15)	305		

灰色区域反映的是要在利润表中披露的事项。

\$ 42 395	＝	\$ 9 200	＋	\$ 33 195

NTK 2－3

假设 Tata 公司 1 月 1 日开始运营，在运营的第一个月完成了以下交易。对于每一笔交易，(a) 使用会计等式分析交易；(b) 以日记账形式记录交易；(c) 使用 T 型账户来表示分类账账户。Tata 公司有如下（部分）图表，账户编码在括号里：现金（101）；应收账款（106）；设备（167）；应付账款（201）；J. Tata 名下的资本（301）；J. Tata 名下的提取（302）；服务收入（403）；工资费用（601）

1 月 1 日　Jamsetji Tata 向 Tata 公司投资了＄4 000 现金。

5 日　Tata 公司赊购了价值＄2 000 的设备。

14 日　Tata 公司赊销了＄540 的服务。

答案：

1 月 1 日收到所有者的投资

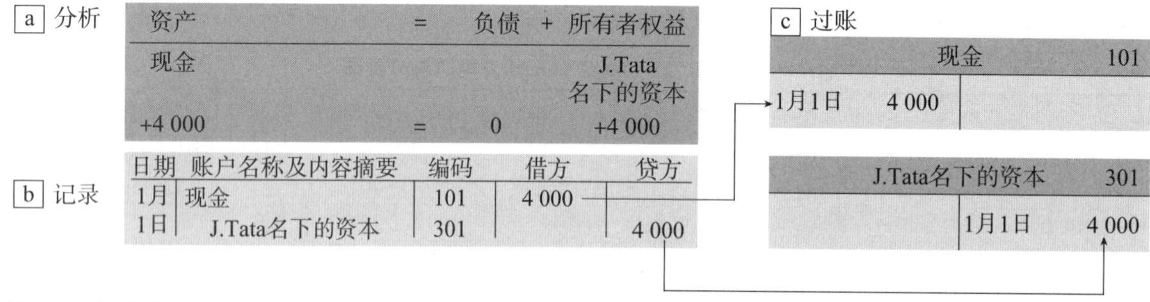

1 月 5 日赊购设备

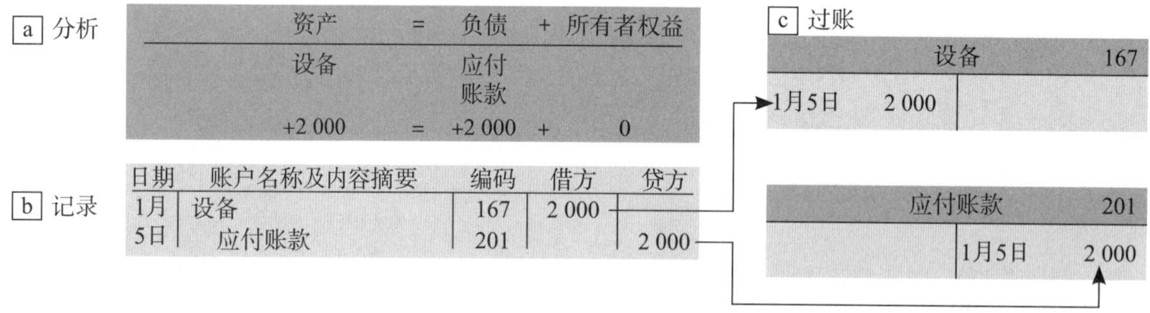

1 月 14 日提供赊账服务

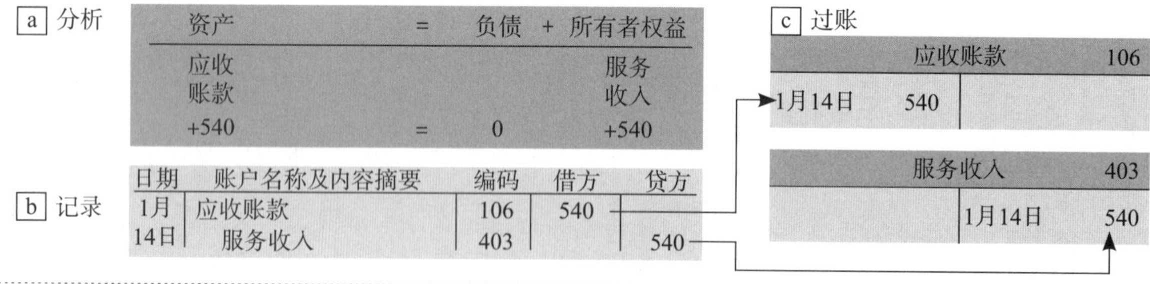

2.4　试算平衡表

试算平衡表（trial balance）是展现某一时点各分类账户及其余额（借方或贷方）的列表。图表 2－14 是 FastForward 公司将上述 16 笔业务过入总分类账后得到的试算平衡表（这只是一张调整前的试算平衡表——如何调整试算平衡表将在第 3 章介绍）。

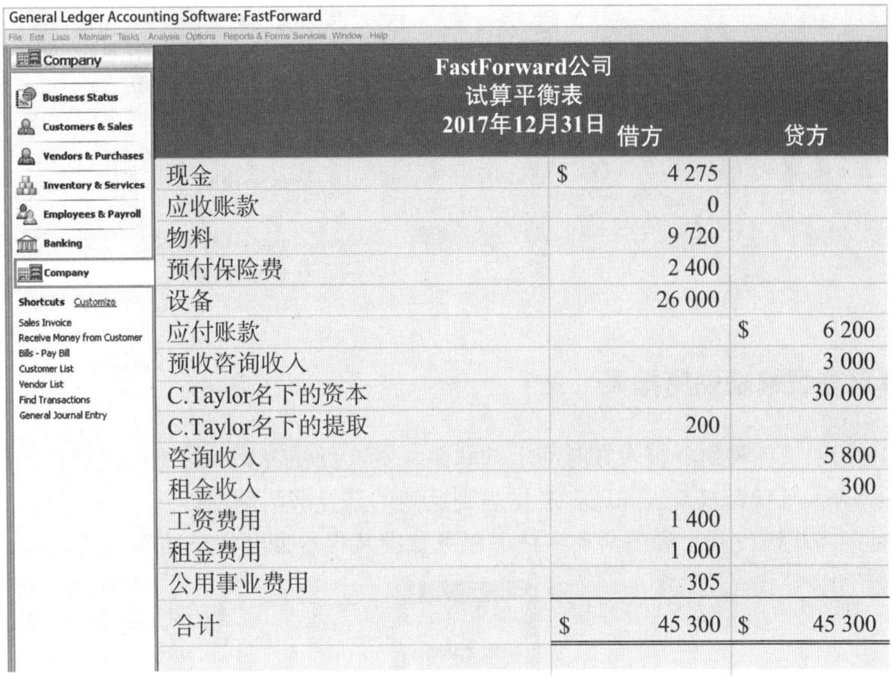

General Ledger Accounting Software: FastForward

File Edit Lists Maintain Tasks Analysis Options Reports & Forms Services Window Help

Company: Business Status, Customers & Sales, Vendors & Purchases, Inventory & Services, Employees & Payroll, Banking, Company

Shortcuts Customize: Sales Invoice, Receive Money from Customer, Bills - Pay Bill, Customer List, Vendor List, Find Transactions, General Journal Entry

FastForward公司
试算平衡表
2017年12月31日

	借方	贷方
现金	$ 4 275	
应收账款	0	
物料	9 720	
预付保险费	2 400	
设备	26 000	
应付账款		$ 6 200
预收咨询收入		3 000
C.Taylor名下的资本		30 000
C.Taylor名下的提取	200	
咨询收入		5 800
租金收入		300
工资费用	1 400	
租金费用	1 000	
公用事业费用	305	
合计	$ 45 300	$ 45 300

图表 2 - 14　（调整前的）试算平衡表

编制试算平衡表

编制试算平衡表需要遵循以下三个步骤：

（1）在试算平衡表中列出每个账户的名称及其余额（账户余额来自总分类账）。如果账户是零余额，那么就在其正常余额的那一栏填写零（或者干脆省略）。

（2）分别计算借方账户余额合计和贷方账户余额合计。

（3）检查借方余额合计是否等于贷方余额合计。

在图表 2 - 14 FastForward 公司试算平衡表中，借方余额合计恰好等于贷方余额合计。但仅凭这一点并不能确定会计记录中不存在错误。例如，如果将正确的金额记入错误的账户，或者是借贷双方同时记入一笔错误的金额，这两种情况依然能够保证借方余额合计等于贷方余额合计。

查找和更正错误

如果试算平衡表不平（即借贷双方余额合计不等），那么就必须找出错误并加以更正。有一种可以快速找出错误的方法，就是先检查试算平衡表，再检查过账过程，最后检查日记账。第一步，检查试算平衡表的借方栏和贷方栏在加总的过程中是否存在计算方面的错误。如果没有发现错误，就要进行第二步——检查试算平衡表上的余额与总分类账上的余额是否一致，有没有从总分类账正确地登记过来。第三步，检查试算平衡表上有没有错误地将借方余额登记成贷方余额或者是把贷方余额登记成借方余额。如果借贷双方余额合计之差正好是某个账户余额的两倍，那么很可能就是将该账户余额借方和贷方搞混了。如果到这里还是没有发现错误，就要进行第四步——重新计算总分类账中各个账户的余额。第五步，检查每一笔日记账分录有没有正确无误地过入总分类账。第六步，检查原始日记账分录的借贷双方是否相等。进行到这一步，应该能够找出错误所在了。

会计质量

有效的记录和准确的交易提高了财务报表的质量。此处的图表显示了信息技术领域宣称观察到特定类型不当行为的雇员的百分比，以及最近几年此类不当行为增加的风险（KPMG 2013）。

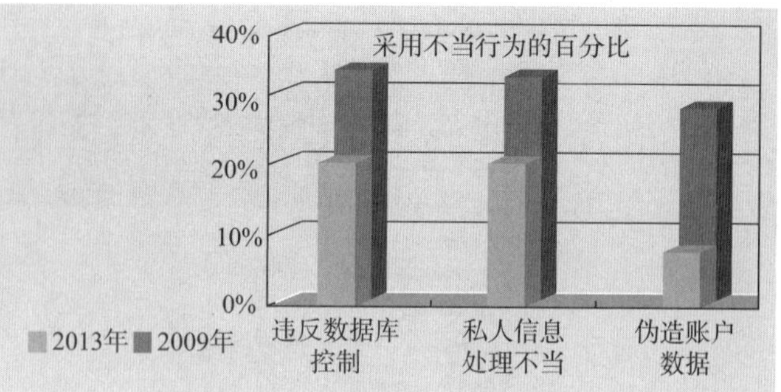

利用试算平衡表编制财务报表

图表2-15指明了各种财务报表在时间上的联系。资产负债表反映的是经济活动主体在某一时点上的财务状况。利润表、所有者权益表和现金流量表则反映的是经济活动主体在一段时期内的财务业绩。图表2-15中的三种财务报表反映了经济活动主体的财务状况从报告期开始至结束的变化。

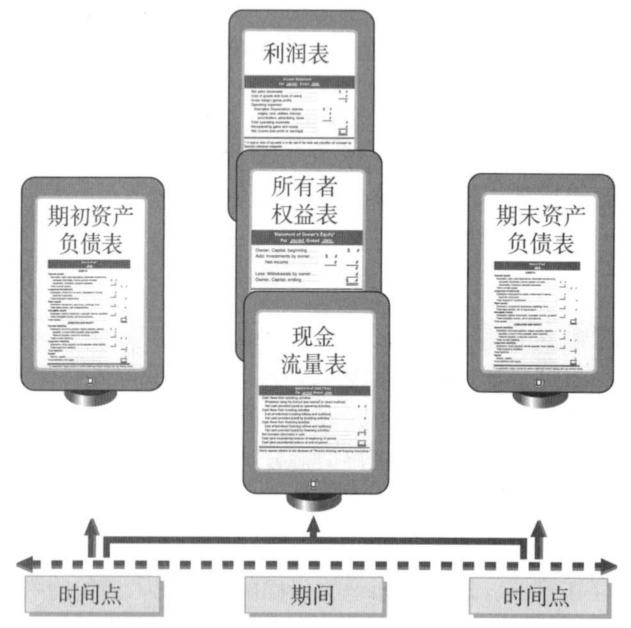

图表2-15　各种财务报表在时间上的联系

报告期的长度是由财务报表的编制者和使用者（包括政府管理机构）决定的。报告期通常是一年、半年、一个季度甚至一个月。为期一年的报告期通常称为一个会计年度。报告期从1月1日开始到12月31日结束的公司通常称为使用公历年度的公司。谷歌公司就是使用公历年度。大多数公司都会选择以非12月31日结束的会计年度作为报告期。从本书最后附录展示的年报中可以看出，苹果是一个使用非公历年度的公司，它的年报抬头日期为2015年9月26日。

利润表

利润表反映的是一定时期内经济活动主体获取的收入扣除当期发生的费用后的余额。图表2-16的最上方就是FastForward公司12月份的利润表。从图表2-14 FastForward公司的试算平衡表中很容易能得到编制利润表需要的有关收入和费用的数据。利润表的最下端列明了本期的净利润为$3 395。所有者投资和提取都不属于利润。

图表 2－16　利用试算平衡表编制财务报表

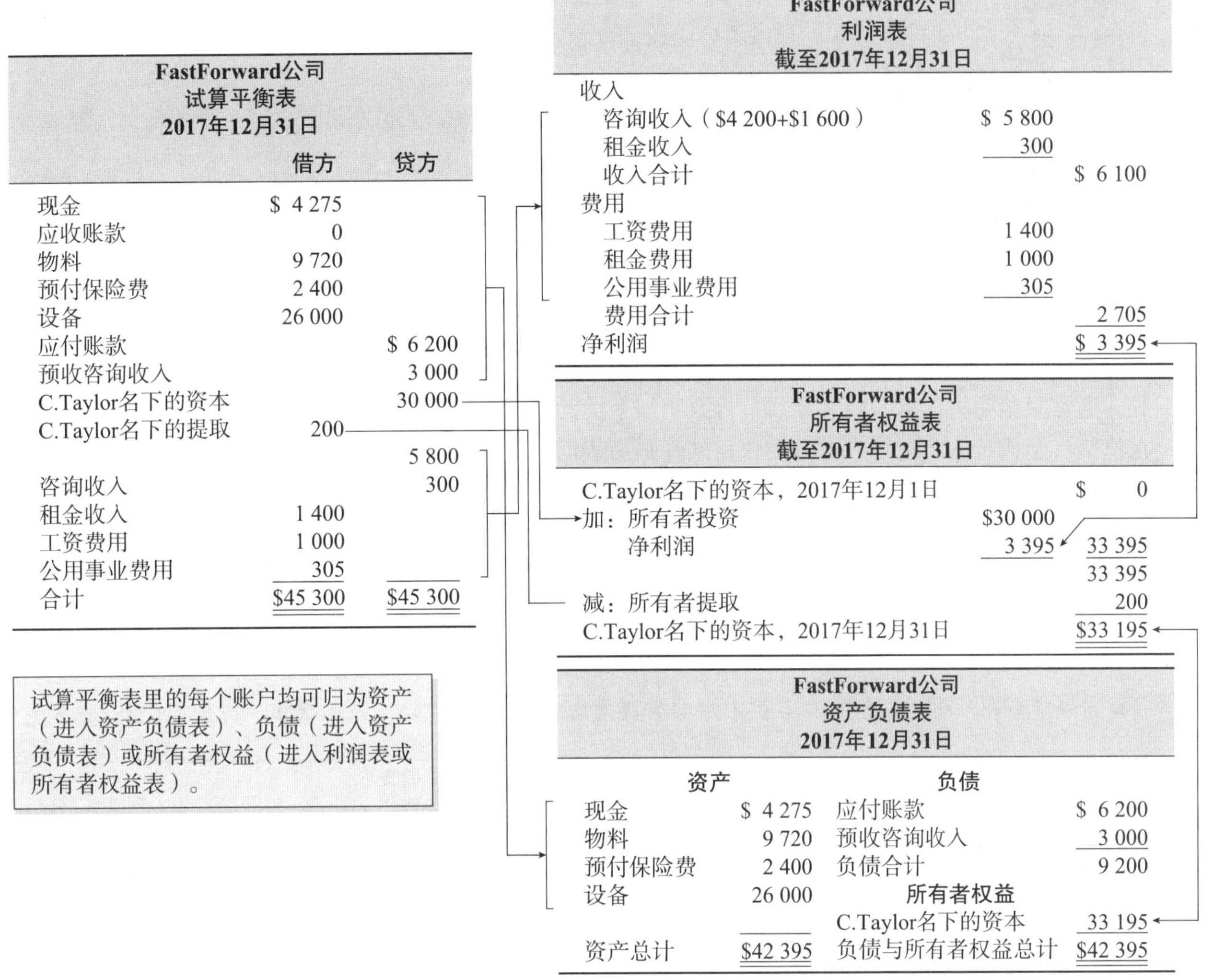

FastForward公司
试算平衡表
2017年12月31日

	借方	贷方
现金	$ 4 275	
应收账款	0	
物料	9 720	
预付保险费	2 400	
设备	26 000	
应付账款		$ 6 200
预收咨询收入		3 000
C.Taylor名下的资本		30 000
C.Taylor名下的提取	200	
		5 800
咨询收入		300
租金收入	1 400	
工资费用	1 000	
公用事业费用	305	
合计	$45 300	$45 300

试算平衡表里的每个账户均可归为资产（进入资产负债表）、负债（进入资产负债表）或所有者权益（进入利润表或所有者权益表）。

FastForward公司
利润表
截至2017年12月31日

收入		
咨询收入（$4 200+$1 600）	$ 5 800	
租金收入	300	
收入合计		$ 6 100
费用		
工资费用	1 400	
租金费用	1 000	
公用事业费用	305	
费用合计		2 705
净利润		$ 3 395

FastForward公司
所有者权益表
截至2017年12月31日

C.Taylor名下的资本，2017年12月1日		$ 0
加：所有者投资	$30 000	
净利润	3 395	33 395
		33 395
减：所有者提取		200
C.Taylor名下的资本，2017年12月31日		$33 195

FastForward公司
资产负债表
2017年12月31日

资产		负债	
现金	$ 4 275	应付账款	$ 6 200
物料	9 720	预收咨询收入	3 000
预付保险费	2 400	负债合计	9 200
设备	26 000	**所有者权益**	
		C.Taylor名下的资本	33 195
资产总计	$42 395	负债与所有者权益总计	$42 395

所有者权益表

所有者权益表反映了所有者权益在一定时期内的增减变化情况。图表 2－16 中就有 FastForward 公司的所有者权益表。该表显示，当期的所有者投资为＄30 000，净利润为＄3 395，所有者提取为＄200，期末余额为＄33 195（所有者权益表上期初资本余额很少出现为零的情况，但公司刚开始经营时除外。2018 年 1 月份的期初资本余额为＄33 195，也就是 2017 年 12 月份的期末资本余额）。

资产负债表

资产负债表反映了企业在某一特定时点的财务状况，这一时点通常为月末、季末或年末。图表 2－16 中有 FastForward 公司的资产负债表。该表反映了 FastForward 公司 12 月 31 日的财务状况。资产负债表左边列示的是公司的资产：现金、物料、预付保险费和设备。资产负债表右边的上半部分列示的是公司的负债：向债权人借入＄6 200，并预收了客户＄3 000 服务费。所有者权益部分反映期末资本余额为＄33 195。请注意所有者权益表的期末余额与此处的期末余额之间的关系。（回想一下，资产负债表的这种列示方法叫做账户式列示法，也就是将资产项目列在表的左边，将负债和所有者权益项目列在表的右边。资产负债表的另一种列示方法叫做报告式列示法，即将资产项目列在表的最上方，将负债项目列在资产项目的下方，再将所有者权益项目列在表的最下方。使用这两种列示方法都可以。）

决策制定者　　**企业家**

假设你创办了一家向零售商出售娱乐设施的批发企业。你发现绝大多数客户都要求赊购，你应该如何利用这些客户的资产负债表来决定向哪些客户赊销？

答案：我们可以使用会计等式（资产＝负债＋所有者权益）来识别那些不应该赊销的高风险客户。资产负债表提供了关键组成部分的金额。客户的所有者权益与负债的比例越低，就越不可能向其赊销。权益低意味着企业并不像其向债权人宣称的那般有价值。

列示时的注意事项

日记账和总分类账通常不使用美元符号，而财务报表和其他报表则会使用美元符号，例如试算平衡表。通常只给每栏的第一行和最后一行数字加上美元符号。从附录苹果公司的财务报表中能看出这一点。在将交易金额记入日记账、总分类账和试算平衡表时，我们可以选择是否使用“,”来表示千位和百万位等。在财务报表中通常都会使用逗号。各个企业通常会四舍五入将财务报表中的交易金额精确到元或是更高的级别。苹果公司与其他很多公司一样将财务报表金额精确到百万美元。是否四舍五入取决于这样做是否会影响报表使用者的商业决策。

NTK 2-4

请使用以下会计年度（截至2015年9月26日）筛选后的数据为苹果公司编制试算平衡表（单位：百万美元）。

所有者名下的资本	$111 547	所有者名下的提取	$ 45 586
应付账款	35 490	投资和其他资产	230 039
其他负债	135 634	土地和设备	22 471
销售成本	140 089	销售和其他费用	40 232
现金	21 120	应收账款	16 849
收入	233 715		

答案：

苹果公司
试算平衡表
2015年9月26日

	借方	贷方
现金	$ 21 120	
应收账款	16 849	
土地和设备	22 471	
投资和其他资产	230 039	
应付账款		$ 35 490
其他负债		135 634
所有者名下的资本		111 547
所有者名下的提取	45 586	
收入		233 715
销售成本	140 089	
销售和其他费用	40 232	
合计	$516 386	$516 386

可持续性与会计

Catherine Mahugu 使用会计记录她的收入和支出。她认为会计能通过识别和监控成功的活动来维持她的业务。她的企业 Soko 与 Promise 铅笔基金会合作，资助加纳的儿童教育。

为了维持合作关系，Soko 的工匠们为加纳的一个教育项目设计了一套时髦的黄铜首饰。如果客户购买这个珠宝，20%的购买价格会单独核算并分配给那个项目，Soko 希望在未来可以参与类似的可持续项目。

Soko 的工匠们用在当地采购、回收和升级再造的材料制作手工制品。Soko 表示其会计系统有助于提高财务和生产透明度。此外，该公司的会计系统旨在“将发展中国家能使用手机的工匠与世界各地的品牌、零售商和在线客户联系起来”。Soko 的会计系统可以与工匠配合工作，“即使他们不能上网，不能使用电脑，不能使用银行”。这个可持续的系统降低了物流成本，增加了工匠的利润。

NTK 2-5

(NTK 2-5 是对第 1 章 NTK 1-6 的进一步延伸。) 经过几个月的筹划，Jasmine Worthy 开了一家名叫 Expressions 的理发店。下面是在理发店开业后的第一个月发生的各项经济业务：

a. 8 月 1 日，Worthy 向 Expressions 投入现金 $ 3 000 和价值 $ 15 000 的设备。

b. 8 月 2 日，Expressions 花 $ 600 购置了家具。

c. 8 月 3 日，Expressions 在商业街上租了一家临街的店面，支付 $ 500 作为 8 月份的租金。

d. 8 月 4 日，Expressions 使用应付票据赊购了一套价值 $ 1 200 的设备。

e. 8 月 5 日，Expressions 开始营业。前一周半（至 8 月 15 日）理发店的营业收入为 $ 825。

f. 8 月 15 日，以赊账的形式提供价值 $ 100 的理发服务。

g. 8 月 17 日，收到顾客偿还 15 日 $ 100 欠款的支票。

h. 8 月 17 日，向开业期间一直帮忙的助手支付了 $ 125 工资（现金）。

i. 8 月下旬，提供理发服务赚取营业收入 $ 930。

j. 8 月 31 日，支付 $ 400 用于偿还 8 月 4 日签发的应付票据。

k. 8 月 31 日，Worthy 取走 $ 900 现金以供个人使用。

要求：

1. 按照三栏式账户的格式，根据下面的账户名称及括号中的账户编号编制分类账：现金（101），应收账款（102），家具（161），店铺设备（165），应付账款（201），J. Worthy 名下的资本（301），J. Worthy 名下的提取（302），理发收入（403），工资费用（623），租金费用（640）。试为各项业务编制普通日记账分录。

2. 将第 1 部分中的日记账分录过入总分类账。

3. 试编制 8 月 31 日的试算平衡表。

4. 试编制 8 月份的利润表。

5. 试编制 8 月份的所有者权益表。

6. 试编制 8 月 31 日的资产负债表。

7. 确定 8 月 31 日的负债率。

拓展分析：

8. 在未来的几个月，Expressions 将开展更多的业务。请指出下列业务应该借记或贷记哪些账户（提示：可能会用到第 1 部分中没有用过的账户）。

a. 用现金购买物料。

b. 预付保险费。

c. 预收服务费。

d. 赊购物料。

解题步骤：

- 分析每一笔业务，然后根据借贷原则为每一笔业务编制会计分录。
- 将每笔分录的借方与贷方从日记账分录过入总分类账，并填写日记账和总分类账的 PR 栏。
- 计算出每个账户的余额，并将各个账户及其余额列在试算平衡表上。
- 检查试算平衡表的借方余额合计与贷方余额合计是否相等。
- 确定收入和费用来编制利润表。将各种收入和费用列示在利润表上，计算出收入和费用二者之间的差额，并作为净利润或净损失列示在利润表上。
- 利用总分类账编制所有者权益表。
- 利用总分类账编制资产负债表。
- 用总负债除以总资产计算负债率。
- 分析未来将开展的业务，运用借贷原理确定这些业务将会对哪些账户产生影响。

答案：

1. 普通日记账分录：

普通日记账 **第1页**

日期	账户名称与内容摘要	PR	借方	贷方
8月1日	现金	101	3 000	
	店铺设备	165	15 000	
	J. Worthy 名下的资本	301		18 000
	（所有者投资。）			
8月2日	家具	161	600	
	现金	101		600
	（用现金购买家具。）			
8月3日	租金费用	640	500	
	现金	101		500
	（支付8月份的租金。）			
8月4日	店铺设备	165	1 200	
	应付账款	201		1 200
	（赊购其他设备。）			
8月15日	现金	101	825	
	理发收入	403		825
	（8月上旬的营业收入。）			
8月15日	应收账款	102	100	
	理发收入	403		100
	（顾客拖欠的理发费。）			
8月17日	现金	101	100	
	应收账款	102		100
	（收到顾客拖欠的理发费。）			
8月17日	工资费用	623	125	
	现金	101		125
	（给助手发放工资。）			

续表

普通日记账				第 1 页
日期	账户名称与内容摘要	PR	借方	贷方
8 月 31 日	现金	101	930	
	理发收入	403		930
	（8 月下旬的营业收入。）			
8 月 31 日	应付账款	201	400	
	现金	101		400
	（偿还部分应付票据所欠款项。）			
8 月 31 日	J. Worthy 名下的提取	302	900	
	现金	101		900
	（所有者提取现金。）			

2. 将第一步中的日记账分录过入总分类账：

总分类账

现金　　账户编号：101

日期	PR	借方	贷方	余额
8.1	G1	3 000		3 000
2	G1		600	2 400
3	G1		500	1 900
15	G1	825		2 725
17	G1	100		2 825
17	G1		125	2 700
31	G1	930		3 630
31	G1		400	3 230
31	G1		900	2 330

应收账款　　账户编号：102

日期	PR	借方	贷方	余额
8.15	G1	100		100
17	G1		100	0

家具　　账户编号：161

日期	PR	借方	贷方	余额
8.2	G1	600		600

店铺设备　　账户编号：165

日期	PR	借方	贷方	余额
8.1	G1	15 000		15 000
4	G1	1 200		16 200

应付账款　　账户编号：201

日期	PR	借方	贷方	余额
8.4	G1		1 200	1 200
31	G1	400		800

J. Worthy 名下的资本　　账户编号：301

日期	PR	借方	贷方	余额
8.1	G1		18 000	18 000

J. Worthy 名下的提取　　账户编号：302

日期	PR	借方	贷方	余额
8.31	G1	900		900

理发收入　　账户编号：403

日期	PR	借方	贷方	余额
8.15	G1		825	825
15	G1		100	925
31	G1		930	1 855

工资费用　　账户编号：623

日期	PR	借方	贷方	余额
8.17	G1	125		125

租金费用　　账户编号：640

日期	PR	借方	贷方	余额
8.3	G1	500		500

3. 根据总分类账编制试算平衡表：

Expressions 8 月 31 日的试算平衡表

	借方	贷方
现金	$ 2 330	
应收账款	0	
家具	600	
店铺设备	16 200	
应付账款		$ 800
J. Worthy 名下的资本		18 000
J. Worthy 名下的提取	900	
理发收入		1 855
工资费用	125	
租金费用	500	
合计	$ 20 655	$ 20 655

4.

Expressions 8 月份的利润表

收入		
理发收入		$ 1 855
营业费用		
租金费用	$ 500	
工资费用	125	
合计		625
净利润		$ 1 230

5.

Expressions 8 月份的所有者权益表

8 月 1 日 J. Worthy 名下的资本		$ 0
加：所有者投资	$ 18 000	
净利润	1 230	19 230
		19 230
减：所有者提取		900
8 月 31 日 J. Worthy 名下的资本		$ 18 330

6.

Expressions 8 月 31 日的资产负债表

资产		负债	
现金	$ 2 330	应付账款	$ 800
家具	600	**所有者权益**	
店铺设备	16 200	J. Worthy 名下的资本	18 330
资产总计	$ 19 130	负债和所有者权益总计	$ 19 130

7. 负债率$=\frac{总负债}{总资产}=\frac{800}{19130}=4.18\%$

8a. 借：物料
　　贷：现金

8b. 借：预付保险费
　　贷：现金

8c. 借：现金
　　贷：预收服务费

8d. 借：物料
　　贷：应付账款

小 结

C1 解释会计处理的步骤及原始凭证的作用。交易和事项是会计过程的起点。原始凭证能识别和描述交易和事项，并提供客观和可靠的证据。交易和事项的影响被记录在日记账中。与试算平衡表一起过账有助于对这些影响进行总结和分类。

C2 描述账户及其在记账中的作用。账户能对特定资产、负债、所有者权益、收入或费用的增减变动情况进行详细记录。通过对账户中的信息进行分析、汇总，我们可以编制财务报表及其他报表。

C3 描述分类账和会计科目表。分类账（或称总分类账）是包含企业使用的全部账户及其余额的记录，也称为账簿。会计科目表是列明企业使用的全部账户名称及其编号的列表。

C4 定义借方和贷方并解释复式记账法。账户的左边表示借方，右边表示贷方。对于资产、费用和所有者名下的提取账户来说，借方表示增加，贷方表示减少。对于负债、所有者名下的资本和收入账户来说，贷方表示增加，借方表示减少。所谓复式记账法就是指每笔交易的发生至少会影响到两个账户，并且至少影响到一个账户的借方和另一个账户的贷方。复式记账法的依据来源于会计等式。对于资产、所有者名下的提取和费用账户而言，账户的左边代表正常余额，但对负债、所有者名下的资本和收入账户而言，账户的右边代表正常余额。

A1 分析经济业务对账户和财务报表的影响。我们运用复式记账原理来分析交易。通过确定交易对各种账户产生的影响对交易加以分析。

P1 将各种交易事项登入日记账，并将会计分录过入总分类账。将各项交易事项登入日记账，然后再将各日记账分录逐笔过入总分类账。通过登记日记账和过账，我们可以获得编制财务报表所需要的信息。三栏式账户除了包含借方栏和贷方栏，还包含账户余额栏，这种账户已被企业广泛使用。

P2 编制试算平衡表并解释其作用。试算平衡表中列出了总分类账中包含的所有账户，而且各个账户的余额都被列在试算平衡表相应的借方或贷方栏中。试算平衡表是对总分类账内容的汇总，它的作用是帮助我们编制财务报表，并且找出记账过程中存在的错误。

P3 根据企业经济业务编制财务报表。利用试算平衡表，我们可以编制出资产负债表、所有者权益表、利润表、现金流量表（及其他财务报表）。

关键术语

Account　账户

Account balance　账户余额

Balance column accounts　三栏式账户

Chart of accounts　会计科目表

Credit　贷方

Creditors　债权人

Debit　借方

Double-entry accounting　复式记账法

General journal　普通日记账

Journal　日记账

General ledger　总分类账

Journalizing　登记日记账

Ledger　分类账

Posting　过账

Posting reference（PR）column　过账索引栏	T-account　T 型账户
Source documents　原始凭证	Trial balance　试算平衡表

选择题

1. Amalia 公司在收到本期的公用事业收费单之后支付了 \$700。请问该笔业务的分录应该包括以下哪项？______

a. 贷：公用事业费用 \$700　　b. 借：公用事业费用 \$700

c. 借：应付账款 \$700　　d. 借：现金 \$700

e. 贷：资本 \$700

2. 5 月 1 日，Mattingly 草坪护理公司预收了客户未来 5 个月的草坪护理费 \$2 500 现金。请问该笔业务的分录应该包括以下哪项？______

a. 贷：预收草坪护理费 \$2 500　　b. 借：草坪护理费收入 \$2 500

c. 贷：现金 \$2 500　　d. 借：预收草坪护理费 \$2 500

e. 贷：资本 \$2 500

3. 为成立淑娥咨询公司，梁淑娥投入 \$250 000 现金和一块价值 \$500 000 的土地。请问该公司应该如何为这笔业务编写分录？______

a. 借：现金资产	750 000		b. 借：梁淑娥名下的资本	750 000	
贷：梁淑娥名下的资本		750 000	贷：资产		750 000
c. 借：现金	250 000		d. 借：梁淑娥名下的资本	750 000	
土地	500 000		贷：现金		250 000
贷：梁淑娥名下的资本		750 000	土地		500 000

4. 年底编制的试算平衡表显示贷方余额合计比借方余额合计多出了 \$765。请问这一误差可能是由下列哪种原因引起的？______

a. 普通日记账中应付账款增加 \$765 被错记成应付账款减少 \$765。

b. 总分类账中的应付账款余额为 \$7 650，而试算平衡表中错登成了 \$765。

c. 普通日记账中应收账款增加 \$765 被错记成现金增加 \$765。

d. 总分类账中的应收账款余额为 \$850，而试算平衡表中错登成了 \$85。

e. 错将现金增加 \$765 记入了贷方栏。

讨论题

1. 列举出（a）两个资产账户；（b）两个负债账户；（c）两个所有者权益账户。
2. 应付票据和应付账款的区别是什么？
3. 请阐述商业交易处理过程的步骤。
4. 什么样的交易活动可以记录在普通日记账中？
5. 一般日记账中通常是借方还是贷方在先，借方和贷方是上下对齐的吗？
6. 一项交易应该先记录在日记账中还是先记录在分类账中？为什么？
7. 如果说因为资产是有价值的资源，所以资产账户借方有余额，那么为什么费用账户余额也在借方呢？

8. 为什么需要编制试算平衡表？

9. 如果一个错误的数额被记录并过到账户中，应该怎样改正这个错误？

10. 介绍企业的四张财务报表。

11. 资产负债表反映了哪些信息？

12. 利润表反映了哪些信息？

13. 为什么利润表的使用者需要知道利润表所涵盖的时间跨度？

14. 请给出（a）资产、（b）负债、（c）所有者权益和（d）净资产的定义。

15. 有时被称作财务状况表的是四张报表中的哪一张？

16. 参考附录中苹果公司的资产负债表。找出该资产负债表上有借方余额的三个账户以及有贷方余额的三个账户。

17. 参考附录中谷歌公司的资产负债表。找出账户名中带有“应收”字样的账户以及带有“应付”字样的账户。

18. 参考附录中三星公司的资产负债表。找出三个流动负债账户和三个非流动负债账户。

快速学习

QS 2－1　指出下列哪些项目可作为原始凭证。

a. 销售发票　　b. 试算平衡表　　c. 资产负债表
d. 电话账单　　e. 供应商开具的发票　　f. 公司收入账户
g. 利润表　　h. 银行对账单　　i. 预付保险费

QS 2－5　指出下列账户的正常余额减少是由借方还是贷方发生变动引起的。

a. 应付利息　　b. 服务收入　　c. 工资费用
d. 应收账款　　e. 所有者名下的资本　　f. 预付保险费
g. 建筑物　　h. 利息收入　　i. 所有者名下的提取
j. 预收账款　　k. 应付账款　　l. 土地

QS 2－7　指出下列事项会导致账户借方还是贷方发生变化。

a. 增加土地　　b. 减少现金　　c. 增加服务收入
d. 增加办公费用　　e. 减少预收账款　　f. 减少预付租金
g. 增加应付票据　　h. 减少应收账款　　i. 增加所有者名下的资本
j. 增加店铺设备

QS 2－9　用字母标出下列项目分别出现在哪一类财务报表中。I 代表利润表，E 代表所有者权益表，B 代表资产负债表。

a. 服务收入　　b. 应付利息　　c. 应收账款
d. 工资费用　　e. 设备　　f. 预付保险费
g. 建筑　　h. 租金收入　　i. 所有者名下的提取
j. 办公用品　　k. 利息费用　　l. 保险费用

QS 2－11　回答下列与国际会计准则相关的问题。

a. 按照 IFRS 标准应采用哪种日记账分录系统？

b. 指出按照 IFRS 标准编制的财务报表的编号和常用标题。

c. 不同国家会计控制和执行的差异如何影响编制的财务报告？

练习题

Exercise 2-1 以下是分析和记录交易活动时的会计处理步骤，对它们进行排序：

______ a. 编制和分析试算平衡表　　______ b. 根据原始凭证分析每笔交易

______ c. 在日记账中记录相关交易　　______ d. 将日记账中的信息过到分类账中

Exercise 2-3 将下列项目的序号填入与其最匹配的描述中：

1. 表
2. 总分类账

a. 会计科目______是列明公司使用的所有会计科目的列表。

b. ______是包含公司使用的所有账户的记录，包括账户余额。

Exercise 2-5 Groro公司为其向客户提供的服务开具了一张金额为＄62 000的账单，并同意接受下面三项内容的全额付款：(1) 现金＄10 000；(2) 价值＄80 000的计算机设备；(3) 确认一张与计算机设备相关的金额为＄28 000的应付票据。Groro公司对这笔交易的记录是下面哪一项或哪几项？

a. 负债账户增加＄28 000　　b. 现金账户增加＄10 000

c. 收入账户增加＄10 000　　d. 资产账户增加＄62 000

e. 收入账户增加＄62 000　　f. 权益账户增加＄62 000

Exercise 2-7 请根据下列交易为一家名为Pose-for-Pics的新公司登记普通日记账分录。可用的账户包括：现金；办公用品；预付保险费；照相设备；M. Harris名下的资本；照相收入；公用事业费用。

8月1日，所有者Madison Harris向公司投入现金＄6 500和价值＄33 500的照相设备。

2日，公司用现金为接下来的24个月支付＄2 100的保险费。

5日，公司用现金＄880购买了办公用品。

20日，公司收到了照相服务收入＄3 331现金。

31日，公司用现金支付了8月份的公用事业费用＄675。

Exercise 2-9 编制普通日记账分录来记录Spade公司的下列交易，可用的账户包括：现金、应收账款、办公用品、办公设备、应付账款、K. Spade名下的资本、K. Spade名下的提取、服务收入、租金费用。用每项交易前的字母代表各项交易。记录完这些交易后，将其过到总分类账的T型账户中去，并计算每一T型账户的期末余额。

a. 所有者Kacy Spade向公司投入现金＄100 750。

b. 公司用现金＄1 250购买办公用品。

c. 公司赊购价值＄10 050的办公设备。

d. 公司收到了向客户提供服务赚取的＄15 500现金。

e. 公司为交易c中因购买设备而产生的应付款项支付现金＄10 050。

f. 公司因向客户提供服务而开具了一张＄2 700的服务费账单。

g. 公司用现金支付月租金＄1 225。

h. 公司收回交易f产生的部分应收账款——现金＄1 225。

i. Kacy Spade从公司提取现金＄10 000供个人使用。

Exercise 2-11

1. 阅读Valdez服务公司的下列交易并编制普通日记账分录。

a. 公司为因购买办公用品而产生的6个月的应付款支付现金＄2 000。

b. 公司用现金向接待员支付刚结束的两周的工资＄1 200。

c. 公司为购买的设备支付现金＄39 000。

d. 公司用现金支付本月的公用事业费＄800。

e. 所有者（B. Valdez）从公司提取现金＄4 500供个人使用。

2. 交易a，c，e并没有记录为费用。将这三项交易与其未被记录为费用的原因进行匹配。

______这项交易是向所有者分配现金。虽然所有者权益有所减少，但不是由向客户提供商品或服务引起的。

______这项交易由于偿还先前存在的负债而导致资产减少（所有者权益不发生变化）。支付现金并不意味着使用资产（当资产被使用时要确认费用）。

______这项交易涉及购买资产。资产形式有所变化，但资产总额没有发生变化（所以所有者权益也没有发生变化）。

Exercise 2－13 假设以下的T型账户反映了Belle公司的总分类账和a～g的前七笔交易，这些交易都已过完账。从下面的1～7中找出最能描述T型账户反映的a～g交易的解释，并在前面的空白处填入该字母。

现金

(a)	6 000	(b)	4 800
(e)	4 500	(d)	800
		(f)	900
		(g)	3 400

网络服务器

(a)	12 000		

应付账款

(f)	900	(c)	900

办公用品

(c)	900		

D. Belle名下的资本

		(a)	25 600

预付保险费

(b)	4 800		

服务收入

		(e)	4 500

设备

(a)	7 600		
(g)	3 400		

销售费用

(d)	800		

______1. 公司用现金提前支付保险费＄4 800。

______2. D. Belle新创立一家企业并投入＄6 000现金、价值＄7 600的设备以及价值＄12 000的网络服务器。

______3. 公司赊购物资＄900。

______4. 公司因提供服务收取现金＄4 500。

______5. 公司用现金偿还应付账款＄900。

______6. 公司因购买设备支付现金＄3 400。

______7. 公司用现金支付销售费用＄800。

Exercise 2－15 一家独资企业今年年初和年末的资产和负债数据如下所示。

	资产	负债
年初	＄ 60 000	＄20 000
年末	105 000	36 000

试计算下列各种情况下本年度的净收益或净损失。

a. 本年度所有者没有进行任何投资也没有从公司提取任何资本。

b. 本年度所有者没有进行任何投资但每月从公司提取＄1 250供个人使用。

c. 本年度所有者没有提取任何资本但追加现金＄55 000 作为投资资本。

d. 所有者每月提取＄1 250 供个人使用，同时追加现金＄35 000 作为投资资本。

Exercise 2－19 试计算下表中（a）～（d）各项缺失的金额。

	(a)	(b)	(c)	(d)
2016 年 12 月 31 日的权益	$ 0	$ 0	$ 0	$ 0
年度内所有者投资	110 000	?	87 000	210 000
年度内所有者提取	?	(47 000)	(10 000)	(55 000)
本年度的净利润（或净损失）	22 000	90 000	(4 000)	?
2017 年 12 月 31 日的权益	104 000	85 000	?	110 000

Exercise 2－23 总部位于荷兰的全球啤酒制造商喜力啤酒（Heineken N. V.）公布了截至 2015 年 12 月 31 日的资产负债表账户信息（单位：百万欧元）。为这家公司编制截至 2015 年 12 月 31 日的资产负债表，需遵循通常的 IFRS 格式。

流动负债	€ 8 516	非流动负债	€ 14 128
流动资产	5 914	非流动资产	31 800
所有者权益总额	15 070		

综合题

Problem 2－1A Karla Tanner 开设了一家名为 Linkworks 的网络咨询公司，在运营的第一个月完成了以下交易。

4 月 1 日　Tanner 在这家公司投资了＄80 000 现金和价值＄26 000 的办公设备。

2 日　公司预付了＄9 000 现金作为 12 个月的办公场地租金（提示：借记预付租金＄9 000）。

3 日　公司赊购了价值＄8 000 的办公设备和＄3 600 的办公用品，要在 10 天内付款。

6 日　公司因向一位客户提供服务收到＄4 000 现金。

9 日　公司为一位客户完成了一个价值＄6 000 的项目，客户必须在 30 天内付款。

13 日　公司支付了＄11 600 现金来偿还 4 月 3 日产生的应付账款。

19 日　公司为一份 12 个月的保单支付了＄2 400 现金（提示：借记预付保险费＄2 400）。

22 日　公司收到＄4 400 现金，作为完成 4 月 9 日工作的部分报酬。

25 日　公司以赊销方式向一位客户提供了价值＄2 890 的服务。

28 日　Tanner 从公司取出＄5 500 现金供个人使用。

29 日　公司赊购了＄600 的办公用品。

30 日　公司用现金支付本月水电费＄435。

要求：

1. 编制普通日记账来记录这些交易（使用第 2 部分中列举的会计账户）。

2. 登记下列分类账——账户编号见括号（使用余额栏格式）：现金（101）；应收账款（106）；办公用品（124）；预付保险费（128）；预付租金（131）；办公设备（163）；应付账款（201）；K. Tanner 名下的资本（301）；K. Tanner 名下的提取（302）；服务收入（403）；公用事业费用（690）。将第 1 部分的日记账分录过到分类账，并填入相应的余额。

3. 编制 4 月 30 日的试算平衡表。

拓展题

BTN 2-1　根据附录中苹果公司的财务报表回答下列问题。

要求：

1. 该公司2015年9月26日和2014年9月27日各年末的负债总额分别是多少？
2. 该公司2015年9月26日和2014年9月27日各年末的资产总额分别是多少？

全球视角

以美国公认会计原则和国际财务报告准则为原则的财务会计是类似的，但并不完全相同。下面将讨论两者在分析和记录经济业务，以及编制财务报表方面的区别。

分析和记录经济业务　美国公认会计原则和国际财务报告准则都为财务会计制定了通用指导原则，并且类似。另外，如同本章展示的那般，美国公认会计原则和国际财务报告准则在分析和记录经济业务时都要求使用借贷记账法和权责发生制。尽管在收入和费用确认原则以及其他会计原则上存在一些差异，但在这两种原则下，分析和记录本章中所有经济业务的过程是完全相同的。

编制财务报表　企业在美国公认会计原则和国际财务报告准则下需要编制四张基本财务报表。但在这两种原则下编制的报表内部存在一些差异，对这些差异的讨论将贯穿全书。例如，美国公认会计原则和国际财务报告准则都要求资产负债表区分流动项目和非流动项目。然而，美国公认会计原则下的资产负债表将流动项目放在前面，而国际财务报告准则下的资产负债表通常将（没有要求）非流动项目放在前面，并且将所有者权益放在负债前面。例如，Piaggio是一家生产小型摩托车和小型汽车的意大利制造商，以下是Piaggio公司简化的资产负债表。

PIAGGIO公司资产负债表

2015年12月31日　　　　单位：千欧元

资产		所有者权益和负债	
非流动资产	€1 103 111	所有者权益合计	€404 293
流动资产	448 439	非流动负债	588 446
		流动负债	558 811
资产总计	€1 551 550	所有者权益和负债总计	€1 551 550

会计控制和保障　会计系统需要依赖会计控制程序以确保在处理会计信息时采用正确的会计原则。近几年，《萨班斯-奥克斯利法案》的颁布加强了美国的会计控制，但全球的会计控制标准和实施多有不同。因此，尽管全球会计原则正在趋同，但由于不同国家的审计质量和实施有所不同，会计控制在不同国家的应用会产生不同的效果。

选择题答案

1. b；借：公用事业费用＄700，贷：现金＄700。
2. a；借：现金＄2 500，贷：预收草坪护理费＄2 500。
3. c；借：现金＄250 000，土地＄500 000，贷：梁淑娥名下的资本＄750 000。
4. d。

第 3 章

账项调整与财务报表编制

本章预览

待摊费用	预收账款	预提费用	应计收入	报告和分析
C1 会计期间 C2 权责发生制还是收付实现制 C3 三步法 P1 框架 举例	P1 框架 举例	P1 框架 举例	P1 框架 举例 A1 总结	P2 调整后的试算平衡表 P3 财务报表
NTK 3-1	NTK 3-2	NTK 3-3	NTK 3-4	NTK 3-5

学习目标

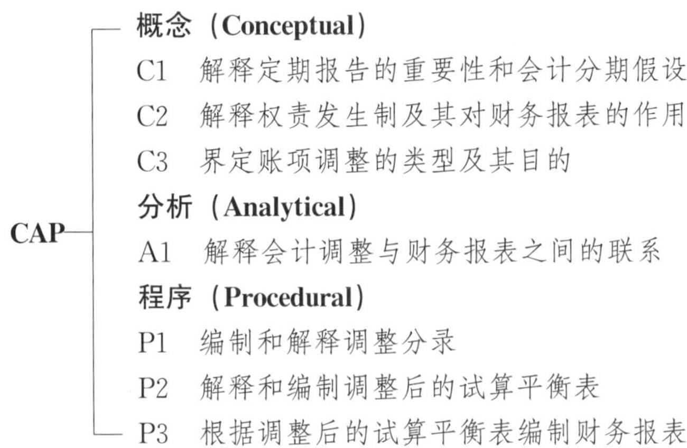

CAP

概念（Conceptual）

C1 解释定期报告的重要性和会计分期假设

C2 解释权责发生制及其对财务报表的作用

C3 界定账项调整的类型及其目的

分析（Analytical）

A1 解释会计调整与财务报表之间的联系

程序（Procedural）

P1 编制和解释调整分录

P2 解释和编制调整后的试算平衡表

P3 根据调整后的试算平衡表编制财务报表

3.1 会计分期与财务报告

本节将介绍定期财务报告的重要性及其对收入和费用确认过程的影响。

会计期间

信息的价值与其时效性密切相关。能够频繁、及时地送到决策者手中的信息才是有用的信息。为了能够及时提供信息，会计系统需要定期编制报表，因此就会受会计分期假设的影响。**会计分期假设**（time period assumption）假设会计主体的活动可以划分成特定的期间，比如一个月、一个季度、半年或一年。图表 3-1 给出了各种各样的**会计期间**（accounting periods）或报告期间。大多数会计主体把一年作为其基本的会计期间。报告期为一年的财务报表称为**年度财务报表**（annual financial statements）。很多会计主体还会编制报告期为一个月、一个季度或半年的**中期财务报表**（interim financial statements）。

年度报告期不一定是以 12 月 31 日为截止日的公历年度。会计主体可以选择任意连续的 12 个月作为一个**会计年度**（fiscal year），也可以用 52 周作为其年度报告期。例如，Gap 公司的会计年度就是以每年 1 月份的最后一周周末或 2 月份的第一周周末作为截止日。

销售量的季节差异不明显的企业一般选择公历年度作为其会计年度，如 Facebook 公司。销售量季节差异较大的企业通常选择**自然营业年度**（natural business year）作为其报告期，即以企业销售活动达到最低水平的时间作为期末。沃尔玛、塔吉特、梅西百货等零售商的自然营业年度都是以假期后的 1 月 31 日作为截止日。

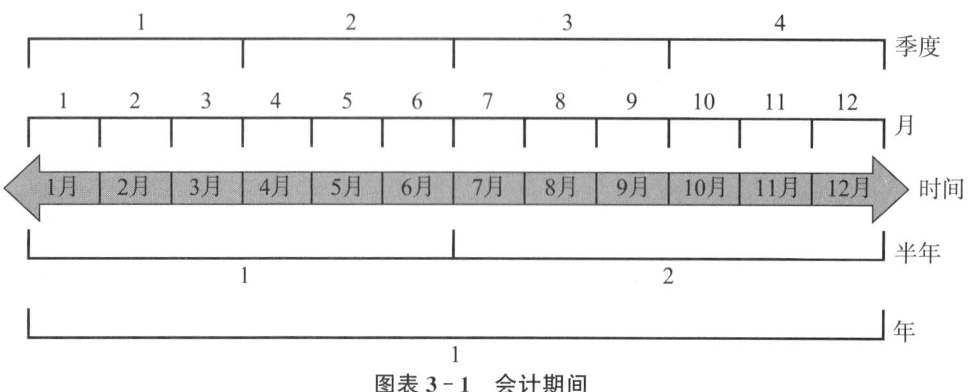

图表 3-1　会计期间

权责发生制和收付实现制

记录完外部交易和事项之后，某些账户的余额在转入财务报表之前还需要进行调整，因为还没有记录内部交易和事项。

权责发生制会计（accrual basis accounting）使用账项调整在提供产品和服务之后确认收入，在费用发生时确认与收入相匹配的费用。

收付实现制会计（cash basis accounting）在收到现金时确认收入，在支出现金时确认费用。这就意味着在收付实现制下，一段期间的净利润即为现金收入与现金支出之间的差额。

收付实现制会计不符合公认会计原则。大部分人认为权责发生制会计比收付实现制会计能更好地反映企业运营情况，还能够提高不同期间财务报表的可比性。

权责发生制基础

我们以 FastForward 公司的预付保险费账户为例，来看一看这两种会计制度之间的差别。FastForward 公司花 $ 2 400 购买了一份从 2017 年 12 月 1 日开始生效、有效期为两年的保险。按照权责发生制会计的要求，2017 年 12 月到 2019 年 11 月每月需确认 $ 100 的保险费。其中，2017 年度的保险费为 $ 100，2018 年度的保险费为 $ 1 200，2019 年度的保险费为 $ 1 100。图表 3－2 说明了保险费在这 3 年间的分配情况，未到期限的保险费在资产负债表中作为预付保险费列示。

图表 3-2　权责发生制下如何将预付保险费分摊到各年

收付实现制基础

如图表 3－3 所示，在收付实现制下，$ 2 400 的保险费应全部列入 2017 年 12 月份的利润表。而 2018

年度和 2019 年度的利润表中则没有列示保险费。根据收付实现制编制的资产负债表不会把预付保险费列为资产，因为保险费一经支付就立刻变成了费用。在收付实现制下，各年的收入和费用无法实现配比。

图表 3－3 收付实现制下如何将预付保险费分摊到各年

收入和费用的确认

我们使用会计分期假设将企业活动划分至特定的时间段，但在编制财务报表时并非所有的活动都已完成。因此，为了得到正确的账户余额，需要对账项进行调整。

在调整过程中要遵循两个原则：收入确认原则和费用确认原则（后者又称配比原则）。收入确认原则的要求是：应该在向客户提供产品和服务时确认预期可以向客户收取的金额。调整的主要目的是让收入在交付服务和产品时得到确认。**费用确认原则**（expense recognition principle），或**配比原则**（matching principle）的目的是将费用和它们所带来的收入记入同一个会计期间。

要想将收入和费用相配比，往往需要对一些事项进行预测。使用财务报表时必须明白，需要在编制财务报表的过程当中对某些事项进行估算。例如迪士尼公司在其年度财务报表中解释道，与其电影（如《星球大战Ⅶ》和《冰雪奇缘》）的制作成本相配比的收入是一个估算值，是根据当期收入与预期总收入之间的比率计算出来的。

决策洞察力　从会计造假中收回的款项

萨巴软件（Saba Software）是一个基于云计算的人才管理系统，客户用其来招聘、培养和激励员工。该公司多位前高管被美国证券交易委员会指控涉嫌会计造假，通过伪造公司收入确认来增加收入。前首席执行官和前首席财务官涉嫌虚报利润，导致公司损失数百万美元（SEC 2015－28）。

账项调整的框架

以下四类交易和事项需要调整：待摊费用、预收账款、预提费用、应计收入。

账项调整包括三个步骤（见图表 3－4）。

图表 3－4 账项调整的三个步骤

第一步，确定当前账户余额；
第二步，确定当前账户余额的正确数额；
第三步，编制调整分录。

调整分录（adjusting entry）一般在会计期间的期末编制，用以反映尚未记录的业务和交易。每笔调整分录都会影响一个或多个利润表账户和一个或多个资产负债表账户（而不是现金账户）。

3.2 待摊（递延）费用

待摊费用（prepaid expenses）是指在获得收益之前就已支付的资产。使用这些资产的成本会转变成费用。图表 3－5 中的 T 型账户所示的这种待摊费用的调整分录需要增加费用，减少资产。这些调整反映了使用待摊费用的交易和事项（涉及时间的推移）。本节我们将以预付保险费、物料和折旧为例来说明待摊费用的调整方法。每个示例都会减少一个资产账户（资产负债表）并增加一个费用账户（利润表）的数额。

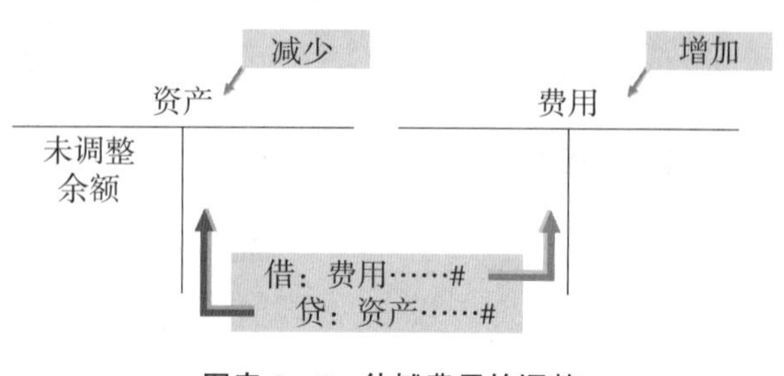

图表 3－5 待摊费用的调整

□ 预付保险费

我们遵循账项调整的三个步骤来调整这笔业务和其他所有业务。

第一步：FastForward 公司花＄2 400 购买了一份从 2017 年 12 月 1 日开始生效、有效期为两年的保险。由此，我们确定当前 FastForward 公司的预付保险费账户的余额为＄2 400。

第二步：随着时间的推移，保险逐渐到期，预付保险费这项资产中的一部分也慢慢变成了费用。例如，2017 年 12 月 31 日第一个月的保险期届满。该月的保险费为＄100，即＄2 400 的 1/24，还剩下预付保险费＄2 300。

第三步：记录此项费用和减少资产的调整分录及过账过程如下所示：

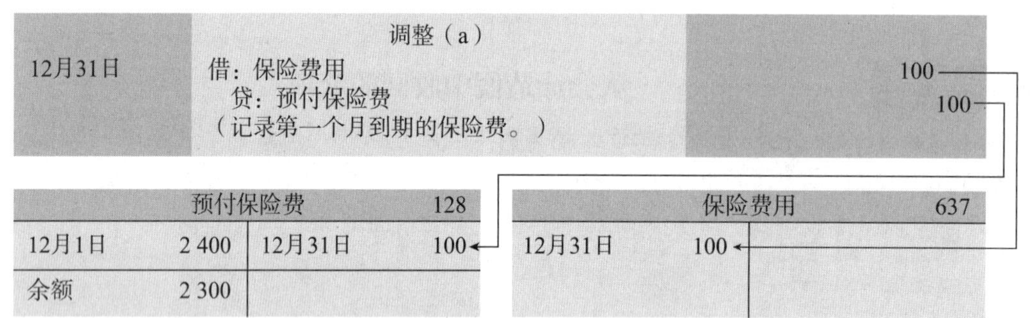

说明 调整和过账之后，保险费用账户余额为＄100，预付保险费账户余额为＄2 300，这些数字都可以列示在财务报表中。如果在 12 月 31 日当天或之前不进行调整，那么：（1）12 月份利润表中的费用就少记＄100；（2）12 月 31 日资产负债表中的预付保险费（资产）将多记＄100。下表列示了 2017 年 12 月 31 日预付保险费的调整过程。

调整前	调整	调整后
预付保险费＝＄2 400	预付保险费减少＄100，保险费用增加＄100	预付保险费＝＄2 300
购买了一份价值＄2 400 的有效期为两年的保险	记录当前月份的保险费用为＄100，预付保险费减少＄100	剩余 23 个月的预付保险费为＄2 300

□ 物料

物料费用也是需要调整的待摊费用。

第一步：FastForward 公司 12 月份购买了价值＄9 720 的物料，并且当月就消耗了一部分。在 12 月 31 日编制财务报表时，必须把 12 月份消耗掉的物料成本确认为费用。

第二步：FastForward 公司在 12 月 31 日（通过盘点）计算未使用的物料时发现：当初购进的价值＄9 720的物料只剩下＄8 670 的物料尚未使用。＄9 720 与＄8 670 之间的差额＄1 050 就是 12 月份发生的物料费用。

第三步：记录此项费用和减少物料资产的调整分录及过账过程如下所示：

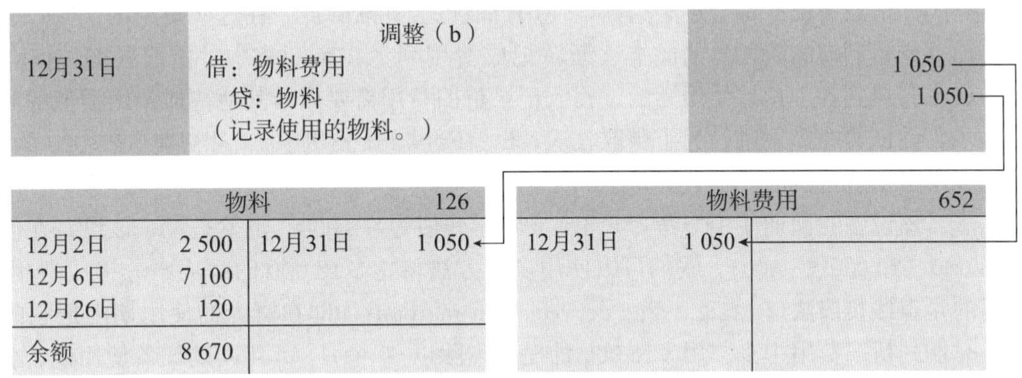

说明　过账之后，物料账户余额为＄8 670，等于剩余物料的成本。如果在 12 月 31 日当天或之前不进行调整，那么：（1）12 月份利润表中的费用就少记＄1 050；（2）12 月 31 日资产负债表中的物料将多记＄1 050。下表列示了物料的调整过程。

调整前	调整	调整后
物料＝＄9 720	物料减少＄1 050，物料费用增加＄1 050	物料＝＄8 670
物料为＄9 720	使用物料＄1 050，物料费用为＄1 050	物料为＄8 670

□ 其他待摊费用

预付租金、预付广告费用、预付促销费用等其他待摊费用的调整方法与预付保险费和物料的处理方法相同。有些待摊费用的支付和耗用都是在同一个会计期间内完成的。例如，公司在每个月的第一天支付当月的租金就是一个典型的例子。此项支出在每个月的第一天形成待摊费用，到了月末这些待摊费用又会被耗用殆尽。在特殊情况下可以把支付的现金直接记入费用账户的借方，而不是资产账户。在本章后面的内容中，我们将详细讨论这种会计处理方法。

□ 折旧

厂房设备资产（plant assets）是一种特殊的待摊费用，是指用来生产和销售产品与服务的长期有形资产。厂房设备资产的收益期一般为多个会计期间。房屋、机器、车辆和固定设备等都属于厂房设备资产。

决策制定者 **投资者**

一家小型出版公司与一位著名的运动员签订了一份出版合同。出版公司向该运动员支付了＄500 000作为签约费和该书未来的版税。出版公司财务报表附注解释道："待摊费用中包括＄500 000的作者签约费，与未来的预计销售收入相配比。"签约费的这种会计处理方法正确吗？这种处理方法会对你的分析产生怎样的影响？

答案：待摊费用是指在获得收益之前就已支付的资产，这些资产用完后会成为费用。出版公司对签约费的处理是可以接受的。投资者会担心未来图书销售的风险。未来图书销售的风险越大，就越有可能在分析时把＄500 000或其中一部分当作费用，而不是待摊费用（资产）。

除土地以外的厂房设备资产都会逐渐磨损，使用价值也会逐渐降低。在这些资产的记账过程中，要把超过使用寿命期（产生利润的阶段）的成本逐渐转记成费用列示在利润表中。**折旧**（depreciation）就是将这些资产的成本分摊到各个预计使用期的过程。记录折旧费用需要做与其他待摊费用类似的调整分录。

第一步：前面曾经提到过，为了赚取收入，FastForward公司于12月初花＄26 000购置了一套设备。该设备的成本必须进行折旧。

第二步：该设备的预期使用寿命为5年，5年后残值为＄8 000。也就是说，该设备在使用期内的净成本为＄18 000（26 000－8 000）。我们可以使用多种方法将这＄18 000的净成本分摊成费用。FastForward公司使用的是**直线折旧法**（straight-line depreciation method），即在资产的使用期内把它的净成本平均分摊到各个时期的折旧费用中去。用＄18 000的净成本除以60个月（5年）的设备使用期，就可以得出每个月的平均成本为＄300（18 000/60）。

第三步：记录每个月的折旧费用的调整分录及过账过程如下所示：

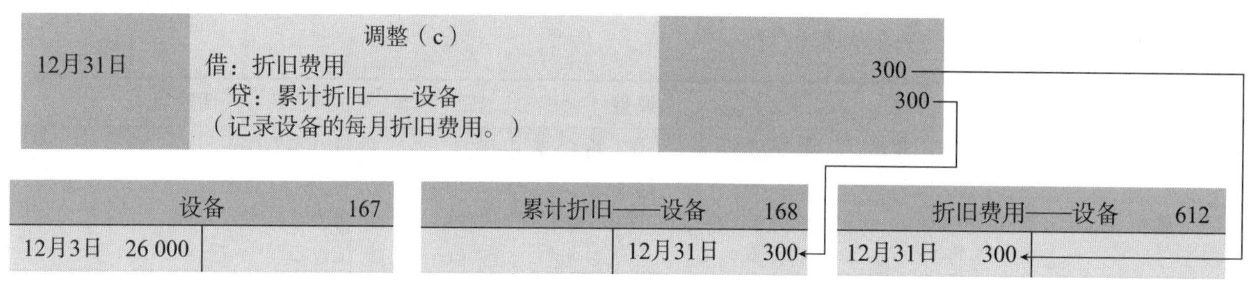

说明 调整和过账之后，设备账户余额（＄26 000）减去累计折旧账户余额（＄300）等于＄25 700，这就是余下的59个月要分摊的设备净成本（由剩余59个月的折旧额＄17 700和残值＄8 000组成）。折旧费用账户余额为＄300，要列示在12月份的利润表中。如果在12月31日不进行调整，那么：（1）12月份利润表中的费用就少记了＄300；（2）12月31日资产负债表中的资产将多记＄300。下表列示了折旧的调整过程。

调整前	调整	调整后
设备（净值）＝＄26 000	设备（净值）减少＄300，折旧费用增加＄300	设备（净值）＝＄25 700
设备为＄26 000	记录折旧费用＄300，累计折旧＄300	减去累计折旧后的设备（净值）为＄25 700

我们将累计折旧记在一个单独的备抵账户中。**备抵账户**（contra account）是为了抵减其他账户余额而设立的账户，与另一个账户存在关联且二者的正常余额方向正好相反。例如，FastForward公司的累计折

旧——设备就是一个备抵账户，在资产负债表中，该账户的余额要从设备账户的余额中扣除（见图表3－7）。备抵账户使得阅读资产负债表的人既能了解资产的总成本，又能了解总折旧额。

累计折旧这一备抵账户包含了以前各期的全部折旧费用。例如，图表3－6列示了经过3个月的调整2018年2月28日的设备账户和累计折旧账户。累计折旧账户的余额为＄900，要从相关的资产成本＄26 000中予以扣除。二者之间的差额为＄25 100，是还没有计提折旧的资产成本。这个差额叫做**账面价值**（book value）或净值（net amount），等于资产成本减去累计折旧。

设备			167
12月3日	26 000		

累计折旧——设备			168
		12月31日	300
		1月31日	300
		2月28日	300
		余额	900

图表3－6 经过3个月折旧调整的账户

这些账户的余额都列示在图表3－7 FastForward公司2月28日资产负债表的资产项目中。

图表3－7 2月28日资产负债表中的设备和累计折旧

资产（2018年2月28日）		
现金		$
⋮		
设备	＄26 000	
减：累计折旧	900	25 100 ← 设备（净值）
资产总计		$

NTK 3－1

按照三步法调整以下各个案例12月31日的预付资产账户金额。第一步，确定当前账户余额。第二步，确定当前账户余额的正确数额。第三步，在12月31日的调整分录上记录从第一步到第二步的调整过程。假定本年内没有其他调整分录。

1. 预付保险费。预付保险费账户年初有＄5 000的借方余额，并且本年内没有发生保险支付。回顾保险单和付款情况发现，截至年末12月31日尚有＄1 000的未到期保险。

2. 预付租金。本年10月1日，公司预付了＄12 000用于租赁设备，所租借设备从当日开始使用。该公司借记预付租金＄12 000，同时贷记现金＄12 000。需要记入12月31日年终报表。

3. 物料。物料账户年初有＄1 000的借方余额。本年购入了＄2 000的物料，记入物料账户的借方。12月31日的实际数据显示还有＄500的库存。

4. 累计折旧。该公司只有本年初购入的一项固定资产（设备）。该资产成本为＄38 000，预计使用10年，净残值为＄8 000。需要记入12月31日年终报表。

答案：

1. 第一步：预付保险费等于＄5 000（调整前）

   第二步：预付保险费的正确数额应等于＄1 000（未到期部分）

   第三步：编制从第一步到第二步的调整分录

12月31日	借：保险费用	4 000	
	贷：预付保险费		4 000
	（记录已到期的保险（$5 000－$1 000)。）		

2. 第一步：预付租金等于$12 000（调整前）
 第二步：预付租金的正确数额应等于$9 000（未到期部分）*
 第三步：编制从第一步到第二步的调整分录

12月31日	借：租金费用	3 000	
	贷：预付租金		3 000
	（记录已到期的预付租金。）* $12 000－$3 000＝$9 000 3 000＝($12 000/12个月)×3个月		

3. 第一步：物料等于$3 000（$1 000＋$2 000；调整前）
 第二步：物料的正确数额应等于$500（剩余部分）
 第三步：编制从第一步到第二步的调整分录*

12月31日	借：物料费用	2 500	
	贷：物料		2 500
	（记录使用的物料。）* $1 000＋购入的$2 000 －使用的物料$____＝剩余$500		

4. 第一步：累计折旧为$0（调整前）
 第二步：累计折旧应等于$3 000（当期发生折旧$3 000）*
 第三步：编制从第一步到第二步的调整分录

12月31日	借：折旧费用——设备	3 000	
	贷：累计折旧——设备		3 000
	（记录本期折旧。）*（$38 000－$8 000)/10年		

3.3 预收账款（递延收入）

预收账款（unearned revenues）是指在提供产品和服务之前收到的现金，也叫递延收入（deferred revenues），属于负债项目。会计主体在收到现金的同时也要承担提供产品或服务的义务。

框架 负债会在提供完产品或服务之后减少，预收账款会变成营业收入。如图表3－8所示，预收账款的调整分录涉及收入（利润表）的增加和预收账款（资产负债表）的减少。

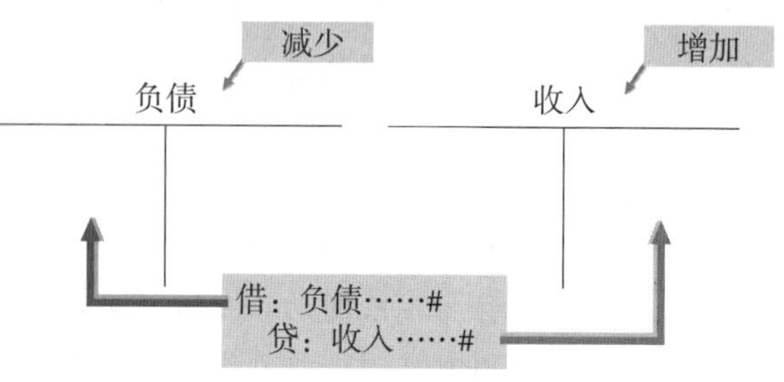

图表3－8 预收账款的调整

以《今日美国》的出版商甘尼特公司（Gannett）为例来学习预收账款的调整方法。甘尼特公司的预收报纸订阅费近$21 700万。“我们要在报纸订阅期内按照一定的比例不断地将预收报纸订阅费确认为收入。”预收账款几乎占了甘尼特公司流动负债的20%。波士顿凯尔特人队也是一个很好的例子。凯尔特人队在收到预售票款和转播费后会把它们记入"递延比赛收入"这一预收账款账户。每进行完一场比赛，凯尔特人队就编制一笔调整分录，将一部分预收账款确认为收入。最近一个赛季中，凯尔特人队7—9月的收入为0，10—12月的收入为$3 400万，1—3月的收入为$4 800万，4—6月的收入为$1 700万，反映了NBA的赛季是从10月到4月。

□ 预收咨询收入

FastForward公司也有预收账款。12月26日，FastForward公司同意，只要客户支付$3 000，公司就可以为客户提供两个月的咨询服务。

第一步：12月26日，客户预付了12月27日到2月24日为期60天的咨询费。记录该笔预收款项的分录如下所示：

12月31日	借：现金	3 000	
	贷：预收咨询收入		3 000
	（预收未来60天的咨询费。）		

这笔预收款业务增加了现金，同时产生了一项在未来60天内提供咨询服务的义务（5天在当年，55天在下一年）。

第二步：随着时间的推移，FastForward公司通过提供咨询服务慢慢实现了这笔收入。截至12月31日，FastForward公司已经提供了5天的咨询服务，实现了$3 000的5/60，即$250的收入。收入确认原则要求必须把这$250的预收账款作为收入列示在FastForward公司12月份的利润表上。

第三步：减少负债、确认收入的调整分录和过账过程如下所示：

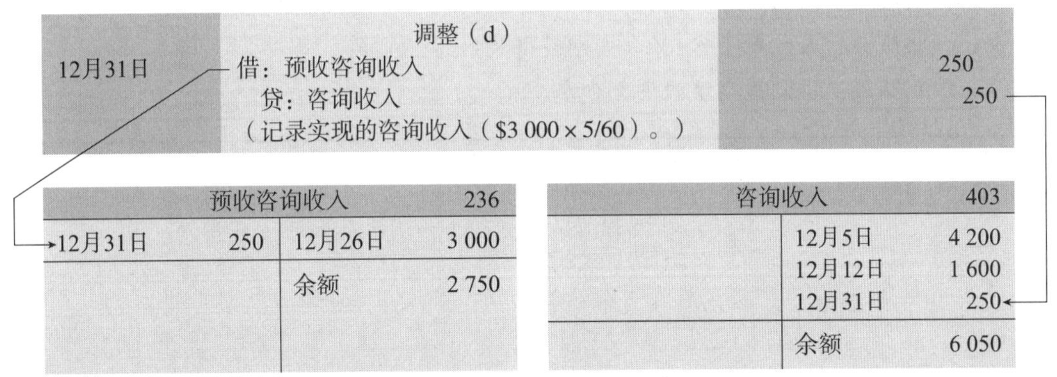

说明 调整分录将$250从预收账款账户（负债类账户）转入收入账户。如果不进行这项调整，那么：(1) 12月份利润表中的收入将少记$250；(2) 12月31日资产负债表中的预收账款将多记$250。

下表列示了预收账款的调整过程。

调整前	调整	调整后
预收咨询收入＝$3 000	预收咨询收入减少$250，咨询收入增加$250	预收咨询收入＝$2 750
通过提供为期60天的咨询服务获得的预收咨询收入为$3 000，每天$50	记录5天的咨询收入，等于总预收金额的5/60	未来55天的预收咨询收入为$2 750（55天×$50）

预收账款的会计处理对很多企业都非常重要。例如，全美零售联盟（National Retail Federation）称，该联盟每年礼品券的销售额近200亿美元，礼品券对销售商而言就是一种预收账款。礼品券现在已经成为美国节假日销量最多的一种礼物；近60%送礼物的人下一年打算至少送一张礼品券（NRF网站）。

NTK 3-2

按照三步法调整下面每个案例12月31日的预收账款账户金额。第一步，确定当前账户余额。第二步，确定当前账户余额的正确数额。第三步，记录12月31日从第一步到第二步的调整过程。假定本年内没有其他调整分录。

a. 预收租金收入。公司9月1日提前收取了$24 000租金，借记现金，贷记预收租金收入。租客预先支付12个月的租金并于9月1日入住。

b. 预收服务收入。公司提供每月为房子喷洒杀虫剂服务的价格为$100。一名客户11月1日提前支付了6次服务费$600，借记现金，贷记预收服务收入。该公司截至年末已为该客户提供两次杀虫服务。

答案：

a. 第一步：预收租金收入等于24 000（调整前）

第二步：预收租金收入的正确余额应等于$16 000（当期获得收入$8 000*）

第三步：编制从第一步到第二步的调整分录

12月31日	借：预收租金收入	8 000	
	贷：租金收入		8 000
	（记录提前收到的租金中应确认为收入的部分。）		
	* $24 000/12个月×4个月		

b. 第一步：预收服务收入为$600（调整前）

第二步：预收服务收入应等于$400（当期获得收入$200*）

第三步：编制从第一步到第二步的调整分录

12月31日	借：预收服务收入	200	
	贷：服务收入		200
	（记录提前收到的收入中应确认为服务收入的部分。）		
	* $100×2次服务		

3.4 预提费用

预提费用（accrued expenses）是指在某一会计期间内已经发生，但仍未支付和记录的各种成本。预提费用必须列入费用发生当期的利润表。

框架 如图表3-9所示，记录预提费用的调整分录会同时增加费用（利润表）和负债（资产负债表）。调整分录要确认发生但尚未支付的费用。常见的预提费用包括应付工资、应付利息、应付租金和应付税款。我

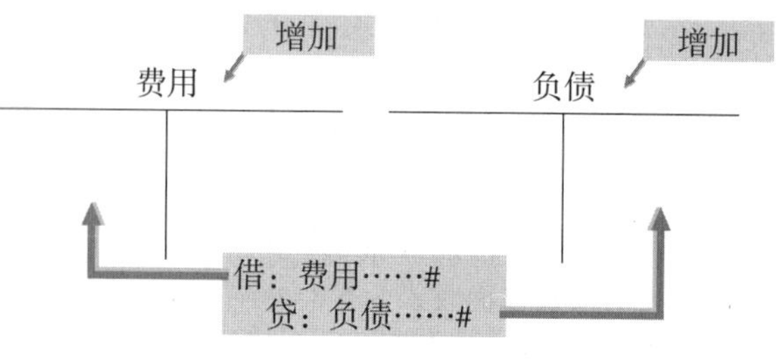

图表3-9 预提费用的调整

们以应付工资和应付利息为例来学习预提费用的调整方法。

□ 应付工资费用

FastForward 公司的员工每天可以挣 $ 70，每周可以挣 $ 350（工作日为每周周一到周五）。

第一步：员工在每隔一周的周五领取一次工资。公司在 12 月 12 日和 26 日向员工发放了工资，记入日记账并过入总分类账。

第二步：图表 3 - 10 的日历显示，12 月 26 日工资发放日后 12 月还有 3 个工作日，即 29 日、30 日和 31 日。在 12 月 31 日周三营业结束时，员工已经挣到了 3 天的工资，但这些工资既没有支付也没有记录。

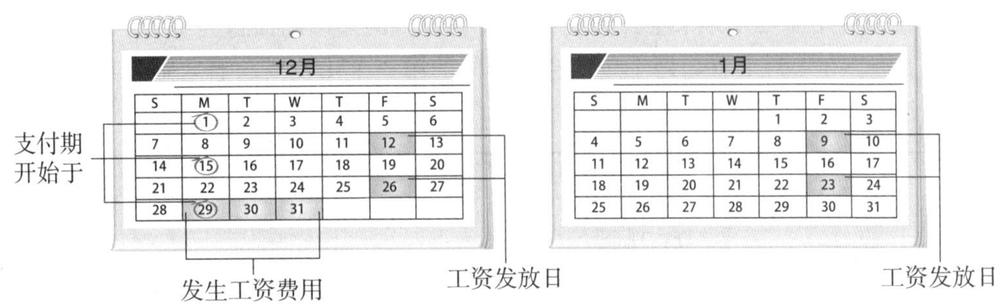

图表 3 - 10　应付工资和工资发放日

如果 FastForward 公司不将 12 月 29—31 日的未付工资记入增加的费用和对员工的负债，那么它的资产负债表是不完整的。

第三步：应付工资的调整分录和过账过程如下所示：

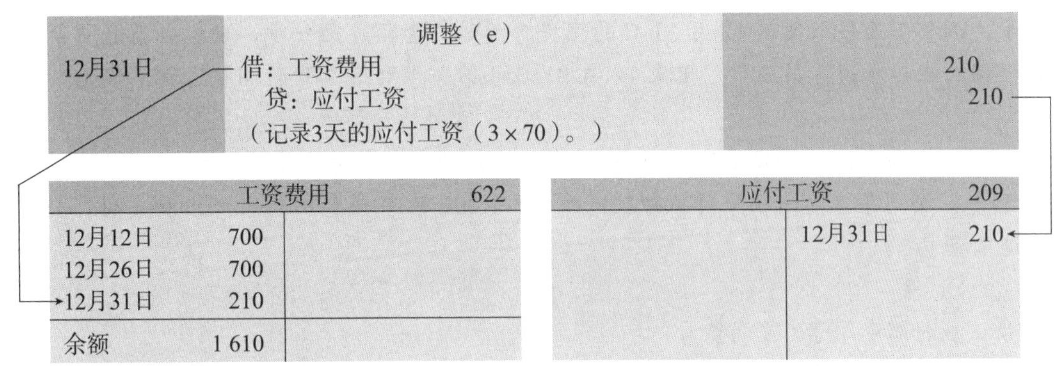

说明　我们要把 $ 1 610 的工资费用列示在 12 月份的利润表中，把 $ 210 的应付工资（负债）列示在资产负债表中。如果不进行此项调整，那么：(1) 12 月份利润表中的工资费用就少记了 $ 210；(2) 12 月 31 日资产负债表中的应付工资就少记了 $ 210。

下表列示了已发生工资的调整过程。

调整前	调整	调整后
应付工资＝$ 0	应付工资增加 $ 210，工资费用增加 $ 210	应付工资＝$ 210
已发生但尚未用现金支付的员工工资为 $ 0	应付员工 3 天的工资，每天 $ 70	应付工资为 $ 210，但尚未支付

□ 应付利息费用

企业在会计期末通常会有一些由应付票据（贷款）和其他长期负债带来的应付利息。利息费用随着时间的推移而发生。除非利息费用在会计期间的最后一天支付，否则需要对已经发生但尚未支付的利息费用进行调整，也就是说，必须把最近一次利息支付日到期末之间发生的利息费用计入成本。应付利息的计算公式为：

所欠本金×年利率×上次利息支付日迄今的天数在全年总天数中占的比例

例如，如果一家公司有＄6 000的银行贷款，贷款年利率为5%，那么30天的应付利息就是＄25，即＄6 000×0.05×30/360。调整分录为借记利息费用＄25，贷记应付利息＄25。

未来支付预提费用

会计期末的预提费用需要用未来会计期间的现金支付。例如，前面曾经提到，FastForward公司记录了＄210的应付工资。在1月9日，即下一个会计期间的第一个工资支付日，需要编制下面的会计分录来结算应计负债（应付工资），记录1月份前7个工作日的工资费用：

1月9日	借：应付工资（每天＄70，共3天）	210	
	工资费用（每天＄70，共7天）	490	
	贷：现金		700
	（支付两周的工资，包括12月份最后3天的应付工资。）		

借记＄210表示偿还12月31日之前3天的应付工资。借记＄490表示将1月份前7个工作日（包括新年假期）的工资计入新会计期间的费用。贷记＄700表示支付给员工的现金总额。

NTK 3-3

按照三步法调整下面每个案例12月31日的预提费用账户金额。第一步，确定当前账户余额。第二步，确定当前账户余额的正确数额。第三步，记录12月31日从第一步到第二步的调整过程。假定本年内没有其他调整分录。

a. 应付工资。公司年末已经发生＄5 000的工资费用，但尚未支付给员工。

b. 应付利息。公司年末有一项应付抵押款产生了＄1 000的年利息但尚未记录和支付。公司打算下一年1月3日支付这项利息。

答案：

a. 第一步：应付工资等于0（调整前）

第二步：应付工资的正确数额应等于＄5 000（尚未记录）

第三步：编制从第一步到第二步的调整分录

12月31日	借：工资费用	5 000	
	贷：应付工资		5 000
	（记录已发生但尚未支付的员工工资。）		

b. 第一步：应付利息等于0（调整前）

第二步：应付利息的正确数额应等于＄1 000（尚未记录）

第三步：编制从第一步到第二步的调整分录

12月31日	借：利息费用	1 000	
	贷：应付利息		1 000
	（记录已产生但尚未支付的利息。）		

3.5 应计收入

应计收入（accrued revenues）是指在某一会计期间内已经实现，但没有记录和收到现金（或其他资产）的各种收入。例如，某位总是在完工以后才向客户索要账款的技师的收入就属于应计收入。如果该技师在某个会计期末已经完成了1/3的工作，即便他还没有收到账款或者还没有向客户索要账款，也必须把这1/3的预期收入记入当期收入。

框架 如图表3-11所示，应计收入的调整分录会同时增加资产（资产负债表）和收入（利润表）。应计收入通常来源于服务、产品、利息和租金。以服务费和利息为例来学习应计收入的调整方法。

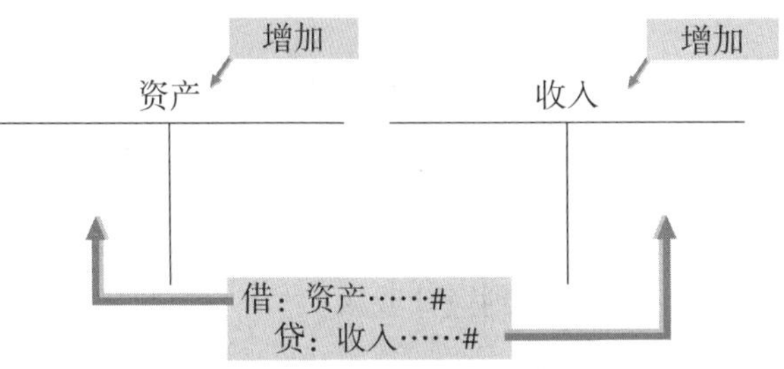

图表3-11 应计收入的调整

应计服务费收入

只有在会计期末编制完调整分录之后才能记录应计收入。这些应计收入虽然已经实现，但没有记录，因为买方还没有付款或者卖方还没有向买方索要账款。以FastForward公司为例进行说明。

第一步：在12月份的第二周，FastForward公司答应以＄2 700（每天＄90）的价格为当地的一家健身俱乐部提供30天的咨询服务，从2017年12月12日直至2018年1月10日。该俱乐部承诺在2018年1月10日服务期结束后支付FastForward公司＄2 700。

第二步：截至2017年12月31日，FastForward公司已经提供了20天的咨询服务。但因为约定的服务尚未提供完，FastForward公司既没有向该俱乐部索要账款，也没有记录已经提供的服务。但FastForward公司已经挣得了30天收入的2/3，即＄1 800（＄2 700×20/30）。按照收入确认原则的要求，FastForward公司必须把这＄1 800列示在12月份的利润表中。另外，资产负债表中也必须列明俱乐部欠FastForward公司＄1 800。

第三步：应计服务费收入的年末调整分录如下所示：

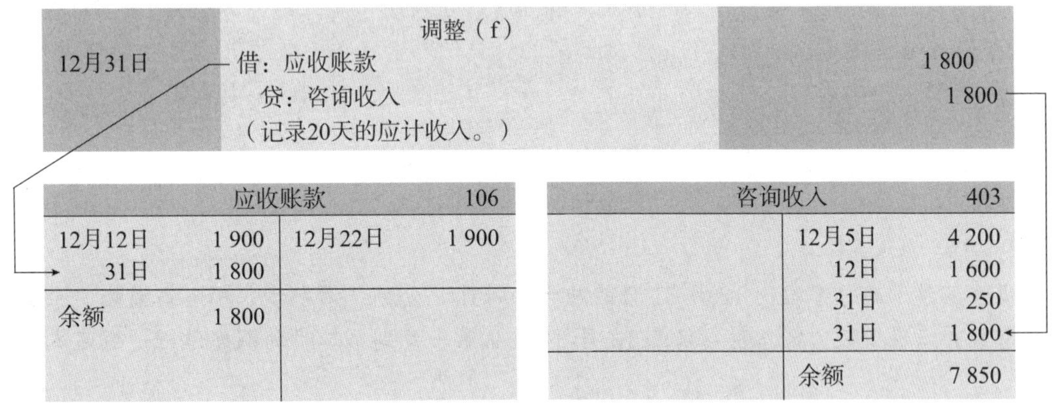

	调整（f）		
12月31日	借：应收账款	1 800	
	贷：咨询收入		1 800
	（记录20天的应计收入。）		

应收账款			106
12月12日	1 900	12月22日	1 900
31日	1 800		
余额	1 800		

咨询收入			403
		12月5日	4 200
		12日	1 600
		31日	250
		31日	1 800
		余额	7 850

说明 我们要把＄1 800的应计收入列示在资产负债表中，还要把＄7 850的咨询收入列示在利润表中。如果不进行此项调整，那么：（1）12月份利润表中的咨询收入会少记＄1 800；（2）12月31日资产负债表中的应收账款会少记＄1 800。

下表列示了应计收入的调整过程。

调整前	调整	调整后
应收账款＝＄0	应收账款增加＄1 800，咨询收入增加＄1 800	应收账款＝＄1 800
记录已赚取但尚未收到的收入为＄0	记录20天的咨询收入，等于合同总额的20/30	记录因提供咨询服务而增加的应收账款＄1 800

□ 应计利息收入

如果企业持有能够带来利息收入的应收票据或应收账款，那么必须进行账项调整以记录那些已经赚取但尚未收到的利息收入。应计利息收入的调整分录与应计服务费收入的调整分录类似，借记应收利息（资产），贷记利息收入。

未来收到应计收入

会计期末的应计收入会带来未来会计期间的现金收入。例如前面我们曾经提到过，FastForward公司编制了一笔调整分录来记录公司20天的应计咨询收入＄1 800。1月10日，FastForward公司收到合同总金额＄2 700现金后需要做如下分录，以冲销应计资产（应收账款）并确认1月份的营业收入：借记＄2 700记录收到的现金，贷记＄1 800记录冲销的应收账款，贷记＄900记录公司1月份获得的收入。

1月10日	借：现金	2 700	
	贷：应收账款（每天＄90，共20天）		1 800
	咨询收入（每天＄90，共10天）		900
	（收到现金，冲销应计资产，并记录1月份的咨询收入。）		

决策制定者　**贷款业务主管**

一家经营家庭影院商店的店主想申请商业贷款。商店的财务报表显示其当年的收入和利润都有大幅度的增长。经过分析你发现：该店的收入和利润之所以会有如此大幅度的增长是因为商店允许客户现在购货，但到来年的1月1日再支付货款，商店将这些销售额都计入应计收入。以上这些分析会让你有所担忧吗？

答案： 担忧源自对其当年销售收入的分析。虽然增加收入令人欣慰，但你应关心这些促销销售收入的可收回性。如果所有者将产品出售给有不良付款记录的客户，那么这些销售收入的可收回性就很低。你必须评估这种可能性并确认任何预期的损失。

NTK 3-4

按照三步法调整下面每个案例12月31日的应计收入账户金额。第一步，确定当前账户余额。第二步，确定当前账户余额的正确数额。第三步，记录12月31日从第一步到第二步的调整过程。假定本年内没有其他调整分录。

a. 应收账款。公司年末为客户提供了价值＄1 000的服务，但该客户尚未为这些服务付费。

b. 应收利息。公司年末通过投资政府债券获得了＄500的利息收入，但尚未记录。

答案：

a. 第一步：应收账款等于0（调整前）

第二步：应收账款的正确数额应等于＄1 000（尚未记录）

第三步：编制从第一步到第二步的调整分录

12 月 31 日	借：应收账款	1 000	
	贷：服务收入		1 000
	（记录已实现但尚未收到的服务收入。）		

b. 第一步：应收利息等于 0（调整前）

第二步：应收利息的正确数额应等于＄500（尚未记录）

第三步：编制从第一步到第二步的调整分录

12 月 31 日	借：应收利息	500	
	贷：利息收入		500
	（记录已实现但尚未获得的利息收入。）		

与财务报表的联系

图表 3－12 总结了需要调整的四种交易类型。每个调整分录都会影响一个或多个利润表账户（收入或费用）以及一个或多个资产负债表账户（资产或负债），但不是现金账户。（调整分录与其他分录的过账形式相同。）

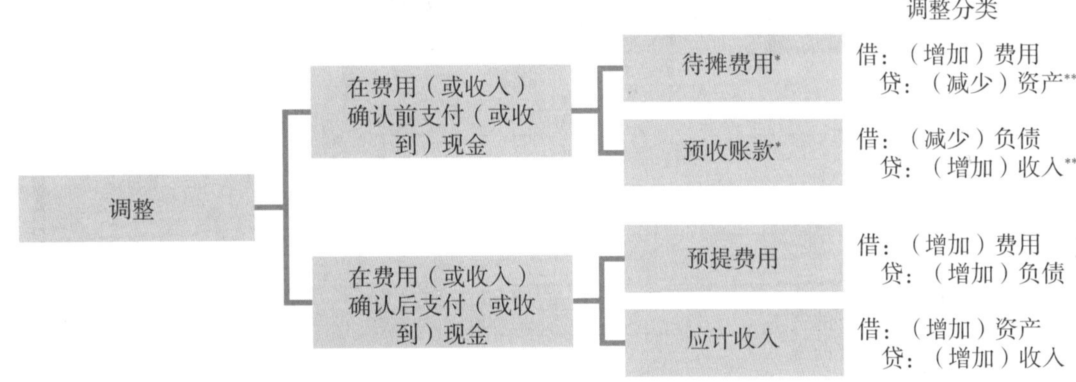

图表 3－12　账项调整及其与财务报表之间的联系总结

* 该表假设，待摊费用一开始记入资产账户，预收账款一开始记入负债账户。

** 计提折旧要贷记累计折旧（备抵账户）。

职业道德

财务总监

公司总裁年底指示身为财务总监的你当年不要记录应计费用，因为这些费用要等到来年才会支付。总裁还指示你把年后两周才能向客户交货的一笔订货款计入当年的收入。如果执行了总裁的这些指令，你们公司利润表中就会出现净利润而不是净损失。请问你会怎么做？

答案： 忽略应计费用和提前确认收入可能会误导财务报表使用者。一个解决办法是请求与总裁开会，这样就可以解释需要做什么了。如果总裁仍然坚持这样做，可以与法律顾问和相关的审计人员进行讨论。符合道德的行为可能会让你付出代价，但虚假声明、声誉和个人诚信的损失以及其他损失的代价更大。

有些调整信息要在会计期间结束后才能获得，也就是说，有些调整和结账分录要在会计期间结束以后才能编制，但仍然要以会计期末的日期作为编制这些分录的日期。例如，某公司 1 月 10 日才收到 12 月份的公用事业费账单，该公司应以 12 月 31 日作为费用和应付账款的发生日期。尽管会计期间结束时无法确切知道这些调整金额，但需要在利润表和资产负债表中反映出这些调整。

3.6 试算平衡表和财务报告

调整后的试算平衡表

调整前的试算平衡表（unadjusted trial balance）是记录调整之前编制的各种账户及其余额的列表。**调整后的试算平衡表**（adjusted trial balance）是指在记录完调整分录并将其过入总分类账之后编制的记录各种账户及其余额的列表。

图表 3－13 列示了 FastForward 公司 2017 年 12 月 31 日调整前和调整后的试算平衡表。试算平衡表中各种账户的排列顺序往往与会计科目表中的账户顺序保持一致。调整分录会产生几个新的账户。

	A	B	C	D	E	F	G	H
1			Fast Forward公司 试算平衡表 2017年12月31日					
2			调整前的				调整后的	
3			试算平衡表		调整		试算平衡表	
4			借方	贷方	借方	贷方	借方	贷方
5	编号	账户名称						
6	101	现金	$ 4 275				$ 4 275	
7	106	应收账款	0		(f) $1 800		1 800	
8	126	物料	9 720			(b) $1 050	8 670	
9	128	预付保险费	2 400			(a) 100	2 300	
10	167	设备	26 000				26 000	
11	168	累计折旧——设备		$ 0		(c) 300		$ 300
12	201	应付账款		6 200				6 200
13	209	应付工资		0		(e) 210		210
14	236	预收咨询收入		3 000	(d) 250			2 750
15	301	C.Taylor名下的资本		30 000				30 000
16	302	C.Taylor名下的提取	200				200	
17	403	咨询收入		5 800		(d) 250		7 850
18						(f) 1 800		
19	406	租金收入		300				300
20	612	折旧费用——设备	0		(c) 300		300	
21	622	工资费用	1 400		(e) 210		1 610	
22	637	保险费用	0		(a) 100		100	
23	640	租金费用	1 000				1 000	
24	652	物料费用	0		(b) 1 050		1 050	
25	690	公用事业费用	305				305	
26		总计	$45 300	$45 300	$3 710	$3 710	$47 610	$47 610

图表 3－13 调整前和调整后的试算平衡表

我们用一个带括号的字母表示每一项调整（见中间一栏），该字母与前面讲过的调整分录上所标的字母是一致的。调整后的试算平衡表中的每一项余额都是根据调整前的试算平衡表中的账户余额加上或减去调整额后得出的。例如，在调整前的试算平衡表中，物料账户有＄9 720 的借方余额。用＄9 720 减去调整栏中＄1 050 的贷方余额，得到物料账户调整后的借方余额为＄8 670。有些账户可能需要进行多次调整，例如咨询收入账户；而有些账户可能当期不需要进行调整，例如应付账款账户。

编制财务报表

我们可以根据调整后的试算平衡表提供的信息直接编制财务报表。调整后的试算平衡表（参见图表 3－13 最右边的两栏）包含了出现在财务报表中的全部账户及其余额，而且使用调整后的试算平衡表编制财务报表要比使用总分类账方便得多。

图表 3－14 列示了如何将调整后的试算平衡表中的收入和费用余额转入利润表。然后可以使用净利润

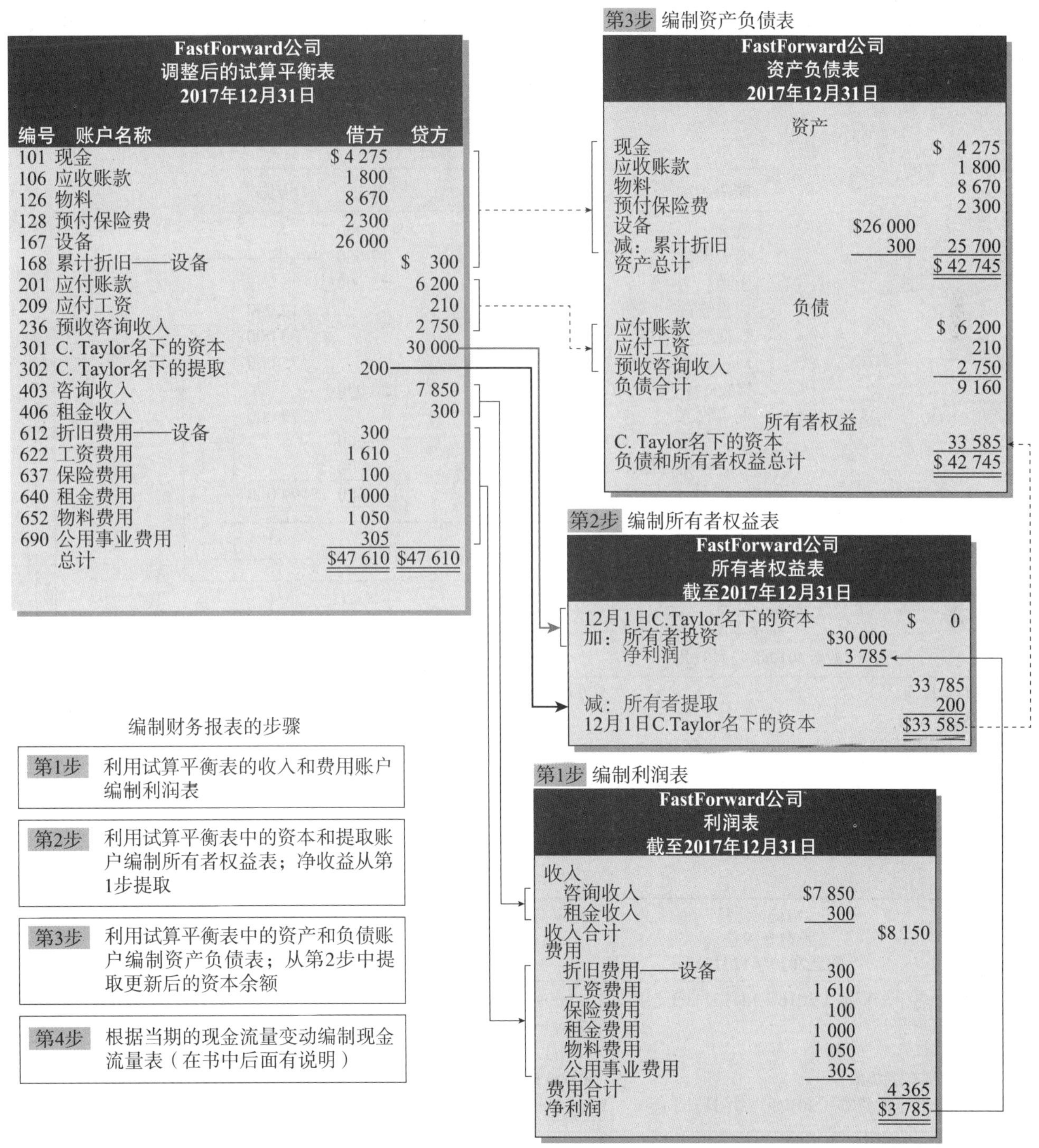

FastForward公司
调整后的试算平衡表
2017年12月31日

编号	账户名称	借方	贷方
101	现金	$ 4 275	
106	应收账款	1 800	
126	物料	8 670	
128	预付保险费	2 300	
167	设备	26 000	
168	累计折旧——设备		$　300
201	应付账款		6 200
209	应付工资		210
236	预收咨询收入		2 750
301	C. Taylor名下的资本		30 000
302	C. Taylor名下的提取	200	
403	咨询收入		7 850
406	租金收入		300
612	折旧费用——设备	300	
622	工资费用	1 610	
637	保险费用	100	
640	租金费用	1 000	
652	物料费用	1 050	
690	公用事业费用	305	
	总计	$47 610	$47 610

第3步　编制资产负债表

FastForward公司
资产负债表
2017年12月31日

资产		
现金		$　4 275
应收账款		1 800
物料		8 670
预付保险费		2 300
设备	$26 000	
减：累计折旧	300	25 700
资产总计		$ 42 745
负债		
应付账款		$　6 200
应付工资		210
预收咨询收入		2 750
负债合计		9 160
所有者权益		
C. Taylor名下的资本		33 585
负债和所有者权益总计		$ 42 745

第2步　编制所有者权益表

FastForward公司
所有者权益表
截至2017年12月31日

12月1日C.Taylor名下的资本		$　0
加：所有者投资	$30 000	
净利润	3 785	
		33 785
减：所有者提取		200
12月1日C.Taylor名下的资本		$33 585

第1步　编制利润表

FastForward公司
利润表
截至2017年12月31日

收入		
咨询收入	$7 850	
租金收入	300	
收入合计		$8 150
费用		
折旧费用——设备	300	
工资费用	1 610	
保险费用	100	
租金费用	1 000	
物料费用	1 050	
公用事业费用	305	
费用合计		4 365
净利润		$3 785

图表 3－14　编制财务报表（调整后的试算平衡表取自图表 3－13）

和所有者提取来编制所有者权益表。接着再把调整后的试算平衡表中的资产和负债余额转入资产负债表。最后计算出所有者权益表中的期末资本余额，再把它转入资产负债表。

我们按照以下顺序编制各财务报表：利润表、所有者权益表和资产负债表。这种顺序安排合乎情理的原因在于：要根据利润表中的信息编制所有者权益表，并根据所有者权益表中的信息编制资产负债表。通常最后编制现金流量表。

NTK 3-5

根据下述Magic公司调整后的试算平衡表来编制2017年度或年末（12月31日）的利润表、所有者权益表和资产负债表（未分类）。Magic公司2016年12月31日的资本账户余额为$75 000。

Magic公司
调整后的试算平衡表
2017年12月31日

账户名称	借方	贷方
现金	$ 13 000	
应收账款	17 000	
土地	85 000	
应付账款		$ 12 000
长期应付票据		33 000
Magic名下的资本		75 000
Magic名下的提取	20 000	
佣金收入		79 000
工资费用	56 000	
办公物料费用	8 000	
合计	$199 000	$199 000

答案：

第一步

Magic公司
利润表
截至2017年12月31日

佣金收入		$79 000
费用		
工资费用	56 000	
办公物料费用	8 000	
费用合计		64 000
净利润		$15 000

第二步

Magic公司
所有者权益表
截至2017年12月31日

Magic名下的资本（2016年12月31日）	$75 000
加：净利润	15 000
	90 000
减：所有者提取	20 000
Magic名下的资本（2017年12月31日）	$70 000

第三步

Magic公司
资产负债表
2017年12月31日

资产	
现金	$ 13 000
应收账款	17 000
土地	85 000
资产总计	$115 000
负债	
应付账款	$ 12 000
长期应付票据	33 000
负债合计	45 000
所有者权益	
Magic名下的资本	70 000
负债和所有者权益总计	$115 000

可持续性与会计

re:char 项目致力于改善肯尼亚农民的环境和生活质量。re:char 的创始人 Jason Aramburu 建造了卢图巴窑，让农民可持续地将废物循环利用生成生物炭。根据 Jason 的说法，"农民利用产生的废物，如甘蔗废料、玉米棒、树叶和秸秆，在窑中把这些废物转化成生物炭。"生物炭被用来可持续地改善土壤质量，增加作物产量。Jason 补充道，re:char 的目标是"实现系统的胜利：更多的食物，更多的碳被封存，更少的浪费"。

回收废物并不是 Jason 的卢图巴窑唯一的好处。"生物炭很特别，是唯一一种能实现碳减少的能源，每生产一吨生物炭就代表从空气中提取了碳。"

Jason 还解释了经营活动的会计记录对其成功发挥着重要作用。他指的是正确记录应计收入以充分了解销售增长情况，记录应计费用以准确地给卢图巴窑定价。比如 Jason 说，如果预提费用没有正确记录，他可能会把窑炉的价格定得过低，这样就没有足够的钱继续运营。

同样，如果没有收入的积累，现金流入量会很低，他可能无法为其持续增长的业务融资，因为 Jason 必须等到农民收割庄稼后才能收到应收账款。Jason 断言，每个伟大的初创企业背后都有一个有效的会计系统。

NTK 3-6

下面列示的是 Fanning's 电子公司 2017 年 12 月 31 日的相关数据。该公司采用公历年度作为其年度报告期间。公司一开始就把各种预付款项和预收款项分别记入资产负债表的资产类和负债类账户。

a. 公司每周支付的工资总额为＄8 750，每周五发放一次，一次发放 5 个工作日的工资。假设 2017 年 12 月 31 日是周一，员工要等到 2018 年 1 月 4 日（周五）才能领到工资。

b. 18 个月前，即 2016 年 7 月 1 日，公司花＄20 000 购置了一台设备。该设备的预期使用寿命为 5 年，使用寿命届满时设备的预期残值为 0。

c. 2017 年 10 月 1 日，公司同意开发一个新的住宅项目。公司当天提前收取了未来 24 套新住房的报警系统安装费＄120 000，并将这笔款项记入预收服务收入的贷方。从 10 月 1 日到 12 月 31 日，公司完成了其中 20 套住房的报警系统安装工程。

d. 2017 年 9 月 1 日，公司花＄1 800 购买了一份有效期为 12 个月的保险，记入预付保险费的借方。

e. 2017 年 12 月 29 日，公司提供了价值＄7 000 的服务，但截至 2017 年 12 月 31 日，公司既没有索要这笔款项，也没有将其入账。

要求：

1. 为以上各笔业务和事项编制 2017 年 12 月 31 日的调整分录。

2. 列出受调整分录影响的账户的 T 型账户，并将调整分录过入总分类账。确定预收账款账户和预付保险费账户调整后的余额分别是多少。

3. 填制下面的表格，确定调整额，并指出调整分录会对公司 2017 年度的利润表和 2017 年 12 月 31 日的资产负债表产生怎样的影响。用向上或向下的箭头表示对其增加或减少的影响。

分录	分录中的数额	对净利润的影响	对资产总额的影响	对负债总额的影响	对所有者权益总额的影响

解题步骤：

- 分析每种情况下哪个账户需要进行账项调整。
- 计算出调整额，并编制必要的调整分录。
- 在指定的账户中列明调整额，确定各个账户调整后的余额，确定各个账户在资产负债表中是属于资产类、负债类还是所有者权益类账户。
- 确定每笔分录对该年净利润以及年末资产总额、负债总额和所有者权益总额会产生怎样的影响。

答案：

1. 调整日记账分录。

日期	分录	借方	贷方
(a) 12月31日	借：工资费用	1 750	
	贷：应付工资		1 750
	(应计12月31日的工资（$8 750×1/5)。)		
(b) 12月31日	借：折旧费用——设备	4 000	
	贷：累计折旧——设备		4 000
	(记录该年的折旧费用（$20 000/5年=$4 000)。)		
(c) 12月31日	借：预收服务收入	100 000	
	贷：服务收入		100 000
	(确认已经实现的服务收入（$120 000×20/24)。)		
(d) 12月31日	借：保险费用	600	
	贷：预付保险费		600
	(调整已经到期的保险费（$1 800×4/12)。)		
(e) 12月31日	借：应收账款	7 000	
	贷：服务收入		7 000
	(记录已经实现的服务收入。)		

2. 业务(a)～(e)的调整分录涉及的T型账户如下所示。

工资费用

(a)	1 750		

应付工资

		(a)	1 750

折旧费用——设备

(b)	4 000		

累计折旧——设备

		(b)	4 000

预收服务收入

		未调整余额	120 000
(c)	100 000		
		调整后余额	20 000

服务收入

		(c)	100 000
		(e)	7 000
		调整后余额	107 000

保险费用

(d)	600		

预付保险费

未调整余额	1 800		
		(d)	600
调整后余额	1 200		

应收账款

(e)	7 000		

3. 调整分录对财务报表的影响。

分录	分录中的数额	对净利润的影响	对资产总额的影响	对负债总额的影响	对所有者权益总额的影响
a	$1 750	$1 750↓	无影响	$1 750↑	$1 750↓
b	4 000	4 000↓	$4 000↓	无影响	4 000↓
c	100 000	100 000↑	无影响	$100 000↓	100 000↑
d	600	600↓	$600↓	无影响	600↓
e	7 000	7 000↑	$7 000↑	无影响	7 000↑

NTK 3-7

使用下面调整后的试算平衡表完成以下三个练习。

CHOI公司调整后的试算平衡表
12月31日

	借方	贷方
现金	$3 050	
应收账款	400	
预付保险费	830	
物料	80	
设备	217 200	
累计折旧——设备		$29 100
应付工资		880
应付利息		3 600
预收租金收入		460
长期应付票据		150 000
M. Choi名下的资本		40 340
M. Choi名下的提取	21 000	
租金收入		57 500
工资费用	25 000	
公用事业费用	1 900	
保险费用	3 200	
物料费用	250	
折旧费用——设备	5 970	
利息费用	3 000	
合计	$281 880	$281 880

1. 根据Choi公司调整后的试算平衡表编制年度利润表。

答案：

CHOI公司利润表
截至12月31日

收入		
租金收入		$57 500
费用		
工资费用	$25 000	
公用事业费用	1 900	

续表

CHOI公司利润表 截至12月31日		
保险费用	3 200	
物料费用	250	
折旧费用——设备	5 970	
利息费用	3 000	
费用合计		39 320
净利润		$ 18 180

2. 根据Choi公司调整后的试算平衡表编制所有者权益表。Choi公司的资本账户余额为$ 40 340，其中有$ 30 340来自上一年度的期末余额，另外$ 10 000来自当年的所有者投资。

答案：

CHOI公司所有者权益表 截至12月31日		
M. Choi名下的资本（去年年末）		$ 30 340
加：所有者投资	$ 10 000	
净利润	18 180	28 180
		58 520
减：所有者提取		21 000
12月31日M. Choi名下的资本（当年年末）		$ 37 520

3. 根据Choi公司调整后的试算平衡表编制资产负债表（未分类）。

答案：

CHOI公司资产负债表 12月31日		
资产		
现金		$ 3 050
应收账款		400
预付保险费		830
物料		80
设备	$ 217 200	
减：累计折旧	29 100	188 100
资产总计		$ 192 460
负债		
应付工资		$ 880
应付利息		3 600
预收租金收入		460
长期应付票据		150 000
负债合计		154 940
所有者权益		
M. Choi名下的资本		37 520
负债和所有者权益总计		$ 192 460

附录 3A　预付费用和预收账款的会计替代

本附录将解释对预付费用和预收账款进行会计处理的替代方法。

在费用账户中记录预付费用

记录预付费用的替代方法是将所有预付费用借记费用账户。如果预付费用在会计期末仍未使用或未到期，则调整分录必须将未使用部分从费用账户转到预付费用（资产）账户。这种替代方法可以接受，因为两种方法下的财务报表相同，但调整分录不同。为了说明这两种方法的区别，以 FastForward 公司为例，其在 12 月 1 日以现金支付了 24 个月的保险费，该保险从 12 月 1 日生效。FastForward 将这笔款项记入资产账户的借方，也可以记入费用账户的借方。替代方法见图表 3A－1。

图表 3A－1　预付费用的初始替代分录

		将支付款项记录为资产		将支付款项记录为费用	
12 月 1 日	预付保险费	2 400			
	现金		2 400		
12 月 1 日	保险费用			2 400	
	现金				2 400

在该公司的会计期末 12 月 31 日，保险已生效 1 个月，意味着 $100（$2 400/24）的保险费用应该在 12 月记为费用。调整分录取决于它所对应的初始支付款项的记录方式，如图表 3A－2 所示。

图表 3A－2　两种方法下预付费用的调整分录

		将支付款项记录为资产		将支付款项记录为费用	
12 月 31 日	保险费用	100			
	预付保险费		100		
12 月 31 日	预付保险费			2 300	
	保险费用				2 300

将这些分录全部过到总账之后，可以发现两种方法的结果是一样的。图表 3A－3 中 12 月 31 日调整后的试算平衡表显示，两种方法下预付保险费均为 $2 300，保险费用均为 $100。

图表 3A－3　两种方法下预付费用的账户余额

将支付款项记录为资产

预付保险费			128
12 月 1 日	2 400	12 月 31 日	100
余额	2 300		

保险费用			637
12 月 31 日	100		

将支付款项记录为费用

预付保险费			128
12 月 31 日	2 300		

保险费用			637
12 月 1 日	2 400	12 月 31 日	2 300
余额	100		

在收入账户中记录预收账款

与预付费用一样，记录预收账款的替代方法是将所有未实现的收入贷记收入账户。如果收入在会计期末仍未实现，那么调整分录必须将未实现部分从收入账户转到预收账款（负债）账户。这种替代方法可以接受，因为尽管这两种方法的调整分录不同，但最终得到的财务报表是一致的。以 FastForward 公司为例说明这两种方法之间的会计差异，12 月 26 日 FastForward 公司收到＄3 000 咨询费，服务期间为 12 月 27 日至下一年 2 月 24 日。FastForward 公司将这笔交易记入负债账户的贷方。替代方法是将其记入收入账户的贷方，如图表 3A－4 所示。

图表 3A－4　预收账款的初始替代分录

		将收到款项记录为负债（借）	将收到款项记录为负债（贷）	将收到款项记录为收入（借）	将收到款项记录为收入（贷）
12 月 26 日	现金	3 000			
	预收咨询收入		3 000		
12 月 26 日	现金			3 000	
	咨询收入				3 000

到会计期末 12 月 31 日，FastForward 已经确认＄250 的相关收入，意味着负债中有＄250 的收入已经实现。调整分录取决于它所对应的初始收入款项的记录方式，如图表 3A－5 所示。

图表 3A－5　两种方法下预收账款的调整分录

		将收到款项记录为负债（借）	将收到款项记录为负债（贷）	将收到款项记录为收入（借）	将收到款项记录为收入（贷）
12 月 31 日	预收咨询收入	250			
	咨询收入		250		
12 月 31 日	咨询收入			2 750	
	预收咨询收入				2 750

将调整分录过账后，两种方法的结果相同。图表 3A－6 中 12 月 31 日调整后的试算平衡表显示，两种方法下预收咨询收入均为＄2 750，咨询收入均为＄250。

图表 3A－6　两种方法下预收账款账户余额

将收入款项记录为负债

预收咨询收入　236

12 月 31 日	250	12 月 26 日	3 000
		余额	2 750

咨询收入　403

		12 月 31 日	250

将收入款项记录为收入

预收咨询收入　236

		12 月 31 日	2 750

咨询收入　403

12 月 31 日	2 750	12 月 26 日	3 000
		余额	250

小　结

C1　解释定期报告的重要性和会计分期假设。信息的价值通常与其时效性密切相关。为了能够及时提供信息，会计系统需要定期编制报表。会计分期假设认为，为了便于定期报告，会计主体的活动可以划分成特定的期间。

C2　解释权责发生制及其对财务报表的作用。权责发生制是指在收入实现时确认收入，在费用发生时确认费用，收入和费用的确认未必会伴有现金的流入和流出。这一信息在评价企业的财务状况和经营成果时非常有用。

C3　界定账项调整的类型及其目的。 按照收到或支付现金的时间与确认相关收入或费用的时间的先后顺序，可以把账项调整分为以下四类：待摊费用、预收账款、预提费用和应计收入。为了确保财务报表能够如实地反映收入、费用、资产和负债情况，必须编制调整分录。

A1　解释会计调整与财务报表之间的联系。 会计调整不仅能够将资产或负债账户的余额调整到正确的数值，而且可以更新相关费用或收入账户的金额。每笔调整分录都会影响一个或多个利润表账户和一个或多个资产负债表账户，但不会影响现金账户。

P1　编制和解释调整分录。 待摊费用指在获取收益之前预先支付的费用，属于资产项目。待摊费用的调整分录需要增加（借记）费用，减少（贷记）资产。预收账款是指在提供产品和服务之前收到的现金，属于负债项目。预收账款的调整分录需要增加（贷记）收入，减少（借记）预收账款。预提费用是指在某一会计期间内已经发生，但仍未支付和记录的各种成本。预提费用的调整分录需要增加（借记）费用，同时增加（贷记）负债。应计收入指在某一会计期间内已经实现，但既没有记录也没有收到现金（或其他资产）的各种收入。应计收入的调整分录需要增加（借记）资产，同时增加（贷记）收入。

P2　解释和编制调整后的试算平衡表。 调整后的试算平衡表是指在记录完调整分录并将其过入总分类账之后编制的记录各种账户及其余额的列表。财务报表通常是根据调整后的试算平衡表编制的。

P3　根据调整后的试算平衡表编制财务报表。 收入和费用余额要列示在利润表中。资产、负债以及所有者权益余额要列示在资产负债表中。我们通常按照如下顺序编制财务报表：利润表、所有者权益表、资产负债表和现金流量表。

P4^{A}　解释预付费用和预收账款会计记录的替代方法。 在购买时将所有预付费用记入费用账户是可以接受的。此时的调整分录必须将所有未到期的金额从费用账户转到资产账户。在收到现金时将所有的预收账款记入收入账户也是可以接受的。此时的调整分录必须将任何未实现的金额从收入账户转到预收账款账户。

关键术语

Accounting periods　会计期间
Accrual basis accounting　权责发生制会计
Accrued expenses　预提费用
Accrued revenues　应计收入
Adjusted trial balance　调整后的试算平衡表
Adjusting entry　调整分录
Annual financial statements　年度财务报表
Book value　账面价值
Cash basis accounting　收付实现制会计
Contra account　备抵账户
Depreciation　折旧
Expense recognition (or matching) principle　费用确认（或配比）原则
Fiscal year　会计年度
Interim financial statements　中期财务报表
Natural business year　自然营业年度
Plant assets　厂房设备资产
Prepaid expenses　待摊费用
Straight-line depreciation method　直线折旧法
Time period assumption　会计分期假设
Unadjusted trial balance　调整前的试算平衡表
Unearned revenues　预收账款

选择题

1. 某公司会计期末漏记了＄350 000的应付工资，这一疏漏将导致______。

a. 净利润少记＄35 000
b. 净利润多记＄35 000
c. 净利润不会受影响
d. 资产多记＄35 000
e. 资产少记＄35 000

2. 在记录调整分录之前，办公用品账户有＄450的借方余额。经过盘点发现还剩下＄125的办公用品尚未使用。在这种情况下应该如何编制会计分录？______

a. 借：办公用品 125
　　贷：办公用品费用 125
b. 借：办公用品 325
　　贷：办公用品费用 325
c. 借：办公用品费用 325
　　贷：办公用品 325
d. 借：办公用品费用 325
　　贷：办公用品 125
e. 借：办公用品费用 125
　　贷：办公用品 125

3. 2017年5月1日，某公司花＄24 000购买了一份即刻生效、有效期为两年的保险。那么2017年12月31日报告期结束时，该公司年度利润表中的保险费用是多少？______

a. ＄4 000
b. ＄8 000
c. ＄12 000
d. ＄20 000
e. ＄24 000

4. 2017年11月1日，Stockton公司收到了Hans公司支付的2017年11月1日到2018年4月30日的咨询费＄3 600。Stockton公司收到钱后马上贷记预收咨询收入＄3 600。试问2017年12月31日，Stockton公司编制的调整分录应该包括以下哪些内容（假设Stockton公司采用公历年度作为其年度报告期间）？______

a. 借记预收咨询收入＄1 200
b. 借记预收咨询收入＄2 400
c. 贷记咨询收入＄2 400
d. 借记咨询收入＄1 200
e. 贷记现金＄3 600

讨论题

1. 收付实现制和权责发生制之间的差异是什么？
2. 为什么通常情况下权责发生制优于收付实现制？
3. 什么样的企业最可能选择自然营业年度（而不是公历年度）作为会计年度？
4. 什么是待摊费用？它列示在财务报表的哪个部分？
5. 什么类型的资产需要通过调整分录来计提折旧？
6. 记录和列示折旧的影响时使用的备抵账户是什么？为什么使用它？
7. 什么是应计收入？请举例说明。
8. [A*] 如果一家公司最初将待摊费用记入费用账户借方，那么对这些待摊费用编制调整分录时应该记入哪一类账户的借方？
9. 参考附录中苹果公司的资产负债表。确定一个需要在编制年度财务报表之前调整的资产账户。如果不调整这个资产账户，对利润表有什么影响？（不需要具体数字，只需说明会使净利润高估还是低估。）
10. 参考附录中谷歌公司的资产负债表。确定固定资产账户的金额。在编制资产负债表时，该账户的必要调整分录是什么？（不需要具体数字）

* 字母A表示基于本章附录的内容。

11. 假定三星公司存在预收账款。解释预收账款是什么，它应在财务报表的哪一部分列示？

12. 参考附录中三星公司的资产负债表。如果该公司年末有一个关于应付工资的调整分录，那么这笔应付工资应在资产负债表的哪一部分进行披露？

快速学习

QS 3-1　从下列术语中选出最适当的填入下列陈述中。

a. 会计年度	d. 会计期间	g. 自然营业年度
b. 及时性	e. 年度财务报表	h. 会计分期假设
c. 日历年度	f. 中期财务报表	i. 季度报表

1. ______假定一个组织的经营活动可以被划分在特定时间段进行。
2. 涵盖一年时间跨度的财务报表是______。
3. 一个______由 12 个连续的月构成。
4. 一个______由在 12 月 31 日结束的 12 个连续的月构成。
5. 信息的价值通常与其______有关。

QS 3-3　将下列调整分录分为待摊费用（PE）、预收账款（UR）、预提费用（AE），或应计收入（AR）。

______ a. 确认已收到现金的相关收入。

______ b. 确认已发生但尚未支付也没有记录的工资费用。

______ c. 确认已实现但尚未收到也未记录的收入。

______ d. 确认到期的预付保险费。

______ e. 确认年度折旧费用。

QS 3-5　按照以下三步骤调整每个案例 12 月 31 日的预付资产账户：步骤 1：确定当前账户的余额；步骤 2：确定该账户余额的正确数额；步骤 3：编制 12 月 31 日的调整分录，使账户余额从步骤 1 中的金额变为步骤 2 中的金额。假设当年没有其他账项调整。

a. 预付保险费。年初，预付保险费账户有借方余额 $ 4 700。年底有 $ 900 的预付保险费未到期。

b. 预付保险费。年初，预付保险费账户有借方余额 $ 5 890。年底有 $ 1 040 预付保险费到期。

c. 预付租金。公司自当年 9 月 1 日开始租用某台设施两年，并预付租金 $ 24 000。公司借记预付租金 $ 24 000，贷记现金 $ 24 000。

QS 3-7

a. 2017 年 7 月 1 日，Lopez 公司支付了 6 个月的保险费用 $ 1 200。直至 2017 年 12 月 31 日尚未对预付保险费账户进行调整。编制日记账分录反映 2017 年 12 月 31 日到期的保险费用。

b. Zim 公司 2017 年 1 月 1 日物料账户的余额为 $ 5 000。该公司 2017 年购入物料 $ 2 000。2017 年 12 月 31 日可用物料还有 $ 800。编制调整分录以列报 2017 年 12 月 31 日物料账户和物料费用的正确余额。

QS 3-9

a. Barga 公司 2017 年 1 月 1 日花 $ 20 000 购入一台设备。该设备预期使用 5 年，预计净残值为 $ 2 000。编制分录记录该设备截至 2017 年 12 月 31 日产生的折旧费用 $ 3 600。

b. Welch 公司 2017 年 1 月 1 日花 $ 10 000 购入土地。该土地预期永久拥有。如果确有必要，那么 2017 年 12 月 31 日该土地账户的折旧调整分录应如何编制？

QS 3-11

a. Tao 公司于 2017 年 10 月 1 日就未来要提供的为期 4 个月法律服务提前收到了 $ 10 000 现金，借记现金 $ 10 000，贷记预收账款 $ 10 000。截至 2017 年 12 月 31 日，Tao 已如约提供法律服务。Tao 应该就它从 2017

年10月1日到12月31日提供的法律服务编制怎样的调整分录?

b. A. Caden发行了新刊物《比赛新闻》。订阅者可以一次性支付$24订阅12期刊物。Caden就收到的每一个新订阅者的款项借记现金，贷记预收订阅收入。截至2017年7月1日，该公司共有100名新的订阅者。7—12月，该公司每月都向订阅者寄送《比赛新闻》刊物。假定订阅者没有发生变化，编制2017年12月31日Caden调整订阅收入账户和预收订阅收入账户的日记账分录。

QS 3-13 Molly Mocha每个暑假都会雇佣一名大学生在她的咖啡店打工。该学生会在工作5个工作日之后的下周一得到报酬（例如，一名学生从6月1日周一工作到6月5日周五，那么会在下周一6月8日获得相应报酬）。必要时该咖啡店会每个月调整账簿以反映月末已发生但尚未支付的工资费用。该学生在7月的最后一周从周一（7月28日）工作到周五（8月1日）。如果该学生的报酬为每天$100，那么该咖啡店在7月31日应编制怎样的调整分录来反映7月的应付工资费用?

QS 3-15 调整会计分录至少会影响资产负债表的一个账户和利润表的一个账户。分别指出下列账户哪些是借方，哪些是贷方，并指出哪些是资产负债表的账户，哪些是利润表的账户：现金；应收账款；预付保险费；设备；累计折旧；应付工资；预收账款；营业收入；工资费用；保险费用；折旧费用。

a. 记录已提前收到现金的营业收入的分录。

b. 记录已发生但未支付和记录的工资费用的分录。

c. 记录既未开具账单也没记录的营业收入的分录。

d. 记录到期的预付保险费的分录。

e. 记录年折旧费用的分录。

QS 3-17 下表信息截取自Brooke公司调整前和调整后的试算平衡表。

	调整前		调整后	
	借方	贷方	借方	贷方
预付保险费	$4 100		$3 700	
应付利息		$0		$800

根据这些信息，下面哪项可能是它的调整分录?

a. 借记保险费用$400，借记应付利息$800。

b. 借记保险费用$400，借记利息费用$800。

c. 贷记预付保险费$400，借记应付利息$800。

QS 3-19[A] Garcia公司本年度发生了如下交易（部分账户包括：现金；应收账款；预付保险费；应付工资；预收账款；营业收入；工资费用；保险费用；折旧费用）。

1月1日　　该公司为本公历年度12个月的保险支付现金$6 000。

8月1日　　该公司就其从8月1日到来年1月1日要提供的6个月服务提前收到$2 400现金。

12月31日　该公司就保险生效期与服务提供期编制必要的年末调整分录。

a. 假定Garcia按照惯例将预付费用记入资产账户，将预收账款记入负债账户，编制上述交易的日记账分录。

b. 假定Garcia按照替代方法将预付费用记入费用账户，将预收账款记入收入账户，编制上述交易的日记账分录。

QS 3-21 回答下列与国际会计准则有关的问题。

a. 依据IFRS编制的财务报表中的资产项目是按照流动性最弱到最强的顺序还是相反顺序列示?

b. 依据IFRS编制的财务报表中的负债项目是按照偿还期最长到最短的顺序还是相反顺序列示?

练习题

Exercise 3-1 2015年3月1日，一家公司支付了36个月的保险费 $18 000，该保险当日生效。根据该保险单填写下表。

资产负债表预付保险费使用明细			保险费用使用明细		
	权责发生制基础	收付实现制基础		权责发生制基础	收付实现制基础
2015.12.31	$_____	$_____	2015	$_____	$_____
2016.12.31	_____	_____	2016	_____	_____
2017.12.31	_____	_____	2017	_____	_____
2018.12.31	_____	_____	2018	_____	_____
			总计	$_____	$_____

Exercise 3-3 Pablo管理公司有5个兼职人员，每人日薪 $250。他们会在完成周一到周五的工作后于当周周五结算工资。假定2017年12月28日是周五，且在那一天进行了结算。这5名员工下一周只工作了4天，因为元旦要放假一天，这一天并不需要给他们支付工资。

a. 假定2017年12月31日是周一，编制这一天记录工资费用的调整分录。

b. 假定2018年1月4日是周五，编制本周记录支付员工工资的调整分录。

Exercise 3-5 下列三种单独的情形下需要为4月30日的财务报表编制调整分录。列示每一种情形下：

- 4月30日的调整分录。
- 5月的后续分录，以记录预提费用的支付情况。

分录中可包括下列部分账户：现金；应收账款；预付利息；应付工资；应付利息；应付法律服务费；预收账款；营业收入；工资费用；利息费用；法律服务费；折旧费用。

a. 4月1日，公司聘请了一名律师，每月固定费用为 $3 500。公司在5月12日支付了4月份的法律服务费。

b. 公司有一张 $900 000 的应付票据，年利率为12%，需要在每月20日支付 $9 000。最后一次支付利息是在4月20日，下一次支付要在5月20日。截至4月30日，应付利息累计 $3 000。

c. 所有员工的周工资总额为 $10 000。这笔钱在每周五工作日结束后支付。4月30日是星期二，员工自上一个发薪日已经工作了两天。下一个发薪日是5月3日。

Exercise 3-7 编制下列每一个事项2017年12月31日财务报表需要的调整分录（分录中可包括下列部分账户：现金；应收利息；物料；预付保险费；设备；累计折旧——设备；应付工资；应付利息；预收账款；利息收入；工资费用；物料费用；保险费用；利息费用；折旧费用——设备。）

a. 2017年12月31日工人工资为 $8 000 但尚未支付。

b. 2017年该公司设备的折旧为 $18 000。

c. 2016年12月31日办公用品账户余额为 $240。2017年新购入办公物料 $5 200。2017年12月31日对物料进行盘点，发现尚可使用的物料为 $440。

d. 2016年12月31日预付保险费账户余额为 $4 000。保险合同显示2017年12月31日未到期的保险尚有 $1 200。

e. 截至2017年12月31日，公司通过投资CD收到利息 $1 050。该利息收入将在2018年1月10日收到。

f. 公司有一项银行贷款，截至2017年12月31日产生的利息费用为 $2 500（但尚未记录）。该公司必须在2018年1月2日支付该利息。

Exercise 3-9 根据下列每一个独立情形，在2017年12月31日为M&R公司编制年终调整日记账（分录中可包括下列部分账户：现金；应收账款；应收利息；设备；应付工资；应付薪酬；应付利息；应付草坪服务费；预收账款；营业收入；利息收入；工资费用；薪酬费用；物料费用；草坪服务费；利息费用）。

a. M&R 公司为客户提供了价值 $2 000 的服务，客户将在年后的 1 月份付款。

b. 发生工资费用 $1 000，但截至 12 月 31 日尚未支付。

c. M&R 公司有一笔 $5 000 的银行贷款，年利率为 8%，截至 12 月 31 日当年已产生（但没有记录）$400 的利息费用。公司将在年后的 1 月 2 日用现金支付 $400 的利息。

d. M&R 公司向一家公司购买草坪服务，每月费用为 $500，在下个月 15 日支付。12 月的服务费将在年后的 1 月 15 日支付。

e. M&R 公司截至 12 月 31 日当年通过投资获得了 $200 的利息收入，将在年后的 1 月 15 日收到。

f. 主管的薪酬为 $900，但截至 12 月 31 日尚未支付。

Exercise 3 - 11[A] Ricardo 建筑公司 12 月 1 日开始运营。为建立会计程序，公司决定在预付费用时借记费用账户，在客户预付服务费用时贷记收入账户。为项目 a～d 编制日记账分录，并根据 12 月 31 日的期末余额给项目 e～g 编制调整分录（分录中可包括下列部分账户：现金；应收账款；应收利息；物料；预付保险费；预收改建费用；改建收入；物料费用；保险费用；利息费用）。

a. 12 月 1 日以 $2 000 现金购买物料。

b. 12 月 2 日预付 $1 540 现金作为保险费。

c. 12 月 15 日收到一名客户的 $13 000 现金，用于改建工作。

d. 12 月 28 日收到另一位客户的 $3 700 现金，用于 1 月份的改建工作。

e. 12 月 31 日经实际清点发现公司有 $1 840 的可用物料。

f. 12 月 31 日分析保单发现，$340 的保险已经到期。

g. 截至 12 月 31 日只完成了一个改建项目。这个项目的 $5 570 收入已经提前收到，作为改建收入入账。

Exercise 3 - 13 阿迪达斯集团列报的最近某年资产负债表的账户（单位：百万欧元）如下所示。依据 IFRS 编制资产负债表。假定该资产负债表时点为 2014 年 12 月 31 日。

固定资产	€1 454	无形资产	€2 763
所有者权益合计	5 617	流动负债合计	4 378
应收账款	1 946	存货	2 526
非流动负债合计	2 422	负债合计	6 800
现金及现金等价物	1 683	其他流动资产	1 192
流动资产合计	7 347	非流动资产合计	5 070
其他非流动资产	853		

综合题

Problem 3 - 1A 在每一分录前的空白处填入最能描述其作用的文字对应的字母（每个字母可用多次）。

A. 记录收到的预收账款。

B. 记录在本期实现的之前的预收账款。

C. 记录支付的预提费用。

D. 记录收到的应计收入。

E. 记录预提费用。

F. 记录应计收入。

G. 记录本期使用的待摊费用。

H. 记录本期支付的待摊费用。

I. 记录本期的折旧费用。

______ 1. 借：利息费用　　1 000

贷：应付利息　　1 000

______ 2. 借：折旧费用　　4 000
　　贷：累计折旧　　4 000
______ 3. 借：预收专业费　　3 000
　　贷：专业费收入　　3 000
______ 4. 借：保险费用　　4 200
　　贷：预付保险费　　4 200
______ 5. 借：应付工资　　1 400
　　贷：现金　　1 400
______ 6. 借：预付租金　　4 500
　　贷：现金　　4 500
______ 7. 借：工资费用　　6 000
　　贷：应付工资　　6 000
______ 8. 借：应收利息　　5 000
　　贷：利息收入　　5 000
______ 9. 借：现金　　9 000
　　贷：应收账款（咨询费）　　9 000
______ 10. 借：现金　　7 500
　　贷：预收专业费　　7 500
______ 11. 借：现金　　2 000
　　贷：应收利息　　2 000
______ 12. 借：租金　　2 000
　　贷：预付租金　　2 000

拓展题

BTN 3-1　参考附录中的苹果公司财务报表回答如下问题：

1. 识别并描述本章所述的收入确认原则。

2. 根据苹果公司的注释（附录或其网站上的 10-K），观察它是如何应用收入确认原则以及何时确认收入的。针对你的发现写一篇报告。

3. 截至 2015 年 9 月 26 日和 2014 年 9 月 27 日的两个财年中苹果公司的利润率是多少？

全球视角

以美国公认会计原则和国际财务报告准则为原则的会计处理是类似的，但并不完全相同。下面将讨论两者在账项调整、编制财务报表以及资产负债表中资产和负债披露方式上的区别。

账项调整　美国公认会计原则和国际财务报告准则都为财务会计制定了通用指导原则，并且两者类似。在这两种准则下，尽管收入和费用确认原则以及其他会计原则存在一定差异，但是本章中涉及的账项调整不存在差异。在之后的章节中，采用公允价值计量时，在这两种准则下，个别资产和负债项目会有不同的账项调整金额。

编制财务报表　在美国公认会计原则和国际财务报告准则下都需要按照本章讨论的程序编制四张基本财务报表。在第 2 章中我们讨论过，美国公认会计原则和国际财务报告准则都要求资产负债表划分流动项目和非流动项目（因此产生了分类资产负债表）。美国公认会计原则指导下的资产负债表将流动项目放在前面，资产按照流动性最强到最弱依次排列，这里的流动性指的是资产的变现能力。负债则是按照离到期日最近到最远的顺序进行排列的，这里的到期日指的是还清负债的日期。而国际财务报告准则指导下的资产负债表通常将非流动项目放在前面（所有者权益放在负债前面），但对此并没有提出明确的要求。我们将会在后续章节中继续讨论财务报表的其他差异。例如，如下是Piaggio公司在国际财务报告准则指导下编制的资产负债表。

单位：千欧元

PIAGGIO公司
资产负债表
2015年12月31日

资产		负债和所有者权益	
非流动资产		所有者权益合计	€ 404 293
无形资产	€ 673 986	非流动负债	
财产、厂房与设备	307 608	一年后到期的金融负债	520 391
其他非流动资产	121 517	其他长期负债	68 055
非流动资产合计	1 103 111	非流动负债合计	588 446
流动资产		流动负债	
贸易、税收和其他应收账款	132 023	一年内到期的金融负债	105 895
存货	212 812	贸易、税收和其他应付账款	443 137
现金和现金等价物	103 604	其他长期项目中的流动部分	9 779
流动资产合计	448 439	流动负债合计	558 811
资产总计	€ 1 551 550	所有者权益和负债总计	€ 1 551 550

国际财务报告准则

收入和费用确认原则是记录账项调整的关键原则。相比美国公认会计原则的规则导向，国际财务报告准则更加倾向于原则导向。在减少会计欺诈行为或渎职行为方面，以原则为基础的体系更加依赖于内部控制。错误的判断会导致不恰当的账项调整，如房利美、世通等公司案件。毕马威会计师事务所对会计和财务人员的调查显示，超过10%的被调查者表示曾经目睹过会计欺诈行为或会计数据操控行为。而内部控制和内部治理能够降低这种行为发生的概率。毕马威的一项对欺诈行为的调查显示，只有七分之一的会计欺诈行为是被偶然发现的，这表明我们有必要加强内部控制和内部治理。

选择题答案

1. b；疏漏的调整分录是：借：工资费用

贷：应付工资

2. c；使用的办公用品＝＄450－＄125＝＄325

3. b；保险费用＝＄24 000×(8/24)＝＄8 000；调整分录是：

借：保险费用	＄8 000	
贷：预付保险费		＄8 000

4. a；咨询收入＝＄3 600×(2/6)＝＄1 200；调整分录是：

借：预收咨询收入	＄1 200	
贷：咨询收入		＄1 200

第 4 章 完成会计循环

本章预览

工作底稿	结账	分类资产负债表
P1 工作底稿的作用	C1 临时性账户	C3 分类资产负债表——结构和类别
编制工作底稿	P2 结账分录	
运用工作底稿	P3 结账后的试算平衡表	
	C2 会计循环	
NTK 4-1	NTK 4-2	NTK 4-3

学习目标

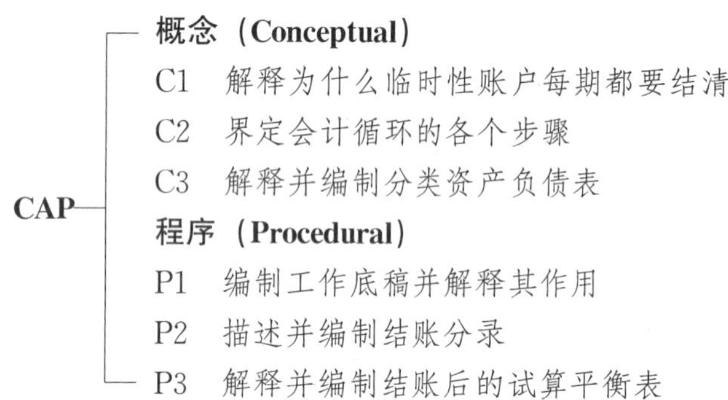

4.1 重要的工具——工作底稿

工作底稿是一种公司内部用来帮助调整和结算账户以及编制财务报表的工作文件。

□ 工作底稿（电子表格）的作用

工作底稿可以用手工或电子形式编制，是一个内部会计辅助工具，但不能替代日记账、分类账或财务报表。工作底稿：

- 有助于编制财务报表；
- 减少账务处理及账项调整过程中出错的风险；
- 将账户及其调整与其对财务报表的影响联系起来；
- 在只有年末才进行账项调整的情况下，帮助编制中期财务报表（月度和季度）；
- 反映各种预计或“或有”事项的影响。

决策洞察力　**高科技工作底稿**

使用电子表格软件（如Excel）的电子工作底稿能够使我们轻松更改数字，评估替代策略的影响并以较低的成本快速编制财务报表。谷歌文档和微软在线办公允许共享电子表格，以便团队成员可以同时在同一工作底稿上工作。电子工作底稿还可以增加可用的分析和解释时间。

□ 运用工作底稿

工作底稿通常在会计期末进行账户调整之前填写，用来编制财务报表。一张完整的工作底稿包括账户名称、账户余额、调整项目及其在财务报表上列入的栏目。工作底稿上设有调整前的试算平衡表、调整项目、调整后的试算平衡表、利润表和资产负债表（包括所有者权益表）等几项内容，其中每一项都分为借方和贷方两栏。我们以 FastForward 公司为例，来看一看如何编制和使用工作底稿。如图表 4－1 和图表 4－2所示，编制工作底稿需要以下五个步骤。

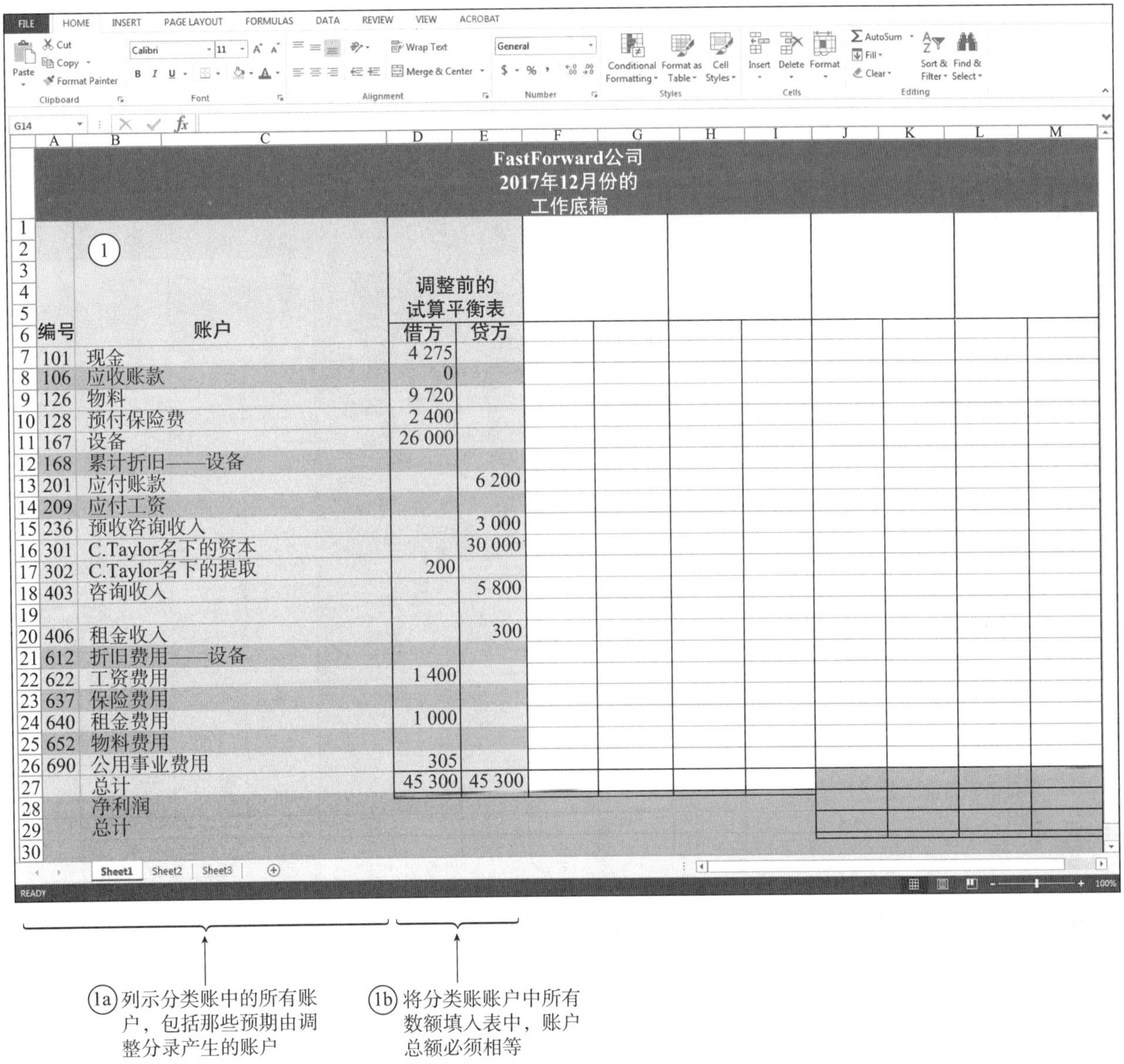

FastForward公司
2017年12月份的
工作底稿

①

编号	账户	调整前的试算平衡表 借方	调整前的试算平衡表 贷方
101	现金	4 275	
106	应收账款	0	
126	物料	9 720	
128	预付保险费	2 400	
167	设备	26 000	
168	累计折旧——设备		
201	应付账款		6 200
209	应付工资		
236	预收咨询收入		3 000
301	C.Taylor名下的资本		30 000
302	C.Taylor名下的提取	200	
403	咨询收入		5 800
406	租金收入		300
612	折旧费用——设备		
622	工资费用	1 400	
637	保险费用		
640	租金费用	1 000	
652	物料费用		
690	公用事业费用	305	
	总计	45 300	45 300
	净利润		
	总计		

(1a) 列示分类账中的所有账户，包括那些预期由调整分录产生的账户

(1b) 将分类账账户中所有数额填入表中，账户总额必须相等

图表 4－1　工作底稿

第一步，填写调整前的试算平衡表

如图表 4－1 所示，首先，把将要出现在财务报表中的各个账户的名称以及编号填入相应栏内。这些账户包括总分类账账户和预期由调整分录产生的新账户。然后，将各账户调整前的余额填入调整前的试算

平衡表的借方栏或贷方栏，并且要保证借贷双方总额相等。图表 4－1 列出了完成该步骤后的 FastForward 公司的工作底稿。有时，一个账户可能需要多项调整，例如图表 4－1 中的咨询收入。可以将补充的调整项目添加到下面的空白行中（如图表 4－1 所示），将其压缩成一行，或将它们加总后列示累计调整数。对于非预计的账户，通常在“总计”栏下面新增一行进行列示。

第二步，填写调整项目

如图表 4－1a 所示，编制工作底稿的第二步是在调整项目栏内填入调整额。图表 4－1a 中的调整数据与图表 3－13 中的调整数据相同。调整项目借方栏和贷方栏的每个数字前面都标有它们所代表的调整分录的编号。这种做法叫做给调整项目加关键字。编制完工作底稿之后，要将调整分录登入日记账，并过入总账。调整项目栏就反映了这些调整分录的信息。

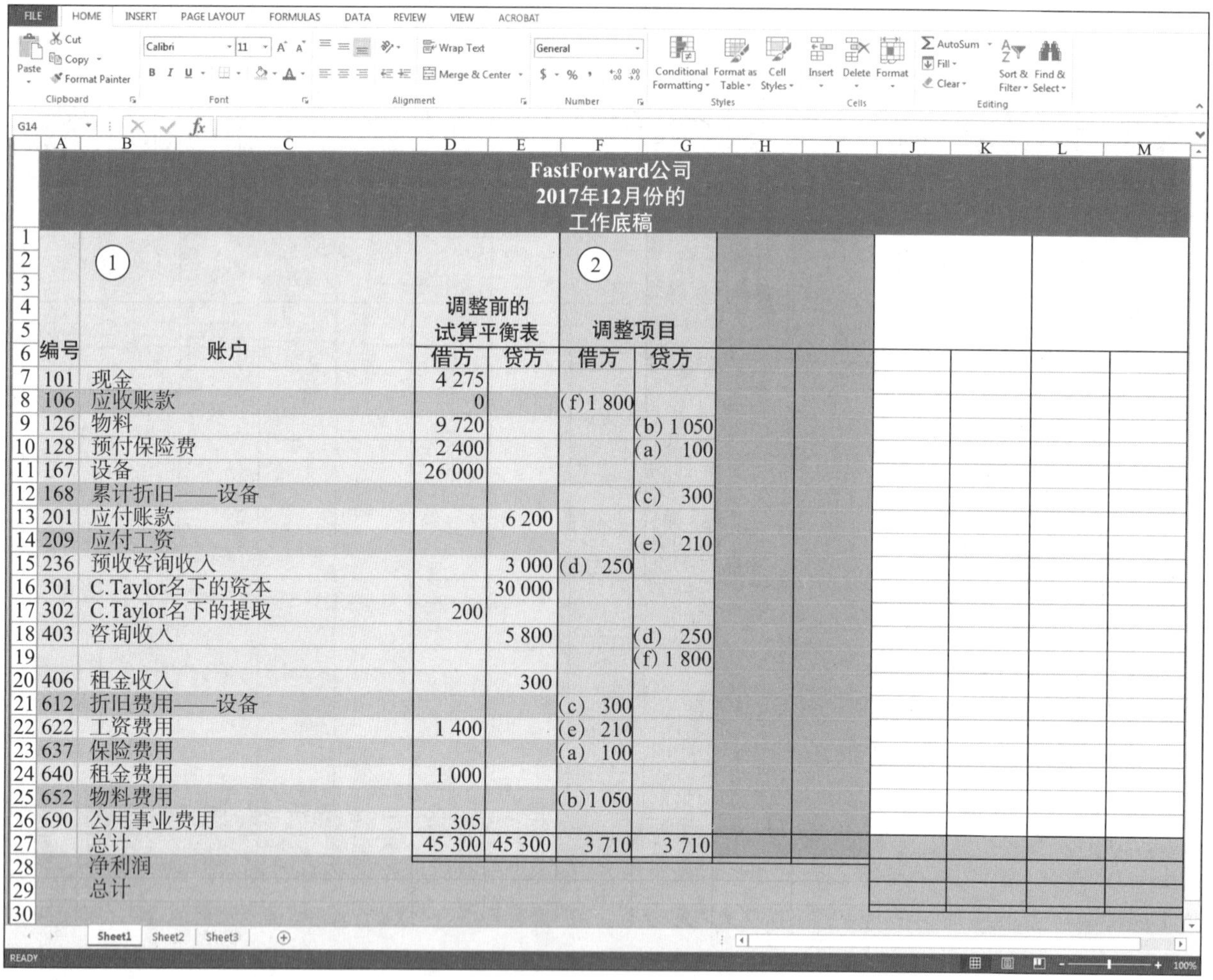

FastForward公司
2017年12月份的
工作底稿

	①	调整前的试算平衡表		② 调整项目	
编号	账户	借方	贷方	借方	贷方
101	现金	4 275			
106	应收账款	0		(f) 1 800	
126	物料	9 720			(b) 1 050
128	预付保险费	2 400			(a) 100
167	设备	26 000			
168	累计折旧——设备				(c) 300
201	应付账款		6 200		
209	应付工资				(e) 210
236	预收咨询收入		3 000	(d) 250	
301	C.Taylor名下的资本		30 000		
302	C.Taylor名下的提取	200			
403	咨询收入		5 800		(d) 250
					(f) 1 800
406	租金收入		300		
612	折旧费用——设备			(c) 300	
622	工资费用	1 400		(e) 210	
637	保险费用			(a) 100	
640	租金费用	1 000			
652	物料费用			(b) 1 050	
690	公用事业费用	305			
	总计	45 300	45 300	3 710	3 710
	净利润				
	总计				

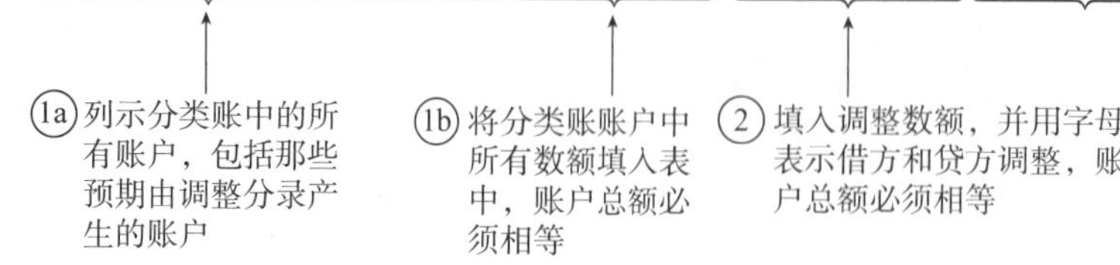

图表 4－1a 工作底稿（一）

第三步，编制调整后的试算平衡表

如图表 4－1b 所示，调整后的试算平衡表中的数据是由各账户调整前的余额加上调整额得到的。例如，预付保险费在调整前的试算平衡表中有＄2 400的借方余额，在调整项目栏中有＄100的贷方余额，二者相加就可以得出预付保险费在调整后的试算平衡表中有＄2 300的借方余额。调整后的试算平衡表的借方总额依然等于贷方总额。

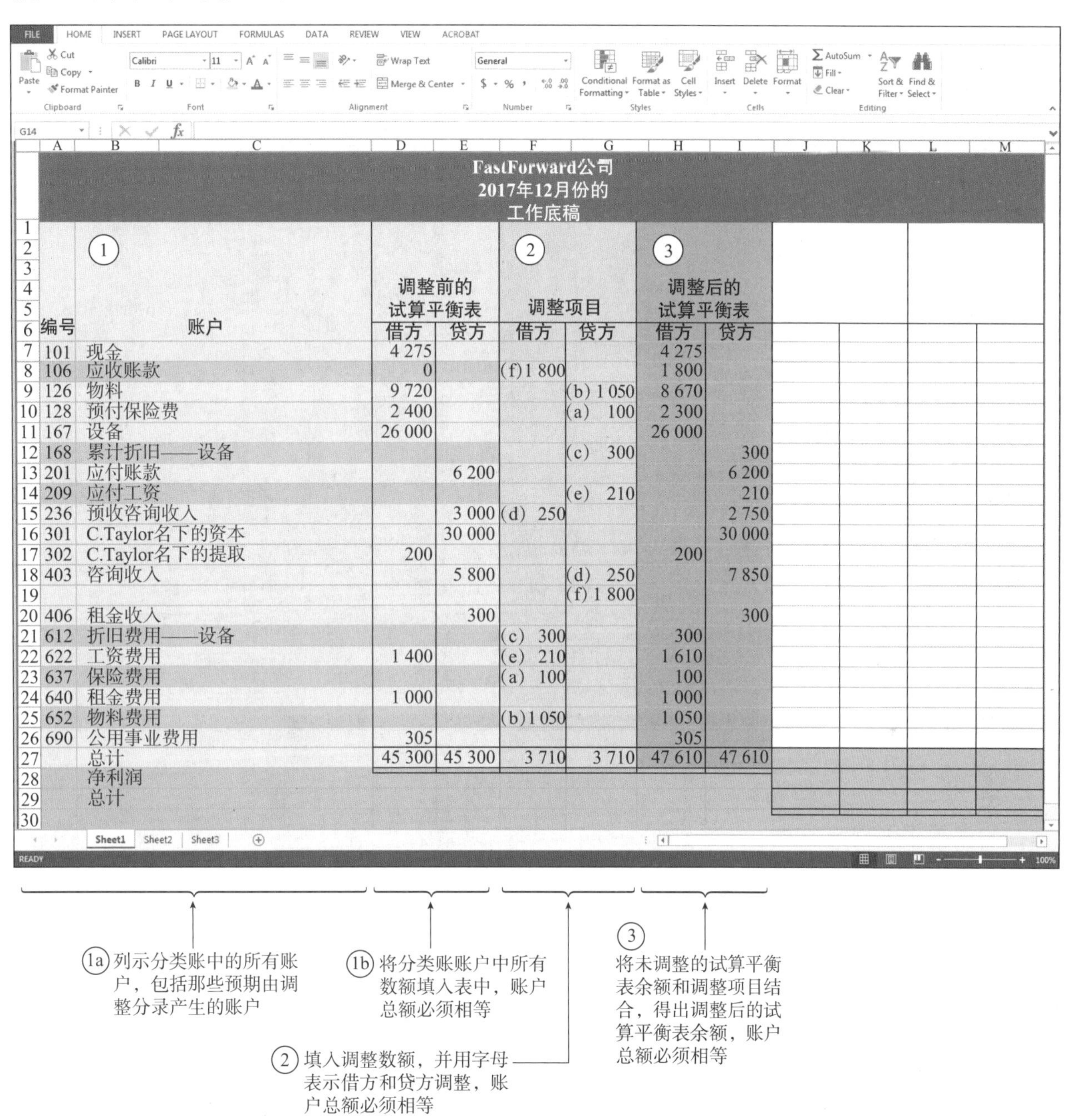

FastForward公司
2017年12月份的
工作底稿

	编号	① 账户	调整前的试算平衡表 借方	贷方	② 调整项目 借方	贷方	③ 调整后的试算平衡表 借方	贷方
7	101	现金	4 275				4 275	
8	106	应收账款	0		(f)1 800		1 800	
9	126	物料	9 720			(b) 1 050	8 670	
10	128	预付保险费	2 400			(a) 100	2 300	
11	167	设备	26 000				26 000	
12	168	累计折旧——设备				(c) 300		300
13	201	应付账款		6 200				6 200
14	209	应付工资				(e) 210		210
15	236	预收咨询收入		3 000	(d) 250			2 750
16	301	C.Taylor名下的资本		30 000				30 000
17	302	C.Taylor名下的提取	200				200	
18	403	咨询收入		5 800		(d) 250		7 850
19						(f) 1 800		
20	406	租金收入		300				300
21	612	折旧费用——设备			(c) 300		300	
22	622	工资费用	1 400		(e) 210		1 610	
23	637	保险费用			(a) 100		100	
24	640	租金费用	1 000				1 000	
25	652	物料费用			(b)1 050		1 050	
26	690	公用事业费用	305				305	
27		总计	45 300	45 300	3 710	3 710	47 610	47 610
28		净利润						
29		总计						
30								

图表 4-1b　工作底稿（二）

第四步，将调整后的试算平衡表中的数据分类填入财务报表

如图表 4-1c 所示，这一步就是要将调整后的试算平衡表中各个账户的余额分别填入相应的财务报表栏。费用项目应列入利润表的借方栏，收入项目应列入利润表的贷方栏，资产类账户和所有者名下的提取应列入资产负债表及所有者权益表的借方栏，负债类账户和所有者名下的资本应列入资产负债表及所有者权益表的贷方栏。

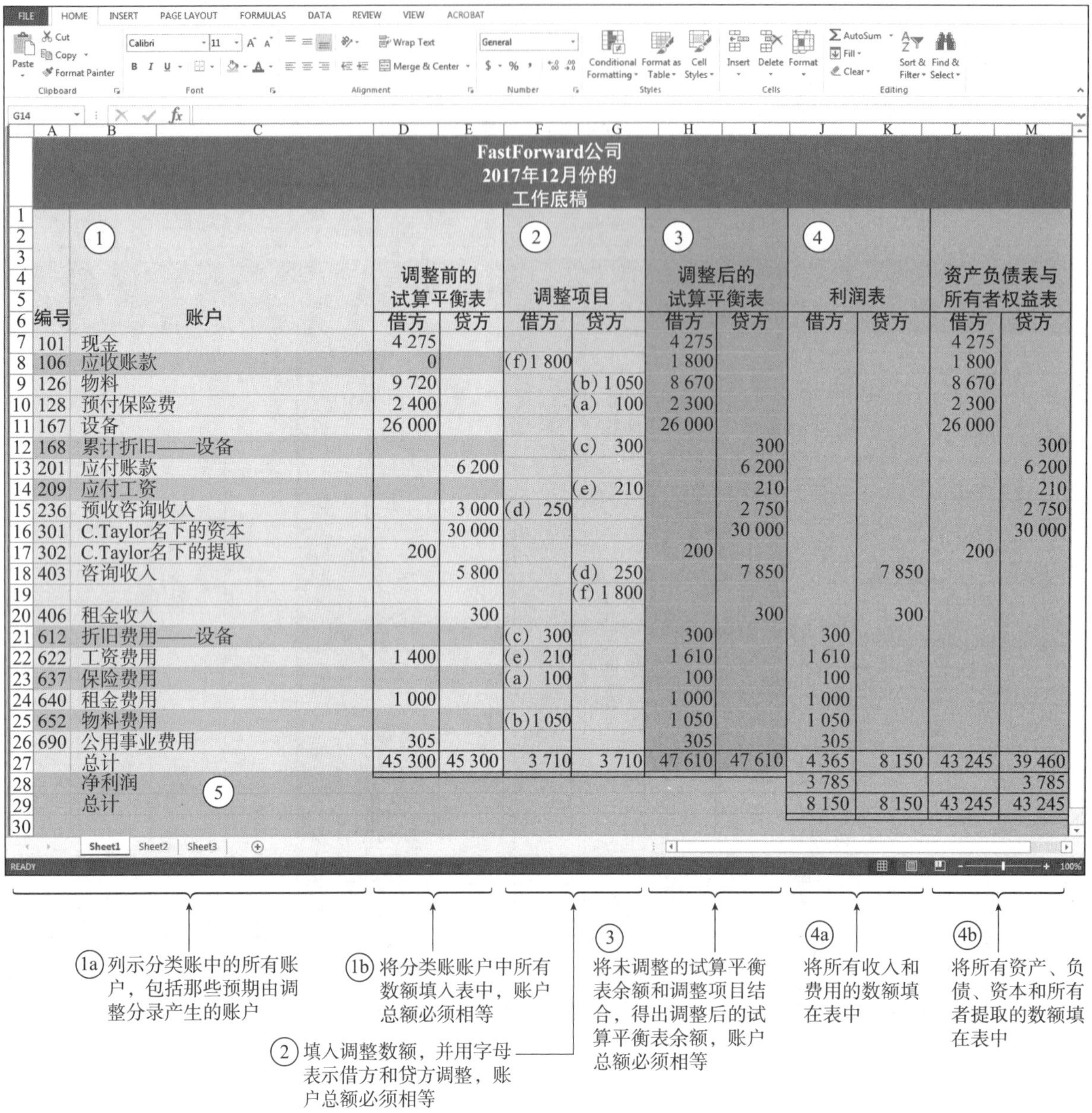

FastForward公司
2017年12月份的
工作底稿

①		②		③		④					
		调整前的试算平衡表		调整项目		调整后的试算平衡表		利润表		资产负债表与所有者权益表	
编号	账户	借方	贷方	借方	贷方	借方	贷方	借方	贷方	借方	贷方
101	现金	4 275				4 275				4 275	
106	应收账款	0		(f)1 800		1 800				1 800	
126	物料	9 720			(b) 1 050	8 670				8 670	
128	预付保险费	2 400			(a) 100	2 300				2 300	
167	设备	26 000				26 000				26 000	
168	累计折旧——设备				(c) 300		300				300
201	应付账款		6 200				6 200				6 200
209	应付工资				(e) 210		210				210
236	预收咨询收入		3 000	(d) 250			2 750				2 750
301	C.Taylor名下的资本		30 000				30 000				30 000
302	C.Taylor名下的提取	200				200				200	
403	咨询收入		5 800		(d) 250		7 850		7 850		
					(f) 1 800						
406	租金收入		300				300		300		
612	折旧费用——设备			(c) 300		300		300			
622	工资费用	1 400		(e) 210		1 610		1 610			
637	保险费用			(a) 100		100		100			
640	租金费用	1 000				1 000		1 000			
652	物料费用			(b)1 050		1 050		1 050			
690	公用事业费用	305				305		305			
	总计	45 300	45 300	3 710	3 710	47 610	47 610	4 365	8 150	43 245	39 460
	净利润 ⑤							3 785			3 785
	总计							8 150	8 150	43 245	43 245

(1a) 列示分类账中的所有账户，包括那些预期由调整分录产生的账户

(1b) 将分类账账户中所有数额填入表中，账户总额必须相等

(2) 填入调整数额，并用字母表示借方和贷方调整，账户总额必须相等

(3) 将未调整的试算平衡表余额和调整项目结合，得出调整后的试算平衡表余额，账户总额必须相等

(4a) 将所有收入和费用的数额填在表中

(4b) 将所有资产、负债、资本和所有者提取的数额填在表中

图表 4-1c　工作底稿（三）

第五步，计算并填写各财务报表栏的合计数，然后计算净利润或净损失以及资产负债表与所有者权益表的最终合计数

如图表 4-1d 所示，本步骤要计算出各财务报表栏的借方总额和贷方总额。因为已经将收入列入了利润表的贷方，将费用列入了利润表的借方，所以利润表中借方总额与贷方总额之间的差额就是净利润或净损失。如果贷方总额大于借方总额，则产生净利润；如果借方总额大于贷方总额，则产生净损失。对于 FastForward 公司来说，利润表的贷方总额大于借方总额，故该公司的净利润为＄3 785。

然后，将上面计算出来的净利润填入资产负债表与所有者权益表的贷方栏。这样做的目的就是要将净利润加入所有者权益。如果有净损失发生，就要将净损失额填入资产负债表与所有者权益表的借方栏。也就是说，净损失要从所有者权益中扣除。所有者权益的最终余额并不以数字形式在最后两栏列示，但在编制所有者权益表时，可以利用这两栏的账户余额计算出所有者权益总额。在将净利润或净损失填入资产负债表与所有者权益表中相应的贷方栏或借方栏之后，借贷总额必须相等。如果借贷总额不等，那就说明在编制工作底稿过程中发生了错误。这些错误可能是由计算失误造成的，也可能是因为将账户登记到错误的报表项目内造成的。

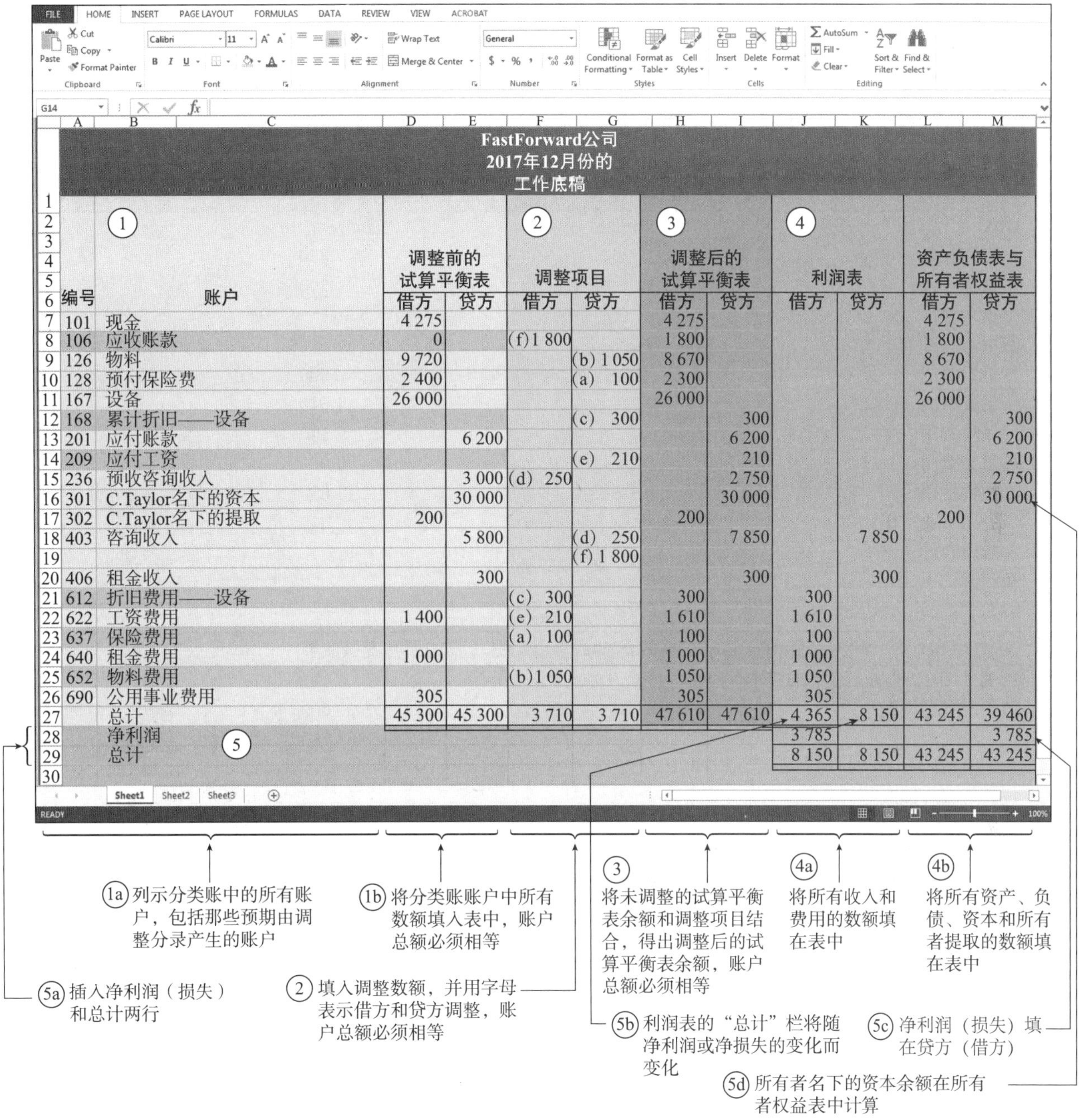

FastForward公司
2017年12月份的
工作底稿

编号	① 账户	② 调整前的试算平衡表 借方	调整前的试算平衡表 贷方	调整项目 借方	调整项目 贷方	③ 调整后的试算平衡表 借方	调整后的试算平衡表 贷方	④ 利润表 借方	利润表 贷方	资产负债表与所有者权益表 借方	资产负债表与所有者权益表 贷方
101	现金	4 275				4 275				4 275	
106	应收账款	0		(f)1 800		1 800				1 800	
126	物料	9 720			(b) 1 050	8 670				8 670	
128	预付保险费	2 400			(a) 100	2 300				2 300	
167	设备	26 000				26 000				26 000	
168	累计折旧——设备				(c) 300		300				300
201	应付账款		6 200				6 200				6 200
209	应付工资				(e) 210		210				210
236	预收咨询收入		3 000	(d) 250			2 750				2 750
301	C.Taylor名下的资本		30 000				30 000				30 000
302	C.Taylor名下的提取	200				200				200	
403	咨询收入		5 800		(d) 250		7 850		7 850		
					(f) 1 800						
406	租金收入		300				300		300		
612	折旧费用——设备			(c) 300		300		300			
622	工资费用	1 400		(e) 210		1 610		1 610			
637	保险费用			(a) 100		100		100			
640	租金费用	1 000				1 000		1 000			
652	物料费用			(b)1 050		1 050		1 050			
690	公用事业费用	305				305		305			
	总计	45 300	45 300	3 710	3 710	47 610	47 610	4 365	8 150	43 245	39 460
	净利润 ⑤							3 785			3 785
	总计							8 150	8 150	43 245	43 245

①a 列示分类账中的所有账户，包括那些预期由调整分录产生的账户

①b 将分类账账户中所有数额填入表中，账户总额必须相等

② 填入调整数额，并用字母表示借方和贷方调整，账户总额必须相等

③ 将未调整的试算平衡表余额和调整项目结合，得出调整后的试算平衡表余额，账户总额必须相等

④a 将所有收入和费用的数额填在表中

④b 将所有资产、负债、资本和所有者提取的数额填在表中

⑤a 插入净利润（损失）和总计两行

⑤b 利润表的“总计”栏将随净利润或净损失的变化而变化

⑤c 净利润（损失）填在贷方（借方）

⑤d 所有者名下的资本余额在所有者权益表中计算

图表 4-1d　工作底稿（四）

决策洞察力　企业家

你将电子版的工作底稿打印出来用以编制财务报表。你拥有大量的设备，却没有进行折旧调整。请问这件事情会引起你的关注吗？

答案：是的，你应该关注未提折旧这件事情。设备无时无刻不在发生折旧，财务报表必须对这些已经发生的折旧予以确认。不计提折旧意味着财务报表提供的数据存在误差或者财务报表编制有误（也有可能设备已计提完折旧）。

□ 工作底稿的应用和分析

工作底稿并不能替代财务报表。它只是一种工具，我们可以使用它来编制财务报表。图表 4－2 给出了 FastForward 公司的财务报表。其中，利润表中的数据来自工作底稿中的利润表栏。同样，资产负债表和所有者权益表中的数据也是来自工作底稿中的资产负债表栏与所有者权益表栏。

图表 4－2　利用工作底稿编制的财务报表

FastForward 公司截至 2017 年 12 月 31 日的利润表

收入		
咨询收入	$ 7 850	
租金收入	300	
收入合计		$ 8 150
费用		
折旧费用——设备	300	
工资费用	1 610	
保险费用	100	
租金费用	1 000	
物料费用	1 050	
公用事业费用	305	
费用合计		4 365
净利润		$ 3 785

FastForward 公司截至 2017 年 12 月 31 日的所有者权益表

12 月 1 日 C. Taylor 名下的资本		$ 0
加：所有者投资	$ 30 000	
净利润	3 785	33 785
		33 785
减：所有者提取		200
12 月 31 日 C. Taylor 名下的资本		$ 33 585

FastForward 公司 2017 年 12 月 31 日的资产负债表

资产		
现金		$ 4 275
应收账款		1 800
物料		8 670
预付保险费		2 300
设备	$ 26 000	
累计折旧——设备	(300)	25 700
资产总计		$ 42 745
负债		
应付账款		$ 6 200
应付工资		210
预收咨询收入		2 750
负债合计		9 160
所有者权益		
C. Taylor 名下的资本		33 585
负债和所有者权益总计		$ 42 745

我们还可以利用工作底稿来分析各种预计交易或或有事项的影响。首先填写调整前的试算平衡表栏，接着填写调整项目栏，然后根据这两项计算出各账户调整后的余额。后面财务报表栏中的各账户余额就反映了这些根据权责发生制原则推定已经发生的交易所带来的影响。利用财务报表栏中的数据，我们可以编制**预测财务报表**（pro forma financial statements）。预测财务报表就是在假定这些交易已经发生的基础上编制出来的。

NTK 4－1

以下工作底稿包含Magic公司截至2017年12月31日的年末调整前的试算平衡表。通过填入必要的调整项目来完成工作底稿。计算调整后的账户余额，将调整后的余额填入财务报表恰当的列，然后填入该期间的净利润。注：2016年12月31日Magic资本账户余额为＄75 000。

	A	B	C	D	E	F	G	H	I	J	K	L
1												
2			调整前的				调整后的				资产负债表和	
3			试算平衡表		调整项目		试算平衡表		利润表		所有者权益表	
4	编号	账户名称	借方	贷方	借方	贷方	借方	贷方	借方	贷方	借方	贷方
5	101	现金	13 000									
6	106	应收账款	8 000									
7	183	土地	85 000									
8	201	应付账款		10 000								
9	251	长期应付票据		33 000								
10	301	Magic名下的资本		75 000								
11	302	Magic名下的提取	20 000									
12	401	劳务收入		70 000								
13	622	工资费用	54 000									
14	650	办公用品费用	8 000									
15		总计	188 000	188 000								
16		净利润										
17		总计										

1. 编制并完成工作底稿，从调整前的试算平衡表开始，包括以下调整事项。

a. 该公司已赚取了＄9 000劳务收入，到年底还没有记录。

b. 该公司发生了到年底仍未记录的＄2 000工资费用（提示：简单起见，假定所有尚未支付的工资都记录在应付账款中）。

c. 长期应付票据于当年12月31日发行，因此尚未产生任何利息。

2. 使用第1题中已完成的工作底稿中的信息来编制调整分录。

3. 编制截至12月31日的年度利润表和所有者权益表，以及12月31日的未分类资产负债表。

第1题答案：

	A	B	C	D	E	F	G	H	I	J	K	L
1												
2			调整前的				调整后的				资产负债表和	
3			试算平衡表		调整项目		试算平衡表		利润表		所有者权益表	
4	编号	账户名称	借方	贷方	借方	贷方	借方	贷方	借方	贷方	借方	贷方
5	101	现金	13 000				13 000				13 000	
6	106	应收账款	8 000		(a)9 000		17 000				17 000	
7	183	土地	85 000				85 000				85 000	
8	201	应付账款		10 000		(b)2 000		12 000				12 000
9	251	长期应付票据		33 000				33 000				33 000
10	301	Magic名下的资本		75 000				75 000				75 000
11	302	Magic名下的提取	20 000				20 000				20 000	
12	401	劳务收入		70 000		(a)9 000		79 000		79 000		
13	622	工资费用	54 000		(b)2 000		56 000		56 000			
14	650	办公用品费用	8 000				8 000		8 000			
15		总计	188 000	188 000	11 000	11 000	199 000	199 000	64 000	79 000	135 000	120 000
16		净利润							15 000			15 000
17		总计							79 000	79 000	135 000	135 000

第 2 题答案：

(a) 12 月 31 日	应收账款	9 000	
	劳务收入		9 000
(b) 12 月 31 日	工资费用	2 000	
	应付账款		2 000
(c)	不需要分录。		

第 3 题答案：

Magic公司
利润表

劳务收入		$79 000
费用		
工资费用	$56 000	
办公用品费用	8 000	
费用合计		64 000
净利润		$15 000

Magic公司
所有者权益表

2016年12月31日Magic名下的资本	$75 000
加：净利润	15 000
	90 000
减：所有者提取	20 000
2017年12月31日Magic名下的资本	$70 000

Magic公司
资产负债表

资产	
现金	13 000
应收账款	17 000
土地	85 000
资产总计	$115 000
负债	
应付账款	$ 12 000
长期应付票据	33 000
负债合计	45 000
所有者权益	
Magic名下的资本	70 000
负债和所有者权益总计	$115 000

4.2 结账

结账（closing process）是在会计期末编制完财务报表之后进行的一个重要步骤，它帮助我们为下一期的会计工作做好准备。在结账过程中，必须做到以下几点：(1) 确定哪些账户需要结账；(2) 编制结账分录并将其过账；(3) 编制结账后的试算平衡表。结账的目的有两个：一是在每个会计期末，将收入、费用及所有者提取账户的余额复归为零，以便正确计算下一个会计期间的利润和所有者提取；二是汇总计算本期的收入和费用。本节将详细介绍结账过程。

临时性账户和永久性账户

临时性账户（temporary accounts）只记录与当前会计期间相关的数据。临时性账户包括所有的利润表账户、所有者提取账户和本年利润账户。之所以把它们称为临时性账户，是因为这些账户通常是在会计期初开设，用来记录当期的交易和事项，在会计期末就会结平。只有临时性账户才需要进行结账。

永久性账户（permanent accounts）记录的是与一个或多个会计期间相关的经济活动，包括资产、负债和所有者资本账户（所有资产负债表账户）。永久性账户不需要期末结平。这些账户的期末余额会递转到下一个会计期间。

□ 编制结账分录

结账分录（closing entry）将收入、费用及所有者提取账户的期末余额结转至永久性资本账户。在会计期末编制完财务报表之后之所以需要编制结账分录，是因为：

- 收入、费用及所有者提取账户的期初余额必须为零。
- 所有者权益必须反映以前各期的收入、费用及所有者提取情况。

利润表反映了特定会计期间的收入和费用情况，所有者权益表也是反映类似的信息。所有者权益表除了反映特定会计期间的收入和费用情况以外，还要反映所有者提取情况。由于收入、费用及所有者提取账户反映的是某一期间的情况，所以其期初余额必须为零。

在结清收入和费用账户时，首先要将它们的期末余额结转至一个名为**"本年利润"**（income summary）的账户。本年利润是一个只在结账过程中使用的临时性账户，其贷方记录的是所有的收入（利得）总额，借方记录的是所有的费用（损失）总额。本年利润账户的余额等于净利润或净损失，该余额将被结转至资本账户。接下来，要把所有者提取账户的余额结转至资本账户。将这些结账分录过完账之后，收入、费用、所有者提取及本年利润账户的余额都将为零。这样一来就把这些账户结清或结平了。

图表 4－3 使用 FastForward 公司调整后的账户余额（数据取自图表 4－1b 调整后的试算平衡表栏或图表 4－4 的左栏），展示了结账过程的四个步骤，下面就来具体解释一下。

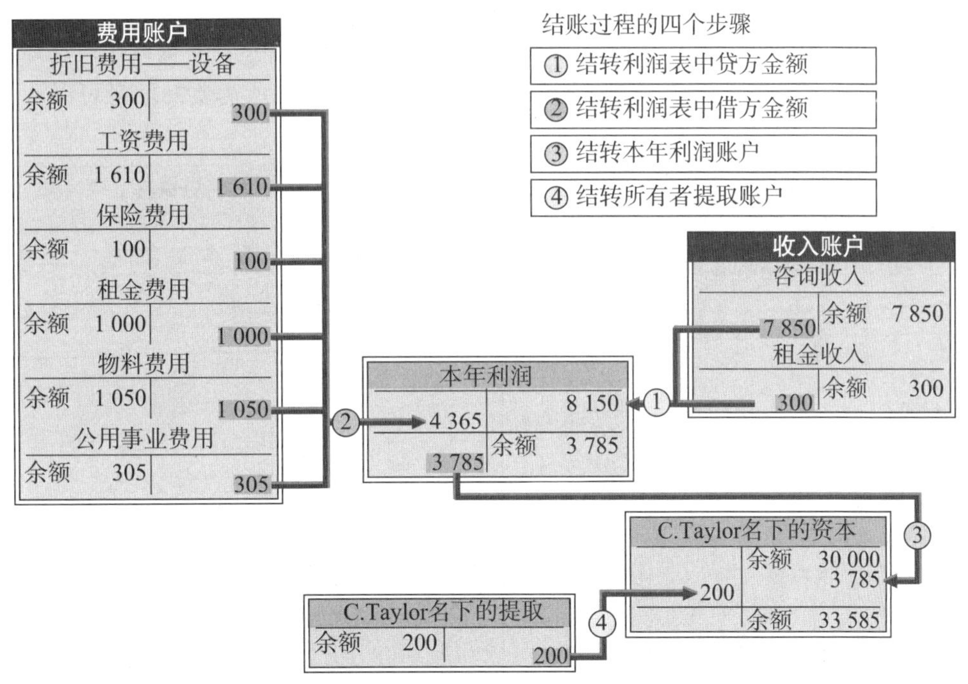

图表 4－3　结账过程的四个步骤

第一步，将收入账户的贷方余额结转至本年利润账户

第一笔结账分录是将收入（利得）账户的贷方余额结转至本年利润账户。通过借记这些账户的贷方余额把它们的余额结为零。对于 FastForward 公司来说，这一分录对应的是图表 4－4 中步骤 1。这一分录结平了收入账户，使其余额变为零，从而为这些账户在下一个会计期间记录收入做好准备。记入本年利润贷方的＄8 150 等于该会计期间的收入总额。

第二步，将费用账户的借方余额结转至本年利润账户

第二笔结账分录是将费用（损失）账户的借方余额结转至本年利润账户。通过贷记这些账户的借方余额把它们的余额结为零，从而为这些账户在下一个会计期间记录费用做好准备。对于 FastForward 公司来说，这一分录对应的是图表 4－4 中的步骤 2。如图表 4－3 所示，在将这笔分录过账之后，各个费用账户的余额都将为零。

第三步，将本年利润账户的余额结转至所有者权益账户

完成第一步和第二步之后，本年利润账户的余额为＄3 785（贷方＄8 150 减去借方＄4 365），等于 FastForward 公司 12 月份的净利润。第三笔结账分录是将本年利润账户的余额结转至所有者权益账户。这笔分录使得本年利润账户的余额为零。对于 FastForward 公司来说，这一分录对应的是图表 4－4 中的步骤 3。在下一个会计期末结账之前，本年利润账户的余额将一直保持为零（如果费用大于收入，则本期产生了净损失，那么对应的第三笔结账分录应改为：借记所有者资本，贷记本年利润）。

第四步，将所有者提取账户的余额结转至所有者资本账户

如图表 4－4 中的步骤 4 所示，第四笔结账分录是将所有者提取账户的借方余额结转至所有者资本账户。该笔分录使所有者提取账户的余额为零，从而为该账户在下一个会计期间记录所有者提取做好准备。另外，这笔分录还使得资产负债表中的所有者资本余额减至＄33 585。

另外，我们也可以从总分类账中选择各个需要结平的收入、费用和所有者提取账户及其余额。图表 4－4 解释了如何利用调整后的试算平衡表编制结账分录。①（编制结账分录所需要的信息可以从工作底稿中的财务报表栏获得）。

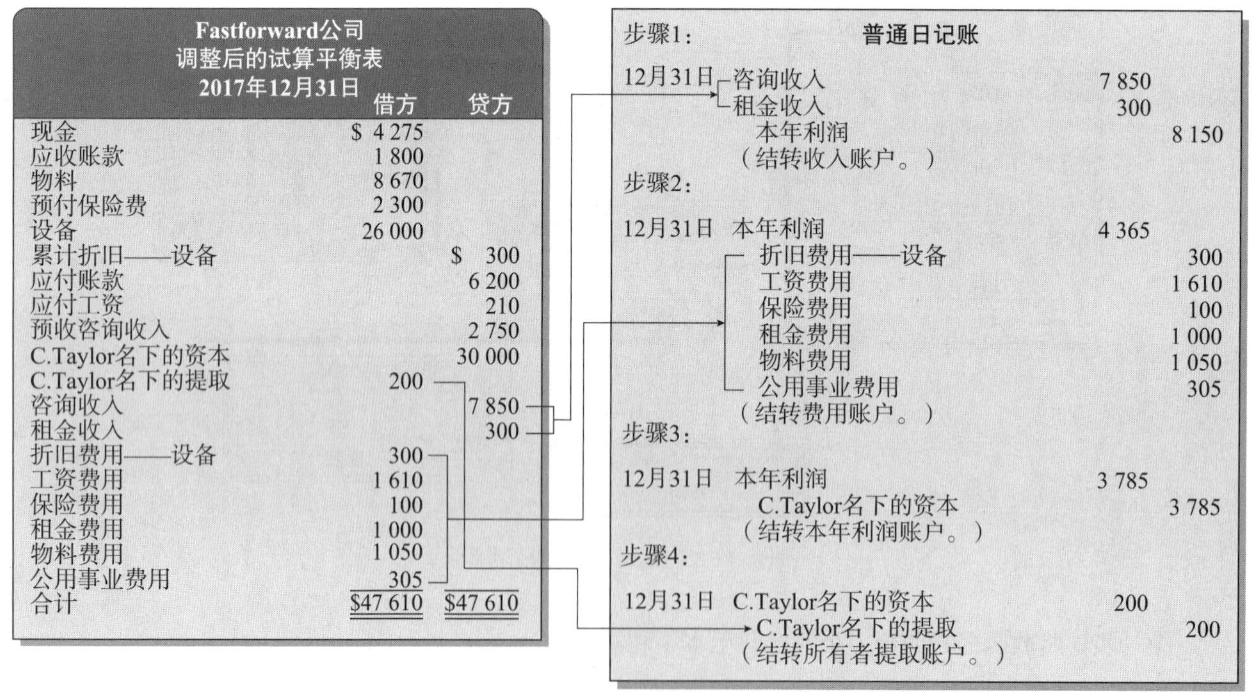

Fastforward公司
调整后的试算平衡表
2017年12月31日

	借方	贷方
现金	$ 4 275	
应收账款	1 800	
物料	8 670	
预付保险费	2 300	
设备	26 000	
累计折旧——设备		$ 300
应付账款		6 200
应付工资		210
预收咨询收入		2 750
C.Taylor名下的资本		30 000
C.Taylor名下的提取	200	
咨询收入		7 850
租金收入		300
折旧费用——设备	300	
工资费用	1 610	
保险费用	100	
租金费用	1 000	
物料费用	1 050	
公用事业费用	305	
合计	$47 610	$47 610

普通日记账

		借方	贷方
步骤1:			
12月31日	咨询收入	7 850	
	租金收入	300	
	本年利润		8 150
	（结转收入账户。）		
步骤2:			
12月31日	本年利润	4 365	
	折旧费用——设备		300
	工资费用		1 610
	保险费用		100
	租金费用		1 000
	物料费用		1 050
	公用事业费用		305
	（结转费用账户。）		
步骤3:			
12月31日	本年利润	3 785	
	C.Taylor名下的资本		3 785
	（结转本年利润账户。）		
步骤4:			
12月31日	C.Taylor名下的资本	200	
	C.Taylor名下的提取		200
	（结转所有者提取账户。）		

图表 4－4　编制结账分录

① 此处的结账过程关注的是独资企业。合伙企业的结账过程与本例是一样的，只不过在步骤 3 和步骤 4 中每个合伙人都有一个单独的资本和提取账户。股份制公司的结账过程与本例类似，只不过它们使用的是股利账户而不是所有者提取账户，并且本年利润和股利结转至留存收益而不是资本账户。

结账后的试算平衡表

图表 4－5 给出了 FastForward 公司 12 月 31 日将调整分录和结账分录过账以后的总分类账（这些交

图表 4－5　FastForward 公司结账后的总分类账

资产类账户

现金　账户编号 101

日期	注释	PR	借方	贷方	余额
2017 年					
12 月 1 日	(1)	G1	30 000		30 000
2 日	(2)	G1		2 500	27 500
3 日	(3)	G1		26 000	1 500
5 日	(5)	G1	4 200		5 700
6 日	(13)	G1		2 400	3 300
12 日	(6)	G1		1 000	2 300
12 日	(7)	G1		700	1 600
22 日	(9)	G1	1 900		3 500
24 日	(10)	G1		900	2 600
24 日	(11)	G1		200	2 400
26 日	(12)	G1	3 000		5 400
26 日	(14)	G1		120	5 280
26 日	(15)	G1		305	4 975
26 日	(16)	G1		700	4 275

应收账款　账户编号 106

日期	注释	PR	借方	贷方	余额
2017 年					
12 月 12 日	(8)	G1	1 900		1 900
22 日	(9)	G1		1 900	0
31 日	调整 (f)	G1	1 800		1 800

物料　账户编号 126

日期	注释	PR	借方	贷方	余额
2017 年					
12 月 2 日	(2)	G1	2 500		2 500
6 日	(4)	G1	7 100		9 600
26 日	(14)	G1	120		9 720
31 日	调整 (b)	G1		1 050	8 670

预付保险费　账户编号 128

日期	注释	PR	借方	贷方	余额
2017 年					
12 月 6 日	(13)	G1	2 400		2 400
31 日	调整 (a)	G1		100	2 300

设备　账户编号 167

日期	注释	PR	借方	贷方	余额
2017 年					
12 月 3 日	(3)	G1	26 000		26 000

累计折旧——设备　账户编号 168

日期	注释	PR	借方	贷方	余额
2017 年					
12 月 31 日	调整 (c)	G1		300	300

负债和所有者权益类账户

应付账款　账户编号 201

日期	注释	PR	借方	贷方	余额
2017 年					
12 月 6 日	(4)	G1		7 100	7 100
24 日	(10)	G1	900		6 200

应付工资　账户编号 209

日期	注释	PR	借方	贷方	余额
2017 年					
12 月 31 日	调整 (e)	G1		210	210

预收咨询收入　账户编号 236

日期	注释	PR	借方	贷方	余额
2017 年					
12 月 26 日	(12)	G1		3 000	3 000
31 日	调整 (d)	G1	250		2 750

C. Taylor 名下的资本　账户编号 301

日期	注释	PR	借方	贷方	余额
2017 年					
12 月 1 日	(1)	G1		30 000	30 000
31 日	结转 (3)	G1		3 785	33 785
31 日	结转 (4)	G1	200		33 585

C. Taylor 名下的提取　账户编号 302

日期	注释	PR	借方	贷方	余额
2017 年					
12 月 24 日		G1	200		200
31 日	结转 (4)	G1		200	0

收入和费用类账户（包括本年利润）

咨询收入　账户编号 403

日期	注释	PR	借方	贷方	余额
2017 年					
12 月 5 日	(5)	G1		4 200	4 200
12 日	(8)	G1		1 600	5 800
31 日	调整 (d)	G1		250	6 050
31 日	调整 (f)	G1		1 800	7 850
31 日	结转 (1)	G1	7 850		0

租金收入　账户编号 406

日期	注释	PR	借方	贷方	余额
2017 年					
12 月 12 日	(8)	G1		300	300
31 日	结转 (1)	G1	300		0

折旧费用——设备　账户编号 612

日期	注释	PR	借方	贷方	余额
2017 年					
12 月 31 日	调整 (c)	G1	300		300
31 日	结转 (2)	G1		300	0

工资费用　账户编号 622

日期	注释	PR	借方	贷方	余额
2017 年					
12 月 12 日	(7)	G1	700		700
26 日	(16)	G1	700		1 400
31 日	调整 (e)	G1	210		1 610
31 日	结转 (2)	G1		1 610	0

保险费用　账户编号 637

日期	注释	PR	借方	贷方	余额
2017 年					
12 月 31 日	调整 (a)	G1	100		100
31 日	结转 (2)	G1		100	0

租金费用　账户编号 640

日期	注释	PR	借方	贷方	余额
2017 年					
12 月 12 日	(6)	G1	1 000		1 000
31 日	结转 (2)	G1		1 000	0

物料费用　账户编号 652

日期	注释	PR	借方	贷方	余额
2017 年					
12 月 31 日	调整 (b)	G1	1 050		1 050
31 日	结转 (2)	G1		1 050	0

公用事业费用　账户编号 690

日期	注释	PR	借方	贷方	余额
2017 年					
12 月 26 日	(15)	G1	305		305
31 日	结转 (2)	G1		305	0

本年利润　账户编号 901

日期	注释	PR	借方	贷方	余额
2017 年					
12 月 31 日	结转 (1)	G1		8 150	8 150
31 日	结转 (2)	G1	4 365		3 785
31 日	结转 (3)	G1	3 785		0

易和调整分录请参见第2章和第3章的相关内容）。所有临时性账户（收入、费用及所有者提取）的期末余额均为零。

结账后的试算平衡表（post-closing trial balance）是指将所有的结账分录登记、过账之后，由总分类账中所有的永久性账户及其余额构成的列表，其中列示了所有不需要结转的账户及其余额。这些账户涵盖了资产负债表中的全部账户（包括资产账户、负债账户以及资本账户）。编制结账后的试算平衡表的目的是：（1）验证所有永久性账户的借方总额是否等于贷方总额；（2）验证所有的临时性账户余额是否为零。图表4-6给出了FastForward公司结账后的试算平衡表。通常情况下，编制结账后的试算平衡表是会计处理过程的最后一步。

图表4-6　结账后的试算平衡表

FastForward公司
结账后的试算平衡表
2017年12月31日

	借方	贷方
现金	$4 275	
应收账款	1 800	
物料	8 670	
预付保险费	2 300	
设备	26 000	
累计折旧——设备		$　300
应付账款		6 200
应付工资		210
预收咨询收入		2 750
C. Taylor名下的资本*		33 585
合计	$43 045	$43 045

* $30 000+$3 785－$200=$33 585

决策洞察力　**同　事**

你的一位朋友向你展示她的课堂作业——编制结账后的试算平衡表。你发现其中有一个项目是租金费用。你立即告诉你的朋友："我发现表中有一处错误。"请问你是如何迅速发现这个错误的？

答案：因为租金费用属于临时性账户，而结算后的试算平衡表只反映永久性账户。

4.3　会计循环

所谓**会计循环**（accounting cycle），是指编制财务报表所需要的步骤。之所以称为循环，是因为每一个会计期间都要重复这些步骤。图表4-7给出了会计循环包含的10个步骤。会计循环以分析交易事项开始，以编制结账后的试算平衡表或转回分录结束。第1步到第3步通常是在企业开展经济交易的过程中进行的，而第4步到第9步则是在会计期末才进行。第10步编制转回分录属于可选项目（将在附录 4A 中解释)。转回分录并非一定要编制，企业可视实际情况自行决定是否编制。

1.分析交易事项

	Assets					=	Liabilities	+	Equity
	Cash	+	Supplies	+	Equipment	=	Accounts Payable	+	C. Taylor, Capital
Old Bal.	$1,500	+	$2,500	+	$26,000	=			$30,000
(4)		+	7,100				+$7,100		
New Bal.	$1,500	+	$9,600	+	$26,000	=	$ 7,100	+	$30,000

2.登记日记账

Date	Account Titles and Explanation	PR	Debit	Credit
(4)	Supplies	126	7,100	
	Accounts Payable	201		7,100

3.过账

General Ledger

Supplies	126		Accounts Payable	201
(2)	2,500		(4)	7,100
(4)	7,100			

10.编制转回分录(可选)

Reversing entry recorded on January 1, 2018

Salaries Payable 210
Salaries Expense 210

Salaries Expense

Date	Expl.	Debit	Credit	Balance
2018 Jan. 1			210	(210)

Salaries Payable

Date	Expl.	Debit	Credit	Balance
2017 Dec. 31	(e)		210	210
2018 Jan. 1		210		0

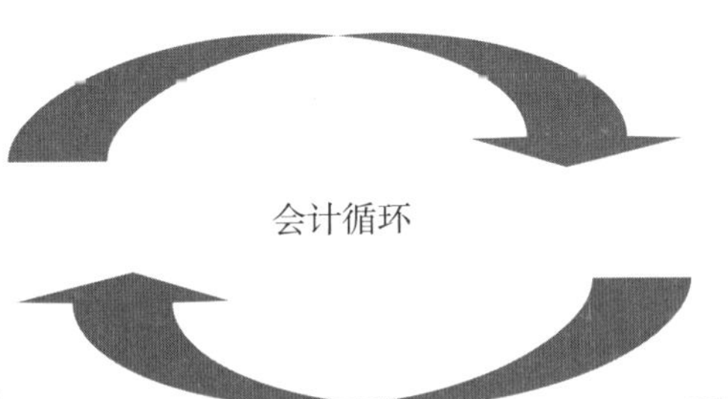

4.编制调整前的试算平衡表

FASTFORWARD
Trial Balance
December 31, 2017

	Debit	Credit
Cash	$ 4,275	
Accounts receivable	0	
Supplies	9,720	
Prepaid insurance	2,400	
Equipment	26,000	
Accounts payable		$ 6,200
Unearned consulting revenue		3,000

5.调整和过账

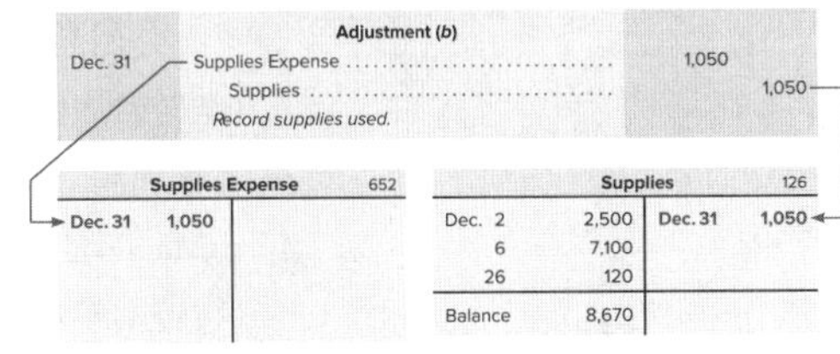

9.编制结账后的试算平衡表

FASTFORWARD
Post-Closing Trial Balance
December 31, 2017

	Debit	Credit
Cash	$ 4,275	
Accounts receivable	1,800	
Supplies	8,670	
Prepaid insurance	2,300	
Equipment	26,000	
Accumulated depreciation—Equipment		$ 300
Accounts payable		6,200

8.结账

General Journal

Step 1: Dec. 31	Consulting Revenue	7,850	
	Rental Revenue	300	
	Income Summary		8,150
	Close revenue accounts.		
Step 2: Dec. 31	Income Summary	4,365	
	Depreciation Expense—Equip.		300
	Salaries Expense		1,610
	Insurance Expense		100
	Rent Expense		1,000
	Supplies Expense		1,050
	Utilities Expense		305
	Close expense accounts.		

7.编制财务报表

FASTFORWARD
Statement of Owner's Equity
For Month Ended December 31, 2017

C. Taylor, Capital, December 1 .... $ 0

FASTFORWARD
Income Statement
For Month Ended December 31, 2017

Revenues
Consulting revenue $7,850

FASTFORWARD
Balance Sheet
December 31, 2017

Assets	
Cash	$ 4,275
Accounts receivable	1,800
Supplies	8,670
Prepaid insurance	2,300

6.编制调整后的试算平衡表

FASTFORWARD
Trial Balances
December 31, 2017

Acct. No.	Account Title	Unadjusted Trial Balance Dr.	Unadjusted Trial Balance Cr.	Adjustments Dr.	Adjustments Cr.	Adjusted Trial Balance Dr.	Adjusted Trial Balance Cr.
101	Cash	$ 4,275				$ 4,275	
106	Accounts receivable	0		(f) $1,800		1,800	
126	Supplies	9,720			(b) $1,050	8,670	
128	Prepaid insurance	2,400			(a) 100	2,300	
167	Equipment	26,000				26,000	
168	Accumulated depreciation—Equip.		$ 0		(c) 300		$ 300
201	Accounts payable		6,200				6,200
209	Salaries payable		0		(e) 210		210

说明:

1.分析交易事项	分析交易事项以为登记日记账做准备。
2.登记日记账	将借方发生额和贷方发生额登入日记账。
3.过账	将日记账分录过入总分类账。
4.编制调整前的试算平衡表	对调整前的总分类账的各个账户及其余额进行汇总。
5.调整和过账	依据权责发生制原则对分类账账户的有关记录进行调整，以便正确计算当期损益；编制调整分录并将其过入总分类账。
6.编制调整后的试算平衡表	对调整后的总分类账的各个账户及其余额进行汇总。
7.编制财务报表	根据调整后的试算平衡表编制财务报表。
8.结账	为临时性账户编制结账分录并过账。
9.编制结账后的试算平衡表	检查结账过程的正确性。
10.编制转回分录(可选)	编制转回分录——可选项目。

步骤4、6和9可以在工作底稿上完成。工作底稿对调整分录是有用的，但调整分录(第5步)必须经常登记日记账和过账。步骤3、4、6和9可以通过计算机系统自动完成。

图表 4－7　会计循环的步骤

NTK 4－2

使用 NTK 4－1 中 Magic 公司调整后的试算平衡表编制结账分录——为方便起见，此处也列出了这些账户。

现金	$ 13 000 借方	Magic 名下的资本	$ 75 000 贷方
应收账款	17 000 借方	Magic 名下的提取	20 000 借方
土地	85 000 借方	劳务收入	79 000 贷方
应付账款	12 000 贷方	工资费用	56 000 借方
长期应付票据	33 000 贷方	办公用品费用	8 000 借方

答案：

12月31日	劳务收入	79 000	
	本年利润		79 000
	（结转收入账户。）		
12月31日	本年利润	64 000	
	工资费用		56 000
	办公用品费用		8 000
	（结转费用账户。）		
12月31日	本年利润	15 000	
	Magic 名下的资本		15 000
	（结转本年利润。）		
12月31日	Magic 名下的资本	20 000	
	Magic 名下的提取		20 000
	（结转所有者提取账户。）		

4.4 分类资产负债表

迄今为止，我们一直都在讨论未分类财务报表。本节将介绍分类资产负债表。分类利润表将在第5章介绍。**未分类资产负债表**（unclassified balance sheet）指只是笼统地将各种账户分成资产、负债和所有者权益三大类的资产负债表。例如，图表4-2中FastForward公司的资产负债表就是一个未分类资产负债表。**分类资产负债表**（classified balance sheet）则将资产和负债进一步细分，以便为决策者提供更多的信息。

□ 分类结构

分类资产负债表并没有特定的格式，但通常包含图表4-8中的几个类别。其中比较重要的一项分类就是将资产和负债划分成流动性项目和非流动性项目。流动性项目（资产或负债）是指在一年或超过一年的一个经营周期内需要处理的项目。**经营周期**（operating cycle）是指从支付现金购买产品或服务开始，到售出这些产品或服务收回现金为止的整个过程花费的时间。企业经营周期的长短主要取决于其活动。对于服务企业来说，其经营周期是指从向提供服务的员工发放工资到从接受服务的客户那里收取服务费花费的时间。对于销售企业来说，其经营周期是指从供应商处购买商品到将商品销售给顾客并收回货款花费的时间。

图表 4-8 分类资产负债表中的常见类别

资产	负债和所有者权益
流动资产	流动负债
非流动资产	非流动负债
长期投资	所有者权益
固定资产	
无形资产	

大多数企业的经营周期都短于 年。因此，大多数企业使用一年作为划分流动性项目和非流动性项目的界限。在资产负债表中，我们通常将流动资产放在非流动资产的前面，将流动负债放在非流动负债的前面。这种统一的列示方法可以帮助报表使用者快速辨别哪些是容易变现的流动资产，哪些是短期内就会到期的流动负债。对于各种流动资产，我们按照它们变现周期的长短进行排列，变现周期短的放在前面，变现周期长的则放在后面；同样，对于流动负债，按照它们偿还期限的长短进行排列，偿还期短的放在前面，偿还期长的则放在后面。

分类类别

下面将介绍分类资产负债表中最常见的一些类别。图表 4-9 中 Snowboarding Components 公司的资产负债表展示了一些常见的类别。其中，资产被分成了流动资产和非流动资产，而非流动资产又被分成了长期投资、固定资产和无形资产三类。同样，负债被分成了流动负债和长期负债。当然，并不是所有的企业都会使用同样的方法对其资产负债表中的资产和负债进行分类。例如，Jarden 公司——一家滑雪板及其他产品制造商，其资产负债表将资产分成了五类：流动资产、固定资产、商誉、无形资产及其他资产。

图表 4-9 分类资产负债表样例

Snowboarding Components 公司 资产负债表 2013 年 1 月 31 日		
资产		
流动资产		
现金	$ 6 500	
短期投资	2 100	
应收账款（净额）	4 400	
库存商品	27 500	
待摊费用	2 400	
流动资产合计		$ 42 900
长期投资		
应收票据（三年期）	1 500	
股票和债券投资	18 000	
为将来扩建而持有的土地	48 000	
长期投资合计		67 500
固定资产		
设备和建筑物	203 200	
减：累计折旧	53 000	
设备和建筑物（净值）		150 200
土地		73 200
固定资产合计		223 400
无形资产		10 000
资产总计		$ 343 800

续表

Snowboarding Components 公司 资产负债表 2013 年 1 月 31 日		
负债		
流动负债		
应付账款	$ 15 300	
应付工资	3 200	
应付票据（一年期）	3 000	
长期负债中的流动部分	7 500	
流动负债合计		$ 29 000
长期负债（减流动部分后的净额）		150 000
负债合计		179 000
所有者权益		
T. Hawk 名下的资本		164 800
负债和所有者权益总计		$ 343 800

流动资产

流动资产（current assets）是指现金及其他能在一年或超过一年的一个经营周期内出售、回收或使用的资产。例如，现金、短期投资、应收账款、短期应收票据、待售商品（也叫商品或存货）及待摊费用等都属于流动资产。图表 4－9 中的待摊费用可能就包括了预付保险费、预付租金、办公用品、商店用品等。由于待摊费用无法变现（只能使用），所以通常把它列在最后面。

长期投资

资产负债表中第二个主要类别就是**长期投资**（long-term investments）或非流动投资。持有期超过一年或超过一年的一个经营周期的应收票据以及股票和债券投资都属于长期投资。为将来扩建而持有的土地由于尚未用于经营活动，所以也算作长期投资。

固定资产

固定资产是指用来生产或销售产品以及提供服务的使用年限较长的有形资产。例如，机器、设备、房屋，以及用于生产或销售产品和服务的土地等都属于固定资产。各种固定资产通常按照流动性的强弱来排列，流动性强的排在前面，流动性弱的排在后面。例如，可以按照设备、机器、房屋和土地的顺序进行排列。

无形资产

无形资产（intangible assets）是指能给企业带来经济收益的长期资源，通常不具备实物形态。例如，专利、商标、著作权、特许权及商誉等都属于无形资产。无形资产的价值来源于其持有人所拥有或被授予的权利或特权。Jarden 公司的财务报表显示，该公司拥有的无形资产价值 25.99 亿美元，占公司总资产的近 25%。该公司的无形资产包括商标、专利以及许可协议。

流动负债

流动负债（current liabilities）是指企业在一年或超过一年的一个经营周期内必须清偿的债务。企业通常通过支付现金来偿还流动负债。流动负债通常包括应付账款、应付票据、应付工资、应交税金、应付利息以及预收账款。同样，长期负债中需要在一年或超过一年的一个经营周期内偿还的部分，作为流动负债列示。需要在一年或超过一年的一个经营周期内通过提供产品或服务的形式加以偿还的预收账款也属于流动负债。各种流动负债通常按照偿还的先后顺序进行排列。

长期负债

长期负债（long-term liabilities）是指不需要在一年或超过一年的一个经营周期内偿还的债务。应付票据、应付抵押款、应付债券和应付租金等都是典型的长期负债。如果一家公司的每一类上述项目中既有长期部分也有短期部分，那么通常在总分类账中分成两个账户分别列示。

所有者权益

所有者权益是所有者对企业资产享有的求偿权。对于独资企业来说，所有者权益用资产负债表中所有者权益项下的所有者资本账户列示（对于合伙企业来说，资产负债表中所有者权益项下需要列示各个合伙人的出资情况。对于股份制公司来说，资产负债表中所有者权益要分成投入资本和留存收益两个主要子项）。

NTK 4－3

使用 NTK 4－1 中 Magic 公司调整后的试算平衡表编制 2017 年 12 月 31 日的分类资产负债表——为方便起见，此处也列出了这些账户。

现金	$ 13 000 借方	Magic 名下的资本	$ 75 000 贷方
应收账款	17 000 借方	Magic 名下的提取	20 000 借方
土地	85 000 借方	劳务收入	79 000 贷方
应付账款	12 000 贷方	工资费用	56 000 借方
长期应付票据	33 000 贷方	办公用品费用	8 000 借方

答案：

Magic 公司
资产负债表
2017 年 12 月 31 日

资产		负债	
流动资产		流动负债	
现金	$ 13 000	应付账款	$ 12 000
应收账款	17 000	流动负债合计	12 000
流动资产合计	30 000	长期应付票据	33 000
固定资产		负债合计	45 000
土地	85 000	**所有者权益**	
固定资产合计	85 000	Magic 名下的资本*	70 000
资产总计	$ 115 000	负债和所有者权益总计	$ 115 000

* $ 75 000＋$ 15 000－$ 20 000＝$ 70 000

可持续性与会计

LuminAID 十分方强调追踪费用和收入。一个原因是所有者专注于成功经营。另一个原因是 LuminAID 通过其“给予灯，得到光”计划，让客户为自己购买一盏灯的同时，也捐赠给非营利组织一盏灯。

根据该公司网站，“LuminAID 已在 50 多个国家分发了 10 000 多盏灯”。LuminAID 依靠其会计系统来追踪销售并确保将灯捐赠给最需要的人。

该公司还使用几种补助金（非偿还的资金）来分配 LuminAID。LuminAID 的创始人安娜和安德烈亚从清洁能源信托基金和大通银行获得了 $100 000 的补助金。

两名女性依靠其会计系统将所有者的出资额从补助金中分离出来。这对于确保利润可以继续投资于业务至关重要，也能让安娜和安德烈亚继续其使命。根据安娜的说法，LuminAID 的目标是“将一种简单的产品转变为可持续发展的业务，通过照明为最需要的人提供舒适和安全”。

NTK 4-4

Midtown 维修公司 2017 年 12 月 31 日的部分工作底稿如下所示：

	调整后的试算平衡表		利润表		资产负债表和所有者权益表	
	借方	贷方	借方	贷方	借方	贷方
现金	95 600					
应收票据（当期）	50 000					
预付保险费	16 000					
预付租金	4 000					
设备	170 000					
累计折旧——设备		57 000				
应付账款		52 000				
长期应付票据		63 000				
C. Trout 名下的资本		178 500				
C. Trout 名下的提取	30 000					
维修服务收入		180 800				
利息收入		7 500				
折旧费用——设备	28 500					
工资费用	85 000					
租金费用	48 000					
保险费用	6 000					
利息费用	5 700					
合计	538 800	538 800				

要求：

1. 将调整后的试算平衡表中的总额填入相应的财务报表栏以完成这张工作底稿。

2. 为 Midtown 维修公司编制结账分录。

3. 在总分类账中建立本年利润和 C. Trout 名下的资本账户（采用余额栏账户的形式），并将结账分录过入这两个账户。

4. 确定在 Midtown 维修公司 2017 年 12 月 31 日的资产负债表中 C. Trout 名下的资本账户的余额是多少。

5. 编制 Midtown 维修公司 2017 年的利润表、所有者权益表以及分类资产负债表（采用报告式资产负债表的形式）。2016 年 12 月 31 日，C. Trout 名下的资本账户余额为 $178 500。

解题步骤：

- 将调整后的试算平衡表中的账户余额填入相应的财务报表栏。
- 编制结账分录，首先将收入和费用账户的余额都结转至本年利润账户，然后再将本年利润账户和所有者提取账户的余额都结转至资本账户。

- 将第一笔和第二笔结账分录过入本年利润账户，并检查本年利润的余额是否与工作底稿中的净利润相等。
- 将第三笔和第四笔结账分录过入资本账户。
- 利用工作底稿中最右边的两栏以及第四步的答案编制分类资产负债表。

答案：

1. 完成工作底稿。

	调整后的试算平衡表		利润表		资产负债表和所有者权益表	
	借方	贷方	借方	贷方	借方	贷方
现金	95 600				95 600	
应收票据（当期）	50 000				50 000	
预付保险费	16 000				16 000	
预付租金	4 000				4 000	
设备	170 000				170 000	
累计折旧——设备		57 000				57 000
应付账款		52 000				52 000
长期应付票据		63 000				63 000
C. Trout 名下的资本		178 500				178 500
C. Trout 名下的提取	30 000				30 000	
维修服务收入		180 800		180 800		
利息收入		7 500		7 500		
折旧费用——设备	28 500		28 500			
工资费用	85 000		85 000			
租金费用	48 000		48 000			
保险费用	6 000		6 000			
利息费用	5 700		5 700			
总计	538 800	538 800	173 200	188 300	365 600	350 500
净利润			15 100			15 100
总计			188 300	188 300	365 600	365 600

2. 结账。

12月31日	借：维修服务收入	180 800
	利息收入	7 500
	贷：本年利润	188 300
	（结转收入账户。）	
12月31日	借：本年利润	173 200
	贷：折旧费用——设备	28 500
	工资费用	85 000
	租金费用	48 000
	保险费用	6 000
	利息费用	5 700
	（结转费用账户。）	
12月31日	借：本年利润	15 100
	贷：C. Trout 名下的资本	15 100
	（结转本年利润账户。）	
12月31日	借：C. Trout 名下的资本	30 000
	贷：C. Trout 名下的提取	30 000
	（结转所有者提取账户。）	

3. 建立本年利润和C. Trout名下的资本账户（采用余额栏账户的形式），并将结账分录过入这两个账户。

本年利润					账户编号：901
日期	注释	PR	借方	贷方	余额
2017年					
1月1日	期初余额				0
12月31日	结转收入账户			188 300	188 300
31日	结转费用账户		173 200		15 100
31日	结转本年利润		15 100		0

C. Trout名下的资本					账户编号：301
日期	注释	PR	借方	贷方	余额
2017年					
1月1日	期初余额				178 500
12月31日	结转本年利润			15 100	193 600
31日	结转C. Trout名下的提取		30 000		163 600

4. 在Midtown维修公司2017年12月31日的资产负债表中，C. Trout名下的资本账户余额为$163 600（由第3题得来），这个余额反映了净利润导致的所有者权益的增加，以及所有者提取导致的所有者权益的减少。

5.

Midtown维修公司截至2017年12月31日的利润表		
收入		
维修服务收入	$180 800	
利息收入	7 500	
收入合计		$188 300
费用		
折旧费用——设备	28 500	
工资费用	85 000	
租金费用	48 000	
保险费用	6 000	
利息费用	5 700	
费用合计		173 200
净利润		$ 15 100

Midtown维修公司截至2017年12月31日的所有者权益表		
2016年12月31日C. Trout名下的资本		$178 500
加：所有者投资	$ 0	
净利润	15 100	15 100
		193 600
减：所有者提取		30 000
2017年12月31日C. Trout名下的资本		$163 600

Midtown 维修公司 2017 年 12 月 31 日的资产负债表		
资产		
流动资产		
现金		$ 95 600
应收票据		50 000
预付保险费		16 000
预付租金		4 000
流动资产合计		165 600
固定资产		
设备	$ 170 000	
减：累计折旧——设备	(57 000)	
固定资产合计		113 000
资产总计		$ 278 600
负债		
流动负债		
应付账款		$ 52 000
长期负债		
长期应付票据		63 000
负债合计		115 000
所有者权益		
C. Trout 名下的资本		163 600
负债和所有者权益总计		$ 278 600

附录 4A　转回分录

转回分录（reversing entries）是可选择而非必须编制的。记录它们是为了反映在报告期末由调整分录产生的应计资产和应计负债。转回分录的目的是简化公司记录。图表 4A-1 显示了 FastForward 转回分录的示例。图表的顶部显示了 12 月 31 日 FastForward 记录的关于员工应得但未付工资的调整分录。该笔分录记录了三天的工资 $ 210，使 12 月的工资费用总计增加到 $ 1 610。该笔分录还确认了 $ 210 的负债。费用在 12 月的利润表中报告，然后费用账户被结转。2018 年 1 月 1 日的分类账显示，工资费用账户余额为零，负债为 210 美元。这时要判断使用还是不使用转回分录。

没有转回分录的会计处理

图表 4A-1 左下方的路径本章已经进行了描述。总结一下，下一个发薪日是 1 月 9 日，我们用复合分录记录支付，同时借记费用和负债，并贷记现金。将该分录过账会使费用账户余额为 $ 490，并将负债账户的余额减少到零，因为债务已经偿还。这种方法的缺点是需要在 1 月 9 日编制稍微复杂的分录。支付应计负债意味着该分录不同于在所有其他发薪日编制的常规分录。要在 1 月 9 日编制适当的分录，就必须回顾 12 月 31 日调整分录的影响。转回分录可克服此缺点。

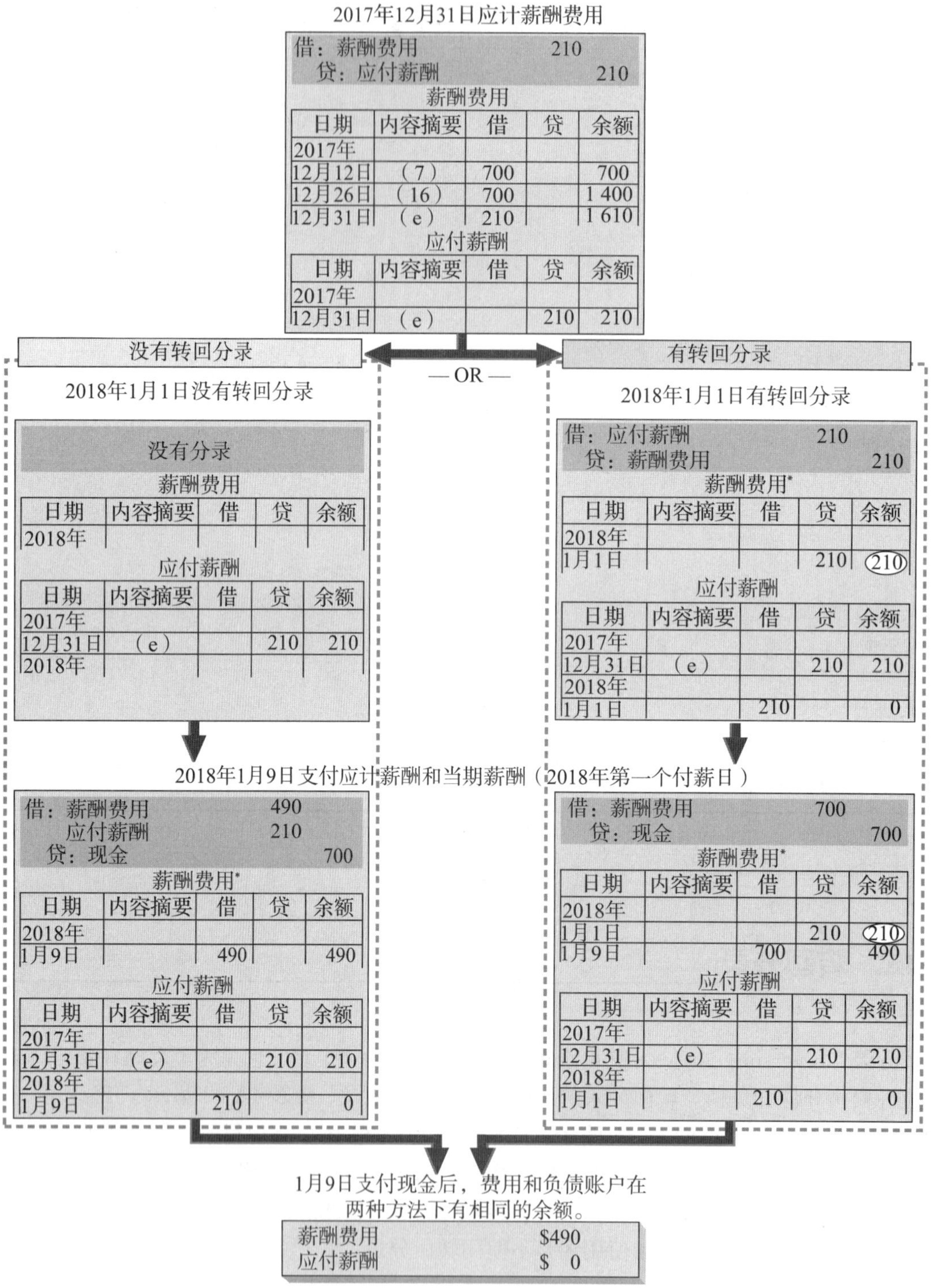

2017年12月31日应计薪酬费用

借：薪酬费用 210
　贷：应付薪酬 210

薪酬费用

日期	内容摘要	借	贷	余额
2017年				
12月12日	（7）	700		700
12月26日	（16）	700		1 400
12月31日	（e）	210		1 610

应付薪酬

日期	内容摘要	借	贷	余额
2017年				
12月31日	（e）		210	210

没有转回分录 — OR — 有转回分录

没有转回分录

2018年1月1日没有转回分录

没有分录

薪酬费用

日期	内容摘要	借	贷	余额
2018年				

应付薪酬

日期	内容摘要	借	贷	余额
2017年				
12月31日	（e）		210	210
2018年				

有转回分录

2018年1月1日有转回分录

借：应付薪酬 210
　贷：薪酬费用 210

薪酬费用*

日期	内容摘要	借	贷	余额
2018年				
1月1日			210	(210)

应付薪酬

日期	内容摘要	借	贷	余额
2017年				
12月31日	（e）		210	210
2018年				
1月1日		210		0

2018年1月9日支付应计薪酬和当期薪酬（2018年第一个付薪日）

没有转回分录

借：薪酬费用 490
　　应付薪酬 210
　贷：现金 700

薪酬费用*

日期	内容摘要	借	贷	余额
2018年				
1月9日		490		490

应付薪酬

日期	内容摘要	借	贷	余额
2017年				
12月31日	（e）		210	210
2018年				
1月9日		210		0

有转回分录

借：薪酬费用 700
　贷：现金 700

薪酬费用*

日期	内容摘要	借	贷	余额
2018年				
1月1日			210	(210)
1月9日		700		490

应付薪酬

日期	内容摘要	借	贷	余额
2017年				
12月31日	（e）		210	210
2018年				
1月1日		210		0

1月9日支付现金后，费用和负债账户在两种方法下有相同的余额。

薪酬费用	$490
应付薪酬	$ 0

*余额栏圈中数字表示非正常的余额。

图表 4A－1　应计费用的转回分录

有转回分录的会计处理

图4A－1右下方显示了1月1日的转回分录如何克服1月9日不使用转回分录时的缺点。转回分录与调整分录完全相反。FastForward 应付工资负债账户借记＄210，意味着该账户在过账后余额为零。应付工资账户暂时使负债低估，但这不是问题，因为在1月9日清算负债之前不会编制财务报表。贷记工资费

用账户并不常见，因为它使该账户出现贷方异常余额。我们通过画圈来突出这种异常余额。转回分录使1月9日的分录记录很简单，借记工资费用账户，贷记支付的＄700现金，这与记录员工10天工资的所有其他分录相同。注意，支付分录过账后，工资费用账户余额为＄490，反映了每天工资为＄70的7天工资合计（参见图表4A－1的右下方）。现在应付工资账户余额为零是正确的。图表4A－1的下方显示，无论是否使用转回分录，费用和负债账户的余额都完全相同。这意味着两种方法会产生相同的结果。

小 结

C1 解释为什么临时性账户每期都要结清。在每个会计期末都要结清临时性账户有两个原因：第一，结账过程可以使资本账户反映当期所有交易事项的影响；第二，将收入、费用和所有者提取账户的余额复归为零，以便为下一个会计期间做好准备。

C2 界定会计循环的各个步骤。会计循环包括以下10个步骤：(1) 分析交易事项；(2) 登记日记账；(3) 过账；(4) 编制调整前的试算平衡表；(5) 调整和过账；(6) 编制调整后的试算平衡表；(7) 编制财务报表；(8) 结账；(9) 编制结账后的试算平衡表；(10) 编制转回分录（可选）。

C3 解释并编制分类资产负债表。分类资产负债表将资产和负债分为流动性项目和非流动性项目两类列示。非流动资产通常包括长期投资、固定资产和无形资产。对于独资企业（和合伙企业）来说，所有者权益用资产负债表中所有者权益项下的所有者资本账户列示。对于股份制公司来说，资产负债表中所有者权益项要分成投入资本和留存收益两个子项。

P1 编制工作底稿并解释其作用。工作底稿是编制和分析财务报表的一个非常有用的工具。它可以帮助我们在会计期末编制调整分录、调整后的试算平衡表和财务报表。工作底稿通常包括以下五栏：调整前的试算平衡表、调整项目、调整后的试算平衡表、利润表以及资产负债表和所有者权益表。

P2 描述并编制结账分录。结账分录需要以下四个步骤：(1) 将收入账户的贷方余额结转至本年利润账户；(2) 将费用账户的借方余额结转至本年利润账户；(3) 将本年利润账户的余额结转至资本账户；(4) 将所有者提取账户的余额结转至所有者资本账户。

P3 解释并编制结账后的试算平衡表。结账后的试算平衡表是将所有的结账分录登记、过账之后，由总分类账中所有的永久性账户及其余额构成的列表。编制结账后的试算平衡表的目的是：(1) 验证所有永久性账户的借方总额是否等于贷方总额；(2) 验证所有的临时性账户是否余额为零。

P4[A] 编制转回分录并解释其目的。编制转回分录为可选步骤。它们适用于应计费用和应计收入。转回分录的目的是简化后续日记账分录，是否使用转回分录对财务报表没有影响。

关键术语

Accounting cycle 会计循环
Classified balance sheet 分类资产负债表
Closing entries 结账分录
Closing process 结账
Current assets 流动资产
Current liabilities 流动负债
Income summary 本年利润
Intangible assets 无形资产
Long-term investments 长期投资
Long-term liabilities 长期负债
Operating cycle 经营周期
Permanent accounts 永久性账户
Post-closing trial balance 结账后的试算平衡表
Pro forma financial statements 预测财务报表
Reversing entries 转回分录
Temporary accounts 临时性账户
Unclassified balance sheet 未分类资产负债表

选择题

1. Venda服务公司的所有人G. Venda当年从公司提取了＄25 000。年底结清所有者提取账户时，应该编制什么样的结账分录？______

a. 借：G. Venda名下的提取 25 000
　贷：G. Venda名下的资本 25 000

b. 借：本年利润 25 000
　贷：G. Venda名下的资本 25 000

c. 借：G. Venda名下的提取 25 000
　贷：现金 25 000

d. 借：G. Venda名下的资本 25 000
　贷：工资费用 25 000

e. 借：G. Venda名下的资本 25 000
　贷：G. Venda名下的提取 25 000

2. 下面给出了R. Kandamil公司结账前的财务资料。请问在编制完所有的结账分录以后，R. Kandamil名下的资本账户的余额是多少？______

收入总额	＄300 000
费用总额	195 000
R. Kandamil名下的资本	100 000
R. Kandamil名下的提取	45 000

a. ＄360 000
b. ＄250 000
c. ＄160 000
d. ＄150 000
e. ＄60 000

3. 下面哪种错误将导致工作底稿中的资产负债表与所有者权益表无法实现借贷平衡？______

a. 将一笔收入的金额填入资产负债表与所有者权益表的借方栏。
b. 将一笔负债的金额填入资产负债表与所有者权益表的贷方栏。
c. 将一笔费用的金额填入资产负债表与所有者权益表的借方栏。
d. 将一笔资产的金额填入利润表的借方栏。
e. 将一笔负债的金额填入利润表的贷方栏。

4. 只在结账过程中使用的，在将净差额加到所有者权益账户中或从所有者权益账户中扣除之前用来记录收入和费用的临时性账户叫做______。

a. 结账账户
b. 虚账户
c. 本年利润账户
d. 余额栏账户
e. 备抵账户

讨论题

1. 记录结账分录的步骤是什么？
2. 结账分录会对什么账户产生影响？会对什么账户不产生影响？
3. 记录结账分录的两个主要作用是什么？
4. 本年利润账户的作用是什么？
5. 说明如果结账后的试算平衡表包括折旧费用账户，会导致什么错误。
6. 工作底稿的作用是什么？
7. 为什么工作底稿中调整项目栏账户的借方和贷方分录要用字母表示？

8. 什么是一个企业的经营周期？

9. 典型的分类资产负债表中的资产和负债账户都包含什么内容？

10. 资产负债表中的预收账款是如何分类的？

11. 固定资产的特征是什么？

12. [A]转回分录是如何简化记录的？

13. [A]如果公司在会计年度结束时记录了 $500 应计工资费用，可以编制什么转回分录？什么时候编制？

14. 参阅附录中苹果公司最新的资产负债表。其分类资产负债表中最主要的五类非流动资产是什么？

16. 参阅附录中谷歌公司最新的资产负债表。识别被列为流动负债的八个账户。

17. 参阅附录中三星公司的财务报表。截至 2015 年 12 月 31 日，结转本年利润账户时，日记账分录应该怎样记录？

快速学习

QS 4－1 将下列各项按编制工作底稿的步骤进行排序，分别在空白处填上数字 1～5。

a. ______计算报表各栏总额，计算净利润（损失），完成工作底稿。

b. ______将调整后的余额填入相应的财务报表栏。

c. ______在工作底稿上编制调整前的试算平衡表。

d. ______在工作底稿上编制调整后的试算平衡表。

e. ______在工作底稿上填入调整项目的数据。

QS 4－3 下面是截自 Warton 公司 2013 年 12 月 31 日工作底稿的部分数据。根据这些数据，计算 2013 年 12 月 31 日 Warton 公司资产负债表中 B. Warton 名下的资本数额是多少。

	利润表		资产负债表和所有者权益表	
	借方	贷方	借方	贷方
⋮				
B. Warton 名下的资本				72 000
B. Warton 名下的提取			39 000	
⋮				
总计	122 000	181 000		

QS 4－5 从以下术语/短语列表中选择最恰当的一个完成以下描述。

a. 临时性　　b. 永久性　　c. 一个或多个

d. 一个　　e. 零余额　　f. 本年利润

1. ______账户通常包含资产负债表中所有账户，并且这些账户不需要结转。

2. 永久性账户记录的是与______未来会计期间相关的经济活动。这些账户的期末余额会递转到下一个会计期间。

3. 临时性账户记录______会计期间的数据。

4. ______账户包括所有利润表账户、所有者提取账户和本年利润账户。

QS 4－7 确定以下哪些账户包含在结算后的试算平衡表中。

______ a. 应收账款　　______ c. 商誉　　______ e. 所得税费用

______ b. 工资费用　　______ d. 土地　　______ f. 应付工资

QS 4－9 下面是分类资产负债表上的常见类别：

A. 流动资产　　B. 长期投资　　C. 固定资产

D. 无形资产　　　　　E. 流动负债　　　　　F. 长期负债

分别将下列各项对应的资产或负债的类别填入横线处。

______ 1. 当前经营中尚未使用的土地　　　______ 2. 应付票据（五年期）

______ 3. 应收账款　　　______ 4. 商标

______ 5. 应付账款　　　______ 6. 店铺设备

______ 7. 应付工资　　　______ 8. 现金

练习题

Exercise 4-1 以下16个账户来自一家公司十栏式工作底稿中调整后的试算平衡表栏。在每个账户前的空白处填入代表适当的财务报表栏的字母（A，B，C或D），即填入正常账户余额的那一栏。

A. 利润表的借方　　　B. 利润表的贷方

C. 资产负债表和所有者权益表的借方　　　D. 资产负债表和所有者权益表的贷方。

______ 1. 利息收入　　　______ 2. 机器

______ 3. 所有者提取　　　______ 4. 折旧费用

______ 5. 应付账款　　　______ 6. 服务收入

______ 7. 所有者资本　　　______ 8. 利息费用

______ 9. 应收账款　　　______ 10. 累计折旧

______ 11. 办公用品　　　______ 12. 保险费用

______ 13. 应收利息　　　______ 14. 现金

______ 15. 租金费用　　　______ 16. 应付工资

Exercise 4-3 根据工作底稿中的调整项目栏的信息编制必要的调整日记账分录（a）～（e）。

	A	B	C	D	E	F	G	H	I	J	K	L
1–3			调整前的试算平衡表		调整项目		调整后的试算平衡表		利润表		资产负债表和所有者权益表	
4	编号	账户名称	借方	贷方	借方	贷方	借方	贷方	借方	贷方	借方	贷方
5	109	应收利息			(d) $ 880							
6	124	办公用品				(b) $1 750						
7	128	预付保险费				(a) 900						
8	164	累计折旧——办公设备				(c) 2 200						
9	209	应付工资				(e) 560						
10	409	利息收入				(d) 880						
11	612	折旧费用——办公设备			(c) 2 200							
12	620	办公室人员工资费用			(e) 560							
13	636	保险费用——办公设备			(a) 332							
14	637	保险费用——店铺设备			(a) 568							
15	650	办公用品费用			(b) 1 750							
16		总计			$6 290	$6 290						

Exercise 4-5 本期开始时，Capri公司K. Capri名下的资本账户有$ 20 000的贷方余额。期末，公司的调整后账户余额包括以下有正常余额的临时性账户。

服务收入	$70 000	利息收入	$ 7 000
工资费用	38 000	K. Capri名下的提取	12 000
折旧费用	8 000	公用事业费用	4 600

1. 收入和费用账户结账后，本年利润账户余额是多少？
2. 将所有结账分录登入日记账并过账后，K. Capri名下的资本账户余额是多少？

Exercise 4-7 下面调整前的试算平衡表包含Dylan快递公司2017年12月31日的账户及其余额。

	A	B	C
1		调整前的试算平衡表	
2	账户名称	借方	贷方
3	现金	$ 16 000	
4	应收账款	34 000	
5	办公用品	5 000	
6	卡车	350 000	
7	累计折旧——卡车		$ 80 000
8	土地	160 000	
9	应付账款		24 000
10	应付利息		5 000
11	长期应付票据		100 000
12	S.Dylan名下的资本		307 000
13	S.Dylan名下的提取	34 000	
14	邮递服务收入		263 000
15	折旧费用——卡车	40 000	
16	工资费用	110 000	
17	办公用品费用	15 000	
18	利息费用	5 000	
19	维修费用——卡车	10 000	
20	总计	$779 000	$779 000

1. 使用以下调整信息编制一份十栏式工作底稿。

a. 年末未记录的卡车折旧费用为$40 000。

b. 年末应计利息费用总额为$6 000。

c. 年底可使用但未使用的办公用品成本为$2 000。

2. 编制该公司年末结账分录，并计算年末资产负债表列示的资本总额。

Exercise 4-9 以下调整后的试算平衡表包含Cruz公司截至2017年12月31日（会计年度末）的账户和余额。(1) 为Cruz公司编制2017年12月31日的结账分录。假定本年利润账户编号为901。(2) 编制Cruz公司2017年12月31日结账后的试算平衡表。

编号	账户名称	借方	贷方
101	现金	$19 000	
126	物料	13 000	
128	预付保险费	3 000	
167	设备	24 000	
168	累计折旧——设备		$ 7 500
301	T. Cruz 名下的资本		47 600
302	T. Cruz 名下的提取	7 000	
404	服务收入		44 000
612	折旧费用——设备	3 000	
622	工资费用	22 000	
637	保险费用	2 500	
640	租金费用	3 400	
652	物料费用	2 200	
	总计	$99 100	$99 100

Exercise 4-11 根据下面Wilson运输公司调整后的试算平衡表编制：(1) 截至2017年12月31日的利润表；(2) 截至2017年12月31日的所有者权益表。2016年12月31日，K. Wilson名下的资本账户余额为$175 000。

账户名称	借方	贷方
现金	$ 8 000	
应收账款	17 500	
办公用品	3 000	
卡车	172 000	
累计折旧——卡车		$ 36 000
土地	85 000	
应付账款		12 000
应付利息		4 000
长期应付票据		53 000
K. Wilson 名下的资本		175 000
K. Wilson 名下的提取	20 000	
运输收入		130 000
折旧费用——卡车	23 500	
工资费用	61 000	
办公用品费用	8 000	
维修费用——卡车	12 000	
总计	$ 410 000	$ 410 000

综合题

Problem 4-1A 2017年4月1日，Jiro Nozomi 创办了一家新的旅游代理机构，名为 Adventure 旅行社。下面是第一个月发生的交易。

4月1日 Nozomi 向公司投资了 $ 30 000 现金和价值 $ 20 000 的计算机设备。
2日 公司为装修好的办公场所支付了第一个月（4月）的租金 $ 1 800。
3日 公司花现金 $ 1 000 购买了办公用品。
10日 公司花 $ 2 400 购买了一份有效期为12个月的保险，生效日期为4月11日。
14日 公司向员工支付两周的工资 $ 1 600。
24日 公司收到了客户支付的机票佣金 $ 8 000。
28日 公司向员工支付两周的工资 $ 1 600。
29日 公司支付了计算机的小额维修费用 $ 350。
30日 公司为本月的电话费用支付现金 $ 750。
30日 Nozomi 从公司提取了 $ 1 500 现金供个人使用。

该公司的会计科目表如下所示：

101	现金	405	佣金收入
106	应收账款	612	折旧费用——计算机设备
124	办公用品	622	工资费用
128	预付保险费	637	保险费用
167	计算机设备	640	租金费用
168	累计折旧——计算机设备	650	办公用品费用
209	应付工资	684	维修费用
301	J. Nozomi 名下的资本	688	电话费用
302	J. Nozomi 名下的提取	901	本年利润

要求：

1. 用余额栏格式为上表中的会计科目设立分类账户。

2. 编制记录 4 月份交易的日记账分录，并将其过入总分类账。公司在资产负债表账户中记录预付和预收项目。
3. 编制 4 月 30 日调整前的试算平衡表。
4. 根据下面的信息登记本月的日记账调整分录并过账：
a. 有效期为一个月的保险已有 2/3（＄133）到期。
b. 月末，可使用的办公用品为＄600。
c. 本月计算机设备的折旧费用为＄500。
d. 月末，既未记录也没支付的员工工资为＄420。
e. 月末，公司已实现但仍未开具账单的佣金为＄1750。
5. 编制 4 月 30 日调整后的试算平衡表，4 月份的利润表和所有者权益表，以及 4 月 30 日的资产负债表。
6. 编制结清临时性账户的日记账分录，并将这些分录过入分类账中。
7. 编制结账后的试算平衡表。

拓展题

BTN 4－1　请参阅附录中苹果公司的财务报表以回答以下问题。

1. 在截至 2015 年 9 月 26 日的会计年度中，本年利润需要贷记多少数额以汇总收入？
2. 在截至 2015 年 9 月 26 日的会计年度中，本年利润需要借记多少数额以汇总费用？
3. 在截至 2015 年 9 月 26 日的会计年度中，本年利润账户结账前的余额是多少？
4. 在苹果公司网站（Apple. com）或 SEC 的 EDGAR 数据库（SEC. gov）获取苹果公司截至 2015 年 9 月 26 日的会计年度的年度报告（10-K）。该年结转到本年利润账户的净利润的数额有何变化？

全球视角

美国公认会计原则和国际财务报告准则指导下的会计处理是类似的，但并不完全相同。下面讨论在这两种原则下，结账过程以及资产负债表披露资产和负债方式之间的区别。

结账过程　美国公认会计原则和国际财务报告准则下的结账过程完全相同。尽管每一种原则下各自存在一些独有的会计账户，但是结账过程完全相同。

披露资产和负债　在美国公认会计原则和国际财务报告准则下，资产的定义是相似的，都包含以下三条基本标准：(1) 公司拥有使用该项目的所有权或控制权；(2) 这种权利产生于过去发生的交易或事项；(3) 项目可以可靠地计量。在这两种原则下，几乎所有资产的初始价值就是其历史成本。取得后的资产有两种计量方法：历史成本计量和公允价值计量。一般来说，美国公认会计原则将公允价值定义为在有序市场出售时取得的价格。国际财务报告准则将公允价值定义为交换价值——可以是交换成本也可以是出售价格。我们将在之后的章节中讨论其中的区别，以及适用每种方法的资产类型。

在美国公认会计原则和国际财务报告准则下，负债的定义也是相似的，包含以下三条基本标准：(1) 该项目是现时义务，并且可能导致未来资源的流出；(2) 该义务产生于过去发生的交易或事项；(3) 该义务可以被可靠地计量。和资产相同，在这两种原则下负债有两种计量方法：历史成本计量和公允价值计量。之后的章节将会讨论其中的区别。

选择题答案

1. e　2. c　3. a　4. c

第 5 章

商品经营的会计核算

本章预览

商品经营	购货	销货	报告
C1　商品的利润和存货 C2　经营周期 　存货成本流转	P1　对以下事项进行会计处理： 　购货折扣 　购货退回与折让 　运输成本	P2　对以下事项进行会计处理： 　商品销售收入 　销售折扣 　销售退回与折让	P3　调整和结账 P4　多步式和单步式利润表
NTK 5－1	NTK 5－2	NTK 5－3	NTK 5－4，5－5

学习目标

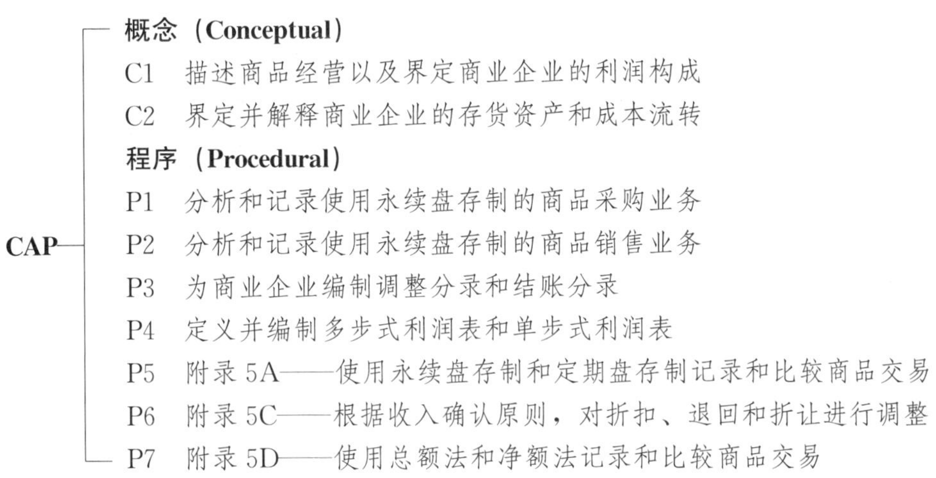

CAP

概念（Conceptual）

C1　描述商品经营以及界定商业企业的利润构成

C2　界定并解释商业企业的存货资产和成本流转

程序（Procedural）

P1　分析和记录使用永续盘存制的商品采购业务

P2　分析和记录使用永续盘存制的商品销售业务

P3　为商业企业编制调整分录和结账分录

P4　定义并编制多步式利润表和单步式利润表

P5　附录 5A——使用永续盘存制和定期盘存制记录和比较商品交易

P6　附录 5C——根据收入确认原则，对折扣、退回和折让进行调整

P7　附录 5D——使用总额法和净额法记录和比较商品交易

5.1　商品经营

前面几章主要介绍的是服务性企业的会计处理与报表编制。商业企业的活动不同于服务性企业的活动。**商品**（merchandise）是指企业购买并转售给顾客的产品（或称为货物）。**商业企业**（merchandiser）通过买卖商品赚取净利润。商业企业通常又可以分为批发企业和零售企业两种。**批发企业**（wholesaler）从制造企业或者其他批发企业那里购买商品，然后再把商品转售给零售企业或者其他批发企业。**零售企业**（retailer）从制造企业或批发企业那里购买商品，再将商品转售给消费者。

□ 商业企业利润的报告

商业企业的净利润等于当期的商品销售收入减去商品销售成本和其他各种费用（见图表 5－1）。在会计上，我们把商品销售收入称为销售收入，把购买和加工商品的费用称为**销售成本**（cost of goods sold）（很多服务性企业也把它们的收入称为销售收入，把成本称为销售成本）。

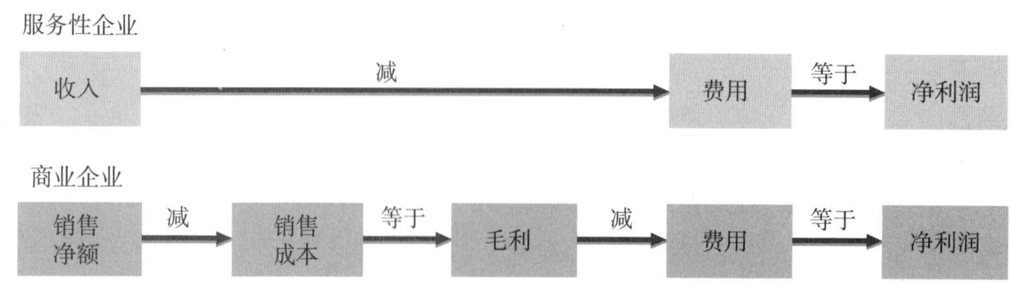

图表 5－1　商业企业与服务性企业利润的计算方法

图表 5－2（单位：百万美元）显示了服务性企业 Liberty Tax 公司和商业企业 Nordstrom 公司的利润表。Liberty Tax 公司的利润表表明，收入＄173 减去费用＄155，产生的净利润为＄18。商业企业 Nordstrom 公司利润表的前两行表明，商品的购货成本为＄9 168，销售收入为＄14 437。第三行表明其**毛利**（gross profit）为＄5 269，等于销售净额减去销售成本。该表还列示了＄4 669 的其他费用，因此净利润为＄600。

图表 5－2　服务性企业和商业企业的利润表

服务性企业

Liberty Tax 公司 利润表 截至 2016 年 4 月 30 日	
收入	＄173
费用	155
净利润	＄ 18

商品企业

Nordstrom 公司 利润表 截至 2016 年 1 月 31 日	
销售净额	＄14 437
销售成本	9 168
毛利	5 269
费用	4 669
净利润	＄ 600

□ 商业企业存货的报告

商业企业的资产负债表上有一项流动资产叫做**库存商品**（merchandise inventory），而在服务性企业的资产负债表上则没有这一项。库存商品，或**存货**（inventory），是指企业拥有并打算出售的产品。存货的成本包括购买成本、运输成本和加工成本。

□ 商业企业的经营周期

商业企业的经营周期从购买商品开始，到销售商品收回现金结束。经营周期的长短因行业的不同而有所差别。百货公司的经营周期一般为 2～5 个月，食品杂货企业的经营周期通常是 2～8 个星期。一年内，食品杂货企业比服装或电子产品零售商拥有更长的经营周期。

图表 5－3 列出了开展赊销业务的商业企业的一个经营周期。整个经营周期共经历以下五个阶段：（a）用现金购买商品；（b）持有库存商品；（c）赊销；（d）持有应收账款；（e）收回现金。企业总是试图缩短自己的经营周期，因为处于存货和应收账款状态下的资产都不能给企业带来生产效益。现金销售可以缩短经营周期。

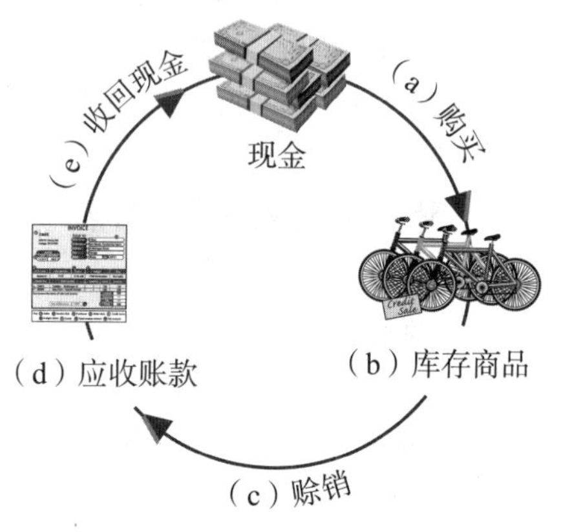

图表 5－3　商业企业的经营周期

□ 存货盘存制度

如图表5-4所示，企业的待售商品包括企业期初所拥有的商品（期初存货）和本期所购入的商品（购货净成本）。待售商品既可以当期出售（销售成本），也可以留待将来出售（期末存货）。

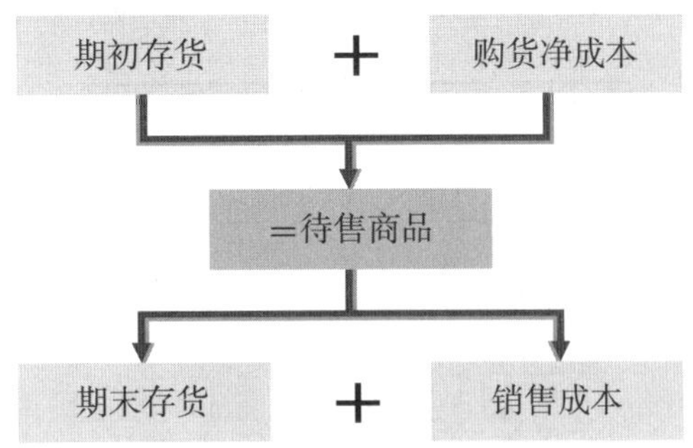

图表5-4　商业企业在一个会计期间内的成本流转过程

企业使用以下两种方式之一来对存货进行会计处理：永续盘存制和定期盘存制。

- **永续盘存制**（perpetual inventory system）在商品买卖活动发生时更新会计记录。
- **定期盘存制**（periodic inventory system）只在每个会计期末更新商品买卖活动的会计记录。

由于技术的发展和竞争压力的增加，越来越多的企业开始使用永续盘存制。永续盘存制的会计处理方法能够使管理层在第一时间得知销售的具体信息以及存货水平，有利于他们做出战略性的反应，从而提高利润水平。（一些企业混合使用这两种方法，在记录可获得的存货时使用永续盘存制，在计算销售成本时使用定期盘存制。）

下面几节所讲的购货、销货和账项调整的会计处理都是使用永续盘存制。附录5A介绍了定期盘存制，并列出了使用永续盘存制时的会计处理方法。教师可以根据自己的需要，选择一种或两种盘存制度加以讲解。如果仅讲解永续盘存制，请阅读附录5A和本章后续相关内容。

NTK 5-1

根据下面商业企业和服务性企业提供的信息（随机顺序）答题。提示：答题时并非所有信息都是必需的。

1. 对于商业企业，计算：

a. 待售商品

b. 销售成本

c. 毛利

2. 计算每个公司的净利润。

SaveCo 商业企业	
物料	$ 10
期初存货	100
期末存货	50
费用	20
购货净额	80
销售净额	190

Hi-Tech 服务性企业	
费用	$170
收入	200
现金	10
预付租金	25
应付账款	35
物料	65

答案：

1.a. 计算待售商品（SaveCo）

期初存货	$100
加：购货净额	80
待售商品	$180

b. 计算销售成本（SaveCo）

期初存货	$100
加：购货净额	80
待售商品	180
减：期末存货	50
销售成本	$130

c. 计算毛利（SaveCo）

销售净额	$190
减：销售成本（见b部分）	130
毛利	$60

2. 计算每个公司的净利润

SaveCo 商业企业	
销售净额	$190
减：销售成本（见1b部分）	130
毛利	60
减：费用	20
净利润	$ 40

Hi-Tech 服务性企业	
收入	$200
减：费用	170
净利润	$ 30

5.2 购货的会计处理

本节将说明我们如何记录不同条件下的购货。

没有现金折扣的购货

Z-商场11月2日花$500现金购进了一批商品，其会计记录如下：

日期	摘要	借方	贷方	资产＝负债＋所有者权益
11月2日	借：库存商品	500		
	贷：现金		500	＋500
	（用现金购入商品。）			－500

如果这些商品是赊购的，而且提前付款没有折扣，则Z-商场会编制相同的分录，只是要贷记应付账款而不是现金。

决策洞察力　**交易折扣**

当制造商或批发商编制要出售商品的目录时，通常会为每个商品列出标价，这个价格也称为目录价格。但是，商品的预期售价等于**标价**（list price）减去给定百分比（**交易折扣**（trade discount））。交易折扣的金额通常取决于买方是批发商、零售商还是最终消费者。与小批量采购的零售商相比，大批量采购的批发商通常会获得更大的折扣。买方记录标价减去交易折扣的净额。例如，Z-商场的供应商在其目录中列出了价格为$625的商品，并提供Z-商场20%的交易折扣。这意味着Z-商场对该商品的购买价格为$500，计算公式为$625－(20%×$625)。

□ 有现金折扣的购货

赊购商品要列明信用条件。赊购的**信用条件**（credit terms）包括买方应支付给卖方的金额及其对付款时间的规定。例如，如果卖方要求买方在开出发票当月结束后 10 日内付款，那么发票上就应该标明“n/10 EOM”（**EOM**，end of month，月末），代表月末后的 10 天。如果卖方要求买方在开出发票后 30 日内付款，那么发票上就应该标明“n/30”，代表 30 天内付款。

图表 5－5 描述了信用条件。**信用期限**（credit period）是指卖方允许买方赊欠货款的最长期限，期限一到，买方必须全额支付货款。为了鼓励买方尽早付款，卖方可以给予买方一定的**现金折扣**（cash discount）。买方把这一现金折扣看作**购货折扣**（purchase discount），卖方把它看作**销售折扣**（sales discount），发票上的信用条件会标明卖方给予买方的现金折扣。例如，如果信用条件标明“2/10，n/60”，那么就表示买方必须在开出发票后 60 日内全额付款，并且如果买方能够在开出发票后 10 日内付款，那么卖方将给予买方 2%的现金折扣。当然，只有在**折扣期限**（discount period）内，买方才能享受这种折扣。

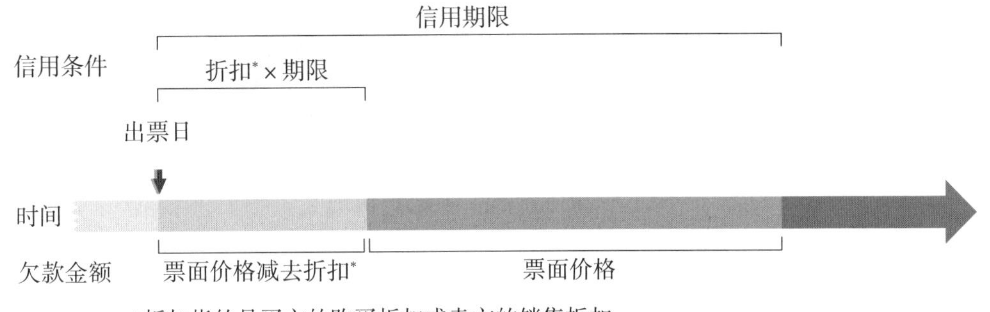

图表 5－5　信用条件

举例来看买方如何将购货折扣入账，假定 11 月 2 日 Z-商场赊购了一批总价为＄500 的商品，且信用条件标明“2/10，n/30”。如果在 11 月 12 日当天或之前付款，则应付金额为 490 美元，计算公式为＄500－(＄500×2%)，或者＄500×(100%－2%)。很多买方会选择享受购货折扣，因为不享受折扣就意味着要支付较高的隐含利率①。如果 Z-商场没有在可以享受 2%的折扣的 10 天折扣期限内支付货款，那么可以再推迟 20 天付款，但必须支付＄500。总额法是记录以发票价格全额（没有任何现金折扣）采购商品的方法。Z-商场记录 11 月 2 日赊购＄500 商品的分录如下。

(a) 11 月 2 日	借：库存商品	500		资产＝负债＋所有者权益
	贷：应付账款		500	＋500　＋500
	(购货信用条件 2/10，n/30。)			

图表 5－6 给出了该笔交易的购货发票。发票是一种原始凭证。对于 Z-商场（买方）来说，它是一张购货发票，但对 Trex（卖方）来说，它是一张销售发票。商品采购成本、运费、税款以及其他因销售商品而发生的各种成本都要记入库存商品。（记录时给应付账款和应收账款添加名称是非常有用的，例如

① 隐含年利率＝[365 天/(信用期限－折扣期限)]×现金折扣
在“2/10，n/30”的信用条件下，如果选择不享受 2%的折扣而推迟 20 天付款，就相当于要按照 36.5%的年利率支付利息，其中，36.5%＝[365/(30－10)]×2%。如果根据购货折扣计算出来的隐含年利率高于购货方享受的贷款利率，这种购货折扣就叫优惠购货折扣。

"应付账款——Trex"。）

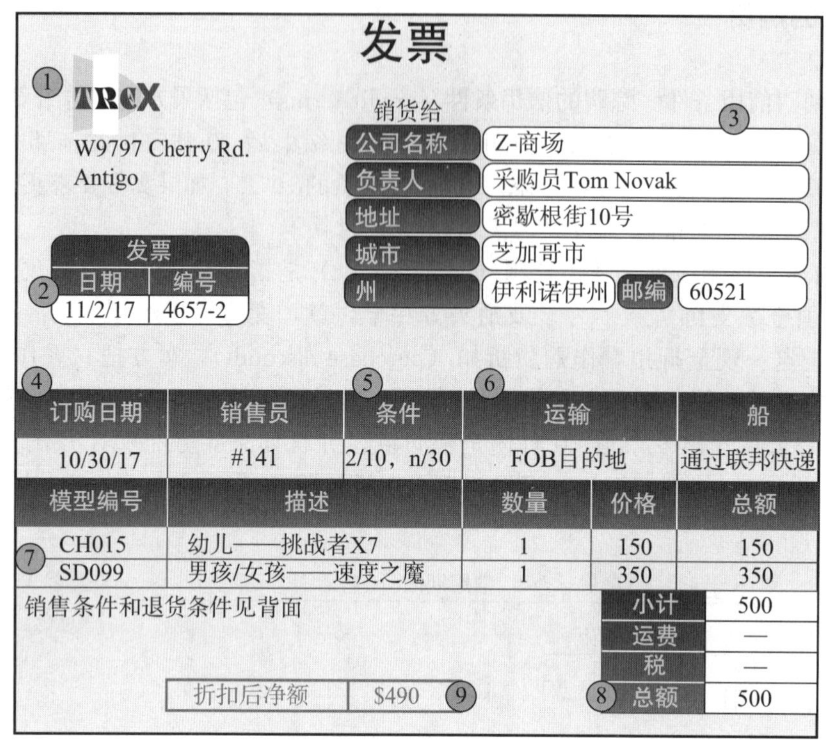

发票

① TREX
W9797 Cherry Rd.
Antigo

销货给 ③

公司名称	Z-商场
负责人	采购员Tom Novak
地址	密歇根街10号
城市	芝加哥市
州	伊利诺伊州　邮编 60521

② 发票

日期	编号
11/2/17	4657-2

④订购日期	销售员	⑤条件	⑥运输	船
10/30/17	#141	2/10，n/30	FOB目的地	通过联邦快递

模型编号	描述	数量	价格	总额
⑦ CH015	幼儿——挑战者X7	1	150	150
SD099	男孩/女孩——速度之魔	1	350	350
			小计	500
			运费	—
			税	—
			⑧ 总额	500

销售条件和退货条件见背面

折扣后净额 $490 ⑨

图表 5-6　发票

注：①卖方；②开票日；③买方；④订购日；⑤信用条件；⑥运输条件；⑦货物；⑧发票总额；⑨净额。

折扣期限内付款

现金管理能力强意味着在折扣期限或信用期限的最后一天才付款，因为买方可以一直使用这笔钱，直到需要付款时。如果 Z-商场在 11 月 12 日（或之前）付款，那么需要编制如下分录：

(b1) 11 月 12 日	借：应付账款	500		资产＝负债＋所有者权益
	贷：商品存货		10	−490　−500
	现金*		490	− 10
	（在商品折扣期限内付款。）			
	* $500×（100%−2%）			

编制完这些分录之后，库存商品余额 $490 反映的是购货净成本，而应付账款余额为零。这几个 T 型账户如下所示：

库存商品

借方		贷方	
11 月 2 日	500		
		11 月 12 日	10
余额	490		

应付账款

借方		贷方	
		11 月 2 日	500
11 月 12 日	500		
		余额	0

现金

借方		贷方	
		11 月 12 日	490

折扣期限后付款

如果在 11 月 12 日之后付款，将不能享受折扣。例如，如果 Z-商场在 12 月 2 日（到期日 n/30）付款，那么 Z-商场需要编制如下分录：

(b2) 12 月 2 日	借：应付账款 　贷：现金 (付款超出折扣期限。)	500 　　500	资产＝负债＋所有者权益 －500　－500

本章中的分录用总额法对带有折扣条件的采购进行会计处理。附录 5D 展示了净额法。

决策制定者　**创业者**

假设你按照“3/10，n/90”的信用条件购进了一批商品。由于公司资金有限，如果想要在折扣期限内付款，就必须以 11%的年利率借款。你会选择享受这项购货折扣吗?

答案： 在“3/10，n/90”的信用条件下，不享受 3%的现金折扣而推迟 80 天付款，相当于要支付 13.69%的隐含年利率，其计算公式为 (365÷80)×3%。如果能以 11%的利率借入资金（假设不存在其他手续费），那么在折扣期限内借钱支付货款是更加明智的做法，因为这样可以节省 2.69%（13.69%－11%）的利息费用。

□ 购货退回与折让

购货退回是指买方从卖方手中买走后又退还给卖方的商品。购货折让是指由于商品质量不可接受或者存在瑕疵，在商品价格上所做的扣减。如果卖方愿意提供合理的折让，买方通常不会退回有瑕疵但是仍然可以出售的商品。

购货折让

为说明购货折让，假设 Z-商场（买方）在 11 月 5 日同意 Trex 公司对瑕疵品给予＄30 的折让（假设无论是否在折扣期间内付款，折让都是＄30）。Z-商场 11 月 15 日编制的更新库存商品账户、反映这项购货折让的分录如下所示：

(c1) 11 月 5 日	借：应付账款 　贷：库存商品 (瑕疵品折让。)	30 　　30	资产＝负债＋所有者权益 －30　－30

买方因商品瑕疵所获得的折让通常与买方所欠卖方的当期应付账款相抵减。收到退款时，应借记现金。

购货退回

如果发生购货退回，那么在编制会计分录时记录的应该是购买者支付的成本。例如，假设 6 月 1 日 Z-商场购进了＄250 的商品，并且注明的信用条件为“2/10，n/60”。6 月 3 日，Z-商场退回了＄50 的商品。Z-商场在 6 月 11 日付款时，只有＄200（＄250－＄50）的剩余货款可以享受 2%的购货折扣。如果发生购货退回，那么买方可享受的购货折扣仅限于发票的剩余金额。这意味着 Z-商场享受的总折扣额为＄4（＄200×2%），需要支付的货款为＄196（＄200－＄4）。其分录列示如下：

6 月 1 日	借：库存商品 　贷：应付账款 (采购商品，开票日为 6 月 1 日， 信用条件为 2/10，n/60。)	250 　　250	资产＝负债＋所有者权益 ＋250　＋250

(c2) 6月3日	借：应付账款	50		资产＝负债＋所有者权益
	贷：库存商品		50	−50 −50
	(退给卖方商品。)			
6月11日	借：应付账款	200		资产＝负债＋所有者权益
	贷：库存商品		4	−196 −200
	现金		196	−4
	(支付＄196（＄200－＄4)。)			

对于这个例子，下面的分类账户（T型账户）列示了库存商品余额为＄196，应付账款余额为零，现金支付为＄196。

商品存货

借方		贷方	
6月1日	250		
		6月3日	50
		6月11日	4
余额	196		

应付账款

借方		贷方	
		6月1日	250
6月3日	50		
6月11日	200		
		余额	0

现金

借方		贷方	
		6月11日	196

决策洞察力 **无退回问题**

尽管许多公司允许商品退回，但也有许多公司不允许。买家必须特别留心购买条件。通常不允许退货的公司包括销售以下各种产品的公司：美发产品，例如发夹、梳子等；内衣，包括泳衣、紧身连衣裤和短裤；定制产品，例如西装、裤子和衬衫；美容和化妆品，例如唇线笔和彩妆。其中许多产品是按“原样”出售的，意味着不允许退货。

□ 采购及运输成本

在商品交易过程中，买卖双方必须就运费及货物在运送过程中的损失由谁承担这两个问题达成一致。说到底，就是要明确商品所有权何时从卖方转移给买方。我们把所有权转移的地点称为FOB点，它决定了运费（以及其他和货物运输有关的成本，如保险费）应该由哪一方支付。

图表5-7展示了两种不同的交货方式。

运输条件	所有权转移地点	在途商品所有者	运费支付方
装运地交货	装运地	买方	买方　借：库存商品 # 　　　　贷：现金 #
目的地交货	目的地	卖方	卖方　借：运输费用 # 　　　　贷：现金 #

图表5-7 所有权转移与运输成本

1. 装运地交货，也叫工厂交货，含义为：货物一旦离开了卖方的营业处所，其所有权便由卖方转移给买方。因此，买方需负担运费并承担货物运送过程中发生损坏或损失的风险。因为货物所有权已经转移给买方，所以在运输过程中这些货物就成为买方存货的一部分。花卉礼品商 1-800-Flowers.com 和化妆品生产商 Bare Escentuals 都使用装运地交货这种方式。

2. 目的地交货的含义为：当货物到达买方营业处所时，其所有权才由卖方转移给买方。因此，卖方要负担运费并承担货物运送过程中发生损坏或损失的风险。卖方要等到货物到达目的地才能确认该项销售收入，因为在货物到达目的地之前，此项交易尚未完成。制造商 Kyocera 就是使用目的地交货这种方式。

Z-商场于 11 月 2 日以 \$500 的价格购进商品时采用的是目的地交货，因此无须承担运输成本。如果买方需要支付运输成本，那么根据协议规定，买方要么把运费支付给货运公司，要么直接支付给卖方。按照成本原则，买方必须把所有必要的运输成本（通常称为购货运费）计入购货成本。例如，假设 Z-商场采用装运地交货的方式购进了一批货物，并向独立的运输公司 UPS 支付了 \$75 的运费。针对运输成本，Z-商场编制了下面这笔会计分录：

(d) 11 月 24 日	借：库存商品	75		资产＝负债＋所有者权益
	贷：现金		75	+75
	（支付运费。）			−75

如果卖方承担货物的运输成本，那么卖方就把运输成本计入运输费用。运输费用也叫销货运费，作为销售费用列示在卖方的利润表中。

购货及其成本明细　简言之，购货业务在编制会计分录时要借记库存商品（存货），其后发生的各种购货折扣、购货退回与折让都要贷记（减去）库存商品，而购货运费要借记（加上）库存商品。图表 5－8 给出了 Z-商场 2017 年购货成本明细表。

图表 5－8　商品购货成本明细表

Z-商场 商品购货成本明细表 截至 2017 年 12 月 31 日	
购货发票价格	\$235 800
减：购货折扣	(4 200)
购货退回与折让	(1 500)
加：购货运费	2 300
商品购货成本合计	\$232 400

这里讨论的会计系统并没有开设单独的明细账户记录购货总额、购货折扣总额、购货退回与折让总额以及购货运费总额。但是因为管理层需要使用这些信息来评价和控制各项成本构成要素，所以几乎所有的公司都会以补充记录的方式收集上述信息。所谓**补充记录**（supplementary records）是指总分类账中通常不包含的信息。

职业道德

应付账款经理

你是新上任的应付账款经理，正在与前任经理进行工作交接。她告诉你，应付账款部通常按照扣除现金折扣后的金额开具支票，并且支票上记载的日期为折扣期限的最后一天。但事实上，应付账款部通常在折扣期满 5 天后才将支票寄出，因为这样做可以让公司多 5 天时间免费使用这笔资金，而且部门业绩看起来会更好一些。一旦有供货商来投诉，可以推说是计算机系统发生了故障或收发室没有及时将支票寄出。请问你是否会沿用上述做法?

答案： 首先，你需要和领导进行沟通，弄清楚延迟付款是不是公司一贯的做法以及公司为什么要这样做。如果延迟付款是公司一贯的做法，那么你必须运用自己的职业道德来分析这件事情。一种观点认为延迟付款是一种不道德的行为。表面上假装要在折扣期内付款，实际上却故意延迟付款，公司这样做实质上是在欺骗供货商。另一种观点则认为这种延迟付款的做法是可以接受的。在某些市场上，既延迟付款又享受折扣被看作是"价格谈判"的延续。而且，对于你公司延迟付款的做法，供应商可以索取因逾期付款而无法接受的折扣。

NTK 5－2

下面是一家商业企业的购货交易，请编制日记账分录以记录每一笔交易。假设使用总额法和永续盘存制记录购货。

10月1日 购买了价值＄1 000的商品。销售条件为4/10，n/30和装运地交货；发票的开票日期为10月1日。

3日 为10月1日购买的商品支付UPS运费＄30现金。

7日 从10月1日购买的＄1 000的商品中，退回价值＄50的商品，获得了全额退款。

11日 支付了10月1日购买商品的应付账款（减去10月7日的退回）。

31日 假设10月11日没有支付应付账款，而是在10月31日支付了应付账款减去10月7日退回商品的金额。

答案：

10月1日	借：库存商品	1 000	
	贷：应付账款		1 000
	（购货，条件4/10，n/30。）		
10月3日	借：库存商品	30	
	贷：现金		30
	（支付装运地交货的运费。）		
10月7日	借：应付账款	50	
	贷：库存商品		50
	（退回商品。）		
10月11日	借：应付账款	950	
	贷：库存商品*		38
	现金†		912
	（为在折扣期限内的商品付款。）		
	*＄950×4%		
	†＄950－（＄950×4%）		
10月31日	借：应付账款‡	950	
	贷：现金		950
	（为超过折扣期限的商品付款。）		
	‡＄1 000－＄50		

5.3 销货的会计处理

商业企业还要对销售收入、销售折扣、销售退回与折让以及销售成本等进行会计处理。图表 5－9 列出了商业企业 Z-商场计算毛利时涉及的各个项目。图表显示，客户为 Z-商场成本为＄230 400 的商品支付了＄314 700，产生的加价（毛利）为＄84 300。

图表 5－9 毛利的计算

Z-商场 毛利计算明细表 截至 2017 年 12 月 31 日	
销售净额（减去销售折扣、销售退回与折让）	＄314 700
销售成本	230 400
毛利	＄ 84 300

每笔商品销售都包含两个方面：收入和成本。

1. 从顾客手中取得的收入（资产增加）。
2. 将商品销售给顾客产生的成本（资产减少）。

在永续盘存制下，这两个方面的信息都要反映在销售活动记录中。也就是说，对于每笔销售业务，不管它是现金交易还是赊销，商业企业都要编制两笔会计分录，一笔记录收入，另一笔记录成本。

□ 没有现金折扣的销售

收入方面：资产流入

举个例子，Z-商场在 11 月 12 日以 n/60 的信用条件赊销了＄1 000 的商品。此交易的收入方面记录为：

				资产＝负债＋所有者权益	
11 月 12 日	借：应收账款	1 000			
	贷：销售收入		1 000	＋1 000	＋1 000
	（赊销商品。）				

这笔分录显示，由于多了一笔应收账款，所以 Z-商场的资产增加了，同时收入也增加了。如果进行的是现金交易，那么就应该借记现金，而不是应收账款。

成本方面：资产流出

每笔销售在成本方面都要求库存商品减少该项目的实际成本。例如，11 月 12 日 Z-商场售出的商品成本为＄300，那么记录该笔销售成本的分录如下所示：

				资产＝负债＋所有者权益	
11 月 12 日	借：销售成本	300			
	贷：库存商品		300	－300	－300
	（记录 11 月 12 日的销售成本。）				

供应商和需求

大型商品销售公司经常向供应商提出自己的要求，包括条形码和技术支持系统的折扣，以及运输错误的罚款。这些公司的目标是减少存货，缩短交货时间并消除错误。现在，许多大学提供培训未来员工的供应链管理和物流程序，以帮助这些公司实现目标。

有现金折扣的销售

在赊销情况下，提供销售折扣可以使卖方从中受益，因为可以缩短现金回收时间、减少收款时的麻烦。许多销售折扣对购买者有利，所以许多购买者会加以利用。新的收入确认原则要求卖方报告销售净额，并扣除预期的销售折扣。这些规则适用于 2017 年 12 月 15 日之后开始计算年度期间的公共主体（允许在 2016 年 12 月 15 日之后开始计算期间的主体提前使用）。

总额法以总额记录销售额，并记录是否以及何时使用销售折扣。总额法需要编制期末调整分录以估计未来的销售折扣。（**净额法**（net method）以净额记录销售额，假定扣除所有折扣。如果后来没有折扣，则卖方记录那些失效的折扣。净额法在附录 5D 中进行了介绍。）

赊销

例如，Z-商场在 11 月 12 日以 $1 000 的价格赊销了一笔商品，信用条件为 2/10，n/45（销售成本为 $300）。使用总额法记录此销售的分录是：

日期	科目	借方	贷方	资产	＝负债＋所有者权益
11 月 12 日	借：应收账款	1 000		资产＝负债＋所有者权益	
	贷：销售收入		1 000	＋1 000	＋1 000
	（以 2/10，n/45 的信用条件赊销。）				
11 月 12 日	借：销售成本	300		资产＝负债＋所有者权益	
	贷：库存商品		300	−300	−300

这笔分录以顾客全额付款为前提记录应收账款和收入。但实际上，顾客有两种选择。

在折扣期限内支付

顾客的一种选择是在 10 天折扣期限内，即 11 月 22 日之前支付 $980。$20 的销售折扣的计算公式为：$1 000×2%。因此，如果客户在 11 月 22 日（或之前）付款，则 Z-商场应编制如下会计分录：

日期	科目	借方	贷方	资产	＝负债＋所有者权益
11 月 22 日	借：现金*	980		资产＝负债＋所有者权益	
	销售折扣	20		＋ 980	−20
	贷：应收账款		1 000	−1 000	
	（收到 11 月 12 日的赊销款，扣除了销售折扣。）				
	* $1 000−($1 000×2%)				

销售折扣是销售收入的抵减账户，也就是说，在计算企业的销售净额时，要把销售折扣余额从销售收入余额中扣除。销售折扣具有正常借方余额，因为它会减少具有正常贷方余额的销售收入。

在折扣期限后付款

客户的第二种选择是等到 12 月 27 日满 45 天时（或至少在折扣期限后）支付全部货款 $1 000。在这种情况下，Z-商场应编制如下会计分录：

				资产＝负债＋所有者权益	
12 月 27 日	借：现金	1 000			
	贷：应收账款		1 000	+1 000	
	（折扣期限后收到 11 月 12 日的赊销款。）			−1 000	

□ 销售退回与折让

如果顾客对购买的货物不满意，很多企业允许顾客退货，并且会全额退还货款（销售退回）或给予一定的折让使顾客保留商品（销售折让）。大多数卖家可以准确地估算退货和折让。

卖方收到的退货

卖方为退回的货物退回货款。发生退货时，卖方借记销售退回与折让，这个账户是销售收入的抵减账户。例如，假设某位客户在 11 月 26 日退回售价为 $15、成本为 $9 的商品，则收入方面的退回分录为：

				资产＝负债＋所有者权益	
（e1）11 月 26 日	借：销售退回与折让	15			
	贷：现金		15	−15	−15
	（11 月 12 日售出商品的退回。）				

卖方将货物退回存货　发生退货时，卖方还必须降低销售成本。拓展上面的示例，成本方面的记录取决于商品是否有瑕疵。

退货无瑕疵。如果退回的商品不存在瑕疵，可以直接销售给其他的顾客，则卖方可以将这些商品重新入库，会计分录如下：

				资产＝负债＋所有者权益	
（e2）11 月 26 日	借：商品存货	9			
	贷：销售成本		9	+9	+9
	（将退回的商品加入存货。）				

退货有瑕疵。如果退回的商品有瑕疵，那么在编制会计分录时就不能再使用这些商品的成本，而要使用它们的估值。例如，如果退回商品的成本为 $9，其估值为 $2，则会计分录如下：

				资产＝负债＋所有者权益	
11 月 26 日	借：商品存货	2			
	瑕疵商品的损失	7		+2	−7
	贷：销售成本		9		+9
	（将退回的瑕疵商品加入存货并记录损失。）				

卖方给予的折让

为了解释销售折让的会计处理方法，让我们再来看个例子。假定卖方先前售出的 $40 商品存在瑕疵，但由于卖方答应给予买方 $10 的销售折让并以现金形式支付，所以买方决定不再退货。为此，卖方记录此折让的会计分录如下所示：

				资产＝负债＋所有者权益	
（f）11 月 24 日	借：销售退回与折让	10			
	贷：现金		10	−10	−10
	（给予销售折让。）				

卖方如果尚未收到商品的货款，则可以贷记买方的应收账款。例如，上述分录中卖方将＄10 现金返还给买方，可以将＄10 贷记买方的应收账款。

NTK 5－3

以下为一家商业企业的销售交易，为其编制日记账分录以记录下列每一笔交易。假设采用永续盘存制，并使用总额法（期初存货为＄9 000）。

6 月 1 日　在 2/10，n/30，装运地交货的信用条件下，以每单位＄150 的价格向客户出售了 50 件商品，开票日为 6 月 1 日，商品每件成本为＄100。

7 日　客户退回两件 6 月 1 日购买的商品，因为那两件商品不符合他们的需求。卖方将这两件商品退回存货（因为它们没有缺陷），并记入客户的应收账款。

11 日　卖方收到 6 月 1 日向客户销售的货款余额，扣除了退回商品的货款与折让。

14 日　客户发现 10 件商品有较小的损坏，但没有退货，因为卖方给予＄50 的现金折让。

答案：

日期	科目	借方	贷方
6 月 1 日	借：应收账款	7 500	
	贷：销售收入		7 500
	（销货，50 件×＄150。）		
6 月 1 日	借：销售成本	5 000	
	贷：库存商品		5 000
	（销售成本，50 件×＄100。）		
6 月 7 日	借：销售退回与折让	300	
	贷：应收账款		300
	（收到退回商品，2 件×＄150。）		
6 月 7 日	借：库存商品	200	
	贷：销售成本		200
	（将退回的商品加入存货，2 件×＄100。）		
6 月 11 日	借：现金	7 056	
	销售折扣*	144	
	贷：应收账款		7 200
	（收到付款。）*（＄7 500－＄300）×2％		
6 月 14 日	借：销售退回与折让	50	
	贷：现金		50
	（记录销售折让。）		

5.4 商业企业的调整与结账

图表 5－10 描述了一个会计期间内商业企业成本流转的过程，以及在期末应该将这些成本列入哪些财务报表。具体来讲，本期待售商品等于期初存货加上本期购货净成本。随着存货不断售出，其成本将作为销售成本列入利润表，而未销售出去的存货则作为期末存货列入资产负债表。本期的期末存货即为下一期的期初存货。

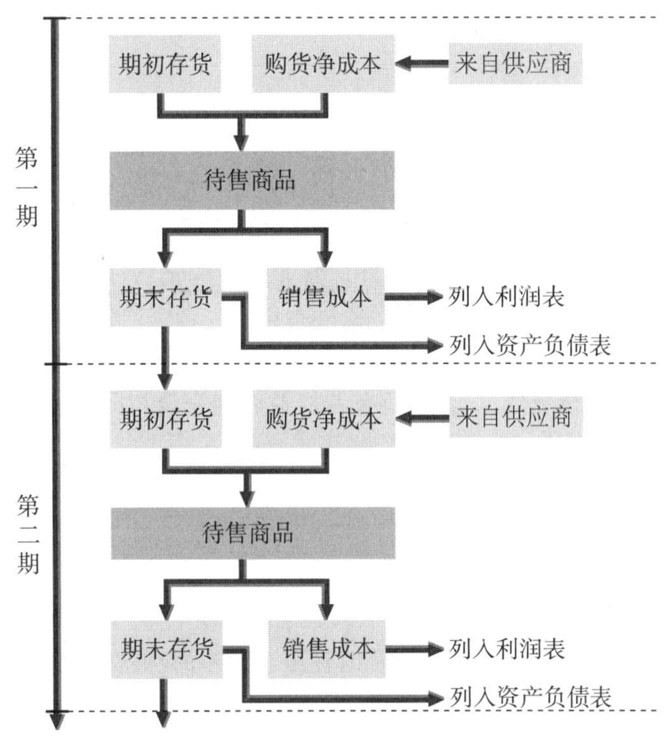

图表 5-10　商业企业会计循环中的成本流转过程

商业企业调整分录的编制

我们在第 4 章讲过服务性企业会计循环的各个步骤，对于商业企业同样适用。下面将介绍商业企业会计循环中的 3 个步骤——编制调整分录、编制财务报表和结账。

存货损耗——调整分录

商业企业与服务性企业的调整分录大体相同。但是，采用永续盘存制的商业企业通常还需要编制另外的调整分录以更新库存商品的记录，反映失窃和变质导致的商品损失。**损耗**（shrinkage）是指存货的损失，可以通过比较存货实物盘点数额与账上余额来计算存货损耗。商业企业通常每年至少进行一次实物盘点。

例如，Z-商场 2017 年底库存商品账户余额为＄21 250，但实物盘点显示余额为＄21 000。为此，Z-商场需要编制如下会计分录来记录这＄250 的损耗：

12 月 31 日	借：销售成本	250	资产＝负债＋所有者权益	
	贷：库存商品	250	－250	－250
	（调整存货盘点发现的＄250 的损耗。）			

销售折扣、退回与折让——调整分录

根据新的收入确认原则，销售收入应按预期的销售净额报告。也就是说，期末调整分录通常用于记录：

- 预期销售折扣。
- 预期退回与折让（收入方面）。
- 预期退回与折让（成本方面）。

这三项调整会产生三个新账户：销售折扣备抵、应付销售退款和估计退回存货。附录 5C 解释了这些账户和调整分录。

编制财务报表

商业企业的财务报表及其编制方法与前面几章所讲的服务性企业类似。二者利润表的主要差别是：商业企业的利润表多了销售成本和毛利两项。另外，商业企业的销售净额会受销售折扣、退回与折让的影响，商业企业还可能发生运费和商品毁损成本等额外费用。二者资产负债表的主要差别是：商业企业的资产负债表多了库存商品这项流动资产（附录 5C 解释了估计退回存货作为流动资产的一部分以及应付销售退款作为流动负债的一部分的情况）。二者的所有者权益表则完全相同。可以使用工作底稿来编制这些财务报表，附录 5B 中就给出了 Z-商场的一张工作底稿。

商业企业编制结账分录

对于采用永续盘存制的商业企业而言，其结账分录与服务性企业的结账分录大体类似，不同之处在于：需要结清一些商品经营过程中产生的新的临时性账户。Z-商场就有几个商业企业特有的临时性账户，如销售收入、销售折扣、销售退回与折让及销售成本等。因为总分类账中多了这些临时性账户，所以商业企业编制的前两笔结账分录与上一章所讲的服务性企业编制的前两笔结账分录略有不同。在图表 5-11 的结账分录中，我们用黑体标示出这些差别。

图表 5-11　商业企业的结账分录

		借方	贷方
第一步，将各临时性账户的贷方余额结转至本年利润。			
12 月 31 日	借：**销售收入**	**321 000**	
	贷：本年利润		321 000
	（结转临时性账户的贷方余额。）		
第二步，将各临时性账户的借方余额结转至本年利润。			
12 月 31 日	借：本年利润	308 100	
	贷：**销售折扣**		**4 300**
	销售退回与折让		**2 000**
	销售成本		**230 400**
	折旧费用		3 700
	工资费用		43 800
	保险费用		600
	租金费用		9 000
	物料费用		3 000
	广告费用		11 300
	（结转临时性账户的借方余额。）		
第三步，将本年利润余额结转至所有者权益。			
商业企业与服务性企业编制的第三笔结账分录是一样的。$12 900 代表利润表中的净利润。			
12 月 31 日	借：本年利润	12 900	
	贷：K. Marty 名下的资本		12 900
	（结转本年利润。）		
第四步，将所有者提取余额结转至所有者权益。			
商业企业与服务性企业编制的第四笔结账分录是一样的，都是将所有者提取余额结转至所有者权益，使所有者权益余额与资产负债表中的所有者权益余额相等。			
12 月 31 日	借：K. Marty 名下的资本	4 000	
	贷：K. Marty 名下的提取		4 000
	（结转所有者提取。）		

□ 商业企业会计分录汇总

图表 5 - 12 总结了（采用永续盘存制的）商业企业编制的各种主要的调整分录和结账分录。

图表 5 - 12　商业企业会计分录汇总

	商品交易	会计分录	借方	贷方
购货	购买待售商品	借：库存商品	#	
		贷：现金或应付账款		#
	支付购货的运费；装运地交货	借：库存商品	#	
		贷：现金		#
	在折扣期限内付款	借：应付账款	#	
		贷：库存商品		#
		现金		#
	在折扣期限后付款	借：应付账款	#	
		贷：现金		#
	记录购货退回或折让	借：现金或应付账款	#	
		贷：库存商品		#
销货	销售商品	借：现金或应收账款	#	
		贷：销售收入		#
		借：销售成本	#	
		贷：库存商品		#
	在折扣期限内收到货款	借：现金	#	
		销售折扣	#	
		贷：应收账款		#
	在折扣期限后收到货款	借：现金	#	
		贷：应收账款		#
	接受没有瑕疵的购货退回	借：销售退回与折让	#	
		贷：现金或应收账款		#
		借：库存商品	#	
		贷：销售成本		#
	确认销售折让	借：销售退回与折让	#	
		贷：现金或应收账款		#
	支付销货的运费；目的地交货	借：运输费用	#	
		贷：现金		#
	商品事项	**调整分录和结账分录**		
调整	调整存货损耗（当账面余额大于实物盘点额时）	借：销售成本	#	
		贷：库存商品		#
	预期销售折扣的期末调整*	借：销售折扣	#	
		贷：销售折扣备抵		#
	预期销售退回的期末调整*	借：销货退回与折让	#	
		贷：应付销售退款		#
		借：估计退回存货	#	
		贷：销售成本		#

商品事项		调整分录和结账分录		
结账	结转各临时性账户的贷方余额	借：销售收入	#	
		贷：本年利润		#
	结转各临时性账户的借方余额	借：本年利润	#	
		贷：销售退回与折让		#
		销售折扣		#
		销售成本		#
		运输费用		#
		“其他费用”		#

* 期末调整取决于调整前的试算平衡表余额，这可能会导致所示调整分录中的借方和贷方反转；附录5C涉及标 * 部分的调整分录。

（NTK 5-6举例说明了这些会计分录。）

NTK 5-4

一家商业企业5月31日（会计年度末）的分类账中包含以下拥有正常余额的账户（采用永续盘存制）。5月31日对年终存货进行实物盘点后发现，仍然可用的库存商品成本为$656。(a) 编制分录以记录存货损耗。(b) 编制截至5月31日的四个结账分录。

库存商品	$ 756	其他营业费用	$ 300
Z. Zee名下的资本	2 300	销售成本	2 100
Z. Zee名下的提取	150	折旧费用	400
销售收入	4 300	工资费用	600
销售折扣	50	销售退回与折让	250

答案：

5月31日	借：销售成本	100	
	贷：库存商品		100
	（损耗调整（$756－$656）。）		
5月31日	借：销售收入	4 300	
	贷：本年利润		4 300
	（结转临时性账户的贷方余额。）		
5月31日	借：本年利润	3 800	
	贷：销售折扣		50
	销售退回与折让		250
	销售成本 *		2 200
	折旧费用		400
	工资费用		600
	其他营业费用		300
	（结转临时性账户的借方余额。）		
	* $2 100（未调整余额）＋$100（损耗）		
5月31日	借：本年利润	500	
	贷：Z. Zee名下的资本		500
	（结转本年利润。）		
5月31日	借：Z. Zee名下的资本	150	
	贷：Z. Zee名下的提取		150
	（结转所有者提取。）		

5.5　关于财务报表格式的更多信息

关于公司财务报表的格式并没有硬性规定。本节将介绍两种常见的利润表格式：多步式利润表和单步式利润表。另外还将介绍商业企业的分类资产负债表。

多步式利润表

多步式利润表（multiple-step income statement）列示了销售净额和其他成本费用的详细计算过程，并且还列出了各个项目的小计。图表 5－13 给出了 Z-商场的多步式利润表。该表主要包括三个部分：(1) 毛利，等于销售净额减去销售成本；(2) 营业利润，等于毛利减去营业费用；(3) 净利润，等于营业利润加上营业外收入，再减去营业外费用。

图表 5－13　多步式利润表

Z-商场年度利润表 截至 2017 年 12 月 31 日			
销售收入		$ 321 000	毛利的计算
减：销售折扣	$ 4 300		
销售退回与折让	2 000	6 300	
销售净额		314 700	
销售成本*		230 400	
毛利		84 300	
营业费用			营业利润的计算
销售费用			
折旧费用——店铺设备	3 000		
销售人员工资费用	18 500		
租金费用——销售场地	8 100		
店铺用品费用	1 200		
广告费用	11 300		
销售费用合计	42 100		
一般管理费用			
折旧费用——办公设备	700		
办公人员工资费用	25 300		
保险费用	600		
租金费用——办公场地	900		
办公用品费用	1 800		
一般管理费用合计	29 300		
营业费用合计		71 400	
营业利润		12 900	
其他收入与利得（费用与损失）			营业外活动利润的计算
利息收入	1 000		
房屋变卖所得	2 500		
利息费用	(1 500)		
其他收入与利得（费用与损失）合计		2 000	
净利润		$ 14 900	

* 销售成本计算如下：

期初存货	$ 19 000
购货净成本	232 400
待售商品	251 400
减：期末存货	21 000
销售成本	$ 230 400

营业费用由两部分组成，销售费用和一般管理费用。**销售费用**（selling expenses）包括广告费用、销售和送货过程中发生的各种费用。**一般管理费用**（general and administrative expenses）是指整个企业的行政管理支出，包括会计部门、人力资源管理部门和财务管理部门发生的各种费用。如果多个部门都发生了某种费用，就要把这些费用分摊到各个部门中去。例如，Z-商场将其＄9 000的租金费用分成了两部分，其中＄8 100列入销售费用，另外＄900列入一般管理费用。

营业外活动利润是指与企业主营业务无关的各种费用、收入、损失和利得。其他收入与利得通常包括利息收入、股利收入、租金收入和资产变卖所得。其他费用与损失通常包括利息费用、资产变卖损失和意外损失。如果企业没有需要列示的营业外活动，就把其营业利润直接列为净利润。

□ 单步式利润表

图表5-14列出了Z-商场的**单步式利润表**（single-step income statement）。该图表将销售成本与其他费用列在一起，只计算了一次合计数。在单步式利润表中，所有的费用项目（如果有分类的话）被简单地分成了几类。许多企业采用多步式与单步式相结合的方式来编制利润表。总之，只要利润表项目安排合理，管理层可以自由选择利润表的格式。所有者权益表以及现金流量表的格式，企业也可以根据实际情况自行确定。

图表5-14　单步式利润表

Z-商场年度利润表 截至2013年12月31日		
收入		
销售净额		＄314 700
利息收入		1 000
房屋变卖所得		2 500
收入合计		318 200
费用		
销售成本	＄230 400	
销售费用	42 100	
一般管理费用	29 300	
利息费用	1 500	
费用合计		303 300
净利润		＄ 14 900

□ 分类资产负债表

商业企业的分类资产负债表将库存商品列为流动资产，并且通常把它列在应收账款的后面，因为库存商品与应收账款的流动性最为接近。一般认为，库存商品的流动性低于应收账款，因为商品只有在售出以后才能取得现金；但库存商品的流动性高于待摊费用和物料。图表5-15给出了Z-商场分类资产负债表的流动资产部分（其他部分与第4章讲过的内容相同，附录5C解释了作为流动负债一部分的应付销售退款的情况）。

图表 5－15　商业企业的（部分）分类资产负债表

Z-商场资产负债表（部分） 2017 年 12 月 31 日	
流动资产	
现金	$8 200
应收账款	11 200
库存商品	**21 000**
办公用品	550
店铺用品	250
预付保险费	300
流动资产合计	$41 500

决策洞察力

恶作剧

准确的发票对于买卖双方都很重要。商家依靠发票来确定是否收到所提供产品的所有款项——不多也不少。为完成此目标，商家会施加控制，但仍然会失败。一项调查报告说，销售和市场营销人员中有 30%遇到过向客户发送虚假或误导性发票的情况。另有 29%的员工曾违反与客户的合同条款（KPMG 2013)。

NTK 5－5

假设以下为 Taret 公司 2017 年 4 月 30 日（即会计年度结束日）调整后的试算平衡表。(a) 编制以销售总额为起点的多步式利润表，要包括以下类别的账户：销售净额、销售成本、销售费用以及一般管理费用。(b) 编制以销售净额为起点的单步式利润表，要包括以下类别的费用账户：销售成本、销售费用以及一般管理费用。

库存商品	$　800	
其他（非存货）资产	2 600	
负债合计		$　500
Taret 名下的资本		2 100
Taret 名下的提取	300	
销售收入		9 500
销售折扣	260	
销售退回与折让	240	
销售成本	6 500	
销售人员工资费用	450	
租金费用——销售场地	400	
店铺用品费用	30	
广告费用	20	
办公人员工资费用	420	
租金费用——办公场地	72	
办公用品费用	8	
合计	$12 100	$12 100

答案：

a. 多步式利润表

Taret 公司 利润表 截至 2017 年 4 月 30 日		
销售收入		$9 500
减：销售折扣	$260	
销售退回与折让	240	500
销售净额		9 000
销售成本		6 500
毛利		2 500
营业费用		
销售费用		
销售人员工资费用	450	
租金费用——销售场地	400	
店铺用品费用	30	
广告费用	20	
销售费用合计		900
一般管理费用		
办公人员工资费用	420	
租金费用——办公场地	72	
办公用品费用	8	
一般管理费用合计		500
营业费用合计		1 400
净利润		$1 100

b. 单步式利润表

Taret 公司 利润表 截至 2017 年 4 月 30 日		
销售净额		$9 000
费用		
销售成本	$6 500	
销售费用	900	
一般管理费用	500	
费用合计		7 900
净利润		$1 100

可持续性与会计

Emily Núñez Cavness 和 Betsy Núñez 致力于改善退伍军人的生活。他们的公司 Sword & Plough 将税后利润的 10%捐赠给退伍军人计划。但是，她们强调，如果没有可靠的商品销售系统，捐款承诺不可能实现。Emily 和 Betsy 使用会计数据来计算绩效，包括向退伍军人组织捐助的 10%的税后利润。Emily 解释说："我真的想创造一种产品，能使我们（所有人）都想起退伍军人及其所做的牺牲，以及他们过渡到平民生活时遇到的挑战。"

除了雇用退伍军人和改善其生活，Emily 和 Betsy 承诺将使用多余的军事材料，Emily 解释说，"否则这些材料将被焚烧或扔在垃圾填埋场中"。使用有限的军事剩余物资要求他们使用库存商品系统。

Emily 和 Betsy 建立了会计系统，提供有关产品存货的准确信息，以便规划军事剩余物资的采购。没有这个会计系统，Emily 和 Betsy 无法实现目标。Emily 坚持认为："我每天看到浪费的东西可以被利用并变成美好的东西，我们的企业正在向美国制造、可持续发展、退伍军人就业以及强化的军民关系转变。"

NTK 5－6

请利用下面给出的调整后的试算平衡表以及其他信息完成本题。

KC 古董店调整后的试算平衡表 2017 年 12 月 31 日		
	借方	贷方
现金	$ 7 000	
应收账款	13 000	
库存商品	60 000	
店铺用品	1 500	
设备	45 600	
累计折旧——设备		$ 16 600
应付账款		9 000
应付工资		2 000
K. Carter 名下的资本		79 000
K. Carter 名下的提取	10 000	
销售收入		343 250
销售折扣	5 000	
销售退回与折让	6 000	
销售成本	159 900	
累计折旧——店铺设备	4 100	
累计折旧——办公设备	1 600	
销售人员工资费用	30 000	
办公人员工资费用	34 000	
保险费用	11 000	
租金费用（店铺租金占 70%，办公场地租金占 30%）	24 000	
店铺用品费用	5 750	
广告费用	31 400	
合计	$ 449 850	$ 449 850

KC 古董店 2017 年的补充记录显示了该店商品销售活动的明细成本：

购货发票价格	$ 150 000
购货折扣	2 500
购货退回与折让	2 700
购货运费	5 000

要求：

1. 利用补充记录计算 KC 古董店 2017 年的总购货成本。
2. 编制 KC 古董店 2017 年的多步式利润表（2016 年 12 月 31 日存货余额为 $ 70 100）。
3. 编制 KC 古董店 2017 年的单步式利润表。
4. 编制 2017 年 12 月 31 日 KC 古董店的结账分录。

解题步骤：

- 计算 KC 古董店 2017 年的总购货成本。
- 要想编制多步式利润表，首先要计算出销售净额。然后计算出销售成本。用本期购货净成本加上期初存货，再减去期末存货，就等于本期的销售成本。接下来，用销售净额减去销售成本就可以计算出毛利。然后将费用分成销售费用和一般管理费用两大类。

- 要想编制单步式利润表，首先要计算出销售净额，然后将各项费用逐步减除。
- 第一笔结账分录为：借记所有临时性账户的贷方余额，贷记本年利润；第二笔结账分录为：贷记所有临时性账户的借方余额，借记本年利润；第三笔结账分录是将本年利润的余额结转至所有者权益；最后一笔结账分录是将所有者提取的余额结转至所有者权益。
- 在调整后的试算平衡表中确定流动资产。

答案：

1.

购货发票价格	$ 150 000
减：购货折扣	2 500
购货退回与折让	2 700
加：购货运费	5 000
总购货成本	$ 149 800

2. 多步式利润表

KC古董店利润表
截至2017年12月31日

销售收入		$ 343 250
减：销售折扣	$ 5 000	
销售退回与折让	6 000	11 000
销售净额		332 250
销售成本*		159 900
毛利		172 350
营业费用		
销售费用		
折旧费用——店铺设备	4 100	
销售人员工资费用	30 000	
租金费用——销售场地	16 800	
店铺用品费用	5 750	
广告费用	31 400	
销售费用合计	88 050	
一般管理费用		
折旧费用——办公设备	1 600	
办公人员工资费用	34 000	
保险费用	11 000	
租金费用——办公场地	7 200	
一般管理费用合计	53 800	
营业费用合计		141 850
净利润		$ 30 500

* 销售成本也可以直接计算（运用图表5-4中的概念）：

期初存货（2016年12月31日）	$ 70 100
总购货成本（取自第1题）	149 800
待售商品	219 900
期末存货（2017年12月31日）	60 000
销售成本	$ 159 900

3. 单步式利润表

KC 古董店利润表 截至 2017 年 12 月 31 日		
销售净额		$ 332 250
费用		
销售成本	$ 159 900	
销售费用	88 050	
一般管理费用	53 800	
费用合计		301 750
净利润		$ 30 500

4.

日期	科目	借方	贷方
12 月 31 日	借：销售收入	343 250	
	贷：本年利润		343 250
	(结转临时性账户的贷方余额。)		
12 月 31 日	借：本年利润	312 750	
	贷：销售折扣		5 000
	销售退回与折让		6 000
	销售成本		159 900
	折旧费用——店铺设备		4 100
	折旧费用——办公设备		1 600
	销售人员工资费用		30 000
	办公人员工资费用		34 000
	保险费用		11 000
	租金费用		24 000
	店铺用品费用		5 750
	广告费用		31 400
	(结转各个临时性账户的借方余额。)		
12 月 31 日	借：本年利润	30 500	
	贷：K. Carter 名下的资本		30 500
	(结转本年利润。)		
12 月 31 日	借：K. Carter 名下的资本	10 000	
	贷：K. Carter 名下的提取		10 000
	(结转所有者提取。)		

NTK 5 - 7

根据以下商品交易信息，分别为卖方（BMX 公司）和买方（Sanuk 公司）编制会计分录。

5 月 4 日　BMX 公司向 Sanuk 公司赊销了一批总价为 $ 1 500 的商品，并规定装运地交货且信用条件为 “n/45”。开票日为 5 月 4 日，商品成本为 $ 900。此次销售是 “按原样” 进行，不允许任何退回。

5 月 6 日　Sanuk 公司支付了 5 月 4 日从 BMX 公司购货的运费 $ 30。

5 月 8 日　BMX 公司向 Sanuk 公司赊销了一批总价为 $ 1 000 的商品，并规定目的地交货且信用条件为 “n/15”。开票日为 5 月 8 日，商品成本为 $ 700。此销售允许 30 天内退回。

5 月 10 日　BMX 公司支付了 5 月 8 日向 Sanuk 公司出售商品的运费 $ 50。

5 月 16 日　BMX 公司为一项销售退回向 Sanuk 公司出具了总额为 $ 200 的贷记通知单。这批退货商品是 Sanuk 公司在 5 月 8 日赊购的，成本为 $ 140。

5 月 18 日　BMX 公司收到了 Sanuk 公司支付的 5 月 8 日购货款。

5 月 21 日　BMX 公司向 Sanuk 公司赊销了一批总价为 $2 400 的商品，并规定装运地交货且信用条件为"2/10，n/EOM"。这批商品的成本为 $1 440。此销售允许 90 天内退货。

5 月 31 日　BMX 公司收到 Sanuk 公司支付的 5 月 21 日购货款，其中扣除了折扣。

答案：

日期	BMX 公司（卖方）			Sanuk 公司（买方）		
5 月 4 日	借：应收账款——Sanuk 公司	1 500		借：库存商品	1 500	
	贷：销售收入		1 500	贷：应付账款——BMX 公司		1 500
	借：销售成本	900				
	贷：库存商品		900			
5 月 6 日	无分录			借：库存商品	30	
				贷：现金		30
5 月 8 日	借：应收账款——Sanuk 公司	1 000		借：库存商品	1 000	
	贷：销售收入		1 000	贷：应付账款——BMX 公司		1 000
	借：销售成本	700				
	贷：库存商品		700			
5 月 10 日	借：运输费用	50		无分录		
	贷：现金		50			
5 月 16 日	借：销售退回与折让	200		借：应付账款——BMX 公司	200	
	贷：应收账款——Sanuk 公司		200	贷：库存商品		200
	借：库存商品	140				
	贷：销售成本		140			
5 月 18 日	借：现金	800		借：应付账款——BMX 公司	800	
	贷：应收账款——Sanuk 公司		800	贷：现金		800
5 月 21 日	借：应收账款——Sanuk 公司	2 400		借：库存商品	2 400	
	贷：销售收入		2 400	贷：应付账款——BMX 公司		2 400
	借：销售成本	1 440				
	贷：库存商品		1 440			
5 月 31 日	借：现金	2 352		借：应付账款——BMX 公司	2 400	
	销售折扣	48		贷：库存商品		48
	贷：应收账款——Sanuk 公司		2 400	现金		2 352

附录 5A　定期盘存制

定期盘存制（periodic inventory system）指只在会计期末才会更新库存商品余额，以反映待售商品及已售商品的成本。因此，在整个会计期间，库存商品存货的余额都保持不变。也就是说，在会计期末更新余额之前，库存商品反映的一直是该账户的期初余额。在整个会计期内，我们都要把商品成本记入名为"购货"的临时性账户。当企业售出商品时，只记录收入不记录销售成本。在期末编制财务报表时，需要对存货进行实物盘点，并计算出剩余存货的数量和成本。然后，用待售商品成本减去期末存货余额就可以计算出本期的销售成本。

□ 商品交易的记录

在定期盘存制下，需要开设单独的临时性账户来记录购货、购货退回与折让、购货折扣以及购货运费。在会计期末要结清这些临时性账户，并更新库存商品的余额。下面给出了在定期盘存制下，为企业常见的一些交易事项编制的日记账分录（其中，(a)～(d) 分录与本章前面分录中的编号是对应的，代表同一批交易。为简便起见，不再复述交易内容）。为了进行比较，我们在每笔分录的右侧列出了永续盘存制下编制的会计分录，并用黑体标注出不同之处。

带有现金折扣的赊购

在定期盘存制下，使用一个名为“购货”的临时性账户来记录每期所有的购货成本。购货具有正常的借方余额，因为它增加了待售商品的成本。11 月 2 日，Z-商场赊购了一批总价为＄500 的商品，且信用条件为“2/10，n/30”，为此，Z-商场需要编制如下会计分录：

(a) 定期盘存			永续盘存		
借：**购货**	500		借：**库存商品**	500	
贷：应付账款		500	贷：应付账款		500

购货付款

在定期盘存制下，使用一个名为“购货折扣”的临时性账户来记录企业每期享受到的所有购货折扣。Z-商场如果在折扣期限内支付交易 (a) 的货款，那么需要编制如下会计分录：

(b1) 定期盘存			永续盘存		
借：应付账款	500		借：应付账款	500	
贷：**购货折扣***		10	贷：**库存商品***		10
现金		490	现金		490
* ＄500×2％			* ＄500×2％		

Z-商场如果等到折扣期满才支付货款，则需要编制如下会计分录：

(b2) 定期盘存			永续盘存		
借：应付账款	500		借：应付账款	500	
贷：现金		500	贷：现金		500

购货折让

买卖双方同意卖方对有瑕疵的商品给予＄30 的购货折让（假设无论是否在折扣期限内付款，折让条件都为＄30）。在定期盘存制下，使用一个名为“购货退回与折让”的临时性账户来记录企业每期所有的购货退回与折让的成本。Z-商场为记录＄30 的折让编制如下会计分录：

(c1) 定期盘存			永续盘存		
借：应付账款	30		借：应付账款	30	
贷：**购货退回与折让**		30	贷：**库存商品**		30

购货退回

买方在折扣期限内退回＄50 的商品，编制如下会计分录：

(c2) 定期盘存			永续盘存		
借：应付账款	50		借：应付账款	50	
贷：**购货退回与折让**		50	贷：**库存商品**		50

运费

买方为按目的地交货条件运输的货物支付了＄75的运费。在定期盘存制下，这笔成本要记入一个名为“购货运费”的临时性账户，该账户具有正常的借方余额，因为它增加了待售商品的成本。

(d) 定期盘存			永续盘存		
借：**购货运费**	75		借：**库存商品**	75	
贷：现金		75	贷：现金		75

商品销售记录

在定期盘存制下，日记账分录记录了最常见的商品销售交易（(e)～(h)分录将这些交易与本章的分录相联系）。我们在每笔分录的右侧列出了永续盘存制下编制的会计分录，并用黑体标注出不同之处。

赊销与收款

定期盘存制和永续盘存制下记录销售的分录是相似的，都使用总额法。在折扣期限内和期满后记录与销售相关的应收账款和应付账款的分录也是如此。但是，定期盘存制下，企业在每次售出商品时并不记录销售成本（在永续盘存制下记录）。我们会在本附录的后面部分介绍定期盘存制下，如何在会计期末计算销售成本。以＄1 000的价格赊销了一批商品（成本为＄300），编制如下会计分录：

定期盘存			永续盘存		
借：应收账款	1 000		借：应收账款	1 000	
贷：销售收入		1 000	贷：销售收入		1 000
无成本方面的分录			借：**销售成本**	300	
			贷：**库存商品**		300

卖方收到的销售退回

顾客退回商品取得现金。货物售价为＄15，成本为＄9（注意在定期盘存制下，商品售出时只记录收入，不记录成本）。卖方将商品重新入库并编制了如下会计分录来记录销售退回：

定期盘存			永续盘存		
(e1) 借：销售退回与折让	15		借：销售退回与折让	15	
贷：现金		15	贷：现金		15
(e2) 无分录			借：**库存商品**	9	
			贷：**销售成本**		9

卖方给予折让

客户在交易（f）中获得了＄10的现金折让；由于没有商品退回，成本保持不变，所以只有收入会受到影响。定期盘存制和永续盘存制下的分录相同。卖方将编制如下会计分录来记录此折让：

定期盘存				永续盘存	
(f) 借：销售退回与折让	10			借：销售退回与折让	10
贷：现金		10		贷：现金	10

□ 记录调整分录

损耗——调整分录

图表 5A－1 列出了在两种制度下编制的调整分录和结账分录。$250 的损耗仅在永续盘存制下记录，请参见图表 5A－1 中的分录（z）。

图表 5A－1　两种制度下编制的调整分录和结账分录对比表

定期盘存			永续盘存		
调整分录			**调整分录**		
(z) 无分录			(z) 借：销售成本	250	
			贷：库存商品		250
(g) 借：销售折扣	50		(g) 借：销售折扣	50	
贷：销售折扣备抵		50	贷：销售折扣备抵		50
(h1) 借：销售退回与折让	900		(h1) 借：销售退回与折让	900	
贷：应付销售退款		900	贷：应付销售退款		900
(h2) 借：估计退回存货	300		(h2) 借：估计退回存货	300	
贷：购货		300	贷：销售成本		300
定期盘存			**永续盘存**		
结账分录			**结账分录**		
(1) 借：销售收入	321 000		(1) 借：销售收入	321 000	
库存商品（期末）	**21 000**				
购货折扣	**4 200**				
购货退回与折让	**1 500**				
贷：本年利润		347 700	贷：本年利润		321 000
(2) 借：本年利润	334 800		(2) 借：本年利润	308 100	
贷：销售折扣		4 300	贷：销售折扣		4 300
销售退回与折让		2 000	销售退回与折让		2 000
库存商品（期初）		**19 000**			
购货		**235 800**	**销售成本**		**230 400**
购货运费		**2 300**			
折旧费用		3 700	折旧费用		3 700
工资费用		43 800	工资费用		43 800
保险费用		600	保险费用		600
租金费用		9 000	租金费用		9 000
物料费用		3 000	物料费用		3 000
广告费用		11 300	广告费用		11 300
(3) 借：本年利润	12 900		(3) 借：本年利润	12 900	
贷：K. Marty 名下的资本		12 900	贷：K. Marty 名下的资本		12 900
(4) 借：K. Marty 名下的资本	4 000		(4) 借：K. Marty 名下的资本	4 000	
贷：K. Marty 名下的提取		4 000	贷：K. Marty 名下的提取		4 000

在定期盘存制下是无法知道货物成本的损耗的，因为存货不会持续更新，所以无法与实际数进行比较。

预期销售折扣——调整分录

定期盘存制和永续盘存制都在总额法下编制期末调整分录，以估计可能在未来发生的本期销售产生的＄50销售折扣。在图表5A－1中Z-商场为预期销售折扣编制了期末调整分录。

预期销售退回与折让——调整分录

定期盘存制和永续盘存制均会评估未来发生的当期销售产生的销售退回与折让。这两个制度下的调整分录在收入方面是相同的，但在成本方面略有不同。图表5A－1中的期末分录（h1）和（h2）用于记录＄900的预期销售退回和＄300的成本。在两种制度下，卖方都设置了应付销售退款账户（反映预计退还客户金额的流动负债）和估计退回存货账户（反映估计要退回的存货的流动资产）。

□ 记录结账分录

在定期盘存制和永续盘存制下编制的结账分录略有不同。在定期盘存制下，期末库存商品余额（调整前）为＄19 000。由于定期盘存制不会在期间内更新库存商品余额，因此＄19 000是期初存货。期末的存货实物盘点显示，待售商品余额为＄21 000。图表5A－1列明了这两个制度下的调整和结账分录。记录定期存货余额分两步。第一笔结账分录将＄21 000的期末余额（包括商品损耗）借记库存商品，而第二笔结账分录则从库存商品转出＄19 000的期初余额。[①]

通过更新库存商品以及结平购货、购货折扣、购货退回与折让、购货运费等，定期盘存制将商品销售成本全都结转到了本年利润。分析一下图表5A－1中定期盘存制下编制的会计分录就会发现，黑体项目对本年利润账户的影响如下：

在第一笔结账分录中，记入本年利润贷方的金额包括：	
库存商品（期末余额）	＄21 000
购货折扣	4 200
购货退回与折让	1 500
在第二笔结账分录中，记入本年利润借方的金额包括：	
库存商品（期初余额）	(19 000)
购货	(235 800)
购货运费	(2 300)
对本年利润的净影响（借方净额＝销售成本）	＄(230 400)

对本年利润的净影响＄230 400就是销售成本（等于永续盘存制下列示的销售成本）。定期盘存制将销售成本结转到了本年利润，但是没有使用销售成本。另外，定期盘存制也不单独计算商品损耗，而是将待售商品成本减期末存货成本的差额作为销售成本，这里面就包含了商品损耗。

① 我们把这种方法称为结账分录法。除此以外，还有一种会计处理方法叫做调整分录法。调整分录法在编制结账分录时，不会涉及库存商品，但需要编制两笔调整分录。以Z-商场为例，在调整分录法下，需要编制如下两笔调整分录：

（1）借：本年利润	19 000		（2）借：库存商品	21 000	
贷：库存商品		19 000	贷：本年利润		21 000

第一笔分录转出了库存商品的期初余额，第二笔分录则将实际的期末余额记入库存商品。

□ 编制财务报表

采用定期盘存制的商业企业编制的财务报表与前几章介绍的服务性企业编制的财务报表类似。二者利润表的主要区别在于：采用定期盘存制的商业企业编制的利润表增设了销售成本和毛利两项——当然，销售净额还受折扣、退回与折让的影响。定期盘存制下的销售成本部分如下所示：

2017 年 12 月 31 日销售总成本的计算	
期初存货	$ 19 000
净商品采购成本	232 400
待售商品成本	251 400
减：期末存货	21 000
销售成本	$ 230 400

二者资产负债表的主要区别是：商业企业的资产负债表包含了库存商品、估计退回存货、销售折扣备抵和应付销售退款。图表 5A－2 中的工作底稿可帮助编制这些财务报表。图表 5A－2 给出了在定期盘存制和永续盘存制下两个工作底稿的不同之处，我们用黑体表示。

	A	B	C	D	E	F	G	H	I	J	K	L
1			调整前的试算平衡表		调整项目		调整后的试算平衡表		利润表		资产负债表和所有者权益表	
2	编号	账户名称	借方	贷方	借方	贷方	借方	贷方	借方	贷方	借方	贷方
3	101	现金	8 200				8 200				8 200	
4	106	应收账款	11 250				11 250				11 250	
5	108	销售折扣备抵		0		(e) 50		50				50
6	**119**	**库存商品**	**19 000**				**19 000**		**19 000**	**21 000**	**21 000**	
7	121	估计退回存货	200		(h2) 300		500				500	
8	126	物料	3 800			(2) 3 000	800				800	
9	128	预付保险费	900			(1) 600	300				300	
10	167	设备	34 200				34 200				34 200	
11	168	累计折旧——设备		3 700		(3) 3 700		7 400				7 400
12	201	应付账款		16 000				16 000				16 000
13	209	应付工资				(4) 800		800				800
14	227	应付销售退款		300		(h1) 900		1 200				1 200
15	301	K.Marty名下的资本		41 900				41 900				41 900
16	302	K.Marty名下的提取	4 000				4 000				4 000	
17	413	销售收入		321 000				321 000		321 000		
18	414	销售退回与折让	1 100		(h1) 900		2 000		2 000			
19	415	销售折扣	4 250		(e) 50		4 300		4 300			
20	**505**	**购货**	**236 100**			**(h2) 300**	**235 800**		**235 800**			
21	**506**	**购货退回与折让**		**1 500**				**1 500**		**1 500**		
22	**507**	**购货折扣**		**4 200**				**4 200**		**4 200**		
23	**508**	**购货运费**	**2 300**				**2 300**		**2 300**			
24	612	折旧费用——设备			(3) 3 700		3 700		3 700			
25	622	工资费用	43 000		(4) 800		43 800		43 800			
26	637	保险费用			(1) 600		600		600			
27	640	租金费用	9 000				9 000		9 000			
28	652	物料费用			(2) 3 000		3 000		3 000			
29	655	广告费用	11 300				11 300		11 300			
30		合计	388 600	388 600	9 350	9 350	394 050	394 050	334 800	347 700	80 250	67 350
31		净利润							12 900			12 900
32		合计							347 700	347 700	80 250	80 250
33												

图表 5A－2　（采用定期盘存制的）商业企业编制的工作底稿

附录 5B　永续盘存制下编制的工作底稿

图表 5B－1 给出了采用永续盘存制的商业企业在编制财务报表时使用的工作底稿。它与我们在第 4 章介绍的工作底稿略有不同，我们用黑体标出了二者的不同之处。该工作底稿中的调整项目包括以下各项：（1）到期的＄600 预付保险费；（2）耗费了＄3 000 的物料；（3）设备提取了＄3 700 的折旧；（4）计提了＄800 的未支付工资费用；（5）发生了＄250 的存货损耗。把这些调整项目填入财务报表栏之后，就可以使用这些数据编制财务报表了。

	A	B	C	D	E	F	G	H	I	J	K	L
1			调整前的试算平衡表		调整项目		调整后的试算平衡表		利润表		资产负债表和所有者权益表	
2	编号	账户名称	借方	贷方	借方	贷方	借方	贷方	借方	贷方	借方	贷方
3	101	现金	8 200				8 200				8 200	
4	106	应收账款	11 250				11 250				11 250	
5	108	销售折扣备抵		0		(e) 50		50				50
6	**119**	**库存商品**	**21 250**			**(5) 250**	**21 000**				**21 000**	
7	121	估计退回存货	200		(h2) 300		500				500	
8	126	物料	3 800			(2) 3 000	800				800	
9	128	预付保险费	900			(1) 600	300				300	
10	167	设备	34 200				34 200				34 200	
11	168	累计折旧——设备		3 700		(3) 3 700		7 400				7 400
12	201	应付账款		16 000				16 000				16 000
13	209	应付工资				(4) 800		800				800
14	227	应付销售退款		300		(h1) 900		1 200				1 200
15	301	K.Marty名下的资本		41 900				41 900				41 900
16	302	K.Marty名下的提取	4 000				4 000				4 000	
17	**413**	**销售收入**		**321 000**				**321 000**		**321 000**		
18	**414**	**销售退回与折让**	**1 100**		**(h1) 900**		**2 000**		**2 000**			
19	**415**	**销售折扣**	**4 250**		**(e) 50**		**4 300**		**4 300**			
20	**502**	**销售成本**	**230 450**		**(5) 250**	**(h2) 300**	**230 400**		**230 400**			
21	612	折旧费用——设备			(3) 3 700		3 700		3 700			
22	622	工资费用	43 000		(4) 800		43 800		43 800			
23	637	保险费用			(1) 600		600		600			
24	640	租金费用	9 000				9 000		9 000			
25	652	物料费用			(2) 3 000		3 000		3 000			
26	655	广告费用	11 300				11 300		11 300			
27		合计	382 900	382 900	9 600	9 600	388 350	388 350	308 100	321 000	80 250	67 350
28		净利润							12 900			12 900
29		合计							321 000	321 000	80 250	80 250
30												

图表 5B－1　（采用永续盘存制的）商业企业编制的工作底稿

附录 5C　新收入确认原则下的调整分录

□ 预期的销售折扣——调整分录

销售收入将以预期销售净额列示，该净额遵循新的收入确认原则。也就是说，期末调整分录通常会用来评估当期销售的折扣，这些折扣预计将来会发生。例如，假设Z-商场有以下调整前的余额：应收账款，$11 250；销售折扣备抵，$0。在$11 250的应收账款中，有$2 500在2%的折扣期限内，预计买家在未来的销售折扣是$50（$2 500×2%）。更新$50销售折扣备抵的调整分录为：

(g) 12月31日	借：销售折扣	50	
	贷：销售折扣备抵		50
	(调整未来折扣。)		

“销售折扣备抵”是一个资产抵减账户，作为应收账款的减少项在资产负债表上列示。账户具有正常贷方余额，因为它减少了具有正常借方余额的应收账款。此调整分录导致应收账款和销售收入均按其预期净额列示①：

资产负债表（部分）	
应收账款	$11 250
减：销售折扣备抵	50
应收账款净额	$11 200

利润表（部分）	
销售收入	$ 321 000
减：销售折扣	4 300
销售净额	$316 700

□ 预期退回与折让——调整分录

为了避免夸大销售收入和销售成本，卖方会评估销售期间的销售退回与折让。评估销售退回与折让要求公司保留以下两个通过调整分录设置的资产负债表账户：

流动资产：估计退回存货

流动负债：应付销售退款

编制两个调整分录：一个用于收入方面，一个用于成本方面。

预期退回与折让的收入方面

当预期有销售退回与折让时，卖方将设立应付销售退款账户，该账户是流动负债，反映预期退还给客户的金额。例如，假设公司在12月31日估计未来的销售退款为$1 200，还假设应付销售退款调整前余额为贷方$300。更新应付销售退款余额为$900的调整分录为：

				资产＝负债＋所有者权益	
(h1) 12月31日	借：销售退回与折让	900			
	贷：应付销售退款		900	+900	−900
	(预期销售退款。*)				

*此分录使用了3步调整过程：

第1步：应付销售退款贷方余额为$300。

第2步：应付销售退款贷方余额应为$1 200。

第3步：记录从第1步到第2步的分录。

应付销售退款仅在调整分录过程中更新。在记录实际销售退回与折让期间，其余额保持不变。

---

① 下一期间调整，除期末调整分录外，期间内的销售折扣备抵余额保持不变。在下一期末，假设Z-商场计算的销售折扣备抵余额为$80。使用3步调整过程可以得到：

第1步：销售折扣备抵的贷方余额为$50。

第2步：销售折扣备抵的贷方余额应为$80。

第3步：记录从第1步到第2步的分录。

借：销售折扣	30	
贷：销售折扣备抵		30

预期退回与折让的成本方面

在成本方面，预期退回与折让暗示预期将退回一些存货，意味着高估了销售时记录的销售成本。卖方会设置估计退回存货账户，反映预计要退回存货的流动资产。扩展上面的示例，假设公司估计未来退回的存货为＄500（是上面＄1 200 预期退回与折让的成本方面），还假设（期初）未调整估计退回存货的余额是借方＄200。更新预期退回金额为＄300 的调整分录为：

（h2）12 月 31 日	借：估计退回存货	300		资产＝负债＋所有者权益
	贷：销售成本		300	＋300　　＋300
	（预期退回存货。* ）			

* 此分录使用了 3 步调整过程：
第 1 步：估计退回存货借方余额为＄200。
第 2 步：估计退回存货借方余额应为＄500。
第 3 步：记录从第 1 步到第 2 步的分录。

估计退回存货账户仅在调整分录过程中更新，在记录实际退回与折让时，其余额保持不变。

预期账户的使用可以更好地识别其在正确期间的收入和成本，包括实际销售额和实际销售存货（扣除预期退回与折让）。如果退回与折让的估计值过高或过低，我们将相应地调整未来的估计值（高级课程涵盖收入和支出确认的变化的相关内容）。

决策洞察力

关注的账户

了解以下账户对我们来说非常重要：

- 销售折扣备抵是抵减资产的账户，在资产负债表中作为应收账款的减少项进行报告。
- 应付销售退款是一项流动负债，在资产负债表中报告。
- 估计退回存货是一项流动资产（通常作为存货的子类别），在资产负债表中报告——该资产可能会发生减值（将在高级课程中说明）。

NTK 5－8

在当年年末，某公司特定账户的未调整余额如下所示：

销售折扣备抵	＄75 贷方	销售折扣	＄1 850 借方
应付销售退款	800 贷方	销售退回与折让	4 825 借方
估计退回存货	450 借方	销售成本	9 785 借方

a. 对未来的销售折扣进行分析之后，该公司估计销售折扣备抵应有＄275 的贷方余额。编制当年年末调整日记账分录用于将来的销售折扣。

b. 对未来的销售退回与折让进行分析之后，该公司估计应付销售退款应有＄870 的贷方余额（收入方面）。

c. 在对未来的退回存货进行分析之后，公司估计退回存货应有＄500 的借方余额（成本方面）。

答案：

12 月 31 日	借：销售折扣	200	
	贷：销售折扣备抵		200
	（调整未来折扣（＄275 贷方－＄75 贷方）。）		

12 月 31 日	借：销售退回与折让	70	
	贷：应付销售退款		70
	（调整后的销售退款（＄870 贷方－＄800 贷方）。）		
12 月 31 日	借：估计退回存货	50	
	贷：销售成本		50
	（调整未来存货退回（＄500 借方－＄450 借方）。）		

附录 5D　净额法核算

本部分将介绍用于记录有和没有现金折扣条款的商品发票收付款的分录。这些分录是根据**总额法**（gross method）编制的，该方法最初会记录发票的总金额。净额法是记录发票的另一种方法，它最初以净额（扣除所有现金折扣）记录发票。本附录使用净额法记录商品交易，并用黑体标注它与总额法的关键区别。

当发票以净额记录时，任何现金折扣都会在最初记录时从库存商品余额中扣除。这假定所有现金折扣都将接受。如果之后有任何折扣失效，要将其记录在利润表的**折扣损失**（discount lost）账户中。

永续盘存制

购买——永续

一家公司于 11 月 2 日以＄500 的发票价格（净额＄490）购买商品，付款条件为 2/10，n/30。在总额法和净额法下，其 11 月 2 日的分录分别为：

总额法——永续盘存			净额法——永续盘存		
借：库存商品	500		借：库存商品	490	
贷：应付账款		500	贷：应付账款		490

如果在折扣期限内的 11 月 12 日（或之前）支付，则分录为：

总额法——永续盘存			净额法——永续盘存		
借：应付账款	500		借：应付账款	490	
贷：**库存商品**		10			
现金		490	贷：现金		490

相反，如果发票未在折扣期限内支付，而是在 12 月 2 日（n/30 到期日）之后支付，则分录为：

总额法——永续盘存			净额法——永续盘存		
借：应付账款	500		借：应付账款	490	
			折扣损失*	10	
贷：现金		500	贷：现金		490

* 为简单起见，折扣期满后付款时才记录折扣损失。

销售——永续

例如，一家公司在11月2日以＄500的发票价格（净额＄490）出售商品，付款条件为2/10，n/30，货物成本为＄200。在总额法和净额法下，其11月2日的分录为：

总额法——永续盘存			净额法——永续盘存		
借：应收账款	500		借：应收账款	490	
贷：销售收入		500	贷：销售收入		490
借：销售成本	200		借：销售成本	200	
贷：库存商品		200	贷：库存商品		200

如果在折扣期限内的11月12日（或之前）收到现金，则分录为：

总额法——永续盘存			净额法——永续盘存		
借：现金	490		借：现金	490	
销售折扣	10				
贷：应收账款		500	贷：应收账款		490

相反，如果在折扣期限内未收到现金，12月2日（n/30到期日）才收到现金，则分录为：

总额法——永续盘存			净额法——永续盘存*		
借：现金	500		借：现金	500	
			贷：利息收入		10
贷：应收账款		500	应收账款		490

* 要注意两点：(1) 总额法常用于预期销售折扣的调整分录（参见附录5C）；同样，如果卖方预期将来会采用某些销售折扣，调整分录可能需要使用净额法（在高级课程中有所说明）。(2) 在总额法和净额法下，销售退回与折让的调整分录相同。

□ 定期盘存制

购买——定期

在定期盘存制下，库存商品余额在该期间保持不变，并作为调整过程的一部分在期末进行更新。在此期间，使用三个账户记录存货的购买：购货、购货折扣和购货退回与折让。除了用这三个账户代替库存商品外，以下分录与永续盘存制中的相同，这是很有帮助的。

为了说明这一点，我们将定期盘存制应用于采购交易。11月2日，买方购买商品（总额＄500；净额＄490），付款条件是2/10，n/30。在总额法和净额法下，11月2日的分录为：

总额法——定期盘存			净额法——定期盘存		
借：购货	500		借：购货	490	
贷：应付账款		500	贷：应付账款		490

如果发票在折扣期限内的11月12日（或之前）支付，则分录为：

总额法——定期盘存			净额法——定期盘存		
借：应付账款	500		借：应付账款	490	
贷：购货折扣		10			
现金		490	贷：现金		490

相反，如果发票未在折扣期限内支付，12月2日（n/30到期日）才支付，则分录为：

总额法——定期盘存		净额法——定期盘存	
借：应付账款	500	借：应付账款	490
		折扣损失	10
贷：现金	500	贷：现金	500

销售——定期

对于上述销售交易，永续和定期分录是相同的。只是在定期盘存制下，成本方面的分录不在每次销售时编制，也不在任何后续退货时编制。相反，销售成本是根据存货实际数在期末计算的。此分录在图表 5A-1 中进行了说明。

小 结

C1　描述商品经营以及界定商业企业的利润构成。 商业企业先购入商品，然后再将它们转售出去。沃尔玛、家得宝、The Limited 公司以及 Barnes & Noble 书店等都属于商业企业。商业企业利润表中列示的成本包括销售成本，商业企业的销售毛利等于销售收入减去销售成本。

C2　界定并解释商业企业的存货资产和成本流转。 商业企业资产负债表的流动资产包括截至资产负债表日为转售而持有的商品成本。当商品售出时，其成本从资产负债表转入利润表，在利润表中称为销售成本。

P1　分析和记录使用永续盘存制的商品采购业务。 在永续盘存制下，存货的采购成本（扣除折扣后的净额）会增加库存商品的余额。购货折扣和购货退回与折让则会减少库存商品的余额。购货运费也会增加库存商品的余额。

P2　分析和记录使用永续盘存制的商品销售业务。 商业企业按发票价格（使用总额法）来记录销售收入。对于已经售出商品的成本，要把它们从库存商品结转至销售成本。如果商业企业提供现金折扣并且客户在折扣期限内支付了货款，那么卖方就需要将这些折扣记入销售折扣，销售折扣是销售收入的抵减账户。对于因商品无法达到客户要求而发生的退回与折让，要把它们记入销售退回与折让，销售退回与折让是销售收入的抵减账户。

P3　为商业企业编制调整分录和结账分录。 在永续盘存制下，通常需要对存货损耗进行调整。通常把存货损耗计入销售成本。新的收入确认原则要求增加在附录中已解释过的调整分录。对于销售收入、销售折扣、销售退回与折让以及销售成本等临时性账户的余额，要把它们结转至本年利润。

P4　定义并编制多步式利润表和单步式利润表。 与单步式利润表相比，多步式利润表包含更多关于收入和成本的信息，这两种利润表都能反映销售净额的计算过程，并且它们都按照活动类型把费用划分成不同的类别，其中一些信息来自补充记录。

P5[A]　使用永续盘存制和定期盘存制记录和比较商品交易。 在永续盘存制下，需要连续跟踪记录待售商品成本和销售成本。而在定期盘存制下，在会计期内只需记录购货成本，等到会计期末时才计算存货余额和销售成本。我们分别使用永续盘存制和定期盘存制分析和记录了涉及商品买卖的事项。另外，还介绍了在这两种会计处理方法下，如何编制调整分录和结账分录。

P6[C]　根据收入确认原则，对折扣、退回和折让进行调整。 新的收入确认原则可以用于调整分录。本期销售产生的预期销售折扣使用调整分录记录，借记销售折扣，贷记销售折扣备抵（一个资产抵减项）。未来销售退回与折让的估计是通过调整分录来进行的，借记销售退回与折让，贷记应付销售退款（一种流动负债），这样就记录了扣除预期退回与折让的销售收入。类似地，可以对未来退回的存货进行估计，将其记录在估计退回存货（一种流动资产，借方余额）中，并相应贷记到销售成本中。

P7[D]　使用总额法和净额法记录和比较商品交易。 当发票价格以总额记录时，要从存货余额中扣除折扣额。当以净额记录购买时，折扣损失将作为营业费用提醒管理层注意。

关键术语

Cash discount　现金折扣
Cost of goods sold　销售成本
Credit period　信用期限
Credit terms　信用条件
Discount period　折扣期限
Discounts lost　折扣损失
EOM　月末
General and administrative expenses　一般管理费用
Gross method　总额法
Gross profit　毛利
Inventory　存货
List price　标价
Merchandise　商品
Merchandise inventory　库存商品
Merchandiser　商业企业
Multiple-step income statement　多步式利润表
Net method　净额法
Periodic inventory system　定期盘存制
Perpetual inventory system　永续盘存制
Purchases discount　购货折扣
Retailer　零售企业
Sales discount　销售折扣
Selling expenses　销售费用
Shrinkage　损耗
Single-step income statement　单步式利润表
Supplementary records　补充记录
Trade discount　交易折扣
Wholesaler　批发企业

选择题

1. 某公司的销售净额为＄550 000，毛利为＄193 000，那么该公司的销售成本是多少？______

a. ＄743 000　c. ＄357 000　e. ＄(193 000)　b. ＄550 000　d. ＄193 000

2. 5月1日，某公司购入一批总价为＄4 500的商品，并且信用条件规定为“2/10，n/30”。5月6日，该公司将其中＄250的商品退还给了卖方。5月8日，该公司在扣除自己应该享受的折扣之后支付了剩余购货款。该公司在5月8日支付了多少货款？______

a. ＄4 500　c. ＄4 160　e. ＄4 410　b. ＄4 250　d. ＄4 165

3. 某公司来自现金交易的销售收入为＄75 000，来自赊销的销售收入为＄320 000，销售退回与折让为＄13 700，销售折扣为＄6 000。该公司的销售净额是多少？______

a. ＄395 000　c. ＄300 300　e. ＄414 700　b. ＄375 300　d. ＄339 700

讨论题

1. 在永续盘存制下，与服务性企业相比，商业企业会使用哪些账户？
2. 商业企业的财务报表中有哪些项目是服务性企业的报表中所没有的？
3. 请解释什么情况下一家企业的毛利为正时却存在净损失。
4. 企业为什么提供现金折扣？
5. 使用永续盘存制的企业的存货损耗如何计算？
6. 请指出现金折扣与商业折扣的不同。购货的商业折扣额是否要记录在账户中？
7. 销售折扣和购货折扣的差异是什么？
8. 如果供应商允许无限制地退回商品，公司的管理层为什么还要考虑购货退回的数量？
9. 借记通知单的发出方（制作方）是否会借记或贷记接收方的账户？接收方怎样编制分录（借还是贷）？
10. 单步式利润表与多步式利润表格式上的区别是什么？

11. 参考附录中苹果公司的资产负债表和利润表，苹果公司将其存货命名为什么，是否提供其商品成本的详细计算过程？

12. 参考附录中谷歌公司的利润表，谷歌公司表示销售成本的账户的名称是什么？

13. 参考附录中三星公司的利润表，三星公司表示销售成本的账户的名称是什么？

14. 参考附录中三星公司的利润表，三星公司利润表中是否列示毛利？如果是，金额是多少？

15. 买卖双方协商签订采购合同。买方应使用哪种运输条件以最大限度地降低运费？

快速学习

QS 5-1　将下列字母分别填入与其定义最相符的描述的空白处。

A. 销售折扣　B. 信用期限　C. 折扣期限　D. 交货点
E. 装运地交货　F. 毛利　G. 库存商品　H. 购货折扣
I. 现金折扣　J. 商业折扣

______ 1. 企业拥有的预期会销售给顾客的商品。
______ 2. 客户的支付期限到期前的时间。
______ 3. 卖方对给予买方的提前付款的现金折扣的描述。
______ 4. 在给商品设定价格的过程中，经过谈判得到的低于定价的部分。
______ 5. 卖方把货物交给承运人时货物的所有权就发生转移。
______ 6. 购买方对来自供应商的现金折扣的描述。
______ 7. 在折扣期限内支付时应收或应付款项减少的部分。
______ 8. 销售净额减销售成本后的余额。
______ 9. 可以获得现金折扣的时间期限。
______ 10. 当货物到达买方的目的地时货物的所有权就发生转移。

QS 5-3　根据商业企业和服务性企业的以下信息（顺序随机）完成下列题目。提示：并非所有信息都是必需的。

a. 针对商业企业，计算：
1. 待售商品。
2. 销售成本。
3. 毛利。
b. 计算两家公司的净利润。

Kleiner 商业企业	
累计折旧	$700
期初存货	5 000
期末存货	1 700
费用	1 450
购买净额	3 900
销售净额	9 500

Krug 服务公司	
费用	$12 500
收入	14 000
现金	700
预付租金	800
应付账款	200
设备	1 300

QS 5-5　编制日记账分录以记录某商业企业的采购事项，该企业采用永续盘存制和总额法。

11月5日　以每件$10的成本购进600件商品。信用条件是2/10，n/60；开票日是11月5日。

7 日　从 11 月 5 日购进的商品中退回了 25 件有瑕疵的商品，并且收到全额退款。

15 日　支付了 11 月 5 日购买商品的到期款项，减去 11 月 7 日退回的商品总额。

QS 5-7　编制日记账分录以记录下列采购事项，该企业采用永续盘存制和总额法。

9 月 15 日　购买一批发票价格为＄35 000 的商品，信用条件为 2/5，n/15。

29 日　向供应商支付 9 月 15 日购买商品的货款。

QS 5-9　下面是 Nix'It 公司 7 月 31 日（该公司会计年度末）部分有正常余额的账户（假设 Nix'It 公司使用永续盘存制）。

库存商品	＄37 800	销售退回与折让	＄6 500
T. Nix 名下的资本	115 300	销售成本	105 000
T. Nix 名下的提取	7 000	折旧费用	10 300
销售收入	160 200	工资费用	32 500
销售折扣	4 700	其他费用	5 000

7 月 31 日会计期末存货实物盘点后发现，可出售的库存商品的成本为＄35 900，编制有关存货损耗的会计分录。

QS 5-11　请指明下列每项描述是关于多步式利润表还是关于单步式利润表。

a. 多步式利润表　　　　b. 单步式利润表

______ 1. 通常会列示销售净额以及其他成本和费用的详细计算过程。

______ 2. 仅限于两个主要类别（收入和费用）。

______ 3. 将毛利列示为单独项目。

______ 4. 报告的净利润等于对营业外项目进行调整后的营业收入。

QS 5-15　阿迪达斯是德国鞋、服装和配饰制造商，以下是该公司截至 2014 年 12 月 31 日的利润表信息。该公司采用 IFRS，以百万欧元为单位报告其业绩，编制其 2014 年的多步式利润表和单步式利润表。

净利润	€564
财务利润	19
财务费用	67
营业利润	883
销售成本	7 610
所得税费用	271
税前收入	835
毛利	6 924
特许权使用费和佣金收入	102
其他营业收入	138
其他营业费用	6 281
销售净额	14 534

QS 5-17[A]　假设公司使用总额法和定期盘存制记录采购交易，请根据 QS 5-5 的数据，编制日记账分录以记录每笔商品交易。

QS 5-19[C]　2016 年 6 月 30 日会计年度末，ProBuilder 公司具有以下调整前余额：销售折扣备抵，＄0；

应收账款，$10 000。在$10 000的应收账款中，$2 000在3%的折扣期限内，也就是说，预计买家会从此期间的销售中获得$60的折扣。

a. 编制2016年6月30日会计年度末的日记账调整分录，以记录预期销售折扣。

b. 假设与上述事实相同，会计年度末，销售折扣备抵有$10的调整前贷方余额。编制2016年6月30日会计年度末的日记账调整分录，以记录预期销售折扣。

QS 5-21[D] 假设公司使用净额法和永续盘存制记录商品采购交易，请根据QS 5-5的数据，编制日记账分录以记录每笔商品交易。

QS 5-23 回答以下与国际会计准则有关的问题。

a. 说明根据IFRS和美国GAAP进行的商品购买和销售其会计处理有何区别。

b. 根据IFRS编制的利润表通常列示名为财务费用的项目，财务费用指的是什么？

c. GAAP禁止在利润表中用替代性方法计量收入。IFRS是否允许在利润表中采用此类替代方法？

练习题

Exercise 5-1 根据所学知识，完成下列利润表a～e栏空白处的信息，并将金额为负的用括号标出。

	a	b	c	d	e
销售收入	$62 000	$43 500	$46 000	$?	$25 600
销售成本					
库存商品（期初）	8 000	17 050	7 500	8 000	4 560
总购货成本	38 000	?	?	32 000	6 600
库存商品（期末）	?	(3 000)	(9 000)	(6 600)	?
销售成本	34 050	16 000	?	?	7 000
毛利	?	?	3 750	45 600	?
费用	10 000	10 650	12 150	3 600	6 000
净利润（损失）	$?	$16 850	($8 400)	$42 000	$?

Exercise 5-3 下面是一个零售商发生的各项交易，根据提供的信息编制日记账分录，零售商使用的是永续盘存制和总额法。

4月2日　从Lyon公司购买了一批商品，具体信息如下：价格$4 600，开票日为4月2日，信用条件为2/15，n/60，装运地交货。

3日　为4月2日购买的商品支付了$300的运费。

4日　将不能接受的商品退回Lyon公司，发票价格为$600。

17日　为4月2日采购的商品向Lyon公司开具了一张支票，金额等于总额减去折扣和退回商品金额。

18日　从Frist公司购买了一批商品，具体内容如下：价格$8 500，开票日为4月18日，信用条件为“1/10，n/30”，目的地交货。

21日　经过谈判，从Frist公司获得了4月18日购买的$8 500商品的折让$500。

28日　为4月18日采购的商品开具了一张支票，金额等于总额减去折扣和折让。

Exercise 5-7 Sydney零售公司（买方）和Troy批发公司（卖方）进行了以下交易。两家公司都使用永续盘存制和总额法。

5月11日　Sydney公司收到一批从Troy公司购买并用以转售的$40 000商品：开票日为5月11日，信用条件为 3/10，n/90；装运地交货。这批商品花费 Troy $ 30 000。Sydney 公司以现金向 Express 货运公司支付该批商品的运输费用 $ 345。

12 日　Sydney 公司将所购 $ 40 000 商品中 $ 1 400 商品退还给 Troy 公司，Troy 公司于当天收到退回商品并将其重新纳入存货。退回商品的成本为 $ 1 050。

20 日　Sydney 公司向 Troy 支付货款，Troy 公司立即收到了现金。

1. 编制 Sydney 零售公司（买方）记录这三笔交易的日记账分录。
2. 编制 Troy 批发公司（卖方）记录这三笔交易的日记账分录。

Exercise 5-9　根据下列商品交易编制 Dollar Store 公司的日记账分录，假设其采用永续盘存制和总额法。

11 月 1 日　Dollar Store 公司赊购了一批价值 $ 1 500 的商品。信用条件为 2/5，n/30，装运地交货；发票的开立日期为 11 月 1 日。

5 日　Dollar Store 公司用现金支付了 11 月 1 日的采购货款。

7 日　Dollar Store 公司发现并退回了 11 月 1 日购买、11 月 5 日付款的商品中有瑕疵的 $ 200 商品，获得现金退款。

10 日　Dollar Store 公司以现金为 11 月 1 日的采购支付运费 $ 90。

13 日　Dollar Store 公司赊销了一批价值 $ 1 600 的商品，信用条件为 n/30，商品的成本为 $ 800。

16 日　Dollar Store 收到客户退回的 11 月 13 日购买的商品。退回的商品定价 $ 160，成本为 $ 80，商品无瑕疵已重新入库。

Exercise 5-11　一家公司报告了以下销售相关信息，计算并编制该公司多步式利润表的销售净额部分。

销售总额	$ 200 000	销售退回与折让	$ 16 000
销售折扣	4 000	销售人员工资费用	10 000

Exercise 5-15[A]　参考 Exercise 5-3 的数据，编制日记账分录以记录每笔商品交易，假设买方使用定期盘存制和总额法。

Exercise 5-17[A]　参考 Exercise 5-7 的数据，编制日记账分录以记录每笔商品交易，假设买卖双方都使用定期盘存制和总额法。

Exercise 5-19[C]　以下是 Med Labs 公司 2017 年 12 月 31 日年末的调整前余额：销售折扣备抵 $ 0 和应收账款 $ 5 000。在 $ 5 000 的应收账款中，有 $ 1 000 在 2% 的折扣期限内，也就是说，买家在此期间可能获得 $ 20 的预期折扣。

a. 为将来的销售折扣编制 2017 年 12 月 31 日年末的日记账调整分录。

b. 假设与上述事实相同，而且销售折扣备抵有 $ 5 的年末调整前贷方余额。为将来的销售折扣编制 2017 年 12 月 31 日年末的日记账调整分录。

c. 销售折扣备抵是资产抵减账户还是负债抵减账户？

Exercise 5-21[C]　Lopez 公司调整前的第一年商品销售收入为 $ 100 000，销售成本为 $ 30 000。

a. 计算毛利（使用上面调整前的数字）。

b. 该公司预期的销售退回与折让等于销售收入的 5% 和销售成本的 5%。

1. 编制记录预期可能退款的销售收入的年末调整分录。
2. 编制记录销售退回与折让的成本的年末调整分录。
3. 重新计算毛利（使用第 1 步和第 2 步调整后的数字）。

c. 应付销售退款是资产、负债还是权益？

d. 估计退回存货是资产、负债还是权益？

Exercise 5 - 23D Piere 进口公司采用永续盘存制来处理库存商品，而且在 10 月份进行了以下交易。假定 Piere 进口公司（a）以总额法记录发票；（b）以净额法记录发票。编制记录这些交易的会计分录。

10 月 2 日 以＄3 000 的价格（净价＄2 940）购买了一批商品，开票日为 10 月 2 日，信用条件为 2/10，n/30。

10 日 由于退回 10 月 2 日购进的部分商品，收到了一份金额为＄500（净价＄490）的贷记通知单。

17 日 以＄5 400 的价格（净价＄5 292）购买了一批商品，开票日为 10 月 17 日，信用条件为 2/10，n/30。

27 日 支付减去折扣的 10 月 17 日购买商品的货款。

31 日 支付 10 月 2 日购买商品的货款（因付款延误而失去折扣）。

综合题

Problem 5 - 1A 编制 Cabela's 公司下列商品交易的日记账分录，公司使用永续盘存制和总额法（提示：它有助于区分哪些是应收，哪些是应付；例如，记录 7 月 1 日购货的分录为：应付账款——Boden 公司）。

7 月 1 日 从 Boden 公司购进一批价值＄6 000 的商品，信用条件为"1/15，n/30"，装运地交货。开票日为 7 月 1 日。

2 日 销售给 Creek 公司＄900 的商品，信用条件为"2/10，n/60"，装运地交货，开票日为 7 月 2 日。销售成本为＄500。

3 日 以现金为 7 月 1 日购买的商品支付运费＄125。

8 日 售出一批商品，商品成本为＄1 300，售价为＄1 700。

9 日 从 Leight 公司购进了一批货物，价值＄2 200，信用条件为"2/15，n/60"，目的地交货，开票日为 7 月 9 日。

11 日 由于退回 7 月 9 日购进的部分货物，收到一份来自 Leight 公司的＄200 贷记通知单。

12 日 收到来自 Creek 公司的 7 月 2 日发票金额减去折扣的余款。

16 日 在折扣期限内支付欠 Boden 公司的余款。

19 日 将成本为＄800 的商品以＄1 200 出售给 Art 公司，信用条件为"2/15，n/60"，装运地交货，开票日为 7 月 19 日。

21 日 为 7 月 19 日出售的货物给 Art 公司签发了一张折让＄100 的贷记通知单。

24 日 支付减去折扣的欠 Leight 公司的余款。

30 日 收到来自 Art 公司的发票日期为 7 月 19 日的减去折扣的余款。

31 日 向 Creek 公司以＄7 000 的价格出售了一批商品，该批商品的成本为＄4 800，信用条件为"2/10，n/60"，装运地交货，开票日为 7 月 31 日。

拓展题

BTN 5 - 3 Amy Martin 是一名学生，她计划每年在学校参加大约四场专业活动。每次活动都需要花费＄100～＄200 来购买一套新礼服和配饰。在第一场活动花费了大量的积蓄之后，Amy 想出另一种方法，在活动开始前的一周，她赊购一套衣服并穿着它参加活动，然后在下周将衣服退给商店，她将获得全额退款。

要求：

1. 评论 Amy 表现出的道德观及其行为可能带来的后果。

2. 销售公司应如何处理艾米退回的衣服？

全球视角

本节讨论美国公认会计原则和国际财务报告准则在指导商品购买和销售的会计处理以及编制利润表时的异同。

商品购买与销售的会计处理 美国公认会计原则和国际财务报告准则都为商品购买和销售的会计处理制定了通用指导原则，并且两者类似。在这两种准则下，几乎本章中涉及的所有交易的会计处理过程都是相同的。商业企业的结账处理过程也是相似的。

编制利润表 我们认为，净利润、利润和收益是相同的项目（末行项目）。但是，国际财务报告准则一般使用利润，而美国公认会计原则倾向使用净利润。在美国公认会计原则和国际财务报告准则下，通常，我们将销售净额或收入净额作为利润表中的首行（顶行）项目。对于商业企业和制造性企业来说，下一项就是销售成本。其余项目的披露形式都是类似的，但存在以下区别：

- 美国公认会计原则对支出项目的排列顺序或披露形式要求较少。而国际财务报告准则要求对财务成本（利息费用）、所得税费用以及其他一些特殊项目单独披露。
- 当一些项目的大小、性质或使用频率很重要时，美国公认会计原则和国际财务报告准则都要求单独披露。
- 国际财务报告准则允许支出项目按照其功能或者特性披露。而美国公认会计原则对这方面没有要求，但是美国证券交易委员会要求必须按照支出项目的功能披露。
- 美国公认会计原则和国际财务报告准则都没有对营业利润做出明确定义，使得企业在披露营业利润时自主性很强。
- 国际财务报告准则允许采用不同的计量方法对利润表中的利润进行计量。而美国公认会计原则不允许。

大众汽车集团 以下是大众公司披露的利润表。我们可以看到表中对财务成本、税费以及其他一些项目进行了单独披露。同时，我们发现在该表中使用了负号，这种用法并不常见。

大众集团
利润表（单位：百万欧元）
截至2014年12月31日

销售收入	€ 202 458
销售成本	−165 934
毛利	36 524
分销费用	−20 292
管理费用	−6 841
其他营业收入（扣除其他费用）	3 306
营业利润	12 697
财务成本	−2 658
其他财务结果（包括股权投资）	4 755
税前利润	14 794
所得税	−3 726
利润	€ 11 068

编制资产负债表　在前面的章节中，我们了解到美国公认会计原则和国际财务报告准则都要求将资产负债表中的项目分为流动性项目和非流动性项目（于是产生了分类资产负债表）。我们已经讨论过，美国公认会计原则要求将流动性项目放在前面，资产按照流动性最强到最弱的项目依次排列，负债则是按照离到期的时间远近进行排列。而国际财务报告准则下的资产负债表通常将非流动性项目放在前面（所有者权益放在负债前面），但该准则对此没有提出明确要求，如附录中三星公司的资产负债表所示。

选择题答案

1. c；毛利＝＄550 000－＄193 000＝＄357 000
2. d；(＄4 500－＄250)×(100％－2％)＝＄4 165
3. b；销售净额＝＄75 000＋＄320 000－＄13 700－＄6 000＝＄375 300

第 6 章 存货和销售成本

本章预览

存货基础知识	存货成本计算	存货计价、误差和分析
C1　确定存货项目	P1　存货成本流转假设	P2　成本与市价孰低法
C2　确定存货成本	个别认定法	A2　存货误差的影响
存货内部控制	先进先出法	P3　定期盘存制
实物盘点	后进先出法	P4　存货估计
	加权平均法	
	A1　对财务报表的影响	
NTK 6－1	NTK 6－2	NTK 6－3，6－4

学习目标

CAP

概念（Conceptual）

C1　界定库存商品的构成项目

C2　界定库存商品的成本

分析（Analytical）

A1　分析存货成本核算方法对财务报表和税收报表的影响

A2　分析存货误差对当期和未来财务报表的影响

程序（Procedural）

P1　在永续盘存制下，分别使用个别认定法、先进先出法、后进先出法以及加权平均法来计算存货成本

P2　使用成本与市价孰低法计算存货价值

P3　附录 6A——在定期盘存制下，分别使用个别认定法、先进先出法、后进先出法以及加权平均法来计算存货成本

P4　附录 6B——运用零售价盘存法和毛利法来估计存货

6.1　存货基础知识

本节将介绍库存商品的项目构成及其成本的确定。另外，还将介绍存货实物盘点过程中内部控制的重要性。

确定存货项目

库存商品包括企业为销售而拥有和持有的所有货物。在盘点存货时，不管货物放在哪里，只要是企业为销售而拥有和持有的货物，都属于企业的库存商品。有些存货项目需要我们特别留意，这些项目包括在途商品、寄售商品、毁损或过时商品。

在途商品

买方的存货是否包括向卖方购买的在途商品？答案是：如果货物的所有权已经转移给买方，那么这些在途商品就应该算作买方的存货。让我们通过复习目的地交货和装运地交货这两种装运条件来确定所有权

是否已经转移。如果买方负担运费，那么货物装上运输工具时，其所有权就已经发生了转移。如果卖方负担运费，货物到达目的地时，其所有权才会发生转移。

寄售商品

寄售商品是指由**寄售人**（consignor，货物所有人）运送给**承售人**（consignee）并委托其代为销售的商品。寄售商品仍归寄售人所有，因此应把它列为寄售人的存货。比如：Upper Deck 公司花钱请 Green Bay Packers（一支美式橄榄球队）的阿伦·罗杰斯等体育明星在其相关产品上签名，并在各大购物网进行寄售。在这些产品销售出去以前，Upper Deck 公司都要把它们列为自己的存货。承售人不会将寄售商品记入自己的存货。

毁损或过时商品

已经无法销售的毁损或过时商品不能列为企业的存货。但如果这些商品可以降价出售，那么就应该按照它们的**可变现净值**（net realizable value）将其记入存货。可变现净值等于商品的售价减去销售成本。如果商品发生毁损或过时，应该在当期确认相关损失。

决策洞察力　**管理存货**

带有双向无线电的无线装置可以通过扫描条形码帮助职员快速记录存货，即时发送和接收存货数据，以便经理获得最新的存货信息和位置。条形码几乎可以影响存货控制和管理的所有方面，使用条形码使存货管理变得更简单、更准确、更高效。

确定存货成本

库存商品的成本包括在将商品运到销售地点并做好销售准备过程中直接或间接发生的各种费用。也就是说，存货成本等于发票价格扣除折扣，再加上各种必要的附加成本或杂费。这些附加成本或杂费包括运输费、仓储费、保险费。费用确定（配比）原则规定，存货成本应作为存货销售期间的销售成本入账。

内部控制和实物盘点

某些事项的发生可能会导致存货的账面余额与实际余额不符。这些事项包括失窃、损失、损坏以及误差。因此，几乎所有的企业每年至少要对其存货进行一次实物盘点。企业通常选择在会计期末或存货数量比较少时进行实物盘点。实物盘点的目的是将存货的账面余额调整为实际余额。

决策洞察力　**控　制**

企业在进行存货的实物盘点时，必须采取一定的内部控制措施来减少欺诈行为，从而提高盘点的可靠性，这些措施包括：

- 签发提前编好号的盘存单，发给每个盘货员，并且每张盘存单都要入账。
- 负责管理存货的人员不能担任盘货员。
- 盘货员在盘点过程中要确认存货是否在库以及存货的数量和质量。
- 派另一名盘货员进行二次盘点。
- 管理人员确认所有的存货都已记入盘存单并且只记了一次。

NTK 6-1

1. 一位木制鸟雕刻师在车库里经营。当期期末，她的车库里有17件雕刻品，其中3件被水损坏，无法出售。有50件在经销商的货车里，正准备给一位顾客送去，采用目的地交货。还有11件作为寄售商品放在几家小型零售店处。雕刻师期末拥有多少件存货？

2. 一位艺术铁质家具经销商购买了一件家具，价值$1 000，采用装运地交货。在购买这件家具并准备销售的过程中发生的附加成本包括$150的运输费；$300进口关税；$100运输保险费；$200广告费；$50自愿向运输人员支付的小费；$75增加商店照明的费用；$250销售人员工资费用。在计算存货成本时，分摊到该家具的成本是多少？

答案：

1. 期末存货数量

期初存货	17
减去损坏无法出售数量	3
加上在途数	5
加上寄售数	11
期末存货数量合计	30

2. 商品购买成本 $1 000

加上：	
运输费	150
进口关税	300
运输保险费	100
存货成本总计	$1 550

6.2 永续盘存制下的存货成本计算

存货的会计核算会影响资产负债表和利润表。对存货进行会计核算的一个主要目的就是要使销售成本与销售收入相配比。我们使用费用确定（配比）原则来计算发生了哪些待售商品成本，哪些应该计入存货成本。

对存货进行会计核算时，管理部门需要决定以下几项内容：

- 存货的项目构成及其成本。
- 存货成本核算方法（个别认定法、先进先出法、后进先出法和加权平均法）。
- 盘存制度（永续盘存制或定期盘存制）。
- 使用市价还是其他的估值。

前面已经介绍了第一项，接下来将介绍第二项和第三项，本章的最后会介绍第四项。

存货会计核算中的一个重要问题就是确定分摊到每单位存货上的成本。如果所有的存货都是按照相同的单价购进的，那么确定成本的过程就很简单。但如果同种存货的采购单价各不相同，这时必须要确定哪些成本需要计入销售成本，哪些成本需要计入存货成本。

在将成本在存货成本与销售成本之间进行分摊时，通常可以使用以下四种方法：个别认定法、先进先出法、后进先出法和加权平均法。图表6-1给出了这些方法的使用频率。

每种方法都假设了一种存货的成本流转方式。成本流转假设不一定要与货物实物流转过程相匹配。例如，克罗格的食品连锁店采用先进先出法，意味着他们先出售存货中储存时间最长的食品。然而，克罗格也可以使用后进先出法来分摊所售食品的成本。除个别认定法外，实物流转过程与成本流转过程不一定相同。

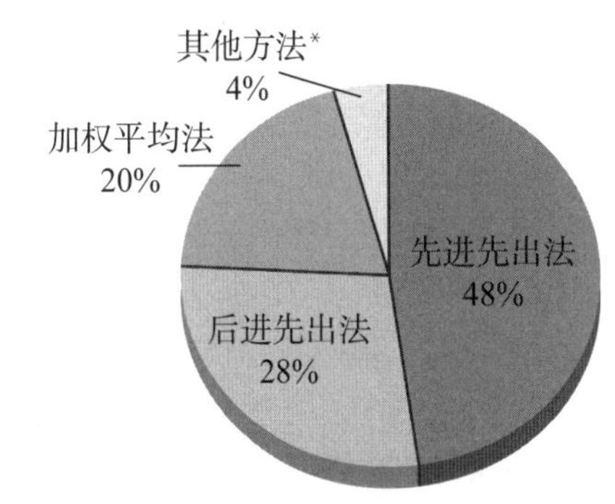

图表6-1 存货成本核算方法的使用频率

* 其他方法中包括个别认定法。

存货成本流转假说

下面将介绍存货成本流转假设。假设某企业分别在下列日期按照下列价格购入了一单位的某种商品：5月1日以＄45的价格购入，5月3日以＄65的价格购入，5月6日以＄70的价格购入。5月7日，该企业以＄100的价格售出了一单位的该商品。图表6－2解释了在先进先出法、后进先出法和加权平均法下，成本是如何流入利润表以及资产负债表的存货部分的。

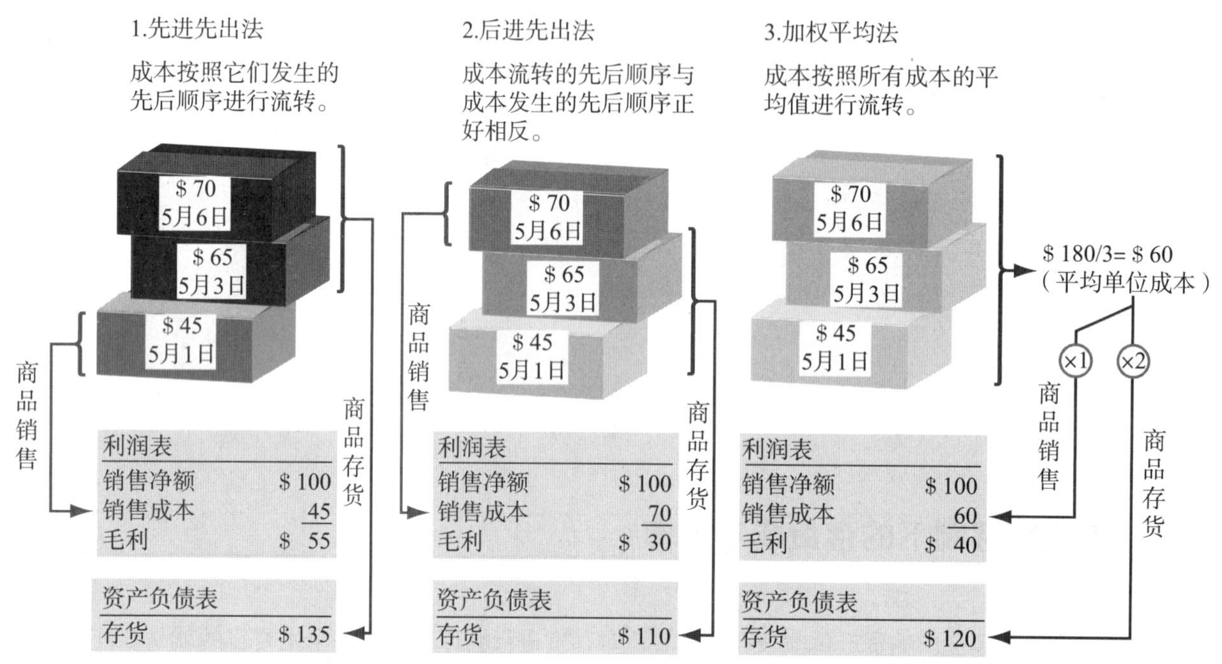

图表6－2 成本流转假设

（1）先进先出法假设成本按照它们发生的先后顺序进行流转，即先发生的成本先流出。5月1日以＄45的价格购入的商品是最早发生的成本，因此，将它分摊为利润表上的销售成本。剩下的两单位商品（价格分别为＄65和＄70）则列入资产负债表的存货项目。

（2）后进先出法假设成本流转的先后顺序与成本发生的先后顺序正好相反，即后发生的成本先流出。5月6日以＄70的价格购入的商品是最近发生的成本，因此，把它分摊为利润表上的销售成本。剩下的两单位商品（价格分别为＄45和＄65）则列入资产负债表的存货项目。

（3）加权平均法假设成本按照所有成本的平均值进行流转。5月7日所有商品的平均成本为＄60，计算过程为：（＄45＋＄65＋＄70）/3。因此，我们将一单位的平均成本＄60分摊为利润表上的销售成本，剩下两单位的成本＄120则列入资产负债表的存货项目。

存货成本流转假设可以影响毛利和存货数量。图表6－2显示，由于成本流转假设不同，毛利占销售净额的比率为30%～55%。

以下有关存货成本的部分使用的是永续盘存制，附录6A中将介绍定期盘存制。教师可以根据自己的需要选择一种或两种盘存制度加以讲解。如果不讲解永续盘存制，可以直接阅读附录6A并且返回到“决策制定者”专栏——成本分析。

存货成本核算方法的实例讲解

下面将举例介绍存货的各种成本核算方法，使用的是一家名为Trekking的运动用品商店的会计数据。

在 Trekking 公司众多的商品中，一款山地车的主要销售对象是提供廉价自行车供游客使用的旅游景点。这些旅游景点通常一次就购买十几辆山地车。这里使用的是 Trekking 公司 8 月份有关山地车的进销货数据。图表 6－3 给出了该公司 8 月初的山地车存货数量以及 8 月份的购买和销售数量。8 月末，该公司剩余的山地车存货数量为 12 辆。

图表 6－3 进销货情况表

日期	业务内容	购货数量与单位成本	销货数量与单位售价	存货数量
8 月 1 日	期初存货	10 辆×$91＝$910		10 辆
8 月 3 日	购货	15 辆×$106＝$1 590		25 辆
8 月 14 日	销货		20 辆×$130	5 辆
8 月 17 日	购货	20 辆×$115＝$2 300		25 辆
8 月 28 日	购货	10 辆×$119＝$1 190		35 辆
8 月 30 日	销货		23 辆×$150	12 辆（存货数量）
	合计	55 辆（待售商品数量）　$5 990（待售商品成本）	43 辆（销售数量）	

Trekking 公司使用的是永续盘存制，也就是说，其库存商品要时时更新以反映购货和销货情况（附录 6A 将介绍在定期盘存制下如何将成本摊销到存货上去）。但不管使用哪种盘存制度，待售商品成本都必须在销售成本和期末存货之间进行分摊。

□ 个别认定法

如果能够分清每项存货属于哪一批购货，并且知道这批购货的发票价格，那么就可以使用**个别认定法**（specific identification，SI）来进行成本分摊。还需要相关的销售记录以确认在什么时间卖出的是哪些商品。可以通过每辆自行车的序列号来跟踪成本和计算所售商品的成本。Trekking 公司的内部文件显示：

8 月 14 日　售出 8 辆单位成本为 $91 和 12 辆单位成本为 $106 的山地车。

8 月 30 日　售出 2 辆单位成本为 $91、3 辆单位成本为 $106、15 辆单位成本为 $115 和 3 辆单位成本为 $119 的山地车。

我们利用个别认定法和上述信息编制出图表 6－4。从图表 6－3 可知，期初存货成本共计 $5 990。8 月 14 日销售 20 辆山地车，确认其中 8 辆山地车的单位成本为 $91，其余 12 辆山地车的单位成本为 $106，所以 8 月 14 日的销售总成本为 $2 000。接下来，8 月 30 日销售 23 辆山地车，确认其中 2 辆山地车的单位成本为 $91，3 辆山地车的单位成本为 $106，15 辆山地车的单位成本为 $115，3 辆山地车的单位成本为 $119，所以 8 月 30 日的销售总成本为 $2 582，合计 $4 582。期初存货成本 $5 990 减去 $4 582 的销售成本，得到期末存货成本 $1 408。可以从图表 6－4 中学习成本流转过程。每辆山地车，不管卖没卖出去，其成本都是确定的。

图表 6－4 使用个别认定法核算存货成本

55 件待售商品成本（来自图表 6－3）		$5 990
销售成本*		
8 月 14 日（8×$91）＋（12×$106）	$2 000	
8 月 30 日（2×$91）＋（3×$106）＋（15×$115）＋（3×$119）	2 582	4 582
期末存货		$1 408

* 根据记录商品从购入到售出情况的内部文件来确认已售出商品及其成本。

使用个别认定法时，Trekking 公司利润表上列示的销售总成本为＄4 582，这个数字是用图表 6－4 中的销售成本＄2 000 与＄2 582 加总计算出来的。Trekking 公司资产负债表上列示的期末存货为＄1 408，该数字来源于图表 6－4。下图显示了成本流转过程。

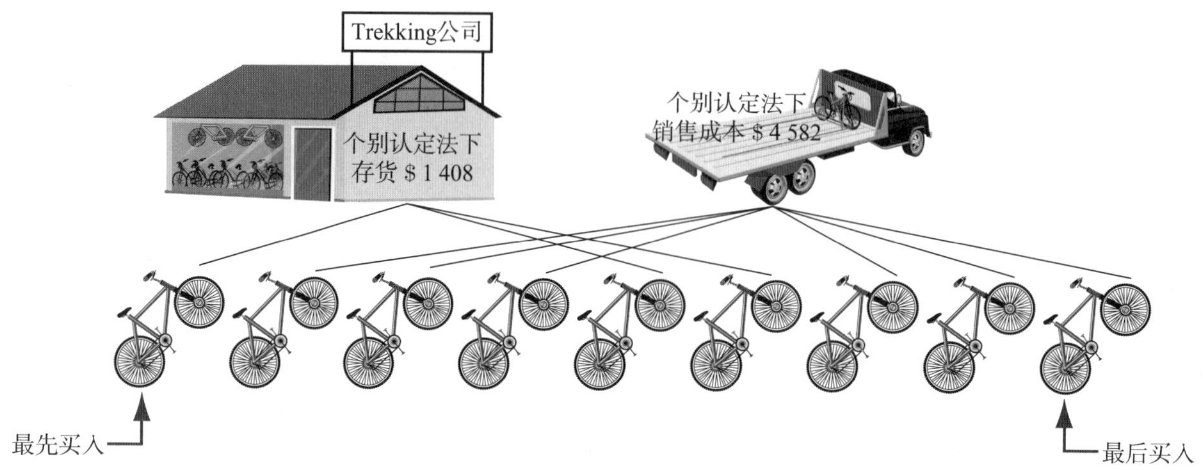

□ 先进先出法

先进先出法（first-in，first-out，FIFO）是根据先购入的商品先卖出这种假设在存货和销售成本之间摊销成本的方法。销售发生时，较早购入的商品成本便转为销售成本，因此期末存货余额反映的是最近购入的商品的成本。图表 6－5 给出了使用先进先出法计算出来的存货成本和销售成本。

如图表 6－5 所示，期初存货为 10 辆单价为＄91 的山地车。8 月 3 日，购进 15 辆单价为＄106 的山地车，总价为＄1 590。此时的存货为 10 辆单价为＄91 和 15 辆单价为＄106 的山地车，共计＄2 500。8 月 14 日，售出了 20 辆山地车——采用先进先出法，前 10 辆车单位销售成本为＄91，后 10 辆为＄106，共计＄1 970。此时，存货余额为 5 辆单价为＄106 的山地车，共计＄530。8 月 17 日和 8 月 28 日，分别购进了 20 辆总成本为＄2 300 和 10 辆总成本为＄1 190 的山地车，此时，存货共计 35 辆，成本为＄4 020。8 月 30 日，售出 23 辆山地车——采用先进先出法，前 5 辆销售成本为＄530，后 18 辆为＄2 070，此时，期末存货为 12 辆总成本为＄1 420 的山地车。

图表 6－5　在永续盘存制下使用先进先出法计算存货成本

日期	采购的商品	销售成本	存货余额
8月1日	期初余额		10×＄91=＄910
8月3日	15×＄106 =＄1 590		10×＄91 15×＄106 }=＄2 500
8月14日		10×＄91=＄910 10×＄106=＄1 060 }=＄1 970	5×＄106=＄530
8月17日	20×＄115 =＄2 300		5×＄106 20×＄115 }=＄2 830
8月28日	10×＄119 =＄1 190		5×＄106 20×＄115 10×＄119 }=＄4 020
8月30日		5×＄106=＄530 18×＄115=＄2 070 }=＄2 600 ＄4 570	2×＄115 10×＄119 }=＄1 420

8 月 14 日售出的 20 辆山地车，其中 10 辆分摊的是最早的购货成本＄91/辆（来自期初存货的进货价），另 10 辆分摊的是第二早的购货成本＄106/辆。

8 月 30 日售出的 23 辆山地车，其中 5 辆分摊的单位购货成本是＄106（8 月 3 日的进货价），另 18 辆分摊的单位购货成本是＄115（8 月 17 日的进货价）。

当使用先进先出法时，Trekking公司利润表上列示的销售总成本（反映已经销售出去的43辆山地车的成本）为$4 570（$1 970+$2 600）。Trekking公司资产负债表上列示的期末存货（反映12辆库存山地车的成本）为$1 420。

下图给出了成本流转过程。

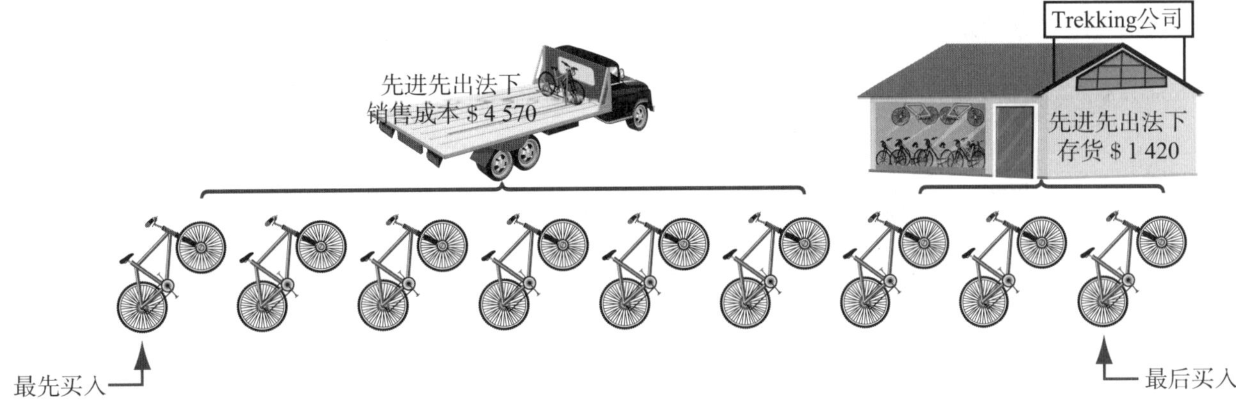

后进先出法

后进先出法（last-in，first-out，LIFO）是根据最近购入的商品最先卖出这种假设来分摊成本的方法。在这种方法下，把最近的购货成本分摊至销售成本，把较早的购货成本分摊至存货成本。

图表6-6给出了使用后进先出法计算出来的存货成本和销售成本。期初存货为10辆单价为$91的山地车。8月3日，购进15辆单价为$106的山地车，总价为$1 590。此时的存货为10辆单价为$91和15辆单价为$106的山地车，共计$2 500。8月14日，售出了20辆山地车——采用后进先出法，前15辆车是最近购进的，单价为$106，后5辆是较近一次购进的，单价为$91，共计$2 045。此时，存货余额为5辆单价为$91的山地车，共计$455。8月17日和8月28日，分别购进了20辆总成本为$2 300和10辆总成本为$1 190的山地车，此时，存货共计35辆，成本为$3 945。8月30日，售出23辆山地车——采用后进先出法，前10辆为最近一次购进的，成本为$1 190；后13辆是较近一次购进的，成本为$1 495。此时，期末存货余额为12辆总成本为$1 260的山地车。

图表6-6 在永续盘存制下使用后进先出法计算存货成本

日期	采购的商品	销售成本	存货余额
8月1日	期初余额		10×$91=$910
8月3日	15×$106 =$1 590		10×$91 15×$106 } =$2 500
8月14日		15×$106=$1 590 5×$91=$455 } =$2 045	5×$91=$455
8月17日	20×$115 =$2 300		5×$91 20×$115 } =$2 755
8月28日	10×$119 =$1 190		5×$91 20×$115 10×$119 } =$3 945
8月30日		10×$119=$1 190 13×$115=$1 495 } =$2 685 $4 730	5×$91 7×$115 } =$1 260

8月14日售出的20辆山地车，其中15辆分摊的是最近一次的购货成本$106/辆，另5辆分摊的是较近一次的购货成本$91/辆。

8月30日售出的23辆山地车，其中10辆分摊的是最近一次的购货成本$119/辆，另13辆分摊的是较近一次的购货成本$115/辆。

当使用后进先出法时，Trekking 公司利润表上列示的销售总成本为＄4 730（＄2 045＋＄2 685）。Trekking 公司资产负债表上列示的期末存货为＄1 260。

下图给出了成本流转过程。

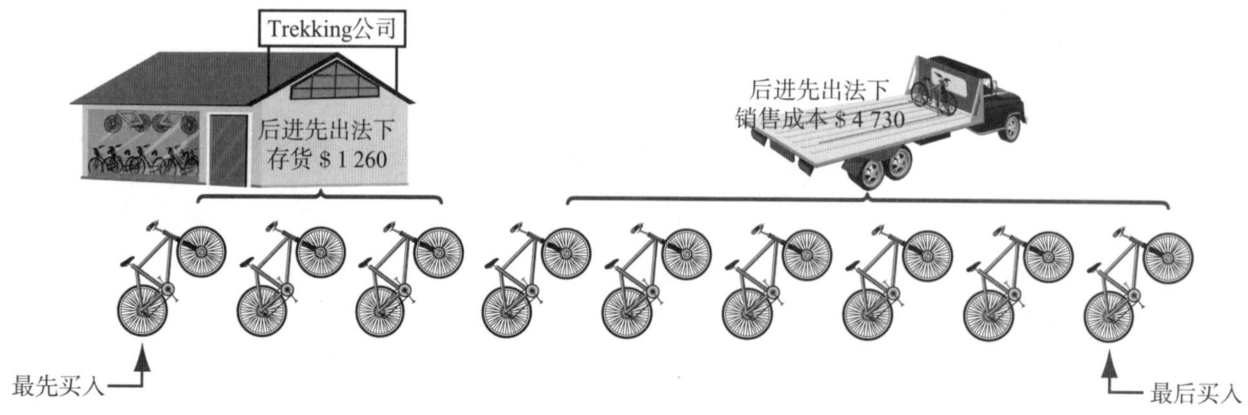

□ 加权平均法

加权平均法（weighted average，WA），又叫**平均成本法**（average cost），要求使用单位存货的加权平均成本作为每笔销售业务的销售成本。每笔销售业务发生时的单位加权平均成本等于待售商品成本总额除以待售商品总量。图表 6－7 给出了使用加权平均法计算出来的 Trekking 公司的存货成本和销售成本。

图表 6－7　在永续盘存制下使用加权平均法计算存货成本

日期	采购的商品	销售成本	存货余额
8月1日	期初余额		10×＄91＝＄910（或＄91/辆）
8月3日	15×＄106 ＝＄1 590		10×＄91 15×＄106 }＝＄2 500（或＄100/辆）[a]
8月14日		20×＄100＝＄2 000	5×＄100＝＄500（或＄100/辆）[b]
8月17日	20×＄115 ＝＄2 300		5×＄100 20×＄115 }＝＄2 800（或＄112/辆）[c]
8月28日	10×＄119 ＝＄1 190		25×＄112 10×＄119 }＝＄3 990（或＄114/辆）[d]
8月30日		23×＄114＝＄2 622 ＄4 622	12×＄114＝＄1 368（或＄114/辆）[e]

8 月 14 日售出的 20 辆山地车分摊的成本为＄100/辆，是根据销售业务发生时的存货余额栏的数据计算出来的。

8 月 30 日售出的 23 辆山地车分摊的成本为＄114/辆，是根据销售业务发生时的存货余额栏的数据计算出来的。

a. ＄100/辆＝存货余额＄2 500/存货 25 辆
b. ＄100/辆＝存货余额＄500/存货 5 辆
c. ＄112/辆＝存货余额＄2 800/存货 25 辆
d. ＄114/辆＝存货余额＄3 990/存货 35 辆
e. ＄114/辆＝存货余额＄1 368/存货 12 辆

期初存货为 10 辆单价为＄91 的山地车。8 月 3 日，购进 15 辆单价为＄106 的山地车，总价为＄1 590。此时的存货为 10 辆单价为＄91 和 15 辆单价为＄106 的山地车，共计＄2 500。此时山地车的单位平均成本为＄100［2 500/(10＋15)］。8 月 14 日，售出了 20 辆山地车——采用加权平均法，售出的 20 辆山地车的单位平均成本为＄100，共计＄2 000。此时，存货余额为 5 辆单位平均成本为＄100 的山地车，共计＄500。8 月 17 日和 8 月 28 日，分别购进了 20 辆总成本为＄2 300 和 10 辆总成本为＄1 190 的山地车，此时，存货共计 35 辆，成本为＄3 990。8 月 28 日，山地车的单位平均成本为＄114［3 990/(5+20+10)］。8 月 30 日，售出 23 辆山地车——采用加权平均法，23 辆车的单位平均成本为＄114，此时，期末存货余额为 12 辆总成本为＄1 368 的山地车。

当使用加权平均法时，Trekking 公司利润表上列示的销售总成本（反映已经销售出去的 43 辆山地车的成本）为＄4 622（＄2 000＋＄2 622）。Trekking 公司资产负债表上列示的期末存货（反映 12 辆库存山地车的成本）为＄1 368。

下图给出了成本流转过程。

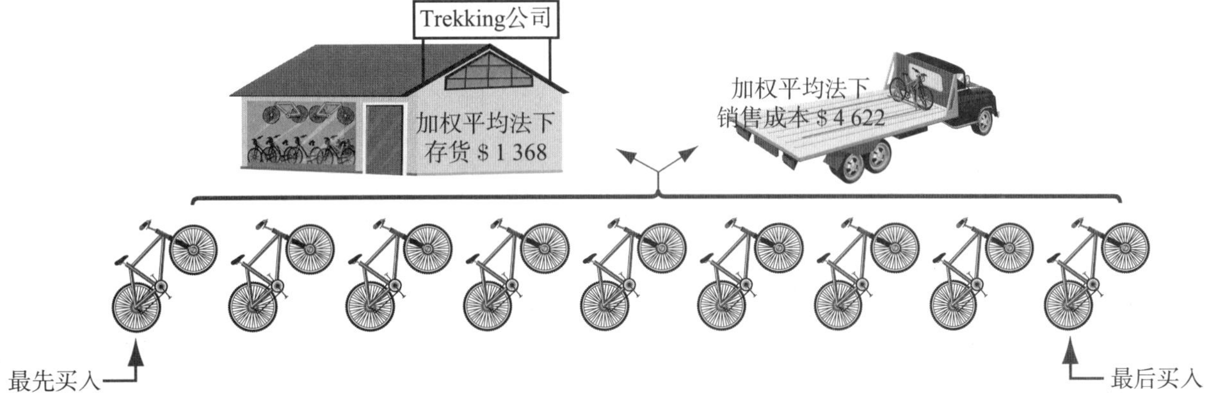

到现在，我们已经完成了在四种不同的存货成本核算方法下 Trekking 公司的存货成本核算。技术的发展大大降低了使用永续盘存制的成本。很多企业都觉得不使用永续盘存制的代价巨大，因为及时获得存货信息已经成为企业的一种竞争优势，能帮助企业减少存货，从而降低成本。

决策洞察力　**回扣和发票舞弊**

存货保障措施包括访问限制、使用授权请求、安全措施和内控环境。恰当的会计处理包括将收到的存货与采购订单条款和质量要求进行匹配，防止错报并对存货记录的访问进行限制。一项研究报告称，在采购过程中 35%的员工会收到供应商提供的不当回扣或礼物。另一项研究报告表明，提交伪造的供应商发票的情况并不少见，而且作案者往往就是员工（以上数据来自 2012 年毕马威会计师事务所对澳大利亚和新西兰舞弊、贿赂和腐败的调查数据）。

□ 各种存货成本核算方法对财务报表的影响

如果商品进价一直保持不变，那么不管使用哪种存货成本核算方法，得出的存货成本和销售成本都是一样的。但如果商品进价发生变化，那么使用不同的存货成本核算方法得出的存货成本和销售成本基本上会不同。图表 6－8 以 Trekking 公司的数据为例说明了这些差异。

图表 6－8 揭示了两个重要的问题。首先，如果像 Trekking 公司一样购货成本持续上涨，就会导致：

- 使用先进先出法分摊到销售成本上的成本最少，因此毛利和净利润也就最高（为了获取更多的奖金、保住自己的工作或者维护自己的声誉，管理层往往希望财务报表上反映的企业利润水平越高越好。在这种情况下，如果购货成本不断上涨，他们比较愿意采用先进先出法来计算企业存货成本）。
- 使用后进先出法分摊到销售成本上的成本最多，因此毛利和净利润最少。
- 使用加权平均法分摊到销售成本上的成本介于使用先进先出法和后进先出法分摊的成本之间。
- 使用个别认定法的成本分摊情况往往取决于售出的是哪些商品。

图表6-8 存货成本核算方法对财务报表的影响

Trekking 公司 8月				
	个别认定法	先进先出法	后进先出法	加权平均法
利润表				
销售收入	$6 050	$6 050	$6 050	$6 050
销售成本	4 582	4 570	4 730	4 622
毛利	1 468	1 480	1 320	1 428
费用	450	450	450	450
税前利润	1 018	1 030	870	978
所得税费用（30%）	305	309	261	293
净利润	$ 713	$ 721	$ 609	$ 685
资产负债表				
存货	$1 408	$1 420	$1 260	$1 368

其次，当购货成本不断下降时，先进先出法和后进先出法的成本分摊结果恰恰相反。例如，使用先进先出法分摊到销售成本上的成本最高，因此毛利和净利润最少；使用后进先出法分摊到销售成本上的成本最低，因此毛利和净利润最高，企业可以使用上述四种存货成本核算方法中的任何一种。但是，企业必须在其财务报表或财务报表附注中说明自己使用的存货成本核算方法。每一种成本核算方法都有自己的优点，如下所示：

- 使用先进先出法时，资产负债表上反映的存货成本最接近现时成本，并且先进先出法与大多数企业的实际商品流转过程最为相近。
- 使用后进先出法时，利润表上反映的销售成本最接近现时成本，并且后进先出法还能较好地将现时成本与销售收入相匹配以计算毛利。
- 加权平均法可以避免存货成本发生较大的波动。
- 个别认定法能够实现商品成本与它们所带来的收入之间的准确配比。

决策制定者　**成本分析**

你的上级认为资产负债表中反映的存货价值与存货重置成本越接近，产品成本的管理就越容易。此时，你建议采用何种存货成本核算方法？

答案：向你的上级解释说：先进先出法可以使存货成本最接近存货重置成本。在先进先出法下，期末存货成本是最近购货的成本，而后进先出法下的期末存货成本是较早购货的成本，因此相比后进先出法，先进先出法下期末存货成本更接近存货重置成本。

成本核算方法对税收的影响

图表6-8 Trekking公司的利润表中包括所得税费用（税率为30%），这是因为Trekking公司采取的是股份制公司组织形式。存货成本会影响企业的净利润，所以也会影响企业的纳税额。后进先出法暂时减轻了Trekking公司的所得税负担。这也是很多企业选择使用后进先出法的原因。

企业可以使用不同的成本核算方法来编制财务报表和税收报表，很多企业实际上也是这样做的。但是，这种做法有一个例外情况。美国国税局规定：如果企业在编制税收报表时使用的是后进先出法，那么在编制财务报表时也必须使用后进先出法，这就是所谓的“后进先出法一致性规则”。

成本核算方法的一致性原则

一致性原则（consistency concept）规定：除非改变会计方法可以提高企业财务报表质量，否则企业在不同的会计期间要使用相同的会计方法，以使不同时期的财务报表具有可比性。充分披露原则规定：财务报表的附注必须说明会计方法的变化，并且要给出改变会计方法的理由以及这种变化对企业利润的影响。

一致性原则并没有规定企业只能使用一种会计核算方法。例如，针对不同种类的存货，企业可以使用不同的成本核算方法。

职业道德

仓库经理

身为仓库经理，你的奖金以公司的毛利为基数计算。公司想把存货成本计算方法由原来的先进先出法改成后进先出法，领导为此征求你的意见。据预测，公司的进货成本会不断上升，所以领导觉得使用后进先出法可以将较高的现时成本与销售收入相配比，从而减少公司的应税所得（以及毛利）。你该如何回答？

答案：将存货成本核算方法改为后进先出法可以减少公司的纳税额（或至少可以推迟纳税时间），但这样一来，你能够得到的奖金也少了。美国税法规定：如果企业在编制税收报表时使用的是后进先出法，那么在编制财务报表时也必须使用后进先出法，因此，你没有太大的选择余地。最好的方法就是告诉领导后进先出法可以替公司节税。但同时你也应该让领导知道这种做法会让你损失很多奖金，因此你应该跟领导重新商量一下你的奖金分配方案。你可以提议使用后进先出法计算存货余额，但使用原来的先进先出法来计算你的奖金。或者，你可以跟领导协商改变奖金分配方案，减少因为使用后进先出法而给你带来的损失。

NTK 6－2

下表是一家公司唯一一种产品12月的购货和销货数据。

日期	业务内容	购货数量和单位成本	销货数量和单价
12月1日	期初存货	5单位×＄3.00＝＄ 15.00	
12月8日	购货	10单位×＄4.50＝＄ 45.00	
12月9日	销货		8单位×＄7.00
12月19日	购货	13单位×＄5.00＝＄ 65.00	
12月24日	销货		18单位×＄8.00
12月30日	购货	8单位×＄5.30＝＄ 42.40	
	合计	36单位　＄167.40	26单位

公司采用永续盘存制。分别采用（a）个别认定法；（b）先进先出法；（c）后进先出法；（d）加权平均法计算分摊到期末存货上的成本和销售成本。计算每种方法的毛利（单位成本和存货余额四舍五入到美分）。对于个别认定法，期末存货的10单位中有8单位来自12月30日的购货，2单位来自12月8日的购货。

答案：

a. 个别认定法：期末存货的10单位中有8单位来自12月30日的购货，2单位来自12月8日的购货。

个别认定法	期末存货	销售成本
(8×＄5.30)＋(2×＄4.50)	＄51.40	
(5×＄3.00)＋(8×＄4.50)＋(13×＄5.00)＋(0×＄5.30)		＄116.00
或者＄167.40（待售商品总额）－＄51.40（期末存货）		＄116.00

b. 先进先出法——永续盘存制

日期	采购的商品	销售成本	存货余额
12 月 1 日			5 单位×＄3.00＝＄15.00
12 月 8 日	10 单位×＄4.50		5 单位×＄3.00 10 单位×＄4.50 ＝＄60.00
12 月 9 日		5 单位×＄3.00 3 单位×＄4.50 ＝＄28.50	7 单位×＄4.50＝＄31.50
12 月 19 日	13 单位×＄5.00		7 单位×＄4.50 13 单位×＄5.00 ＝＄96.50
12 月 24 日		7 单位×＄4.50 11 单位×＄5.00 ＝＄86.50	2 单位×＄5.00＝＄10.00
12 月 30 日	8 单位×＄5.30	＄115.00	2 单位×＄5.00 8 单位×＄5.30 ＝＄52.40

或者简洁版的先进先出法——永续盘存制

先进先出法	期末存货	销售成本
(8×＄5.30)＋(2×＄5.00)	＄52.40	
(5×＄3.00)＋(10×＄4.50)＋(11×＄5.00)		＄115.00
或者＄167.40（待售商品总额）－＄52.40（期末存货）		＄115.00

c. 后进先出法——永续盘存制

日期	采购的商品	销售成本	存货余额
12 月 1 日			5 单位×＄3.00＝＄15.00
12 月 8 日	10 单位×＄4.50		5 单位×＄3.00 10 单位×＄4.50 ＝＄60.00
12 月 9 日		8 单位×＄4.50＝＄36.00	5 单位×＄3.00 2 单位×＄4.50 ＝＄24.00
12 月 19 日	13 单位×＄5.00		5 单位×＄3.00 2 单位×＄4.50 13 单位×＄5.00 ＝＄89.00
12 月 24 日		13 单位×＄5.00 2 单位×＄4.50 3 单位×＄3.00 ＝＄83.00	2 单位×＄3.00＝＄6.00
12 月 30 日	8 单位×＄5.30	＄119.00	2 单位×＄3.00 8 单位×＄5.30 ＝＄48.40

d. 加权平均法——永续盘存制

日期	采购的商品	销售成本	存货余额
12 月 1 日			5 单位×$3.00 = $15.00
12 月 8 日	10 单位×$4.50		5 单位×$3.00 10 单位×$4.50 } = $60.00 ($60.00/15 单位=平均成本 $4.00)
12 月 9 日		8 单位×$4.00= $32.00	7 单位×$4.00 = $28.00
12 月 19 日	13 单位×$5.00		7 单位×$4.00 13 单位×$5.00 } = $93.00 ($93.00/20 单位=平均成本 $4.65)
12 月 24 日		18 单位×$4.65= $ 83.70	2 单位×$4.65 = $ 9.30
12 月 30 日	8 单位×$5.30	$115.70	2 单位×$4.65 8 单位×$5.30 } = $51.70 ($51.70/10 单位=平均成本 $5.17)

6.3　成本与市价孰低法及存货误差的影响

本节将介绍市场成本对资产负债表中存货余额的影响以及存货误差对财务报表的影响。

成本与市价孰低法

公司在采用先进先出法、后进先出法、加权平均法和个别认定法其中之一后，应该对存货进行检查，以确保是用**成本与市价孰低法**（lower of cost or market，LCM）进行报告的。成本与市价孰低法要求当存货的市场价值低于存货的账面成本时，以存货的重置市场价值作为存货成本来报告。

成本与市价孰低法下存货成本的计算

成本与市价孰低法中的市价是指存货的现时重置成本，即购买相同的商品所需支付的现时成本。重置成本下降表明存货发生了贬值。如果存货的账面成本高于其重置成本，就需要确认损失。但如果存货的账面成本低于其重置成本，就不需要做任何调整。

可以使用成本与市价孰低法来计算各项存货、各类存货或全部存货的成本。随着科学技术会计应用范围的扩大以及存货追踪技术的发展，越来越多的企业采用成本与市场孰低法来计算各项存货的成本。因此，本书只讲解这一种方法。其他两种方法会在更高级别的课程中学到。图表 6－9 给出了一个使用成本与市价孰低法来计算某一跑车用品零售商的期末存货成本的例子。

图表 6－9　使用成本与市价孰低法计算存货成本

使用成本与市价孰低法计算各项存货的成本：取敞篷车的总成本（$170 000）与总市价（$140 000）中较低的那个——$140 000 作为敞篷车的成本。

使用成本与市价孰低法计算出的各项存货的总成本$190 000 比记录的总成本$220 000 低。

库存项目	数量	单位商品 成本	单位商品 市价	总成本	总市价	应用于各项存货的成本与市价孰低法
敞篷车	20	$8 500	$7 000	$170 000	$140 000	$140 000
短距离赛车	10	5 000	6 000	50 000	60 000	50 000
合计				$220 000		$190 000

当我们使用成本与市价孰低法计算各项存货的成本时，比较的次数等于项目的个数。对于敞篷车，市价$140 000 低于成本$170 000。对于短距离赛车，成本$50 000 低于市价$60 000。这样报表中的存货成本就是$190 000，即敞篷车的存货成本$140 000 加上短距离赛车的存货成本$50 000。

零售商 Buckle 公司使用的就是成本与市价孰低法，它在其财务报表中注明了“库存商品成本反映的是平均成本与市价中较低的那个”。

成本与市价孰低法下存货成本的会计处理

当存货的市价低于其账面成本时，需要对存货的余额进行调整。例如，如果像图表 6－9 中描述的那样使用成本与市价孰低法计算各项存货的成本，那么库存商品的余额就要从原来的账面成本$220 000 调整为市价$190 000，调整分录如下：

	借方	贷方
借：销售成本	30 000	
贷：库存商品		30 000
（将存货成本调整为其市价。）		

NTK 6－3

公司的期末存货中包含以下产品。(a) 采用成本与市价孰低法分别计算每种产品的存货成本和市价。(b) 如果市价低于记录的存货成本，将 12 月 31 日的成本调整额记入库存商品。

	数量	单位商品 成本	单位商品 市价
公路自行车	5	$1 000	$800
山地自行车	4	500	600
城市自行车	10	400	450

答案：

a.

	数量	单位商品 成本	单位商品 市价	总成本	总市价	成本与市价孰低法计量结果
公路自行车	5	$1 000	$800	$ 5 000	$4 000	$ 4 000
山地自行车	4	500	600	2 000	2 400	2 000
城市自行车	10	400	450	4 000	4 500	4 000
				$11 000		$10 000
成本与市价孰低法应用于每件产品						$10 000

b.

12 月 31 日	借：销售成本	1 000	
	贷：库存商品		1 000
	（将存货成本调整为其市价（＄11 000－＄10 000）。）		

□ 存货误差对财务报表的影响

存货误差将导致本期销售成本、毛利、净利润、流动资产以及所有者权益的错报。而且，由于本期的期末存货即为下期的期初存货，所以存货误差还会导致下一期财务报表的错报。下面将介绍存货误差对财务报表的影响。在介绍之前，让我们先来复习下面这个会计等式：

期初存货＋购货净成本－期末存货＝销售成本

对利润表的影响

图表 6－10 给出了存货误差对当期和下期利润表的影响。先看一下表中第一行第一年的比较。可以发现，低估期末存货会导致高估销售成本，进而可以由上面的等式得出：高估的销售成本会导致较低的收益。

图表 6－10　存货误差对利润表的影响

期末存货	第一年		第二年	
	销售成本	净利润	销售成本	净利润
低估↓	高估↑	低估↓	低估↓	高估↑
高估↑	低估↓	高估↑	高估↑	低估↓

在分析第一行第二年的数据时，请注意低估的第一年期末存货现在是第二年低估的期初存货。根据上面的等式可以发现，如果期初存货被低估，那么销售成本将被低估，低估的销售成本会导致较高的收益。

对于高估产生的影响，来看第二行第一年的数据。根据上面的等式，如果期末存货被高估，会导致销售成本的低估。低估的销售成本会导致较高的收益。

在分析第二行第二年的数据时，仍然要注意，第一年高估的期末存货现在是第二年高估的期初存货。根据上面的等式，如果期初存货被高估，会导致销售成本被高估，高估的销售成本会导致较低的收益。

举个例子。假设某公司 2015—2017 年每年的销售收入均为＄100 000，并且每年的存货都维持在＄20 000，购货成本均为＄60 000，因此该公司每年的销售成本均为＄60 000，毛利均为＄40 000。

第一年低估期末存货对第一年的影响　如果该公司误将 2015 年的期末存货算错，错报为＄16 000，图表 6－11 列出了这种存货误差带来的影响。2015 年的期末存货低估＄4 000 将导致该年的销售成本高估＄4 000，毛利和净利润都低估＄4 000，这和图表 6－10 的预期相同。

第一年低估期末存货对第二年的影响　2015 年的期末存货就是 2016 年的期初存货，所以如图表 6－11 所示，这一存货误差还会导致 2016 年的销售成本低估＄4 000，毛利和净利润都高估＄4 000。

第三年低估期末存货对第三年的影响　图表 6－11 的数据显示，2015 年的期末存货误差仅影响当期和下一期的数据。它不会对 2017 年及之后的会计期间造成影响。存货误差能够自动更正，这是因为它会在第二期造成相反方向的错误。但这并不表示存货误差不是一个严重的问题。

图表 6－11 存货误差对三个会计期间的利润表产生的影响

	利润表					
	2015年		2016年		2017年	
销售收入		$ 100 000		$ 100 000		$ 100 000
销售成本						
期初存货	$ 20 000		$ 16 000*		$ 20 000	
购货成本	60 000		60 000		60 000	
待售商品	80 000		76 000		80 000	
期末存货	16 000*		20 000		20 000	
销售成本		64 000**		56 000**		60 000
毛利		36 000		44 000		40 000
费用		10 000		10 000		10 000
净利润		$ 26 000		$ 34 000		$ 30 000

每年正确的利润应为 $ 30 000。

* 正确金额应为 $ 20 000。

** 正确金额应为 $ 60 000。

对资产负债表的影响

通过观察会计等式（资产＝负债＋所有者权益）的各个要素，可以看出存货误差对资产负债表的影响。例如，低估期末存货便是低估流动资产和总资产。因为低估期末存货会造成净利润低估，所以所有者权益也会被低估。图表 6－12 给出了存货误差对当期资产负债表的影响。期初存货误差并不会影响当期的资产负债表，但会对当期的利润表产生影响。

图表 6－12 存货误差对当期资产负债表的影响

期末存货	资产	所有者权益
低估↓	低估↓	低估↓
高估↑	高估↑	高估↑

NTK 6－4

一家公司 2015—2017 年每年的销售收入为 $10 000，每年购买商品的成本为 $7 000，并且这三年期初和期末存货成本都维持在 $2 000。2015 年底存货出现一个错误，导致报表中 2015 年底的存货成本显示为 $1 600，而不是正确的 $2 000。(a) 确定 2015—2017 年公司毛利的正确金额。(b) 编制如图表 6－11 所示的比较利润表，以表明此误差对 2015—2017 年公司的销售成本和毛利的影响。

答案：

a. 毛利的正确金额＝$10 000－$7 000＝$3 000（每年）

b. 下面是销售成本和毛利数据：

	2015年		2016年		2017年	
销售收入		$ 10 000		$ 10 000		$ 10 000
销售成本						
期初存货	$ 2 000		$ 1 600		$ 2 000	
购货成本	7 000		7 000		7 000	
待售商品	9 000		8 600		9 000	
期末存货	1 600		2 000		2 000	
销售成本		7 400		6 600		7 000
净利润		$ 2 600		$ 3 400		$ 3 000

所以三年的净利润合计为＄9 000（＄2 600＋＄3 400＋＄3 000），这个数字是正确的，意味着存货错误可以自我纠正（即使个别年份的存货金额有误）。

可持续性与会计

Homegrown Sustainable Sandwich Shop 的联合创始人 Brad Gillis 和 Ben Friedman 致力于使用可持续发展和会计数据来实现“三明治环保主义”。根据其网站的介绍，该店坚持使用“100%有机农产品”并尽可能从当地农民那里购买食材。Ben 解释：“我们从一开始就致力于实现食品体系的积极变化。”

Brad 和 Ben 都认识到，使用有机农产品制作三明治并向当地农民购买农产品需要有效的库存系统。Brad 和 Ben 能够通过该系统管理原料存货，并预测存货短缺。该系统还使 Brad 和 Ben 可以使用有机产品为其专门的客户服务。

两位创始人致力于环境保护及清洁能源的使用。Ben 自豪地说：“我们现在使用清洁的风能来提供我们需要的 100%的电力。”Brad 和 Ben 使用清洁能源的决定要求对其财务报表进行检查。他们必须确保有足够的现金流量和收入水平，以维持使用清洁能源耗费的额外成本。他们的财务分析表明，现金流量和收入都足以抵消增加的能源成本。

Brad 和 Ben 经常将财务分析应用于业务决策中，他们说这帮助他们实现了在全国开设“从农场到餐桌的高级美食”三明治店的梦想。Brad 承认：“这是一个伟大的梦想，我们对所做的事情感到无比兴奋。”

NTK 6－5

Craig 公司只购销一种产品。下表列出了该商品 2017 年期初的存货、购货和销货情况。

日期	业务内容	购货数量与单位成本		销货数量与单价	存货数量
1 月 1 日	期初存货	400 单位×＄14＝	＄ 5 600		400 单位
1 月 15 日	销货			200 单位×＄30	200 单位
3 月 10 日	购货	200 单位×＄15＝	＄ 3 000		400 单位
4 月 1 日	销货			200 单位×＄30	200 单位
5 月 9 日	购货	300 单位×＄16＝	＄ 4 800		500 单位
9 月 22 日	购货	250 单位×＄20＝	＄ 5 000		750 单位
11 月 1 日	销货			300 单位×＄35	450 单位
11 月 28 日	购货	100 单位×＄21＝	＄ 2 100		550 单位
	合计	1 250 单位	＄20 500	700 单位	

个别认定法下各天的具体销售情况如下所示：（1）1 月 15 日，售出 200 单位成本为＄14/单位的商品；（2）4 月 1 日，售出 200 单位成本为＄15/单位的商品；（3）11 月 1 日，售出 200 单位成本为＄14/单位和 100 单位成本为＄20/单位的商品。

要求：

1. 计算待售商品成本。
2. 分别采用先进先出法、后进先出法、加权平均法以及个别认定法计算期末存货及销售成本。
3. 分别采用先进先出法、后进先出法、加权平均法以及个别认定法计算公司的毛利，并指出四种方法下资产负债表上的存货余额为多少。

4. 在编制2017年的财务报表时，财务部门要求采用先进先出法计算销售成本，但会计人员采用了后进先出法，使得公司高估销售成本 $1 400。试问这种误操作对公司2017年和2018年的净利润分别有怎样的影响（假设没有所得税费用）?

5. 公司管理部门想了解由先进先出法改为其他存货成本核算方法会对净利润产生怎样的影响。试编制一份包含以下数据的表格：(1) 分别使用四种存货成本核算方法计算出来的销售成本；(2) 用其他三种方法计算出来的销售成本与使用先进先出法计算出来的销售成本之间的差额；(3) 用其他存货成本核算方法取代原来的先进先出法对公司净利润的影响。

解题步骤：

- 用期初存货数量和每次购货的数量分别乘以它们各自的购货成本计算出待售商品总成本。
- 编制一张永续盘存制下使用先进先出法计算存货成本的表格，首先列明期初存货，然后再列上每次购货和销货以后存货的变动情况（可参考图表6-5）。
- 编制一张永续盘存制下使用后进先出法计算存货成本的表格，首先列明期初存货，然后再列上每次购货和销货以后存货的变动情况（可参考图表6-6）。
- 编制一张进销货明细情况表，先计算出每次销货前存货的平均成本，然后再计算出期末存货的平均加权成本。将每笔销货业务的平均成本加在一起，计算出销售成本（可参考图表6-7）。
- 编制一张表格，列示出使用个别认定法计算销售成本和期末存货余额的过程（可参考图表6-4）。
- 对分别使用先进先出法和后进先出法计算出来的2017年期末存货余额进行比较，确定误用后进先出法对公司的净利润产生了怎样的影响。2017年和2018年的错报金额相等，但方向相反。
- 编制一张表格，列示出使用每种存货成本核算方法计算出来的销售成本以及用其他存货成本核算方法取代原来的先进先出法对公司净利润的影响。

答案：

1. 待售商品成本（无论采用哪种方法，待售商品数量都是一样的）。

日期		数量	单位成本	总成本
1月1日	期初存货	400	$14	$ 5 600
3月10日	购货	200	15	3 000
5月9日	购货	300	16	4 800
9月22日	购货	250	20	5 000
11月28日	购货	100	21	2 100
待售商品合计		1 250		$20 500

2a. 永续盘存制下，使用先进先出法计算存货成本。

日期	采购的商品	销售成本	存货余额
1月1日	期初存货		400单位×$14=$ 5 600
1月15日		200单位×$14=$2 800	200单位×$14=$ 2 800
3月10日	200单位×$15=$3 000		200单位×$14 200单位×$15 } =$ 5 800
4月1日		200单位×$14=$2 800	200单位×$15=$ 3 000
5月9日	300单位×$16=$4 800		200单位×$15 300单位×$16 } =$ 7 800
9月22日	250单位×$20=$5 000		200单位×$15 300单位×$16 250单位×$20 } =$12 800

续表

日期	采购的商品	销售成本	存货余额
11 月 1 日		200 单位× $15= $3 000 100 单位× $16= $1 600	200 单位× $16 250 单位× $20 } = $ 8 200
11 月 28 日	100 单位× $21= $2 100		200 单位× $16 250 单位× $20 100 单位× $21 } = $10 300
销售总成本		$10 200	

说明：在课堂上，只要算出待售商品成本，就可以算出销售成本及期末存货余额。但在实务中，销货业务发生时就要确认销售成本，并要立即将相关金额从存货结转至销售成本。上面介绍的处理方法通过一行一行地填制表格解释了期末存货余额和销售成本的实际计算过程。下面给出另外两种会计处理方法，这些方法告诉我们，只要了解了各种概念，也可以使用其他的会计处理方法。这里只给出使用先进先出法时的处理过程，其他几种存货成本核算方法也可以使用这种处理过程。

永续盘存制下使用先进先出法计算存货成本的其他方法。

【方法 1：先计算期末存货】

待售商品成本（取自第 1 题）		$20 500
期末存货*		
11 月 28 日，以 $21 的单价购入 100 单位	$2 100	
9 月 22 日，以 $20 的单价购入 250 单位	5 000	
5 月 9 日，以 $16 的单价购入 200 单位	3 200	
期末存货		10 300
销售成本		$10 200

* 因为先进先出法假设较早发生的成本较早流出，所以把最近几次的购货成本作为期末存货成本。

【方法 2：先计算销售成本】

待售商品成本（取自第 1 题）		$20 500
销售成本		
1 月 15 日，售出 200 单位成本为 $14/单位的商品	$2 800	
4 月 1 日，售出 200 单位成本为 $14/单位的商品	2 800	
11 月 1 日，售出 200 单位成本为 $15/单位的商品和 100 单位成本为 $16/单位的商品	4 600	10 200
期末存货		$10 300

2b. 永续盘存制下使用后进先出法计算存货成本。

日期	采购的商品	销售成本	存货余额
1 月 1 日	期初存货		400 单位× $14= $5 600
1 月 15 日		200 单位× $14= $2 800	200 单位× $14= $2 800
3 月 10 日	200 单位× $15= $3 000		200 单位× $14 200 单位× $15 } = $5 800
4 月 1 日		200 单位× $15= $3 000	200 单位× $14= $2 800
5 月 9 日	300 单位× $16= $4 800		200 单位× $14 300 单位× $16 } = $7 600

续表

日期	采购的商品	销售成本	存货余额
9月22日	250单位×$20=$5 000		200单位×$14 300单位×$16 250单位×$20 } =$12 600
11月1日		250单位×$20=$5 000 50单位×$16=$ 800	200单位×$14 250单位×$16 } =$6 800
11月28日	100单位×$21=$2 100		200单位×$14 250单位×$16 100单位×$21 } =$8 900
销售总成本		$11 600	

2c. 永续盘存制下使用加权平均法计算存货成本。

日期	采购的商品	销售成本	存货余额
1月1日	期初存货		400单位×$14.00=$ 5 600 （平均成本为$5 600÷400=$14.00）
1月15日		200单位×$14.00=$2 800	200单位×$14.00=$ 2 800
3月10日	200单位×$15.00=$3 000		200单位×$14.00 200单位×$15.00 } =$ 5 800 （平均成本为$5 800÷400=$14.50）
4月1日		200单位×$14.50=$2 900	200单位×$14.50=$ 2 900
5月9日	300单位×$16.00=$4 800		200单位×$14.50 300单位×$16.00 } =$ 7 700 （平均成本为$7 700÷500=$15.40）
9月22日	250单位×$20.00=$5 000		500单位×$15.40 250单位×$20.00 } =$ 12 700 （平均成本为$12 700÷750=$16.93）
11月1日		300单位×$16.93=$5 079	450单位×$16.93=$7 618.50
11月28日	100单位×$21.00=$2 100		450单位×$16.93 100单位×$21.00 } =$9 718.50 （平均成本为$9 718.50÷550=$17.67）
销售总成本*		$10 779	

*因为四舍五入的原因，销售成本（$10 779）加上期末存货（$9 718.50）比待售商品成本（$20 500）少了$2.5。

2d. 永续盘存制下使用个别认定法计算存货成本。

待售商品成本（取自第1题）		$20 500
期末存货*		
5月9日，以$16的单价购入300单位	$4 800	
9月22日，以$20的单价购入150单位	3 000	
11月28日，以$21的单价购入100单位	2 100	
期末存货		9 900
销售成本		$10 600

*提供的其他追踪数据用于识别期末存货中的项目。

3.

	先进先出法	后进先出法	加权平均法	个别认定法
利润表				
销售收入*	$22 500	$22 500	$ 22 500	$22 500
销售成本	10 200	11 600	10 779	10 600
毛利	$12 300	$10 900	$ 11 721	$11 900
资产负债表				
存货	$10 300	$ 8 900	$9 718.5	$ 9 900

*销售收入=(200单位×$30)+(200单位×$30)+(300单位×$35)=$22 500

4. 本该使用先进先出法，却错误地使用了后进先出法，这种操作导致公司2017年的销售成本高估了$1 400（即使用后进先出法与先进先出法计算出来的期末存货余额之间的差额），净利润低估了$1 400。而2018年公司的净利润因期初存货被低估而被高估了$1 400。

5. 分析不同存货成本核算方法的影响。

	销售成本	与使用先进先出法计算出来的销售成本之间的差额	由先进先出法改用该方法后对净利润的影响
先进先出法	$10 200	—	—
后进先出法	11 600	+$1 400	减少了$1 400
加权平均法	10 779	+579	减少了$579
个别认定法	10 600	+400	减少了$400

NTK 6-6

Craig公司只购销一种产品。下表给出了该商品2017年期初的存货、购货和销货情况。

日期	业务内容	购货数量与单位成本	销货数量与单位售价	存货数量
1月1日	期初存货	400单位×$14=$ 5 600		400单位
1月15日	销货		200单位×$30	200单位
3月10日	购货	200单位×$15=$ 3 000		400单位
4月1日	销货		200单位×$30	200单位
5月9日	购货	300单位×$16=$ 4 800		500单位
9月22日	购货	250单位×$20=$ 5 000		750单位
11月1日	销货		300单位×$35	450单位
11月28日	购货	100单位×$21=$ 2 100		550单位
	合计	1 250单位 $20 500	700单位	

个别认定法下各天的具体销售情况如下所示：(1) 1月15日，售出200单位成本为$14/单位的商品；(2) 4月1日，售出200单位成本为$15/单位的商品；(3) 11月1日，售出200单位成本为$14/单位和100单位成本为$20/单位的商品。

要求：

1. 计算待售商品成本。

2. 在定期盘存制下，分别采用先进先出法、后进先出法、加权平均法以及个别认定法计算期末存货及销售成本。

3. 在定期盘存制下，分别采用先进先出法、后进先出法、加权平均法以及个别认定法计算公司的毛利，并指出四种方法下资产负债表上的存货余额为多少。

4. 在编制2017年的财务报表时，财务部门要求采用先进先出法计算商品销售成本，但会计人员采用了后进先出法。试问这种操作对公司2017年和2018年的净利润分别有怎样的影响（假设没有所得税费用）？

解题步骤：

● 用期初存货数量和每次购货数量分别乘以它们各自的购货成本计算出待售商品总成本。

● 编制一张定期盘存制下使用先进先出法计算存货成本的表格，首先列明期初存货，然后再列上每次购货和销货以后存货的变动情况（可参考图表6A-3）。

● 编制一张定期盘存制下使用后进先出法计算存货成本的表格，首先列明期初存货，然后再列上每次购货和销货以后存货的变动情况（可参考图表6A-4）。

● 参考图表6A-5a和图表6A-5b中所示的三步计算过程计算加权平均期末存货和所售商品的成本。

● 编制一张表格，列示出使用个别认定法计算销售成本和期末存货余额的过程（可参考图表6A-2）。

● 对分别使用先进先出法和后进先出法计算出来的2017年期末存货余额进行比较，确定误用后进先出法对公司的净利润产生了怎样的影响。2017年和2018年的错报金额相等，但方向相反。

答案：

1. 待售商品成本（无论采用哪种方法，待售商品数量都是一样的）。

日期		数量	单位成本	总成本
1月1日	期初存货	400	$14	$ 5 600
3月10日	购货	200	15	3 000
5月9日	购货	300	16	4 800
9月22日	购货	250	20	5 000
11月28日	购货	100	21	2 100
待售商品合计		1 250		$20 500

2a. 定期盘存制下的先进先出法（在定期盘存制和永续盘存制下使用先进先出法会产生相同的结果）。

待售商品成本（取自第1题）		$20 500
期末存货*		
11月28日，以$21的单价购入100单位	$2 100	
9月22日，以$20的单价购入250单位	5 000	
5月9日，以$16的单价购入200单位	3 200	
期末存货		10 300
销售成本		$10 200

* 因为先进先出法假设较早发生的成本较早流出，所以把最近几次的购货成本作为期末存货成本。

2b. 定期盘存制下的后进先出法。

待售商品成本（取自第1题）		$20 500
期末存货*		
1月1日，以$14的单价购入400单位	$5 600	
3月10日，以$15的单价购入150单位	2 250	
期末存货		7 850
销售成本		$12 650

* 因为后进先出法假设最近发生的成本较早流出，所以把最早几次的购货成本作为期末存货成本。

2c. 定期盘存制下的加权平均法。

步骤 1：以 $ 14 的单价购入	400 单位＝$ 5 600		
以 $ 15 的单价购入	200 单位＝ 3 000		
以 $ 16 的单价购入	300 单位＝ 4 800		
以 $ 20 的单价购入	250 单位＝ 5 000		
以 $ 21 的单价购入	100 单位＝ 2 100		
	1 250 $ 20 500		
步骤 2：$ 20 500/1 250＝$ 16.40（每单位的加权平均成本）			
步骤 3：1 250 件待售商品的总成本			$ 20 500
减去用加权平均法计算的期末存货成本：550 件×$ 16.40			9 020
销售成本（单价 $ 16.40，数量 700 件）			$ 11 480

2d. 个别认定法。

待售商品成本（取自第 1 题）		$ 20 500
期末存货*		
5 月 9 日，以 $ 16 的单价购入 300 单位	$ 4 800	
9 月 22 日，以 $ 20 的单价购入 150 单位	3 000	
11 月 28 日，以 $ 21 的单价购入 100 单位	2 100	
期末存货		9 900
销售成本		$ 10 600

* 提供的其他追踪数据用于识别期末存货中的项目。

3.

	先进先出法	后进先出法	加权平均法	个别认定法
利润表				
销售收入*	$ 22 500	$ 22 500	$ 22 500	$ 22 500
销售成本	10 200	12 650	11 480	10 600
毛利	$ 12 300	$ 9 850	$ 11 020	$ 11 900
资产负债表				
存货	$ 10 300	$ 7 850	$ 9 020	$ 9 900

* 销售收入＝(200 单位×$ 30)＋(200 单位×$ 30)＋(300 单位×$ 35)＝$ 22 500

4. 本该使用先进先出法，却错误地使用了后进先出法，这种操作导致公司 2017 年的销售成本高估了 $ 2 450（此金额即使用后进先出法与先进先出法计算出来的期末存货余额之间的差额），净利润低估了 $ 2 450。而 2018 年公司的净利润因期初存货被低估而被高估了 $ 2 450。

附录 6A 定期盘存制下的存货成本核算

本部分将举例介绍定期盘存制下存货的成本核算方法，使用的是一家名为 Trekking 的运动用品商店的会计数据。在 Trekking 公司众多商品中，一款山地车的主要销售对象是为游客提供自行车的旅游景点。下面我们提供 Trekking 公司 8 月份此款山地车的进销货数据。图表 6A－1 给出了该公司 8 月初山地车存货数量以及

8 月份的购货和销售数量。8 月末，该公司剩余山地车存货为 12 辆。Trekking 公司使用定期盘存制，也就是说，其库存商品只在会计期末（Trekking 公司以月为周期）更新以反映购货和销货情况。但不管使用哪种盘存制度，待售商品成本都必须在销售成本和期末存货之间进行分摊。

图表 6A－1　进销货情况表

日期	业务内容	购货数量与单位成本		销货数量与单价	存货数量
8 月 1 日	期初存货	10 辆×＄91＝	＄910		10 辆
8 月 3 日	购货	15 辆×＄106＝	＄1 590		25 辆
8 月 14 日	销货			20 辆×＄130	5 辆
8 月 17 日	购货	20 辆×＄115＝	＄2 300		25 辆
8 月 28 日	购货	10 辆×＄119＝	＄1 190		35 辆
8 月 30 日	销货			23 辆×＄150	12 辆
	合计	55 辆	＄5 990	43 辆	
		待售商品数量	待售商品成本	销售数量	存货数量

个别认定法

如果能够分清每件存货属于哪一批购货，并且知道这批购货的发票价格，就可以使用个别认定法进行成本分摊。此外，我们还需要相关的销售记录以确认在什么时间卖出的是哪些商品。Trekking 公司的内部文件显示：

8 月 14 日　售出 8 辆单位成本为＄91 和 12 辆单位成本为＄106 的山地车。
8 月 30 日　售出 2 辆单位成本为＄91、3 辆单位成本为＄106、15 辆单位成本为＄115 和 3 辆单位成本为＄119 的山地车。

我们利用个别认定法和上述信息编制图表 6A－2。从图表 6A－2 可知，期初存货成本共计＄5 990。8 月 14 日销售 20 辆山地车，其中 8 辆山地车的单位成本为＄91，其余 12 辆山地车的单位成本为＄106，所以 8 月 14 日的销售总成本为＄2 000。接下来，8 月 30 日销售 23 辆山地车，其中 2 辆山地车的单位成本为＄91，3 辆山地车的单位成本为＄106，15 辆山地车的单位成本为＄115，3 辆山地车的单位成本为＄119，所以 8 月 30 日的销售总成本为＄2 582。这期间的销售成本为＄4 582。然后用期初存货成本＄5 990 减去销售成本＄4 582，得到期末存货成本＄1 408。从图表 6A－2 中可以学习成本流转过程。每辆山地车，不管卖没卖出去，其成本都是确定的。

图表 6A－2　使用个别认定法计算存货成本（参照图表 6－4）

55 件待售商品成本（来自图表 6A－1）		＄5 990
销售成本*		
8 月 14 日（8×＄91）＋（12×＄106）	＄2 000	
8 月 30 日（2×＄91）＋（3×＄106）＋（15×＄115）＋（3×＄119）	2 582	4 582
期末存货		＄1 408

* 根据记录商品从购入到售出情况的内部文件来确认已售出商品及其成本。

当使用个别认定法时，Trekking 公司利润表上所列示的销售总成本为＄4 582，这个数字是用图表 6A－2 中的销售成本＄2 000 与＄2 582 加总计算出来的。Trekking 公司资产负债表上列示的期末存货为＄1 408，该数字来源于图表 6A－2。下图直观地反映了成本流转过程。

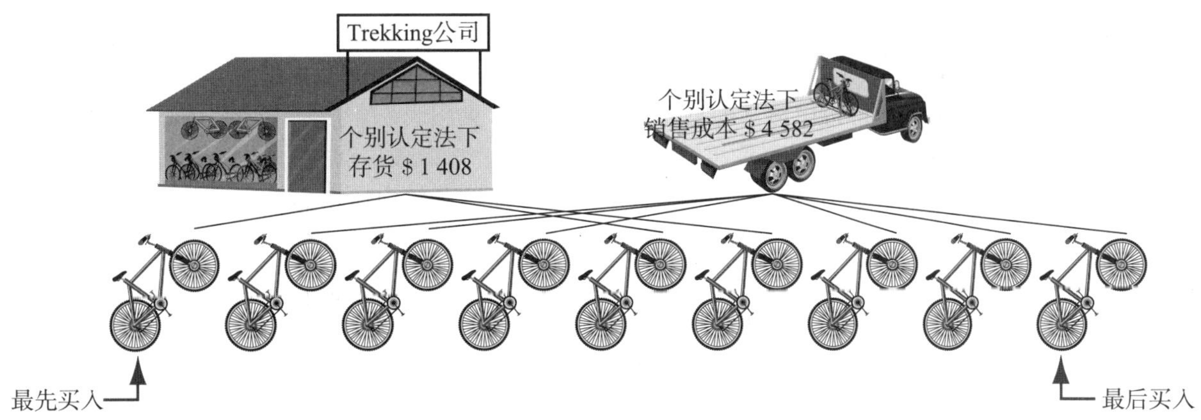

先进先出法

先进先出法是根据先购入的商品先卖出这种假设进行成本摊销的方法。当销售发生时，较早购入的商品成本便转为销售成本，因此期末存货余额反映的是最近购入的商品的成本。图表 6A－3 给出了使用先进先出法计算出来的存货成本和销售成本。

如图表 6A－3 所示，待售山地车的总成本为＄5 990（见图表 6A－1）。使用先进先出法可以发现，期末存货 12 辆山地车反映的是最近购买 12 辆的总成本。按照购货的相反顺序，按如下方式将成本分摊至期末存货 12 辆山地车中：10 辆山地车的单位成本为＄119，2 辆山地车的单位成本为＄115。12 辆山地车的总成本为＄1 420。然后从＄5 990 的成本中减去＄1 420 的期末存货，得到商品销售成本为＄4 570。

图表 6A－3　定期盘存制下使用先进先出法计算存货成本

图表6A-1显示，12 辆期末存货中，有 10 辆是 8 月 28 日购进的，另外2辆是 8 月 17 日购进的。

55 辆待售山地车的总成本（来自图表 6A－1）		＄5 990
减：使用先进先出法计算的期末存货余额		
8 月 28 日以每辆＄119 的价格购入 10 辆	＄1 190	
8 月 17 日以每辆＄115 的价格购入 2 辆	230	
期末存货		1 420
销售成本		＄4 570

当使用先进先出法时，Trekking 公司资产负债表上列示的期末存货为＄1 420，公司利润表上列示的销售总成本为＄4 570。下图直观地反映了成本流转过程。

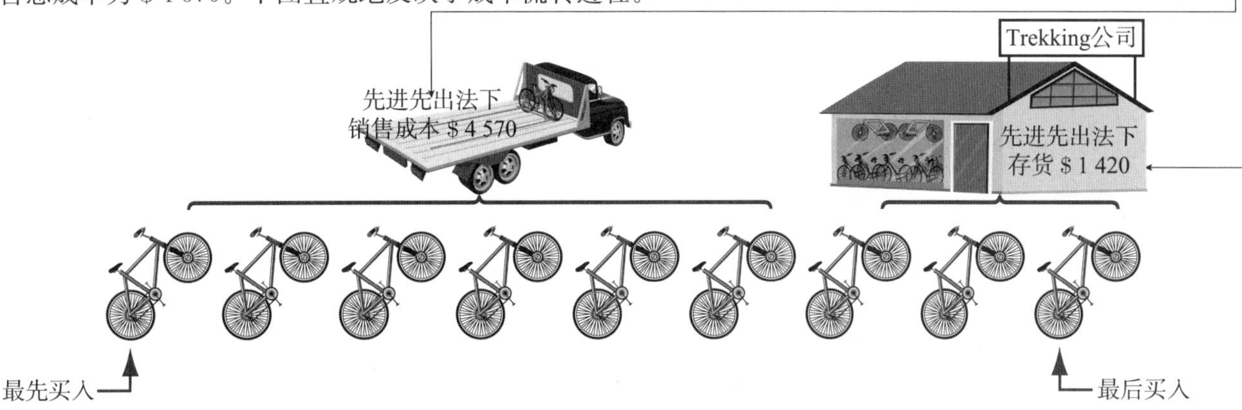

后进先出法

后进先出法是根据最近购入的商品最先卖出这种假设来分摊成本的方法。在这种方法下，把最近的购货成本分摊至销售成本，把较早的购货成本分摊至存货成本。图表6A－4给出了使用后进先出法计算出来的存货成本和销售成本。

如图表6A－4所示，待售山地车的总成本为＄5 990（见图表6A－1）。使用后进先出法可以发现，期末存货的12辆山地车反映的是最早购买的12辆的总成本。按照最早购货的顺序，按如下方式将成本分摊至期末存货12辆山地车中：10辆山地车的单位成本为＄91，2辆山地车的单位成本为＄106，期末存货的总成本共计＄1 122。然后从成本＄5 990中减去期末存货＄1 122，得到销售成本为＄4 868。

图表6A－4　定期盘存制下使用后进先出法计算存货成本

图表6A-1显示，12辆期末存货中，有10辆是最早购入的（来自期初存货），另外2辆是8月3日购入的。

55辆待售山地车的总成本（来自图表6A－1）		＄5 990
减：使用后进先出法计算的期末存货余额		
期初存货10辆，单价为＄91	＄910	
8月3日以每辆＄106的价格购入2辆	212	
期末存货		1 122
销售成本		＄4 868

当使用后进先出法时，Trekking公司资产负债表上列示的期末存货为＄1 122，利润表上列示的销售总成本为＄4 868。下图直观地反映了成本流转过程。

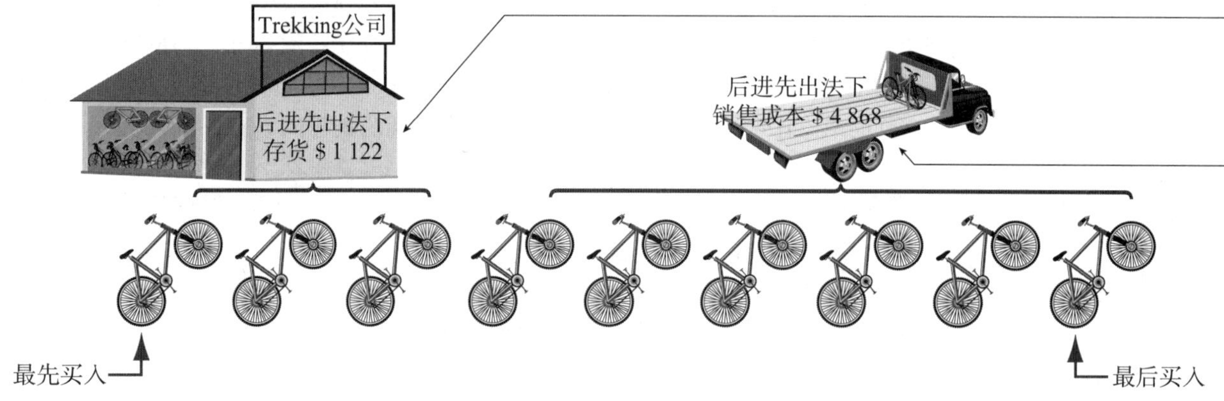

加权平均法

加权平均法又叫平均成本法，要求使用单位存货的加权平均成本作为每笔销售业务的销售成本。每笔销售业务发生时的单位加权平均成本等于待售商品成本总额除以待售商品总量。加权平均法下的成本分摊包括三个重要步骤。前两个步骤见图表6A－5a。第一步，用期初存货的单位成本和每次购货的成本分别乘以它们各自所对应的存货数量（见图表6A－1）。第二步，将第一步中计算出来的乘积加总，然后除以待售商品总量，求出单位加权平均成本。

图表6A－5a　单位加权平均成本

第一步：10辆×＄91＝	＄910
15辆×＄106＝	1 590
20辆×＄115＝	2 300
10辆×＄119＝	1 190
55	＄5 990
第二步：＄5 990/55辆＝＄108.91	

如图表 6A－5b 所示，第三步就是使用单位加权平均成本将成本分摊至期末存货和销售的商品。

图表 6A－5b　定期盘存制下使用加权平均法计算存货成本

第三步：55 辆待售山地车的总成本（来自图表 6A－1）	$5 990
减：使用加权平均法计算的期末存货余额	
成本基础：每辆 $108.91，共 12 辆（来自图表 6A－5a）	1 307
销售成本（43 辆×$108.91）	$4 683

当使用加权平均法时，Trekking 公司资产负债表上列示的期末存货为 $1 307，利润表上列示的销售总成本为 $4 683。下图直观地反映了成本流转过程。

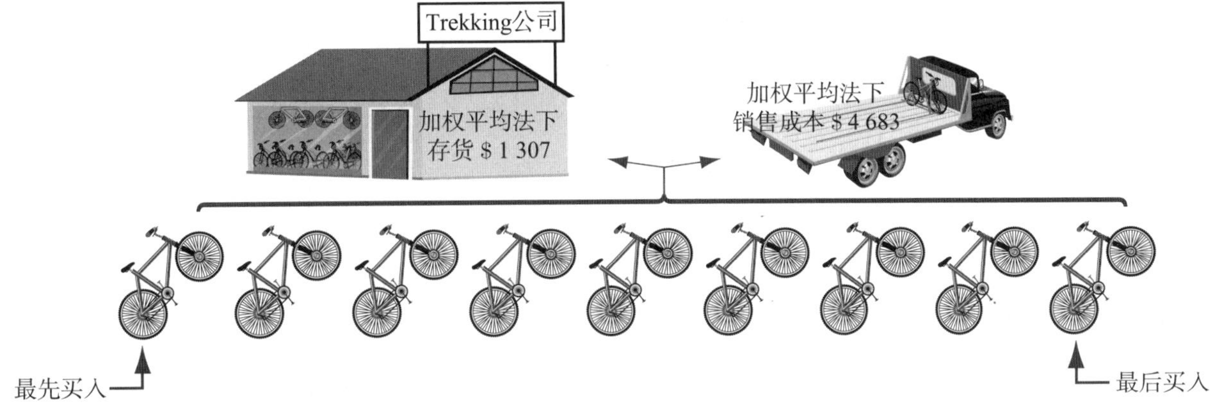

对财务报表的影响

如果商品进价一直保持不变，那么不管使用哪种存货成本核算方法，得出的存货成本和销售成本都是一样的。但如果商品进价发生变化，那么使用不同的存货成本核算方法得出的存货成本和销售成本也会不同。图表 6A－6 以 Trekking 公司的数据为例说明了这些差异。

图表 6A－6　存货成本核算方法对财务报表的影响

	Trekking 公司 8 月			
	个别认定法	先进先出法	后进先出法	加权平均法
利润表				
销售收入	$6 050	$6 050	$6 050	$6 050
销售成本	4 582	4 570	4 868	4 683
毛利	1 468	1 480	1 182	1 367
费用	450	450	450	450
税前利润	1 018	1 030	732	917
所得税费用（30%）	305	309	220	275
净利润	$　713	$　721	$　512	$　642
资产负债表				
存货	$1 408	$1 420	$1 122	$1 307

图表 6A－6 揭示了两个重要的问题。首先，如果像 Trekking 公司一样购货成本持续上涨，就会导致：

- 使用先进先出法分摊到销售成本上的成本最少，因此毛利和净利润也就最高。
- 使用后进先出法分摊到销售成本上的成本最多，因此毛利和净利润也就最少。
- 使用加权平均法分摊到销售成本上的成本介于使用先进先出法和后进先出法分摊的成本之间。
- 个别认定法的成本分摊情况往往取决于售出的是哪些商品。

其次，当购货成本不断下降时，先进先出法和后进先出法的成本分摊结果恰恰相反。使用先进先出法分摊到销售成本上的成本最高，因此毛利和净利润也就最少；使用后进先出法分摊到销售成本上的成本最低，因此毛利和净利润也就最高。

企业可以使用上述四种存货成本核算方法中的任何一种。但是，企业必须在其财务报表或财务报表附注中说明自己使用的存货成本核算方法。每一种成本核算方法都有自己的优点，如下所示：

- 使用先进先出法时，资产负债表上反映的存货成本最接近现时成本，并且先进先出法与大多数企业的实际商品流转过程最为相近。
- 使用后进先出法时，利润表上反映的销售成本最接近现时成本，并且后进先出法还能较好地将现时成本与销售收入相匹配以计算毛利。
- 加权平均法可以避免存货成本发生较大的波动。
- 个别认定法能够实现商品成本与它们所带来的收入之间的准确配比。

NTK 6 - 7

下表是一家公司唯一一种产品 12 月的购货和销货数据。

日期	业务内容	购货数量和单位成本	零售数量和单价
12 月 1 日	期初存货	5 单位×＄3.00＝＄ 15.00	
12 月 8 日	购货	10 单位×＄4.50＝＄ 45.00	
12 月 9 日	销货		8 单位×＄7.00
12 月 19 日	购货	13 单位×＄5.00＝＄ 65.00	
12 月 24 日	销货		18 单位×＄8.00
12 月 30 日	购货	8 单位×＄5.30＝＄ 42.40	
	合计	36 单位　＄167.40	26 单位

公司采用的是定期盘存制。分别采用（a）个别认定法；（b）先进先出法；（c）后进先出法；（d）加权平均法计算分摊到期末存货和销售商品的成本。计算每种方法的毛利（单位成本和存货余额四舍五入到美分）。对于个别认定法，期末存货 10 单位中有 8 单位来自 12 月 30 日的购货，2 单位来自 12 月 8 日的购货。

答案：

a. 个别认定法：期末存货 10 单位中有 8 单位来自 12 月 30 日的购货，其余 2 单位来自 12 月 8 日的购货。

个别认定法	期末存货	销售成本
(8×＄5.30)＋(2×＄4.50)	＄51.40	
(5×＄3.00)＋(8×＄4.50)＋(13×＄5.00)＋(0×＄5.30)		＄116.00
或者＄167.40（总商品）－＄51.40（期末存货）		＄116.00

b. 先进先出法——定期盘存制

先进先出法	期末存货	销售成本
(8×$5.30)+(2×$5.00)	$52.40	
(5×$3.00)+(10×$4.50)+(11×$5.00)		$115.00
或者$167.40（总商品）－$52.40（期末存货）		$115.00

c. 后进先出法——定期盘存制

后进先出法	期末存货	销售成本
(5×$3.00)+(5×$4.50)	$37.50	
(8×$5.30)+(13×$5.00)+(5×$4.50)		$129.90
或者$167.40（总商品）－$37.50（期末存货）		$129.90

d. 加权平均法——定期盘存制

加权平均法	期末存货	销售成本
10×$4.65（$167.40/36 单位）	$46.50	
26×$4.65（$167.40/36 单位）		$120.90
或者$167.40（总商品）－$46.50（期末存货）		$120.90

附录 6B　存货估计方法

对存货进行估计一般存在两个原因。首先，公司经常需要编制**中期报表**（interim statements）（期限少于一年的财务报表），但一般每年对存货只进行一次实物盘点；其次，如果发生火灾或洪水等情况不能进行实物盘点，公司可能需要进行存货估计。通常，只有采用定期盘存制的公司才需要估计，而采用永续盘存制的公司大概已经更新了存货数据。

本附录将描述两种估算存货的方法。

□ 零售价盘存法

为了避免每个月或每个季度进行实际盘存这一耗费时间和金钱的过程，一些公司使用零售价盘存法来估计所售商品的成本和期末存货余额。一些公司甚至使用**零售价盘存法**（retail inventory method）来编制年度报表。例如，家得宝公司在其年报中表示："存货按成本与市价孰低入账（先进先出法），由零售价盘存法确定余额。"公司也可以为了审计或当存货被损坏或销毁时，对存货进行估计。

使用零售价盘存法估计期末存货余额需要三步。我们需要知道公司期初存货成本和零售额。前面已经说明了如何计算存货成本。存货的零售额是指使用存货售价计量的金额。我们还需要知道该期间购买的商品净额（减去退货、折让和折扣），包括商品的成本和零售价格。还需要知道零售净额。流程见图表 6B-1。

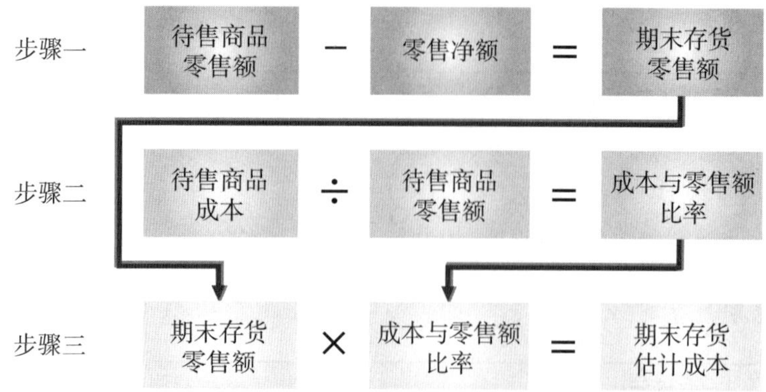

图表 6B-1 估计存货成本的零售价盘存法

零售价盘存法背后的原理是，如果能正确估计商品的成本与零售额的比率，就可以将期末存货零售额乘以这个比率来估计期末存货成本。我们在图表 6B-2 中演示了一个公司如何通过上述步骤来估计期末存货成本。第一步，待售商品零售额为＄100 000（按零售价计算）。卖出的商品零售额为＄70 000，期末库存商品零售额为＄30 000（零售价值）。第二步，这些库存商品的成本是零售额＄100 000 的 60%。第三步，由于这些商品的成本是零售额的 60%，所以期末存货的估计成本是＄18 000。

图表 6B-2 使用零售价盘存法估计存货成本

		成本	零售额
	待售商品		
	期初存货	\$20 500	\$ 34 500
	购货成本	39 500	65 500
步骤一：	待售商品成本	60 000	100 000
	减：零售净额		70 000
	期末存货零售额		\$ 30 000
步骤二：	成本与零售额比率（\$60 000 ÷ \$100 000 = 60%）		
步骤三：	期末存货估计成本（\$30 000 × 60%）	\$18 000	

□ 毛利法

毛利法（gross profit method）通过计算销售（零售）净额的毛利率来估计期末存货成本。这种估计方法通常适用于存货销毁、丢失或被盗的情况。这些情况下需要对存货进行估计，以便公司向其保险公司提出索赔。用户还可以采用这种方法来检查计件存货的库存数量是否合理。这个方法利用销售成本和销售净额之间的历史关系来估计销售成本在当前销售额中所占的比例。然后，待售商品成本减去估计销售成本就是期末存货成本的估计值。这两个步骤如图表 6B-3 所示。

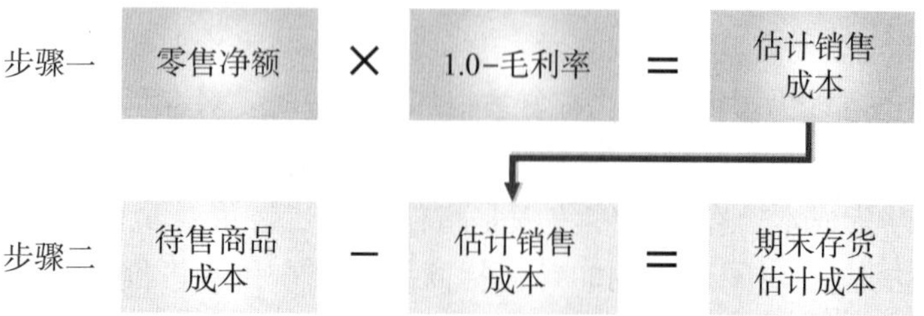

图表 6B-3 估计存货成本的毛利法

举例来说，假设一家公司的存货在 2017 年 3 月被大火烧毁。火灾发生时，公司的账目显示 1—3 月的余额如下所示：销售净额为＄30 000；存货为＄12 000（2017 年 1 月 1 日）；购买商品的成本为＄20 500。如果这个公司的毛利率是 30%，那么销售净额的 30%就是毛利，其余 70%是销售成本。我们在图表 6B-4 中演示了如何运用 70%这个比率估计出存货损失为＄11 500。要理解这个图表，要明白待售商品成本减去已售商品成本即期末存货成本。

图表 6B-4 使用毛利法估计存货成本

	待售商品		
	2017年1月1日，存货	＄12 000	
	购货成本	20 500	
	待售商品成本	32 500	
	零售净额		＄30 000
步骤一：	估计销售成本（＄30 000 × 70%）	(21 000) ←	× 0.70
步骤二：	3月末存货估计成本	＄11 500	

NTK 6-8

运用零售价盘存法和下面的数据来估计期末存货成本。

	成本	零售额
期初存货	＄324 000	＄530 000
购货成本	195 000	335 000
销售净额		320 000

答案：

期末存货估计成本是＄327 000，计算过程如下：

步骤一：（＄530 000＋＄335 000）－＄320 000＝＄545 000

步骤二：$\frac{\$324\ 000+\$195\ 000}{\$530\ 000+\$335\ 000}=60\%$

步骤三：＄545 000×60%＝＄327 000

小 结

C1 界定库存商品的构成项目。库存商品是指企业为销售而拥有和持有的货物。有三种情况要引起注意：在途商品要列为对其享有所有权的一方的存货；寄售商品要列为寄售人的存货；毁损或过时商品要按它们的可变现净值入账。

C2 界定库存商品的成本。库存商品的成本包括在将商品运到销售地点并做好销售准备的过程中直接或间接发生的各种费用。也就是说，存货成本等于发票价格扣除折扣，再加上在将商品运到销售地点并做好销售准备的过程中所发生的各种必要的附加成本或杂费。

A1 分析存货成本核算方法对财务报表和税收报表的影响。当购货成本上升或下降时，使用不同的存货成本核算方法就会计算出不同的存货成本。个别认定法能够实现商品成本与它们所带来的收入之间的准确配比。加权平均法可以避免存货成本发生较大的波动。使用先进先出法时，资产负债表上反映的存货成本最接近现时成本。使用后进先出法时，利润表上反映的销售成本最接近现时成本。

A2　分析存货误差对当期和未来财务报表的影响。期末存货余额误差会影响当期的资产（存货）、净利润（商品销售成本）以及所有者权益。由于本期的期末存货即为下期的期初存货，所以期末存货余额误差还会影响下一期的商品销售成本和净利润。当期的存货误差在第二期会被抵销掉。

P1　在永续盘存制下，分别使用个别认定法、先进先出法、后进先出法以及加权平均法来计算存货成本。在永续盘存制下，每一次销售活动发生时，都要将成本分摊至销售成本账户。个别认定法将实际成本（如发票净价）分摊至每一件已经售出的商品。加权平均法使用销货业务发生时待售商品成本总额除以待售商品总量计算出单位加权平均成本，然后根据单位加权平均成本来分摊成本。先进先出法根据先购入的商品先售出的假设来分摊成本。后进先出法则是根据最近购入的商品最先售出的假设来分摊成本。

P2　使用成本与市价孰低法计算存货价值。当存货的市价低于其账面成本时，存货应以市价入账，这种方法就叫做成本与市价孰低法。市价通常是指重置成本。我们可以使用成本与市价孰低法来计算各项存货、各类存货或全部存货的成本。

P3[A]　在定期盘存制下，分别使用个别认定法、先进先出法、后进先出法以及加权平均法来计算存货成本。定期盘存制在会计期末，才把待售商品成本在商品销售成本和期末存货之间进行分摊。个别认定法在两种盘存制度下的成本分摊结果是一致的；先进先出法在两种盘存制度下的成本分摊结果也是一致的；后进先出法将当期离期末最近的存货成本分摊给商品销售成本；加权平均法首先用期初存货成本与当期购货净成本之和除以待售商品总量，计算出单位加权平均成本，然后再用单位加权平均成本乘以销货数量，计算出商品销售成本。

P4[B]　运用零售价盘存法和毛利法来估计存货。零售价盘存法包括三个步骤：(1) 待售商品零售额减去零售净额就等于期末存货零售额。(2) 待售商品成本除以待售商品零售额等于成本与零售额比率。(3) 期末存货零售额乘以成本与零售额比率等于期末存货估计成本。毛利法包括两个步骤：(1) 零售净额乘以（1减毛利率）等于估计销售成本。(2) 待售商品成本减去估计销售成本等于期末存货估计成本。

关键术语

Average cost　平均成本法
Consignee　承售人
Consignor　寄售人
Consistency concept　一致性原则
First-in，first-out（FIFO）　先进先出法
Gross profit method　毛利法
Interim statements　中期报表
Last-in，first-out（LIFO）　后进先出法
Lower of cost or market（LCM）　成本与市价孰低法
Net realizable value　可变现净值
Retail inventory method　零售价盘存法
Specific identification（SI）　个别认定法
Weighted average（WA）　加权平均法

选择题

使用下面给出的Marvel公司7月份的财务数据回答第1～4题。

7月1日	期初存货	75单位×＄25
7月3日	购货	348单位×＄27
7月8日	销货	300单位
7月15日	购货	257单位×＄28
7月23日	销货	275单位

1. 假设 Marvel 公司使用的是永续盘存制和先进先出法，试问其期末存货余额是多少？______

a. $2 940　　b. $2 685　　c. $2 625　　d. $2 852　　e. $2 705

2. 假设 Marvel 公司使用的是永续盘存制和后进先出法，试问其期末存货余额是多少？______

a. $2 940　　b. $2 685　　c. $2 625　　d. $2 852　　e. $2 705

3. 假设 Marvel 公司使用的是永续盘存制和个别认定法。在其期末存货中，有 20 单位商品来自期初存货，40 单位商品是 7 月 3 日购入的，另外 45 单位商品是在 7 月 15 日购入的。试问其期末存货余额是多少？______

a. $2 940　　b. $2 685　　c. $2 625　　d. $2 852　　e. $2 840

4[A]. 假设 Marvel 公司使用的是定期盘存制和先进先出法，试问其期末存货余额是多少？______

a. $2 940　　b. $2 685　　c. $2 625　　d. $2 852　　e. $2 705

5[A]. 在定期盘存制下，公司披露了如下期初存货和购货数据，期末存货是 30 单位。

期初存货	100 单位×$10
购货	40 单位×$12
购货	20 单位×$14

(1) 使用先进先出法计算出的期末存货成本是多少？______

a. $400　　b. $1 460　　c. $1 360　　d. $300

(2) 使用后进先出法计算出的销售成本是多少？______

a. $400　　b. $1 460　　c. $1 360　　d. $300

6. 一个公司的销售成本为 $85 000，期末存货成本为 $18 000，存货周转天数等于：

a. 49.32 天　　b. 0.21 天　　c. 4.72 天　　d. 77.29 天　　e. 1 723.61 天

讨论题

1. 请分别描述在先进先出法和后进先出法下存货成本是如何流转到销售成本的。
2. 在财务报表中，库存商品在哪部分列示？
3. 有时为什么忽略存货的增量成本？它在哪一会计原则下成立？
4. 如果成本不断下降，使用先进先出法和后进先出法估计存货时是否会导致销售成本较低？为什么？
5. 如果一家公司要从一个可接受的会计方法转换为另一个，充分披露原则是怎么规定的？
6. 一家公司能否在每个会计期间都更换其存货成本核算方法？为什么？
7. 会计一致性原则是否意味着不允许变更会计方法？
8. 如果存货误差可以自动更正，为什么发生误差时，会计信息使用者还是要担心？
9. 请解释下列表述：存货误差可以自动更正。
10. 存货的成本与市价孰低法中的市价是什么含义？
11. 会计稳健性约束能够提供什么指导？
12. 什么会导致存货损耗的发生？

13[B]. 在编制中期财务报表时，公司可以使用哪两种方法估计销售成本和期末存货成本？

14. 阅读附录中苹果公司的财务报表。2015 年 9 月 26 日，苹果公司的存货占流动资产的百分比是多少？
15. 阅读附录中苹果公司的财务报表，计算截至 2015 年 9 月 26 日苹果公司的待售商品成本。
16. 阅读附录中三星公司的财务报表，计算截至 2015 年 12 月 31 日三星公司的待售商品成本。
17. 阅读附录中三星公司的财务报表，2014 年 12 月 31 日和 2015 年 12 月 31 日，三星公司的存货占流动资产的百分比是多少？

快速学习

QS 6-1 Homestead Crafts 手工礼品商店不在店主 Emma Finn 的家中经营。当期期末，Emma 盘点存货发现：

- 仓库中有 1 300 件商品，其中有 20 件因被水泡坏而无法销售。
- 有 350 件商品在小货车里，正准备给一位顾客送去，这笔订单采用的是目的地交货。
- 有 80 件作为寄售商品，放在一位拥有零售店的朋友处。

会计期末 Emma 的公司拥有多少存货？

QS 6-3 Wattan 公司报表显示，期初存货为 10 台，每台单价 $60。从第 1 周到第 4 周，每周都会额外购买 10 台，每台单价分别为 $61、$62、$65 和 $70。计算待售商品成本和在这 4 周里待售商品的数量。假设这 4 周没有进行销售。

QS 6-19 Ames Trading 公司的期末存货列示如下。采用成本与市价孰低法计算各项存货成本。

产品	数量	单位成本	单位市价
山地车	11	$600	$550
滑板	13	350	425
滑翔机	26	800	700

QS 6-23 回答下列有关国际会计准则的问题。

a. 解释国际财务报告准则和美国公认会计原则对库存商品的数量和成本的会计处理有何不同。

b. 国际财务报告准则下公司在计算存货成本时，是否适用成本流转假设？如果适用，提出至少两个适合的成本流转假设。

c. 国际财务报告准则和美国公认会计原则均采用成本与市价孰低法计算存货价值。如果存货采用成本与市价孰低法时发现价值有所降低，请说明国际财务报告准则和美国公认会计原则对后续期间存货价值回升时的会计处理有何不同。

练习题

Exercise 6-1

1. 年底，Harris 公司将 $12 500 的商品发往 Harlow 公司，采用的是目的地交货。哪个公司应将 $12 500 的在途商品作为期末存货的一部分？

2. Harris 公司向 Harlow 公司运送了 $20 000 的商品，Harlow 公司已安排好为 Harris 公司销售这些商品。确定发货人和收货人。哪个公司应该将未出售的商品作为期末存货的一部分？

Exercise 6-3 下表是 Laker 公司唯一产品 1 月份的购货和销货记录。

日期	业务内容	购货数量和单位成本		零售数量和单价
1月1日	期初存货	140 单位×$6.00=	$ 840	
1月10日	销货			100 单位×$15
1月20日	购货	60 单位×$5.00=	300	
1月25日	销货			80 单位×$15
1月30日	购货	180 单位×$4.50=	810	
	合计	380 单位	$1 950	180 单位

公司采用的是永续盘存制。请分别采用个别认定法、加权平均法、先进先出法和后进先出法计算分摊到期

末存货和商品销售的成本（单位成本和存货余额四舍五入到美分）。对于个别认定法，期末存货共包括200单位商品，其中180单位是1月30日购进的、5单位是1月20日购进的、15单位是期初存货。

Exercise 6-5^A^ 假设企业使用定期盘存制，参照Exercise 6-3的信息，请分别采用个别认定法、加权平均法、先进先出法和后进先出法计算分摊到期末存货和商品销售的成本。对于个别认定法，期末存货共包括200单位商品，其中180单位是1月30日购进的、5单位是1月20日购进的、15单位是期初的存货（单位成本和存货余额四舍五入到美分）。

Exercise 6-7 下表是Hemming公司唯一产品当年的购货和销货数据。

日期	业务内容	购货数量和单位成本		零售数量和单价
1月1日	期初存货	200单位×$10=	$ 2 000	
1月10日	销货			150单位×$40
3月14日	购货	350单位×$15=	5 250	
3月15日	销货			300单位×$40
7月30日	购货	450单位×$20=	9 000	
10月5日	销货			430单位×$40
10月26日	购货	100单位×$25=	2 500	
	合计	1 100单位	$18 750	880单位

Hemming公司采用的是永续盘存制。分别采用先进先出法和后进先出法计算分摊到期末存货和商品销售的成本。计算每种方法的毛利（单位成本和存货余额四舍五入到美分）。

Exercise 6-9^A^ 假设Hemming公司采用的是定期盘存制，参照Exercise 6-7的信息。分别采用先进先出法和后进先出法计算分摊到期末存货和商品销售的成本。计算每种方法的毛利（单位成本和存货余额四舍五入到美分）。

Exercise 6-15^A^ 下表是Floras Gift公司唯一商品当年的数据。公司采用的是定期盘存制。期末存货共计60单位，其中50单位来自1月6日的购货，10单位来自1月25日的购货。分别采用个别认定法、加权平均法、先进先出法和后进先出法计算分摊到期末存货和商品销售的成本（单位成本和存货余额四舍五入到美分）。哪种方法得出的净利润最低？

1月1日	期初存货	138单位×$3.00=	$ 414
1月6日	购货	300单位×$2.80=	840
1月17日	购货	540单位×$2.30=	1 242
1月25日	购货	22单位×$2.00=	44
	合计	1 000单位	$2 540

Exercise 6-17^B^ 1月1日，JKR商店的存货成本为$225 000。第一季度，它购买的商品成本为$795 000，退货$11 550，运输费$18 800，采用装运地交货。该商店的平均毛利率为30%，第一季度的零售净额为$1 000 000。使用毛利法估计第一季度末存货成本。

综合题

Problem 6-1^A^ Warnerwoods公司采用的是永续盘存制，3月份的购货和销货记录如下所示（对于个别认定法，3月9日销售的商品中有80单位来自期初存货，340单位来自3月5日购进的商品；3月29日销售的商品中有40单位来自3月18日购进的商品，120单位来自3月25日购进的商品）。

日期	业务内容	购货数量和单位成本	零售数量和单价
3月1日	期初存货	100单位×＄50	
3月5日	购货	400单位×＄55	
3月9日	销货		420单位×＄85
3月18日	购货	120单位×＄60	
3月25日	购货	200单位×＄62	
3月29日	销货		160单位×＄95
	合计	820单位	580单位

要求：

1. 计算待售商品成本和待售商品数量。
2. 计算期末存货数量。
3. 分别采用下列四种方法计算分摊到期末存货的成本：（a）先进先出法；（b）后进先出法；（c）个别认定法；（d）加权平均法（所有金额保留至美分）。
4. 计算四种计算方法下公司的毛利。

拓展题

BTN 6-3 Golf Challenge是一家销售高尔夫球服装和设备的体育用品零售商店。该商店已经经营了两年，状况很不好。一个主要的问题是在过去的两年里存货成本持续增加。在运营的第一年，商店使用后进先出法分摊存货成本。银行贷款协议要求该商店保持一定的利润率和流动比率，而银行是该商店的主要融资来源。店主正在查看商店第二年的初始财务报表，这些数字并没有达到要求。商店要想达到银行协议的要求，唯一的办法就是从后进先出法改为先进先出法。这家店最初选择后进先出法是因为它的税收优惠。店主使用先进先出法重新核算期末存货，并将这些数据和报表提交给银行的信贷员，以便银行进行必要的审查。店主在选择存货成本核算方法时考虑了方法可用的范围。

要求：

1. 使用先进先出法如何提高Golf Challenge公司的净利率和流动比率？
2. Golf Challenge公司店主的行为道德吗？请说明。

全球视角

下面讨论在美国公认会计原则和国际财务报告准则下，库存商品的构成项目和成本、存货成本的分摊方法，以及估算存货价值方法之间的不同。

库存商品的构成项目和成本 美国公认会计原则和国际财务报告准则都为库存商品的构成项目和成本的会计处理制定了通用指导原则，并且两者类似。具体来说，在这两种原则下，库存商品包括企业以销售为目的拥有和持有的所有货物。进一步，库存商品还包括在将商品运到销售地点并做好销售准备的过程中发生的直接或间接费用。

存货成本的分摊 美国公认会计原则和国际财务报告准则都允许企业使用个别认定法来分摊存货成本，两种原则也都允许使用存货成本流转假设。常见的成本流转假设包括：先进先出法、加权平均法和后进先出法。然而，国际财务报告准则不允许使用后进先出法。

存货成本估算 在存货售出前，它的价值是可以改变的，可以降低也可以提高。

（1）存货价值的降低。当存货的市价低于账面成本时，美国公认会计原则和国际财务报告准则都要求企业降低存货账面成本。这就是在本章中讲述的成本与市价孰低法。如果存货的市价在以后的会计期间有所回升，美国公认会计原则禁止提高存货的账面成本。然而，在这种情况下，国际财务报告准则允许将存货的账面成本提高到初始的账面价值。例如，2015 年苹果公司的存货价值从 $23.49 亿降到 $23 亿，即使在以后的会计期间，存货的市价回升并超过 $23.49 亿，苹果公司也不能提高它的账面价值。然而，如果苹果公司使用国际财务报告准则，它就可以弥补之前的损失（另一个区别是，在美国公认会计原则下，所谓的市价指的是存货的重置成本，而在国际财务报告准则下，所谓的市价指的是存货的可变现净值）。

（2）存货价值的提高。美国公认会计原则和国际财务报告准则都不允许将存货的价值调整得高于初始获得成本（一个例外是：国际财务报告准则要求农业资产如动物、森林和树木的价值用公允价值减去销售成本来计算）。

诺基亚公司的存货价值估算如下：

存货的价值采用的是存货账面成本与可变现净值的较低者。存货的账面成本采用先进先出法计算。可变现净值等于企业通过正常渠道销售商品获得的收入减去销售成本。

选择题答案

1. a；永续盘存制下的先进先出法

日期	商品采购	销售成本	存货余额
7 月 1 日			75 单位 × $25 = $ 1 875
7 月 3 日	348 单位 × $27 = $9 396		75 单位 × $25 348 单位 × $27 } = $11 271
7 月 8 日		75 单位 × $25 225 单位 × $27 } = $ 7 950	123 单位 × $27 = $ 3 321
7 月 15 日	257 单位 × $28 = $7 196		123 单位 × $27 257 单位 × $28 } = $10 517
7 月 23 日		123 单位 × $27 152 单位 × $28 } = $ 7 577	105 单位 × $28 = $ 2 940
		$15 527	

2. b；永续盘存制下的后进先出法

日期	商品采购	销售成本	存货余额
7 月 1 日			75 单位 × $25 = $ 1 875
7 月 3 日	348 单位 × $27 = $9 396		75 单位 × $25 348 单位 × $27 } = $11 271
7 月 8 日		300 单位 × $27 = $ 8 100	75 单位 × $25 48 单位 × $27 } = $ 3 171
7 月 15 日	257 单位 × $28 = $7 196		75 单位 × $25 48 单位 × $27 257 单位 × $28 } = $10 367
7 月 23 日		257 单位 × $28 18 单位 × $27 } = $ 7 682	75 单位 × $25 30 单位 × $27 } = $ 2 685
		$15 782	

3. e；个别认定法（永续盘存制和定期盘存制下是相同的）——期末存货成本计算过程为：

20 单位×＄25	＄ 500
40 单位×＄27	1 080
45 单位×＄28	1 260
105 单位	＄2 840

4A. a；定期盘存制下先进先出法的期末成本计算过程为：

105 单位×＄28＝＄2 940；永续盘存制和定期盘存制下使用先进先出法计算出的期末存货成本结果相同（参见第1题）。

5A. (1) a；定期盘存制下先进先出法的期末成本核算＝(20×＄14)＋(10×＄12)＝＄400。

(2) b；定期盘存制下后进先出法的销售成本核算＝(20×＄14)＋(40×＄12)＋(70×＄10)＝＄1 460。

6. d；存货周转天数＝（期末存货成本/销售成本）×365＝(＄18 000/＄85 000)×365＝77.29(天)。

第 7 章

会计信息系统

本章预览

系统的基本原则及其组成部分	特种日记账的基础知识	特种日记账的种类	系统技术
C1 原则：控制原则、相关性原则、适应性原则、灵活性原则、成本效益原则 组成部分：原始文档、输入设备、信息处理器、信息存储、输出设备	C2 目标和用途 总账账户 C3 明细分类账 应收账款明细账 应付账款明细账	P1 销售日记账 现金收入日记账 购货日记账 现金支出日记账 P2 分类账的验算	软件 数据处理 网络 企业资源计划(ERP)
NTK 7-1	NTK 7-2	NTK 7-3，7-4，7-5，7-6	NTK 7-7

学习目标

CAP
- **概念（Conceptual）**
  - C1 界定会计信息系统的基本原则及其组成部分
  - C2 解释特种日记账的目的和用途
  - C3 描述总账和明细分类账的用途
- **程序（Procedural）**
  - P1 使用特种日记账记录交易并过账
  - P2 编制试算平衡表检查明细分类账的记录是否准确

7.1 会计信息系统的基本原则

会计信息系统（accounting information systems）用于收集和处理交易事项的信息，把它们编制成有用的报表，再把结果传递给决策者。掌握会计系统方面的基础知识可以帮助决策者更好地理解信息约束、计量方法的局限性及其潜在的应用，帮助他们在掌握信息的基础上制定更加合理的决策以及更好地权衡各种战略的风险和收益，从而提高企业的竞争优势。本节将介绍会计信息系统的五大基本原则（见图表7-1）。

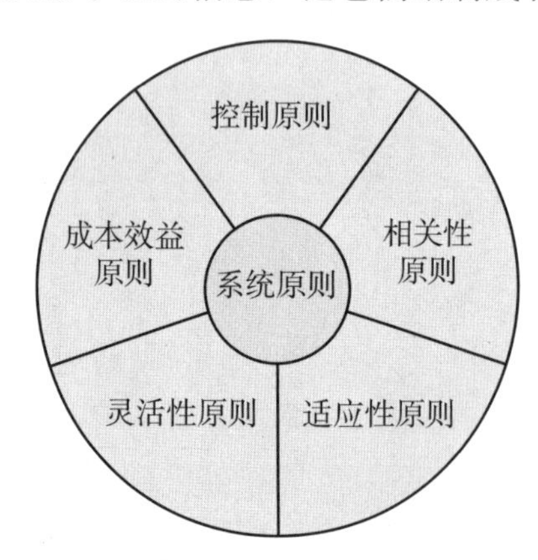

图表7-1 会计信息系统的原则

控制原则

控制原则（control principle）规定，会计信息系统必须实施内部控制。**内部控制**（internal controls）是管理人员用来控制和监督企业活动的方法和程序，包括保障企业资产以及保证企业经营活动符合法律和规章制度的各种政策。

□ 相关性原则

相关性原则（relevance principle）规定，会计信息系统必须为合理制定决策提供有用的、可理解的、及时的、相关的信息。我们在构建会计信息系统时，必须保证系统能够获取并产生所有决策者需要的相关信息。

□ 适应性原则

会计信息系统必须与企业的目标保持一致。**适应性原则**（compatibility principle）规定，会计信息系统必须适应企业的业务活动、人员和结构。它还必须符合企业的特点。会计信息系统必须符合企业的目标，绝不能与企业的目标背道而驰。一般而言，大多数刚成立的企业只需要一个简单的信息系统；而像星巴克这样的大企业则需要一个更先进的系统来管理多个业务部门。

□ 灵活性原则

会计信息系统必须能够适应各种变化。**灵活性原则**（flexibility principle）规定，会计信息系统必须能够适应企业的变化、业务环境的变化及其决策者需要的变化。技术进步、竞争压力、消费者偏好、规章制度以及企业的业务活动等各种因素都在不断发生变化，会计信息系统必须适应这些变化。

□ 成本效益原则

成本效益原则（cost-benefit principle）规定，在会计信息系统中，一项活动的收益必须大于成本。例如编制一份具体的报表所获得的收益必须大于编制该报表所花费的时间和精力。其他系统原则（控制原则、相关性原则、适应性原则以及灵活性原则）方面的决策同样会受成本效益原则的影响。

决策洞察力　**数字是永恒**

电子通信的发展造成许多员工失业，包括波音公司的前首席执行官。为了遵守《萨班斯-奥克斯利法案》，越来越多的公司开始对电子邮件、即时消息、博客帖子和网络电话进行存档和监控。使用自然语言软件，公司可以在数毫秒内筛选数字通信，检查商业机密、不雅语言、色情内容和盗版文件。

7.2　会计信息系统的组成部分

会计信息系统由原始文档、输入设备、信息处理器、信息存储和输出设备五个部分组成。可以根据这些组成部分的应用情况来判断会计信息系统是高度计算机化还是手动化。

图表 7-2 展示出这些组成部分的先后步骤，但是我们知道这些组成部分之间存在多个级别的通信。我们将对这些组成部分进行简要描述。

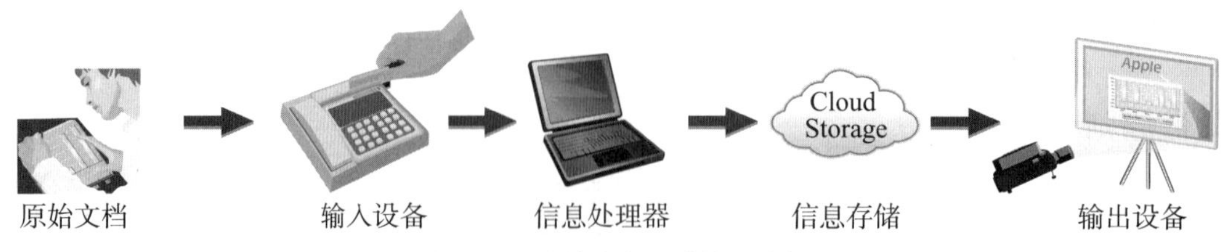

图表7-2　会计信息系统的组成部分

原始文档

原始文档为会计信息系统提供原始信息。原始文档包括银行对账单和支票、供应商发票、客户账单、收银机文件和员工收入记录。原始文档可以是纸质的，但通常以电子文档和web通信形式呈现。准确的原始文档对会计信息系统至关重要。输入错误的信息会降低信息系统的可靠性。

输入设备

输入设备从原始文档获取信息并将其传输到信息处理器。这些设备将原始文档上的数据转换成系统可用的格式。无论是电子日记账还是纸质日记账，都是一种输入设备。在商业中键盘和扫描仪是最常见的输入设备。例如，条形码扫描仪捕获代码号并将其传输到组织的计算机进行处理。

信息处理器

信息处理器通过转换和总结信息以用于分析和报告。信息处理器包括日记账、分类账、工作底稿和登记程序。它们都有助于将原始数据转换为有用的信息。技术可以帮助进行信息处理，有助于会计专业人员承担更多的分析、解释和管理角色。

信息存储

信息存储可以帮助信息处理器访问数据。在输入和处理之后，数据被存储起来以供将来的分析和报告使用。审计人员在审计财务报表和公司控制时都依靠这个数据库。旧的系统依赖纸质文档，而现代系统依赖电子存储设备，或者越来越多地依赖云存储。

输出设备

输出设备从会计信息系统中提取信息供用户使用。常见的输出设备有打印机、监视器、投影仪和网络通信。输出设备为用户提供各种项目，包括客户账单、供应商支票、员工工资支票、财务报表和内部报告。当出现输出请求时，信息处理器从数据库中提取所需的数据并编制必要的报告，然后将报告发送到输出设备。例如，工资从公司的银行账户转到员工的银行账户。

决策洞察力

虚拟输出

一种被称为虚拟视网膜显示器（VRD）的无屏幕计算机显示器通过激光直接扫描用户视网膜上的像素。VRD可以模拟三维虚拟世界，包括3D金融图形。VRD具有控制优势，因为只有目标用户才能看到显示的图像。

NTK 7-1

将下列与描述最匹配的会计信息系统原则及其组成部分分别填入相应的空白处。

A. 控制原则　　B. 相关性原则　　C. 适应性原则　　D. 灵活性原则
E. 成本效益原则　　F. 原始文档　　G. 输入设备　　H. 信息处理器
I. 信息存储　　J. 输出设备

______ 1. 从原始文档获取信息并将其传输以便进行信息处理。
______ 2. 使信息处理器可以访问数据。
______ 3. 转换和汇总信息以供系统使用。
______ 4. 将信息从会计信息系统中提取出来并提供给用户的方法。
______ 5. 条目的信息可以是电子的，也可以是纸质的。
______ 6. 规定系统中某项活动的收益大于成本。
______ 7. 规定一个系统要能适应公司、环境和用户需求的变化。
______ 8. 规定一个系统必须符合公司的活动、人员和结构。
______ 9. 规定系统报告有用的、可理解的、及时的和相关的信息。
______ 10. 规定一个系统要有内部控制。

答案

1. G　2. I　3. H　4. J　5. F　6. E　7. D　8. C　9. B　10. A

7.3　会计中的特种日记账

本节将重点讲解特种日记账和明细分类账，它们都是会计信息系统的重要组成部分。我们将介绍如何用特种日记账来获取交易信息以及如何设置明细分类账以获取详细的账户信息。本节中，我们使用的是永续盘存制，特种日记账也是在永续盘存制下建立起来的。在每个特种日记账下面都加了注释，以解释在定期盘存制下特种日记账应该做哪些调整。

特种日记账的基础知识

普通日记账（general journal）是指能够用来记录各种交易的通用日记账。对企业而言，使用普通日记账来记录所有的交易往往成本较高，而且控制效果较差。另外，对技术不太先进的系统来说，如果使用普通日记账，就要求将借方发生额和贷方发生额逐笔过入对应的总分类账账户。为了加强内部控制和降低成本，可以将交易分成几大类。**特种日记账**（special journal）是专门用来记录和结转相似类型的交易的日记账。例如，商业企业的大部分交易都可以被分成图表 7-3 所示的几类日记账。本节假设企业同时使用这 4 种特种日记账与普通日记账。我们继续使用普通日记账来记录特种日记账未涉及的交易，并用它来调整、结转和纠正会计分录。在接下来的内容中，我们将介绍特种日记账这种有效的工具是如何帮助登记交易和过账的。例如，通过特种日记账可以把类似交易的借方发生额和贷方发生额累计起来，然后将借方合计和贷方合计过入总分类账，而不需要逐笔过账。因此，交易越多，特种日记账的优势就越明显。特种日记账可以帮助我们实现有效的劳动分工，而且它也是一种有效的控制程序。

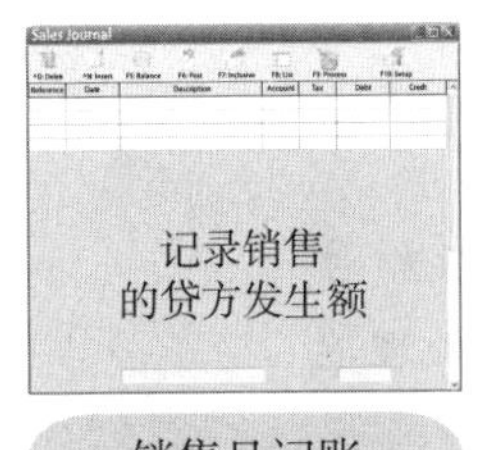

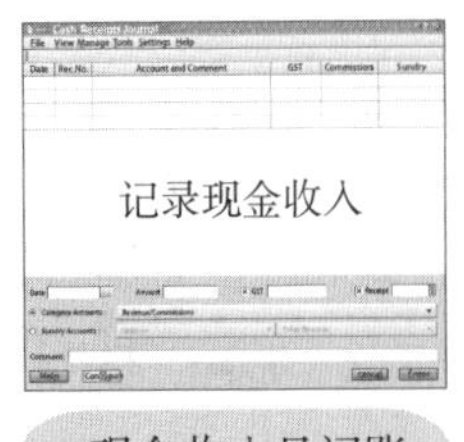

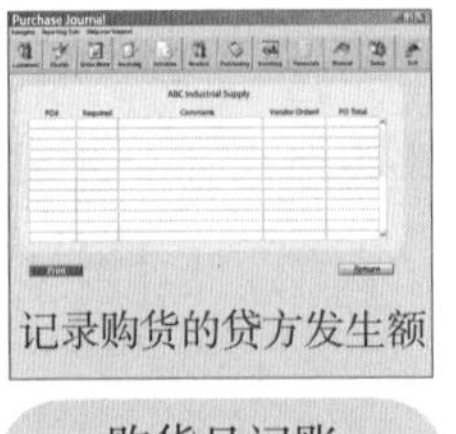

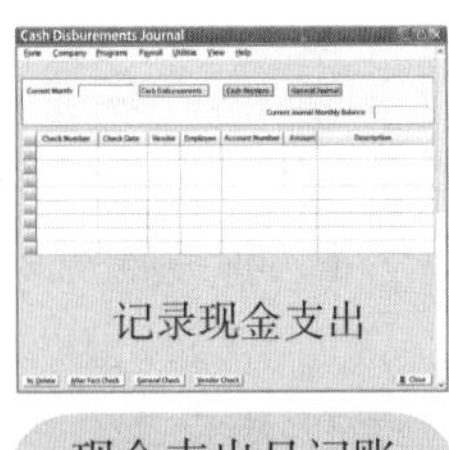

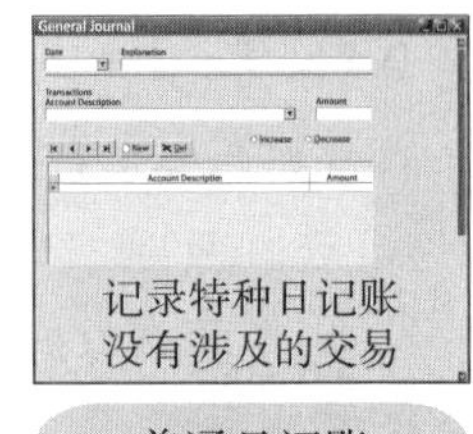

图表7-3 特种日记账和普通日记账组合使用

特种日记账和明细分类账的设置必须符合企业自身的需要。企业通常使用特种日记账来记录经常重复发生的交易，例如销售、现金收入、购货和现金支出等。企业可以量身定制自己的会计信息系统。例如，有些企业习惯将销售和现金收入或购货与现金支出合并成一个特种日记账，有些企业则会增设一些特种日记账或明细分类账来记录其他经常重复发生的交易。企业还可以自行调整其日记账和分类账的格式，即企业可以根据自身的需要确定每个账户的栏数以及每一栏的抬头等。下文将介绍一种常见的账户设置方式。当然，不同的企业也可以根据自身的需要选择其他的账户设置方式（由公司内部开发的专属软件可以满足其他现成软件无法满足的企业需求）。

□ 明细分类账

要想了解特种日记账，需要先介绍一下**明细分类账**（subsidiary ledger）。明细分类账是记录具有共同特征的各个子账户及其金额的列表，其中包含了总分类账中各个账户的详细记录。通常，企业的会计信息系统包含多个明细分类账。其中，应收账款明细账和应付账款明细账就是最重要的两种明细分类账：

- 应收账款明细账——记录每个客户的交易数据。
- 应付账款明细账——记录每个供应商的交易数据。

明细分类账中的各个账户通常是按照字母顺序排列的（本书也是采用这种方式）。

应收账款明细账

在前几章中，我们编制过一些贷记销售收入、借记（增加）应收账款的会计分录。如果企业有多个信用客户，那么企业的应收账款账户必须反映出每个客户的购买额、已付货款额和未付货款额。为此，企业需要为每个信用客户设立一个单独的应收账款账户。这些单独的账户可以同财务报表的其他账户一起放在总分类账中，但我们一般不采用这种做法。通常，在总分类账中，我们只开设一个应收账款账户，至于每个客户单独的交易数据，我们会记录在明细分类账中。这个明细分类账就是**应收账款明细账**（accounts receivable ledger），或叫应收账款明细分类账或客户明细账。应收账款明细账既可以采用电子形式，也可采用书面形式。

图表7-4说明了应收账款账户和明细分类账中各个账户之间的关系。在将所有的项目过完账之后，应收账款账户的余额必须等于所有客户明细账的余额之和。应收账款账户控制着应收账款明细账，因此，我们把应收账款账户称为**总账账户**（controlling account）。另外，由于应收账款明细账是受总分类账中的应收账款账户控制的补充记录，所以我们把它称为明细分类账（或叫辅助分类账）。

应付账款明细账

会计信息系统中还有一些其他的总账账户和明细分类账。例如，很多企业都习惯从多名供应商那里赊购产品或服务。因此，这些企业需要为每个供应商都设立一个单独的应付账款账户。通常，这些企业会在总分类账中开设应付账款总账账户，还会在**应付账款明细账**（accounts payable ledger）（也叫应付账款明细分类账或债权人明细账）中为每个供应商开立一个单独的账户（见图表 7－4）。

图表 7－4　总账账户及其明细分类账

其他明细分类账

还有一些账户也常常需要设立明细分类账。例如，拥有多种设备的企业可能在其总分类账中只开设一个设备账户，这个设备明细分类账为企业的每种设备都开设了一个单独的账户。投资、存货以及其他单独详细记录的账户都可以做类似的处理。吉玛游艇集团（Genmar Holdings），一个由 Champion，Glastron，Four Winns 和 Larson 共同控制的船舶制造公司，在其年度报表中只需要反映每一条生产线的销售情况，但公司会计信息系统中保存的销售记录要详细得多。例如吉玛游艇集团销售数百种不同的产品，因此，公司必须能够分析每种产品的销售业绩。我们可以从总分类账的销售账户中获得有关每种产品销售情况的信息，但这些信息归根到底还是要从与明细分类账功能类似的补充记录中获得。明细分类账至少有四点好处：

（1）将多余的详细信息以及记录细节的账户从总分类账中移除。

（2）对于指定的客户或供应商，很容易获得与其相关的最新信息。

（3）有助于识别特定账户中的错误信息。

（4）在过账时实现劳动分工，提高了账务记录的效率。

NTK 7－2

将下列与描述最匹配的名称分别填入相应的空白处。

A. 普通日记账　B. 特种日记账　C. 明细分类账　D. 应收账款明细账

E. 应付账款明细账　F. 总账账户　G. 销售日记账　H. 现金收入日记账

I. 购货日记账　J. 现金支出日记账

______1. 用于记录所有现金支出业务。

______2. 用于记录所有的赊销业务。

______ 3. 用于记录所有现金收入业务。

______ 4. 用于记录所有的存货赊销业务。

______ 5. 存储单个客户的交易数据。

______ 6. 存储单个供应商的交易数据。

______ 7. 记录一个特定的明细分类账的账户。

______ 8. 包含来自总分类账中某一特定账户的详细记录。

______ 9. 用于记录和结转相似类型的交易。

______ 10. 可以记录各种交易的通用日记账。

答案：

1. J 2. I 3. H 4. G 5. D 6. E 7. F 8. C 9. B 10. A

销售日记账

典型的**销售日记账**（sales journal）是用来记录存货赊销业务的。存货的现金交易额不记入销售日记账，而是记入现金收入日记账。非存货类资产的赊销额则要记入普通日记账。

登记日记账

赊销业务的记录需要将每一笔销售收入都记入单独的销售日记账。通常，有关销售情况的信息，我们可以从销售时出具的销售发票副本或发货单副本中获得。图表 7－5 的上半部分给出了某商业企业的一个典型的销售日记账。该表分为几栏，分别记录日期、客户名称、发票编号、过账索引以及每笔赊销业务的零售额和成本额。我们把这种销售日记账称为**多栏式日记账**（columnar journal），即栏数超过一栏的日记账。

销售日记账中记录的每一笔交易都要在“借记应收账款、贷记销售收入”栏进行登记。通常，这两个账户的情况只需要一栏就可以反映出来（如果管理人员需要更多有关税收、退货以及其他销售细节的信息，则另当别论）。另外，销售日记账中的每一笔交易还要在“借记销售成本、贷记存货”栏进行登记。该栏的这条记录反映了永续盘存制对每笔销售业务的成本跟踪情况。例如，2 月 2 日，该公司赊销给 Jason Henry 价值＄450 的商品。其发票编号为 307，该批商品的成本为＄315。在销售日记账中，只用一行就能反映出这些信息，无须进一步解释或记录，可谓省时省力。而且，这种销售日记账与大多数使用条形码记录销售收入和销售成本的存货系统也能相容。在登记交易时不需要使用过账索引栏，过账时才会用到该栏。

过账

图表 7－5 中的箭头演示了销售日记账的过账过程。从中能够发现两种不同类型的过账过程：一种是过账至明细分类账；另一种则是过账至总分类账。

过账至明细分类账 需要将销售日记账中的每一笔交易定期过账至应收账款明细账的客户账户。这种过账使得客户账户信息可以随时更新，这对授予信用的一方来说非常重要。在将销售日记账中记录的一笔销售收入过入应收账款明细账中的客户账户之后，要在销售日记账的过账索引栏中打一个对勾。在这里，之所以是打对勾，而不是记录账户编号，是因为应收账款明细账中的各个客户账户通常是按字母顺序排列的。需要将借方发生额过入应收账款账户两次——一次是过入总分类账中的应收账款账户，另一次则是过入客户明细账户——但这并不违背借贷相等的会计等式。总分类账总能保持借贷相等。

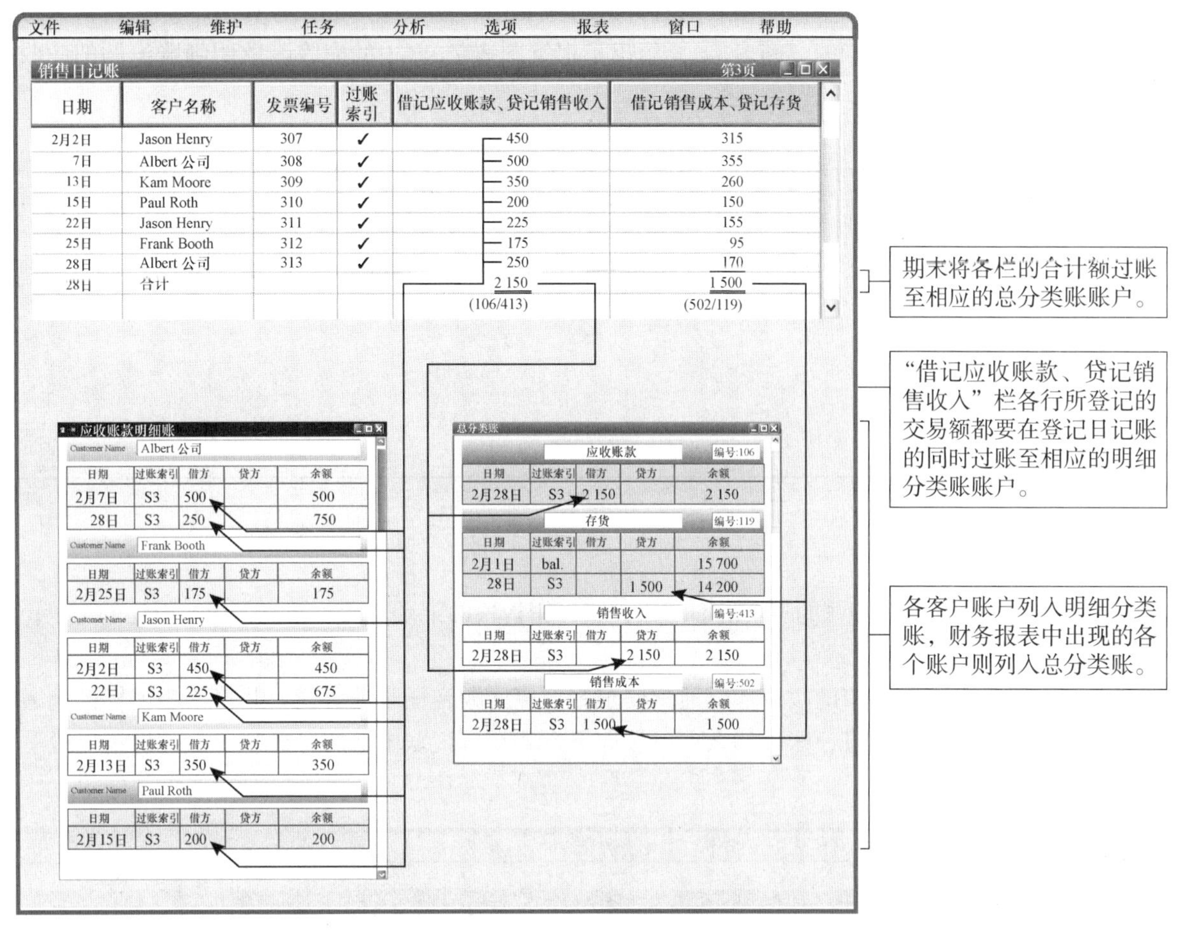

图表 7-5 销售日记账及其过账

注：定期盘存制下的销售日记账不含最右侧的"借记销售成本、贷记存货"栏。

过账至总分类账 在每个会计期末（上例中的会计期为整个 2 月份），要把销售日记账中的各栏进行加总。销售收入栏的合计额为 $2 150，分别要借记总分类账的应收账款账户、贷记总分类账的销售收入账户（见图表 7-5）。成本栏的合计额为 $1 500，分别要借记总分类账的销售成本账户、贷记总分类账的存货账户。在将合计额过入总分类账的相应账户时，还要在销售日记账每一栏的合计额下面标上它们各自过入账户的编号，以便今后进行跟踪。例如，在将销售收入栏的合计额分别过入编号为 106 的应收账款账户和编号为 413 的销售收入账户之后，在该合计额下面标上 106/413。

企业能够从明细分类账的过账索引栏中确定该笔金额来自哪个日记账的哪一页。可以用首字母来确定日记账。在明细分类账的过账索引栏中，将从销售日记账中过账来的交易额标上首字母 S，并在后面加上该交易额在日记账中所处的页码。依此类推，从现金收入日记账中过账来的交易额，就在过账索引栏中标上其首字母 R；从现金支出日记账中过账来的交易额，就在过账索引栏中标上其首字母 D；从购货日记账中过账来的交易额，就在过账索引栏中标上其首字母 P；从普通日记账中过账来的交易额，就在过账索引栏中标上其首字母 G。

分类账的验算

过完账以后，为了确保其准确性，要定期对总分类账和明细分类账的账户余额进行验算（或重新检查）。为了进行验算，首先，需要编制总分类账试算平衡表以确定其借贷是否相等。接下来，通过编制包含各个账户及其金额的明细表来检查明细分类账。**应收账款明细表**（schedule of accounts receivable）列出了各个客户及其欠款额。如果该明细表的合计额与应收账款总账账户的余额相等，那么就认为应收账款明细账中各账户的记录是正确的。图表 7－6 给出了根据图表 7－5 中的应收账款明细账编制的应收账款明细表。

图表 7－6　应收账款明细表

应收账款明细表 2 月 28 日	
Albert 公司	$ 750
Frank Booth	175
Jason Henry	675
Kam Moore	350
Paul Roth	200
应收账款合计	$ 2 150

附加问题

再来看一看关于销售日记账的三个附加问题：(1) 销售税的记录；(2) 销售退回与折让的记录；(3) 使用实际销售发票作为日记账。

销售税　美国各州与各市的政府部门通常要求销售商向顾客征收销售税，并将这些销售税上缴至相关部门。如果使用的是多栏式日记账，那么可以按如下方式在日记账中增加一栏——“应付销售税”来记录征收的税额。

文件　编辑　维护　任务　分析　选项　报表　窗口　帮助

销售日记账　第3页

日期	借记账户	发票编号	过账索引	借记应收账款	贷记应付销售税	贷记销售收入	借记销售成本、贷记存货
12月1日	Favre公司	7-1698		103	3	100	75

我们仍要将应收账款栏的每一笔交易额在记录销售日记账的同时过账至应收账款明细账的客户账户。应付销售税和销售收入两栏的各笔发生额不需要过账。各栏的合计额仍要像往常一样进行过账（在现金交易中向客户征收销售税的企业也可以在其现金收入日记账中使用应付销售税栏）。

销售退回与折让　很少发生销售退回与折让的企业可以编制如下分录将它们记入普通日记账：

5 月 17 日	借：销售退回与折让	414	175	
	贷：应收账款——Ray Ball	106/√		175
	（客户退回商品。）			

该笔分录的借方将过账至销售退回与折让账户（414 号），而贷方则要分别过账至应收账款总账账户（106 号）和客户账户。我们在贷记行的过账索引栏内记入账户编号和对勾（106/√），这表明总分类账中的应收账款总账账户和应收账款明细账中 Ray Ball 的账户分别贷记了 $175。（注意：如果退还的货物还能再卖给其他客户，那么企业需要借记（增加）存货账户，贷记（减少）销售成本账户。如果退还的货物有瑕疵，那么退回的存货应该按照估计价值而不是成本入账。例如，退回的次品的成本为 $60，估计价值为 $20，卖方借记存货 $20，借记次品存货损失 $40，贷记销售成本 $60（参见第 5 章）。）经常发生销售退回与折让的企业可以设立专门的销售退回与折让日记账以缩短账务处理时间。

使用销售发票作为日记账 为了节约成本，有些小公司并没有为赊销业务记录销售日记账，而是将销售发票的金额直接过账至应收账款明细账中的客户账户。随后，它们将发票副本存档。到了期末，它们会将本期所有的发票金额加总，并编制一条普通日记账分录，将合计额借记应收账款，贷记销售收入。这些发票副本也就充当了销售日记账。我们把这种做法称为用销售发票直接过账。

NTK 7-3

编制一个类似于图表7-5的销售日记账，然后记录以下销售交易：

7月7日 销售给J. Dahl的商品的售价为$600，成本为$400，信用条件为“2/10，n/30”，发票号704。

12日 销售给R. Lim的商品的售价为$150，成本为$100，信用条件为“n/30”，发票号705。

答案：

销售日记账 第3页

日期	借记账户	发票编号	过账索引	借记应收账款、贷记销售收入	借记销售成本、贷记存货
7月7日	J.Dahl	704		600	400
12日	R.Lim	705		150	100

现金收入日记账

通常使用**现金收入日记账**（cash receipts journal）来记录所有的现金收入业务（包括借记现金的所有交易）。图表7-7给出了现金收入日记账的一般格式。

登记日记账与过账

现金收入可分为以下三类：赊购客户支付的现金；现金销售收入；通过其他方式获得的现金。图表7-7中的现金收入日记账分别使用不同的贷方栏记录了这三类不同来源的现金收入。现在来看一看如何将这三类现金收入交易记入日记账（现金收入日记账中还增加了用来说明现金收入来源的内容摘要栏）。

赊购客户支付的现金 登记日记账：收到赊购客户支付的现金以后，首先要在贷记账户栏填写客户名（参见2月12日、17日、23日和25日的交易）。然后在不同的栏分别填入借记现金和销售折扣的金额（存在销售折扣的情况下），同时，还要在贷记应收账款栏填入贷记该客户账户的金额。

过账：贷记应收账款栏的各笔交易额都要在登记日记账的同时过账至应收账款明细账的客户账户。贷记应收账款栏的合计额$1 500则要在期末（本例中为月末）作为贷方发生额过入总分类账的应收账款总账账户。

现金销售收入 登记日记账：现金销售收入要分别记入借记现金栏和贷记销售收入栏，例如2月7日、14日、21日和28日的几笔交易。对于每一笔现金销售收入，还要把商品成本填入“借记销售成本、贷记存货”栏（参见图表7-7最右侧的一栏）。

过账：记录现金销售收入时，我们会在过账索引栏填入一个“×”，这表明现金销售收入不需要逐笔过账。期末，只要将贷记销售收入栏的合计额$17 300和“借记销售成本、贷记存货”栏的合计额$12 550分别过入总分类账的相应账户即可。

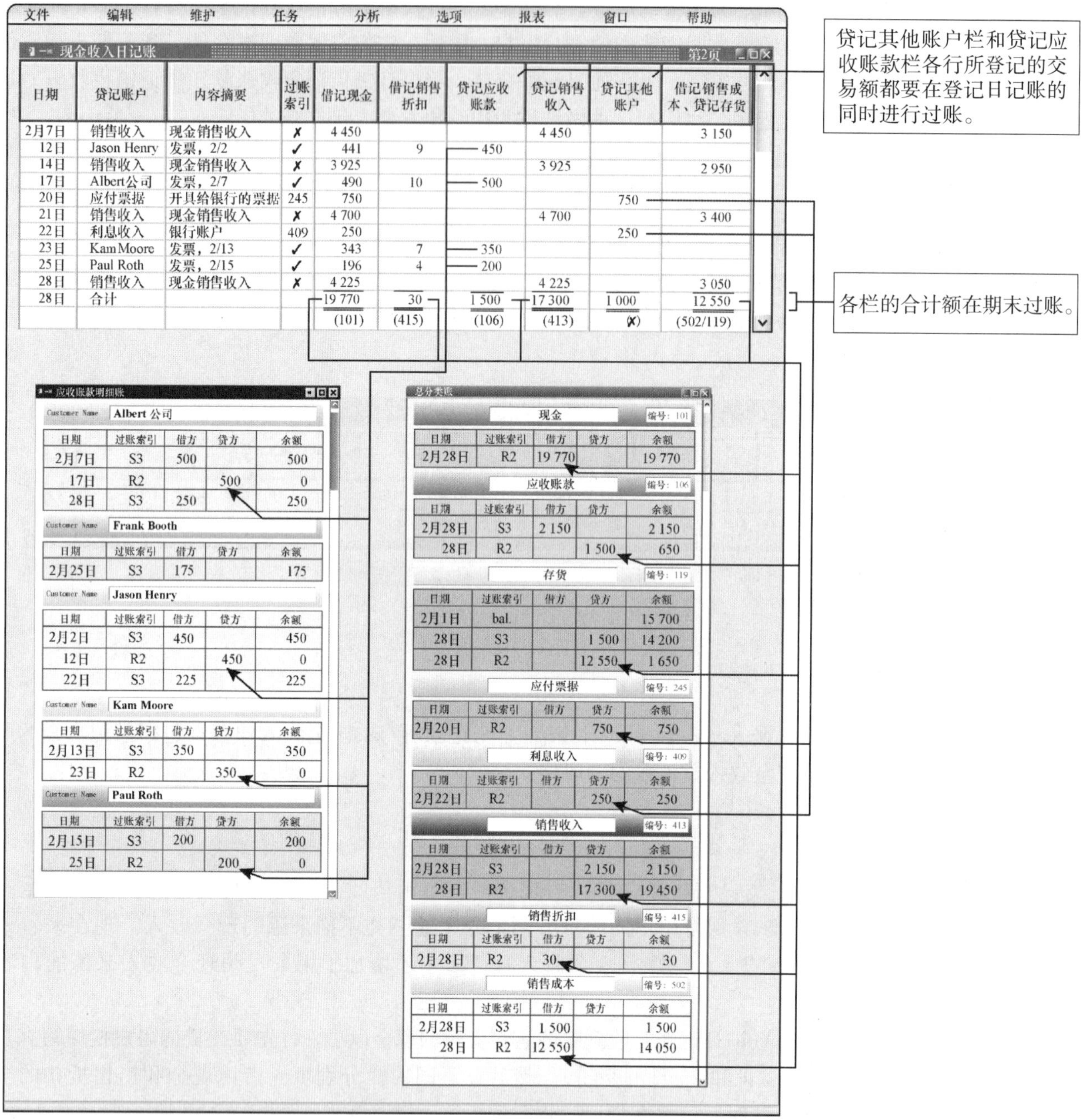

文件 编辑 维护 任务 分析 选项 报表 窗口 帮助

现金收入日记账 第2页

日期	贷记账户	内容摘要	过账索引	借记现金	借记销售折扣	贷记应收账款	贷记销售收入	贷记其他账户	借记销售成本、贷记存货
2月7日	销售收入	现金销售收入	✗	4 450			4 450		3 150
12日	Jason Henry	发票，2/2	✓	441	9	450			
14日	销售收入	现金销售收入	✗	3 925			3 925		2 950
17日	Albert公司	发票，2/7	✓	490	10	500			
20日	应付票据	开具给银行的票据	245	750				750	
21日	销售收入	现金销售收入	✗	4 700			4 700		3 400
22日	利息收入	银行账户	409	250				250	
23日	Kam Moore	发票，2/13	✓	343	7	350			
25日	Paul Roth	发票，2/15	✓	196	4	200			
28日	销售收入	现金销售收入	✗	4 225			4 225		3 050
28日	合计			19 770	30	1 500	17 300	1 000	12 550
				(101)	(415)	(106)	(413)	(✗)	(502/119)

贷记其他账户栏和贷记应收账款栏各行所登记的交易额都要在登记日记账的同时进行过账。

各栏的合计额在期末过账。

应收账款明细账

Customer Name: Albert 公司

日期	过账索引	借方	贷方	余额
2月7日	S3	500		500
17日	R2		500	0
28日	S3	250		250

Customer Name: Frank Booth

日期	过账索引	借方	贷方	余额
2月25日	S3	175		175

Customer Name: Jason Henry

日期	过账索引	借方	贷方	余额
2月2日	S3	450		450
12日	R2		450	0
22日	S3	225		225

Customer Name: Kam Moore

日期	过账索引	借方	贷方	余额
2月13日	S3	350		350
23日	R2		350	0

Customer Name: Paul Roth

日期	过账索引	借方	贷方	余额
2月15日	S3	200		200
25日	R2		200	0

总分类账

现金 编号：101

日期	过账索引	借方	贷方	余额
2月28日	R2	19 770		19 770

应收账款 编号：106

日期	过账索引	借方	贷方	余额
2月28日	S3	2 150		2 150
28日	R2		1 500	650

存货 编号：119

日期	过账索引	借方	贷方	余额
2月1日	bal.			15 700
28日	S3		1 500	14 200
28日	R2		12 550	1 650

应付票据 编号：245

日期	过账索引	借方	贷方	余额
2月20日	R2		750	750

利息收入 编号：409

日期	过账索引	借方	贷方	余额
2月22日	R2		250	250

销售收入 编号：413

日期	过账索引	借方	贷方	余额
2月28日	S3		2 150	2 150
28日	R2		17 300	19 450

销售折扣 编号：415

日期	过账索引	借方	贷方	余额
2月28日	R2	30		30

销售成本 编号：502

日期	过账索引	借方	贷方	余额
2月28日	S3	1 500		1 500
28日	R2	12 550		14 050

图表 7－7　现金收入日记账及其过账

注：定期盘存制下的现金收入日记账不含最右侧的“借记销售成本、贷记存货”栏。

通过其他方式获得的现金　登记日记账：通过其他方式取得的现金包括银行借款、利息收入以及非存货类资产现金销售收入等，例如 2 月 20 日和 22 日的交易。我们会在贷记其他账户栏记录此类交易。

过账：这些交易的每一笔发生额都要在登记日记账的同时过账至相应的总分类账账户。另外，还要在过账索引栏填写过入的总分类账账户的编号。

加总、交叉加总与过账

为了确保多栏式日记账的借方总额等于贷方总额，在过账前通常对各栏的合计额进行交叉加总。所谓加总（foot）是指把一栏数字相加求和。在这里，交叉加总（crossfoot）是指先将所有借方栏合计额相加求和，再将所有的贷方栏合计额相加求和，最后看这两个总额是否相等。通过将图表7-7中的数字加总和交叉加总，得出了图表7-8中的这张报表。

图表7-8 日记账合计额的加总与交叉加总

借方栏		贷方栏	
现金	$19 770	应收账款	$ 1 500
销售折扣	30	销售收入	17 300
销售成本	12 550	其他账户	1 000
		存货	12 550
合计	$32 350	合计	$32 350

会计期末，经过交叉加总确认无误后，就可以把现金收入日记账各栏的合计额过账至相应的总分类账账户。贷记其他账户栏的合计额不需要过账，因为该栏的各笔发生额在登记日记账的时候就已经过入相关总分类账账户了。在贷记其他账户栏的最下面填入一个“×”，表明该栏的合计额不需要过账。另外，还要把各栏合计额所过入的账户的编号用小括号括起来填在该栏的最下面。（注意：贷记其他账户栏的各笔发生额在登记日记账的同时过账，而现金栏中它们的抵销额却要等到期末加总后才能过账，这种会计处理方法会导致会计期内总分类账的暂时失衡。期末进行的借记现金栏合计额的过账会在编制试算平衡表和财务报表之前修复这种暂时的失衡。）

决策制定者

企业家

你想知道客户的付款速度，因为这些信息可以帮助你调度现金并判断是否应该授予买家信用。试问你将如何获取上述信息？

答案： 应收账款明细账可以提供很多需要的信息，应收账款明细账中列有各客户账户的详细记录，其中包括交易额、交易日期以及付款日期。你可以把它改编成账龄表，从中得知各个客户通常多久才会付款。

NTK 7-4

编制一个类似于图表7-7的现金收入日记账，然后记录以下现金收入交易：

7月1日 公司签发一张应付票据，从银行借了现金$5 000。

2日 公司老板C. Ming向公司捐了$1 000现金。

11日 公司卖给Mulan的商品售价为$400，收取现金，商品成本为$100。

29日 该公司收到了Chan在7月7日购买货物的款项$950（该公司以赊购的方式卖给Chan的商品售价为$1 000，成本为$700，如果月底之前付款，还可以享受$50的折扣）。

答案：

现金收入日记账 第2页

日期	贷记账户	内容摘要	过账索引	借记现金	借记销售折扣	贷记应收账款	贷记销售收入	贷记其他账户	借记销售成本、贷记存货
7月1日	应付票据	银行汇票		5 000				5 000	
2日	C. Ming名下的资本	捐赠		1 000				1 000	
11日	销售收入	现金销售		400			400		100
29日	Chan	发票7/7		950	50	1 000			

□ 购货日记账

购货日记账（purchases journal）是用来登记包括赊购存货在内的赊购业务的。现金购货业务要记入现金支出日记账。

登记日记账

图表7-9中的购货日记账分录反映了凭借购货发票或其他原始凭证登记的日记账信息。我们使用“发票日期”和“信用条件”来计算应付账款的到期日。贷记应付账款栏用来记录应付给每位债权人的金额。购入的存货则记入借记存货栏。

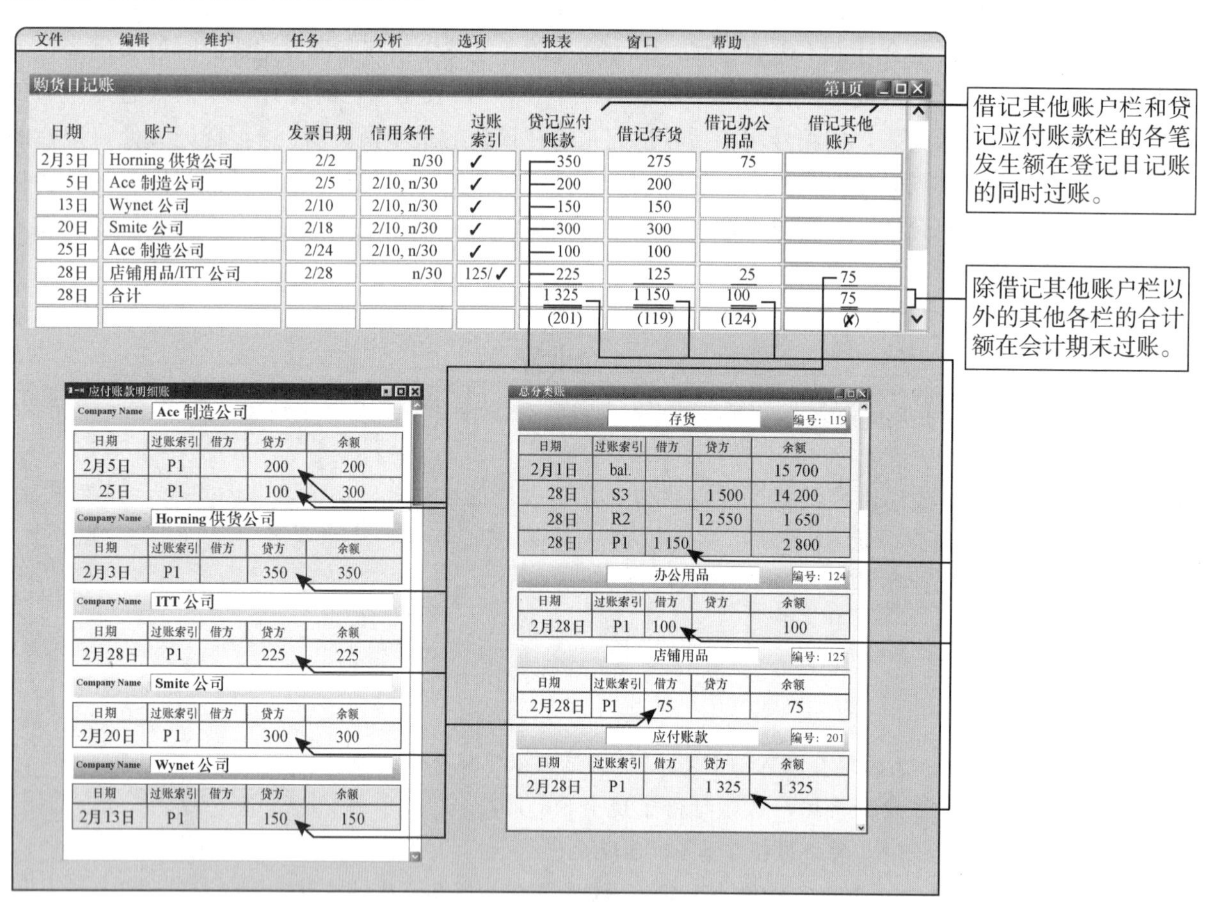

日期	账户	发票日期	信用条件	过账索引	贷记应付账款	借记存货	借记办公用品	借记其他账户
2月3日	Horning 供货公司	2/2	n/30	✓	350	275	75	
5日	Ace 制造公司	2/5	2/10, n/30	✓	200	200		
13日	Wynet 公司	2/10	2/10, n/30	✓	150	150		
20日	Smite 公司	2/18	2/10, n/30	✓	300	300		
25日	Ace 制造公司	2/24	2/10, n/30	✓	100	100		
28日	店铺用品/ITT 公司	2/28	n/30	125/✓	225	125	25	75
28日	合计				1 325	1 150	100	75
					(201)	(119)	(124)	(✗)

应付账款明细账

Company Name：Ace 制造公司

日期	过账索引	借方	贷方	余额
2月5日	P1		200	200
25日	P1		100	300

Company Name：Horning 供货公司

日期	过账索引	借方	贷方	余额
2月3日	P1		350	350

Company Name：ITT 公司

日期	过账索引	借方	贷方	余额
2月28日	P1		225	225

Company Name：Smite 公司

日期	过账索引	借方	贷方	余额
2月20日	P1		300	300

Company Name：Wynet 公司

日期	过账索引	借方	贷方	余额
2月13日	P1		150	150

总分类账

存货 编号：119

日期	过账索引	借方	贷方	余额
2月1日	bal.			15 700
28日	S3		1 500	14 200
28日	R2		12 550	1 650
28日	P1	1 150		2 800

办公用品 编号：124

日期	过账索引	借方	贷方	余额
2月28日	P1	100		100

店铺用品 编号：125

日期	过账索引	借方	贷方	余额
2月28日	P1	75		75

应付账款 编号：201

日期	过账索引	借方	贷方	余额
2月28日	P1		1 325	1 325

图表7-9 购货日记账及其过账

注：定期盘存制下的购货日记账用借记购货栏代替借记存货栏。

例如，2月5日，公司从Ace制造公司购进了一批存货，购货成本为＄200。在登记这笔业务时，我们要在账户栏填入债权人名称（Ace制造公司），在发票日期栏填入发票上的日期，在信用条件栏填入赊购条件，在贷记应付账款栏和借记存货栏分别填入＄200。如果一笔购货业务的交易额需要记入借记其他账户栏，就在账户栏中填入借记的总分类账账户。例如，在2月28日的交易中，公司从ITT公司分别购入了存货、办公用品和店铺用品。购货日记账中没有设置专门的栏目来记录店铺用品，因此，把购买的店铺用品记入借记其他账户栏。这时，我们需要在账户栏填入店铺用品及债权人名称（ITT公司）。图表7-9给出的购货日记账专门设置了一栏记录办公用品的赊购业务。当有多笔业务需要借记同一个账户时，专门设置一栏会很有用。各公司确定其在购货日记账中需要单独开设的栏目的数量。

过账

贷记应付账款栏的各笔发生额在登记日记账的同时直接过至应付账款明细账中相应的债权人账户。借记其他账户栏的各笔发生额也要在登记日记账的同时过至相应的总分类账账户。期末，除借记其他账户栏外，其他各栏的合计额都要过入相应的总分类账账户。

分类账的验算

在将购货日记账过完账之后，还要检查明细分类账中的各笔应付账款余额是否正确。我们通过编制**应付账款明细表**（schedule of accounts payable）来检查明细分类账。应付账款明细表中列出了应付账款明细账中的各个账户、各账户余额以及它们的合计额。如果该表中的应付账款合计额等于应付账款总账账户余额，那就说明应付账款明细账中各账户的记录是正确的。图表 7－10 给出了根据图表 7－9 编制的应付账款明细表。

图表 7－10　应付账款明细表

应付账款明细表 2 月 28 日	
Ace 制造公司	$ 300
Horning 供货公司	350
ITT 公司	225
Smite 公司	300
Wynet 公司	150
应付账款合计	$1 325

NTK 7－5

编制一个类似图表 7－9 的购货日记账，然后记录以下购货交易：

7 月 1 日　从 Kim 公司赊购商品＄1 000，信用条件为“n/60”。

　　4 日　从 Chi 公司赊购店铺用品＄200，信用条件为“n/30”。

　　7 日　从 Min 公司赊购办公用品＄600，信用条件为“n/30”。

答案：

购货日记账　第1页

日期	账户	发票日期	信用条件	过账索引	贷记应付账款	借记存货	借记办公用品	借记其他账户
7月1日	Kim公司	7/01	n/60		1 000	1 000		
4日	Chi公司	7/04	n/30		200			200
7日	Min公司	7/07	n/30		600		600	

□ 现金支出日记账

通常使用**现金支出日记账**（cash disbursements journal）来记录所有的现金支出业务（包括贷记现金的所有交易）。

登记日记账

图表 7－11 中给出的现金支出日记账需要反复在贷记现金栏（该栏反映了现金支出情况）登记记录。另外，需要注意的一点就是，在该现金支出日记账中，还需要频繁地贷记存货（反映了销售折扣情况），借记应付账款。例如，2 月 15 日，公司偿还了欠 Ace 制造公司的货款（信用条件为“2/10，n/30”，参见图表 7－9中 2 月 5 日的交易）。由于是在折扣期内支付的货款，所以公司只需支付＄196（即发票金额＄200 减去＄4 的折扣）。这＄4 的折扣需要贷记存货。需要注意的是：如果公司用现金购买存货，那么在记账时需要使用借记其他账户栏和贷记现金栏，2 月 3 日和 12 日的交易就是两个例子。一般来讲，只要支付用途无法归类至特定的栏内，就将其归入其他账户栏中。例如，2 月 15 日，公司支付了＄250 的工资。对于该笔交易，需要把借记的账户名称（工资费用）填入借记账户栏内。

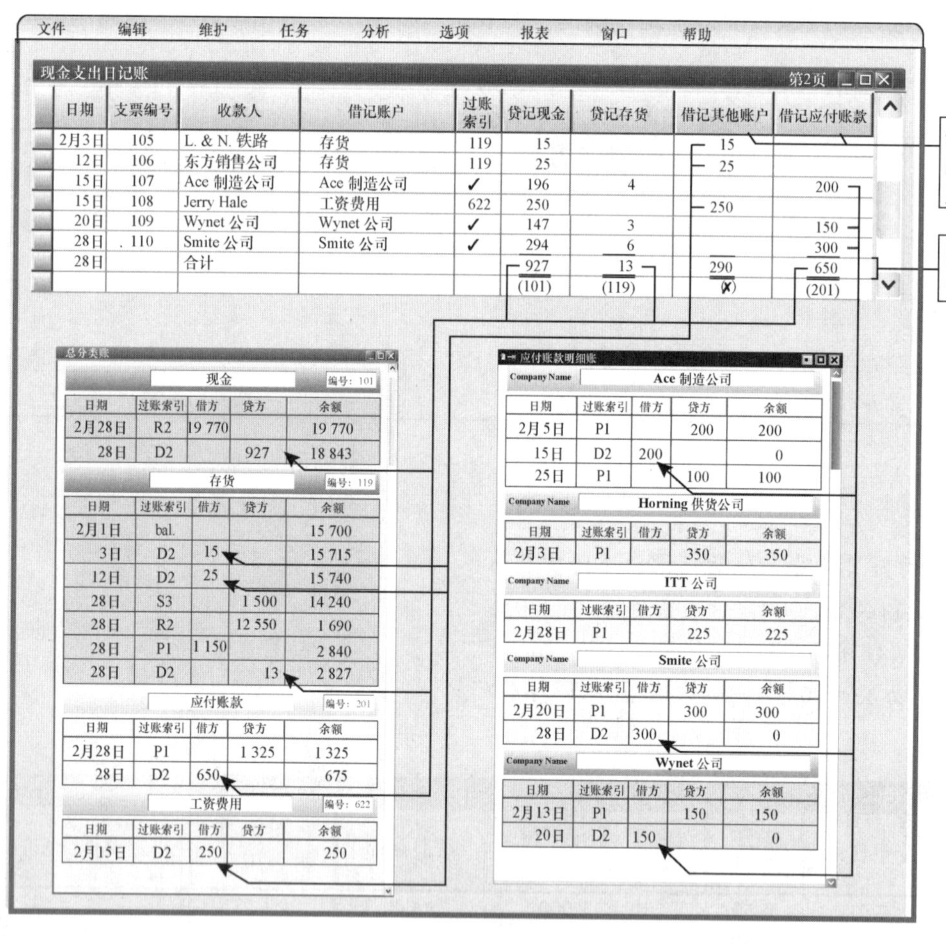

文件 编辑 维护 任务 分析 选项 报表 窗口 帮助

现金支出日记账 第2页

日期	支票编号	收款人	借记账户	过账索引	贷记现金	贷记存货	借记其他账户	借记应付账款
2月3日	105	L. & N. 铁路	存货	119	15		15	
12日	106	东方销售公司	存货	119	25		25	
15日	107	Ace 制造公司	Ace 制造公司	✓	196	4		200
15日	108	Jerry Hale	工资费用	622	250		250	
20日	109	Wynet 公司	Wynet 公司	✓	147	3		150
28日	110	Smite 公司	Smite 公司	✓	294	6		300
28日		合计			927	13	290	650
					(101)	(119)	(✗)	(201)

总分类账

现金 编号：101

日期	过账索引	借方	贷方	余额
2月28日	R2	19 770		19 770
28日	D2		927	18 843

存货 编号：119

日期	过账索引	借方	贷方	余额
2月1日	bal.			15 700
3日	D2	15		15 715
12日	D2	25		15 740
28日	S3		1 500	14 240
28日	R2		12 550	1 690
28日	P1	1 150		2 840
28日	D2		13	2 827

应付账款 编号：201

日期	过账索引	借方	贷方	余额
2月28日	P1		1 325	1 325
28日	D2	650		675

工资费用 编号：622

日期	过账索引	借方	贷方	余额
2月15日	D2	250		250

应付账款明细账

Company Name Ace 制造公司

日期	过账索引	借方	贷方	余额
2月5日	P1		200	200
15日	D2	200		0
25日	P1		100	100

Company Name Horning 供货公司

日期	过账索引	借方	贷方	余额
2月3日	P1		350	350

Company Name ITT 公司

日期	过账索引	借方	贷方	余额
2月28日	P1		225	225

Company Name Smite 公司

日期	过账索引	借方	贷方	余额
2月20日	P1		300	300
28日	D2	300		0

Company Name Wynet 公司

日期	过账索引	借方	贷方	余额
2月13日	P1		150	150
20日	D2	150		0

图表 7－11　现金支出日记账及其过账

注：定期盘存制下的现金支出日记账用贷记购货折扣栏代替贷记存货栏。

决策制定者

主计长

假设你想分析你们公司针对供货商的现金支出情况以及购货折扣情况，试问应如何获取上述信息？

答案：应付账款明细账可以提供很多需要的信息，应付账款明细账记录了公司跟各个供货商的交易资料、公司欠每个供货商的贷款金额以及付款日期。有了应付账款明细账和信用条件方面的信息，你就可以进行分析了。

现金支出日记账中有一栏名为“支票编号”。为了控制现金支出，除了小额支付以外，通常使用支票付款。需要提前给支票编号，然后将各张支票的编号按照从小到大的顺序填入日记账中的支票编号栏。这样可以通过检查支票编号栏中记录的编号来发现是否有支票漏记的情况。有时把含支票编号栏的现金支出日记账称为**支票登记簿**（check register）。

过账

现金支出日记账中借记其他账户栏的各笔发生额要在登记日记账的同时直接过至相应的总分类账账户。借记应付账款栏的各笔发生额也要在登记日记账的同时直接过至应付账款明细账中相应的债权人账户。会计期末，先将各栏的合计额交叉加总，再将借记应付账款栏的合计额过入应付账款总账账户。此外，还要把贷记存货栏的合计额过入总分类账的存货账户，把贷记现金栏的合计额过入总分类账的现金账户。

□ 普通日记账业务

虽然设立了特种日记账，但仍然需要设立普通日记账用以记录调整分录、结账分录及其他无法归入特种日记账业务的相关分录。例如，购货退回与折让、使用应付票据购买厂房设备、在没有设置销售退回与折让日记账的情况下发生的销货退回，以及收到客户偿还的应收票据账款等都属于无法归入特种日记账的业务。

NTK 7－6

编制一个类似于图表7－11的现金支出日记账，然后记录以下现金支出交易：

7月5日　开给Kam公司910号支票，用于购买店铺用品＄500。

13日　开给中国银行911号支票，用于支付应付票据＄4 000。

24日　开给Lim 912号支票，用于支付7月16日减去折扣的货款（从Lim赊购商品＄1 000，信用条件为“2/10，n/30”）。

29日　开给B. Tung 913号支票，用于支付工资＄700。

答案：

现金支出日记账　　第2页

日期	支票编号	收款人	借记账户	过账索引	贷记现金	贷记存货	借记其他账户	借记应付账款
7月5日	910	Kam公司	店铺用品		500		500	
13日	911	中国银行	应付票据		4 000		4 000	
24日	912	Lim	Lim		980	20		1 000
29日	913	B.Tung	工资费用		700		700	

7.4　基于科学技术的会计信息系统

本节将讨论计算机技术对会计信息系统造成的影响、科学技术在会计数据处理中的应用以及网络的重要性。

□ 会计中的计算机技术

计算机技术在完成会计工作时，体现出了精准、快速、高效和便捷等优势。例如，可以编写相应程序来辅助完成处理顾客订单这项工作。目前，市面上存在的大量用途多样的软件能够辅助企业完成各类经营活动。其中就有我们所熟知的会计程序软件如 Sage 50（曾叫作 Peachtree）和 QuickBooks。软件由菜单驱动，在集成系统下，对系统的一部分进行操作会影响相关联部分，操作效率更高。例如，在登记赊销收入日记账时，系统中相关联部分就会自动更新，如过账。

记账所需的时间和精力大大降低，使得会计人员能够将更多的时间和精力集中在分析数据和管理决策的制定上。这些技术的进步对会计人员提出了更多要求，要求他们能够读懂财务报表并且从堆积如山的数据中获取信息。同时，会计人员能够找出与决策制定有关的可靠信息，还能够评估经济业务和事项对公司及其财务报表产生的影响。

决策洞察力

中间件是使不同计算机程序在公司内部或者公司之间工作的软件。它可以使采购订单、发票和其他电子文件在会计信息系统之间进行转移。例如，供应商可以查看买方的库存水平，以帮助其设定生产和运输目标。

□ 会计中的数据处理

会计信息系统之间的区别在于信息输入和处理方法的不同。

- **网上处理**（online processing）指在获得原始凭证的同时，数据能立即得到处理，这意味着数据库能够随时更新。
- **批处理**（batch processing）指的是一次性集中处理一段时间的原始凭证信息，一段时间以天、周或月为单位。

网上处理的优点是具有及时性。批处理的好处是只需要定期更新数据库。例如，寄送给顾客账单的记录可能只需要每月更新一次。批处理的缺点是在经理层制定决策时，不能及时提供最新的数据库信息。

□ 会计中的计算机网络应用

网络能够将各台计算机连在一起，从而创造出信息优势（和成本优势）。**计算机网络**（computer network）能够将不同使用者和不同的计算机连接到共同的数据库、程序和硬件中。联邦快递和联合包裹公司（UPS）设置的网络系统允许多个用户连接一个公共数据库来追踪包裹和向顾客提供账单。

□ 企业资源计划

企业资源计划（ERP）能够管理企业重要的经营活动，它涉及从接受订单到生产再到会计的账务处理（你所在的大学会用 ERP 软件来制定财务预算和记录学生信息）。正确使用 ERP 软件可以帮助管理层减少决策所需的时间，有助于确认因减产造成的损失，管理人员只需点击鼠标就能够掌控企业整个经营过程。同时，ERP软件也可以帮助管理人员仔细研究公司的每项业务，确认存货堆放的地点并了解哪个厂房效率最高。

ERP软件有如下几家重要的供应商。SAP是ERP软件市场的领先企业，甲骨文公司（Oracle）居市场第二位（AMR Research）。在世界500强企业中，超过一半的公司使用SAP软件。

越来越多的小型企业也开始采用ERP软件，在北美，甲骨文公司产品的1/3销售给了年收入$5亿以下的公司，从全球范围来看，甲骨文公司的产品有25%～30%销售给了中小企业。

决策洞察力

新一代的会计支持是可用的。通过按键操控可以编制实时的存货报告，可以获得在某一会计期间内任何时点的所有支出、费用和信用限额。还可以为公司提供"警报信号"等服务。例如，通知公司出现一笔超过客户信用额度的大订单，何时需要购进货物，或者何时银行余额不足。

□ 云计算

云计算是一项服务而不是一种产品。云计算通过网络技术来提供应用程序服务而不是将程序装进个人电脑中，这意味着企业需要租用而不是购买这些应用程序。

当企业将应用程序转移到供应商时，企业和其客户就能够通过连接相同的应用程序来共享数据资源。通过云计算，会计师、律师和分析师能够更快、更方便地进行数据处理和分析。例如，使用者可以通过网上账单管理系统下载所有的发票信息，同时，单证、费用支出和簿记等都能够通过云计算处理。然而，使用者失去了对数据的控制权，需要依赖供应商的控制系统。

云计算在提高信息系统的效率和效果方面有巨大的潜力。企业在寻找云计算供应商时，必须要考虑以下几个因素：

- 供应商对企业商业活动的了解程度。
- 供应商云计算的安全性，如防火墙。
- 供应商的历史记录、声誉和证明材料。
- 硬件和软件的服务水平协议。
- 供应商的云计算与企业计算机系统的兼容性。

可持续性与会计

Box公司为非营利组织提供一种可以存储内容、共享文件和就关键思想进行合作的方式。Box运营着一个特殊的网站Box.org，专门致力于帮助非营利组织更高效地完成它们的使命。

Box公司所有者指出，因为87%的非营利组织没有专门的IT部门，这对Box公司来说很重要，Box的云解决方案和易用性降低了非营利组织对IT部门的需求。

有超过1 000个非营利组织与Box公司合作并使用Box公司的服务，其中包括Teach for America，Boys & Girls Clubs，以及Livestrong Foundation。Box公司称："在Box，我们认为那些致力于做好事的机构应该拥有最好的工具。"

NTK 7－7

Pepper 公司今年 3 月份完成了下列交易和事项（所有赊销业务的信用条件均为“2/10，n/30”）：

3 月 4 日　赊销给 Jennifer Nelson 一批价值 $ 16 800 的商品，发票编号为 954（成本为 $ 12 200）。

6 日　从 Mack 公司赊购了一批价值 $ 1 220 的办公用品，发票日期为 3 月 3 日，信用条件为“n/30”。

6 日　赊销给 Dennie Hoskins 一批价值 $ 10 200 的商品，发票编号为 955（成本为 $ 8 100）。

11 日　从 Defore 工业公司购买了一批价值 $ 52 600 的商品，发票日期为 3 月 6 日，信用条件为“2/10，n/30”。

12 日　向商业银行开具一张长期应付票据，借入 $ 26 000。

14 日　收到 Jennifer Nelson 支付的扣除销售折扣后的 3 月 4 日的赊销账款（发票编号为 954）。

16 日　因不满意 3 月 11 日 Defore 工业公司送来的货物，收到 Defore 工业公司寄来的贷记 Pepper 公司应收账款 $ 200 的贷记通知单，后将部分货物退回。

16 日　收到 Dennie Hoskins 支付的扣除销售折扣后的 3 月 6 日的赊销账款（发票编号为 955）。

18 日　从 Schmidt 供货公司赊购了一批价值 $ 22 850 的店铺设备，发票日期为 3 月 15 日，信用条件为“n/30”。

20 日　赊销给 Marjorie Allen 一批价值 $ 5 600 的商品，发票编号为 956（成本为 $ 3 800）。

21 日　签发支票给 Defore 工业公司支付货款，支票编号为 516，面额等于 3 月 6 日的发票金额扣除购货退回与折让。

22 日　从 Welch 公司赊购了一批价值 $ 41 625 的商品，发票日期为 3 月 18 日，信用条件为“2/10，n/30”。

26 日　因 3 月 20 日出售给 Marjorie Allen 的部分商品存在瑕疵，为 Marjorie Allen 签发了一张贷记 Marjorie Allen 应收账款 $ 600 的贷记通知单，Marjorie Allen 将瑕疵商品退回。

31 日　签发支票支付当月应付销售人员工资 $ 15 900，支票编号为 517，兑现支票并支付工资给销售人员。

31 日　本月的现金销售收入为 $ 134 680（成本为 $ 67 340）（现金销售收入通常需要每天登记一次，但此处为了简便起见，只登记一次。）。

要求：

1. 设置以下总分类账账户：现金（101）、应收账款（106）、存货（119）、办公用品（124）、店铺设备（165）、应付账款（201）、长期应付票据（251）、销售收入（413）、销售退回与折让（414）、销售折扣（415）、销售成本（502）、销售人员工资费用（621）。设置以下应收账款明细分类账：Marjorie Allen，Dennie Hoskins 和 Jennifer Nelson。设置以下应付账款明细分类账：Defore 工业公司、Mack 公司、Schmidt 供货公司和 Welch 公司。

2. 参照本章所讲的销售日记账、购货日记账、现金收入日记账、现金支出日记账及普通日记账的格式登记上述交易。定期将应收账款和应付账款过入相应的明细分类账账户，并将需要单独过账的交易额过入相应的总分类账账户。对日记账进行加总和交叉加总，最后进行期末过账。Pepper 公司使用的是永续盘存制。

3. 为第 1 题中的总分类账账户编制试算平衡表，并编制应收账款明细表和应付账款明细表，检查明细分类账的记录是否正确。

解题步骤：

● 设置题目中所要求的总分类账和明细分类账，模仿本章前面讲过的日记账格式设置题目中所要求的五种日记账。

- 阅读和分析每笔业务，并确定每笔业务应记入哪种特种日记账（或普通日记账）。
- 将各笔交易记入相应的日记账（并将应该过账的交易额过至相应的明细分类账和总分类账账户）。
- 登记完所有的交易之后，计算出日记账各栏的合计额。然后将这些合计额过入相应的总分类账账户。
- 编制试算平衡表检查总分类账的借方余额是否等于贷方余额。
- 编制应收账款明细表和应付账款明细表。检查应付账款明细表的合计额是否等于应付账款总账账户余额，应收账款明细表的合计额是否等于应收账款总账账户余额。

答案：

销售日记账　第2页

日期	借记账户	发票编号	过账索引	借记应收账款、贷记销售收入	借记销售成本、贷记存货
3月4日	Jennifer Nelson	954	✓	16 800	12 200
6日	Dennie Hoskins	955	✓	10 200	8 100
20日	Marjorie Allen	956	✓	5 600	3 800
31日	合计			32 600	24 100
				(106/413)	(502/119)

现金收入日记账　第3页

日期	贷记账户	内容摘要	过账索引	借记现金	借记销售折扣	贷记应收账款	贷记销售收入	贷记其他账户	借记销售成本、贷记存货
3月12日	长期应付票据	银行汇票	251	26 000				26 000	
14日	Jennifer Nelson	954号发票，3/4	✓	16 464	336	16 800			
16日	Dennie Hoskins	955号发票，3/6	✓	9 996	204	10 200			
31日	销售收入	现金销售收入	x	134 680			134 680		67 340
31日	合计			187 140	540	27 000	134 680	26 000	67 340
				(101)	(415)	(106)	(413)	(x)	(502/119)

购货日记账　第3页

日期	账户	发票日期	信用条件	过账索引	贷记应付账款	借记存货	借记办公用品	借记其他账户
3月6日	办公用品/Mack公司	3/3	n/30	✓	1 220		1 220	
11日	Defore工业公司	3/6	2/10, n/30	✓	52 600	52 600		
18日	店铺设备/Schmidt供货公司	3/15	n/30	165/✓	22 850			22 850
22日	Welch公司	3/18	2/10, n/30	✓	41 625	41 625		
31日	合计				118 295	94 225	1 220	22 850
					(201)	(119)	(124)	(x)

现金支出日记账　第3页

日期	支票编号	收款人	借记账户	过账索引	贷记现金	贷记存货	借记其他账户	借记应付账款
3月21日	516	Defore工业公司	Defore工业公司	✓	51 352	1 048		52 400
31日	517	工资	销售人员工资费用	621	15 900		15 900	
31日		合计			67 252	1 048	15 900	52 400
					(101)	(119)	(x)	(201)

普通日记账　**第2页**

日期	账户及说明	过账索引	借方	贷方
3月16日	借：应付账款——Defore工业公司	201/√	200	
	贷：存货	119		200
	（记录收到的贷记通知单。）			
26日	借：销售退回与折让	414	600	
	贷：应收账款——Marjorie Allen	106/√		600
	（记录签发的贷记通知单。）			

应收账款明细账

Marjorie Allen

日期	过账索引	借方	贷方	余额
3月20日	S2	5 600		5 600
26日	G2		600	5 000

Dennie Hoskins

日期	过账索引	借方	贷方	余额
3月6日	S2	10 200		10 200
16日	R3		10 200	0

Jennifer Nelson

日期	过账索引	借方	贷方	余额
3月4日	S2	16 800		16 800
14日	R3		16 800	0

应付账款明细账

Defore 工业公司

日期	过账索引	借方	贷方	余额
3月11日	P3		52 600	52 600
16日	G2	200		52 400
21日	D3	52 400		0

Mack 公司

日期	过账索引	借方	贷方	余额
3月6日	P3		1 220	1 220

Schmidt 供货公司

日期	过账索引	借方	贷方	余额
3月18日	P3		22 850	22 850

Welch 公司

日期	过账索引	借方	贷方	余额
3月22日	P3		41 625	41 625

总分类账（仅列出一部分）

现金　　账户编号：101

日期	过账索引	借方	贷方	余额
3月31日	R3	187 140		187 140
31日	D3		67 252	119 888

应收账款　　账户编号：106

日期	过账索引	借方	贷方	余额
3月26日	G2		600	(600)
31日	S2	32 600		32 000
31日	R3		27 000	5 000

存货　　账户编号：119

日期	过账索引	借方	贷方	余额
3月16日	G2		200	(200)
21日	D3		1 048	(1 248)
31日	P3	94 225		92 977
31日	S2		24 100	68 877
31日	R3		67 340	1 537

办公用品　　账户编号：124

日期	过账索引	借方	贷方	余额
3月31日	P3	1 220		1 220

店铺设备　　账户编号：165

日期	过账索引	借方	贷方	余额
3月18日	P3	22 850		22 850

应付账款　　账户编号：201

日期	过账索引	借方	贷方	余额
3月16日	G2	200		(200)
31日	P3		118 295	118 095
31日	D3	52 400		65 695

长期应付票据　　账户编号：251

日期	过账索引	借方	贷方	余额
3月12日	R3		26 000	26 000

销售收入　　账户编号：413

日期	过账索引	借方	贷方	余额
3月31日	S2		32 600	32 600
31日	R3		134 680	167 280

销售退回与折让　　账户编号：414

日期	过账索引	借方	贷方	余额
3月26日	G2	600		600

销售折扣　　账户编号：415

日期	过账索引	借方	贷方	余额
3月31日	R3	540		540

销售成本　　账户编号：502

日期	过账索引	借方	贷方	余额
3月31日	R3	67 340		67 340
31日	S2	24 100		91 440

销售人员工资费用　　账户编号：621

日期	过账索引	借方	贷方	余额
3月31日	D3	15 900		15 900

Pepper公司
试算平衡表（仅列出一部分）
3月31日

	借方	贷方
现金	$ 119 888	
应收账款	5 000	
存货	1 537	
办公用品	1 220	
店铺设备	22 850	
应付账款		$ 65 695
长期应付票据		26 000
销售收入		167 280
销售退回与折让	600	
销售折扣	540	
销售成本	91 440	
销售人员工资费用	15 900	
合计	$ 258 975	$ 258 975

二者必须相等

二者必须相等

Pepper公司
应收账款明细表
3月31日

Marjorie Allen	$ 5 000
应收账款合计	$ 5 000

Pepper公司
应付账款明细表
3月31日

Mack公司	$ 1 220
Schmidt供货公司	22 850
Welch公司	41 625
应付账款合计	$ 65 695

小 结

C1 界定会计信息系统的基本原则及其组成部分。会计信息系统要遵守五大基本原则：控制原则、相关性原则、适应性原则、灵活性原则以及成本效益原则。会计信息系统的五个基本组成部分是原始文档、输入设备、信息处理器、信息存储和输出设备。

C2 解释特种日记账的目的和用途。特种日记账是专门用来记录相似类型的交易的日记账，即一个特种日记账记录一类交易。销售日记账、现金收入日记账、购货日记账和现金支出日记账是四种最常见的特种日记账。在登记日记账和过账过程中，特种日记账既有效率又节约成本，是一种非常好的工具。

C3 描述总账和明细分类账的用途。总分类账记录的是诸如应收账款和应付账款之类的总账账户，而构成总账账户的各账户的详细记录则要登记在明细分类账（例如应收账款明细账）上。总账账户的余额必须等于过账后其明细分类账余额之和。

P1 使用特种日记账记录交易并过账。特种日记账通常设有很多栏，分别记录账户名称、日期、客户名称、过账索引、内容摘要及其他必要信息。特种日记账的一行记录的就是一笔交易。过账过程涉及三个方面：(1) 将其他账户栏的各笔发生额定期（通常是每天）过入相应的总分类账账户；(2) 期末（通常是月末）其合计额不需要过入总账账户的各栏内记录的各笔交易额，要定期（通常是每天）过入相应的总分类账账户；(3) 期末（通常是月末），将除其他账户栏以外的各栏的合计额过入相应的总分类账账户。

P2 编制试算平衡表检查明细分类账的记录是否准确。过账以后，还需要检查总分类账中各账户余额是否等于其明细分类账余额之和。该验算过程主要包括两个方面：(1) 编制总分类账试算平衡表，检查总分类账借方总额是否等于贷方总额；(2) 编制明细表，检查总账账户余额是否等于其明细分类账余额之和。

关键术语

Accounting information system 会计信息系统
Accounts payable ledger 应付账款明细账
Accounts receivable ledger 应收账款明细账
Batch processing 批处理
Cash disbursements journal 现金支出日记账
Cash receipts journal 现金收入日记账
Check register 支票登记簿
Columnar journal 多栏式日记账
Compatibility principle 适应性原则
Computer network 计算机网络
Control principle 控制原则
Controlling account 总账账户
Cost-benefit principle 成本效益原则
Flexibility principle 灵活性原则
General journal 普通日记账
Internal controls 内部控制
Online processing 网上处理
Purchases journal 购货日记账
Relevance principle 相关性原则
Sales journal 销售日记账
Schedule of accounts payable 应付账款明细表
Schedule of accounts receivable 应收账款明细表
Special journal 特种日记账
Subsidiary ledger 明细分类账

选择题

1. 我们使用销售日记账记录______。
a. 赊销业务 b. 现金销售业务 c. 现金收入业务
d. 现金采购业务 e. 赊购业务
2. 我们使用购货日记账记录______。
a. 赊销业务 b. 现金销售业务 c. 现金收入业务
d. 现金采购业务 e. 赊购业务
3. 包含企业财务报表中涉及的各种账户的分类账是______。
a. 普通日记账 b. 栏目余额日记账 c. 专用分类账
d. 总分类账 e. 特种日记账
4. 设有每个供货商（债权人）的单独账户的明细分类账是______。
a. 总账账户 b. 应付账款明细账 c. 应收账款明细账
d. 总分类账 e. 特种日记账
5. 企业资源计划______。
a. 指的是能够帮助管理公司经营活动的程序 b. 是试算表的另一种说法
c. 使用批处理的方式处理商业信息 d. 使用者大幅度下降
e. 是数据库程序的另一种说法

讨论题

1. 会计信息系统的五个基本组成部分是什么？
2. 什么是原始文档？举两个例子进行说明。
3. 会计信息系统的五大基本原则是什么？
4. 输入设备的用途是什么？举出计算机系统输入设备的例子进行说明。
5. 离线存储的数据和在线存储的数据有什么区别？

6. 会计信息系统的输出设备有什么作用？

7. 通常，在记录四种不同的交易时需使用特种日记账，这四种交易是什么？

8. 在填写分类账账户的过账索引栏时需要注意什么？

9. 当使用普通日记账记录销售退回业务时，分录的贷方要过账两次。这是否会导致试算平衡表失衡？请解释。

10. 请描述使用公司的销售发票副本作为销售日记账涉及的程序有哪些。

11. 客户明细账账户的贷方和其他账户的贷方都是从现金收入日记账过账而来的，如图表7 6所示。为什么不把这两类账户的贷方记录在同一栏内以节省日记账的空间？

12. 为什么销售收入和来自客户欠款的现金收入应立即记账和过账？

13. 在苹果公司网站上找到2015年9月26日发布的年度报告中的“Note 11”，该部分分析了苹果公司各部门的财务情况。计算各部门的净销售额。

14. 在谷歌公司网站上找到2015年的年度报告中的“Note 16”，该部分分析了谷歌公司地区分部。确定其地区分部并列出每个分部的收入。

15. 在苹果公司网站上找到2015年9月26日发布的年度报告中的“Note 11”，该部分分析了苹果公司各部门的财务情况。计算各部门的“营业收入/净销售额”，并对结果进行论述。

快速学习

QS 7-1 将下列会计信息系统组成部分分别填入相应的空白处。

A. 原始文档　　D. 信息存储　　B. 输入设备　　E. 输出设备　　C. 信息处理器

______ 1. 计算机键盘　　______ 2. 打印机

______ 3. 计算机显示器　　______ 4. 银行对账单

______ 5. 计算机软件　　______ 6. 条形码扫描仪

______ 7. 数码相机　　______ 8. 供应商发票

______ 9. 电脑扫描仪　　______ 10. 文件柜

QS 7-3 Wilcox电子技术公司采用了如本章所介绍的记账方法，有销售日记账、购货日记账、现金收入日记账和普通日记账。Wilcox公司最近发生了如下业务，请指出每一业务分别应记录在什么日记账中。

______ a. 赊销商品　　______ b. 赊购店铺用品

______ c. 用现金支付员工工资　　______ d. 从银行借款

______ e. 销售商品得到现金　　______ f. 赊购商品

______ g. 用现金购买存货　　______ h. 向债权人支付现金

QS 7-5 以下是Fredrickson公司开业一个月的运营情况。

1. 计算应收账款明细账的余额。
2. 计算月末在总账上应列出的应收账款的余额。

赊销			现金收款		
1月10日	Stern公司	$4 000	1月20日	Stern公司	$2 000
19日	Diaz Brothers	1 600	28日	Diaz Brothers	1 600
23日	Rex公司	2 500	31日	Rex公司	1 300

练习题

Exercise 7－1 Finer 公司采用的记账方法有销售日记账、购货日记账、现金收入日记账和普通日记账。下面是公司 5 月份发生的交易事项。

5 月 2 日 向 B. Facer 出售了成本为 $300 的商品，获得现金 $450，发票编号为 5703。

5 日 从 Marchant 公司赊购了一批价值为 $2 400 的商品。

7 日 以 $1 250 向 J. Dryer 出售了一批成本为 $800 的商品，信用条件为“2/10，n/30”，发票编号为 5704。

8 日 通过向银行签发应付票据借款 $9 000。

12 日 以 $200 向 R. Lamb 出售了一批成本为 $340 的商品，信用条件为“n/30”，发票编号为 5705。

16 日 收到 J. Dryer 支付的 5 月 7 日的购货款 $1 225 现金。

19 日 以 $900 向 Golf 公司出售了一台二手设备。

25 日 以 $750 向 T. Taylor 出售了一批成本为 $500 的商品，信用条件为“n/30”，发票编号为 5706。

编制一张抬头如图表 7－5 的销售日记账，并将应该记录在销售日记账中的 5 月份的交易登记入账。

Exercise 7－3 Aio 公司使用的日记账有销售日记账、购货日记账、现金收入日记账、现金支出日记账和普通日记账。下面是发生在 11 月份的交易。

11 月 3 日 从 Hart 公司赊购了一批价值为 $3 200 的货物，信用条件为“n/20”。

7 日 向 J. Than 赊销了一批价值为 $1 000、成本为 $840 的货物，并承诺如果月底前付款将给予 $20 的销售折扣。

9 日 通过向银行签发一张应付票据借到 $3 750 现金。

13 日 所有者 J. Ali 向公司投入现金 $5 000。

18 日 向 B. Cox 销售了一批成本为 $250 的货物，收到现金 $330。

22 日 支付给 Hart 公司 11 月 3 日的购货款 $3 200 现金。

27 日 收到了 J. Than 支付的 11 月 7 日的购货款 $980 现金。

30 日 用现金支付了员工工资 $1 650。

编制一张抬头如图表 7－7 的现金收入日记账，并将 11 月份应登记在该日记账的交易登记入账。

Exercise 7－5 以下是 Jesper 公司的第一个月商业活动信息表。

1. 确认应付账款明细分类账的余额。
2. 确认月末登记在总分类账中的应付账款账户余额。

赊购			付现金		
1 月 9 日	Bailey 公司	$14 000	1 月 19 日	Bailey 公司	$10 100
18 日	Johnson Brothers	6 600	27 日	Johnson Brothers	6 600
22 日	Preston 公司	6 200	31 日	Preston 公司	5 400

Exercise 7－9 Post Pharmacy 使用下列日记账：销售日记账、购货日记账、现金收入日记账、现金支出日记账和普通日记账。6 月 5 日，Post 赊购了一批价格为 $14 000 的货物，信用条件为“2/10，n/30”。6 月 14 日，支付了减去折扣后的货款。在登记日记账的过程中，借记应付账款 $14 000，但忘了记录购货的现金折扣。现金账户贷记 $13 720。

a. 6 月 5 日和 6 月 14 日的交易应记录在什么日记账中？

b. 登记 6 月 14 日的交易时，在哪一步可能会发现这个错误？

综合题

Problem 7-1A　下面是 Church 公司当年 3 月份发生的交易（所有赊销业务的信用条件为“2/10，n/30”）。

3 月 1 日　从 Van 工业公司赊购了一批价值为 $43 600 的商品，发票日期为 3 月 1 日，信用条件为“2/15，n/30”。

2 日　向 Min Cho 赊销一批商品，价值 $168 000，发票编号 854（成本为 $8 400）。

3 日　从 Gabel 公司赊购价值 $1 230 的办公用品，发票日期为 3 月 3 日，信用条件为“n/10 EOM”。

3 日　向 Linda Witt 赊销一批商品，价值 $10 200，发票编号 855（成本为 $5 800）。

6 日　通过签发长期应付票据从联邦银行借到 $82 000 现金。

9 日　从 Spell Supply 公司赊购一批价值为 $21 850 的办公设备，发票日期为 3 月 9 日，信用条件为“n/10 EOM”。

10 日　向 Jovita Albany 赊销一批商品，发票编号 856，价值 $5 600（成本为 $2 900）。

12 日　收到 Min Cho 支付的 3 月 2 日的销售额减去折扣后的货款。

13 日　给 Van 工业公司签发一张编号为 416 的支票，用来支付 3 月 1 日的购货发票减去折扣后的货款。

13 日　收到 Linda Witt 支付的 3 月 3 日减去折扣后的货款。

14 日　向 CD 公司赊购一批价值为 $32 625 的商品，发票日期为 3 月 13 日，信用条件为“2/10，n/30”。

15 日　签发一张编号为 417 的支票，支付前半个月销售人员的工资 $18 300。将支票兑换成现金，发给了员工。

15 日　前半个月的现金销售收入是 $34 680（成本为 $20 210）（现金销售收入每天更新，但在该题中为了减少重复记录只记录两次）。

16 日　从 Gabel 公司赊购价值 $1 770 的商品，发票日期为 3 月 16 日，信用条件为“n/10 EOM”。

17 日　因为退回了部分 3 月 14 日购进的有瑕疵的商品，收到来自 CD 公司的一张 $2 425 的贷记通知单。

19 日　因为退回了部分 3 月 9 日购进的有瑕疵的商品，收到来自 Spell Supply 公司的一张 $630 的贷记通知单。

20 日　收到 Jovita Albany 支付的 3 月 10 日减去折扣后的货款。

23 日　给 CD 公司签发一张编号为 418 的支票，用来支付 3 月 13 日的发票减去 3 月 17 日退回与折让后的货款。

27 日　向 Jovita Albany 赊销一批商品，发票编号为 857，价值 $14 910（成本为 $7 220）。

28 日　向 Linda Witt 赊销一批商品，发票编号为 858，价值 $4 315（成本为 $3 280）。

31 日　签发编号为 419 的支票，支付销售人员后半个月的工资 $18 300。将支票兑换成现金发给员工。

31 日　后半个月的现金销售收入是 $30 180（成本为 $16 820）。

31 日　核对影响客户和债权人账户的金额是否已过账，验证日记账中应当过账的业务是否已过账，加总和交叉加总日记账并编制月底过账分录。

要求：

1. 设置下列总分类账账户：现金、应收账款、存货（3 月 1 日期初余额为 $10 000）、店铺用品、办公用品、办公设备、应付账款、长期应付票据、Z. Church 名下的资本（3 月 1 日期初余额为 $10 000）、销售收入、销售折扣、销售成本和销售人员工资费用。为 Jovita Albany，Min Cho 和 Linda Witt 设置应收账款明细分类账。为 Gabel 公司、Van 工业公司、Spell Supply 公司和 CD 公司设置应付账款明细分类账。

2. 编制如图表 7-5 的销售日记账、如图表 7-9 的购货日记账、如图表 7-7 的现金收入日记账和如图表 7-11 的现金支出日记账或者普通日记账，并将所有的日记账编号为第 2 页。

3. 编制一张总分类账的试算平衡表，编制应收账款明细表验算明细分类账是否正确。

拓展题

BTN 7-3 注册会计师 Erica Gray 是一名独立执业律师。她当审计师已经10年了。最近，一个长期的审计客户要求 Gray 设计一个综合的基于计算机的会计信息系统。与客户约定的费用非常有吸引力。然而，Gray 怀疑，如果她负责客户会计信息系统的设计和实施，那么在评估客户的会计信息系统及其记录时，她能否在审计中保持客观。Gray 知道专业的审计标准要求她必须在审计客户面前保持独立。

要求：

1. 当要求独立性时，你认为审核标准主要关注哪些方面？从表面上来看呢？
2. 为什么审计师保持独立对于客户非常重要？
3. 你认为 Gray 能接受这个约定并保持独立吗？请说明。

全球视角

下面讨论在美国公认会计原则和国际财务报告准则下，会计信息系统的基本原则、会计信息系统的组成部分以及特种日记账之间的异同。

会计信息系统的基本原则和组成部分 美国公认会计原则和国际财务报告准则都致力于高质量财务报表的披露。这使得本书中讲述的会计信息系统的基本原则和组成部分在全世界范围内都可以适用。然而，从全世界范围来看，会计信息系统的基本原则和组成部分基本相似，但是各地的文化和现实情况会造成控制系统内部组合的不同。以下是宝马公司对其控制系统的描述：

> 内部控制系统确保为达成目标所需要的信息能够以适当的方式及时获取。内部控制系统使用信息技术，这可以降低会计处理过程中意外事件发生的风险。

特种日记账 在世界范围内，会计信息系统对销售、购货、现金收入和现金支出等的处理方式都是类似的。尽管不同企业特种日记账的具体结构有所不同，但基本结构是相同的。企业都希望能够以一种高效的方式处理会计信息，因此，特种日记账在全世界范围内被应用。

选择题答案

1. a
2. e
3. d
4. b
5. a

第 8 章

现金与内部控制

本章预览

舞弊和内部控制	现金内部控制	控制和分析的工具
C1 控制目的和原则 技术与控制 控制的局限性	C2 现金的定义和披露方式 P1 现金收入和支出控制	P2 零用现金的控制 P3 银行余额调节表作为控制工具
NTK 8-1	NTK 8-2	NTK 8-3，8-4

学习目标

CAP

概念（Conceptual）

C1 定义内部控制并界定其目的和原则

C2 定义现金和现金等价物，解释其披露方式

程序（Procedural）

P1 实施现金收支内部控制

P2 解释并记录零用现金业务

P3 编制银行余额调节表

P4 附录 8A——使用凭证和核查来进行现金支出控制

8.1 舞弊和内部控制

本节将介绍内部控制及其基本原则，并讨论技术对内部控制的影响和控制程序的局限性。

内部控制的目的

小型企业的管理者（或老板）常常需要控制企业整体经营。这些管理者通过亲自接触和观察来了解企业是否取得了已支付的资产或服务。但更多企业无法通过这种监督方式保证自身的运转，它们必须划分责任并依靠正式程序来控制企业经营活动。

内部控制制度

管理者使用内部控制制度监督和控制企业的各种活动。**内部控制制度**（internal control system）是由各种政策和程序构成的，管理者通常使用它们以：

- 保护企业资产。
- 确保会计记录的可靠性。
- 提高运营效率。
- 保证公司政策的贯彻执行。

管理者之所以重视内部控制制度，是因为它能预防可避免的损失、帮助经营者制定运营计划、监督企业运营情况和员工表现。例如，健康中心的内部控制制度必须保护病人的记录和隐私。尽管内部控制无法提供担保，但可以降低企业遭受损失的风险。

《萨班斯-奥克斯利法案》

《萨班斯-奥克斯利法案》（Sarbanes-Oxley Act，SOX）要求上市公司的管理层和审计人员陈述和评价公司的内部控制制度。下面是一些具体的规定：

- 高管和董事会必须建立有效的内部控制。
- 审计人员必须评估公司的内部控制制度。
- 违反者将受到严厉的处罚，最高可判 25 年监禁并处以巨额罚款。
- 审核人员的工作受上市公司会计监管委员会（PCAOB）的监督。

SOX 的实施成本高昂，但它对公司的影响也是显著的。更重要的是，SOX 要求管理人员必须记录和评价能够影响财务报告质量的内部控制过程的实施效果。因此，SOX 的实施提升了投资者对会计系统与财务报告的信心。然而，由于几乎所有上市公司的商业活动都受到了 SOX 的影响，SOX 的成本与收益问题仍是公众争论的焦点。SOX 的 404 条款要求管理人员必须记录和评价公司内部控制制度，然后审计人员就管理人员的记录和评价提出审计意见。公司为达到 SOX 的 404 条款的要求平均需要花费 400 万美元（资料来源：Financial Executives Institute）。

□ 内部控制的原则

因业务性质和企业规模等不同，不同企业采用的内部控制政策和程序也各不相同。但有些基本原则是普遍适用的，这些普遍适用的**内部控制原则**（principles of internal control）包括：

- 明确责任。
- 保持适当的记录。
- 为资产投保，并为关键员工投保忠诚险。
- 保证资产保管与记录相分离。
- 划分相关交易的责任。
- 应用各种控制技术。
- 定期实施独立核查。

本节将介绍这 7 项原则以及如何使用内部控制将偷窃和欺诈风险降至最低。这些程序将提高会计记录的可靠性和准确性。**发起人委员会**（Committee of Sponsoring Organizations，COSO）提供了这 7 条原则如何提高财务报告质量的框架结构。具体来说，这些原则同内部控制的 5 个部分——控制活动、控制环境、风险评估、监管和沟通是相互联系的。

明确责任

良好的内部控制意味着将各工作任务的职责划分清楚并指派给合适的员工，否则在发生差错时很难确定是谁的责任。例如，两个售货员共用一台收银机，如果出现现金损溢，公司很难判断是何人所为。为避免上述问题，应该让一位售货员负责处理所有的现金销售，或者给每位售货员配备一个专用的收银机现金抽屉。

保持适当的记录

良好的记录有助于保护资产安全并确保员工遵循规定的程序。可靠的记录还能为管理者提供监控企业活动所需的信息。例如，对设备保有详细记录时，资产失窃或损坏而不被公司发现的可能性就很小。同样，如果账户报表设计得当，交易就不容易记录错误。良好的内部控制制度通常使用事先印制好的表单和内部文件。如果公司有一份设计得当的销货单，销售人员就能够有效地记录相关信息，减少差错，节省时间；如果销货单事先已连续编号并加以控制，每一个开出销货单的人就要负起相应的责任，这将防止销售人员撕毁销货单、私吞现金的现象出现。计算机化的电子收款系统也能实现上述目标。

为资产投保，并为关键员工投保忠诚险

良好的内部控制制度意味着要为企业资产投保意外险，为负责管理大额现金或可转让资产的关键员工投保忠诚险。为员工投保忠诚险是指企业购买保险以防因员工偷窃而遭受损失。为员工投保忠诚险可以降低企业遭受损失的风险。同时，投保忠诚险还可以抑制员工的偷窃行为，因为担保公司会对揭发的盗窃行为进行调查。

决策洞察力 **资产盗窃控制**

通过技术将小于一平方英寸的光纤标签嵌在物品上，以此对实物资产进行标记，从而产生可以被扫描仪记录的独特的光学签名。为了进行内部控制和提高效率，制造商希望在包括智能手机、信用卡和名牌服装在内的所有产品中都嵌入标签。

保证资产保管与记录相分离

控制或使用资产的员工不能同时负责资产的会计记录工作，这一原则能降低资产失窃或浪费的风险，因为控制资产的员工知道另一位员工负责资产记录；另外，记录资产的员工没有实际接触资产，没有理由去造假。也就是说，要想盗窃资产并做假账掩盖事实，就必须有两个或两个以上的人串谋或私底下协商舞弊。

划分相关交易的责任

在一个好的内部控制制度下，一项或几项相关交易要由数人或若干部门分担。这种做法可以确保员工能相互检查对方的工作，从而避免出现舞弊和错误。这一原则又叫责任分工。例如，公司订购存货时，应该将这个任务分配给几名员工分别负责。一名员工负责提交购买存货的需求，第二名员工负责批准提交的购货需求，第三名员工负责付款，第四名员工负责将交易记录在会计系统中。

这并不是要求员工进行重复劳动。每个员工或部门都应执行不同的工作。例如发采购单、验收存货、付款给供应商，这些交易应当划分开，而不能交由同一个人或同一个部门执行，否则可能造成错误乃至舞弊。因为独立的验收人员会比发采购单的员工更认真地验收存货，付款由独立的第三人负责时相当于多了一道防护，当然再指派一个人签发支票会更安全。

应用各种控制技术

收银机、打卡机或个人身份扫描仪都是加强内部控制的辅助设备。例如，收银机内嵌的磁带或电子文档可以记录所有的现金交易，打卡机记录每个员工的上下班时间，自动点钞机能快速正确地计算现金余额，个人身份扫描仪只允许经授权的人员进入特定区域。控制技术是内部控制制度的有效组成部分。

决策洞察力 **面对面**

人脸识别软件拍下一张人脸的数码照片后，将其关键的面部特征（比如两眼之间的距离）转换成一系列数值。这些数值作为简单的条形码可以存储在身份证或 ATM 卡中，从而防止未经授权的访问。

定期实施独立核查

没有一套内部控制制度是完美无缺的，随着人事变动、时间推移和科技进步，系统会暴露出缺点和偏差。为此，定期核查内部控制制度相当必要，并且最好由外部的独立第三方执行，它们能够站在公正的立场评价内部控制制度运行的效率和效果。所以许多公司聘请外部审计人员负责这项工作。这些外部审计人员通常要测试公司的会计记录，评价内部控制制度的有效性。

决策制定者 **企业家**

作为一家刚成立的信息服务公司的所有者，你聘请了一位系统分析师。分析师发现你的公司仅有两名员工，于是他建议你提高公司的控制力度，作为一名所有者，你必须起到补偿性控制的作用。分析师的话是什么意思？

答案： 为了达到有效的分工，企业最少需要三名员工。业务授权、记录和资产监管最好由三名员工分别负责。很多小企业的员工不到三人，这时，业主必须提高警惕，防止由于分工不明造成的虚假交易。

技术与内部控制

公司的会计系统无论是纯手工的还是全自动化的，内部控制的基本原则都适用。技术能让我们更快地获取信息，还将大大提高管理者监控企业活动的能力。下面将介绍一些我们需要留意的技术带来的影响。

减少处理错误

先进的技术系统可以减少，但是不能消除信息处理中的错误。数据处理过程中人力投入的减少可能导致错误的数据输入没能被发现。此外，软件出错将导致错误但前后一致的交易处理结果。

扩大记录检查范围

如果我们可以非常容易和快速地获取信息，那么就可以在审核电子记录时进行更全面的检查。在手工会计系统中，审核人员只能采集少量的样本进行检查。如果可以利用计算机技术获取数据，审核人员就可以快速分析大量的样本，甚至分析整个数据库。

减少会计处理记录

越来越多的数据处理步骤是由计算机完成的，因此可供审核的实体文件在不断减少。此外，高科技系统可以提供新的证据，比如，分录的登记人、日期和时间，分录的来源等。我们还可以设计技术，要求操作人员在进入系统前必须输入密码或进行其他方式的身份验证。这就意味着内部控制主要依赖信息系统的设计和操作，而不是依赖对它所产生的最终文件的分析。

职务分离原则受到影响

员工规模较小的公司可能会面临无法实施责任分工的风险。例如，信息系统的设计和编程人员不能同时负责系统操作。与现金收支有关的活动要与程序和档案的管理工作分开。例如，计算机操作员不能签发支票。

电子商务增加导致额外风险

亚马逊和 eBay 都是成功利用电子商务的典范。电子商务业务至少存在三种风险：(1) 信用卡号被盗是在网上使用、发送和存储交易信息过程中经常遇到的一种风险，它增加了电子商务的成本。(2) 计算机病毒，指那些附在其他文件上面，专门去感染和破坏所附文件或程序的恶意程序。(3) 网上假冒事件可能会导致将货物赊销给伪造的账户、买到的产品不合适以及未经允许将保密信息泄露给黑客。企业使用防火墙和加密术来防范这些风险。防火墙是指系统只有通过密码验证才能进入。加密术是一种数学算法，它能把数据变成没有密钥就无法破解的乱码。近 5%的美国人称曾有人盗用自己的身份，约有 1 000 万美国人表示他们的隐私受到了侵犯。

决策洞察力　**控制系统和社交媒体**

控制系统应该延伸到社交媒体吗？公司的社交媒体策略中会存在什么控制系统？针对社交媒体的控制系统可能会影响 Facebook，使它决定尝试在发帖中加入“情绪”，以此观察是否影响那些用户发布的内容所带来的幸福感。OKCupid 后来承认了其对会员进行的实验。考虑到此类活动的潜在财务影响，公司是否能承受不采用针对社交媒体的控制系统所导致的后果？

内部控制的局限性

内部控制政策和程序都存在局限性，这些局限性来自两个方面：(1) 人为因素；(2) 成本效益原则。

内部控制的政策和程序要靠人来实施。人为因素所造成的内部控制的局限性可以分为两类：(1) 人为错误；(2) 人为舞弊。人为错误通常是由疏忽、判断错误和混淆引起的；人为舞弊则是蓄意破坏内部控制，例如管理者为了牟取私利而滥用职权。人为舞弊受三个因素驱动：

- 机会——企业内部控制的弱点。
- 压力——来自财务、家庭、社会和个人对成功的需求。
- 借口——员工会为欺诈行为寻找正当理由。

内部控制的另一个局限性是成本效益原则，也就是说，实施内部控制所带来的收益必须大于成本。在分析成本和收益时，我们必须把所有因素（包括对士气的影响）考虑进去。比如许多公司有权阅读员工的电子邮件，但除非有证据证明员工有潜在的损害公司的行为，否则公司极少会这样做。

计算机空间黑客指南

网址嫁接（pharming）：附加在电子邮件或网页上的病毒会自动将键盘记录器软件下载到你的计算机中；当你登录财务网页时，该软件会窃取你的密码。

网络钓鱼（phishing）：黑客将自己伪装成银行给你发电子邮件或使用伪造的网站来骗取你的密码和个人信息。

无线网络钓鱼（wi-phishing）：网络骗子建立无线接入点诱使你使用这些接入点连接到网络；在你使用这些接入点时，他们会盗取你的密码和资料。

木马网络（bot-networking）：黑客将可远程遥控的木马程序发送到你的计算机，从而控制并利用它向外发送垃圾邮件和病毒；黑客甚至还会将你这台僵尸计算机租给其他网络骗子。

相近域名抢注（typo-squatting）：黑客使用与合法域名类似的名字注册域名，如果你不小心敲错了网址，就会进入他们的网页，一旦进入，你的计算机就会感染病毒或被植入恶意控制程序代码，从而成为僵尸计算机。

黑客也有不同的定义：

- 黑客或外部攻击者：摧毁系统从而获得数据，获取非法所得（就像未经授权的使用者）。
- 恶意内部人员或内部攻击者：摧毁系统从而获取数据，获取非法所得或进行报复（就像授权的使用者）。
- 文明黑客、好家伙或白帽黑客：摧毁系统并寻找系统的弱点，从而加强系统内部控制力度。
- 怪客或犯罪黑客：非法摧毁系统来获取利益、名誉或进行报复。

决策洞察力 **舞弊的发现**

注册舞弊审查师协会（Association of Certified Fraud Examiners，ACFE）报告称，43%的舞弊行为都是通过举报发现的，这一比例远远高于紧随其后的三个发现来源（13%是管理审查发现的，17%是内部审计发现的，6%是意外发现的）。举报的首要来源是员工，其次是客户和供应商——见右图。（资料来源：2016 Report to the Nations，ACFE（acfe. com）.）

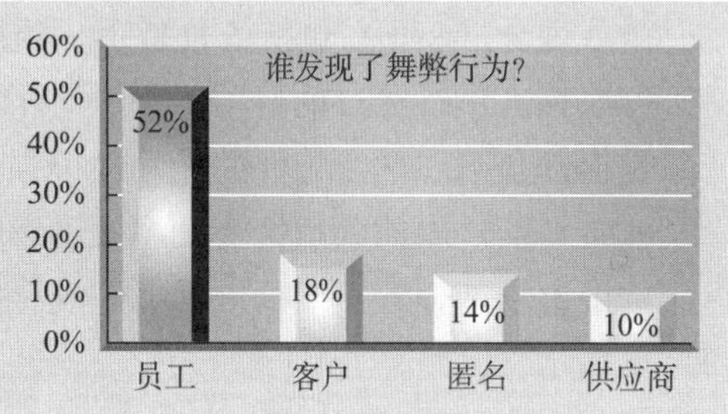

NTK 8-1

将下列描述中与（a）内部控制制度的目的；（b）内部控制的原则；（c）内部控制的局限性最匹配的填入相应的空白处。

1. ______保护企业资产
2. ______明确责任
3. ______人为错误
4. ______保持适当的记录
5. ______应用各种控制技术
6. ______确保会计记录的可靠性
7. ______为资产投保，并为关键员工投保忠诚险
8. ______人为舞弊
9. ______保证资产保管与记录相分离
10. ______划分相关交易的责任
11. ______成本效益原则
12. ______提高运营效率
13. ______定期实施独立核查
14. ______保证公司政策的贯彻执行

答案：

1. a 2. b 3. c 4. b 5. b 6. a 7. b 8. c 9. b 10. b 11. c 12. a 13. b 14. a

8.2 现金内部控制

现金是所有资产中流动性最强的，也是最容易被偷窃或挪用的。有效的内部控制制度能保护现金资产。有效的内部控制制度必须符合以下三项基本指导原则：

（1）现金的管理和记录要分开。

（2）收取的现金应立即存入银行。

（3）现金支出应开具支票（或者电子资金转账）。

第一项原则是利用责任分工避免错误和舞弊。在实施责任分工的情况下，若要舞弊，必须有两个或两个以上的人合谋偷窃现金并销毁相关会计记录。第二项原则是及时把收取的现金送存银行（通常是每天），从而获得即时、独立的外部记录以相互稽核，同时避免现金被偷窃或挪用。第三项原则是通过签发支票获得独立的银行记录以进行稽核，同时降低现金被偷窃或挪用的风险。

现金、现金等价物与流动性

好的会计系统能帮助企业管理现金数额并控制哪些人有权支配现金。**流动性**（liquidity）是指公司偿还短期负债的能力。我们把现金及类似资产称为**流动资产**（liquid assets），因为它们能够随时用来清偿债务。

现金（cash）包括各种货币、硬币、银行账户存款、支票账户存款和储蓄账户存款。现金还包括各种可以存入银行账户的款项，如顾客的支票、银行本票、保证金和汇票等。**现金等价物**（cash equivalents）是指符合下述两个条件的流动性很强的短期投资资产：（1）很容易就能兑换成固定数量的现金；（2）很快就会到期，因此其市价受利率变动影响不大，一般3个月内到期的投资符合这一标准。美国短期国库券和货币市场基金等短期投资都属于现金等价物。多数企业在资产负债表上将现金和现金等价物合并为一个科目列示。

现金管理

公司破产最常见的原因之一就是对现金的管理不善。公司必须对现金的收支做好规划。现金管理的目的主要有以下两个方面：

（1）计划现金收入，以满足到期时的现金支付。

（2）保持企业经营所需的最低限度的现金。

公司出纳负责现金管理。有效的现金管理主要包括以下几个原则：

- 增加应收账款回款。客户和其他人员支付越快，公司就越早可以使用这笔钱。一些公司会向提早支付现金的公司提供折扣优惠政策。
- 延迟支付。公司越延迟支付，使用这笔钱的时间就越长。一些公司通常拖到规定期限的最后一天才支付款项。
- 只保留必要的资产。闲置资产占用的资金越少，公司就可以将越多的钱投到生产性资产上。因此，一些公司选择租赁而不是购买所需的仓库及设备。
- 计划支出。在需要花钱的时候，公司必须视季节和商业周期计划支出。
- 投资多余的现金。闲置资金不能获取收益，所以必须进行投资。季节性周期经营活动产生的超额现金可以进行一些短期投资以赚取利息。超出正常经营活动所需的现金应该投资在诸如工厂和库存等生产性资产上。

决策洞察力　　**日常现金费用**

现金（和现金等价物）与平均日常现金费用的比率表明了一个公司在没有额外现金流入的情况下可以运营的天数，它反映了公司的流动性和潜在的现金过剩。

□ 现金收入控制

通过对现金收入实施内部控制，可以保证将收到的现金正确地入账并存入银行。现金销售、收回应收账款、收到利息、取得银行贷款、出售资产、取得投资收益等业务都会带来现金收入。下面将介绍对两类现金收入的内部控制——通过店面交易获得的现金收入和现金汇款收入。

通过店面交易获得的现金收入

为符合内部控制制度的要求，交易时应使用收银机来记录每一笔来自店面销售的现金收入。为保证输入的金额准确无误，要确保能让顾客从收银机上看到输入的交易金额。销售员应在包装商品前输入销售资料，并把收据交给顾客。在收银机的设计方面，要保证收银机所提供的每笔交易的记录都是不可篡改的。在很多系统中，收银机直接与计算机及会计系统连在一起。稍落后一点的收银机则将每笔交易的记录打印在纸带上或输入收银机内置的电子档案。

现金的保管和记录应该相分离。对于来自店面交易的现金收入，这种分离始于现金销售。收银员不能接触收银机上的销售记录。完成一段时间的工作之后，收银员要清点收银机里的现金并填写记录，再把现金和记录交给公司出纳人员。同样，出纳人员只经手现金而不能接触会计记录（或收银机纸带或档案）。然后，再由第三方（通常是主管人员）核对收银机记录的总金额（或收银机纸带或档案）与出纳人员汇报的金额是否相符。该记录是将来自店面交易的现金收入入账的依据。第三方只负责记录而不实际经手现金，收银员和出纳人员只经手现金而不接触记录。因此，无论他们中哪个人出错或私藏现金，都将导致收银机记录的总金额与出纳汇报的金额不符（具体流程参见下图）。

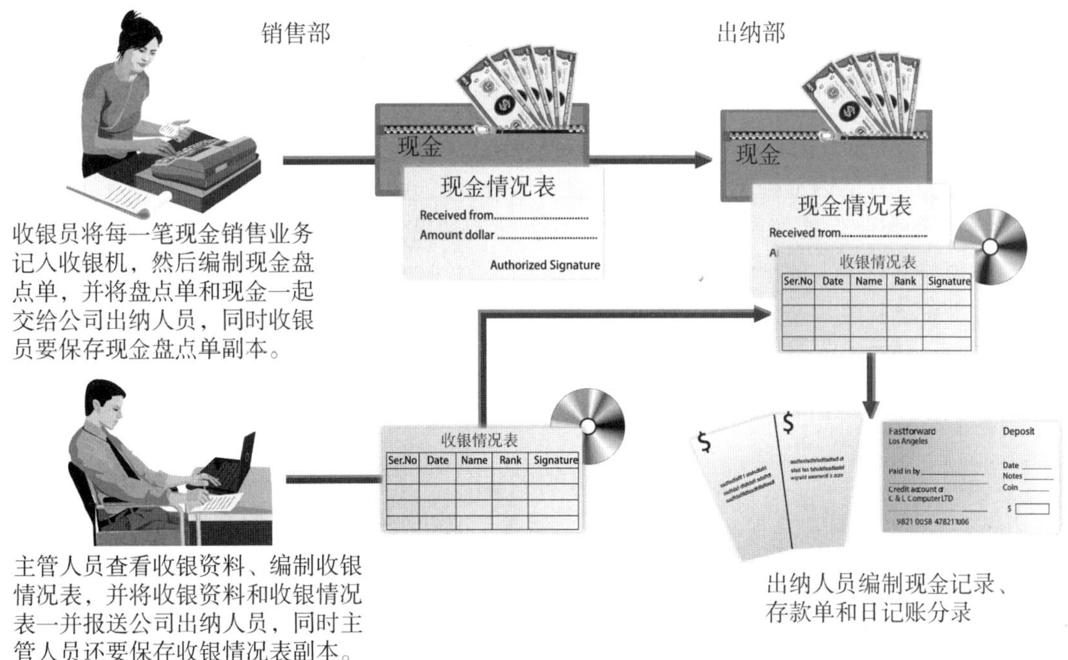

现金损溢

通过核对收银机中的现金总额和现金收入记录中的总额，可以找出收银员在找零过程中是否出错。在找零时难免会出少量的差错，这将导致一段时间的销售工作完成之后收银机里的现金总额与现金收入记录中的总额不符。我们将这类差额记入**现金损溢**（cash over and short）账户，该账户是用来记录现金溢余或短缺的利润表账户。例如，假设收银机里的记录显示现金余额为＄550，而实际盘点的现金额却是＄555，那么需要编制如下分录来记录现金销售收入及现金溢余：

		资产＝负债＋所有者权益	
借：现金	555		
贷：现金损溢	5	+555	+5
商品销售收入	550		+550
（记录现金销售收入和现金溢余。）			

如果收银机里的记录显示现金余额为＄625，而实际盘点的现金额却是＄621，那么需要编制如下分录来记录现金销售收入及现金短缺：

		资产＝负债＋所有者权益	
借：现金	621		
现金损溢	4	+621	−4
贷：商品销售收入	625		+625
（记录现金销售收入和现金短缺。）			

由于顾客通常只在少找零时才会提出异议，故会计期末时，现金损溢账户一般存在借方余额。借方余额表示这是一种费用，因此把它作为一般管理费用列示在利润表中（因为现金损溢账户的余额通常不大，所以常常把它和其他金额较小的费用合并在一起列入杂项费用账户；如果现金损溢账户存在贷方余额，则把它列入杂项收益账户）。

现金汇款收入

对现金汇款收入的控制要从控制打开信封的人开始。通常，安排两个人一起负责拆封工作，并且要在两个人同时在场的情况下才能打开信封。这样一来，要想盗窃现金汇款就必须两个人串谋才行。随后，拆封人还要专门填写三联式收款单，其中要列明汇款人名称、金额和汇款理由。然后，拆封人要将收款单的第一联连同现金一起交给出纳人员，将第二联交给会计人员，第三联由拆封人保存。出纳人员把现金存入银行，会计人员则要将现金汇款收入记账。

这些程序反映了良好的内部控制。首先，我们安排另一位员工编制银行余额调节表（在本章的后面将介绍），这样一来，如果邮件处理人员、出纳人员或会计人员出错或舞弊，很容易就能发现，因为银行的现金存款记录必须与这三个人的记录都相符。此外，如果邮件处理人员没有正确地上报所有的现金汇款收入，那么客户将会质疑其账户余额有误；如果出纳人员没有将所有的现金都存入银行，那么银行存款余额就会与会计人员记录的现金余额不符；会计人员和编制银行余额调节表的人都没有机会接触现金，当然也就没有机会将现金据为己有，除非他们相互勾结，否则系统不太可能发生错误和舞弊。

决策洞察力

快速的收据

沃尔玛利用与销售点收银机相连的信息网络来协调销售、采购和配送。其门店在生意兴隆的日子里会有成千上万的销售记录。利用收银机信息，该公司可以迅速纠正定价错误，并利用销售趋势获利。有趣的是，沃尔玛创始人萨姆·沃尔顿（Sam Walton）却称他不信任电脑。

现金支出控制

现金支出控制对企业尤其重要，因为通常大额的偷窃都是通过伪造发票付款实现的。控制现金支出的关键是除了小额支出可通过零用现金支付，其他支出都要用支票付款；另一个关键是除了有权签署支票的所有者，其他任何人都不能接触会计记录。小型企业的所有者经常签署支票，并且通过亲自检查就能知道企业到底有没有实际收到付款购买的货物。但在大企业中，这种做法是行不通的，企业所有者不可能事事亲力亲为，因此，必须实施内部控制程序。这样做的目的就是帮助支票签署人确定会计记录中的债务确实发生过，应该付款。本小节将介绍这些内部控制程序以及凭单制和零用现金制等其他内部控制程序。

现金预算

现金预算是指对现金的收入和支出做好计划。在有足够的现金来维持企业经营活动正常运转的前提下，企业总是希望持有的现金越少越好，因为现金最容易被偷盗，而且与其他投资机会相比收益率较低。

决策洞察力　**保险箱**

一些公司不收现金汇款，而是让客户通过保险箱系统直接把钱存入银行。银行职员负责接收现金并将其存入正确的商业银行账户。

使用凭单制进行控制

凭单制（voucher system）是为了控制现金支出和债务承担而设置的一系列手续和核批程序。凭单制设立的程序包括：

- 查证、核准和记录需要最终付款的负债。
- 签发支票支付已查证、核准和记录的负债。

在可靠的凭单制下，每笔交易都要按照标准程序进行，即便是与同一供应商发生多次交易也应如此。

凭单制对现金支出的控制从导致现金支出的负债发生时就开始了。凭单制的关键在于只有经授权的部门和个人才能给企业增加负债，并且它们给企业增加的负债类型会受到一定的限制。例如，在一家大型零售企业中，只有采购部门才有权通过购买商品存货而增加企业负债。另一个关键就是购货、收货和支付货款这几项程序必须由不同的部门（或个人）负责，这些部门包括请购部门、采购部门、验收部门和会计部门。为协调和控制各部门的责任，企业要使用几种业务凭证。所谓**凭单**（voucher）是指企业内部用来存储控制现金支出、确保交易能够得到适当记录的数据的凭证（或文档）。图表 8-1 展示了如何使用凭单来收集凭证。这个例子从签发请购单开始，到签发现金支票结束。附录 8A 中介绍了凭单制所需的凭证及如何核查，还介绍了每个凭证对应的内部控制目标。

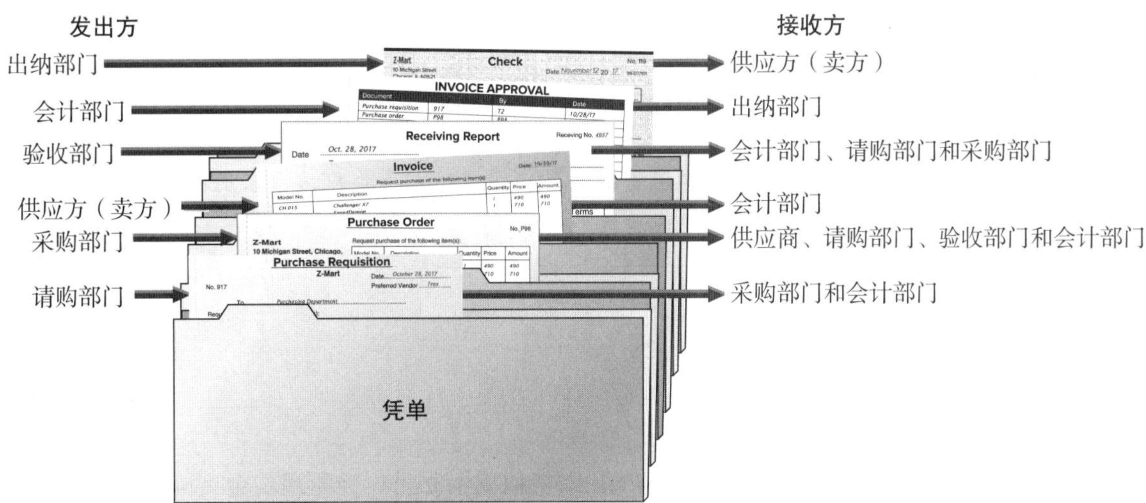

图表 8-1　凭单下的凭证流转

凭单制不仅适用于存货采购，还适用于所有的费用支出。例如，企业收到每个月的电话费账单以后，都要审核其中所列的各项费用，并且要准备一个凭单（文档）来存放电话费账单。然后，企业还要将这笔业务记入日记账。假如需要立即付款，企业就要立刻签发支票；如果不需要立即付款，那么企业可以先将凭单存档，到期后再行支付。如果没有凭单，企业将很难在几天或几周后再核准发票及其金额。另外，如果没有记录，别有用心的员工就会与臭味相投的供应商相互勾结重复索要货款、多要货款或伪造交易骗取货款。有效的凭单制可以帮助企业避免此类欺诈事件。

决策洞察力

危险之中

注册舞弊审查师协会报告称，87%的舞弊行为是资产偷窃行为。在这些资产偷窃行为中，下图显示了从频率和损失方面来看常见的一些行为。也就是说，现金最常以账单（22%）和偷窃（20%）方式被盗。然而，篡改支票（$158 000）和账单（$100 000）的损失最大。（资料来源：2016 Report to the Nations, ACFE (acfe. com).）

NTK 8－2

良好的现金内部控制制度为保护现金收入和现金支出提供了充分的程序。下列关于现金收入和现金支出的控制的描述，哪些是正确的？

______ 1. 场外销售的现金收入应在每次销售时记录在收银机上。

______ 2. 现金的保管应与现金的记录相分离。

______ 3. 为了控制现金汇款收入，应安排两个人一起负责这个工作，只有在两个人同时在场的情况下才能打开邮件。

______ 4. 现金支出控制的一个关键是不要用支票支付，所有的支出都应该用零用现金支付。

______ 5. 凭单控制只适用于购货，而不适用于其他支出。

答案：

1. 对　2. 对　3. 对　4. 错　5. 错

使用零用现金制进行控制

控制现金支出的一个重要原则就是所有的支出都应以支票支付，但**零用现金**（petty cash）支出除外。所谓零用现金支出是指花在快递、小额维修及低价用品上的零星开支。如果这些零用现金支出也要开支票付款，将会浪费很多时间及成本，因此企业通常设立零用现金基金用于小额支付。零用现金业务是定额备用金制度的一个组成部分。定额备用金制度就是预先拨出固定数额的钱设立基金，随着基金的支付，不断对基金进行补充，使其恢复到原先所规定的数额。

零用现金基金的运作　设立零用现金基金之前，首先要估算出一定时期（每周或每月）的小额支出总额。估算完之后，由企业的出纳人员签发一张金额略大于该估算值的支票。对这张支票，需要借记零用现金，贷记现金。然后再把支票兑现出的现金交由专人（零用现金出纳或零用现金保管人）保管，零用现金出纳要负责零用现金的保管、支付及相关凭证与记录的维护，为了确保零用现金与相关收据及记录的安全，零用现金保管人通常会将其放在零用现金保管箱内。

举例来说，当有现金支出发生时，现金领取人要在预先编好号的零用现金收据或零用现金收条上签名（见图表8-2）。然后，由零用现金出纳将零用现金收据和剩下的现金一起放入零用现金保管箱。在零用现金制下，所有收据与剩余现金的合计额等于零用现金基金总额。例如，在总额度为＄100的零用现金基金里面，所有现金与零用现金收据加起来必须是＄100（如，可能有＄80的现金和＄20的收据，或＄10的现金和＄90的收据）。每一笔支出都会造成现金的减少及收据的增加。

Z-Mart　　第9号

零用现金收据

原因：运费

日期：2017年11月5日　　审核人：（签名）

记入科目：库存商品

金额：$15.05　　审核人：（签名）

图表8-2　零用现金收据

零用现金基金快用完时或期末编制完财务报表以后，需要补充零用现金基金。为此，零用现金出纳首先要将已经支付的零用现金收据按照费用或账户类型分类，并计算出其合计额。然后，零用现金出纳再把这些收据交给公司的出纳人员，出纳人员将所有收据加盖收讫章避免重复付款，之后加以记录，并开立等额支票给零用现金出纳以补足零用现金基金。零用现金出纳兑现支票后将现金放回零用现金保管箱，此时，现金总额将恢复至原始金额，并重新开始另一个零用现金支付循环。

零用现金基金示例　假设11月1日，Z-Mart设立了零用现金基金并指派公司的一名员工担任零用现金出纳。公司开立了一张＄75的支票，兑现后交由零用现金出纳保管，则设立零用现金基金的分录如下：

11月1日	借：零用现金	75		资产＝负债＋所有者权益
	贷：现金		75	+75
	（设立零用现金基金。）			−75

零用现金基金设立之后，除非要调整零用现金基金的额度，否则不必借记或贷记零用现金账户。

接下来，假设11月份Z-Mart的零用现金出纳使用零用现金支付了几笔款项。每个现金领取人都按要求在收据上签了名。11月27日，在支付完＄46.50的瓷砖清理费之后，零用现金基金只剩下＄3.70。于是，零用现金出纳就将零用现金收据汇总，并计算出其合计额，如图表8-3所示。

图表 8－3　零用现金支出表

Z-Mart 零用现金支出表		
杂项费用		
11 月 27 日	瓷砖清理费	$46.50
库存商品（运入费用）		
11 月 5 日	购买商品运费	15.05
运输费用		
11 月 18 日	客户包裹投递费	5.00
办公用品费用		
11 月 15 日	购买立刻使用的办公用品	4.75
合计		$71.30

零用现金出纳将零用现金支出表和所有的收据都交给公司的出纳人员，并从出纳人员那里领取一张 $71.30 的支票用以补充零用现金基金。随后，零用现金出纳将支票兑现，并将现金放入零用现金保管箱。公司对这笔以支票补充零用现金基金的业务记录如下。

11 月 27 日	借：杂项费用	46.50		资产＝负债＋所有者权益	
	库存商品	15.05		−71.30	−46.50
	运输费用	5.00		+15.05	−5.00
	办公用品费用	4.75			−4.75
	贷：现金*		71.30		
	（补充零用现金。）　* $75－$3.70				

通常，无论零用现金基金中剩余的现金有多少，企业都会在会计期末补足零用现金基金，以便将各项支出记录在适当的会计期间内。如果会计期末企业不补足零用现金基金，将导致财务报表高估现金资产、低估使用零用现金支付的费用。如果数额不足以影响财务报表使用者，有些企业在会计期末不会去补足零用现金基金。

增加或减少零用现金基金额度　企业通常在补充零用现金时才会决定是否增加或减少零用现金基金额度。例如，假设 11 月 27 日 Z-Mart 在补充零用现金基金时，决定将零用现金基金额度从 $75 增加至 $100。这里需要编制两笔分录，一笔记录补充的零用现金基金（参见前面 11 月 27 日的分录），另一笔则记录增加的零用现金基金额度。记录增加的零用现金基金额度的分录如下。

11 月 27 日	借：零用现金	25	
	贷：现金		25
	（增加零用现金基金额度。）		

相反，如果 11 月 27 日 Z-Mart 决定将零用现金基金额度从 $75 减至 $55，那么在编制会计分录时，需要贷记零用现金 $20（表示将零用现金基金额度从 $75 减至 $55），借记现金 $20（表示有 $20 从零用现金账户转入现金账户）。

11 月 27 日	借：现金	20	
	贷：零用现金		20
	（减少零用现金基金额度。）		

现金损溢　有时，零用现金出纳可能无法取得收据或付款时钱付多了。如果发生上述情况，那么在补

充完零用现金基金之后，零用现金出纳上报的零用现金支出额加剩余的现金额就不等于原零用现金基金额度。这种错误将会导致零用现金基金短缺。在记录补充的零用现金时，将短缺的这部分现金作为费用借记现金损溢账户（如果有多出来的零用现金基金，则贷记现金损溢账户）。

例如，我们编制的记录补充零用现金的分录如下，其中零用现金基金的额度为 $200，上报的零用现金支出额为 $178（用于支付杂项费用），剩余现金为 $15。

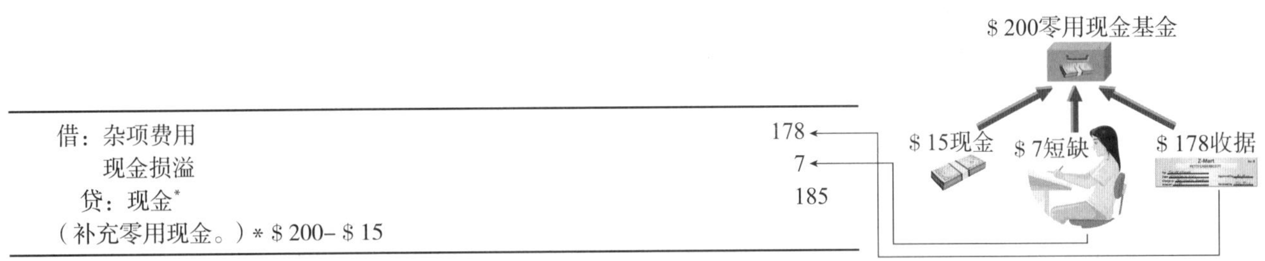

借：杂项费用	178	
现金损溢	7	
贷：现金*		185
（补充零用现金。）* $200－$15		

决策洞察力　线索

有一些关于欺诈活动的线索。如会计方面的线索包括：(1) 客户退款的增加——可能是虚假的；(2) 丢失的凭证——可能用于欺诈；(3) 银行存款和现金收据之间的差异——可能是现金盗用；(4) 延迟入账——可能反映欺诈记录。来自员工的线索包括：(1) 生活方式的改变——可能是盗用公款；(2) 与供应商关系太密切——可能是欺诈交易的信号；(3) 即使休假也不离职，可能是在掩盖欺诈行为。

NTK 8-3

Bacardi 公司设立了额度为 $150 的零用现金基金，并委任 Eminem 为零用现金出纳。当零用现金基金余额为 $19 时，Eminem 编制了下面的零用现金支出表。

零用现金支出表

收据编号	应记账户		核准人	取款人
12	运输费用	$ 29	Eminem	A. Smirnoff
13	库存商品	18	Eminem	J. Daniels
15	（漏填）	32	Eminem	C. Carlsberg
16	杂项费用	41	（漏填）	J. Walker
	合计	$120		

要求：

1. 找出上述支出表中内部控制中存在的四项疏漏。
2. 编制普通日记账分录记录下列交易：

a. 设立零用现金基金。

b. 补充零用现金基金（此处假设 15 号零用现金收据支出的现金用于支付杂项费用）。

3. 零用现金补充前后，零用现金账户余额各是多少？

答案：

1. 从零用现金支出表中可以明显看出内部控制中存在的四项疏漏：

a. 14 号零用现金收据丢失。14 号收据的丢失暴露了零用现金出纳在管理方面的问题。

b. 零用现金账户的余额为 $19，这表示零用现金的提取额为 $131（150－19）。而零用现金收据的合计额只有 $120（29＋18＋32＋41）。零用现金基金存在 $11（131－120）的现金损溢。14 号零用现金收据的金额是

$11吗？管理者应该就这一问题进行调查。

c. 零用现金出纳 Eminem 没有在16号零用现金收据上签字。这既可能是他的疏忽造成的，也可能是因为这笔支出没有经过他的核准。管理者应该就这一问题进行调查。

d. 15号零用现金收据没有注明应记支出账户。这可能是由于零用现金出纳工作疏忽所致。管理者应跟取款人 C. Carlsberg 和零用现金出纳 Eminem 核对此事。如果核对不清楚，那么应该将该笔发生额借记杂项费用。

2. 零用现金普通日记账分录。

a. 设立零用现金基金。

借：零用现金	150	
贷：现金		150

b. 补充零用现金基金。

借：运输费用	29	
库存商品	18	
杂项费用（41+32）	73	
现金损溢	11	
贷：现金（150－19）		131

3. 零用现金账户余额总是等于零用现金基金的额度，在本例中即为$150。除非增加或减少零用现金基金额度，否则这个余额不会发生变化。

8.3 通过银行业务进行控制

银行帮助企业控制现金。银行可以保管现金，提供详细且独立的现金交易记录，同时也是企业融资取得现金的来源之一。本节将介绍各种可以帮助管理人员控制现金的银行业务及银行活动所提供的单证。

基本银行服务

本部分将介绍银行账户、银行存款及开立支票等基本的银行服务，这些服务都有助于企业控制现金。

银行账户、银行存款和支票

银行账户是银行为客户设立的记录。有了银行账户，客户可以将现金存入银行以保证其安全；客户还可以使用银行账户来控制提款。为了限制哪些人可以使用企业的银行账户，所有经授权可以使用银行账户签发支票的人都要在**印鉴卡**（signature card）上签名，以供银行职员核对支票上的签名。

每一笔银行存款都会附有**存款单**（deposit ticket）以兹举证，存款单上会记录存入银行的纸币、硬币、支票的数量及相应的金额，银行会给客户存款单副本或收据作为存款的证明。图表8-4给出了一种存款单的格式。

存款人可以使用**支票**（check）从银行账户提款。支票是存款人开出的指示银行向指定收款人支付一定数量货币的票据。支票涉及三方当事人：支票签发人、收款人和付款银行（付款人）。银行会为存款人提供带有连续编号并印有存款人名称和地址以及银行名称和地址的支票簿。图表 8－5 给出了一种类型的支票。支票可以附带说明付款性质和内容的汇款通知单，也可以不带（图表 8－5 中给出的支票就带有汇款通知单）。如果支票上没有附带汇款通知单，一般可以在“备注”后面的横线上简单说明付款的性质和内容。

Front

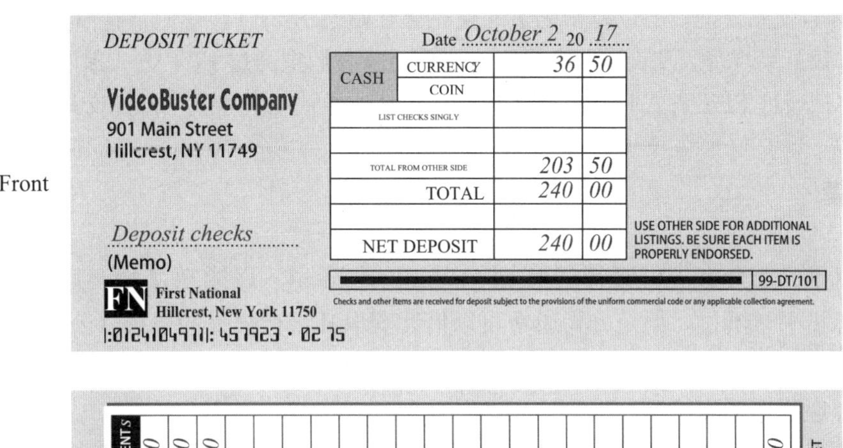
DEPOSIT TICKET

VideoBuster Company
901 Main Street
Hillcrest, NY 11749

Date October 2 20 17

CASH	CURRENCY	36	50
	COIN		
LIST CHECKS SINGLY			
TOTAL FROM OTHER SIDE		203	50
TOTAL		240	00
NET DEPOSIT		240	00

Deposit checks
(Memo)

USE OTHER SIDE FOR ADDITIONAL LISTINGS. BE SURE EACH ITEM IS PROPERLY ENDORSED.

99-DT/101

FN First National
Hillcrest, New York 11750

Checks and other items are received for deposit subject to the provisions of the uniform commercial code or any applicable collection agreement.

|:0124104971|: 457923 · 02 75

Back

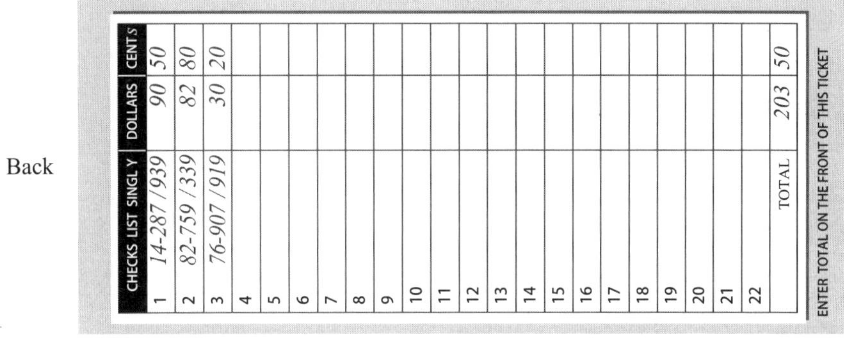

CHECKS LIST SINGLY		DOLLARS	CENTS
1	14-287/939	90	50
2	82-759/339	82	80
3	76-907/919	30	20
4			
5			
6			
7			
8			
9			
10			
11			
12			
13			
14			
15			
16			
17			
18			
19			
20			
21			
22			
TOTAL		203	50

ENTER TOTAL ON THE FRONT OF THIS TICKET

图表 8－4　存款单

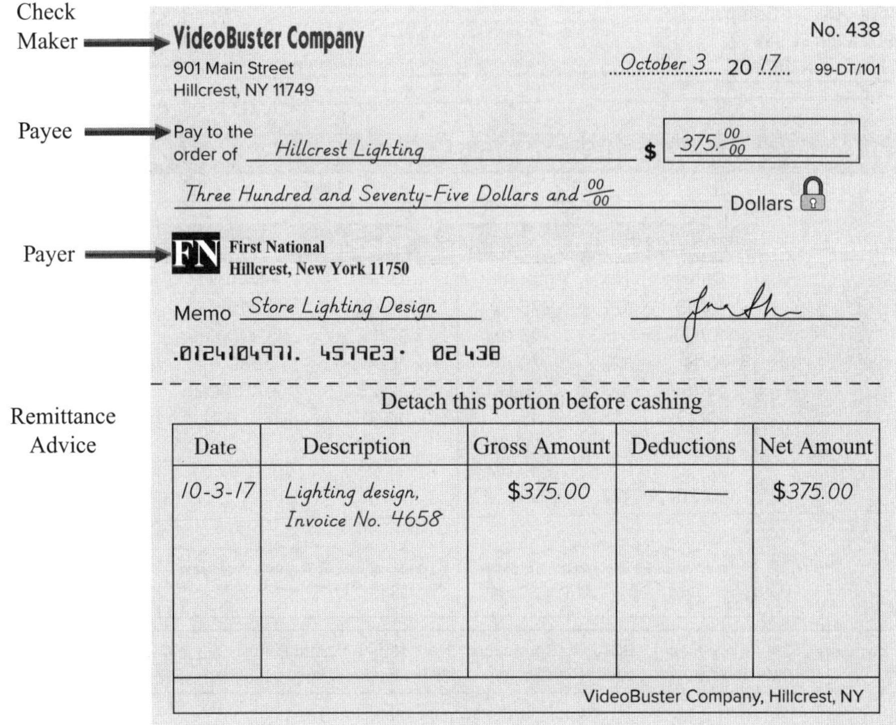
Check Maker → VideoBuster Company
901 Main Street
Hillcrest, NY 11749

No. 438

October 3 20 17　99-DT/101

Payee → Pay to the order of Hillcrest Lighting　$ 375.00/00

Three Hundred and Seventy-Five Dollars and 00/00　Dollars

Payer → FN First National
Hillcrest, New York 11750

Memo Store Lighting Design

.0124104971. 457923 · 02 438

Remittance Advice

Detach this portion before cashing

Date	Description	Gross Amount	Deductions	Net Amount
10-3-17	Lighting design, Invoice No. 4658	$375.00	——	$375.00

VideoBuster Company, Hillcrest, NY

图表 8－5　附带汇款通知单的支票

电子资金转账

电子资金转账（electronic funds transfer，EFT）是指使用电子通信设备将现金从一方转付给另一方。由于 EFT 成本低廉且使用便捷，所以越来越多的企业都开始使用 EFT。我们常常看到企业通过 EFT 来支付薪资、租金、水电费、保险费以及利息。在银行对账单上，我们把通过 EFT 方式提取的现金与支票和其他扣除款项列在一起，把通过 EFT 方式收到的现金与存款和其他导致现金存款增加的交易额列在一起。

□ 银行对账单

通常银行每个月都会寄一份**银行对账单**（bank statement）以通知存款人其账户内存款的变动情况。尽管每月对账单再平常不过，但是公司通常可以借此获取其银行交易的信息（公司可以选择立即或稍后记录银行对账单要求的会计调整项目，如每天、每周、每月结束时或银行对账时）。尽管各家银行的对账单格式不同，但都应包括下列信息：

（1）存款人账户的期初余额。

（2）本期发生的减少账户余额的支票业务或其他借方发生额。

（3）本期发生的增加账户余额的存款业务或其他贷方发生额。

（4）存款人账户的期末余额。

图表 8－6 给出了一种银行对账单。图表 8－6 上标有Ⓐ的部分汇总了整个账户的变动情况，标有Ⓑ的部分列示了支票及其他借方发生额，标有Ⓒ的部分列示了存款及其他贷方发生额。

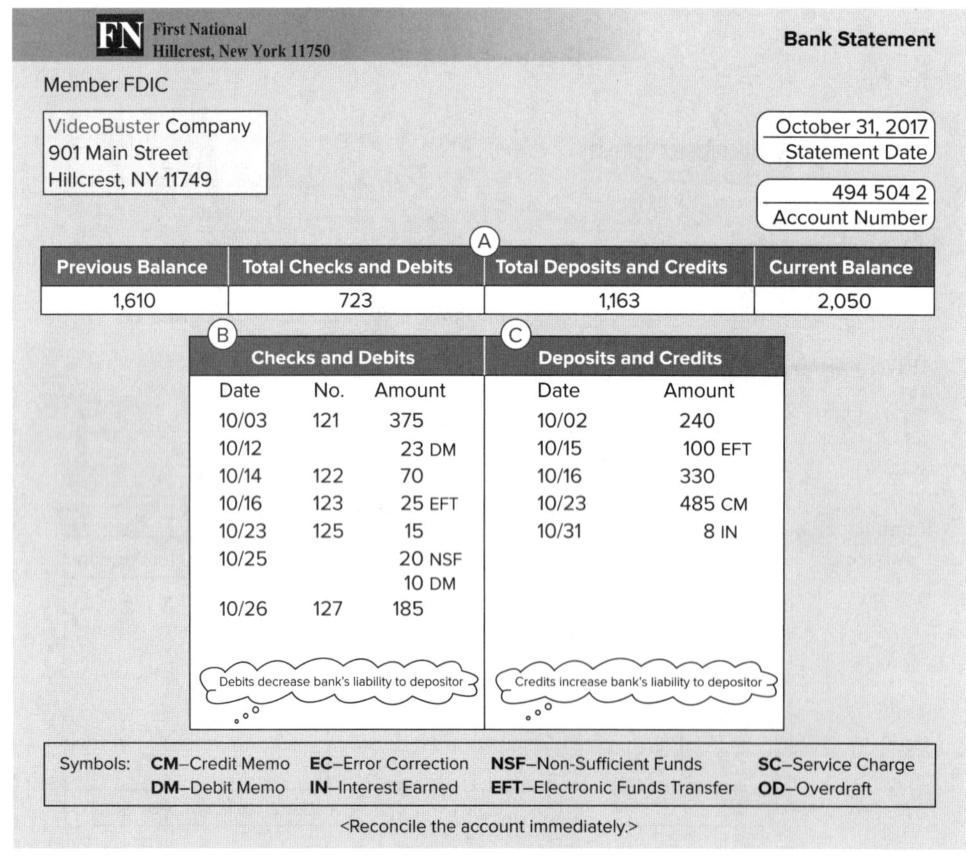

FN First National
Hillcrest, New York 11750

Bank Statement

Member FDIC

VideoBuster Company
901 Main Street
Hillcrest, NY 11749

October 31, 2017
Statement Date

494 504 2
Account Number

Ⓐ

Previous Balance	Total Checks and Debits	Total Deposits and Credits	Current Balance
1,610	723	1,163	2,050

Ⓑ Checks and Debits

Date	No.	Amount
10/03	121	375
10/12		23 DM
10/14	122	70
10/16	123	25 EFT
10/23	125	15
10/25		20 NSF
		10 DM
10/26	127	185

Ⓒ Deposits and Credits

Date	Amount
10/02	240
10/15	100 EFT
10/16	330
10/23	485 CM
10/31	8 IN

Debits decrease bank's liability to depositor

Credits increase bank's liability to depositor

Symbols: CM–Credit Memo, DM–Debit Memo, EC–Error Correction, IN–Interest Earned, NSF–Non-Sufficient Funds, EFT–Electronic Funds Transfer, SC–Service Charge, OD–Overdraft

<Reconcile the account immediately.>

图表 8－6　银行对账单

除银行对账单以外，银行还会附上存款人的注销支票（或实际注销支票）及借记通知单和贷记通知单的清单。越来越多的企业通过网上账户以电子方式注销支票。**注销支票**（canceled checks）是指在一定期间内，银行已经付讫并且从存款人户头扣完相应金额的支票。我们说这些支票已被银行结清。银行对账单上的其他扣除款项包括：(1) 银行向存款人收取的服务费和手续费；(2) 存款人已存入银行但无法收现的支票；(3) 前期错误更正；(4) 自动提款机提款；(5) 存款人事先约定的定期付款（多数企业不允许使用自动提款机从其支票账户提款，因为企业想使用支票支付所有的款项）。当发生除服务费以外的其他扣款项目时，银行通常会使用借记通知单通知存款人已经扣减了其存款账户余额。

当然也有一些交易会增加存款人存款账户的余额，例如，银行代存款人收取的款项以及前期错误更正。在记录这些交易的同时，银行会使用贷记通知单通知存款人其存款账户余额的增加额。有些银行会给支票账户支付利息。在这种情况下，银行会定期根据存款人账户的平均现金余额计算出应支付给存款人的利息，然后将这部分利息贷记存款人账户。在图表 8－6 中，银行就在 VideoBuster 公司的账户中贷记了 $8 的利息。

银行余额调节表

如果企业把所有的现金收入（零用现金除外）都存入银行，并且所有的现金支出都使用支票支付，那么它就可以利用银行对账单来验证其现金收支记录是否正确。企业可以通过编制银行余额调节表达到上述目的。**银行余额调节表**（bank reconciliation）是用来解释企业记录的支票账户余额与银行对账单上所列明的余额之间存在的差额的一种报表。下图反映了银行余额调节表的编制过程：

银行余额

银行对账单	
存款和贷方余额	#
支票和借方余额	#
余额	#

银行余额调节表

银行余额	#	账面余额	#
加&减：	#	加&减：	#
·时间性差异	#	·时间性差异	#
·误差	#	·误差	#
调整后的银行余额	#	调整后的账面余额	#

账面余额

现金账户		
现金收入	#	
现金支出		#
余额	#	

编制银行余额调节表的目的

银行对账单上列明的支票账户余额与存款人账簿上记录的支票账户余额之间经常存在差异，这通常是由于银行与存款人之间的信息不对称造成的。因此，必须验证存款人和银行各自的记录是否正确。也就是说，必须调节二者之间的差额，并解释产生差额的原因。银行对账单余额与存款人的账户余额的区别在于：

- 未兑现支票。**未兑现支票**（outstanding checks）是存款人已经签发、入账并交给收款人但截止到银行对账单发放日收款人仍未向银行兑现的支票。
- 在途存款。**在途存款**（deposits in transit）是指企业已经入账但是银行尚未记入银行对账单的存款。例如，企业可能会在银行关门后才将现金（通过夜间存款机）存入银行，而银行一般于次日才会将这些夜间存款入账。如果存款当日恰逢银行对账单发放日，那么在当期的银行对账单上就找不到相关的夜间存款记录，因为银行把它记入下一期的银行对账单。另外，临近期末时汇入银行的款项也可能会成为在途存款，因为银行可能在编制银行对账单时仍未收到汇款，所以并未将其记入银行对账单。
- 扣除无法收现的支票和服务费（调整银行存款余额）。有时，企业存入银行的由他人签发的支票无法收现（通常是由于对方账户余额不足以支付支票面额引起的）。我们通常把这种支票称为存款不足支票。

银行通常在收到支票时先贷记存款人账户，如果支票无法收现，银行会再借记存款人账户，将这张支票的金额从账户中扣除。银行可能还会向存款人收取处理这张无法收现的支票的费用，并通过发出借记通知单的方式通知存款人。银行对账单上已经记录但企业账簿中并未记录的其他银行费用还包括新支票印制费和服务费。

• 加上代收款项及利息（调整银行存款余额）。有时银行会代收票据或其他款项，也会代存款人收受由电子资金转账划拨过来的款项。银行会将代收款项扣除服务费后贷记存款人账户，并发出贷记通知单通知存款人。另外，银行对账单上已经记录但企业账簿中并未记录的导致存款账户余额增加的项目还包括利息收入。

• 错误（调整银行存款余额）。无论是银行还是存款人都可能犯错。银行所犯的错误通常要等到存款人编制银行余额调节表时才会被发现。同样，有时候，在调节银行余额的过程中，我们也会发现存款人所犯的错误。错误检查包括两方面的内容：一方面是检查银行对账单上的存款记录与存款人账簿记录中的存款记录是否相符；另一方面是检查银行对账单上注销支票的记录与存款人账簿记录中注销支票的记录是否相符。

时间差异

下面总结一下常见的时间差异。这些项目中的每一项都被银行或公司记录了，但没有被两者都记录。

银行存款余额调整	账面余额调整
加上在途存款	加上利息收入和未入账的现金收入
减去未兑现支票	减去银行费用和存款不足支票
加上或减去银行错误的更正	加上或减去账面错误的更正

银行余额调节表

编制银行余额调节表一般需要 9 个步骤。我们就以图表 8 - 7 为例来看一看这 9 个步骤。

图表 8 - 7　银行余额调节表

VideoBuster公司
银行余额调节表
2017年10月31日

① 银行对账单余额		$ 2 050	⑤ 账面余额			$ 1 405
① 加：			⑥ 加：			
10月31日发生的在途存款		145	收回 $ 500票据，减去 $ 15手续费		$ 485	
		2 195	利息收入		8	493
③ 减：						1 898
未兑现支票			⑦ 减：			
124号	$ 150		支票印制费		23	
126号	200	350	客户存款不足支票加上服务费		30	53
④ 调整后银行对账单余额		$ 1 845	⑧ 调整后银行对账单余额			$ 1 845

⑨ 余额相等（调平）

①确认银行对账单上记录的现金账户的余额（即银行余额）。VideoBuster 公司的银行余额为 $ 2 050。

②确认并列出银行尚未记录的存款交易及银行所犯的导致银行余额被低估的错误，并将其加至银行余额中。VideoBuster 公司 10 月 31 日通过夜间存款机存入银行的 $ 145 未记入银行对账单。

③确认并列出未兑现支票及银行所犯的导致银行余额被高估的错误，并将其从银行余额中扣除。通过比照公司的账簿记录，我们发现 VideoBuster 公司有两张未兑现支票——124 号支票（面额为 $ 150）和

126 号支票（面额为＄200）。

④计算出调整后的银行余额，也叫纠正后或调节后余额。

⑤确认公司现金账户的账面余额（即公司账簿上记录的余额）。VideoBuster 公司的账面余额为＄1 405。

⑥确认并列出公司尚未记录的由银行发出的贷记通知单、利息收入及导致账面余额被低估的错误，并将上述金额加至账面余额。VideoBuster 公司收到了和银行对账单一起寄来的贷记通知单，上面显示 10 月 23 日银行代公司收回了一张面额为＄500 的应收票据，扣除＄15 的手续费后，银行已将剩余款项贷记公司账户。VideoBuster 公司的银行对账单上还列出了＄8 的平均现金余额带来的利息收入。之前公司没有收到相关通知，所以并未将该利息收入入账。

⑦确认并列出公司尚未记录的由银行发出的借记通知单、服务费及导致账面余额被高估的错误，并将其从账面余额中扣除。VideoBuster 公司的银行对账单显示，公司账簿中尚未记录的借方项目包括：(a)＄23 的支票印制费和 (b)＄20 存款不足支票以及＄10 服务费（存款不足支票日期为 10 月 16 日，公司已将该支票入账。）。

⑧计算出调整后的账面余额，也叫纠正后或调节后余额。

⑨比较第 4 步和第 8 步计算出来的调整后的余额是否相等。如果两者相等，表示调节成功。如果不等，重新确认是否有所遗漏，进行调节直到相等为止。

根据银行余额调节表编制的调整分录

根据银行余额调节表，可以确认一些企业尚未记录因此需要补记的事项。VideoBuster 公司的银行余额调节表显示，调整后的余额为＄1 845，这是 10 月 31 日公司账面上应记的正确余额，但公司账面的实际余额仅有＄1 405。因此，需要编制日记账分录将账面余额调整为其正确值。只有调节公司账面余额的事项才需要调整。在核阅图表 8－7 后，我们发现 VideoBuster 公司需要编制 4 条调整分录。

收回应付票据　第 1 条分录记录的是银行替 VideoBuster 公司代收的应收票据款扣除银行服务费后的余额。

10 月 31 日	借：现金	485		资产＝负债＋所有者权益	
	收款费用	15		＋485	－15
	贷：应收票据		500	－500	
	（记录银行代收的应收票据款及收款费。）				

利息收入　第 2 条分录记录的是银行贷记 VideoBuster 公司银行账户的利息。

10 月 31 日	借：现金	8		资产＝负债＋所有者权益	
	贷：利息收入		8	＋8	＋8
	（记录支票账户的现金余额所赚取的利息收入。）				

支票印制费　第 3 条分录记录的是支票印制费。

10 月 31 日	借：杂项费用	23		资产＝负债＋所有者权益	
	贷：现金		23	－23	－23
	（支票印制费。）				

存款不足支票　第 4 条分录记录的是因无法收现而被退回的存款不足支票。早先，公司在收到 T. Woods 签发的用于支付其欠款的面额为＄20 的支票后将其存入了银行。然后银行将这＄20 以及针对这张存款不足支票收取的＄10 手续费一并从 VideoBuster 公司的存款账户中扣除。因此，需要编制一条会计

分录注销原先收到支票时编制的分录，并记录＄10 的银行手续费。

10 月 31 日	借：应收账款——T. Woods	30		资产＝负债＋所有者权益
	贷：现金		30	＋30
	（将存款不足支票的面额＄20 和＄10 银行手续费记入对 T. Woods 的应收账款。）			－30

登记完这 4 条会计分录以后，我们就把 VideoBuster 公司的账面现金余额调整到其正确值＄1 845（调整后的账面余额）。下面的 T 型现金账户给出了这一计算过程。

现金

期初余额	1 405		
⑥	485	⑦	23
⑥	8	⑦	30
调整后余额	1 845		

决策洞察力　最薄弱环节

注册舞弊审查师协会的报告显示，造成舞弊的主要因素是缺乏内部控制（29%），包括对现有控制的忽视（20%）。总的来说，这突出了内部控制（49%）的重要性，包括对现金的控制。右图显示了导致舞弊的五大因素。（资料来源：2016 Report to the Nations，ACFE（acfe.com）.）

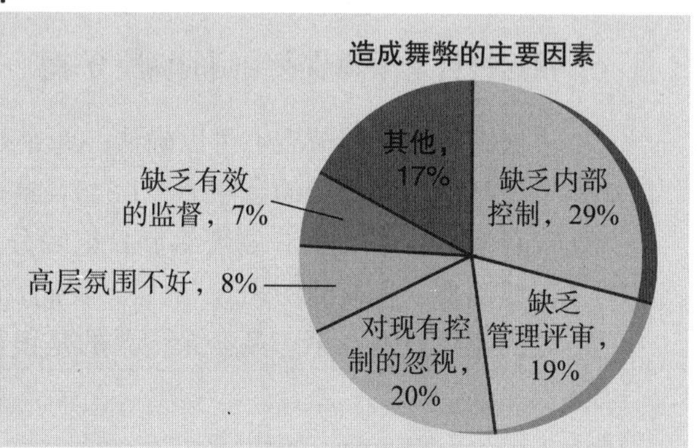

NTK 8-4

以下信息是截至 2017 年 12 月 31 日 Gucci 公司的现金账面余额与现金银行对账单余额，以便进行余额调整。

a. 根据会计记录，12 月 31 日的现金余额是＄1 610，而当天的银行对账单现金余额是＄1 900。

b. Gucci 公司 12 月 31 日的日现金收入为＄800，这笔钱于 12 月 31 日存入该行的夜间存款机，但没有出现在 12 月 31 日的银行对账单上。

c. 价值＄400 的 6273 号支票和价值＄100 的 6282 号支票已经记入 12 月的会计记录中，但是未注销。价值＄2 000 的 6231 号支票和价值＄200 的 6242 号支票在最近的 11 月 30 日的对账中未兑现。6231 号支票在 12 月注销发票中列出，6242 号支票没有。

d. 当将 12 月的支票与会计分录进行对比时，发现正确地开出价值＄340 的 6267 号支票用于支付办公用品，但会计分录却错误地记成了＄430 美元。

e. 一份贷记通知单显示，银行从一张应收票据中为 Gucci 公司收取了＄500 的现金，扣除了＄30 的代收费，并将余额记入公司的现金账户。

f. 两份借记通知单都附有对账单，但是对账时没有记录。第一份借记通知单金额为＄150，是支付客户 Prada 公司的价值＄140 的存款不足支票，银行收取了＄10 的手续费。第二份借记通知单是支票印制费＄20。Gucci 公司在收到账单之前并没有记录这些交易。

要求：

1. 编制公司2017年12月31日的银行余额调节表。
2. 编制必要的日记账分录使截至2017年12月31日Gucci的现金账面余额与调整的现金余额一致。

答案：

1.

Gucci公司
银行余额调节表
2017年12月31日

银行对账单余额		$1 900	账面余额		$1 610
加：			加：		
12月31日发生的在途存款		800	错误（6267号支票）	$90	
		2 700	票据收益减去$30手续费	470	560
					2 170
减：			减：		
未兑现支票6242号	$200		存款不足支票	$150	
6273号	400		支票印制费	20	
6282号	100	700			170
调整后的银行余额		$2 000	调整后的账面余额		$2 000

2.

12月31日	借：现金	90	
	贷：办公用品		90
	（纠正分录错误。）		
12月31日	借：现金	470	
	代收费用	30	
	贷：应收票据		500
	（记录扣除代收费用的票据。）		
12月31日	借：应收账款——Prada公司	150	
	贷：现金		150
	（记录存款不足支票加上费用。）		
12月31日	借：杂项费用	20	
	贷：现金		20
	（记录支票印制费。）		

可持续性与会计

Vlad Tenev和Baiju Bhatt共同建立了Robinhood公司，以帮助低收入人和年轻人进行股票投资。他们的公司既不收取远期交易费用，也不设定账户的最低余额，这使人们进行股票投资成为可能。“人们对我们的期望更高”，Baiju说。每次客户想要进行投资时，竞争对手都会收取$7～$15的费用。大多数竞争对手还要求至少有$1 000的余额才能进行投资。

Tenev说：“我们这个年龄段的许多人对这个规定失去了信心。”Baiju和Tenev的目的是实现不需要“数百万美元”任何人都能进行投资。此外，Robinhood的社交网络旨在让客户成为传说中的“快乐的人”。会员们可以就未来和下注领域交换意见，表现最好的成员会升到最高级别。

Vlad和Baiju解释说，没有有效的现金控制，就无法实现零费用投资。由于Robinhood公司不收取投资费用，因此 Vlad 和 Baiju 必须进行精益业务运营。Robinhood 公司并没有设置全职人员去管理现金和监控银行余额，而是设立了内部控制机制来保护公司资产。Vlad 和 Baiju 还执行银行对账以识别出现的错误或舞弊行为。这些控制工具使公司能够保持较低的运营成本，并实现无佣金投资。Vlad 说："我们认为这是金融领域的一场革命。"一场可持续的股票交易革命。

NTK 8-5

编制 2017 年 11 月 30 日 Jamboree 公司的银行余额调节表。使用下列信息调节 2017 年 11 月 30 日 Jamboree 公司的账面现金余额与银行对账单余额。

a. 11 月 30 日过完账后，公司账面上现金账户的借方余额为＄16 380，而银行对账单余额为＄38 520。

b. 2024 号支票和 2026 号支票系未兑现支票，其面额分别为＄4 810 和＄5 000。

c. 通过核对银行对账单上的注销支票和公司的账簿记录，发现用于支付租金的 2025 号支票的面额为＄1 000，但在公司账上错记成＄880。

d. 11 月 30 日，银行停止营业后，公司通过夜间存款机存入＄17 150，这笔存款银行对账单上没有记录。

e. 在核对银行对账单时，发现银行将 Jumbo 公司开立的面额为＄160 的支票错记在 Jamboree 公司的账上。

f. 跟银行对账单一起寄来的贷记通知单显示，银行代 Jamboree 公司收回了＄30 000 的应收票据及＄900 的相关利息收入。收到银行对账单之前，Jamboree 公司未将这两笔收入入账。

g. 借记通知单显示，客户 Marilyn Welch 出具的面额为＄1 100 的支票因其账户存款不足无法收现，而 Jamboree 公司在收到银行对账单之前尚未记录这张被退回的支票。

h. 11 月份银行服务费合计＄40，而 Jamboree 公司在收到银行对账单之前尚未将其入账。

解题步骤：

- 参照图表 8-7 编制一栏列明银行余额、另一栏列明公司账面余额的银行余额调节表，预留出位置填写增减事项及调整后的余额。
- 检查项目 a～h，确认是要调整银行余额还是账面余额，是要增加还是减少余额。
- 分析完所有项目后，完成银行及账面余额两边的调节，计算出两边调整后的余额。
- 编制调整分录记录每一个调整账面余额的交易事项。对于增加账面余额的事项，在编制调整分录时，要借记现金；对于减少账面余额的事项，在编制调整分录时，要贷记现金。

答案：

Jamboree 公司
银行余额调节表
2017 年 11 月 30 日

银行对账单余额		＄38 520	账面余额		＄16 380
加：			加：		
11 月 30 日存入的在途存款	＄17 150		代收应付票据	＄30 000	
银行错误（Jumbo 公司）	160	17 310	利息收入	900	30 900
		55 830			47 280
减：			减：		
未兑现支票			存款不足支票（Marilyn Welch 公司）	1 100	
2024 号	4 810		记录错误（2025 号支票）	120	
2026 号	5 000	9 810	服务费	40	1 260
调整后余额		＄46 020	调整后余额		＄46 020

Jamboree 公司需要编制下面几笔调整分录。

11 月 30 日	借：现金	30 900	
	贷：应收票据		30 000
	利息收入		900
	（记录代收票据及利息收入。）		
11 月 30 日	借：应收账款——M. Welch	1 100	
	贷：现金		1 100
	（将存款不足支票额重新记入应收账款。）		
11 月 30 日	借：租金费用	120	
	贷：现金		120
	（纠正有关 2025 号支票的错误记录。）		
11 月 30 日	借：银行服务费	40	
	贷：现金		40
	（记录银行服务费。）		

附录 8A　凭证及核查

本附录对使用凭单制进行控制所涉及的重要业务凭证进行介绍。

请购单

出于控制的目的，部门经理通常不可以直接向供应商下订单，而是必须通过准备和签署请购单来通知采购部门本部门的需求，**请购单**（purchase requisition）列出所需的商品和购买请求（见图表 8A－1）。准备两份请购单副本交给采购部门，然后采购部门将其中一份副本交给会计部门。当会计部门收到请购单时，它会为这笔业务创建并保存一张凭单。这就要求需求部门保留第三份请购单副本。

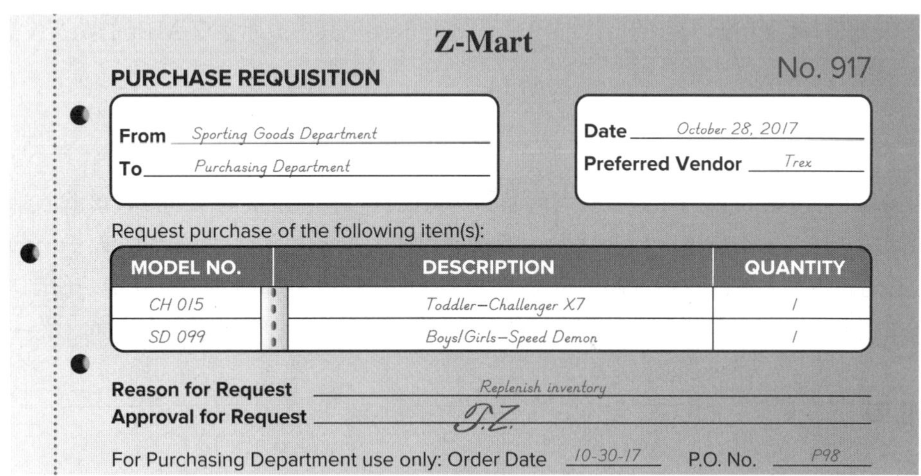
Z-Mart

PURCHASE REQUISITION　No. 917

From: Sporting Goods Department
To: Purchasing Department
Date: October 28, 2017
Preferred Vendor: Trex

Request purchase of the following item(s):

MODEL NO.	DESCRIPTION	QUANTITY
CH 015	Toddler–Challenger X7	1
SD 099	Boys/Girls–Speed Demon	1

Reason for Request: Replenish inventory
Approval for Request: T.Z.
For Purchasing Department use only: Order Date 10-30-17　P.O. No. P98

图表 8A－1　请购单

采购单

采购单（purchase order）是采购部门用来向卖方包括销售商或供应商下订单的凭证。采购单授权卖方以规定的价格和条件运输订购的商品（见图表 8A－2）。采购部门收到请购单时，至少需要准备 5 份采购单副本。副本按以下方式分发：副本 1 作为采购请求和运输商品的授权发给卖方；将副本 2 和请购单副本交给会计部门，由会计部门记入凭单，用于核准发票的支付；副本 3 留在提出采购请求的部门，用来通知其部门经理采购正在进行中；副本 4 交给不知道订货数量的收货部门，以便其与收到的货物进行对比，并能提供单独的收货数量；副本 5 交由采购部存档。

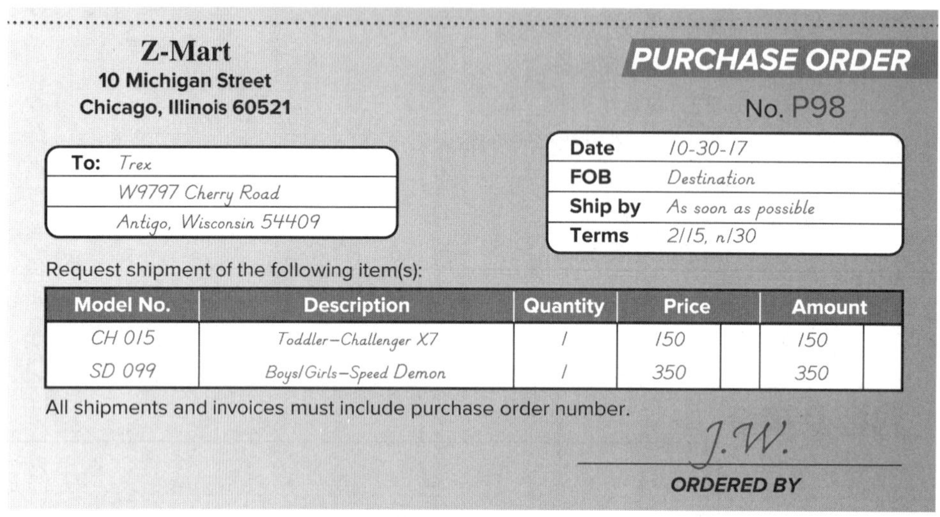

Z-Mart
10 Michigan Street
Chicago, Illinois 60521

PURCHASE ORDER
No. P98

To: Trex
W9797 Cherry Road
Antigo, Wisconsin 54409

Date	10-30-17
FOB	Destination
Ship by	As soon as possible
Terms	2/15, n/30

Request shipment of the following item(s):

Model No.	Description	Quantity	Price	Amount
CH 015	Toddler—Challenger X7	1	150	150
SD 099	Boys/Girls—Speed Demon	1	350	350

All shipments and invoices must include purchase order number.

J.W.
ORDERED BY

图表 8A－2 采购单

发票

发票（invoice）是由卖方提供的商品明细清单，其中列出了客户的姓名、所售商品、销售价格和销售条款。发票也是供应商交给购买方的账单。从卖方的角度来看，它是销售发票。**买方**（vendee）（或购买方）将其视为购买发票。收到采购单时，卖方将订购的商品运送给买方，并将包括运输费用在内的发票副本邮寄给买方。然后将发票与凭单放在一起交给购买方的会计部门（见图表 5－6，其中显示了 Z-Mart 的购买发票）。

验收单

许多公司会设一个单独的部门来验收所有商品和购买的资产。每批货物到达后，该验收部门都会清点货物，检查货物是否损坏，是否与采购单一致。然后，验收部门需要准备超过 4 份的**验收单**（receiving report）副本，用于在公司内部通知相关人员已收到订购的货物，并说明货物的数量和情况。将其中一份副本交至会计部门放入凭单中。其他副本分别交给需求部门和采购部门，以通知它们货物已经到达。验收部门留一份副本存档。

发票审批单

收到验收单后，会计部门应在凭单中保存以下凭证的副本：请购单、采购单和发票。利用这些凭证中的信息，会计部门可以记录购买并审批付款。在审批付款发票时，会计部门检查并比较所有凭证中的信息。为了方便检查并确保不遗漏任何步骤，通常使用发票审批单，也称为检查授权单（见图表 8A－3）。**发票审批单**（invoice approval）是用于审批记录和付款的发票所需步骤的清单。它是单独的文档，可以归档在凭单中，也可以在凭单上预打印（或盖章）。

INVOICE APPROVAL

DOCUMENT		BY	DATE
Purchase requisition	917	TZ	10-28-17
Purchase order	P98	JW	10-30-17
Receiving report	R85	SK	11-03-17
Invoice:	4657		11-12-17
Price		JK	11-12-17
Calculations		JK	11-12-17
Terms		JK	11-12-17
Approved for payment		BC	

图表 8A－3　发票审批单

核对清单中的每个步骤后，相关人员便会开始审核发票并记录当前日期。最终审批结束意味着已完成以下步骤：

（1）请购单核对：每个请购单上都要求有发票上的物品。

（2）采购单核对：每个采购单上都要求有发票上的物品。

（3）验收单核对：每个验收单上都要求有发票上的物品。

（4）发票核对：价格——发票价格是与卖方达成的交易价格。

计算——发票上没有数学错误。

条款——与卖方达成相关条款。

凭单

发票经过核对和审批后，凭单就完成了。完整的凭单是汇总所有交易的记录。一旦凭单证明了交易，便应该承担这项债务。凭单还包含对在适当的日期进行债务支付的审批。凭单的样式因公司而异。许多凭单的设计目的是将发票和其他相关单据放在凭单中，凭单可以是一个文件夹。

要使凭单完整，通常需要一个人在凭单的内部和外部输入一些信息。凭单内部所需的主要信息如图表 8A－4 所示，外部信息则如图表 8A－5 所示。该信息来自发票和凭单中提供的凭证。完整的凭单将发送给授权人员（通常称为审核员）。此人进行最终审核，审批借记的账户和金额（称为会计分配），并授权记录凭单。

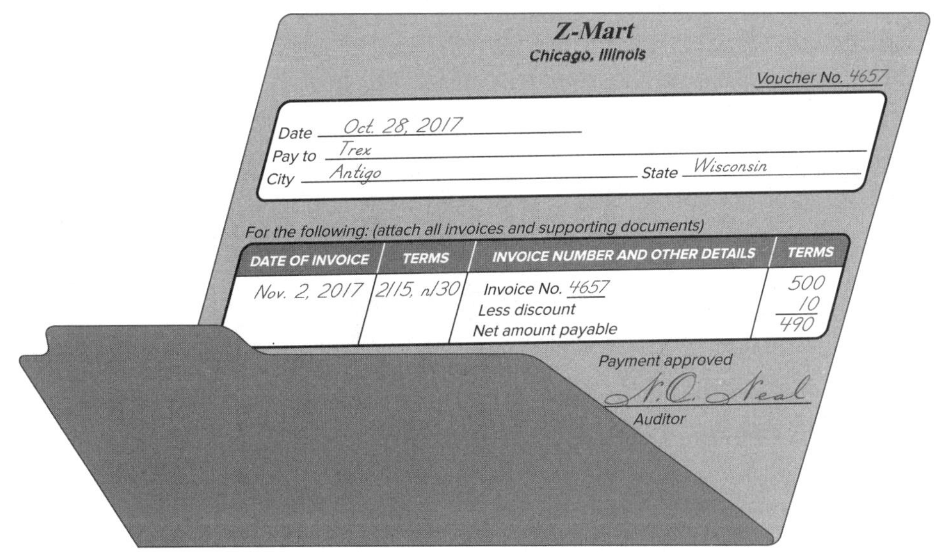

Z-Mart
Chicago, Illinois

Voucher No. 4657

Date Oct. 28, 2017
Pay to Trex
City Antigo State Wisconsin

For the following: (attach all invoices and supporting documents)

DATE OF INVOICE	TERMS	INVOICE NUMBER AND OTHER DETAILS	TERMS
Nov. 2, 2017	2/15, n/30	Invoice No. 4657	500
		Less discount	10
		Net amount payable	490

Payment approved
N.O. Neal
Auditor

图表 8A－4　内部凭单

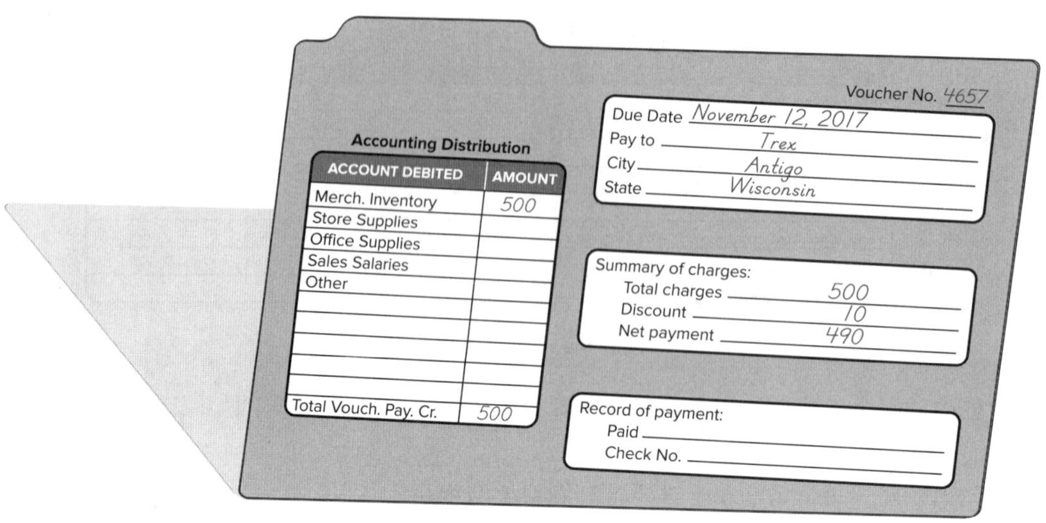

图表 8A－5 外部凭单

凭单被审批并记录后（记录在称为**凭单登记簿**（voucher register）的日记账中），在到期日之前归档。然后支票在付款日由出纳人员发出，凭单则标记为“已付款”，该凭单被交到会计部门并记录（记录在称为**支票登记簿**（check register）的日记账中）。签发支票的人依据已审批的凭单及其签名的凭证来证明债务已经产生且必须付款。请购单和采购单确认采购已被授权。验收单显示已收到物品，发票审批单确认已核查发票是否有错误。除非所有凭证和签名都是伪造的，否则出错的概率很低，出现未串通的舞弊的概率就更小了。

小 结

C1 定义内部控制并界定其目的和原则。内部控制制度是由各种政策和程序构成的，管理者通常使用它们来保护企业资产、确保会计记录的可靠性、提高运营效率以及保证公司政策的贯彻执行。内部控制制度可以预防可避免的损失、帮助经营者制定运营计划、监督企业运营情况和员工表现。内部控制原则包括：明确责任；保持适当的记录；为资产投保，为关键员工投保忠诚险；保证资产保管与记录相分离；划分相关交易的责任；应用各种控制技术以及定期实施独立核查。

C2 定义现金和现金等价物，解释其披露方式。现金包括各种货币、硬币、银行账户存款、支票账户存款和储蓄账户存款。现金等价物是指符合下述两个条件的流动性很强的短期投资资产：(1) 很容易就能兑换成固定数量的现金；(2) 很快就会到期，因此其市价受利率变动影响不大。现金和现金等价物都属于流动资产，因为它们很容易就能兑换成其他资产或用来购买产品、服务或清偿债务。

P1 实施现金收支内部控制。通过对现金收入实施内部控制，可以保证将收到的现金正确地入账并存入银行。我们主要介绍了对两类现金收入的内部控制——通过店面交易获得的现金收入和现金汇款收入。对于通过店面交易获得的现金收入，可以通过使用收银机、顾客审核、使用收据、使用固定的交易记录以及现金的保管和记录相分离等方式加以控制。对于现金汇款收入，可以通过两种方式加以控制：一是安排两人或多人一起负责拆封工作；二是要求拆封人填写收款单，其中要列明汇款人名称、金额和汇款理由（银行提供能够促进控制和保护现金的服务）。

P2 解释并记录零用现金业务。零用现金支出是指花在快递、小额维修及低价用品上的零星开支。企业通常设立一个或多个零用现金基金。零用现金出纳要负责零用现金的保管、支付及相关凭证与记录的维护。只有在设置零用现金基金或增加零用现金基金额度时，才需要借记零用现金账户。补充零用现金基金时，需要将零用现金支出额借记费用或资产账户，贷记现金。

P3 编制银行余额调节表。银行余额调节表可以检验存款人的账面记录和银行记录是否正确。如果遇到未兑现的支票或在银行对账单发放日或之前存入银行但银行对账单尚未记录的存款交易，就需要调整银行对账单余额。如果发生服务费用、银行代收款或利息收入，则需要调整存款人的账面余额。

P4A 使用凭证和核查来进行现金支出控制。凭单制是一套为了控制现金支出和债务承担而设立的一系列手续和核批程序。使用凭单制进行控制依赖于几个重要的凭证，包括凭单及其相关文件。这个系统的一个关键因素是，只有经过批准的部门和个人才有权承担某些债务。

关键术语

Bank reconciliation 银行余额调节表
Bank statement 银行对账单
Canceled checks 注销支票
Cash 现金
Cash equivalents 现金等价物
Cash over and short 现金损溢
Check 支票
Check register 支票登记簿
Committee of Sponsoring Organizations（COSO） 发起人委员会
Deposit ticket 存款单
Deposits in transit 在途存款
Electronic funds transfer（EFT） 电子资金转账
Internal control system 内部控制制度
Invoice 发票
Invoice approval 发票审批单
Liquid assets 流动资产
Liquidity 流动性
Outstanding checks 未兑现支票
Petty cash 零用现金
Principles of internal control 内部控制原则
Purchase order 采购单
Purchase requisition 请购单
Receiving report 验收单
Sarbanes-Oxley Act（SOX）《萨班斯-奥克斯利法案》
Signature card 印鉴卡
Vendee 买方
Voucher 凭单
Voucher register 凭单登记簿
Voucher system 凭单制

选择题

1. 企业需要补充其零用现金基金，基金额度为＄500。零用现金保管箱里有＄75的现金和＄420的零用现金收据。补充零用现金基金的日记账分录应包括______。

a. 借记现金＄75　　b. 贷记现金＄75　　c. 贷记零用现金＄420
d. 贷记现金损溢＄5　　e. 借记现金损溢＄5

2. 关于Hapley公司，我们掌握了以下信息：

- 11月30日，银行对账单余额为＄1 895。
- 11月30日，公司总分类账余额为＄1 742。
- 11月30日，公司通过夜间存款机往银行存入＄795，11月30日的银行对账单上未记录该笔存款。
- 11月30日，未兑现支票合计额为＄638。
- 11月份，银行代Hapley公司收回一笔金额为＄335的应收票据，在扣除＄15的手续费后，银行将余款存入Hapley公司的户头。
- 银行从Hapley公司的户头中扣除了＄10的服务费，11月30日的银行对账单上记录了这笔交易。

在Hapley公司11月30日的银行余额调节表上，从客户处收回的应收票据应如何记录？______

a. $320 作为账面现金余额的增加额
b. $320 作为账面现金余额的扣减额
c. $320 作为银行现金余额的增加额
d. $320 作为银行现金余额的扣减额
e. $335 作为银行现金余额的增加额

3. 根据第 2 题提供的信息，Hapley 公司 11 月 30 日编制的银行余额调节表上调节后的余额为______。

a. $2 052　b. $1 895　c. $1 742　d. $2 201　e. $1 184

讨论题

1. 请列出内部控制的 7 个原则。
2. 内部控制程序对每一个企业来讲都是很重要的，但是在企业发展的哪一阶段，内部控制程序尤为关键？
3. 为什么要在不同部门或个人之间划分相关交易的责任？
4. 为什么记录资产和保管资产的不能是同一个人？
5. 一家店铺在采购商品时，为什么不允许各部门直接与供应商交易？
6. 内部控制的缺陷是什么？
7. 下列哪项资产的流动性最强？哪项的流动性最弱？存货、建筑物、应收账款或现金。
8. 什么是零用现金收据？谁应该在上面签字？
9. 为什么在收到现金的当天要将现金收入存入银行？
10. 附录中苹果公司的现金流量表报告了截至 2015 年 9 月 26 日的年度现金和现金等价物的变化。投资活动产生（使用）的总金额是多少？融资活动产生（使用）的总金额是多少？
11. 参考附录中谷歌公司的财务报表，计算谷歌公司截至 2015 年 12 月 31 日的年度净收益。其净收益是否等于同年度的现金及现金等价物的变动？解释净收益与现金及现金等价物变化之间的差异。
12. 参考附录中三星公司的资产负债表。截至 2015 年 12 月 31 日，三星公司的现金（即报表中的“现金和现金等价物”）与其他流动资产的金额和百分比相比如何？对比并评估其 2015 年 12 月 31 日与 2014 年 12 月 31 日的现金。
13. 附录中三星公司的现金流量表报告了截至 2015 年 12 月 31 日的年度现金和现金等价物的变化。确认通过投资活动和融资活动产生（或使用）的现金。

快速学习

QS 8-1　内部控制制度由用来保护企业资产、确保会计记录的可靠性、提高运营效率和保证公司政策贯彻执行的各种政策和程序构成。对下列各事项进行评估，并根据内部控制制度的目标判断哪些是正确的，哪些是错误的。

______ 1. 将资产的记录保存与资产托管分离是为了减少偷窃和舞弊。

______ 2. 内部控制程序的主要目标是保护企业免受政府机构的影响。

______ 3. 内部控制程序的主要目标是通过设计一种具有管理政策的业务系统保护资产不被浪费、欺诈和盗窃。

______ 4. 将两个或两个以上的个人或部门之间的交易责任分开不能防止有人通过创建一张虚构的发票支付给自己这种行为的发生。

QS 8-3　一个良好的现金的内部控制制度为保护现金收入与支出提供了适当的程序。判断以下保护作用是否正确。

______ a. 保护现金的一个基本原则是每周或每月将所有的现金收入存入银行。

______ b. 使用凭单制进行控制是专门用于现金收入的控制系统。

______ c. 保护现金的一个基本原则是将保管现金的人与记录现金的人的职责分开。

______ d. 零用现金制度不是一种保护现金的控制程序。

QS 8－5　1. 下列各项中，请指出其金额是否（1）影响银行余额调节表的银行对账单的余额或企业账面余额；（2）在银行余额调节表中代表增加项或减少项；（3）需要编制调整日记账分录。

	银行余额或企业账面余额	增加项或减少项	调整分录
a. 现金余额的利息	______	______	______
b. 银行服务费	______	______	______
c. 最低余额	______	______	______
d. 未兑现支票	______	______	______
e. 贷记通知单	______	______	______
f. 存款不足支票	______	______	______
g. 未入账存款	______	______	______

QS 8－7　一位企业家认为由于她定期通过网上银行对账单来检查是否存在异常项目和错误，所以银行余额调节表对她来说不是必要的。

a. 解释银行余额调节表和检查网上银行对账单不是一回事。

b. 找出并解释至少两处能够通过银行余额调节表但不能通过检查网上银行对账单发现的虚报或错误。

QS 8－9[A]　管理层使用凭单制来帮助控制和监控现金支出。下列四种凭证中，哪些是使用凭单制进行控制的一部分？

______ a. 订购单　　______ b. 未兑现支票　　______ c. 发票　　______ d. 凭单

练习题

Exercise 8－1　Franco 是一家刚成立的高增长型公司。公司的管理人员发现过去 3 个月中有一大笔钱消失不见后，一位 6 个月前被雇用的记录员离开了公司所在的小镇。审计人员发现这名记录员填写并签发了几张给其未婚夫的支票，然后将支票记录在员工工资账户下。从未在公司担任任何职务的该记录员的未婚夫兑现了支票并和她一起离开了小镇。因此，公司产生了一笔意外损失＄184 000。

评价 Franco 公司的内部控制制度，并指出其忽视了内部控制的哪些原则。

Exercise 8－3　良好的会计制度有助于管理和控制现金及现金等价物。

1. 给出流动资产和现金等价物的定义，并将两者进行比较。

2. 为什么企业会将它们的闲置资金投到现金等价物中？

3. 请举出有效现金管理的五个原则。

Exercise 8－5　Waupaca 公司在 9 月 9 日以＄350 设立了零用现金基金。9 月 30 日，基金剩余现金＄104，并有如下费用支出的收据：在途运输费＄40；快递费用＄123；杂费＄80。零用现金出纳无法解释基金所发生的＄3 的短缺。在登记库存商品时该公司采用的是永续盘存制。请编制（1）9 月 9 日设立零用现金基金的分录；（2）9 月 30 日补充零用现金基金的分录；（3）10 月 1 日将零用现金基金增加至＄400 的分录。

Exercise 8－7　凭单制是为了控制现金支出和债务承担而设立的。

1. 凭单制为哪两个过程设立了程序？

2. 凭单制应该监督哪些类型的支出？

3. 凭单最初在什么时候编制？请说明。

Exercise 8－9 Del Gato诊所在收到现金的当天将所有现金存入银行，并通过签发支票支付所有现金。2017年6月30日，在营业日结束时，其现金账户显示借方余额为＄11 589。Del Gato诊所6月30日的银行对账单显示银行存款为＄10 555。根据下列信息编制Del Gato诊所的银行余额调节表。

a. 6月30日未兑现支票总额为＄1 829。

b. 6月30日的银行对账单上列出一笔银行服务费＄16。

c. 6月15日919号支票支付水电费＄467，在注销支票中列示。但是Del Gato诊所的错误记录为借记水电费用＄476，贷记现金＄476。

d. 6月30日收到的现金＄2 856在银行营业时间结束后被存入夜间存款机，并且没有记录在6月30日的银行对账单中。

Exercise 8－11 Wright公司在收到现金的当天即将所有现金存入银行，并通过签发支票支付所有现金。2017年5月31日，在营业日结束时，其现金账户显示借方余额为＄27 500。Wright公司5月31日的银行对账单显示银行存款为＄25 800。根据下列信息编制Wright公司的银行余额调节表。

a. 在5月31日的银行对账单中，银行服务费为＄100的借记通知单公司并未入账。

b. 5月31日未兑现支票总额为＄5 600。

c. 5月31日收到的现金＄6 200在银行营业时间结束后被存入夜间存款机，并且没有记录在5月31日的银行对账单中。

d. 在检查银行对账单时，由Smith公司签发的支票被错误地记在Wright公司账户下。

e. 一份＄600的借记通知单是客户存款不足支票，公司尚未将该支票入账。

Exercise 8－13[A] 将第一栏凭单制的每个凭证与第二栏中的描述进行匹配。

凭单	描述
1. 请购单	______ A. 由卖方提供的商品明细清单，清单上列出顾客的姓名、已售商品、销售价格和销售条款。
2. 采购单	______ B. 一种存储凭证和信息的内部文件，用来控制现金支出，并确保交易得到相应的授权和记录。
3. 发票	______ C. 用于向供应商下订单的凭证，授权卖方按照规定的价格和条款发货。
4. 验收单	______ D. 审批已经记录和付款的发票所需步骤的清单，也称为发票授权单。
5. 发票审批单	______ E. 部门经理用来通知采购部门向卖方下订单的凭证。
6. 凭单	______ F. 用于通知有关人员所订购货物已到达的凭证，包括货物数量和状况的说明。

综合题

Problem 8－1A 请分别指出下列各案例所违反的内部控制原则，并为企业应该怎样做以保持内部控制的一贯性提出建议。

1. Chi Han负责为雇主记录所有的客户现金收据，并将客户支付的款项过到各自的账户中。

2. 在Tico公司，Julia和Trevor轮流进餐。Julia是公司的零用现金保管员，但是当有人需要零用现金而她又在吃午餐时，Trevor就作为保管员代其记账。

3. 在Hopeville诊所，Nori Nozumi的职责是将所有收入与支出过账。每晚Nori将电算化的会计系统备份到一个磁盘上，并将其锁在她桌子上的文件柜里。

4. Ben Shales以能够雇用到几乎不需要监督的高质量员工为荣。作为办公室的管理人员，在执行任务时，他给雇员足够的自由空间，并且数年来没有对他们的工作进行过独立的审核。

5. Carla Farah的经理告诉她要削减成本。Carla决定将工厂财产保险的可抵扣额由＄5 000增加到

$10 000。这意味着财产保险费用减掉了一半。在相关的变动中，她认为给工厂的员工投忠诚险是在浪费钱财，因为工厂从来没有发生过员工偷窃造成的损失。Carla 通过取消忠诚险节省了费用。

拓展题

BTN 8－3　Harriet Knox，Ralph Patron 和 Marcia Diamond 为私人执业的家庭医生 Gwen Conrad 工作。Conrad 医生在办公室管理方面有丰富的经验，并将现金收入相关职责划分如下。Knox 负责查看支票，准备了一式三份的收款单，她将其中一份交给 Patron。Patron 是一名出纳，负责每天将收入存到银行。Diamond 是记录保管员，会收到收款单的副本，然后将款项存入病人的账户。办公室职员大约一个月吃一顿昂贵的午餐，他们的操作如下。首先，Patron 以 Conrad 医生的名义签收病人的支票，并在银行兑现。随后 Knox 将支票上的汇款通知单销毁。最后，Diamond 借记杂项费用将账单记到客户的账户上。这三名工作人员之所以这么做，是因为他们的工资较低，而且他们相信 Conrad 医生可能永远不会知道这笔钱。

要求：

1. 在 Conrad 医生的办公室里，谁是核对银行对账单的最佳人选？
2. 银行余额调节表能揭露这一办公室舞弊行为吗？
3. 识别这类舞弊行为有哪些程序？
4. 针对 Conrad 医生可以实施哪些其他的内部控制提出建议。

全球视角

下面讨论在美国公认会计原则和国际财务报告准则下，内部控制、现金的记账和披露方式的相似和不同之处。

内部控制的目标、原则和程序　美国公认会计原则和国际财务报告准则都致力于高质量财务报表的形成，内部控制的目标和原则在全世界范围内基本相似，然而，各地的文化和现实情况造成了控制程序的不同。以下是诺基亚公司对其控制系统的描述：

> 通过检验和评价公司内部控制系统的充分性和有效性，诺基亚的内部审计能够起到独立评价的作用。

现金控制　美国公认会计原则和国际财务报告准则对现金的会计定义是相似的。从世界范围来看，企业普遍存在对现金控制的需求，这意味着几乎所有的公司都希望通过本章中讲述的现金管理程序来控制现金收入和现金支出。常用的现金处理工具有现金监管机制、原始凭证的核对、零用现金的处理等。本章介绍的基本技术是现金控制过程的一部分。

通过银行业务进行控制　全世界企业都需要银行服务、银行对账单和银行余额调节表。在可行的情况下，公司将银行服务作为控制过程的有效组成部分。银行对账单与银行余额调节表也可以用于现金的控制与监管。

国际财务报告准则

内部控制对从遵守美国公认会计原则转变到遵守国际财务报告准则的企业来说十分重要。在转变的过程中，企业面临的风险主要包括财务信息的虚假报告与会计欺诈行为。也可能存在缺乏关于该转变对投资者、债权人以及其他利益相关者的影响的有效沟通，以及管理层没有能力保证财务报表控制的有效性等风险。

选择题答案

1. e；分录如下：

借：费用（资产）	420
现金损溢	5
贷：现金	425

2. a；确认银行应收票据的现金收回。

3. a；银行余额调节表如下：

银行余额调节表
11 月 30 日

银行对账单余额	$ 1 895	企业账面余额	$ 1 742
加：在途存款	795	加：收回的票据减费用	320
减：未兑现支票	(638)	减：服务费	(10)
调整后余额	$ 2 052	调整后余额	$ 2 052

第 9 章

应收款项的会计核算

本章预览

应收账款	直接核销法	备抵法	坏账的估计	应收票据
C1 赊销 商店信用卡销售 银行信用卡销售 分期付款销售	P1 记录坏账 坏账转回 何时使用直接核销法	P2 记录坏账费用 核销坏账 坏账收回	P3 赊销百分比法 应收账款法 应收账款账龄分析法	C2 到期日和利息 票据的记录 出售和抵押
NTK 9-1	NTK 9-2	NTK 9-3	NTK 9-4	NTK 9-5

学习目标

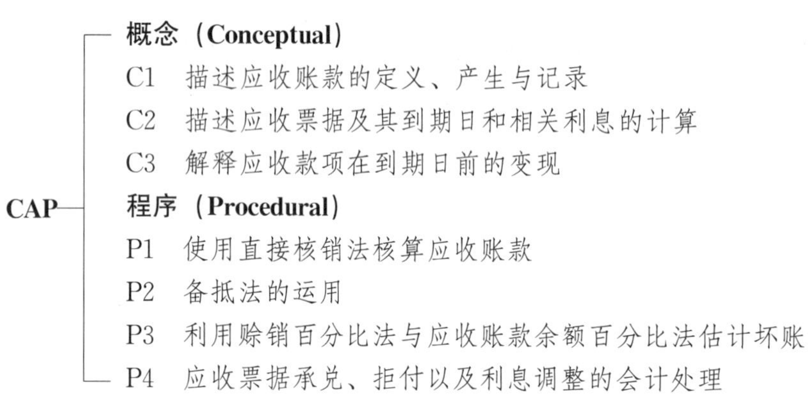

9.1 应收账款

应收款项是指应向另一方收取的款项。应收账款和应收票据是两种最常见的应收款项。其他的应收款项还包括：应收利息、应收租金、应收退税款和对员工的应收款。**应收账款**（accounts receivable）是指由赊销所带来的客户欠企业的债务。本节首先介绍应收账款的产生。当客户使用第三方发行的信用卡支付以及企业直接授予客户信用额度时，都会产生应收账款。

图表 9-1 给出了四家知名公司近期所持有的应收账款的金额及其在各自总资产中所占的比重。

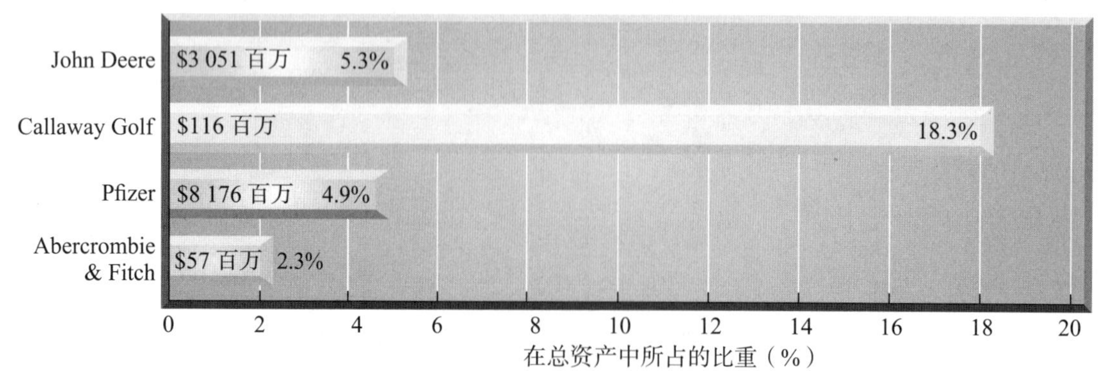

图表 9-1 四家公司的应收账款金额及其在总资产中所占比重

赊销

在记录赊销业务时，需要增加（借记）应收账款。企业必须为每一位客户都开设独立的应收账款账户以记录客户的赊销额、付款额和欠款额。在总分类账上只设一个应收账款账户（总账账户），我们把为每个客户开设单独的应收账款账户这种辅助记录称为应收账款明细账。

图表 9-2 以一家小型电子产品批发企业——TechCom 公司为例，说明了总分类账中的应收账款账户与应收账款明细分类账中单独的客户账户之间的关系。从图表 9-2 中可以看出，TechCom 公司在 6 月 30 日的应收账款余额为 $3 000。TechCom 公司有两大赊销客户：CompStore 和 RDA 电子产品公司。从 TechCom 公司的应收账款明细表中可以看出，公司总分类账中应收账款账户的余额 $3 000 等于应收账款明细账中两大客户账户余额之和。

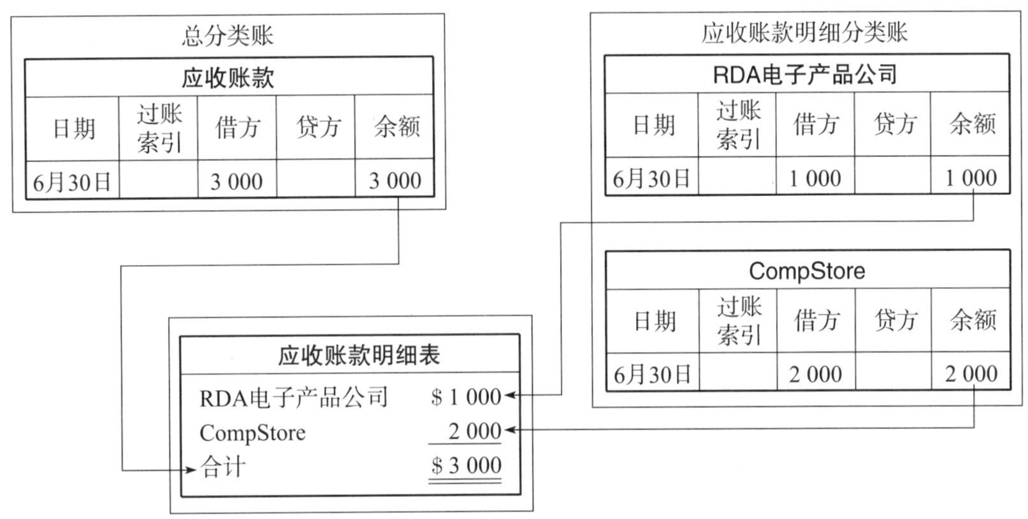

图表 9-2　（登记 7 月 1 日交易前的）总分类账与应收账款明细分类账

为了弄清楚在会计记录中如何确认赊销产生的应收账款，我们来看两笔 7 月 1 日 TechCom 公司与其赊销客户进行的交易（见图表 9-3）。第一笔交易是赊销价值 $950 的商品给 CompStore。第二笔交易是从 RDA 电子产品公司收回以往的赊销货款 $720。

图表 9-3　应收账款交易

				资产	负债	所有者权益
7月1日	借：应收账款——CompStore	950		资产＝负债＋所有者权益		
	贷：销售收入		950	+950		+950
	（记录赊销收入。*）					
7月1日	借：现金	720		资产＝负债＋所有者权益		
	贷：应收账款——RDA 电子产品公司		720	+720		
	（记录赊销货款的收回。）			−720		

* 为了突出销售收入和应收账款，我们省略了借记销售成本、贷记库存商品的分录。

图表 9-4 给出了记录完 7 月 1 日的上述两笔交易后 TechCom 公司的总分类账和应收账款明细分类账。从总分类账可以看出，记录完赊销和收款业务后，应收账款账户的最终余额为 $3 230。从明细分类账中，我们同样可以看出上述两笔交易对各客户账户的影响：RDA 电子产品公司的账户余额为 $280，CompStore 的账户余额为 $2 950。两者合计为 $3 230，正好等于总分类账中应收账款账户的借方余额。

商店信用卡销售额

像 TechCom 公司一样，许多大型的零售企业如 Home Depot 也从事赊销业务。通过使用信用卡，它们授予经过批准的客户适当的信用额度，并且到期收取余额的利息。在这种情况下，相关交易的分录与 TechCom 公司编制的相类似，只是可能多了利息收入的计算及确认。

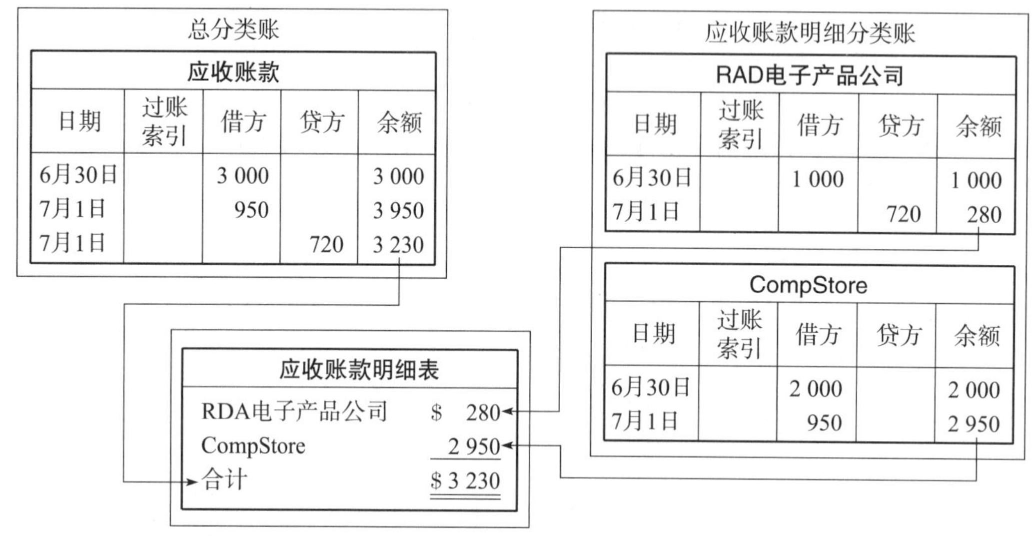

图表 9-4 （登记完 7 月 1 日交易后的）总分类账与应收账款明细分类账

11 月 1 日	借：应收账款	1 000	
	贷：销售收入		1 000
	（在商店信用卡上记录销售额。）		
12 月 31 日	借：应收账款	15	
	贷：利息收入		15
	（逾期商店卡销售所得利息为 1.5%。）		

银行信用卡销售

很多企业都允许客户使用第三方发行的信用卡（例如，维萨卡、万事达卡、美国运通卡等）或借记卡进行付款。销售商不直接赊销给客户，而是允许客户使用第三方发行的信用卡或借记卡，销售商之所以这样做主要是基于以下几个原因：第一，销售商不必考虑哪些客户可以使用信用卡以及信用额度有多高。第二，销售商可以避免客户不还款的风险。这一风险被转嫁给了信用卡公司。第三，一般来说，销售商向信用卡发行公司或发卡银行收款的速度要比直接给予顾客信用额度收款的速度快得多。第四，为客户提供多种信用方式可以刺激销售。

发卡公司会根据刷卡销售额的一定比率（约 1%～5%）向销售企业收取手续费。这笔费用使卖方收到的现金减少了。例如，假设 TechCom 公司有一笔信用卡销售业务，交易金额为 $100，发卡公司按信用卡销售额的 4%收取手续费。如果在将销货收据副本存入银行时立即就能收到货款，那么公司需要编制如下分录：

7 月 15 日	借：现金	96	资产＝负债＋所有者权益	
	信用卡费用	4	＋96	＋100
	贷：销售收入	100		－4
	（记录信用卡销售收入及 4%的信用卡手续费。*）			

* 为了突出信用卡费用，我们省略了借记销售成本、贷记库存商品的分录。

有些企业将信用卡费用作为获取销售净额的销售折扣列示在利润表中，有些企业将信用卡费用列入销售费用甚至是管理费用中。上述两种做法都有其理论基础，但无论采用哪种方法，或多或少都有一些争议。在这本书中，我们将信用卡费用归类为销售费用。

决策洞察力　**借记卡 vs 信用卡**

买方使用借记卡购买会减少买方在发卡公司（通常是银行）的现金账户余额。由于买方的现金账户余额是发卡公司对买方的负债（有贷记余额），因此买方购买卡时，发卡公司会借记该账户，即“借记卡”一词的由来。信用卡反映信用卡公司授权买方使用预设的利率和支付条款，即“信用卡”一词的由来。如果买方每月支付其余额，大多数信用卡公司会免除利息费用。

分期付款销售

很多企业都允许客户采用在几个月内分期付款的方式进行交易。例如 Harley-Davidson 持有 20 亿美元以上的分期应收款。销售企业将信用卡销售业务中客户所拖欠的需要在较长时间内分期偿还的款项称为应收分期账款。这些应收账款大多需要支付利息，它们可以是流动资产，也可以是非流动资产，具体取决于偿还期限。

决策制定者　**企业家**

假设你是一家小型零售企业的负责人，原来你们只接受使用现金或支票交易，目前正在考虑是否允许顾客使用信用卡进行交易。试问你会以何种方式分析是否决定接受信用卡消费？

答案：此分析必须权衡收益与成本。主要好处是，通过吸引喜欢信用卡便利性的客户来增加销售额。主要费用是信用卡公司收取的费用。我们必须估计允许使用信用卡的预期销售额增长，然后减去正常成本和支出以及与预期销售额增长相关的信用卡费用。如果分析显示利润增加，则商店应该接受信用卡。

NTK 9－1

小型零售商允许客户在购买时使用两种不同的信用卡。AA 银行卡对信用卡销售收取 5%的服务费。维萨卡对使用该卡的销售收取 3%的费用。这家零售商也有自己的商店信用卡。截至 1 月 31 日，这家零售商通过自己的卡获得的净利息收入为 $75。编制日记账分录，以记录零售商的以下信用卡交易（零售商使用永续盘存制记录销售额）。

1 月 2 日　以 $1 000（成本 $600）出售商品，并接受客户的 AA 银行卡。

6 日　以 $400（成本 $300）出售商品，并接受客户的维萨卡。

31 日　确认 1 月份商店信用卡赚取的 $75 利息收入。

答案：

日期	摘要	借方	贷方
1 月 2 日	借：现金	950	
	信用卡费用*	50	
	贷：销售收入		1 000
	（记录信用卡销售减去 5%的费用。） * $1 000×0.05		
1 月 2 日	借：销售成本	600	
	贷：库存商品		600
	（记录销售成本。）		

1月6日	借：现金	388	
	信用卡费用*	12	
	贷：销售收入		400
	（记录信用卡销售减去3%的费用。） * $400×0.03		
1月6日	借：销售成本	300	
	贷：库存商品		300
	（记录销售成本。）		
1月31日	借：应收账款	75	
	贷：利息收入		75
	（记录从商店信用卡赚取的利息。）		

9.2 直接核销法

企业在直接授予客户信用额度时，就已经预料到某些客户可能不会如约付款。通常把这些无法收回的账款称为**坏账**（bad debts）。坏账的合计额即为赊销费用。既然预料到有可能会产生坏账，企业为什么还愿意进行赊销呢？这是因为企业相信赊销可以增加销售额，而且赊销带来的净收益足以抵销坏账费用。企业一般采用以下两种方法记录坏账：（1）直接核销法；（2）备抵法。我们将分别介绍这两种方法。

记录并核销坏账

使用**直接核销法**（direct write-off method）处理坏账是指当应收账款确定无法收回时，直接将其列为坏账损失。直接核销法不需要费劲地去估计坏账费用。例如，假设TechCom公司在1月23日确定其客户J. Kent所欠的$520账款已无法收回，此时，可以使用直接核销法编制如下分录确认损失：

				资产	=负债+所有者权益
1月23日	借：坏账费用	520			
	贷：应收账款——J. Kent		520	−520	−520
	（核销坏账。）				

在该分录中，直接将坏账额借记本期的坏账费用，贷记总分类账中的应收账款账户（及其应收账款明细分类账账户）。

坏账转回

有时，在企业核销账款确认坏账费用后，因企业持续的催款或客户的财务能力好转，客户又偿还了之前所欠的款项。延续上例，假设在TechCom公司核销掉J. Kent的应收账款后，J. Kent在3月11日全额偿还了所欠的款项。此时，需要编制下面两笔分录记录这笔重新收回的坏账：

				资产	=负债+所有者权益
3月11日	借：应收账款——J. Kent	520			
	贷：坏账费用		520	+520	+520
	（恢复以前核销掉的应收账款。）				
3月11日	借：现金	520		资产=负债+所有者权益	
	贷：应收账款——J. Kent		520	+520	
	（记录收回全部欠款。）			−520	

评估直接核销法

许多上市公司和成千上万家私营公司使用直接核销法，使用直接核销法的公司包括：Rand Medical Billing，Gateway Distributors，First Industrial Realty，New Frontier Energy，Globalink，Solar3D 和 Sub Surface Waste Management。Pharma-Bio 服务公司的下面这段话充分代表了对该方法的典型评价："采用直接核销法，只有当某一特定账户确定无法收回时，坏账费用才发生。使用该方法所产生的影响与备抵法相近。"在决定是否使用直接核销法时，企业至少需要权衡以下两项会计原则：(1) 费用确认原则；(2) 重要性原则。

费用确认原则在坏账处理中的应用　费用确认原则 (expense recognition principle) 要求在同一会计期间确认收入和为产生这些收入而发生的费用。具体到坏账处理上，也就是说，如果赊销可以带来销售收入，那么就应该在确认销售收入的同时，确认因赊销产生的坏账费用，并把它们列示在同一时期的财务报表中。直接核销法无法很好地实现销售收入和费用的配比，因为在直接核销法下，通常需要等到确定账款无法收回时才能记录坏账费用，也就是说，确认坏账费用的时间往往晚于赊销发生的时间。

重要性原则在坏账处理中的应用　重要性原则 (materiality constraint) 规定，数额不大、即便列示在财务报表上也不足以影响报表使用者的业务决策的交易额，可以忽略不计。当其结果与使用备抵法的结果类似时，重要性原则允许使用直接核销法。

NTK 9-2

零售商在记录无法收回的账户时采用直接核销法。编制日记账分录以记录以下交易。

2 月 14 日　零售商确定无法从名为 ZZZ 公司的客户处收取 $400 的应收账款。

4 月 1 日　ZZZ 公司出人意料地向零售商全额支付，零售商随后记录了此次坏账的回收情况。

答案：

日期	摘要	借方	贷方
2 月 14 日	借：坏账费用	400	
	贷：应收账款——ZZZ 公司		400
	(注销账户。)		
4 月 1 日	借：应收账款——ZZZ 公司	400	
	贷：坏账费用		400
	(恢复以前注销的账户。)		
4 月 1 日	借：现金	400	
	贷：应收账款——ZZZ 公司		400
	(记录账户收到的现金。)		

9.3 备抵法

使用**备抵法** (allowance method) 处理坏账是指先估计因无法收回账款所带来的坏账损失，再将其与相关销售收入相匹配。赊销业务发生时，管理部门并不知道将来哪些客户会欠账不还，因此需要估计坏账损失。也就是说，如果使用备抵法处理坏账，那么每个会计期末都要估计本期的销售收入可能带来的坏账

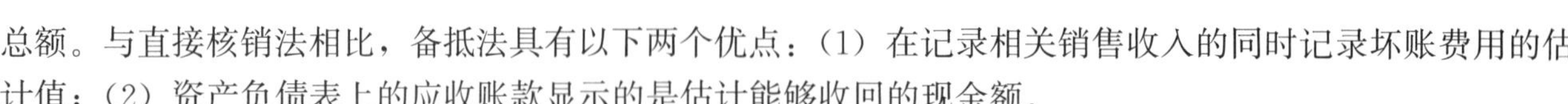

总额。与直接核销法相比，备抵法具有以下两个优点：(1) 在记录相关销售收入的同时记录坏账费用的估计值；(2) 资产负债表上的应收账款显示的是估计能够收回的现金额。

记录坏账费用

使用备抵法处理坏账时，要在每个会计期末估计坏账费用，然后编制调整分录。假设在第一年的经营过程中，TechCom 公司产生了＄30 万的赊销收入，第一年年末，公司仍有＄20 万的赊销收入尚未收回。根据类似企业的经验，TechCom 公司估计会有＄1 500 的账款无法收回。因此 TechCom 公司将编制下面的调整分录来记录坏账费用的估计额。

日期	摘要	借方	贷方	资产	＝负债＋	所有者权益
12 月 31 日	借：坏账费用	1 500				
	贷：坏账准备		1 500	−1 500		−1 500
	(记录坏账费用估计额。)					

我们要将＄1 500 的坏账费用估计额（作为销售费用或管理费用）列示在利润表中。**坏账准备**（allowance for doubtful accounts）账户是一个资产备抵账户。我们使用资产备抵账户，而不是直接减少应收账款，这是因为在编制调整分录时，企业还不知道哪些客户会欠账不还。图表 9－5 给出了在将坏账调整分录过完账之后，TechCom 公司的应收账款账户和坏账准备账户的余额（我们使用的是 T 型账户）。

图表 9－5　坏账调整分录过账后总分类账中各账户的余额

应收账款				坏账准备			
12 月 31 日	20 000					12 月 31 日	1 500

坏账准备的贷方余额为＄1 500，我们可以用它将应收账款抵销成其预计**可变现价值**（realizable value），即预期收到的数额。尽管赊销客户欠 TechCom 公司＄20 万，但据估计，公司只能收回其中的＄18.5 万。如图表 9－6 所示，在资产负债表中，我们要将坏账准备从应收账款中扣除。

图表 9－6　坏账准备在资产负债表中的披露（一）

流动资产		
应收账款	＄20 000	
减：坏账准备	1 500	＄18 500

有时，也可以不单独列示坏账准备。图表 9－7 给出了坏账准备的另外一种披露方法（见书后附录）。

图表 9－7　坏账准备在资产负债表中的披露（二）

流动资产	
应收账款（扣除＄1 500 坏账准备后的余额）	＄18 500

坏账的核销

当确定某些款项无法收回时，要将它们从坏账准备中扣除。例如，假设 TechCom 公司确定无法收回 J. Kent ＄520 的欠款。此时，公司需要编制下面的会计分录来核销这笔欠款。

日期	摘要	借方	贷方	资产	＝负债＋	所有者权益
1 月 23 日	借：坏账准备	520				
	贷：应收账款——J. Kent		520	＋520		
	(核销坏账。)			−520		

将上述核销分录过入总分类账时，需要将坏账额贷记应收账款账户（另外，还要将该核销分录过入应

收账款明细分类账)。图表 9－8 给出了过完账之后，TechCom 公司的应收账款账户和坏账准备账户的余额（假设其他交易不会影响到这两个账户)。

图表 9－8　坏账调整分录过账后总分类账中各账户的余额

应收账款				坏账准备			
12 月 31 日	20 000					12 月 31 日	1 500
		1 月 23 日	520	1 月 23 日	520		

图 9－9 描述了坏账准备的使用方法，设置坏账准备以反映未来的核销——一些管理者认为，这就像打造一个饼干罐。也有管理者认为，通过核销来减少坏账准备，就像吃掉饼干罐里的饼干。

图表 9－9　核销坏账前后的可变现价值

	核销前	核销后
应收账款	$ 20 000	$ 19 480
减：坏账准备	1 500	980
应收账款可变现价值	$ 18 500	$ 18 500

坏账的收回

如果客户欠账不还，我们只好使用坏账费用核销其欠款，这时客户的信誉将会受损。有时，客户为了挽回其信誉，会主动偿还全部或部分欠款。如果企业在收回之前已经使用备抵法核销掉应收账款，就需要编制两笔会计分录。第一笔分录要将核销分录倒过来，恢复客户所欠的应收账款。第二笔分录则要记录客户欠款的收回。例如，假设 3 月 11 日，TechCom 公司收回了之前核销掉的 J. Kent 所欠的全部账款。此时，公司需要编制如下分录：

3 月 11 日	借：应收账款——J. Kent	520		资产＝负债＋所有者权益
	贷：坏账准备		520	＋520
	（恢复以前核销掉的应收账款。）			－520
3 月 11 日	借：现金	520		资产＝负债＋所有者权益
	贷：应收账款——J. Kent		520	＋520
	（记录收回全部欠款。）			－520

在上例中，J. Kent 还清了所有欠款，但有时客户只偿还了部分欠款。如果我们相信客户将来会还清所有的账款，那么就将核销掉的全部欠款都恢复成应收账款；如果预计以后客户不会再还款了，就只将客户偿还的那部分欠款恢复成应收账款。

NTK 9－3

一个零售商在处理坏账时采用备抵法，请编制日记账分录记录下列交易。

2016 年

12 月 31 日　该零售商估计其应收账款中有 $ 3 000 无法收回。

2017 年

2 月 14 日　该零售商确认无法从客户 ZZZ 公司处收回 $ 400 的应收账款。

4 月 1 日　ZZZ 公司出乎意料地将应收账款全额支付给了该零售商，然后该零售商记录了它收回坏账的情况。

答案：

2016年			
12月31日	借：坏账费用	3 000	
	贷：坏账准备		3 000
	（记录预估坏账。）		
2017年			
2月14日	借：坏账准备	400	
	贷：应收账款——ZZZ公司		400
	（冲销账目。）		
4月1日	借：应收账款——ZZZ公司	400	
	贷：坏账准备		400
	（恢复先前冲销的账目。）		
4月1日	借：现金	400	
	贷：应收账款——ZZZ公司		400
	（记录收到的现金。）		

9.4 坏账的估计

备抵法要求企业估计其坏账费用以便在期末时编制调整分录。我们常用的估计坏账的方法主要有两种：一种是根据利润表中坏账费用与销售收入之间的关系进行估计；另一种是根据资产负债表中应收账款和坏账准备之间的关系进行估计。

□ 赊销百分比法

赊销百分比法也叫作利润表法。这种做法的依据是企业认为其一定时期的赊销收入中有一定的比例是无法收回的。例如，假设Musicland公司2017年的赊销额为＄40万。基于过去的经验，估计有0.6%的赊销款将无法收回。也就是说，据估计，在公司＄40万的赊销收入中，有＄2 400(400 000×0.006）可能会成为坏账费用。因此，公司需要编制下面的会计分录记录坏账费用的估计额：

				资产＝负债＋所有者权益	
12月31日*	借：坏账费用	2 400			
	贷：坏账准备		2 400	−2 400	−2 400
	（记录坏账费用的估计额。）				

*上述调整分录适用我们的三步调整分录流程：
第1步：坏账费用的当前借方余额为＄0（因为费用账户在上期结清）。
第2步：坏账费用的当前借方余额应为＄2 400。
第3步：记录从第1步到第2步的分录。

使用这种方法，资产负债表上坏账准备账户的期末余额只有在极少数情况下才会等于利润表上坏账费用账户的余额。这是因为除非企业是刚开始营业，否则只有当之前核销掉的坏账额刚好等于之前的坏账费用估计额时，坏账准备账户的余额才可能为零。（当企业根据其销售收入的一定百分比计算坏账费用时，管理人员可以对该比率进行监控和调整，以免该比率过高或过低。）

□ 应收账款余额百分比法

应收账款余额百分比法也叫资产负债表法，是根据资产负债表中各项目之间的关系，主要是应收账款和坏账准备之间的关系，来估计坏账的一种方法。使用这一方法编制坏账调整分录的目的是使坏账准备余额等于坏账费用估计额。可以使用两种方法估计坏账准备：一种是计算坏账在全部应收账款余额中所占的比率；另一种是使用应收账款账龄分析法。

应收账款余额百分比法假设企业有一定比率的应收款项无法收回。这个比率是根据企业以往的经验计算出来的，同时会受经济趋势和客户财务状况等因素的影响。我们用企业的应收款项总额乘以该比率就可以得出坏账估计额，该数额即为资产负债表上填列的坏账准备余额。

让我们举个例子来看一看。假设，2017 年 12 月 31 日，Musicland 公司的应收账款余额为＄5 万，根据公司以往的经验估计，大概有 5%的应收账款可能无法收回。因此，在将调整分录过完账以后，公司坏账准备账户应该有＄2 500 的贷方余额。坏账准备账户的期初余额为＄2 200——2016 年 12 月 31 日应收账款＄44 000 的 5%。

图表 9－10　坏账调整分录入账后的坏账准备账户

说明	坏账准备（借方）		坏账准备（贷方）		说明
			2016年12月31日的余额	2 200	← 上年度坏账估计额
本年度核销额 →	2月6日	800			
	7月10日	700			
	11月20日	500			
			调整前的余额	200	
			12月31日的调整额	2 300	← 调整分录
			2017年12月31日的余额	2 500	← 本年度坏账估计额

另外，2017 年 2 月 6 日、7 月 10 日和 11 月 20 日，公司核销过客户的应收账款。因此，2017 年 12 月31 日，坏账准备账户调整前的贷方余额为＄200。2017 年 12 月 31 日，公司需要编制如下分录将坏账准备账户的余额调整为先前的估计额＄2 500。

12月31日*	借：坏账费用	2 300	
	贷：坏账准备		2 300
	（记录坏账估计额。）		

*上述调整分录适用我们的三步调整分录流程：
第1步：坏账准备账户的当前贷方余额为＄200。
第2步：坏账准备账户的当前贷方余额应为＄2 500。
第3步：记录从第1步到第2步的分录。

决策洞察力

与葡萄酒不同，应收账款不会随着时间而升值。应收款到期时间越长，收回该款的可能性就越小，过去使用这些知识来估计坏账。右图来自一项调查，该调查报告了应收款坏账的估计值，按逾期时间分组。每家公司都根据客户及其对这些客户的支付模式的了解来设置自己对坏账的估计值。

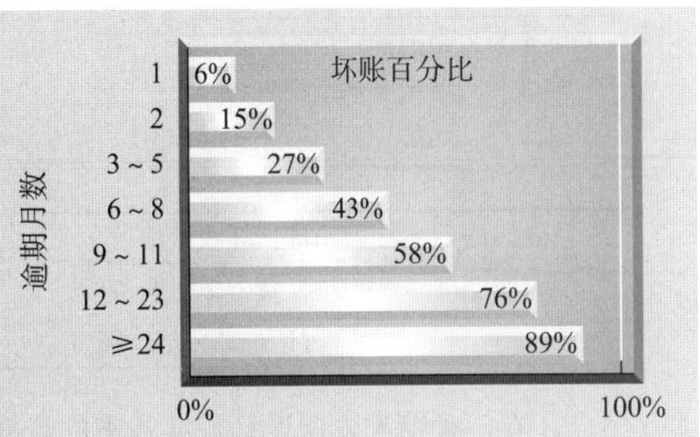

□ 应收账款账龄分析法

应收账款账龄分析法（aging of accounts receivable）使用过去和现在的应收账款信息来估计坏账准备的数额。具体来讲，首先要按照每一笔应收账款逾期时间的长短将其分组；然后，假设应收账款逾期时间越长，收回的可能性就越小，并根据这种假设估计坏账额。分组时，通常以30天为一个基本单位。分完组以后，根据以往的经验估计每一组的坏账损失率，然后用各组的估计坏账损失率乘以各组应收账款总额，计算出各组的坏账估计额后将其加总，计算出总的坏账估计额。可以通过建立一个类似于图表9-11的明细表来完成上述计算过程。

在图表9-11中，我们列出了每个客户的欠款额，并按逾期天数将其划分成5组。紧接着，计算出每组的应收账款合计额，并用它们乘以各组的估计坏账损失率，从而计算出各组的坏账估计额。要定期评估这些估计坏账损失率，以反映企业财务状况和经济环境的变化。

图表9-11 应收账款账龄分析

Musicland公司
应收账款账龄明细表
2017年12月31日

客户	总额	未到期	逾期1~30天	逾期31~60天	逾期61~90天	逾期90天以上
Carlie Abbott	$ 5 890	$ 5 890				
Jamie Allen	710			$ 710		
Chavez Andres	10 500	10 300	$ 200			
Balicia公司	2 800				$ 1 900	$ 900
Texas Rawhide	9 100		6 110	2 990		
Zamora服务公司	21 000	20 810	190			
应收账款总额	$ 50 000	$ 37 000	$ 6 500	$ 3 700	$ 1 900	$ 900
估计坏账损失率		×2%	×5%	×10%	×25%	×40%
坏账估计额	$ 2 270	$ 740	$ 325	$ 370	$ 475	$ 360

根据逾期时间的长短把应收账款分组

用每个账龄组的估计坏账损失率乘以各组的应收账款总额

将各组坏账估计额加总

具体来讲，Musicland公司有逾期31～60天的应收账款$3 700，其估计坏账损失率为10%，故该账龄组的坏账估计额为$370（3 700×10%）。对其他四个账龄组也采用同样的分析方法。如图表9-11所示，最后计算出坏账估计额为$2 270（740+325+370+475+360）。图表9-12显示，坏账准备账户调整前的余额为$200，因此，需要调整的坏账准备额为$2 070。所以，期末时，需要编制如下调整分录：

图表9-12 使用应收账款账龄分析法计算坏账准备的调整额

第1步：当前账户余额等于	调整前余额	$200（贷方余额）
第2步：确定账户余额应为	估计余额	2 270（贷方余额）
第3步：从第1步到第2步的调整	应调整额	$2 070（贷方余额）

				资产＝负债＋所有者权益
12月31日	借：坏账费用	2 070		
	贷：坏账准备		2 070	−2 070　　−2 070
	（记录坏账估计额。）			

还有一种情况，假设坏账准备账户调整前有$500的借方余额（而不是$200的贷方余额），那么其调整额计算过程如下：

第1步：当前账户余额等于	调整前余额	$ 500（借方余额）
第2步：确定账户余额应为	估计余额	2 270（贷方余额）
第3步：从第1步到第2步的调整	应调整额	$2 770（贷方余额）

调整分录中的金额　　本年度坏账估计额

该例中，我们应编制如下调整分录：

日期	科目	金额	资产＝负债＋所有者权益	
12月31日	借：坏账费用	2 770		
	贷：坏账准备	2 770	−2 770	−2 770
	（记录坏账估计额。）			

应收账款账龄分析法详细分析了各种应收账款，它通常是最可靠的一种坏账估计方法。

坏账估计方法小结

图表 9－13 概括了这三种坏账估计方法的指导原则和分析重点。以利润表为基础的赊销百分比法能够很好地实现坏账费用和销售收入的配比；而以资产负债表为基础的应收账款法则能更好地反映应收账款的可变现价值。

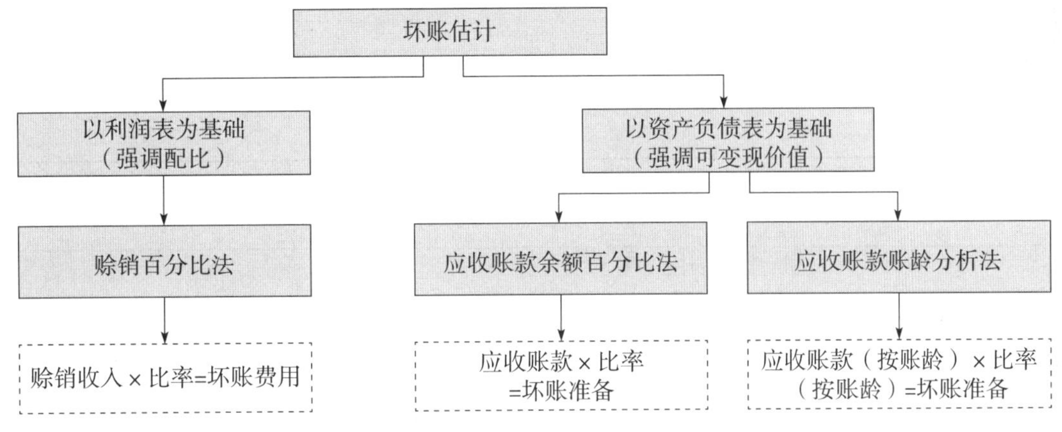

图表 9－13　估计坏账的方法

决策制定者

工会主席

公司先前估计的收益增长率为 10%，但劳资谈判前一星期所公布的财务报表显示，本期收益并没有增长。不过在进行分析后发现，公司本期的坏账准备率从原先的 1.5%提高到了 4.5%。如果没有上述改变，收益将增加 9%。这些发现会影响你的谈判吗？

答案：是的，这个信息可能会影响谈判。显而易见的问题是，为什么公司大幅增加这项坏账准备。这意味着坏账支出的大幅增加和收益的减少。这种变化（在劳资谈判之前）也引起了人们的关注，因为它降低了员工的议价能力。我们想要求管理层提供能证明这种增加的合理性的文件。我们还希望获得前两三年的数据和竞争对手的数据。这些数据可以让我们了解坏账准备的变化是否合理。

NTK 9－4

在截至 12 月 31 日的年度中，一家公司使用备抵法估算坏账。

1. 它进行了以下应收账款账龄分析：(a) 使用应收账款账龄分析法估计坏账准备余额；(b) 使用 (a) 的估计数编制记录坏账费用的调整分录。假设坏账准备的调整前余额为借方＄10。

	总额	逾期天数				
		0	1～30天	31～60天	61～90天	超过90天
应收账款	＄2 600	＄2 000	＄300	＄80	＄100	＄120
坏账百分比		1%	2%	5%	7%	10%

2. 请参阅第1题的数据。(a) 假设公司使用应收账款总额的2%来估计坏账，而不是采用应收账款账龄分析法，以估计坏账准备账户余额。(b) 使用 (a) 的估计数，编制记录坏账费用的调整分录。假设坏账准备账户的调整前余额为贷方＄4。

3. 请参阅第1题的数据。(a) 假设公司使用年度赊销额的0.5%（年赊销额为＄10 000）估计坏账。(b) 使用 (a) 的估计数编制调整分录以记录坏账费用。假设坏账准备账户的余额为贷方＄4。

答案：

1a. 计算坏账准备：

未到期：	＄2 000×0.01＝	＄20
逾期1～30天：	300×0.02＝	6
逾期31～60天：	80×0.05＝	4
逾期61～90天：	100×0.07＝	7
逾期90天以上：	120×0.10＝	12
		＄49（贷方）

1b.

12月31日	借：坏账费用	59	
	贷：坏账准备		59
	（记录坏账估计额。*）		

第1步：当前账户余额等于	*调整前余额	＄10（借方）
第2步：确定账户余额应为	估计余额	49（贷方）
第3步：从第1步到第2步的调整	应调整额	＄59（贷方）

2a. 计算坏账准备：

2 600×0.02＝＄52（贷方）

2b.

12月31日	借：坏账费用	48	
	贷：坏账准备		48
	（记录坏账估计额。*）		

第1步：当前账户余额等于	*调整前余额	＄4（贷方）
第2步：确定账户余额应为	估计余额	52（贷方）
第3步：从第1步到第2步的调整	应调整额	＄48（贷方）

3a. 计算坏账准备：

10 000×0.005＝＄50（贷方）

3b.

12月31日	借：坏账费用	50	
	贷：坏账准备		50
	（记录坏账估计额。）		

9.5 应收票据

票据（或期票）（promissory note）是一种书面承诺，它承诺在票据持有人要求支付时或在未来具体的某个日期支付一笔金额确定的款项，通常还需要支付利息。我们在很多交易中都会用到票据，例如购买产品或服务、贷款或借款等。有时，如果客户要求延期支付账款，卖方通常会要求客户签发票据来代替应收账款。从法律的角度考虑，如果信用期较长或应收款项数额较大，卖方通常会选择让客户签发票据。因为一旦因收款问题发生诉讼，票据可以充当买方承认自己欠债金额和期限的书面证据。

图表 9-14 是一张于 2017 年 7 月 10 日签发的简单票据。在这张票据上，Julia Browne 承诺在未来某个确定的日期（2017 年 10 月 8 日）支付具体的金额（我们将这个金额称为**票据本金**（principal of a note），这里是 $1 000）给 TechCom 公司或其指定人。Browne 是**出票人**（maker of the note），即签发票据并承诺于到期日付款的人。TechCom 公司是**票据收款人**（payee of the note），即票据的支付对象。对 Browne 而言，这张票据是她的负债，故 Browne 把它称为应付票据；但对于 TechCom 公司而言，这张票据是公司的一项资产，故 TechCom 公司把它称为应收票据。这张票据附有利息，上面印有利率为 12%。**利息**（interest）是使用该款项至到期日的费用，对借款人来说，利息属于费用，而对放款人来说则是一种收入。

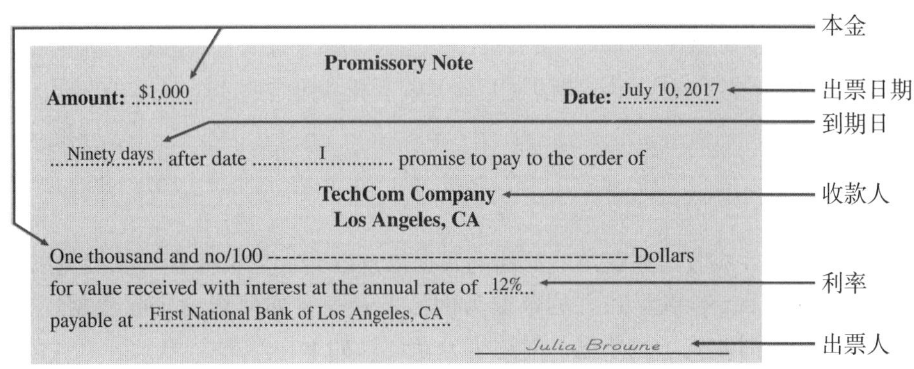

图表 9-14　票据

到期日和利息的计算

本部分主要介绍与票据有关的计算，包括计算到期日、有效期及利息。

到期日和有效期

期票到期日（maturity date of a note）是指出票人必须偿还票据本金及利息的日期。票据的有效期是指出票日至到期日的这段时间。通常票据的有效期不会超过一年，且多是以天数计算的。当票据的有效期以天数表示时，票据到期日就是出票日后具体多少天。例如，假设票据的出票日为 6 月 15 日，有效期为 5 天，则票据到期日就是 6 月 20 日。假设出票日是 7 月 10 日，票据有效期为 90 天，则票据到期日就是 10 月 8 日。图表 9-15 给出了上述计算过程。有时票据的有效期会以月份或年来表示。如果以月份表示，到期日就是到期月份出票日的同一天。例如，假设票据的出票日为 7 月 10 日，有效期为 9 个月，则到期日为来年的 4 月 10 日。如果票据的有效期以年来表示，情况与此类似。

图表 9-15　到期日的计算

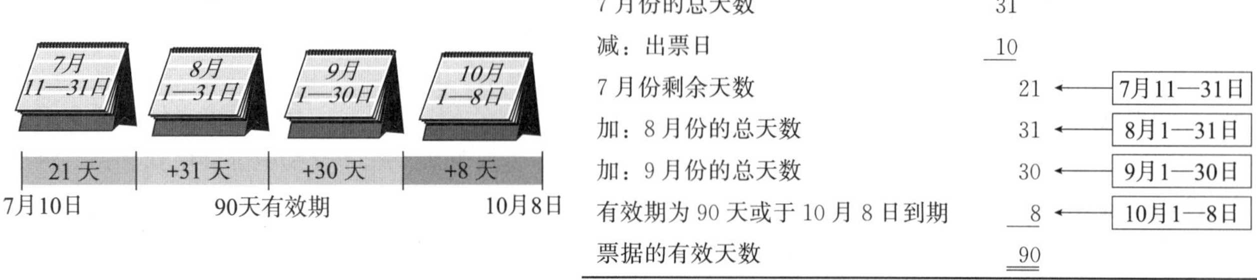

7 月份的总天数	31	
减：出票日	10	
7 月份剩余天数	21	7月11—31日
加：8 月份的总天数	31	8月1—31日
加：9 月份的总天数	30	9月1—30日
有效期为 90 天或于 10 月 8 日到期	8	10月1—8日
票据的有效天数	90	

利息的计算

利息对借款人来说是借钱的成本，对放款人来说是把钱借给别人获得的收益。除非有额外的说明，否则票据上的利率都是以年利率来表示的。图表 9-16 给出了计算票据利息的公式。

票据本金×年利率×换算成以年度为单位的票据有效期＝利息

图表 9-16　利息计算公式

为了便于计算利息，通常规定一年有 360 天（我们把这种做法称为银行业惯例）。在下面的例题以及课后练习中，均以一年为 360 天来计算利息。以图表 9-14 中的票据为例，其有效期为 90 天，利率为 12%，本金为＄1 000，所以利息计算如下：

＄1 000×12%×(90/360)＝＄1 000×0.12×0.25＝＄30

□ 确认应收票据

应收票据经常单独记入应收票据账户。原始的票据信息以会计凭证保存。我们仍以图表 9-14 中本金为＄1 000、有效期为 90 天、利率为 12%的票据为例，来看一看如何记录应收票据。TechCom 公司在将产品销售给 Julia Browne 时收到了该票据。对这笔分录记录如下：

日期	科目	借方	贷方	资产	＝负债	＋所有者权益
7 月 10 日*	借：应收票据	1 000				
	贷：销售收入		1 000	＋1 000		＋1 000
	（销售产品后收到有效期为 90 天、利率为 12%的票据。）					

* 为了突出销售收入和应收款项，我们省略了借记销售成本、贷记库存商品的分录。

有时销售方会接受拖欠货款的客户出具的票据，给逾期未还的应收账款一定的宽限期，但通常销售方会要求客户先以现金偿还部分欠款。例如，假设 TechCom 公司同意以收取＄232 的现金和 60 天期、面额为＄600、利率为 15%的票据的方式来处理 Jo Cook 逾期未还的＄832 的欠款。TechCom 公司收到现金及应收票据时需要做如下会计分录：

日期	科目	借方	贷方	资产	＝负债	＋所有者权益
10 月 5 日	借：现金	232				
	应收票据	600		＋232		
	贷：应收账款——Jo Cook		832	＋600		
	（收到现金和票据，处理欠款。）			－832		

应收票据的计量和兑现

承兑票据的记录

出票人要在票据到期日支付应收票据的利息及本金。一般情况下，出票人需要承兑票据并全额付款。举例来说，在票据到期日 Jo Cook 支付完上述票据的本息以后，TechCom 公司应编制如下会计分录：

			资产＝负债＋所有者权益	
12 月 4 日	借：现金	615		
	贷：应收票据	600	＋615	＋15
	利息收入	15	－600	
	（收回票据及利息＄15（600×15％×60/360）。）			

要把利息收入列示在利润表中。

拒付票据的记录

我们把到期日出票人无力支付或拒绝支付的票据称为拒付票据。出票人并不能因为拒付而免除其付款义务。收款人应采取各种合法途径收取欠款。那么企业应如何记录拒付事件呢？应收票据账户的期末余额应该仅包括未到期的应收票据。因此，在应收票据遭到拒付时，应将发生额从应收票据账户转移至出票人的应收账款账户。为了说明这一点，假设 J. Cook 在票据到期时拒绝承兑该票据，TechCom 公司需要对该票据做如下会计处理：

			资产＝负债＋所有者权益	
12 月 4 日	借：应收账款——J. Cook	615		
	贷：利息收入	15	＋615	＋15
	应收票据	600	－600	
	（将 J. Cook 公司拒付的票据及相关利息（＄600×15％×60/360）记入对 J. Cook 公司的应收账款。）			

将拒付票据重新记入出票人的应收账款有两个目的：第一，将票据金额从应收票据账户转出，并将拒付票据记入出票人的应收账款账户。第二，更重要的是，如果将来拒付票据的出票人想要赊购，可以调出相关应收账款账户明细，查看以往信用交易的情形，包括是否有拒付票据事件发生，以正确判断是否授信。将拒付票据重新记入出票人的应收账款，还可以提醒企业继续向出票人索要票据本息。

期末利息调整的记录

如果期末账上仍有未收回的应收票据，那么就需要计算和记录应计利息收入。例如，假设 12 月 16 日，TechCom 公司答应给客户逾期未还的应收账款一定的宽限期，接受了客户出具的一张 60 天期、面值为＄3 000、利率为 12％的票据。等到 12 月 31 日会计期末时，TechCom 公司计算出该票据的应计利息收入为＄15（3 000×12％×15/360）。因此，TechCom 公司需要编制如下调整分录以记录这笔收入：

			资产＝负债＋所有者权益	
12 月 31 日	借：应收利息	15		
	贷：利息收入	15	＋15	＋15
	（记录应计利息收入。）			

利息收入应列入利润表，而应收利息则要作为一项流动资产列入资产负债表。第二年 2 月 14 日，TechCom 公司收到了上述 12 月 16 日客户出具的票据的本金及利息，为此，TechCom 公司需要编制如下分录记录其现金收入：

2月14日	借：现金	3 060	资产＝负债＋所有者权益	
	贷：利息收入	45	＋3 060	＋45
	应收利息	15	－15	
	应收票据	3 000	－3 000	
	（收到的票据本金和利息。）			

这张60天期的票据共产生利息＄60（3 000×12%×60/360）。其中＄15要在2月14日贷记应收利息，这表示公司已经收到了上一年12月31日编制的调整分录中所记录的利息收入。剩余＄45则是TechCom公司从1月1日至2月14日持有票据而赚取的利息。

NTK 9－5

a. AA公司于2016年12月16日从ZZ处购买＄1 400的商品。ZZ接受AA公司面值为＄1 400、90天期、利率为12%的票据作为付款。ZZ的会计期间于12月31日结束。编制2016年12月16日和2016年12月31日ZZ的会计分录（假定未编制转回分录）。

b. 如果AA公司拒付票据，使用a中的信息，编制ZZ 2017年3月16日的分录。

c. 如果AA公司承兑票据，则编制ZZ 2017年3月16日的分录。

d. 假设AA公司不承兑票据。3月31日，ZZ决定核销AA公司的应收账款。假定ZZ使用备抵法，编制该核销分录。

答案：

a.

12月16日	借：应收票据——AA	1 400	
	贷：销售收入		1 400
12月31日	借：应收利息	7	
	贷：利息收入（＄1 400×12%×15/360）		7

b.

3月16日	借：应收账款——AA	1 442	
	贷：利息收入（＄1 400×12%×75/360）		35
	应收利息		7
	应收票据——AA		1 400

c.

3月16日	借：现金	1 442	
	贷：利息收入		35
	应收利息		7
	应收票据——AA		1 400

d.

3月31日	借：坏账准备	1 442	
	贷：应收账款——AA		1 442

□ 应收款项的处置

企业可以在应收款项到期之前将其变现。原因有两个：一是企业可能急需现金；二是企业想省去收账的麻烦。应收款项提前变现的方式有两种：(1) 出售应收款项；(2) 抵押应收款项。

出售应收款项

企业可以出售全部或部分应收款项给银行或其他金融机构。我们把这些购买应收款项的商业银行或金融机构称为应收账款承购商。应收账款承购商在向出售应收款项的企业收取承购费后购买企业的应收款项，这样一来，应收款项的所有权就转移给了承购商。应收款项到期时，由承购商向欠款方收回现金。通过支付承购费，出售应收款项的企业可以提前收到现金，同时还可以将坏账风险转移给承购商。另外，企业还可以省去收账和核算应收款项的费用。例如，假设 TechCom 公司支付了 4%的承购费，售出其价值 $ 20 000 的应收款项。为此，TechCom 公司应编制如下分录：

8月15日	借：现金	19 200		资产＝负债＋所有者权益	
	承购费	800		+19 200	−800
	贷：应收账款		20 000	−20 000	
	(支付4%的承购费出售应收账款。)				

出售应收票据的会计处理与出售应收账款的会计处理类似。

抵押应收款项

企业可以通过抵押应收款项筹集资金。抵押应收款项并没有将坏账风险转移给贷款人，因为借款人仍拥有应收款项的所有权。如果借款人拖欠借款，贷款人有权以借款人先前抵押的应收款项收取现金以弥补欠款。例如，假设 TechCom 公司以其应收款项作为抵押借到了 $ 35 000。为此，TechCom 公司应编制如下分录：

8月20日	借：现金	35 000		资产＝负债＋所有者权益
	贷：应付票据		35 000	+35 000　+35 000
	(以应收款项作抵押，出具票据获取借款。)			

既然应收款项已经被借款人用来作为某项特定借款的抵押品，那么借款人的财务报表就有必要披露应收款项的抵押情况。例如，TechCom 公司的财务报表带有以下附注：公司用 $ 400 00 的应收账款作为抵押，通过出具应付票据的方式借到 $ 35 000。

决策制定者　　**分析师/审计师**

你正在检查公司的应收账款账户。在过去的5年中，备抵账户金额采用应收账款余额百分比法计算，并显示出下降趋势。这个发现意味着什么？

答案： 这种下降趋势表明，该公司每年都在减少坏账费用的相对金额，这可能反映了公司增加净收益的愿望。另一方面，也可能是因为应收账款回收情况有所改善，计提较低的坏账准备是合理的。但如果事实不是这样，较低的坏账准备可能不足以支付坏账。

可持续性与会计

ReGreen 公司通过帮助企业应用可持续解决方案来改善环境。ReGreen 的网站将其使命确定为："通过实施有利可图的能源解决方案来改善地球和经济。"

到目前为止，ReGreen 已经将其客户的能源消耗和水成本平均降低了 60%，在两年内为客户提供可持续投资保证的回报。"我们很高兴能够应对这些挑战，"联合创始人大卫・迪尤尔（David Duel）说。

大卫解释说，对可持续投资的两年回报保证要求公司使用可靠的会计系统。ReGreen 使用其会计系统跟踪资产投资和与这些资产相关的成本节约。此信息用于确保 ReGreen 实现其对两年回报的保证。如果没有这样的保证，企业可能不太愿意投资于可持续解决方案。

ReGreen 还使用会计数据来跟踪客户可持续发展计划的进展。ReGreen 审核客户的会计系统，以分析其能源和水的花费。大卫解释道，企业家可以利用这些数据来针对 ReGreen 的客户如何"显著节省能源成本"并减少对环境的影响提出建议。

NTK 9 - 6

2017 年，Clayco 公司完成了下列交易。

7 月 14 日　核销了 10 个月前赊销给 Briggs 公司时产生的 \$750 的应收账款（Clayco 公司使用备抵法）。

30 日　Clayco 公司销售给 Sumrell 公司一批商品，并收到了 Sumrell 公司出具的一张 90 天期、面值为 \$1 000、利率为 10%的票据（商品成本为 \$600）。

8 月 15 日　销售给 JT 公司一批价值 \$12 000 的商品（成本为 \$8 000），收到 \$2 000 现金和一张面值为 \$10 000 的票据。票据出票日期为 8 月 15 日，利率为 12%，有效期为 120 天。

11 月 1 日　完成信用卡销售 \$200，手续费为 4%（销售成本为 \$150），立即从信用卡公司那里收到了现金。

3 日　Sumrell 公司拒绝支付出具给 Clayco 公司的于 10 月 28 日到期的票据。编制日记账分录，将拒付票据及应计利息记入对 Sumrell 公司的应收账款。

5 日　完成信用卡销售 \$500，手续费为 5%（销售成本为 \$300），11 月 9 日收到了信用卡公司的付款。

15 日　收到了在 7 月 14 日已经核销掉的 Briggs 公司所欠的账款 \$750。编制分录记录坏账的收回。

12 月 13 日　收到 8 月 15 日 JT 公司出具的票据的本金和利息。

要求：

1. 试编制日记账分录记录 Clayco 公司的上述各笔交易。

2. 根据下列假设，编制 Clayco 公司 2017 年 12 月 31 日的调整分录。

a. 利用应收账款账龄分析法估计的坏账费用为 \$20 400。坏账准备账户在调整前有 \$1 000 的借方余额。

b. 假设以赊销百分比法估计坏账费用，坏账准备账户在调整前有 \$1 000 的借方余额，公司的赊销收入为 \$2 000 000，据估计，公司的坏账比率为 1%。

解题步骤：

- 检查各笔交易以了解哪些账户会受到影响，并编制相关分录。
- 利用上述两种方法编制年底的调整分录以确认坏账费用。

答案：

1.

日期	分录	借方	贷方
7 月 14 日	借：坏账准备	750	
	贷：应收账款——Briggs 公司		750
	（核销坏账。）		
7 月 30 日	借：应收票据——Sumrell 公司	1 000	
	贷：销售收入		1 000
	（销货后取得利率为 10%、90 天期的票据。）		
7 月 30 日	借：销售成本	600	
	贷：库存商品		600
	（记录 7 月 30 日的销售成本。）		
8 月 15 日	借：现金	2 000	
	应收票据——JT 公司	10 000	
	贷：销售收入		12 000
	（销货后收到现金 $2 000，票据 $10 000。）		
8 月 15 日	借：销售成本	8 000	
	贷：库存商品		8 000
	（记录 8 月 15 日的销售成本。）		
11 月 1 日	借：现金	192	
	信用卡费用	8	
	贷：销售收入		200
	（记录信用卡销售及 4%的信用卡费用。）		
11 月 1 日	借：销售成本	150	
	贷：库存商品		150
	（记录 11 月 1 日的销售成本。）		
11 月 3 日	借：应收账款——Sumrell 公司	1 025	
	贷：利息收入		25
	应收票据——Sumrell 公司		1 000
	（将 Sumrell 公司拒付的票据 $1 000 及相关利息 $25（1 000×10%×90/360）记入对 Sumrell 公司的应收账款。）		
11 月 5 日	借：现金	475	
	信用卡费用	25	
	贷：销售收入		500
	（记录信用卡销售和 5%的信用卡费用。）		
11 月 5 日	借：销售成本	300	
	贷：库存商品		300
	（记录 11 月 5 日的销售成本。）		
11 月 15 日	借：应收账款——Briggs 公司	750	
	贷：坏账准备		750
	（恢复以前核销掉的 Briggs 公司的应收账款。）		
11 月 15 日	借：现金	750	
	贷：应收账款——Briggs 公司		750
	（全额收回应收账款。）		
12 月 13 日	借：现金	10 400	
	贷：利息收入		400
	应收票据——JT 公司		10 000
	（收回票据的本金和利息 $400（10 000×12%×120/360）。）		

2a. 应收账款账龄分析法

12月31日	借：坏账费用	21 400	
	贷：坏账准备		21 400
	(将坏账准备账户的余额由＄1 000 的借方余额调整为＄20 400 的贷方余额。)		

2b. 赊销百分比法*

12月31日	借：坏账费用	20 000	
	贷：坏账准备		20 000
	(按 1%的坏账比率从＄2 000 000 的赊销收入中计提坏账费用。)		

* 利润表法要求按照销售收入或赊销收入的一定比率估计坏账，因此在编制调整分录时不需要考虑坏账准备账户余额。

小 结

C1 描述应收账款的定义、产生与记录。应收账款是因为赊销商品给客户而产生的账款。企业需要开设明细分类账，记录每位客户所欠的款项。赊销主要分为两类：(1) 直接赊销；(2) 信用卡销售。直接赊销是指公司直接授予客户信用额度，信用卡销售则是客户利用第三方（如信用卡公司）发行的信用卡进行交易。

C2 描述应收票据及其到期日和相关利息的计算。应收票据是一种承诺在未来的某个具体日期支付一笔金额确定的款项的书面文件。所谓到期日是出票人应偿还票据本金及相关利息的日期，利率多以年利率表示，利息的计算公式是票据本金乘以利率再乘以票据期间占一年的比率。

C3 解释应收款项在到期日前的变现。在到期日之前将应收款项变现的方法有三种：(1) 企业将应收账款出售给应收账款承购商，为此承购商会收取一定的承购费；(2) 企业可以通过签发以应收款项作为抵押的应付票据来获取借款。

P1 使用直接核销法核算应收账款。使用直接核销法处理坏账是指当确定应收账款无法收回时，直接将其列为坏账损失。这种方法只有在企业坏账费用不大的情况下才能使用。

P2 备抵法的运用。在备抵法下，在每个会计期末都需要编制调整分录借记坏账费用账户、贷记坏账准备账户。事后，确定某些款项确实无法收回时，通过借记坏账准备账户来核销坏账。

P3 利用赊销百分比法与应收账款余额百分比法估计坏账。估计坏账的方法包括：(1) 坏账费用与赊销之间的利润表关系；(2) 应收账款与坏账准备之间的资产负债表关系。第一种方法强调使用利润表的配比原则；第二种方法强调使用资产负债表的应收账款的可变现价值。

P4 应收票据承兑、拒付以及利息调整的会计处理。如果票据在到期日得以承兑，那么收款人需要借记收到的现金，贷记应收票据和利息收入。反之，如果票据遭到拒付，那么收款人需要贷记应收票据，借记应收账款（借以提醒向出票人催账）。利息收入以持有票据的时间为基础进行计算。

关键术语

Accounts receivable 应收账款

Aging of accounts receivable 应收账款账龄分析法

Allowance for doubtful accounts 坏账准备

Allowance method 备抵法

Bad debts 坏账

Direct write-off method 直接核销法

Expense recognition principle 费用确认原则

Interest 利息

Maker of the note 出票人
Materiality constraint 重要性原则
Maturity date of a note 期票到期日
Payee of the note 票据收款人
Principal of a note 票据本金
Promissory note 票据（或期票）
Realizable value 可变现价值

选择题

1. 假设12月31日，某公司应收账款账户的余额为＄125 650，年底调整前坏账准备账户有＄328的贷方余额。公司的净销售额为＄572 300，据估计，公司有4%的应收账款无法收回。试问12月31日公司的坏账费用应记多少？______

a. ＄5 354　　b. ＄328　　c. ＄5 026　　d. ＄4 698　　e. ＄34 338

2. 假设12月31日，某公司应收账款账户的余额为＄489 300，年底调整前坏账准备账户有＄554的借方余额。公司的净销售额为＄1 300 000，据估计，公司有6%的应收账款无法收回。试问12月31日公司的坏账费用应记多少？______

a. ＄29 912　　b. ＄28 804　　c. ＄78 000　　d. ＄29 358　　e. ＄554

3. 90天期、面值为＄7 500、利率为5%的票据的应计利息为______。

a. ＄93.75　　b. ＄375.00　　c. ＄1 125.00　　d. ＄31.25　　e. ＄125.00

4. 假设某公司收到了一张60天期、面值为＄9 000、利率为8%的票据。试问该票据的到期值（即本息合计额）是多少？______

a. ＄120　　b. ＄9 000　　c. ＄9 120　　d. ＄720　　e. ＄9 720

5. 某公司的净销售额为＄489 600，平均应收账款为＄40 800。那么应收账款周转率是多少？______

a. 0.08　　b. 30.41　　c. 1 341.00　　d. 12.00　　e. 111.78

讨论题

1. 销售商允许他们的客户使用信用卡交易，试问销售商如何从中受益？
2. 为什么采用直接核销法处理坏账通常不能实现收入与费用的配比？
3. 请阐述会计中的重要性原则。
4. 为什么相对应收账款而言，企业更倾向于应收票据？
5. 请解释为什么核销不会减少公司应收账款的可变现价值。
6. 为什么通常坏账费用账户与坏账准备账户的调整后余额不一致？
7. 请参阅附录中苹果公司的财务报表和附注。在资产负债表中，苹果公司是如何对应收账款进行分类的？截至2015年9月26日，其折让是多少？
8. 附录中谷歌公司是否采用直接核销法或备抵法计算应收账款？2015年12月31日的应收账款余额是多少？
9. 请参阅附录中三星公司的财务报表。三星公司2015年12月31日的资产负债表中应收账款（“交易应收账款”）的金额是多少？
10. 请参阅附录中2015年12月31日三星公司的财务报表。三星公司将其应收账款（“交易应收账款”）报告为流动资产还是非流动资产？

快速学习

QS 9-1 根据下列信用卡交易的信息编制日记账分录（公司采用永续盘存制）。

1. 公司使用万事达信用卡售出了一批商品，价值＄20 000，成本为＄15 000。万事达信用卡公司从中收取5%的手续费。

2. 公司使用多种信用卡售出了一批商品，价值＄5 000，成本为＄3 000。信用卡公司收取的手续费为4%。

QS 9-3 Solstice公司在10月1日判断，公司不能从其客户P. Moore那里收取＄50 000的应收账款。自10月1日起，公司使用直接冲销法记录这一损失。10月30日，P. Moore出人意料地向Solstice公司全额支付。编制日记账分录以反映坏账的收回情况。

QS 9-5 Gomez公司使用备抵法计算坏账。1月31日，公司核销了其客户C. Green的欠款＄800。3月9日，公司收到了Green支付的部分欠款＄300。

1. 编制1月31日的日记账分录。

2. 编制3月9日的日记账分录（假设Green不会再支付任何欠款）。

QS 9-7 华纳公司的年终未调整试算平衡表显示应收账款为＄9.9万，坏账准备为＄600（贷方），销售额为＄28万。据估计，坏账占销售额的0.5%。编制12月31日的年终坏账调整分录。

QS 9-9 8月2日，Jun公司收到客户Ryan Albany的面值为＄6 000、90天期、利率为12%的票据，作为其＄6 000的付款。假设票据在同年10月31日被客户兑现，编制Jun公司的日记账分录。

QS 9-11 5月1日，Balus公司售出＄125 000的应收账款，缴纳2.5%的承销费，编制相应的分录。

QS 9-13 回答下列与国际会计准则有关的问题：

a. 解释（一般而言）国际财务报告准则和美国公认会计原则对应收账款确认的会计处理有何不同。

b. 解释（一般而言）国际财务报告准则和美国公认会计原则对应收账款估值的会计处理有何不同。

练习题

Exercise 9-1 下面是Vail公司记录的2017年11月的部分交易。

日期	科目	借方	贷方
11月5日	借：应收账款——Ski商店	4 615	
	贷：销售收入		4 615
10日	借：应收账款——Welcome企业	1 350	
	贷：销售收入		1 350
13日	借：应收账款——Zia Natara	832	
	贷：销售收入		832
21日	借：销售退回与折让	209	
	贷：应收账款——Zia Natara		209
30日	借：应收账款——Ski商店	2 713	
	贷：销售收入		2 713

1. 为下列各项开设一个T型总分类账账户：应收账款、销售收入、销售退回与折让。同时，为每个客户设置一个T型应收账款明细分类账。将这些分录全部过到总分类账和应收账款明细分类账中。

2. 编制一张应收账款明细表（见图表9-4），比较其总额与11月30日应收账款总账账户的余额。

Exercise 9-3 Z-Mart使用永续盘存制，允许客户使用Z-Mart商店信用卡进行购物消费。Z-Mart在每个月月末对其门店信用卡上的任何未付余额收取利息。4月30日，Z-Mart以＄1 000（成本＄650）的价格出售商品，并接受了客户的Z-Mart商店信用卡。5月31日，Z-Mart记录了从其门店信用卡中赚取的＄4利息。

Exercise 9-5　年底（12月31日），Chan公司估计坏账大约为其年赊销额$975 000的0.5%。Chan将该部分坏账记录为坏账费用。在次年的2月1日，该公司决定将P. Park账户中的$580确认为坏账，并将其核销。6月5日，Park意外地支付了之前核销的欠款。编制Chan公司的日记账分录，以记录12月31日、2月1日和6月5日所发生的交易和事项。

Exercise 9-7　Daley公司在12月31日采用备抵法估计坏账。下面是该公司编制的应收账款账龄分析表。

	总额	逾期天数				
		0	1~30天	31~60天	61~90天	90天以上
应收账款总额	$570 000	$396 000	$90 000	$36 000	$18 000	$30 000
估计坏账损失率		1%	2%	5%	7%	10%

a. 使用应收账款账龄分析法估计坏账准备余额。

b. 根据a的估计编制记录坏账费用的调整分录。假设调整前坏账准备的贷方余额为$3 600。

c. 根据a的估计编制记录坏账费用的调整分录。假设调整前坏账准备的借方余额为$100。

Exercise 9-9　根据Exercise 9-7的信息完成下列要求。

a. 在次年的2月1日，公司确认客户账户中坏账为$6 800，具体包括：Oakley公司的欠款$5 900和Brookes公司的欠款$5 900。编制核销这些坏账的日记账分录。

b. 在次年的6月5日，公司意外地收到了客户Oakley公司支付的之前核销的坏账$900。编制必要的分录以将坏账转回，并记录收到的现金。

Exercise 9-11　编制下列Danica公司部分交易的日记账分录。

2016年

12月13日　公司同意以出票期为12月13日、期限为45天、面值为$9 500、票面利率为8%的票据来处理Miranda Lee逾期未还的应收账款。

31日　编制记录Lee票据的应计利息的调整分录。

Exercise 9-13　编制记录Vitalo公司下列交易的日记账分录。

11月1日　公司同意以出票期为11月1日、期限为180天、面值为$6 000、票面利率为8%的票据来处理Kelly White逾期未还的应收账款。

12月31日　调整年底该票据的应计利息收入。

4月30日　White承兑了票据，当年2月有28天。

Exercise 9-15　6月30日，Petrov公司应收账款为$128 700。编制记录下列7月份所发生的交易的会计分录。同时编制7月31日财务报表的附注，以补充说明这些交易对财务报表所产生的影响（公司采用永续盘存制）。

7月4日　赊销给客户一批商品，价值$7 245（成本为$5 000）。

9日　向Main Bank出售应收账款$20 000。Main Bank按4%收取承购费。

17日　收到客户支付的欠款$5 859。

27日　以$12 500的应收账款为抵押，向Main Bank借款$10 000。

Exercise 9-17　日立公司报告本财年总收入为9 616 202百万日元，本财年末调整前的试算平衡表报告应收账款借方余额（总额）为2 797 935百万日元。

a. 编制调整分录，以记录其坏账费用，假设坏账占总收入的0.4%，其调整前的试算平衡表报告的坏账准备贷方余额为10 000百万日元。

b. 编制调整分录，以记录坏账费用，假设坏账为年末应收账款（总额）的2.0%，其调整前的试算平衡表报告的坏账准备贷方余额为10 000百万日元。

综合题

Problem 9 - 1A Mayfair 公司准予其部分客户进行赊购，其他的客户可使用下面两种信用卡中的一种：Zisa 或 Access。Zisa 按销售额的 3%收取手续费。Access 按销售额的 2%收取手续费。下面是 Mayfair 公司 6 月份完成的交易。

6 月 4 日　赊销给 Natara Morris 一批商品，价值为 $ 650，成本为 $ 400。
　　5 日　通过 Zisa 信用卡销售给客户一批商品，价值为 $ 6 900，成本为 $ 4 200。
　　6 日　通过 Access 信用卡销售给客户一批商品，价值为 $ 5 850，成本为 $ 3 800。
　　8 日　通过 Access 信用卡销售给客户一批商品，价值为 $ 4 350，成本为 $ 2 900。
　　13 日　核销了 Abigail McKee 的坏账准备账户。这笔坏账是去年 10 月份的赊销额，金额为 $ 429。
　　18 日　收到 Morris 支付的 6 月 4 日的采购款。

要求：

编制记录这些交易和事项的日记账分录。（公司采用永续盘存制，四舍五入到整数。）

拓展题

BTN 9 - 3 Anton Blair 是一家中型公司的经理。几年前，Blair 说服老板将部分薪酬建立在公司每年的净收益基础上。每年 12 月，他会估计年终财务数字，以预测他将获得的奖金。如果奖金没有他期望的那么高，他会向会计提出一些年终调整建议。他最喜欢的建议之一是让主计长减少对坏账的估计。

要求：

1. 降低对坏账的估计对利润表和资产负债表有什么影响？
2. 你认为 Blair 建议调整坏账准备是他作为经理的权利，还是违反道德的行为？请解释你的回答。
3. 在审查经理对会计变更的建议时，什么类型的内部控制可能对该公司有用？

全球视角

下面讨论在美国公认会计原则和国际财务报告准则下，应收账款的确认、计量和处置的相似和不同之处。

应收账款的确认 美国公认会计原则和国际财务报告准则在应收账款确认方面有着类似的标准。从广义上看，应收账款来自产生收入的企业活动。具体来说，应收账款确认时遵循收益实现原则并产生于企业的盈利过程。在美国公认会计原则下，收益在公平交易发生时就予以确认，而在国际财务报告准则下，收益需要在满足可靠计量和有可能产生经济收益两个条件时才予以确认。美国公认会计原则中阐述的盈利过程，在国际财务报告准则中表述为风险和所有权转移的过程。可以看出，这些标准基本类似，但还是存在一定的区别。

应收账款的计量 美国公认会计原则和国际财务报告准则都要求披露坏账的估计净额。同时，两者都要求估计坏账费用与从应收账款中确认的收入在同期予以记录。这表明对于应收账款的会计处理，美国公认会计原则和国际财务报告准则都要求采用备抵法处理坏账（除非坏账不重要）。备抵法可以采用本章中讲述的赊销百分比法、应收账款余额百分比法和应收账款账龄分析法。以下是诺基亚公司对坏账备抵法的披露：

> 管理层要具体分析应收账款和历史坏账、顾客集中度、顾客信誉度、当前经济趋势、坏账准备充足时顾客支付条款的改变等。

应收账款的处置　广义上来说，美国公认会计原则和国际财务报告准则对应收账款的处置规则是相似的，并且这些规则已在本章中讨论过。我们必须意识到美国公认会计原则和国际财务报告准则在应收账款方面的术语很不同。在美国公认会计原则下，公司需要披露坏账费用，也叫作坏账准备或者无法收回账款准备。对美国公认会计原则来说，准备指的就是费用。而对国际财务报告准则来说，准备通常指的是一项金额或时间（或者两者都）不确定的负债。

选择题答案

1. d；坏账准备账户应有余额＝＄5 026（贷方）
   （＄125 650×0.04）
   坏账准备账户现有余额＝　(328)（贷方）
   应记录的坏账费用　　＝＄4 698
2. a；坏账准备账户应有余额＝＄29 358（贷方）
   （＄489 300×0.06）
   坏账准备账户现有余额＝　　554（借方）
   应记录的坏账费用　　＝＄29 912
3. a；＄7 500×0.05×90/360＝＄93.75
4. c；本金　　　＄9 000
   应计利息　　　120（＄9 000×0.08×60/360）
   到期值　　　＄9 120
5. d；＄489 600/＄40 800＝12

第 10 章

固定资产、自然资源与无形资产

本章预览

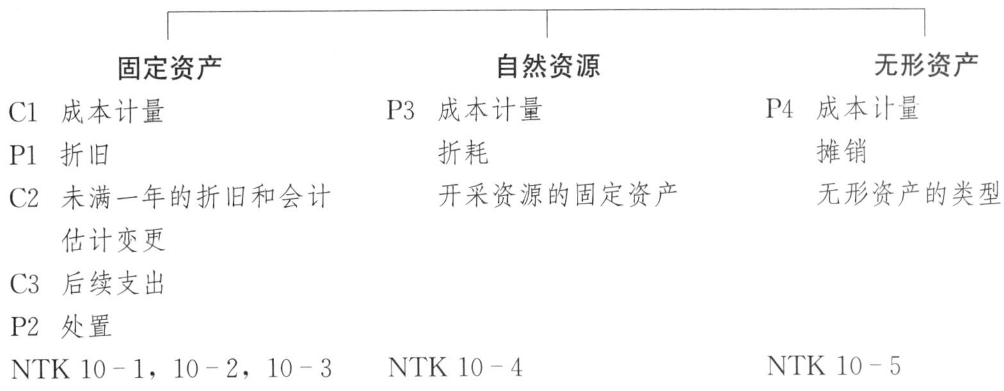

学习目标

CAP

概念（Conceptual）

C1 解释如何运用成本原则计量固定资产的成本

C2 解释期间未满一年的折旧计提方法

C3 区分收益性支出与资本性支出，并介绍其会计核算方法

程序（Procedural）

P1 分别以直线折旧法、工作量法和余额递减法计算和记录折旧

P2 通过报废或出售处置资产的会计核算

P3 自然资源及其折耗的会计核算

P4 无形资产的会计核算

10.1　固定资产

厂房设备资产（plant assets）是指企业运营过程中使用的、使用年限超过一个会计期间的有形资产。厂房设备资产也叫"厂房与设备"、"财产、厂房与设备"或"固定资产"。对很多企业而言，固定资产是其资产最主要的组成部分。图表 10-1 给出了几家企业的固定资产在其总资产中所占的比重。这些企业的固定资产不仅在其总资产中占有很大的比重，其绝对价值也相当高。例如，据报道，麦当劳的固定资产价值超过 \$230 亿，而沃尔玛的固定资产价值则超过了 \$1 160 亿。

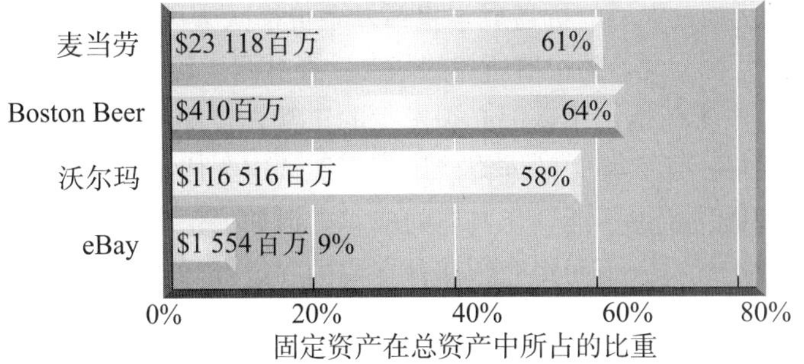

图表 10-1　所选公司的固定资产

与其他资产相比，固定资产有两大特点：第一，固定资产是供企业运营使用的，这一点有别于存货等

其他资产，因为存货是供销售使用的，企业在运营过程中不会用到存货。这个特点涉及的是资产的用途，而不是资产的类型。例如，如果企业购买电脑是为了出售，那么这台电脑在资产负债表上应作为存货列示；但如果企业购买电脑是为了运营，那么这台电脑就应列为固定资产。又如，假设某企业持有一块土地，如果该土地是供企业未来扩建使用的，就应该把它列为长期投资；但如果该片土地上建有营业用厂房，就应该把它列为固定资产。再如设备，如果是买来在其他设备发生故障时或在生产高峰期使用的，就应该把它列为固定资产；但如果该设备不再使用而准备出售，就不应该将其列为固定资产。

第二，固定资产的使用年限超过一个会计期间，这也是固定资产与物料等流动资产最大的区别，因为物料通常买进后不久便消耗完了。

因为固定资产是供企业运营使用的，所以其成本应与收入相配比；同时因为固定资产的使用年限超过一个会计期间，所以其成本与收入的配比也跨越几个会计期间。特别是，我们需要对固定资产计价（反映在资产负债表上），然后将其成本依照使用状况分摊至各受益期间（反映在利润表上），但土地除外，当我们认为土地的使用是无限期的时候，土地成本不分摊至费用中。

图表 10-2 列出了固定资产会计核算过程中的四个主要问题：(1) 计算固定资产的成本；(2) 分摊固定资产成本（扣除残值后）至各受益期间与收入配比；(3) 固定资产修缮及改良支出的会计处理；(4) 处置固定资产的会计处理。我们会在后面讨论这些问题。

图表 10-2 固定资产会计核算过程中的四个主要问题

□ 成本计量

根据成本原则，固定资产需在取得时按其成本入账。而**成本**（cost）包括使固定资产达到可使用状态前的一切正常合理的支出。例如，工厂的机器成本包括发票价格减去因提早付款而获得的折扣，再加上运输、拆封、组装及调试成本等。比方说，为机器所建的基台、牵电源线及运转前的调试等都属于机器成本的范畴。

只有那些为使固定资产实现指定用途而必须发生的正常、合理的支出方能认定为固定资产成本。如果资产在拆封过程中发生损坏，那么相关的维修费用就不能认定为成本，而应直接列为费用。同样，在运送重型机器途中所发生的交通罚款也不能算作机器的成本，但如果是合理的支出，如改装或定制新固定资产的额外支出便属于固定资产成本。下面将介绍四种主要的固定资产成本如何确定。

机器设备

机器设备成本包括一切为使其实现用途而发生的正常合理支出，如买价，税金，运费，运途中的保险、安装、组装、测试等费用。

建筑物

建筑物账户记录的是有关购买或建造供营业使用的建筑物的成本。当购入建筑物时，其成本通常包括买价、佣金、税金、产权保险费及律师费等。另外，所有为使其实现指定用途而发生的支出，包括必要的修缮、管线、照明、地板及壁纸等翻新费用也属于购入建筑物的成本。若企业建造自用大楼或固定资产，其成本通常包括材料费、人工费以及供暖、照明、电力和建筑过程中发生的机器折旧等间接费用。另外，设计费、建筑工程执照费及在建期间的保险费等也属于建筑成本。但我们必须注意，建筑物投入使用后所发生的保险费等成本则应列为营业费用。

土地附属物

由于土地无使用年限，因此不会随着时间的推移而发生折耗。而停车场、汽车道、篱笆、灌木丛及照明设备等**土地附属物**（land improvements）则具有使用年限，并且会随着使用而耗损。因为花在土地改造物上的成本可以增加土地的效用，所以需要把它们记入单独的土地附属物账户，并于效益年限内分摊其成本。

土地

当土地买来作为建筑用地时，其成本包括购买土地的一切成本，如房地产佣金、产权保险费、法律费用及买方所应负担的财产税。另外，测量、清理、整地、排水等相关支出亦属于土地成本。其他如地方政府于土地购入当时或之后针对公用道路、下水道及人行道等所课征的税额，因为它们可永久地增加土地价值，所以也算是土地的成本。土地购入作为建筑用地时，其上原有的一些建筑物可能要拆除。在这种情况下，土地购买价格以及拆除成本扣除拆除废料出售价款后的余额都要计入土地成本。例如，假设星巴克公司花 $ 167 000 购买了一块土地准备用来开零售店，该土地上有一个旧车库，相关拆除净成本为 $ 13 000（$ 15 000 的拆除成本扣除拆下来的废料出售价款 $ 2 000），其他房地产买卖手续费包括佣金 $ 8 000、法律费用 $ 1 500 以及产权保险费 $ 500，共计 $ 10 000，因此星巴克公司的土地总成本为 $ 190 000，其计算过程如图表 10－3 所示。

图表 10－3 土地成本的计算

土地购买价	$ 167 000
车库拆除净成本	13 000
房地产买卖手续费	10 000
土地成本	$ 190 000

整批购买

有时，在一次交易中，我们会通过一次性付款购买一整批固定资产，我们把这种交易称为整批购买。在这种情况下，须依照相对市价将购买价分摊到各种资产上，而相对市价一般是根据评估价或资产的计税价格确定的。例如，假设 CarMax 公司花 $ 90 000 买进了一批资产，其中建筑物和土地的评估价分别为 $ 60 000 和 $ 40 000。如图表 10－4 所示，我们将 $ 90 000 的总成本按照各项资产的评估价进行了分摊。

图表 10－4 整批购买中各种资产成本的计算

	评估价值	在总成本中所占的比重	分摊成本
建筑物	$ 60 000	60%(60 000/100 000)	$ 54 000(90 000×60%)
土地	40 000	40%(40 000/100 000)	36 000(90 000×40%)
合计	$ 100 000	100%	$ 90 000

NTK 10－1

根据下列与购买新机器有关的付款，计算新机器的成本：购货总价＄700 000；销售税＄49 000；获得的购货折扣＄21 000；运输成本——装运地交货＄3 500；正常装配成本＄3 000；必要的机器平台成本＄2 500；维护机器的零件成本＄4 200。

答案：

＄737 000＝＄700 000＋＄49 000－＄21 000＋＄3 500＋＄3 000＋＄2 500

折 旧

折旧（depreciation）是将固定资产成本分摊至各使用期成为费用的过程。折旧并不能衡量每一段时期固定资产的市价及其实质上的减损。由于折旧是反映使用固定资产的成本，所以如果资产未实际开始使用，则不需要提取折旧费用。本节主要介绍计算折旧时所必须考虑的因素、各种折旧方法、折旧估计的变更，以及未满一年的折旧计提方法。

影响折旧计算的因素

影响折旧计算的因素有：(1) 成本；(2) 残值；(3) 使用年限。

成本 固定资产成本包含为取得和使其实现指定用途所发生的一切必要合理支出。

残值 在资产使用期间分摊为费用的折旧总额等于资产成本减资产残值。**残值**（salvage value）是指在一项资产使用期满时预计能够回收的残余价值，也就是在固定资产使用期满报废时处置资产所能收取的价款。如果一项资产预期可以交换一项新资产，那么其残值就等于预期交换来的资产的价值。

使用年限 固定资产**使用年限**（useful life）是指固定资产可用于企业运营的时间长度。使用年限也叫服务年限，可能与资产的使用寿命不一致。举例来说，电脑的使用寿命通常为 8 年或更多，但有些公司每两年便用旧电脑抵价购买新电脑，在此情况下，电脑便只有两年的使用年限，亦即电脑成本（扣除预期交换资产的价值）须于两年的使用年限内摊销为折旧。

由于操作中的磨损以及技术不足和过时，工厂资产的使用寿命难以预测。**生产能力不足**（inadequacy）是指企业的固定资产不能满足企业逐渐增加的生产需求。而**陈旧过时**（obsolescence）则是指因为新发明及新改进的出现，固定资产不再具有生产产品及提供服务的竞争优势。

如果企业曾使用过类似的资产，那么可以更好地预测新资产的使用年限。反之，如果企业以前没有使用过类似的资产，就只能依靠其他企业的经验或工程研究和判断来预测新资产的使用年限。快餐生产企业 Tootsie Roll 公司在其年度报告的附注 1 中所披露的资产使用年限如下：

建筑物	20～35 年
机器设备	5～20 年

决策洞察力 **使用年限**

固定资产的使用年限的设定很被看重。例如，Hershey Foods 和 Tootsie Roll 是竞争对手并采用类似的制造工艺，但它们的设备预期使用年限不同。Hershey 在 3～15 年内折旧设备，但 Tootsie Roll 在 5～20 年内折旧设备。这种差异对财务报表的影响很大。

折旧方法

可以使用多种折旧方法将固定资产的成本分摊至其使用年限内的各个会计期间。最常用的折旧方法是直线折旧法。另外，工作量法也是一种常见的折旧方法。本节中，我们将介绍这两种折旧方法。此外，还将介绍加速折旧法中的余额递减法。

本节计算折旧时所使用的是运动鞋包装前对其进行检验的机器的资料，匡威、锐步、阿迪达斯和斐乐等运动鞋制造商都在使用这种机器。图表 10－5 给出了这种机器的详细资料。

图表 10－5 运动鞋检验机器的资料

成本	$10 000
残值	1 000
折旧成本	$ 9 000
使用年限：	
会计期间	5 年
检验数量	36 000 双

直线折旧法 在**直线折旧法**（straight-line depreciation）下，资产使用年限内各期计提的折旧费用均相同。使用直线折旧法计算折旧包括两个步骤：首先，计算资产的折旧成本，折旧成本等于资产的原始成本减残值；其次，将折旧成本除以资产使用年限所涵盖的会计期间。图表 10－6 给出了直线折旧法的计算公式及上述运动鞋检验机器折旧的计算过程。

$$\frac{\text{成本}-\text{残值}}{\text{使用年限涵盖的会计期间}}=\frac{\$10\,000-\$1\,000}{5\text{ 年}}=\$1\,800\text{ 每年}$$

图表 10－6 直线折旧法计算公式及示例

如果该机器是在 2016 年 12 月 31 日购进的，且使用年限为 5 年，那么使用直线折旧法，要在 2017—2021 年平均分摊折旧费用。在这 5 年里每一年的年末，都要编制如下调整分录，记录使用直线折旧法提取的该机器的折旧：

				资产	＝负债＋所有者权益
12 月 31 日	借：折旧费用	1 800			
	贷：累计折旧——机器		1 800	−1 800	−1 800
	（计提本年度折旧费用。）				

在利润表上，要将这 $1 800 的折旧费用列入营业费用，而在资产负债表上，$1 800 的累计折旧则是作为机器账户的资产抵减账户。在图表 10－7 中，左侧的图表说明了 5 年中每年的折旧费用皆为 $1 800，而右侧的图表则给出了在使用年限内每年 12 月 31 日公司资产负债表上所列示的该机器的账面价值。

资产负债表上的净额即为**资产账面价值**（asset book value）。资产账面价值等于资产总成本减累计折旧。例如，在第二年的年末（2018 年 12 月 31 日），机器的账面价值为 $6 400，在资产负债表上的列示如下：

机器	$10 000		
减：累计折旧	3 600	$6 400 ←	账面价值

机器每年的账面价值会因为折旧而减少 $1 800。从图表 10－7 中，可以看出人们为什么把这种方法称为直线折旧法。

图表 10-7 直线折旧法对财务报表的影响

我们还可以计算直线折旧率。直线折旧率等于 100%除以资产使用年限所涵盖的会计期间。上述运动鞋检验机器的直线折旧率为 20%（100%/5）。我们可以使用这一折旧率及其他信息编制如图表 10-8 所示的直线折旧明细表。请注意图表 10-8 列示的三个重点：第一，各个会计期间的折旧费用均相等；第二，累计折旧等于当年及以前各年度的折旧费用之和；第三，账面价值逐期递减，等到机器使用年限结束时，账面价值等于其残值。

图表 10-8 直线折旧明细表

折旧年份	各期的折旧情况			期末	
	折旧成本*	折旧率	折旧费用	累计折旧	账面价值**
2016	—	—	—	—	$ 10 000
2017	$ 9 000	20%	$ 1 800	$ 1 800	8 200
2018	9 000	20	1 800	3 600	6 400
2019	9 000	20	1 800	5 400	4 600
2020	9 000	20	1 800	7 200	2 800
2021	9 000	20	1 800	9 000 ← $ 10 000 成本 − $ 1 000 残值	1 000 ← 残值（未折旧）
			$ 9 000		

* $ 10 000 − $ 1 000

** 账面价值等于总成本减累计折旧。

工作量法 在实务中固定资产的使用情况每期变化都很大。例如，建造者可能只使用建筑设备一个月，而其他几个月都不用。当机器设备在各个会计期的使用情况变化很大时，工作量法能够更好地实现收入与费用的配比。这是因为在资产使用年限之内，**工作量法**（units-of-production depreciation）会根据资产的使用情况，在不同时期提取金额不等的折旧费用。

根据工作量法计算折旧需要两个步骤：第一步，用资产总成本减去其残值，然后除以使用年限内预期的生产数量，计算出单位折旧费用。产量可以用产品数量或时间、行驶里程数等其他单位表示。第二步，用单位折旧费用乘以各期的产量计算出各期的折旧费用。图表 10-9 给出了工作量法的计算公式及上述运动鞋检验机器折旧的计算过程。（注意：第一年检验和销售的运动鞋数量为 7 000 双。）

第一步

$$\text{单位折旧费用} = \frac{\text{成本} - \text{残值}}{\text{总产量}} = \frac{\$10\,000 - \$1\,000}{36\,000} = \$0.25 \text{ 每双}$$

第二步

折旧费用 = 单位折旧费用 × 本期产量

= $0.25 × 7 000 = $1 750

图表 10-9 工作量法计算公式及示例

根据机器所检验的运动鞋数量，可以编制如图表10-10所示的工作量折旧明细表。例如，第一年的折旧费用为＄1 750（7 000双，每双＄0.25），第二年的折旧费用为＄2 000（8 000双，每双＄0.25），其他年度的计算依此类推。图表10-10显示：（1）折旧费用取决于产量；（2）累计折旧等于本期及以前各期的折旧费用之和；（3）账面价值逐期递减，等到机器使用年限结束时，账面价值等于其残值。Deltic Timber是一个以工作量法计提折旧费用的公司。该公司的报表披露："公司根据工作量法对生产设备计提折旧费用。"

图表10-10　工作量折旧明细表

折旧年份	各期的折旧情况			期末	
	产量	单位折旧费用	折旧费用	累计折旧	账面价值
2016	—	—	—	—	＄10 000
2017	＄7 000	＄0.25	＄1 750	＄1 750	8 250
2018	8 000	0.25	2 000	3 750	6 250
2019	9 000	0.25	2 250	6 000	4 000
2020	7 000	0.25	1 750	7 750	2 250
2021	5 000	0.25	1 250	9 000	1 000
	36 000		＄9 000		

＄10 000成本－＄1 000残值　　残值（未折旧）

余额递减法　**加速折旧法**（accelerated depreciation method）在前几年会多提折旧，后几年则少提一些折旧。加速折旧法有很多种，其中最常见的是**余额递减法**（declining-balance method）。余额递减法用直线折旧率的若干倍乘以期初账面价值计算折旧费用。在余额递减法下，各期的折旧费用逐渐递减，这是因为各期资产的账面价值在逐渐递减。

余额递减法最常见的折旧率为直线折旧率的两倍，即所谓的双倍余额递减法。使用双倍余额递减法计算折旧费用需要三个步骤：（1）计算资产的直线折旧率；（2）将上述折旧率乘以2；（3）以2倍的直线折旧率乘以资产的期初账面价值计算折旧费用。图表10-11给出了上述运动鞋检验机器第一年折旧费用的计算过程。折旧费用的三个计算步骤为：（1）100％除以5年，得出直线折旧率为每年20％；（2）20％乘以2，得出双倍余额递减折旧率为40％，或每年2/5；（3）40％或2/5乘以期初账面价值，计算出折旧费用。

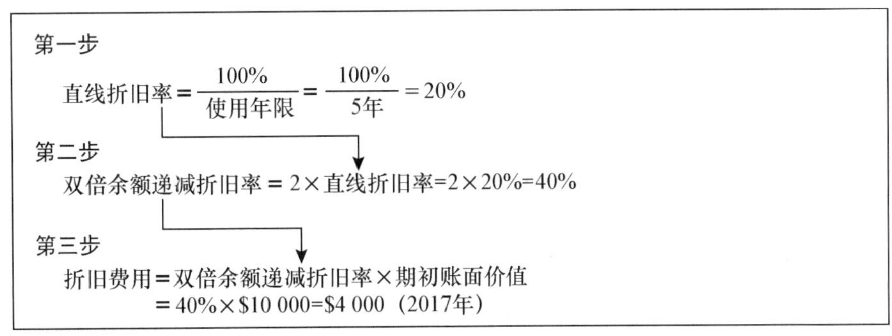

图表10-11　双倍余额递减法下折旧费用的计算公式

图表10-12给出了双倍余额递减折旧明细表。除2021年以外，该表中的折旧费用都是使用上述公式计算出来的。2021年的折旧费用为＄296，并不等于＄518.4（40％×1 296），而如果以＄518.4作为2021年的折旧费用，那么期末账面价值就变成了＄777.6，将低于残值＄1 000。＄296是以第5年的期初账面

价值＄1 296扣除＄1 000的残值计算出来的（因为资产不能计提折旧费用到低于其残值）。

图表 10-12 双倍余额递减折旧明细表

折旧年份	各期的折旧情况			期末	
	期初账面价值	折旧率	折旧费用	累计折旧	账面价值
2016	—	—	—	—	＄10 000
2017	＄10 000	40%	＄4 000	＄4 000	6 000
2018	6 000	40	2 400	6 400	3 600
2019	3 600	40	1 440	7 840	2 160
2020	2 160	40	864	8 704	1 296
2021	1 296	40	296*	9 000	1 000
			＄9 000		

＄10 000成本－＄1 000残值

残值（未折旧）

*2021年的折旧费用等于＄1 296减去＄1 000，即＄296（计提完折旧费用后的账面价值不能低于资产的残值）。

各种折旧方法的比较 图表10-13列出了在机器使用年限内，根据三种不同的折旧方法各年所提取的折旧费用。虽然用不同折旧方法所提取的各期折旧费用各不相同，但机器在其使用年限内的折旧费用总额（＄9 000）是相同的。

	A	B	C	D
1	会计期间	直线折旧法	工作量法	双倍余额递减法
2	2017	$1 800	$1 750	$4 000
3	2018	1 800	2 000	2 400
4	2019	1 800	2 250	1 440
5	2020	1 800	1 750	864
6	2021	1 800	1 250	296
7	总计	$9 000	$9 000	$9 000

图表 10-13 不同方法下所提取的各期的折旧费用

每种方法下，机器的总成本均为＄10 000，残值均为＄1 000。各种方法的不同之处在于在机器的使用年限内提取折旧费用的方式各不相同。除了在使用年限的头尾相同外，使用直线折旧法计算出来的各期资产的账面价值均比双倍余额递减法大。

决策洞察力

调查结果

调查显示，约85%的公司使用固定资产直线折旧法，5%的公司使用工作量法，4%的公司使用余额递减法。另外6%的公司使用未指明的加速法，很可能是余额递减法。

折旧的税务处理 企业财务会计的处理通常与税务会计不同，这是因为财务会计是为了报告有关财务状况和经营业绩的有用信息，而税务会计则反映了政府想要增加收入的目的，因此其间的差异是合理且可预期的。折旧费用核算方法的不同便是反映二者差异的一个典型例子。例如，许多企业为了节税往往采用加速折旧法。在资产使用的前几年提取较高的折旧费用可以减少企业在这几年的应纳税收入，以后几年提取较低的折旧费用，则会增加企业的应纳税收入。企业这样做的目的在于将税金的支付延后，这意味着企业会在税金支付到期日前运用这些资源赚取额外的收益。

美国的联邦所得税法针对折旧性资产做了相关规定，包括**修订的加速成本回收制度**（Modified Accelerated Cost Recovery System，MACRS)。MACRS 允许某些资产使用直线折旧法，但大多数资产要求使用加速折旧法。MACRS 将折旧性资产区分为不同种类并定义了各种资产的折旧年限及折旧率。但这种做法并不被财务会计接受，因为 MACRS 通常将成本分摊到少于资产使用年限的期间内。有关 MACRS 的细节请参见税务会计相关教材。

期间未满一年的折旧计提方法

企业可能在任何时间取得及处置固定资产，当企业在会计期初或期末以外的其他时间取得（及处置）资产时，企业需要记录折旧期不足一年的折旧费用。之所以要这样做，就是为了按比例将折旧费用分摊至购进或处置资产的那个会计期间。

中期资产购置 例如，假设图表 10－5 中提到的机器于 2016 年 10 月 8 日购入并投入使用，而每个会计期的截止日期为 12 月 31 日。因为机器在 2016 年取得并使用了将近 3 个月，所以当年利润表上所披露的折旧费用应该是未满一年的金额。通常，我们假设资产是在离其实际取得日期最近的那个月的 1 日取得的，并据此计算折旧费用。在本例中，机器的实际取得日期为 10 月 8 日，因此假设其取得日期为 10 月 1 日。也就是说，2016 年需要计提 3 个月的折旧费用。我们使用直线折旧法计算出这 3 个月的折旧费用为 ＄450，其计算过程如下：

(＄10 000－＄1 000)/5 年×(3/12)＝＄450

中期资产出售 企业在会计期中间处置资产时，也需要按照类似的方法计算折旧费用。例如，假设机器于 2021 年 6 月 24 日售出，折旧费用的计算期间便为 1 月 1 日至 7 月 1 日，即

(＄10 000－＄1 000)/5 年×(6/12)＝＄900

折旧估计的变更

在计提折旧费用时，首先需要估计资产的残值和使用年限，并且要根据这些估计来计算折旧费用。在资产的使用年限内，新信息的出现可能会改变原来的估计。如果改变了对资产使用年限和/或残值的估计，那么应该如何计算折旧费用呢？答案是：要根据新的估计来计算当年及未来的折旧费用。也就是说，要通过将未摊销的成本分摊至剩余的使用年限来重新计算折旧费用。

让我们再回到图表 10－8 所提及的使用直线法计提折旧的机器。在其使用年限的第 3 年年初，机器的账面价值为 ＄6 400（10 000－3 600）。假设第 3 年年初，机器的估计剩余使用年限从 3 年变成了 4 年，其估计残值从 ＄1 000 变成了 ＄400。图表 10－14 给出了使用直线折旧法计提剩余 4 年每年的折旧费用的计算公式。

$$\frac{\text{账面价值}-\text{修正后残值}}{\text{修正后剩余使用年限}}=(\$6\,400-\$400)/4\text{ 年}=\$1\,500\text{ 每年}$$

图表 10－14 修正后的直线折旧费用的计算

因此，这代表在使用年限的剩余几年里，即从第 3 年年末一直到第 6 年年末，每年都要计提 ＄1 500 的折旧费用。因为资产在头两年所提取的折旧费用为每年 ＄1 800，所以我们可能会说头两年所提取的折旧费用太多了。然而，这些折旧费用是根据当时取得的最可靠的信息计算出来的。因此，不用因为新的信息出现回过头去更新以前年度的财务报表。修改对固定资产使用年限或残值的估计属于**会计估计变更**(change in an accounting estimate)，这些变更会反映到当期及未来的财务报表中，而非前期的财务报表中。

折旧在财务报表上的披露

固定资产的成本及累计折旧都会在资产负债表或附注中披露。以 Dale Jarrett Racing Adventure 公司为例，公司在其财务报表中披露了以下信息：

比赛车辆及其他	$ 778 704
办公家具和设备	105 032
商店和跟踪设备	173 739
财产及设备合计	1 057 475
减：累计折旧	884 772
财产和设备（净值）	$ 172 703

在很多企业的财务报表中，关于固定资产只列了一个简单的数字，即成本扣除累计折旧后的净额。在这种情况下，企业会在报表的附注中披露固定资产的累计折旧额。例如，苹果公司的资产负债表仅披露了其财产及设备净值。

在报表中披露固定资产的成本和累计折旧有助于使用者比较不同企业的资产。例如，假设一家公司的资产成本为 $ 50 000，累计折旧为 $ 40 000，其情况当然就不同于另一家拥有新资产 $ 10 000 的公司。这两家公司的未折旧净成本均为 $ 10 000，虽然第一家公司的生产能力较强，但是它可能有更新资产的需求。因此若两家公司的资产负债表仅披露 $ 10 000 的资产账面价值的话，我们就无法取得以上信息了。

折旧是成本分摊的过程，资产负债表上披露的是固定资产的未折旧价值（即账面价值），而非市场价值。但相对资产账面价值而言，其市场价值持续下降时例外，此种情况我们称为资产**减值**（impairment）。在这种情况下，公司按该资产的市场价值入账（有关减值的详细内容将在高级课程中讲解）。

累计折旧是一个资产备抵账户，其正常余额为贷方余额。当企业更换现有资产时，我们无法从累计折旧账户看出企业是如何累积资金购买新资产的。

职业道德

主计长

假设你是一家陷入财务困境的公司的主计长。公司的运营要求定期对设备进行投资，因此折旧费用是公司最大的一项支出。公司的竞争对手往往定期更新设备，它们的设备通常 3 年更新一次。但公司的总裁却让你将设备的使用年限从原来的 3 年调整为 6 年，并且要求你将以后购买的所有新设备的使用年限都确定为 6 年。你会怎么做？

NTK 10－2

第 1 部分。一台造价 $ 22 000 的机器，使用年限为 5 年，1 月 1 日使用，预计残值为 $ 2 000。经理估计，这台机器在其使用年限内将生产 1 000 台产品。实际生产情况如下：第 1 年 200 台，第 2 年 400 台，第 3 年 300 台，第 4 年 80 台，第 5 年 30 台。第 5 年年末生产的总数量超过初始估计值，这一差距是预料外的（机器的折旧不得低于其估计的残值）。编制一张表，表中标题如下：年份、直线法、产品单位、双倍余额递减法，然后根据每种方法计算每一年的折旧费用（以及所有年份的折旧总额）。

第 2 部分。2015 年 1 月初，一家公司购买了 $ 3 800 的设备。该公司估计，该设备的使用年限为 3 年，残值为 $ 200。2017 年年初，公司将其估计值更改为 4 年使用年限和零残值。使用直线折旧法计提折旧，2017 年末年度折旧费用是多少？

答案：

第 1 部分

年份	直线法[a]	产品单位[b]	双倍余额递减法[c]
1..................	$ 4 000	$ 4 000	$ 8 800
2..................	4 000	8 000	5 280
3..................	4 000	6 000	3 168
4..................	4 000	1 600	1 901
5..................	4 000	400	851
总计............	$ 20 000	$ 20 000	$ 20 000

a.直线折旧法：每年成本 = ($22 000 − $2 000)/5 年 = $4 000 每年

b.工作量法：每单位成本 = ($22 000 − $2 000)/1 000 单位 = $20 每单位

年份	产量	单位折旧费用	累计折旧
1..................	200	$ 20	$ 4 000
2..................	400	20	8 000
3..................	300	20	6 000
4..................	80	20	1 600
5..................	30	20	400*
总计............			$ 20 000

* 在第5年计提折旧使账面价值降至$20 000残值，即使用最高$400（20 000–19 600），而不是$600（30 × 20）。

c.双倍余额递减法：（100%/5）×2=40%折旧率

年份	年初 账面价值	年折旧率 （账面价值的40%）	年末 累计折旧	年末账面价值 （$ 22 000–累计折旧）
1..................	$ 22 000	$ 8 800	$ 8 800	$ 13 200
2..................	13 200	5 280	14 080	7 920
3..................	7 920	3 168	17 248	4 752
4..................	4 752	1 901*	19 149	2 851
5..................	2 851	851**	20 000	2 000
总计............		$ 20 000		

* 结果取整。

** 在第5年计提折旧使账面价值降至$20 000残值，即使用最高$851 (2 851 − 2 000)，而不是$1 140 (2 851 × 40%)。

第 2 部分

（$ 3 800－$ 200）/3 年＝$ 1 200（每年原始折旧）

$ 1 200×2 年＝$ 2 400（估计变动日的累计折旧）

（$ 3 800－$ 2 400）/2 年＝ **$ 700** （修改折旧）

固定资产后续支出

企业在取得固定资产并将其投入使用之后，往往还要支出额外的费用在资产的运转、保养、维修及改进上。将这些开支入账时，首先要确定是将它们费用化还是资本化（所谓资本化就是借记资产账户）。问题在于，该开支是列为当期费用还是计入固定资产成本并在资产的剩余使用年限内进行摊销。

收益性支出（revenue expenditures），也叫利润表支出，是指不会明显延长资产寿命或生产能力的额外成本。因此，在当期的利润表中，要把收益性支出列为费用，并从当期收入中予以扣除。

资本性支出（capital expenditures），也叫资产负债表支出，是指花在固定资产上并且会使当期及未来各期受益的额外成本。因此，对资本性支出借记资产账户，并将其列示在资产负债表上。

普通维护

普通维护（ordinary repairs）是指维持资产正常及良好的运转而发生的支出。为了使资产在其使用年限内按照预期的情况运转，这些支出是很有必要的。普通维护并不会让资产的使用年限超过原先的预期，也不会使资产的生产能力超出预期的水平。清扫、涂润滑油、整修、更换机器小零件的正常成本都属于普通维护。我们要将普通维护列为收益性支出，并将其列入当期利润表的费用项目。根据这条原则，Brunswick 的报表中披露了以下信息："保养和维修成本于发生时列为费用。"假设 Brunswick 当年的维修成本为＄9 500，其编制的分录如下：

				资产＝负债＋所有者权益	
12 月 31 日	借：维修费用	9 500			
	贷：现金		9 500	−9 500	−9 500
	（记录设备的普通维修。）				

改良与特殊修缮

改良与特殊修缮的会计处理方法类似——都被视为资本性支出。

改良（betterments）是指使固定资产更有效率或更有生产力的支出。改良通常包括增加资产的组件或更换资产的旧组件，改良并非全都可以延长资产的使用年限。例如，将机器由人工操作更换为自动操作就属于改良。有一种特殊的改良，我们称之为增添，例如，给仓库增加一个新的门翼或装卸台。因为改良会使未来各期受益，所以，要把它作为资本投资借记资产账户。然后，在资产剩余的使用年限内，按照资产新的账面价值提取折旧。例如，假设某公司花＄8 000 购买了一台机器，机器的使用年限为 8 年，残值为 0。在用了 3 年、提取了＄3 000 的折旧费用之后，公司花＄1 800 给该机器新增了一套自动化控制系统。这将降低未来各期使用该机器的人工成本。为此，我们需要编制如下分录，将这一改良成本记入机器账户。

				资产＝负债＋所有者权益
1 月 2 日	借：机器	1 800		
	贷：现金		1 800	+1 800
	（记录自动化系统的安装成本。）			−1 800

在改良之后，该机器剩余可提取折旧的成本为＄6 800(8 000−3 000+1 800)。因此，未来 5 年每年提取的折旧费用为＄1 360(6 800/5)。

特殊修缮（extraordinary repairs）是指为延长固定资产寿命使其超过预期使用年限而发生的支出。特殊修缮也应列为资本性支出，因为它会使未来各期受益。要把特殊修缮的成本借记资产账户（或累计折旧账户）。例如，达美航空的报表披露："机身、引擎及某些重要部件的定期检修费用应计入资本性支出，在未来的受益期予以摊销。"

决策洞察力

更　新

如果我们拥有一辆已使用 20 年的卡车，并打算再使用 40 年，预计未来几年它需要一些修理。20 世纪 80 年代，Northrop Grumman 公司的 B-2 隐形轰炸机在 Whiteman 空军基地遭遇了类似的情况。该计划是让这些轰炸机一直使用到 2058 年。五角大楼正在推进一项为期 10 年、耗资 $20 亿的使轰炸机防御能力现代化的计划。

□ 固定资产的处置

处置固定资产的方式主要有 3 种：报废、出售和置换。图表 10－15 给出了固定资产处置的会计处理的一般步骤。

图表 10－15　固定资产处置的会计处理

1. 记录直至处置当日的折旧——这样做还可以更新累计折旧。
2. 将被处置资产的折余价值从账面上移除——包括累计折旧。
3. 将收到或支付的现金（及/或其他资产）入账。
4. 将损失或收益入账——通过比较处置资产的账面价值与所收到的资产的市场价值来计算损益。

固定资产报废

当固定资产对企业不再有用并且不再具有市场价值时，就会被报废。例如，假设一台机器成本为 $9 000，当其累计折旧也等于 $9 000 时就可以把它报废掉。当累计折旧等于资产成本时，我们称这项资产已经提足了折旧（账面价值为 0）。记录报废此资产的分录如下：

				资产＝负债＋所有者权益
6 月 5 日	借：累计折旧——机器	9 000		
	贷：机器		9 000	＋9 000
	（报废已提足折旧的机器。）			－9 000

此分录反映了图表 10－15 提到的 4 个步骤。因机器已经提足了折旧，故无须第 1 个步骤。借记累计折旧、贷记机器反映了第 2 个步骤。既然没有牵涉别的资产，第 3 个步骤也就不需要了。因为该机器的账面价值为 0，并且也没有牵涉其他资产，所以不需要第 4 个步骤来记录损失或收益。

如果报废时资产还没有提足折旧或者还没有提取直至报废日的折旧，应该如何处理呢？为回答这个问题，让我们举个例子来看看。假设设备成本为 $8 000，前一年的 12 月 31 日，设备提取的累计折旧为 $6 000，该设备的使用年限为 8 年、残值为 0，并且采用的是直线折旧法。今年的 7 月 1 日，我们将该设备报废。此次设备报废的会计处理可以分为两步。第 1 步，编制如下分录提取直至报废当日的折旧：

				资产＝负债＋所有者权益	
7 月 1 日	借：折旧费用	500			
	贷：累计折旧——设备		500	－500	－500
	（记录 6 个月的折旧费用（$1 000×6/12)。）				

第 2 步，编制如下分录（该分录反映了图表 10－15 中提到的后面 3 个步骤)：

7月1日	借：累计折旧——设备	6 500	资产＝负债＋所有者权益	
	处置设备损失	1 500	＋6 500	－1 500
	贷：设备	8 000	－8 000	
	（报废账面价值为＄1 500 的设备。）			

损失的计算是通过比较设备账面价值＄1 500（8 000－6 000－500）与所收到的现金＄0 得出的，相关金额列于利润表的其他费用与损失项下。有时，报废资产需要支付现金，这会增加处置设备损失。

固定资产出售

让我们举个例子来看看固定资产出售的会计处理。BTO 公司于 3 月 31 日出售了一套设备，该设备成本为＄16 000，前一年 12 月 31 日累计折旧为＄12 000，使用直线折旧法计算出来的该设备每年的折旧费用为＄4 000。该固定资产出售业务会计处理的第一步是记录折旧费用，并将累计折旧账户的余额更新为当年 3 月 31 日的数据。为此，需要编制如下分录：

3 月 31 日	借：折旧费用	1 000	资产＝负债＋所有者权益	
	贷：累计折旧——设备	1 000	－1 000	－1 000
	（记录 3 个月的折旧费用（＄4 000×3/12）。）			

我们只要编制一条分录就可以反映出图表 10－15 中提到的后面 3 个步骤。在编制分录之前，首先要确定出售该资产的收入。让我们分 3 种情况来讨论一下。

按账面价值出售 如果 BTO 公司出售设备获得的收入为＄3 000，即刚好等于 3 月 31 日该设备的账面价值，那么该资产处置业务就没发生任何损益。此时，需要编制如下分录：

3 月 31 日	借：现金	3 000	资产＝负债＋所有者权益	
	累计折旧——设备	13 000	＋3 000	
	贷：设备	16 000	＋13 000	
	（记录无损益发生的设备出售交易。）		－16 000	

高于账面价值出售 如果 BTO 公司出售设备获得的收入为＄7 000，即比 3 月 31 日该设备的账面价值多出＄4 000，那么通过该资产处置业务公司获得了收益。此时，需要编制如下分录：

3 月 31 日	借：现金	7 000	资产＝负债＋所有者权益	
	累计折旧——设备	13 000	＋7 000	＋4 000
	贷：处置设备收益	4 000	＋13 000	
	设备	16 000	－16 000	
	（记录获得＄4 000 收益的设备出售交易。）			

低于账面价值出售 如果 BTO 公司出售设备获得的收入为＄2 500，即比 3 月 31 日该设备的账面价值少＄500，那么该资产处置业务使公司蒙受了损失。此时，需要编制如下分录：

3 月 31 日	借：现金	2 500	资产＝负债＋所有者权益	
	处置设备损失	500	＋2 500	－500
	累计折旧——设备	13 000	＋13 000	
	贷：设备	16 000	－16 000	
	（记录损失＄500 的设备出售交易。）			

NTK 10－3

第 1 部分。一家公司为预计使用年限为 4 年的设备支付＄1 000，残值为＄200。编制日记账分录以记录与设备相关的以下成本。

a. 在设备使用年限的第 2 年，为一个新的部件支付＄400 现金，预计该设备的生产率每年提高 20%。

b. 在第 3 年，为保持设备正常工作状态所需的正常维修支付＄250 现金。

c. 在第 4 年，为预期将设备的使用年限从 4 年提高到 5 年支付＄500 的维修费。

第 2 部分。公司拥有一台成本为＄500 的机器，累计折旧为＄400。在以下每种情况下，编制分录以记录 1 月 2 日机器的处置情况。

a. 这台机器需要大修，不值得修理。公司处理了这台机器，没有收到任何回报。

b. 公司以＄80 现金卖掉了这台机器。

c. 公司以＄100 现金卖掉了这台机器。

d. 公司以＄110 现金卖掉了这台机器。

答案：

第 1 部分

a.

第 2 年	借：设备	400	
	贷：现金		400
	（记录设备改良。）		

b.

第 3 年	借：维修费用	250	
	贷：现金		250
	（记录普通维修。）		

c.

第 4 年	借：设备	500	
	贷：现金		500
	（记录特殊修缮。）		

第 2 部分

注：设备账面价值＝＄500－＄400＝＄100

a. 资产处置。

1 月 2 日	借：处置机器损失	100	
	累计折旧——机器	400	
	贷：机器		500
	（记录机器处置。）		

b. 资产处置得到＄80 现金。

1 月 2 日	借：现金	80	
	机器销售损失	20	
	累计折旧——机器	400	
	贷：机器		500
	（记录机器销售（低于账面价值）。）		

c. 资产处置得到＄100 现金。

1月2日	借：现金	100	
	累计折旧——机器	400	
	贷：机器		500
	（记录机器销售（等于账面价值）。）		

d. 资产处置得到＄110 现金。

1月2日	借：现金	110	
	累计折旧——机器	400	
	贷：处置机器收益		10
	机器		500
	（记录机器销售（高于账面价值）。）		

10.2 自然资源

自然资源（natural resources）是指一经使用其物质实体就被耗费掉的资产，例如，木材、矿床、油田及天然气田等。因为它们会随着使用而消耗，所以也把它们称为折耗资产。这些资产代表的是即将转化为存货的原材料，经过砍伐、开采及钻探等转换过程它们可以转变成一种或多种产品。在转化之前，要把它们作为非流动资产列入资产负债表，我们可以把它们列为林地、矿床或油矿等项目。自然资源通常列于固定资产项下或单独列示。例如，在资产负债表上，美国铝业公司将其自然资源列入“财产、厂房与设备”项目下。在财务报表附注中，美国铝业公司还单独披露了“包括矿产在内的土地及土地权益”项目。而惠好公司（Weyerhaeuser）则在资产负债表上单独开设了“森林及林地”来记录其拥有的林材。

成本计量与折耗

自然资源的入账成本包括取得资源并使其达到可使用状态前的一切合理且必要的支出。**折耗**（depletion）是指将自然资源的成本分摊到其各个折耗期的过程。资产负债表上的自然资源反映的是自然资源成本扣除累计折耗后的余额。每期的折耗费用通常是根据所砍伐、开采或钻探出来的自然资源的数量计算出来的，这与工作量法类似。例如，埃克森-美孚公司使用这个方法摊销其勘探及开发油井的成本。

举个例子来看看自然资源折耗的会计处理。假设某矿床预期能产矿石 250 000 吨，该矿床的购买成本为＄500 000，预期残值为 0，每吨矿石的折耗费用为＄2(500 000/250 000)。如果第一年开采并出售了 85 000吨矿石，则第 1 年的折耗费用为＄170 000。图表 10－16 给出了详细的计算过程。

第一步

$$\text{单位折耗费用}=\frac{\text{成本}-\text{残值}}{\text{总产量}}=\frac{\$500\,000-\$0}{250\,000}=\$2\text{每吨}$$

第二步

$$\text{折耗费用}=\text{单位折耗费用}\times\text{期间开采和出售量}$$
$$=\$2\times 85\,000=\$170\,000$$

图表 10－16　折耗计算公式及示例

我们需编制如下分录记录第 1 年的折耗费用：

				资产＝负债＋所有者权益	
12 月 31 日	借：折耗费用——矿床	170 000			
	贷：累计折耗——矿床		170 000	−170 000	−170 000
	（记录矿床的折耗。）				

期末，资产负债表对该矿床的披露如图表 10－17 所示：

图表 10－17　资产负债表对该矿床的披露

矿床	$ 500 000	
减：累计折耗	170 000	$ 330 000

由于本年出售了 85 000 吨矿石，因此要将 $ 170 000 的折耗费用列示在本年的利润表中。如果期末仍有部分矿石没有出售，那么就要将未出售部分的折耗费用列入资产负债表的流动资产项下的"矿石存货"。我们仍然以上面的例子为例，假设第 1 年开采的矿石为 85 000 吨，但只销售出去 70 000 吨。第 2 年的折耗费用为 $ 140 000（70 000×2），剩余矿石存货为 $ 30 000（15 000×2）。编制的分录如下：

				资产＝负债＋所有者权益	
12 月 31 日	借：折耗费用——矿床	140 000			
	矿石存货	30 000		−170 000	−140 000
	贷：累计折耗——矿床		170 000	+30 000	
	（记录矿床的折耗和存货。）				

开采资源的固定资产

开采、砍伐或钻探等自然资源的转化过程通常需要使用机器、设备及建筑物。如果这些固定资产的用途直接与自然资源的折耗有关，那么就应该使用工作量法按照自然资源的折耗比例为这些固定资产提取折旧。例如，假设某机器是永久安装在矿床上的，且其中 10%的矿石已于本期开采并售出，那么，我们要将 10%的机器成本（扣除残值后的净额）分摊为本期的机器折旧费用。但如果一个矿床开采结束之后，机器还可以移到其他矿床继续使用，那么该机器就应该根据其使用年限来计提折旧。

决策洞察力　**控　制**

必须保护长期资产，防止被盗、误用和其他损害。控制的形式取决于资产，包括使用安全标签、对侵权行为进行法律监管以及对所有资产处置进行审批。一份研究报告显示，过去一年中，运营和服务领域 43%的员工目睹了资产浪费、管理不善或滥用（KPMG 2013）。

NTK 10－4

1 月 1 日，一家公司以 $ 750 000 的价格收购了一座锌矿。同时，开采该矿需要额外费用 $ 100 000，估计该矿储藏有 200 000 吨锌。锌矿开采后土地的估值为 $ 50 000。

1. 编制 1 月 1 日的分录记录锌矿的成本。
2. 如果开采 50 000 吨锌，但第一年仅销售 40 000 吨，请编制 12 月 31 日的年终调整分录。

答案：

1.

1月1日	借：锌矿	850 000	
	贷：现金		850 000
	（记录锌矿成本。）		

2. 单位消耗=（＄750 000+＄100 000－＄50 000）/200 000吨=＄4.00每吨

12月31日	借：消耗费用——锌矿	160 000	
	锌矿库存	40 000	
	贷：累计开采——锌矿		200 000
	（记录锌矿开采（50 000×＄4.00）。）		

10.3 无形资产

无形资产（intangible assets）是指能够使其拥有者获得长期权利、特权或竞争优势的可供运营使用的非有形资产，如专利权、著作权、租赁权、特许权、商誉及商标等。需要注意的是，并非所有不具备实物形态的资产都是无形资产。例如，应收票据和应收账款虽然都不具有实物形态，但不属于无形资产。本节将介绍几种比较常见的无形资产及其会计处理方法。

成本计量与摊销

无形资产应在购入时按成本入账。无形资产可分为有限使用年限和不确定使用年限两种。如果一项无形资产具有**有限使用年限**（limited life），其成本要在预期使用年限内通过**摊销**（amortization）过程分摊成费用。如果一项无形资产拥有**不确定使用年限**（indefinite life），即其使用年限不受法律、法规、合同、竞争、经济或其他因素限制，那么就不需要摊销其成本。（但如果一项原来拥有不确定使用年限的无形资产后来确定其使用年限，那么就要在其确定的使用年限内摊销该项无形资产的成本。）

无形资产的摊销与固定资产的折旧和自然资源的折耗类似，它们都是分摊成本的过程。然而，在摊销时，除非公司能够证明其他的方法更好，否则只能使用直线摊销法。另外，无形资产的摊销要记入累计摊销这个账户。无形资产的取得成本及其折旧都要列示在资产负债表中。无形资产的最终处置包括移除其账面价值、记录收到或放弃的其他资产，以及确认损失或收益。

有些无形资产会因为法律、合同或其他资产特性而具有确定的使用年限，如专利权、著作权及租赁权等。无形资产的成本应该在其预期受益期内进行摊销，但无论如何摊销期都不得超过其法定使用年限。商誉等无形资产可以永久使用，因此不需要进行摊销。对于不需要进行摊销的资产，每年都要进行减值测试，还要记录减值损失。（这方面的内容将在高级课程中详细介绍。）

无形资产通常在资产负债表上单独列示，并列于固定资产的后面。例如，Callaway Golf公司就采用这种方法在其资产负债表上披露了近＄9 000万的无形资产和近＄3 000万的商誉。此外，企业通常需要披露无形资产的摊销期限。下面将重点介绍几种无形资产的会计处理方法。

无形资产的类型

专利权

联邦政府通过授予专利鼓励新技术、机器装置及生产流程的发明。**专利权**（patent）是专利权授予机构授予专利所有人的一种具有排他性的权利，凭借该权利，专利所有人可以独自享有生产和销售某种产品或使用某种生产流程的权利，期限为 20 年。购买专利权时，相关成本应借记专利权账户。如果为了维护自己的专利权专利所有人提起了法律诉讼，那么诉讼成本也要借记专利权账户。但研发专利权的相关成本在发生时列为费用。

要在专利权的预期使用年限内摊销其成本（专利权的预期使用年限不得超过 20 年）。假设我们花＄25 000购买了一项使用年限为 10 年的专利权，那么在之后 10 年每一年的年末，都要编制如下分录摊销掉该专利权 1/10 的成本。

				资产＝负债＋所有者权益	
12 月 31 日	借：摊销费用——专利权	2 500			
	贷：累计摊销——专利权		2 500	−2 500	−2 500
	（在其使用年限内摊销专利权成本。）				

要将摊销费用账户＄2 500 的借方金额列入利润表，作为受专利权保护的产品或服务的成本。累计摊销——专利权账户则是专利权账户的备抵账户。

著作权

著作权（copyright）是所有人享有的一种特权，它规定：在创作者有生之年以及逝世后 70 年的时间里（尽管大多数著作权的使用年限要短得多），创作者独自享有出版和销售其音乐、文学及艺术作品的特权。著作权的成本要在其使用年限内进行摊销。许多著作权唯一可以确定的成本即支付给联邦政府著作权办公室或授予著作权的国际机构的相关费用。如果费用不高，可以直接将其记入费用账户；如果费用很高，就要将这些费用资本化（记入资产账户），并且要通过定期借记摊销费用——著作权账户来摊销这些费用。

决策洞察力

《米老鼠保护法案》

华特迪士尼公司成功游说政府延长了版权保护期，将著作权保护期限从著作权人死后 50 年延长为著作权人死后 70 年。此项修改使公司卡通形象的版权进入公有领域的时间延后了 20 年。据此法案，米老鼠的版权到期日后推至 2023 年。该法案的官方正式法律名称为“Copyright Term Extension Act（CTEA）”，又称《米老鼠保护法案》。

特许权和许可权

特许权和许可权（franchises and license）是指企业或政府授予一个实体的按照特定的条件生产产品或提供服务的权利。许多企业都在授予特许权和许可权，例如麦当劳、必胜客以及美国职棒大联盟等。特许权和许可权成本应该借记特许权和许可权这一资产类账户，并在协议期内予以摊销。

商标

企业在推销产品时，通常采用独有的标志或选择唯一的名字和品牌。**商标**（trademark）是一个可以用来区分企业、产品或服务的标志、名字、短语或广告词，例如耐克运动鞋的对钩标志、万宝路香烟的牛仔形象、麦当劳的巨无霸、可口可乐、雪佛兰。往往先使用某一商标的公司就享有了该商标的所有权和专有权。所有权是通过到政府的专利权办公室登记注册而形成的。研发、维护或提高商标价值（如做广告）的成本在发生时直接记入费用账户。然而，如果商标是购买的，那么就要将它借记资产账户，并在预期使用年限内摊销。如果公司计划无限期延长其商标的使用权，那么成本不需要摊销。

商誉

商誉在会计上具有特殊含义。**商誉**（goodwill）是指企业价值超出其各项资产负债总额的部分。商誉的含义就是企业作为一个整体具有某些有价值的特性，而这些特性是无法用其资产或负债衡量的。这些特性包括优良的管理、训练有素的员工、良好的供应商或客户关系、高品质的产品或服务、优越的地理位置或其他竞争优势。

我们通常只在购买整家公司或企业部门时才会将商誉入账。买到的商誉的价值等于公司的买价减去公司净资产（不包括商誉）的市场价值。例如，购买YouTube公司时，谷歌公司花了近＄11.9亿，其中就有近＄11.3亿用于购买YouTube公司的商誉。Facebook为收购WhatsApp支付的＄190亿中用于购买商誉的资金占了主要部分。

商誉等于购买企业的成本减去取得的净资产的市价。我们将商誉列为资产，并且不需要摊销其成本。但是，每年都要测算商誉的减值情况。如果商誉的账面价值未超出其公允价值，那么商誉就没有减值。但如果商誉的账面价值超过了其公允价值，那么就要将超出的金额记入减值损失。（减值的测算方法将在高级课程中加以介绍。）

租赁权

财产可以通过订立**租约**（lease）进行租赁。我们将提供租赁的一方，即财产的所有人称为**出租人**（lessor），将获得财产占有权和使用权的一方称为**承租人**（lessee）。**租赁权**（leasehold）指的是出租人通过签订租约而授予承租人的权利。对承租人而言，租赁权是一种无形资产。

租赁或购买 租赁资产与购买资产相比，其优点包括：

- 通常只需很少或不需要首期付款（使其更实惠）。
- 租赁条款便于更好地租赁资产（减少资产过时的影响）。
- 承租人获得资产时的减税（这意味着承租人可能会达成更好的交易）

经营租赁或资本租赁 经营租赁即为一般的租赁，定期（如每月）支付的租金借记租金支出账户，并在租赁账户中记录。如果租约要求承租人在租约签署时提前支付最后一期的租金，承租人将此预付款记入租赁账户。由于预支款直到最后一个期间才使用，因此租赁账户余额将保留在资产负债表上，直到最后一个期间其金额才转移到租金支出。或者，一些长期租赁让承租人与购买人基本上享有相同的权利。这会产生有形资产和承租人披露的负债，这称为资本租赁，将在关于长期负债的一章中予以解释。

转租 当类似物业的当前租金率上升而租赁付款保持不变时，长期租赁的价值可能会增加。租赁价值的这种增加没有披露在承租人的资产负债表上。但是，如果房产被转租，而新承租人就旧租约下的权利向原始承租人支付款项，则新承租人将这笔款项借记租赁账户，该账户在租赁的剩余时间内摊销为租金支出。

租赁物改良

有时承租人需要负担租赁财产的改造或改良费用，如隔间、油漆及店面整修等。我们把这些改造或改良称为**租赁物改良**（leasehold improvements），这时发生的相关成本需要借记租赁物改良账户。因为租赁物改良会成为财产的一部分，并且在租约期满时必须返还给出租人，所以承租人必须在租赁期内或改良物的使用年限内（取二者中较短的那个）摊销相关成本，摊销分录为借记摊销费用——租赁物改良、贷记累计摊销——租赁物改良。

研发与开发

研究与开发成本（research and development costs）是旨在发现新产品、新工艺或知识的支出。创建专利、版权以及创新产品和服务需要研究与开发成本。由于难以预测未来研发的收益，研究与开发成本在发生时会计入费用。

其他无形资产

其他的无形资产包括软件、非竞争条款、客户列表等。对这些无形资产的会计处理与前面是一样的。首先，确认无形资产的成本。其次，确认无形资产的使用年限是有限还是无限。如果是有限的，要在预期使用年限内摊销其成本。如果是无限的，就不用摊销成本。

决策洞察力　　**隐　藏**

大多数人认为涉及长期资产的欺诈风险很低。然而，交易中的欺诈风险更高，需要仔细审查。涉及隐藏资产的盗窃可能包括的将其记录为报废、过时、捐赠或销毁，例如：

- 将资产处置记录为客户调整、免费项目或促销。
- 在完成盘点后记录虚假数目或更改记录。
- 记录有关资产数量的虚假收货报告。
- 资产出售不做记录。
- 资产的注销。

NTK 10 - 5

第 1 部分。今年 1 月 1 日，一家出版商以 \$1 000 的价格购买了一本书的版权。版权在法律上为所有者提供保护的期限达 5 年以上。公司计划用 7 年时间销售该作品。编制分录记录今年 1 月 1 日购买版权和今年 12 月 31 日的年度摊销。

第 2 部分。今年 1 月 3 日，一家零售商为更新其商店而花费 \$9 000。改进包括照明、分区和音响系统。这些改进估计可带来 5 年的收益。这家零售商租赁了它的商店，租约还剩 3 年。编制分录以记录更新费用和本年度末摊销。

第 3 部分。今年 1 月 6 日，一家公司支付 \$6 000 购买一项剩余期限为 12 年的专利，以生产一种预计可销售 3 年的补充剂。编制分录以记录其购买和本年度 12 月 31 日的摊销。

答案：

第 1 部分

1 月 1 日	借：版权	1 000	
	贷：现金		1 000
	(记录购买著作权。)		
12 月 31 日	借：摊销费用——著作权	200	
	贷：累计摊销——著作权		200
	(记录著作权摊销（\$1 000/5 年）。)		

第 2 部分

1月3日	借：租赁物改良	9 000	
	贷：现金		9 000
	（记录租赁物改良。）		
12月31日	借：摊销费用——租赁物改良	3 000	
	贷：累计摊销——租赁物改良		3 000
	（记录剩余租赁年限的摊销（$9 000/3 年＝$3 000）。）		

第 3 部分

1月6日	借：专利权	6 000	
	贷：现金		6 000
	（记录专利权购买。）		
12月31日	借：摊销费用	2 000	
	贷：累计摊销——专利权		2 000
	（记录专利权摊销（$6 000/3 年＝$2 000）。）		

可持续性与会计

Matt 的西部地区酿酒厂的主要业务是给西雅图地区的农民提供用当地食材制成的食品。Matt 曾说，“西雅图是麦芽威士忌酒的天然产地，这里有世界上最好的土壤和水”。

Matt 感叹道，他的许多“业内朋友”没有充分发挥本地原料的优势。他希望在有生之年能够改变这种状况，而且他认为会计是改变这种状况的关键之一。他说明了如何使用他的会计系统来核算当地的原料，并与当地供应商进行谈判，以充分发挥自身的优势。

Matt 解释说，他通过使用会计信息确保原料等资产不会与非生产性长期资产混淆。如果资产管理不当，和财产、厂房与设备等非生产性资产混淆，将会使利润受到影响，从而削弱他购买更昂贵的本地原料的能力，这可能会对产品质量产生不利影响。

Matt 拒绝降低质量。“我之所以喜欢我们的产品，是因为它们生长在这片土地上，”Matt 解释道。他同样关注可持续发展，他说，“我们希望采取这些可持续发展措施，并确立新的发展方向”。坚持可持续发展需要采购合适的原料，并且让相关人员参与他们所关心的步骤。

NTK 10－6

2016 年 7 月 14 日，Tulsa 公司花 $600 000 购买了一家装备完整的工厂，此次购入的资产情况如下表所示。

资产	评估价值	残值	使用年限	折旧方法
土地	$160 000			不提取折旧
土地附属物	80 000	$0	10 年	直线折旧法
建筑物	320 000	100 000	10 年	双倍余额递减法
机器	240 000	20 000	10 000 单位	工作量法*
合计	$800 000			

*使用机器在 2016 年和 2017 年分别生产了 700 单位和 1 800 单位的产品。

要求：

1. 将＄600 000 的购买成本分摊到各资产中。

2. 分别计算各项资产在 2016 年（6 个月）和 2017 年的折旧费用以及这两年折旧费用的合计额。

3. 2018 年 12 月 31 日，Tulsa 公司报废了一台已经用了 5 年的机器。该机器的原始成本为＄12 000（预计使用 5 年）、残值为＄2 000。在报废时第 5 年的折旧费用尚未提取，试编制有关第 5 年提取折旧（直线折旧法）及处置资产的分录。

4. 2018 年年初，Tulsa 公司花＄100 000 现金购买一项专利权，预计专利权的使用年限为 10 年。试编制取得专利权时的分录以及 2018 年的摊销分录。

5. 2018 年年底，Tulsa 公司花＄600 000 现金购买了一座矿床，紧接着又花了＄80 000 修建道路和矿井。该矿床的预估残值为＄20 000，预计能出产 330 000 吨矿石。Tulsa 公司于 2018 年开采并出售了 10 000 吨矿石。试编制取得矿床及第 1 年提取折耗的分录。

解题步骤：

- 编制三栏式表格，分别列示各项资产的估计价值、在总价值中所占的比例以及分摊的成本。
- 利用分摊后的成本计算各项资产在 2016 年（只有半年）和 2017 年（整年）的折旧费用。将以上计算制成表格，并计算每年总折旧额。
- 记住：在报废资产前要提取直至报废当日的折旧费用。使用直线折旧法计算第 5 年的折旧费用并入账。因为残值在期末报废时并不会收到现金，所以作为处置损失。将处置损失入账，同时将报废的资产及其累计折旧销账。
- 将专利权（无形资产）以买价入账。在专利权的使用年限内使用直线摊销法计算其摊销费用。
- 将矿床（自然资源）以成本入账，这个成本包括任何使其达到可使用状态的额外成本。然后，使用折耗公式计算每吨的折耗费用，再将每吨的折耗费用乘以所开采并出售的吨数求出当年的折旧费用。

答案：

1. 将总成本＄600 000 分摊至各项资产。

资产	评估价值	在总成本中所占的比重	分摊的成本
土地	＄160 000	20％	＄120 000(600 000×20％)
土地附属物	80 000	10	60 000(600 000×10％)
建筑物	320 000	40	240 000(600 000×40％)
机器	240 000	30	180 000(600 000×30％)
合计	＄800 000	100％	＄600 000

2. 提取各项资产的折旧（注意：土地不提取折旧）。

土地附属物	
成本	＄ 60 000
残值	0
可折旧成本	＄ 60 000
使用年限	10 年
每年的折旧费用（＄60 000/10 年）	＄ 6 000
2016 年的折旧费用（＄6 000×6/12）	＄ 3 000
2017 年的折旧费用	＄ 6 000

建筑物	
直线折旧率＝100%/10 年＝10%	
双倍余额递减法折旧率＝10%×2＝20%	
2016 年的折旧费用（$ 240 000×20%×6/12）	$ 24 000
2017 年的折旧费用［（$ 240 000－$ 24 000）×20%］	$ 43 200
机器	
成本	$ 180 000
残值	20 000
可折旧成本	$ 160 000
预期总产量	10 000 单位
单位折旧费用（$ 160 000/10 000 单位）	$ 16
2016 年的折旧费用（$ 16×700 单位）	$ 11 200
2017 年的折旧费用（$ 16×1 800 单位）	$ 28 800

总折旧费用：

	2013 年	2014 年
土地附属物	$ 3 000	$ 6 000
建筑物	24 000	43 200
机器	11 200	28 800
合计	$ 38 200	$ 78 000

3. 记录报废资产截止到报废当日的折旧费用。

借：折旧费用——机器	2 000	
贷：累计折旧——机器		2 000
（记录处置前的资产折旧费用：（$ 12 000－$ 2 000）/5＝$ 2 000。）		

将报废的资产销账并确认损失。

借：累计折旧——机器	10 000	
处置机器损失	2 000	
贷：机器		12 000
（记录报废账面价值为 $ 2 000 的机器。）		

4.

借：专利权	100 000	
贷：现金		100 000
（记录专利权的取得。）		
借：摊销费用——专利权	10 000	
贷：累计摊销——专利权		10 000
（记录摊销费用：$ 100 000/10 年＝$ 10 000。）		

5.

借：矿床	680 000	
贷：现金		680 000
（记录矿床的取得及其相关成本。）		
借：折耗费用——矿床	20 000	
贷：累计折耗——矿床		20 000
（记录折耗费用：（$ 680 000－$ 20 000）/330 000 吨＝$ 2 每吨，开采及出售的 10 000 吨×$ 2＝$ 20 000。）		

小　结

C1　解释如何运用成本原则计量固定资产的成本。固定资产区别于其他有形资产主要有以下两点：用于企业运营以及使用年限超过一个会计期间。固定资产在购入时应以成本入账，成本包括所有使资产达到可使用状态前的一切合理且必要的支出。整批购入的资产的成本则须分摊至个别资产。

C2　解释期间未满一年的折旧计提方法。在会计期内买卖资产时，需要记录折旧期不足一年的折旧费用。此外，当残值及使用年限等变动时折旧费用会随之变动。例如，当固定资产的使用年限发生变动时，剩余的待折旧成本要在（修正后）剩余的使用年限中摊销。

C3　区分收益性支出与资本性支出，并介绍其会计核算方法。收益性支出通常仅使当期受益，故在发生时以费用入账，以便与当期的收入相配比。普通维护即为收益性支出的一种。资本性支出会使未来各期受益，故于发生时借记资产账户，特殊修缮和改良均属于资本性支出。

P1　分别以直线折旧法、工作量法和余额递减法计算和记录折旧。折旧是将固定资产成本分摊至各使用期成为费用的过程。折旧并不能衡量固定资产的减值及实际的毁损情况。决定折旧费用的三个主要因素为：成本、残值及使用年限。残值是使用年限结束时的估计资产价值，使用年限则是指固定资产可用于企业运营的时间长度。直线折旧法下每期的折旧费用等于成本扣除残值后的余额除以使用年限；工作量法下则是以成本扣除残值后的余额除以预计产量作为每单位产品的折旧费用；余额递减法下的折旧费用则是以资产的账面价值乘以某个折旧率（通常为直线折旧率的 2 倍）。

P2　通过报废或出售处置资产的会计核算。当固定资产被报废、出售或交换时，要将其成本和累计折旧销账。任何报废或出售资产所取得的现金都要入账，并要与资产的账面价值进行比较以确定是否发生了损失或获得了收益。

P3　自然资源及其折耗的会计核算。自然资源的成本要记入非流动资产账户，提取折耗时应根据工作量法将成本分摊为折耗费用，折耗费用应贷记累计折耗账户。

P4　无形资产的会计核算。购买无形资产时，要以购买成本将其入账。对于具有明确使用年限的无形资产，要使用直线折旧法将其成本分摊成费用，我们将这一过程称为摊销。商誉及具有不确定使用年限的无形资产不需要进行摊销，但每年都要测算其减值情况。无形资产包括专利权、著作权、租赁权、商誉及商标等。

关键术语

Accelerated depreciation method　加速折旧法
Amortization　摊销
Asset book value　资产账面价值
Betterments　改良
Capital expenditures　资本性支出
Change in an accounting estimate　会计估计变更
Copyright　著作权
Cost　成本
Declining-balance method　余额递减法
Depletion　折耗
Depreciation　折旧
Extraordinary repairs　特殊修缮
Franchises and licenses　特许权和许可权
Goodwill　商誉
Impairment　减值
Inadequacy　生产能力不足
Indefinite life　不确定使用年限
Intangible assets　无形资产
Land improvements　土地附属物
Lease　租约
Leasehold　租赁权
Leasehold improvements　租赁物改良
Lessee　承租人
Lessor　出租人
Limited life　有限使用年限
Modified Accelerated Cost Recovery System（MACRS）修订的加速成本回收制度
Natural resources　自然资源

Obsolescence 陈旧过时	Salvage value 残值
Ordinary repairs 普通维护	Straight-line depreciation 直线折旧法
Patent 专利权	Trademark 商标
Plant assets 厂房设备资产	Units-of-production depreciation 工作量法
Research and development costs 研究与开发成本	Useful life 使用年限
Revenue expenditures 收益性支出	

选择题

1. 假设某公司花＄326 000购买了土地、土地附属物和建筑物等资产。其中，土地的估计价值为＄175 000，土地附属物的估计价值为＄70 000，建筑物的估计价值为＄105 000。试问这些资产的成本应如何分摊？______

a. 土地＄150 000；土地附属物＄60 000；建筑物＄90 000

b. 土地＄163 000；土地附属物＄65 200；建筑物＄97 800

c. 土地＄150 000；土地附属物＄61 600；建筑物＄92 400

d. 土地＄159 000；土地附属物＄65 200；建筑物＄95 400

e. 土地＄175 000；土地附属物＄70 000；建筑物＄105 000

2. 2017年1月1日，某公司花＄35 000购置了一辆卡车。该卡车的预计使用年限为4年，估计残值为＄1 000。假设该公司使用直线折旧法计提折旧，试问2018年12月31日该卡车计提的折旧费用是多少？______

a. ＄8 750　　b. ＄17 500　　c. ＄8 500　　d. ＄17 000　　e. ＄25 500

3. 2017年1月1日，某公司花＄10 800 000购置了一套设备。该设备的使用年限为10年，预计残值为＄800 000。假设该公司使用双倍余额递减法计提折旧，试问2018年12月31日该设备计提的折旧费用是多少？______

a. ＄2 160 000　　b. ＄3 888 000　　c. ＄1 728 000　　d. ＄2 000 000　　e. ＄1 600 000

4. 假设某公司以＄120 000的价格出售了一台初始成本为＄250 000的机器，出售时该机器的累计折旧为＄100 000。试问出售这台机器的收益或损失是多少？______

a. 收益或损失为＄0　　b. 收益为＄120 000　　c. 损失为＄30 000

d. 收益为＄30 000　　e. 损失为＄150 000

5. 一家公司的平均总资产为＄500 000，总销售额为＄575 000，净销售额为＄550 000。公司总资产周转率为______。

a. 1.15　　b. 1.10　　c. 0.91　　d. 0.87　　e. 1.05

讨论题

1. 固定资产与其他资产相比有哪些特点？
2. 纳入固定资产的成本一般要符合什么原则？
3. 土地和土地附属物之间的区别是什么？
4. 为什么整批购买的资产的成本要分摊到各项资产中？
5. 当设备报废更换时，累计折旧——设备账户的余额是否代表所需的资金？如果不是，那它代表什么？

6. 为什么修订的加速成本回收制度通常不被财务会计所接受？

7. 当所购买的固定资产的成本很低时，可在发生时记入费用账户。这一操作符合会计的什么原则？

8. 普通维护和特殊修缮的区别是什么？它们应该如何记录？

9. 列举可以导致固定资产处置发生的事项。

10. 在使用自然资源时，怎样将其成本分摊成费用？

11. 余额递减法是否可以用来计算自然资源的折耗？请解释。

12. 无形资产的特点是什么？

13. 对无形资产的确认和成本分摊所进行的会计处理的一般步骤是什么？

14. 企业在什么时候会有商誉产生？什么时候商誉会出现在一个企业的资产负债表中？

15. 假设一家企业收购了另一家企业，并购买了它的商誉。如果企业计划每年都投入一定的成本以维护商誉的价值，那么该商誉是否一定要摊销？

16. 如何计算总资产周转率？为什么财务报表使用者对总资产周转率感兴趣？

17. 在附录中最近的资产负债表中，苹果公司将其固定资产列为“财产、厂房与设备（净值）”。这里的“净值”是什么意思？

18. 请参阅附录中谷歌公司最近的资产负债表。截至2015年12月31日，谷歌的财产、厂房与设备的总额是多少？

19. 请参阅附录中三星公司的资产负债表。三星是如何称呼其固定资产的？截至2015年12月31日，公司固定资产的账面价值是多少？

20. 请参阅附录中三星公司2015年12月31日的资产负债表。本章所讨论的哪些长期资产是该公司披露的？

21. 确定（a）固定资产和流动资产；（b）固定资产和存货；（c）固定资产和长期投资之间的主要区别。

快速学习

QS 10-1　Kegler Bowling安装一台自动记录设备，设备的初始成本为$190 000。安装设备所需的电工工作的成本为$20 000。额外的成本有运输费$4 000和销售税$13 700。在安装过程中，由于疏忽，设备的一个部件掉到了车道上，并被自动清扫车道的机器所毁坏。维修该部件的成本为$1 850。请问这台自动记录设备的总成本为多少？

QS 10-3　2017年1月2日，Matthews乐队为演出购买了一台音响设备，该设备的成本为$65 800。乐队预计该设备的使用年限是4年，在此期间可表演200场，预计4年后可以$2 000的价格出售。2017年，乐队表演45场。使用直线折旧法计算2017年的折旧费用。

QS 10-5　2017年1月2日，Matthews乐队以$65 800的价格购买了音响设备。乐队估计将使用这台设备4年。据估计，4年后，该设备可以$2 000的价格出售。Matthews乐队使用直线折旧法，但在第2年开始折旧时意识到，由于音乐会预订超出预期，这台设备总共只能使用3年，残值不变。计算第2年和第3年改变折旧方法后的折旧费用。

QS 10-7　假设公司设备的账面价值为$16 000（成本$16 500减去累计折旧$500），公允价值为$14 750，公允价值低于账面价值$1 250满足两步式减值测试。编制$1 250减值的分录。

QS 10-9　Garcia公司拥有的设备价值$76 800，累计折旧$40 800。Garcia公司以现金出售该设备。在以下3个单独的案例中记录设备的销售情况，假设Garcia以$47 000现金、$36 000现金和$31 000现金出售设备。

QS 10-11　确定资产负债表中列报的下列资产a至i为无形资产（IA）、自然资源（NR）或其他（O）。

______ a. 油井	______ d. 金矿	______ g. 特许权
______ b. 商标	______ e. 建筑物	______ h. 森林
______ c. 租赁权	______ f. 著作权	______ i. 盐矿

QS 10-15 回答下列与国际会计准则有关的问题。

a. 固定资产会计涉及成本确定、折旧、额外支出和处置。国际财务报告准则和美国公认会计原则下的固定资产会计是大体相似还是不同？找出国际财务报告准则和美国公认会计原则在固定资产会计方面的一个显著差异。

b. 说明国际财务报告准则和美国公认会计原则如何处理购买后（但在处置前）固定资产价值的增加。

练习题

Exercise 10-1 Rizio公司购买了一台设备，成本为 $12 500，信用条件为“2/10，n/60”，装运地交货。卖方先支付了 $360 的运费，并将其加到总价中，最后发票标价 $12 860。该设备需要特钢安装和电力连接，成本为 $895。此外，组装机器使其正常运转又花掉了 $475。在进行钢安装的过程中，发生了 $180 的损毁。在调试设备以生产出令人满意的产品的过程中，耗用了 $40 的物料。机器的调试结果一切正常，并没有受到之前损毁的影响。计算这台机器的入账成本是多少（Rizio公司在现金折扣期内付款）。

Exercise 10-3 Rodriguez公司购买了价值 $375 280 的房地产，并支付了 $20 100 的手续费。该房地产具体包括估价 $157 040 的土地，估价 $58 890 的土地附属物，以及估价 $176 670 的建筑物。将总成本分摊到这三项资产中，并编制记录购买过程的日记账分录。

Exercise 10-5 年初，Ramirez公司以 $43 500 的成本安装电算化机械设备，该设备的预期使用年限为10年，或385 000单位产品，残值为 $5 000。第2年，该设备生产32 500单位产品，使用工作量法计算该设备第2年的折旧额。

Exercise 10-7 2017年1月初，新科技公司以 $154 000 的价格购买计算机设备，用于未来4年的运营。据估计，该设备的残值为 $25 000。制表列示以直线折旧法计算出的每年折旧额和账面价值。

Exercise 10-9 Tory Enterprises花 $238 400 购买了一台设备，预计使用年限为5年，残值为 $43 600。在使用设备进行经营活动的5年内，减去除折旧外的所有费用后，预计每年收益 $88 500。采用直线折旧法编制一张表格，以反映以下信息：计提折旧前的收益、折旧费用、每年的税前净收益和5年总的税前净收益。

Exercise 10-11 2016年4月1日，Cyclone's Backhoe公司以 $280 000 的价格购买了一台挖沟机。这台机器预计能使用5年，残值为 $40 000。假设公司采用直线折旧法。计算2016年和2017年的折旧费用。

Exercise 10-13 Apex Fitness公司拥有一台机器，采用直线折旧法对其计提折旧，成本为 $23 860，预计使用年限为4年，残值为 $2 400。第3年年初，Apex认为机器剩余使用年限为3年，预计残值为 $2 000。计算（1）第2年年末机器的账面价值；（2）调整后，最后3年每年的折旧额。

Exercise 10-15 Martinez公司拥有一座建筑物，在上一年的资产负债表中列示的余额为原始成本 $572 000减去累计折旧 $429 000。用直线折旧法对建筑物计提折旧。建筑物的预计使用年限为20年，残值为0。本年1月份的第一个星期，修复建筑物的主要结构花费了 $68 350。该修复使得建筑物的预计使用年限在原先20年的基础上又延长了5年。

1. 根据上一年年底资产负债表的日期判断建筑物的年限。
2. 编制记录修复成本的会计分录。
3. 在维修成本入账后，计算建筑物的账面价值。
4. 编制记录本年折旧的会计分录。

Exercise 10－17　2017 年 1 月 1 日，Rayya 公司购买并安装了一套机器，总成本为＄105 000。预计使用年限为 7 年，残值为 0。前 4 年每年采用直线折旧法计提折旧。在第 5 年，公司于 2021 年 7 月 1 日处置了该设备。分别根据下列假设编制 2021 年 7 月 1 日未满一年期的该设备的折旧分录。

1. 机器以现金＄45 500 出售。
2. Rayya 收到了由于一场大火造成机器损坏的保险赔偿＄25 000，编制记录机器处置的会计分录。

Exercise 10－19　2017 年 1 月 1 日，Milano Gallery 花＄418 000 购买了一幅油画的版权。该版权规定其所有者的法定使用年限为 10 年以上。公司计划推销和售卖该油画的印刷物 11 年。编制 2017 年 1 月 1 日记录购买版权的会计分录和 2017 年 12 月 31 日该版权的年摊销额的会计分录。

Exercise 10－21　请参阅附录中谷歌公司的现金流量表，公司财年的截止日期为 2015 年 12 月 31 日，回答以下问题：

1. 购买物业和设备需要多少现金？
2. 物业和设备的折旧和减值是多少？
3. 投资活动使用的净现金总额是多少？

综合题

Problem 10－1A　Timberly Construction 公司从一家将要倒闭的公司那里购买了一整批资产。该交易是在 2017 年 1 月 1 日完成的，共支付现金＄900 000，包括一座建筑物、土地、土地附属物和四辆车。这些资产的估计市场价值分别为建筑物＄508 800；土地＄297 600；土地附属物＄28 800；四辆车＄124 800。公司的财政年度的截止日期为 12 月 31 日。

要求：

1. 编制一张表格，将整批购进的资产的总价分摊至各资产（四舍五入到小数点后两位）。编制记录购买情况的日记账分录。
2. 计算建筑物 2017 年的折旧费用。假设采用直线折旧法，预计使用年限为 15 年，残值为＄27 000。
3. 计算土地附属物 2017 年的折旧费用。假设采用双倍余额递减法，预计使用年限为 5 年。

分析：

4. 你支持还是反对如下说法：加速折旧导致在资产的使用年限内所缴税金变少。

拓展题

BTN 10－3　Flo Choi 拥有一家小企业并担任其会计。公司刚刚完成一年的工作，在这一年中，大量借入资金用于建筑以及设备和固定装置的扩建。银行要求她每半年提交一次财务报表，以监控企业的财务状况。银行警告她，如果利润率下降，可能会提高借款利率，来反映贷款风险的增加。Choi 知道今年的利润率可能会下降，当她编制年终调整分录时，决定应用以下折旧规则：所有增加的资产都被视为在下个月的第一天使用（之前的规则假设资产在离购买日期最近的月份的第一天使用）。

要求：

1. 确定像 Choi 这样的经理在应用折旧方法时必须做出的决定。
2. Choi 的规则是违反道德的还是合法的？
3. 新折旧规则将如何影响她公司的业务利润率？

全球视角

下面讨论在美国公认会计原则和国际财务报告准则下，固定资产和无形资产会计处理的相似和不同之处。

固定资产的会计处理 从广义上来看，美国公认会计原则和国际财务报告准则对固定资产的成本计量、折旧、后续支出和处置的要求是类似的。尽管存在一定的差异，但是相似之处远远大于不同之处。以下是诺基亚公司对固定资产会计处理的报告：

> 资产、厂房与设备的入账价值为成本减去累计折旧。在使用期内，采用直线折旧法。维护、维修和更新费用记为收益性支出。而重大更新记为资本性支出并且计入资产价值……重大更新在该资产的剩余使用期内也需要计提折旧。

美国公认会计原则和国际财务报告准则之间一个显著的不同之处在于对固定资产价值变化的会计处理（从资产的获得到处置这段时间）。比如，美国公认会计原则和国际财务报告准则将会如何处理并购后固定资产价值的上升或下降？

固定资产价值的下降。并购后，如果固定资产的价值有所下降，在处置资产之前，美国公认会计原则和国际财务报告准则都要求公司对其计提减值损失。但是美国公认会计原则和国际财务报告准则在减值测试时使用的方法不同，在美国公认会计原则下，采用公允价值对减值后的资产重新估值，而国际财务报告准则采用可收回价值对资产重新估值（可收回价值等于公允价值减去销售成本）。

固定资产价值的上升。美国公认会计原则禁止企业将固定资产价值的提高入账。然而，国际财务报告准则则允许企业记录资产的价值提高。比如，在国际财务报告准则下，如果该固定资产计提过减值损失，公司需要将该资产价值的增加记为收益，如果资产增加值超过资产的初始成本，那么将这笔增加值计入综合收益。

无形资产的会计处理 从广义上来看，美国公认会计原则和国际财务报告准则对无形资产成本的计量、摊销、后续支出和处置的要求是类似的。尽管存在一定的差异，但相似之处远远大于不同之处。与固定资产的会计处理类似，美国公认会计原则和国际财务报告准则显著的不同之处在于对无形资产价值变化的会计处理。国际财务报告准则对于无形资产价值上升的入账要求是非常严格的，因此很少有公司记录无形资产价值的提高。以下是诺基亚公司对无形资产会计处理的报告：

> （无形资产）在其使用寿命内采用直线法进行资本化和摊销。当无形资产存在减值迹象时，需要针对其可回收性，重新评估其账面价值。由此产生的任何减值损失应立即在利润表中确认。

国际财务报告准则

预期使用寿命的变化：与美国公认会计原则不同，国际财务报告准则要求企业每年对固定资产的使用寿命和残值的估计值进行检查。如果固定资产的市场价值能够可靠计量，国际财务报告准则也允许使用市场价值对固定资产重新估值。

选择题答案

1. b;

	评估价值	比重	总成本	分摊的成本
土地	$ 175 000	50%	$ 326 000	$ 163 000
土地附属物	70 000	20	326 000	65 200
建筑物	105 000	30	326 000	97 800
合计	$ 350 000			$ 326 000

2. c；（＄35 000－＄1 000）/4 年＝＄8 500 每年

3. c；2017：＄10 800 000×(2×10%)＝＄2 160 000

　　2018：（＄10 800 000－＄2 160 000）×(2×10%)＝＄1 728 000

4. c；

机器成本	＄250 000
累计折旧	100 000
账面价值	150 000
收到的现金	120 000
销售损失	＄ 30 000

5. b；＄550 000/＄500 000＝1.10

第 11 章

流动负债与薪酬的会计核算

本章预览

已有负债	与薪酬有关的负债	预计负债	或有事项及分析
C1　披露负债 C2　应付销售税 　　预收收入 P1　短期应付票据	P2　员工薪酬及 　　扣款 P3　员工 　　所得税 　　多期负债	P4　关于： 　　医疗和养老金 　　休假福利 　　奖金计划 　　产品质量保证	C3　或有负债的 　　会计核算： 　　很可能发生 　　可能发生 　　发生的可能性 　　很小
NTK 11-1	NTK 11-2	NTK 11-3	NTK 11-4

学习目标

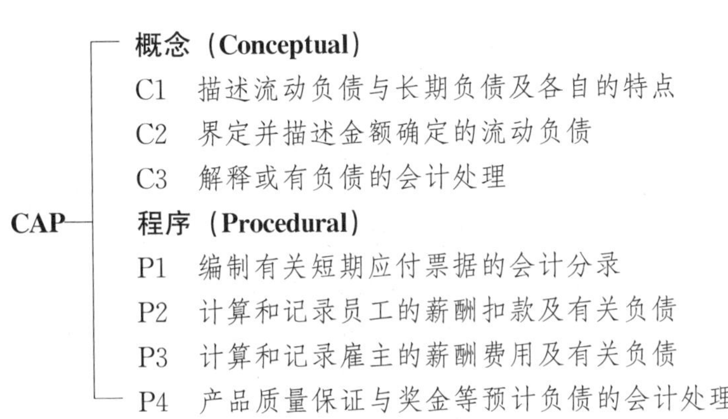

11.1　金额确定的负债

金额确定的负债（known liabilities）来自协议、合同或法律，它们是可衡量的。已知负债包括应付账款、应付票据、工资负债、销售税、预收收入和租赁。

负债的特点

本节中，我们将介绍负债的主要特点及其分类和披露。

负债的定义

负债是指企业现在所担负的因过去的交易或事项而产生的经济义务，在未来必须以提供资产或服务的方式加以偿付。根据上述定义，负债必须具备以下三个特点：

- 系由过去的交易或事项所产生。
- 系企业现在必须担负的经济义务。
- 在未来必须以提供资产或服务的方式进行偿付。

图表11－1描述了负债这三大特点。并非所有未来预期要支付的款项都属于负债。例如，大多数企业预期在未来几个月或几年都要支付工资给员工，但这些未来支付给员工的工资并不能算作负债，因为它们都不是由过去的事项（如员工工作）所产生的现在所必须承担的经济义务。只有员工完成工作、拿到工资以后，才能把这些应付工资视为负债。

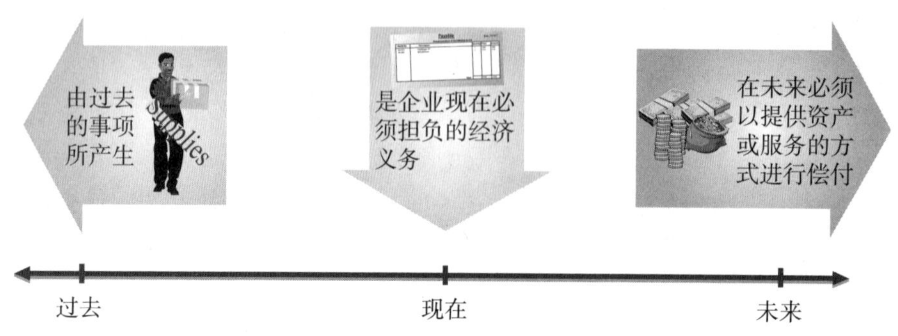

图表11－1　负债的特点

负债的分类

在资产负债表上以长期和短期来区分负债，可以为报表使用者提供更有用的信息。

流动负债　**流动负债**（current liabilities）又称短期负债，是指在一年或企业长于一年的一个经营周期内预期要以动用流动资产或产生其他流动负债的方式加以偿还的负债。例如，应付账款、短期应付票据、应付工资、产品质量保证、租赁负债、应付税款以及预收收入等均属于流动负债。

根据经营活动的不同，不同企业的流动负债也各不相同。例如，MGM Resorts公司在其财务报表中披露，公司与博彩业、酒店和娱乐运营有关的流动负债包括以下几项（单位：千美元）：

押金和门票销售	$ 104 461
赌场已发行筹码负债	282 810
赌场定金	127 947
其他应计项目	91 318

而Harley-Davidson公司的财务报表所披露的流动负债与MGM Resorts公司完全不同。该公司的流动负债主要包括产品质量保证、召回费用以及经销商激励费用。

长期负债　预期不需要在一年或企业长于一年的一个经营周期内偿还的负债即为**长期负债**（long-term liability）。长期负债包括长期应付票据、产品质量保证、租赁负债，以及应付债券等。在资产负债表上，可以只列示长期负债总额，也可以分门别类地列示出各种长期负债。

例如，在达美乐比萨公司资产负债表的流动负债项目下面列出了公司的长期负债总额为$22.24亿。如果一项长期负债需要分期偿还，那么还可以把该长期负债分成两部分——一年或企业长于一年的一个经营周期内到期的部分和一年或企业长于一年的一个经营周期后到期的部分。例如，达美乐比萨公司的资产负债表显示，公司的长期负债为$21.81亿，其短期需要偿还的部分为$5 900万。这$5 900万（还不到长期负债的1%）应该列入流动负债。有时，我们还会见到没有固定到期日，但需要在债权人要求还款时进行偿还的负债。由于此类负债可能要在短期内偿还，因此应将其列入流动负债。图表11－2列出了我们选定的几家公司的流动负债金额及其在公司负债总额中所占的比重。

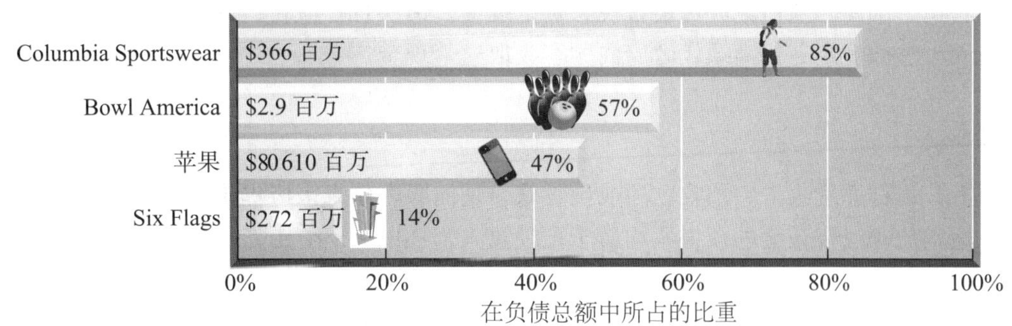

图表 11-2 选定公司的流动负债

负债的不确定性

负债的会计处理需要弄清楚三个重要问题：付款对象是谁？什么时候付款？付款金额是多少？通常在负债发生时就可以确定这些问题的答案。例如，假设某公司应于 3 月 15 日偿还欠某人的 \$100 的应付账款。在上述假定条件下，上面提到的三个问题的答案都很明确。该公司知道付款对象、付款时间以及付款的金额。但对于某些负债而言，上述三个问题中有一个或几个问题的答案是不确定的。

付款对象不确定 有时，负债的付款对象是不确定的。例如，企业可能发行已知金额的应付票据，且必须在某特定日期向票据持有人支付特定金额。但在票据到期前企业并不知道票据持有人是谁。尽管存在上述不确定性，企业在资产负债表上仍应该列示此项负债。

付款时间不确定 企业可能会有已知金额及债权人但不知何时付款的负债。例如，律师事务所可能会向客户就未来计划使用的服务事先收费，这表示此事务所有一笔不知何时应予以偿还的负债。虽然存在上述不确定性，但事务所的资产负债表必须列示该负债。这些类型的负债列为流动负债，因为可能在短期内偿还。

付款金额不确定 有时，企业明知道负债已经发生，却不知道具体欠款金额是多少。例如，企业电费只有在抄表后才会寄发账单，但在收到账单前电费已经发生，负债也已确定。因此，若在编制资产负债表时账单尚未寄达，企业应该估计应付电费金额并予以入账。

应付账款

应付账款，是指向供应商赊购产品或服务所产生的负债。在前面章节介绍商品买卖活动的时候，我们已经讲过应付账款的会计处理。

应付销售税

美国几乎每个州和城市都会对零售行为课税。销售税按照销售价格的一定百分比征收。销售商在销售货物时要向顾客征收销售税，并定期将这些销售税上缴至相关部门。因为销售商需要暂时持有这些应交给政府的款项，所以对销售商而言，应付销售税是一项流动负债。例如，家得宝公司（Home Depot）在最近的年报里披露的应付销售税金额为 \$4.76 亿。假设家得宝公司在 8 月 31 日以 \$6 000 的价格出售了一批原料，并且销售税率为 5%，那么公司应编制如下分录：

8 月 31 日	借：现金	6 300		资产＝负债＋所有者权益
	贷：销售收入		6 000	＋6 300　＋300　＋6 000
	应付销售税（\$6 000×0.05）		300	
	（记录现金销售收入及 5%的销售税。）			

上交销售税给国库时须借记应付销售税、贷记现金。请注意：应付销售税并非费用，之所以会产生应付销售税是因为法律规定零售商须代政府向顾客收取这笔现金。①

预收收入

预收收入，也称递延收入、预收款项或预收款，是向顾客就未来应提供的产品或服务所预先收取的款项，例如，运动比赛或音乐会的预售票均属于预收收入。Rihanna 在其资产负债表中披露了通过预售门票获得的递延收入。例如，假设 Rihanna 未来要举办 8 场演唱会，预售门票的收入为 \$500 万，那么编制的相关分录如下：

日期	分录	借方	贷方	资产	负债	所有者权益
6 月 30 日	借：现金	5 000 000		资产＝负债＋所有者权益		
	贷：预收门票收入		5 000 000	＋5 000 000	＋5 000 000	
	（记录门票销售收入。）					

在每场演出结束后，Rihanna 应编制分录，确认已赚得的收入。

日期	分录	借方	贷方	资产	负债	所有者权益
10 月 31 日	借：预收门票收入	625 000		资产＝负债＋所有者权益		
	贷：门票收入		625 000		－625 000	＋625 000
	（记录演唱会门票销售收入（\$5 000 000×1/8）。）					

预收门票收入属于预收收入，应将其列入流动负债。另外，销售机票、订购杂志、建筑工程、饭店预约、礼品卡销售与顾客订单等也常产生预收收入。

短期应付票据

短期应付票据（short-term notes payable）是指在一年或企业长于一年的一个经营周期内必须支付约定金额的书面承诺。这种期票像支票一样是可以转让的，亦即可通过背书在不同个体之间转让。票据提供的书面文件有助于解决法律纠纷。下面分别介绍这两种情况。

用来延长信用期限的应付票据　企业可以签发应付票据来代替应付账款。比较常见的一种情况就是债权人要求以带息票据取代原来的不需要支付利息的逾期应付账款。

让我们举个例子来看看。假设 8 月 23 日 Brady 公司要求延期偿还欠 McGraw 公司的 \$600 的应付账款。经协商，McGraw 公司同意接受 \$100 现金和一张 60 天期、面值为 \$500、利率为 12%的应付票据取代原来的应付账款。为此，Brady 公司需要编制如下分录：

日期	分录	借方	贷方	资产	负债	所有者权益
8 月 23 日	借：应付账款——McGraw 公司	600		资产＝负债＋所有者权益		
	贷：现金		100	－100	－600	
	应付票据——McGraw 公司		500		＋500	
	（以现金 \$100 及 60 天期、面值为 \$500、利率为 12%的票据偿还应付账款。）					

① 如果账簿中没有把销售税单列出来，我们可以根据销售收入总额计算销售税额。例如，假设销售税率为 5%，销售收入总额为 \$420（其中包括销售税）。该例中销售收入的计算过程如下：

销售收入＝销售收入总额/(1＋销售税率)＝\$420/1.05＝\$400

因此，销售税额等于销售收入总额减销售收入，即 420－400＝\$20。

签发票据并没有了结 Brady 公司所欠的债务，只不过是将债务的形式由应付账款转变为应付票据。McGraw 公司之所以愿意用应付票据代替原来的应收账款，不仅因为应付票据可以给 McGraw 公司带来一定的利息收入，而且因为应付票据是一种可以证明债务存在，并记载有债务偿还条件以及偿还金额的书面证据。等到上述票据到期时，Brady 公司要签发一张＄510 的支票给 McGraw 公司以偿还票据的本金和利息。为此，Brady 公司需要编制如下分录：

				资产＝负债＋所有者权益
10 月 22 日	借：应付票据——McGraw 公司	500		−510　−500　−10
	利息费用	10		
	贷：现金		510	
	（支付票据本金和利息（＄500×12%×60/360）。）			

利息费用是以票据本金（＄500）乘以年利率（12%）再乘以换算成以年度为单位的票据有效期（60 天/360 天）而得出的。

向银行借款所签发的票据　向银行借款时，银行几乎都会要求借款人签发票据。到期时，借款人必须偿还大于借款金额的款项，借款与还款金额间的差额便是利息。本节中，我们来介绍一种出票人承诺支付本金和利息的票据。这种票据的面值（在票据上所列示的金额）等于票据本金。例如，假设某公司急需＄2 000 开展某项目，便以 12%的年利率向银行借款。借款日期为 2017 年 9 月 30 日，借款期限为 60 天。该公司还特地签发了一张面值等于借款金额的票据，并在票据上写了与下面的内容类似的声明：“我承诺在自 9 月 30 日起的 60 天内支付＄2 000 及 12%的利息。”该借款人需要编制如下分录记录其现金收入和新的负债：

				资产＝负债＋所有者权益
9 月 30 日	借：现金	2 000		+2 000　+2 000
	贷：应付票据		2 000	
	（开立 60 天期、面值为＄2 000、利率为 12%的票据借款＄2 000。）			

等到支付票据本金和利息时，借款人需编制如下分录：

				资产＝负债＋所有者权益
11 月 29 日	借：应付票据	2 000		−2 040　−2 000　−40
	利息费用	40		
	贷：现金		2 040	
	（支付票据本金和利息（＄2 000×12%×60/360）。）			

跨期票据　当票据在当期发行并在下一期支付时，根据票据在每一期的实际存续天数来记录利息费用。为了更好地说明，我们仍以前面的应付票据为例，但假设公司在 2017 年 12 月 16 日而非 9 月 30 日借到＄2 000 现金。该票据在 60 天后的 2018 年 2 月 14 日到期，而公司的会计年度截止日为 12 月 31 日。这意味着 60 天中有 15 天在 2017 年，45 天在 2018 年。这两个时期的利息为：

- 12/16/2017 至 12/31/2017＝15 天。利息费用＝＄2 000×12%×15/360＝＄10。
- 12/31/2017 至 02/14/2018＝45 天。利息费用＝＄2 000×12%×45/360＝＄30。

				资产＝负债＋所有者权益
2017 年 12 月 31 日	借：利息费用	10		+10　−10
	贷：应付利息		10	
	（记录票据的应计利息（＄2 000×12%×15/360）。）			

当票据于 2018 年 2 月 14 日到期时，借款人应该将后 45 天的利息确认为 2018 年的费用，并冲销两个负债类账户（应付利息和应付票据）的余额：

2018 年				
2 月 14 日	借：利息费用*	30		资产＝负债＋所有者权益
	应付利息	10		−2 040　−10　　−30
	应付票据	2 000		−2 000
	贷：现金		2 040	
	（偿还票据本金及利息。）＊$2 000×12%×45/360			

决策洞察力　“甜蜜的”票据

许多特许经营商，如 Baskin-Robbins，Planet Smoothie 和 Cold Stone Creamery，使用票据来帮助企业家获得特许经营权，包括用票据支付特许经营费和设备费用。这些票据通常按月支付，通常由特许经营者的资产担保。例如，麦当劳的特许经营权成本从不到 20 万美元到 200 万美元以上，具体由所选类型决定，见 FranchiseFoundations. com。

NTK 11－1

第 1 部分。6 月 30 日，一家零售商以 $500 现金销售商品（商品成本为 $300）。销售税法要求零售商征收 7%的销售税。编制记录 $500 销售额及其适用的增值税的分录，以及 7 月 15 日向州政府缴纳 7%税款的分录。

第 2 部分。一家票务机构在 Haim 的 4 天巡演中提前收到 $40 000 现金。记录 4 月 30 日的预售门票。假设它占预售门票的 1/4，记录 5 月 15 日首场音乐会的收入。

第 3 部分。11 月 25 日，一家公司通过签发一张面值 $8 000、90 天期、利率为 5%的票据，借入 $8 000 现金。(a) 计算本年度 12 月 31 日应计利息；(b) 编制日记账分录，以记录本年度 12 月 31 日的应计利息支出；(c) 编制日记账分录以记录到期应付款项。

答案：

第 1 部分

6 月 30 日	借：现金	535	
	贷：销售收入		500
	应交销售税		35
	（记录现金销售额和 7%的销售税。）		
6 月 30 日	借：销售成本	300	
	贷：库存商品		300
	（记录 6 月 30 日销售成本。）		
7 月 15 日	借：应交税费	35	
	贷：现金		35
	（记录向政府缴纳销售税。）		

第 2 部分

4 月 30 日	借：现金	40 000	
	贷：预收门票收入		40 000
	（记录提前收到的收入。）		
5 月 15 日	借：预收门票收入	10 000	
	贷：收到的门票收入		10 000
	（记录音乐会收入（$ 40 000×1/4）。）		

第 3 部分

a.

计算 12 月 31 日应计利息：	
11 月 25 日至 12 月 31 日	36 天
应计利息（5%×$ 8 000×36/360）	$ 40

b.

12 月 31 日	借：利息费用	40	
	贷：应付利息		40
	（记录应付利息（5%×$ 8 000×36/360）。）		

c.

2 月 23 日	借：利息费用	60	
	应付利息	40	
	应付票据	8 000	
	贷：现金		8 100
	（记录票据付款加利息。）		
	（5%×$ 8 000×90/360＝$ 100 全部利息）		
	（5%×$ 8 000×54/360＝$ 60 利息费用）		

11.2　与薪酬有关的负债

与薪酬有关的负债是已知负债的重要组成部分，来自工资、薪水、雇员福利以及向雇主征收的工资税。以 Boston Beer 公司为例。该公司资产负债表中的“应计薪酬和福利”项目披露：公司和薪酬有关的流动负债总额超过 $ 12 367 000。本节将讨论与薪酬有关的负债及相关账户。

员工薪酬与扣款

薪酬总额（gross pay）是员工所赚得的未扣除税金等项目的报酬总额，其中包括工资、薪水、佣金、奖金及其他报酬（工资通常是指支付给员工的按小时计算的报酬，薪水则是指支付给员工的按月或按年计算的报酬）。**薪酬净额**（net pay），又称实发工资，是指薪酬总额扣除所有扣款后的净额。**薪酬扣款**（payroll deductions），又称扣缴款，是指员工薪酬总额中因规定或员工自愿而扣除的部分。规定扣款是按照所得税和社会保障税等有关法律的规定扣除的；而自愿扣款则是根据员工的意愿扣除的，包括养老金缴款、医疗保险费、工会会费以及对慈善机构的捐款等。

图表 11－3 列出了员工薪酬中常见的扣款项目。雇主要从员工薪酬中代扣各种款项，然后交至指定机构。在缴纳前，雇主须将薪酬扣款计入其流动负债。下面介绍一些主要的薪酬扣款项目。

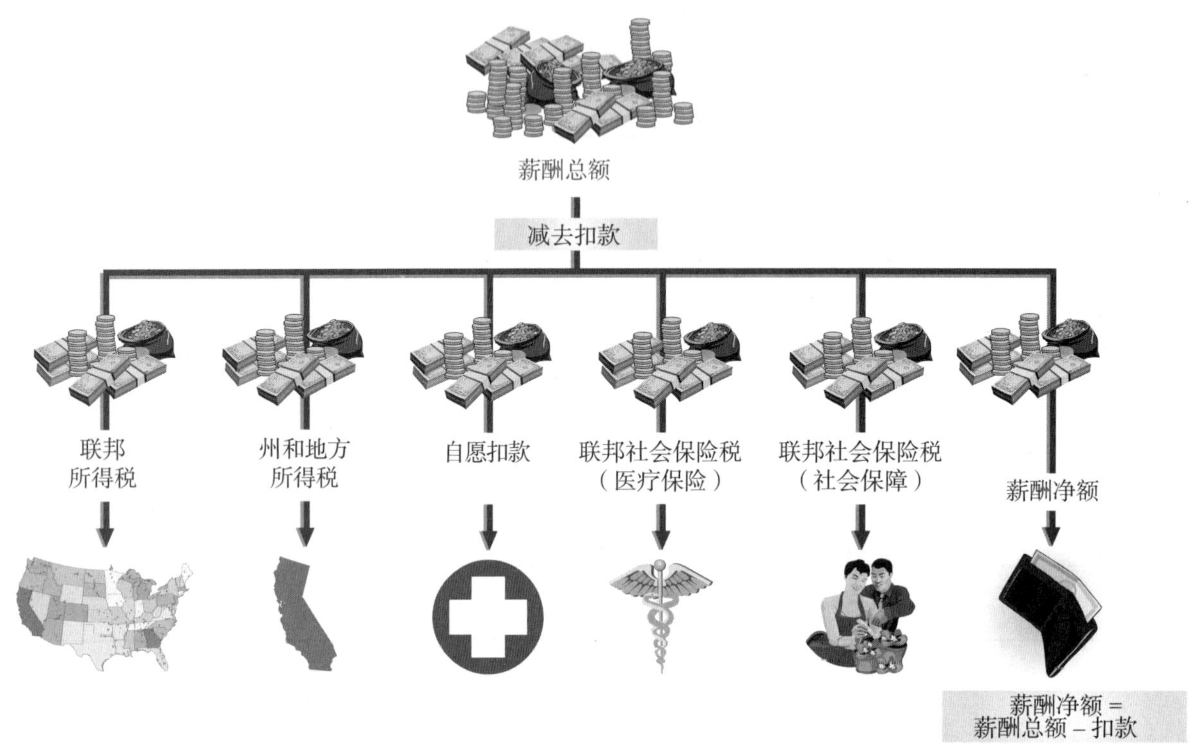

图表 11－3　薪酬扣款

员工联邦社会保险税

美国联邦社会保障计划为符合条件的工作人员提供退休金、伤残金、抚恤金及医疗保险等福利。法律规定雇主须从员工薪酬中代扣**联邦社会保险税**（Federal Insurance Contributions Act（FICA）taxes）以补贴该计划的部分成本。雇主通常将联邦社会保险税分成两部分：（1）退休金、伤残金及抚恤金；（2）医疗保险。就第（1）部分而言，社会保障计划会按月为符合条件的退休人员发放现金，直至其去世。我们通常把发放的这些现金称为社会保障福利金，与社会保障福利金有关的税则称为社会保障税。就第（2）部分而言，社会保障计划会按月为符合条件的已故人员的家属或伤残员工发放现金。我们通常将这种发放的现金称为医疗保险福利，同前面一样，与医疗福利有关的税则称为医疗保险税。

社会保障税和医疗保险税要分别计算。例如，以 2016 年来说，员工社会保障税的代扣比率为每个员工全年薪酬所得的 6.2%，且对于年薪酬所得中超出 $ 118 500 的部分不予扣税。医疗保险税的代扣比率则为员工全年薪酬所得的 1.45%，医疗保险税无上限金额之规定。（这种附加税不强加给雇主，其他则是强加的。）

雇主每年在固定期限内必须向美国国税局（Internal Revenue Service，IRS）缴纳这些代扣税款，如果未及时缴纳会被处以相当重的罚款。在将代扣税款缴纳给国税局之前，雇主要将它们计入其流动负债。如果想了解代扣比率及应税收入上限的变动情况，请登录美国国税局网站（IRS. gov）或美国社会安全管理局（SSA）网站（SSA. gov）。

员工所得税

按规定，大多数雇主都必须从员工薪酬中代扣联邦所得税，具体代扣额可以根据国税局所发布的税额计算表进行计算。员工所得税的代扣额主要取决于员工全年薪酬所得总额以及员工所申报的预扣税款优惠。预扣税款优惠会减少应缴纳给政府的税款。也就是说，员工所申报的预扣税款优惠越多，雇主应代扣的税额就越少。员工可以为自己及需要抚养或赡养的亲属申报预扣税款优惠。代扣税额在上缴之前，在雇主的资产负债表上须列为流动负债。

员工自愿扣款

雇主通常会依照员工要求、合同、工会或其他协议从员工的薪酬中代扣其他款项。这些代扣款项包括对慈善机构的捐款、医疗保险费、养老金缴款及工会会费等，这些代扣款项在支付前，在雇主账上须列为流动负债。

员工工资记录

在每个薪酬结算期期末，雇主都要确认各种薪酬费用及相关负债。例如，假设某员工每个月的薪酬为＄2 000，那么 1 月底，雇主须编制如下分录确认该员工的薪酬费用及相关负债：

1 月 31 日	借：薪酬费用	2 000		资产＝负债＋所有者权益	
	贷：FICA			＋124	－2 000
	——应缴社会保障税（6.2%）		124	＋29	
	FICA			＋213	
	——应缴医疗保险税（1.45%）		29	＋85	
	应缴员工联邦所得税*		213	＋25	
	应付员工医疗保险费*		85	＋1 524	
	应付员工工会会费*		25		
	应付薪酬		1 524		
	（记录 1 月份的应付薪酬。）				

* 这三项金额均取自雇主的会计记录。

借方的薪酬费用代表员工的薪酬总额为＄2 000；贷方前 5 项应付款为雇主需代员工支付的联邦社会保险税、联邦所得税、医疗保险费以及工会会费；贷方的最后一项——应付薪酬代表在＄2 000 的薪酬总额中员工实领金额为＄1 524。2 月 1 日记录对此员工的现金付款的分录是：

2 月 1 日	借：应付薪酬	1 524	
	贷：现金		1 524

决策洞察力

法律监管

国税局前局长 Mark W. Everson 声称，“不缴纳雇佣税相当于从企业员工那里偷钱。”国税局追究不守法的企业主的责任，这些雇主将面临民事或刑事处罚。一些人试图将政府作为“短期借款银行”，一些人收税并保留税款；另一些人则反对美国税法。不管怎样，联邦法律要求雇主预扣和支付雇佣税（IRS. gov/newsronm）。

雇主薪酬税

除代扣税款以外，雇主自己也必须支付联邦社会保险税及失业税等和薪酬有关的税。

雇主联邦社会保险税

雇主也必须缴纳联邦社会保险税，且税额等于员工联邦社会保险税的代扣额。2016 年，雇主支付社会保障税的比率为每个员工全年薪酬所得的 6.2%，年薪酬所得中超出 $118 500 的部分不予扣税。医疗保险税的比率为员工全年薪酬所得的 1.45%。雇主所要缴纳的联邦社会保险税贷记联邦社会保险税账户，该账户跟记录员工的社会保障税和医疗保险税代扣额的账户是同一个账户。

联邦及州失业救济税

联邦政府及州政府共同制定了联邦及州政府联合失业保险计划，并由各州自行管理。这些计划会为符合条件的工作人员提供失业补助。

联邦政府失业税法案（Federal Unemployment Taxes Act，FUTA） 雇主必须根据付给员工的薪酬缴纳联邦政府失业税。近年来，按规定，雇主须按照 6.0%的税率为每个员工薪酬所得中 $7 000 以内的部分缴纳联邦政府失业税，并且雇主所缴纳的州失业救济税可以从联邦政府失业税中予以扣除，最高扣除额可达 5.4%。这样一来，实际上雇主所负担的联邦政府失业税通常只有 0.6%。

州失业救济税法案（State Unemployment Taxes Act，SUTA） 各州政府都通过向雇主课征薪酬税来资助其失业保险计划。（部分州政府也会要求员工缴纳此项税收，但在这里假设只有雇主才缴纳。）大多数州都是按照 5.4%的基本税率对每个员工薪酬所得中 $7 000 以内的部分征收州失业救济税。同时，政府还会根据企业的员工流动率给雇主划分**绩效等级**（merit rating），并据此对上述基本税率加以调整。评级越好说明企业的员工流动率越低，雇主可以以低于 5.4%的税率缴纳州失业救济税。反之，如果评级较差，则说明企业的员工流动率较高或者是存在季节性雇用和解雇员工问题。

雇主薪酬税的记录

雇主薪酬税是在员工薪水和工资以外所增加的额外费用，通常不能与薪酬费用和薪酬扣款记在一起，因此需要另外编制分录，记录雇主薪酬税。让我们举个例子来看看。假设上一个分录中记录的 $2 000 薪酬费用来自一个年薪酬总额低于 $5 000 的员工。也就是说，本期 $2 000 薪酬费用全部都需要缴纳失业税，因为该员工本年度迄今为止的薪酬所得还不到 $7 000。因此，雇主需要缴纳联邦社会保险税 $153（2 000×(6.2%+1.45%)）。另外，我们还假设联邦政府失业税率为 0.6%，州失业救济税率为 5.4%。雇主还要缴纳州失业救济税 $108（2 000×5.4%）以及联邦政府失业税 $12（2 000×0.6%）。为此，需要编制如下分录记录雇主需要支付的薪酬税及相关负债：

日期	账户	借方	贷方	资产＝负债＋所有者权益	
1月31日	借：薪酬费用	273			
	贷：FICA——应缴社会保障税（6.2%）		124	+124	−273
	FICA——应缴医疗保险税（1.45%）		29	+29	
	应缴州失业救济税		108	+108	
	应缴联邦政府失业税		12	+12	
	（记录雇主薪酬税。）				

工资单的内部控制

内部控制对于工资单至关重要，因为存在较高的欺诈和错误风险。图表 11-4 标识并解释了四个关键点。

雇佣员工	计算薪酬	考勤	支付薪酬

职责：授权、员工雇佣和辞退 目标：排除虚构员工	职责：确定税率和薪酬总额 目标：使用新的税率，准确计算薪酬总额	职责：确认员工的有效工作时间 目标：根据工作时间支付薪酬	职责：签发预先编号的支票 目标：确保支票有效、安全、正确

图表 11-4

决策洞察力

工资欺诈

工资欺诈可能是欺诈中数量最多的一种。控制措施包括规范员工添加、删除和工资调整的审批和流程。常见的欺诈是经理将虚构员工添加到工资单中，然后兑现虚构员工的支票。一份研究报告显示，过去一年，运营和服务行业 42%的员工违反了员工工资、加班或福利规定（KPMG，2013）。另有 33%的行业被发现伪造了时间和费用报告。

多期金额确定的负债

很多金额确定的负债都跨越多个会计期，例如预收收入和应付票据。让我们举个例子来看看。假设《体育画刊》（*Sports Illustrated*）预收了今后 4 年的杂志订阅费，并将收到的款项记入预收订阅费收入账户。显然，预收订阅费收入账户记录的是负债项目，那它们到底属于流动负债还是长期负债？答案是它们既属于流动负债，也属于长期负债。预收订阅费收入中第 2 年需要履行的部分应列为流动负债，剩余部分则应列入长期负债。

应付票据也是如此。例如，在签发票据后的头两年，借款人要将 3 年期的应付票据列为长期负债；第 3 年，借款人则要将其改列为流动负债，因为该票据将在一年或长于一年的经营周期内到期。**一年内（或长于一年的一个经营周期内）到期的长期负债**（current portion of long-term debt）是指长期负债中将在一年或长于一年的经营周期内到期的部分。长期负债应列入资产负债表的长期负债项目，但一年内到期的长期负债则要列入流动负债项目。让我们举个例子来看看。假设某企业有 \$7 500 的债务需要在 5 年内分期偿还，每年偿还 \$1 500。在这种情况下，要将一年内到期的 \$1 500 列为流动负债。不需要专门编制分录将长期负债改列为流动负债，只需要在编制资产负债表时将相应的负债列入流动负债或长期负债项下即可。

职业道德 **网页设计师**

你接受了一份暑期工作，即为经营小型IT公司的朋友工作。在你第一个发薪日，老板以现金全额支付你的工资，对你眨眨眼并补充说："没有必要缴纳那么高的税。"你会怎么做？

答案：你希望规避非法的工资活动。不支付联邦和州的税收是非法且不道德的。一个方法是要求用支票支付，如果这行不通，你必须考虑离开。

NTK 11-2

公司今年的第一个周工资期将于1月8日结束。在那天，其工资登记簿中显示销售人员收入为＄30 000，办公室人员的工资为＄20 000。雇员应以6.2％的税率缴纳联邦社会保障税，以1.45％的税率缴纳联邦医疗保险税，还需缴纳＄9 000的联邦所得税，＄2 000的医疗保险费，以及＄1 000的养老金。没有员工在第一个付薪期间收入超过＄7 000。

第1部分。计算联邦社会保障税和联邦医疗保险税。编制日记账分录以记录公司1月8日（员工）的工资支出和负债。（四舍五入到美分。）

第2部分。编制日记账分录，以记录公司（雇主）从1月8日工资单中产生的所得税。规定薪酬超过＄7 000的员工需要缴纳＄7 000的3.4％作为失业税。联邦失业税税率为0.6％。（四舍五入到美分。）

答案：

第1部分

日期	科目	借方	贷方
1月8日	借：销售人员薪酬费用	30 000.00	
	办公室人员薪酬费用	20 000.00	
	贷：FICA——应缴社会保障税*		3 100.00
	FICA——应缴医疗保险税**		725.00
	应缴员工联邦所得税		9 000.00
	应付员工医疗保险费		2 000.00
	应付员工养老金		1 000.00
	应付薪酬		34 175.00
	（记录期间的工资。）		

* ＄50 000×6.2％＝＄3 100

** ＄50 000×1.45％＝＄725

第2部分

日期	科目	借方	贷方
1月8日	借：应付个人所得税	5 825.00	
	贷：FICA——应缴社会保障税		3 100.00
	FICA——应缴医疗保险税		725.00
	应缴州失业救济税*		1 700.00
	应缴联邦政府失业税**		300.00
	（记录期间的工资。）		

* ＄50 000×3.4％＝＄1 700

** ＄50 000×0.6％＝＄300

11.3　预计负债

预计负债（estimated liability）是指能够合理估计的但金额不确定的负债。例如，养老金、医疗、假期工资等员工福利以及卖方提供的产品质量保证等都属于预计负债。本节中，我们将一一介绍这些预计负债。

□ 医疗和养老金

除工资和薪水以外，很多企业还提供**员工福利**（employee benefits）。雇主通常会负担全部或部分的医疗保险、牙医保险、人寿保险以及伤残保险等费用。很多雇主还会为员工缴纳养老保险。这样一来，员工退休以后就可以领取养老金。很多企业还给退休员工提供医疗及保险福利。把薪酬税和员工福利费用加总以后，薪酬成本通常会超过员工薪酬总额的 25%甚至更多。

让我们举个例子来看看。假设雇主同意：（1）支付＄8 000 的医疗保险费；（2）按员工年薪酬总额（＄120 000）的 10%为员工缴纳养老保险。此时，需要编制如下分录记录相关应计福利：

12 月 31 日	借：员工福利费用	20 000		资产＝负债＋所有者权益	
	贷：应付员工医疗保险费		8 000	＋8 000	－20 000
	应付员工养老保险费		12 000	＋12 000	
	（记录员工福利成本。）				

决策洞察力　　**双　赢**

美国职棒大联盟是第一个设立养老金的职业运动组织，最初每月高达＄100，视年数而定。许多前球员现在可领 6 位数的养老金。Cal Ripken Jr. 在 62 岁时的养老金估计是每年＄180 000（他打了 21 个赛季的比赛）。这同样适用于 Hank Aaron，他打了 23 个赛季的比赛。规定是打 43 场比赛可获得全额养老金，如果只打一场比赛的话，可获得终身医疗保险。

□ 休假福利

很多雇主都为员工提供带薪休假福利。让我们举个例子来看看，假设领取薪水的员工每年可以享受两周的带薪休假。这种福利会增加雇主的薪酬费用，因为员工每年要领取 52 周的薪水，却只工作 50 周。尽管雇主需要支付的年薪酬总额不变，但雇主为员工工作而支付的周成本却高于每周支付的薪酬。例如，如果一年内员工共领取了 52 周的薪水共计＄20 800，却只工作了 50 周，那么对雇主而言，每周的薪酬费用为＄416（20 800/50），而不是＄400（20 800/52）。因此，每周都要编制如下分录记录这＄16 的差额：

借：休假福利费用	16		资产＝负债＋所有者权益	
贷：应付休假福利		16	＋16	－16
（记录应付休假福利。）				

休假福利费用属于营业费用，而应付休假福利则属于流动负债。等到员工休假时，雇主要减少（借

记）应付休假福利，贷记现金（不需要记录其他额外费用）。

	借：应付休假福利	416	资产＝负债＋所有者权益
	贷：现金	416	−416 −416
	（记录应付休假福利。）		

奖金计划

很多企业都给员工发奖金，而奖金的多少要视企业的净收益而定。为了说明这一点，假设雇主根据公司的年度净收益（由所有人平等分享）向员工提供奖金。年终调整分录是这样记录＄10 000 奖金的：

12 月 31 日	借：员工奖金费用	10 000	资产＝负债＋所有者权益
	贷：应付奖金	10 000	＋10 000 −10 000
	（记录预期奖金成本。）		

产品质量保证

产品质量保证（warranty）是指在一定期限内当产品（或服务）无法正常使用时，卖方必须承担维修或调换的义务。例如，大部分的新车在出售时，其零件均有一定的保质期。例如，福特汽车公司在其年度报告中披露，公司当年发生了超过＄110 亿的“经销商与顾客折让及赔偿”。根据充分披露原则和配比原则，卖方在列报产品或服务销售收入的同时，也要确认估计的产品质量保证费用。尽管卖方还不能确定产品质量保证费用是否会发生、金额是多少、收款人是谁以及什么时候需要付款，但是仍要将估计的产品质量保证费用列入其负债，这是因为这些费用很可能会发生，而且卖方可以根据过去的经验估算出产品质量保证费用。

让我们举个例子来看看，假设某经销商在 2017 年 12 月 1 日以＄16 000 的价格出售了一辆二手车，并且约定汽车零件的保质期为一年或 12 000 英里（1 英里等于 1.609 344 千米）。根据该经销商过去的经验，平均产品质量保证费用约占汽车售价的 4%，故以上述情况来说，其产品质量保证费用为＄640（16 000×4%）。为此，该经销商需编制如下分录记录与这笔交易有关的估计费用和负债：

2017 年			
12 月 1 日	借：产品质量保证费用	640	资产＝负债＋所有者权益
	贷：估计产品质量保证负债	640	＋640 −640
	（记录估计产品质量保证费用。）		

上述分录也可在期末编制调整分录时一并编制。但无论采用哪种方法，我们都要将估计的产品质量保证费用列示在 2017 年的利润表中，将产品质量保证负债列示在 2017 年的资产负债表中。为更进一步说明，假设顾客在 2018 年 1 月 9 日根据产品质量保证条款将原车送回修理，结果经销商花了＄200 更换汽车零件后将车修好。为此，经销商需编制如下分录记录已经发生的产品质量保证费用：

2018 年			
1 月 9 日	借：估计产品质量保证负债	200	资产＝负债＋所有者权益
	贷：汽车零件存货	200	−200 −200
	（记录产品保修成本。）		

编制完上述分录后，估计产品质量保证负债的余额将会减少。而产品质量保证费用在 2017 年出售具

有产品质量保证的汽车时便已入账。若实际发生的产品质量保证费用和当时所估计的 4%（＄640）不符，应如何处理呢？答案是：管理部门应监控实际发生的产品质量保证费用，看看原先预估的 4%是否准确。若两者之间差异过大，则必须调整当期及未来的产品质量保证费用的估计比率。估计的产品质量保证费用和实际发生的产品质量保证费用之间允许存在差异，但差异不能过大。

决策洞察力　　**产生利润**

当我们在 Best Buy 选购新笔记本电脑时，售货员通常会问："你想参与'Geek Squad 保护计划'吗？"Best Buy 从此类保修合同中可赚取约 60%的利润，这些合同占其利润的很大一部分——参见右表（《商业周刊》）。

销售收入中产品质量保证费用占比	4%
营业利润中产品质量保证费用占比	45%
产品质量保证费用的边际利润	60%

□ 多期预计负债

预计负债既可以是流动负债，也可以是长期负债。例如，如果员工在下一个会计期不会退休，那么欠员工的养老金负债就属于长期负债。对于已经退休或即将在下一个会计期退休的员工而言，养老金负债中有一部分属于流动负债。员工医疗福利和产品质量保证也是如此。很多产品质量保证的期限是 30 天或 60 天，这些估计产品质量保证成本都应列入流动负债；另外，很多汽车的保质期是 3 年或 36 000 英里，因此它们的估计质量保证成本有一部分要列入长期负债。

NTK 11－3

第 1 部分。公司员工每年休假两周。公司支付员工工资总额＄208 000，为期 52 周，但员工仅工作 50 周。这意味着公司每周总支出为＄4 160（208 000/50），而不是＄4 000（208 000/52）。记录公司每周休假福利支出。

第 2 部分。在截至 12 月 31 日的年度，公司实施基于其净收益的员工奖金计划。奖金支出为＄40 000。(a) 在本年度的 12 月 31 日编制日记账分录，以记录应付奖金。(b) 在次年 1 月 20 日编制日记账分录，以记录向雇员支付的奖金。

第 3 部分。当年 6 月 11 日，一家零售商以＄400 的价格销售一台修剪器，保修期为 1 年（包括零件）。保修费用估计为销售额的 5%。次年 3 月 24 日，修剪器被送去进行保修范围内的维修，需要从维修零件库存中领取＄15 的材料。(a) 编制 6 月 11 日分录，记录修剪器销售——忽略销售成本。(b) 编制 3 月 24 日分录，记录保修维修。

答案：

第 1 部分

每周	借：休假福利费用	160	
	贷：应付休假福利		160
	（记录应付休假福利（＄4 160－＄4 000）。）		

第 2 部分

a.

12 月 31 日	借：员工奖金支出	40 000	
	贷：应付奖金		40 000
	（记录预计奖金成本。）		

b.

1 月 20 日	借：应付奖金	40 000	
	贷：现金		40 000
	（记录奖金支付。）		

第 3 部分

6 月 11 日	借：现金	400	
	贷：销售收入		400
	（记录修剪器销售额。）		
6 月 11 日	借：产品质量保证费用	20	
	贷：估计产品质量保证负债		20
	（记录估计产品质量保证费用（＄400×5%）。）		
3 月 24 日	借：估计产品质量保证负债	15	
	贷：维修零件存货		15
	（记录保修成本。）		

11.4 或有负债

或有负债（contingent liability）是一项潜在负债，取决于源自过去的交易或事项的未来事件。比如未决诉讼。这里，一个过去的交易或事项导致一起诉讼，其经济结果取决于诉讼的结果。

或有负债的会计处理

或有负债的会计处理要根据未来事件发生的可能性，以及若该事项发生相关负债金额是否能合理估计而定。图表 11－5 给出了或有负债入账的三种方式：记入负债、在财务报表附注中披露和不予披露。

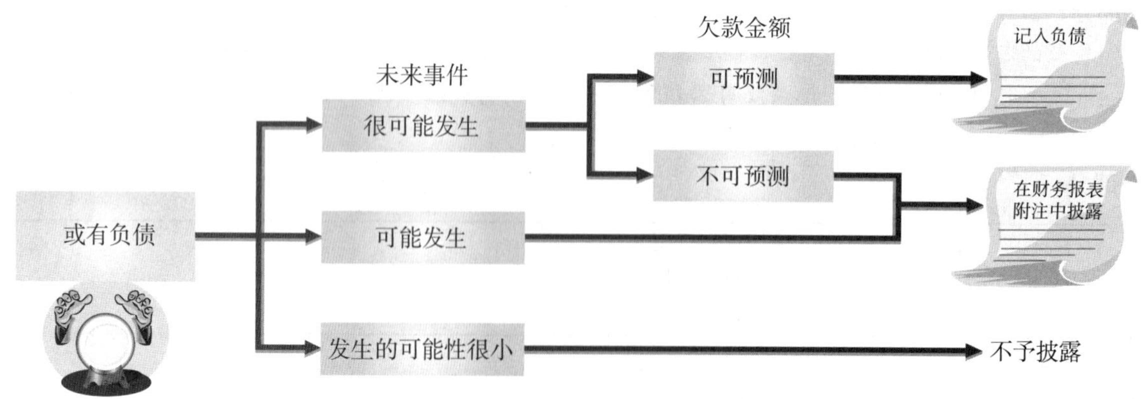

图表 11－5　或有负债的会计处理

或有负债究竟应该按照上述哪种方式入账取决于下面三种情况：

（1）如果未来事件很可能会发生，并且所欠的金额能够合理估计，就将或有负债记入负债。例如，之前所提到的产品质量保证、假期工资以及所得税等预计负债均属于这种情况。

（2）如果未来事件有可能发生，那么需要在财务报表附注中披露这种可能会发生的或有负债。

（3）如果未来事件发生的可能性很小，就不需要记录或披露相关的或有负债。

□ 有可能发生的或有负债

本节主要介绍上述第二种或有负债，即由未来可能发生的事件所引起的或有负债。这种或有负债需要在财务报表附注中加以披露，这是充分披露原则的规定，因为充分披露原则要求我们不能漏掉任何对决策者有用的信息。

可能发生的诉讼

很多企业正被官司缠身或有可能被起诉。从会计角度来看，在这种情况下需要确定的是：当诉讼尚未发生或尚未结案时，被告企业是否应在其资产负债表上确认相关负债，或在财务报表附注中披露这一或有负债？若企业很有可能需要支付赔偿金，且赔偿金额可以合理估计，则必须将与诉讼有关的或有负债入账；但若赔偿金额无法合理估计或赔偿可能发生也可能不发生，那么就需要在财务报表附注中披露相关或有负债。例如，福特汽车公司就在其年报附注中披露了以下信息："由于顾客声称公司产品存在缺陷，许多相关的诉讼、索赔以及政府的调查均在进行中。"

债务担保

有时企业会为供应商、顾客或其他公司的债务提供担保。担保人通常在其财务报表附注中将债务担保披露为或有负债。如果债务人很有可能无法履行偿债义务，那么担保人需要将债务担保确认为负债，并列入其财务报表。波士顿凯尔特人队在其年报中披露了一项与其教练及球员有关的特殊担保："某些合约规定，即便球员因受伤或被解约而无法出赛，球队仍须保证对其支付一笔固定款项。"

其他或有负债

其他或有负债包括环保赔偿金、可能被征收的税款、保险损失以及政府机构的调查等。例如，雪佛龙公司报告说，公司"根据法律、法规、个人索赔和与环境事项有关的法律诉讼，需要承担可能的损失，这些事项需要通过法律途径解决，或者将来可能要求公司采取行动消除或减少因释放化学或石油物质对环境造成的影响……这种意外情况在各个地方都有发生……未来额外费用的数额无法完全确定。"雪佛龙的许多意外事件只在附注中披露。

□ 不确定性不是或有负债

所有组织都必须面对因自然灾害以及新的竞争商品或服务的出现等未来事件所带来的不确定性。但是，这些不确定性都不能算作或有负债，因为它们并不是由过去的交易引起的。因此，这些不确定性无须在报表中披露。

决策洞察力　**如何定价？**

从大峡谷的一边到另一边有什么值得看的？墨西哥湾沿岸海滩因油井事故而关闭的损失是多少？衡量环境负债的方法是或有估价，人们通过这种方法回答这些问题。监管机构根据回答来征收罚款和评估惩罚性赔偿。

NTK 11－4

公司面临以下法律索赔。确定每项索赔的会计处理：(1) 记录的负债；(2) 财务报表附注中描述的项目。如果要记录项目，请编制分录（注明分录的日期是12月31日）。

a. 公司（被告）估计，未决诉讼可能导致＄500 000的损失；原告胜诉的可能性很高。

b. 公司面临未决诉讼的可能损失；金额无法合理估计。

c. 该公司估计，在未决案件中造成的环境损失为＄900 000，败诉的可能性很高。

解题步骤：

a. (2)；合理估计，但不是可能的损失。

b. (2)；可能的损失，但无法合理估计。

c. (1)；可以合理估计，损失是可能的。日记账分录如下：

12月31日	借：环境或有费用	900 000	
	贷：环境或有负债		900 000
	（记录环境或有负债。）		

可持续性与会计

Marcela Sapone 和 Jessica Beck 的 Hello Alfred 公司，通过为员工提供带薪休假和医疗保险福利来实施可持续发展战略。在谈到员工时，Marcela 说："我们希望尽可能与员工，也就是工作中最关键的人建立友好关系。"

为了提供员工福利，Marcela 和 Jessica 建立了一个会计系统来计算福利支出，以确保遵守对员工的承诺。尽管员工福利成本高昂，但 Marcela 坚持认为"员工获得这些福利是应该的"。

Hello Alfred 确保客户在其公司能够获得最好的服务。Marcela 保证公司向客户提供的私人管家背景良好，公司会先对其进行背景和信用调查，然后才让员工进入客户家里工作。

这些措施旨在确保向客户提供诚实可靠的管家，降低出现由于员工道德问题导致法律索赔的风险。公司规定这类索赔必须在财务报表中披露。到目前为止，Hello Alfred 公司还没有发生此类索赔。"我们将这些概念纳入一个可持续的商业模式中，" Marcela 说，"我们希望与尽可能多的人分享我们的经验。"

NTK 11－5

以下所列为 Kern 公司最近一个会计年度所发生的交易和事项（Kern 公司并不使用转回分录）：

a. 2017年9月，Kern 公司以＄140 000的价格售出了一批商品，并且约定产品保质期为180天，以往的经验显示，公司的产品质量保证费用约占销售额的5%。试计算9月份应确认的产品质量保证费用，并编制9月30日有关产品质量保证负债的调整分录。10月8日，公司花＄300为9月份售出的商品提供了产品质量保证服务，试编制分录记录该交易。

b. 2017年10月12日，Kern 公司和其供应商约定，为偿还公司逾期未还的＄10 000的应付账款，公司先支付＄2 500现金，余款则以出具应付票据的方式支付。该票据的有效期为90天，利率为12%。试编制10月12日、12月31日以及2018年1月10日与该交易相关的分录。

c. 12月底，Kern 公司得知某位对产品不满意的顾客对公司提起了诉讼。公司的律师认为尽管 Kern 公司很有可能因上述诉讼蒙受损失，但损失金额尚无法估计。

d. Sally Bline 是 Kern 公司员工，其 11 月份的薪酬总额为 $3 000。Bline 每个月的联邦所得税代扣额为 $800，州所得税代扣额为 $200，其他代扣款还包括 $35 的医疗保险费用以及给美国联合之路（United Way of America）的 $10 捐款。另外，Bline 还要分别按照 6.2%和 1.45%的税率缴纳联邦社会保险税中的社会保障税和医疗保险税，且其全部收入都属于应税收入。请替 Kern 公司编制分录记录 Bline 的薪酬费用。

e. 11 月 1 日，Kern 公司开立了一张 60 天期、面值为 $5 000、利率为 12%的应付票据，从银行借到了 $5 000现金。试编制 11 月 1 日开立票据和 12 月 31 日支付利息的分录。

f. Kern 公司估计并记录季度所得税，在检查年末税费调整时，发现 $5 000 的所得税费用没有记录，其中 $1 000 的费用分摊至未来年度。请编制年末所得税费用调整分录。

g. Kern 公司今年的净收益为 $1 000 000，利息费用为 $275 000，所得税为 $225 000。计算 Kern 公司的利息保障倍数。

解题步骤：

- 计算 9 月份的产品质量保证费用，并将其确认为预计负债；确认 10 月份所发生的支出以减少上述负债。
- 冲销应付账款并确认应付票据；计算该票据 2017 年流通 80 天的利息费用并将其确认为负债；记录有关票据的清偿，须将 2018 年 10 天的利息费用考虑进去。
- 根据以下两个标准判断这一或有负债是否应披露或确认：很有可能发生损失以及可合理估计。
- 将 Bline 薪酬中所有应代扣的款项整理出来记入相应的应付款账户，扣除这些款项后，剩余金额便贷记应付薪酬。
- 记录票据的开立，并根据 60 天在一年 360 天中所占的比例计算 60 天所应支付的利息费用。
- 确定当年应缴纳的所得税费用是多少以及需要递延多少。
- 计算利息保障倍数。

答案：

a. 产品质量保证费用＝5%×$140 000＝$7 000

9 月 30 日	借：产品质量保证费用	7 000	
	贷：估计产品质量保证负债		7 000
	（确认当月的产品质量保证费用。）		
10 月 8 日	借：估计产品质量保证负债	300	
	贷：现金		300
	（确认产品质量保证服务成本。）		

b. 2017 年的利息费用＝12%×$7 500×80/360＝$200

2018 年的利息费用＝12%×$7 500×10/360＝$25

10 月 12 日	借：应付账款	10 000	
	贷：应付票据		7 500
	现金		2 500
	（支付现金 $2 500，并签发一张 90 天期、利率为 12%的票据延长账款的到期日。）		
12 月 31 日	借：利息费用	200	
	贷：应付利息		200
	（确认应付票据的利息。）		

1月10日	借：利息费用	25	
	应付利息	200	
	应付票据	7 500	
	贷：现金		7 725
	（偿还票据本金及利息，其中包括应付利息。）		

c. 尽管损失很有可能发生，但因金额无法合理估计，故无须确认负债，只要在财务报表附注中披露此未决诉讼即可。

d.

11月30日	借：薪酬费用	3 000.00	
	贷：FICA——应缴社会保障税（6.2%）		186.00
	FICA——应缴医疗保险税（1.45%）		43.50
	应缴员工联邦所得税		800.00
	应缴员工州所得税		200.00
	应付员工医疗保险费		35.00
	应付美国联合之路捐款		10.00
	应付薪酬		1 725.50
	（确认 Bline 的薪酬。）		

e.

11月1日	借：现金	5 000	
	贷：应付票据		5 000
	（开立60天期、利率为12%的票据借款。）		

60天后支付票据本金及利息时，Kern公司应编制如下分录：

12月31日	借：应付票据	5 000	
	利息费用	100	
	贷：现金		5 100
	（偿还票据本金及利息（$5 000×12%×60/360）。）		

f^B.

12月31日	借：所得税费用	5 000	
	贷：应缴所得税		4 000
	递延所得税负债		1 000
	（记录增加的所得税和递延的所得税负债。）		

g. 利息保障倍数 $=\dfrac{\$1\,000\,000+\$275\,000+\$225\,000}{\$275\,000}=5.45$ 倍

附录11B 公司所得税

本附录解释涉及C公司所得税的流动负债。独资企业、合伙企业、S公司和有限责任公司（LLCs）

的所得税按其所有者的纳税申报表计算，此处不包括在内。

□ 所得税负债

公司需缴纳所得税，在编制财务报表时必须估算其所得税负债。由于所得税费用是由收入产生的，因此在赚取收入时会产生负债。根据联邦法规，此税必须按季度缴纳。为了说明这一点，请考虑一家每月编制财务报表的公司。根据 2017 年 1 月的收入，该公司估计其应缴所得税＄12 100。用以下调整分录记录此估计值：

1 月 31 日	借：所得税费用	＄12 100		资产＝负债＋所有者权益	
	贷：应缴所得税		＄12 100	＋12 100	−12 100
	（应付 1 月所得税。）				

每月记录所得税负债，直到第一季度付款。如果公司第一季度的预计税金总计＄30 000，则记录其付款的分录为：

4 月 10 日	借：应缴所得税	＄30 000		资产＝负债＋所有者权益	
	贷：现金		＄30 000	−30 000	−30 000
	（根据第一季度收入支付估计的季度所得税。）				

这一应付和支付估计所得税的过程贯穿全年。当年终编制财务报表时，公司知道其实际总收入和必须缴纳的实际所得税金额。此信息允许它正确记录第 4 季度的所得税费用，使得 4 个季度的费用总额等于支付给政府的实际税款。

□ 递延所得税负债

公司所得税负债是指公司在利润表上申报的税前收入与所得税申报表上申报的收入不一致时所产生的负债。之所以会出现这种差异，是因为所得税法和公认会计原则对收入的衡量方式不同。税法和公认会计原则之所以不同，是因为国会使用税法来产生收入、刺激经济和影响行为，而公认会计原则的目的是提供对商业决策有用的财务信息。另外，税务会计通常采用收付实现制，而公认会计原则采用权责发生制。

税法和公认会计原则之间存在的一些差异是暂时的。当纳税申报表和利润表报告不同年份的收入或支出时，会出现暂时性差异。例如，与公认会计原则相比，公司通常能够在资产使用年限的最初几年扣除较高的折旧金额，在以后的年份扣除较小的金额。这意味着，在最初几年纳税申报表上的折旧通常大于利润表上的折旧。在以后的年份中，纳税申报表上的折旧通常小于利润表上的折旧。当纳税申报表上的应纳税收入与利润表上的税前收入之间存在暂时性差异时，公司根据利润表上报告的收入计算所得税费用。结果是，利润表中报告的所得税费用通常不同于应交给政府的所得税金额。这种差异是**递延所得税负债**（deferred income tax liability）。

为了说明这一点，假设公司在记录其通常的季度所得税时，计算出＄25 000 的所得税费用。它还确定目前只到期＄21 000，＄4 000 推迟到未来几年（时间性差异）。记录此期末调整的分录是：

12月31日	借：所得税费用	$25 000		资产=负债+所有者权益
	贷：应缴所得税		$21 000	+21 000 −25 000
	递延所得税负债		$4 000	+4 000
	（记录所得税费用和递延所得税负债。）			

贷方应缴所得税反映了目前应支付的数额。贷方递延所得税负债反映的是递延到未来几年的纳税，届时暂时性差异发生转回。

暂时性差异还会导致公司在将所得税作为费用列报在利润表上之前缴纳所得税。如果是这样，公司应在资产负债表上申报递延所得税资产。

小 结

C1 描述流动负债与长期负债及各自的特点。负债是指企业现在所担负的因过去的交易或事项而产生的经济义务，在未来必须以提供资产或服务的方式加以偿付。流动负债是指须在一年或企业长于一年的一个经营周期内偿还的负债，其他的负债则属于长期负债。

C2 界定并描述介绍金额确定的流动负债。已知（可确定的）流动负债通常是通过协议、合同或法律的形式确定下来的，其金额也是可以确定的。包括应付账款、应付销售税、预收收入、应付票据、应付工资以及一年内（或长于一年的一个经营周期内）到期的长期负债等。

C3 解释或有负债的会计处理。若影响付款与否的未来事件很有可能发生且金额能合理估计出来，那么必须确认相关负债，但在下述两种情况下只需在报表附注中披露或有负债：(a) 未来事件有可能发生（并非很有可能发生）；(b) 未来事件很有可能发生但金额无法合理估计。

P1 编制有关短期应付票据的会计分录。短期应付票据属于流动负债，通常会计息。若短期应付票据的面值等于借款金额，那么票据上通常会载明到期时需要支付的利率。

P2 计算和记录员工的薪酬扣款及有关负债。员工薪酬扣款包括联邦社会保险税、所得税以及养老金和慈善捐款等员工自愿扣除的款项等。员工薪酬总额与薪酬净额之间的差额即为员工薪酬扣款。

P3 计算和记录雇主的薪酬费用及有关负债。雇主所应支付的薪酬费用包括员工薪酬总额、员工福利以及雇主薪酬税；与薪酬有关的负债包括员工薪酬净额、员工薪酬扣款、雇主承诺的福利以及雇主所应缴纳的薪酬税。

P4 产品质量保证及奖金等预计负债的会计处理。应付给员工的医疗及养老金福利、产品质量保证以及奖金等负债均以估计金额入账，这些项目均需在发生时确认为费用，并与其所带来的收入相配比。

关键术语

Contingent liability 或有负债
Current liabilities 流动负债
Current portion of long-term debt 一年内（或长于一年的一个经营周期内）到期的长期负债
Deferred income tax liability 递延所得税负债
Employee benefits 员工福利
Estimated liability 预计负债
Federal Insurance Contributions Act (FICA) taxes 联邦社会保险税
Gross pay 薪酬总额
Known liabilities 金额确定的负债
Long-term liabilities 长期负债
Merit rating 绩效等级
Net pay 薪酬净额
Payroll deductions 薪酬扣款
Short-term note payable 短期应付票据
Warranty 产品质量保证

选择题

1. 假设 12 月 1 日，某公司签发了一张 90 天期、面值为＄6 000、利率为 5%的应付票据，票据将于次年 3 月 1 日到期。试问当年 12 月 31 日该票据的应计利息费用是多少？______

a. ＄300　b. ＄25　c. ＄100　d. ＄75　e. ＄0

2. 假设某员工的年薪酬为＄50 000。联邦社会保险税中的社会保障税税率为 6.2%，医疗保险税税率为 1.45%。试问该员工应缴纳的联邦社会保险税总额是多少？______

a. 0，因为该员工的薪酬所得超过了联邦社会保险税应税收入的上限

b. 0，因为联邦社会保险税不向雇主征收

c. ＄3 100

d. ＄725

e. ＄3 825

3. 假设联邦政府失业税税率为 0.6%，州失业救济税税率为 5.4%，并且这两项税收都是针对员工薪酬所得中＄7 000 以内的部分征收。如果某员工的年薪酬为＄40 000，试问该员工应缴纳的失业税总额是多少？______

a. ＄2 400　b. ＄420　c. ＄42　d. ＄378

e. 0，因为该员工的薪酬总额超过了＄7 000 的应税收入上限

4. 某公司的大屏幕电视机每台售价为＄3 000。每台电视机的保质期为两年，在此期间顾客可以免费更换瑕疵部件。据估计，根据质保条款，公司售出的电视机中有 1%可能会遭到退货，每台电视机的平均退货成本为＄250。7 月份，该公司售出了 10 000 台大屏幕电视机，并根据质保条款对其中 80 台进行了维修，维修总成本为＄18 000。7 月 1 日，公司预计产品质量保证负债账户有＄26 000 的贷方余额。试问该公司 7 月份的产品质量保证费用是多少？______

a. ＄51 000　b. ＄1 000　c. ＄25 000　d. ＄33 000　e. ＄18 000

5. 员工每个月有一天的带薪假期。10 月份，150 名员工分别要求每人一天的带薪假期。他们的日平均工资为＄175。试问 10 月份的带薪假期福利费用是多少？______

a. ＄26 250　b. ＄175　c. ＄2 100　d. ＄63 875　e. ＄150

讨论题

1. 流动负债和长期负债的区别是什么？
2. 什么是预计负债？
3. 关于负债的不确定性要弄清楚的三个重要问题是什么？
4. 如果某一商品含销售税在内的销售总额为＄988，且销售税率为 4%，试问该商品的售价是多少？
5. 员工和雇主所缴纳的社会保险税的混合税率各是多少（假设每年工资不超过＄118 500）？
6. 现有的医疗保险税税率是多少？与这一税率相匹配的工资和薪水的上限是多少？
7. 雇员和雇主分别应支付薪酬税的哪一部分？
8. 从员工工资中扣除的联邦所得税的金额由哪些因素决定？
9. 什么是雇主的绩效等级？这些等级是如何划分的？
10. 为什么即使产品质量保证负债是不确定的，也要以负债的形式列示在资产负债表上？
11. 假设一家企业有一个设施位于自然条件恶劣的地方。试问是否能够将未来因恶劣的自然条件所造成的可能损失作为负债列示在其资产负债表上？请解释。
12. 请参阅附录中苹果公司的资产负债表。截至 2015 年 9 月 26 日，苹果公司的应付账款金额是多少？

13. 请参阅附录中谷歌公司的资产负债表。谷歌公司在2015年12月31日报告哪些“应计”支出（负债）？

14. 请参阅附录中三星公司的资产负债表。列出截至2015年12月31日三星公司的流动负债。

15. 请参阅附录中三星公司最近的资产负债表。资产负债表上有哪些与所得税相关的流动负债？解释所识别的每个所得税账户的含义。

快速学习

QS 11-1 对一家经营周期为15个月的企业来讲，以下各项哪些通常被划分为流动负债？

______ 1. 长期票据中还有15个月到期的部分　　______ 2. 期限为2年的应付票据

______ 3. 18个月到期的应付票据　　______ 4. 还有11个月到期的应付票据

______ 5. 应缴联邦社会保险税　　______ 6. 应付工资

QS 11-3 Ticketsales公司收到了Bon Jovi的为期4天的巡演预售票收入＄5 000 000。编制记录10月31日的预售票交易的分录。编制记录11月5日首次巡演的营业收入的会计分录（假设为预售票收入的1/4）。

QS 11-5 North公司每两周支付一次工资，1月15日，公司工资登记员发现共发放员工工资＄35 000。该公司要为每一名员工按照6.2%的税率缴纳联邦社会保险税中的社会保障税，按照1.45%的税率缴纳联邦社会保险税中的医疗保险税。联邦所得税＄6 500，医疗保险费＄772.50，工会会费＄120。没有员工的薪酬超过＄7 000。编制该公司1月15日薪酬费用的日记账分录（结果四舍五入到美分）。

QS 11-7 Noura公司规定，如果实现了某一净利润目标，就会给员工发年终奖。编制记录会计期末公司所欠工人的＄15 000奖金的日记账分录（假设这＄15 000的奖金由员工平均分配）。

QS 11-9 2016年9月11日，Home Store以＄500（成本＄200）售出了一台割草机，并约定其部件的保质期是1年。产品质量保证费用预计按销售额的8%提取。2017年7月24日，还在保质期内的割草机被退回维修，并需要从维修部件存货中取出成本为＄35的部件进行维修。编制2017年7月24日记录保质期内的维修事项的会计分录。

QS 11-13[B] Sera公司已支付并记录其季度所得税。在最终审查该年度的税款后，公司确定了应记录的额外＄40 000所得税费用，该附加费用的一部分（＄6 000）将推迟到未来几年支付。编制Sera公司的所得税费用年终调整分录。

练习题

Exercise 11-1 下面是一家经营周期为2个月的企业的资产负债表上所列示的内容。请将下列各项按以下内容分类：C，流动负债；L，长期负债；N，不是负债。

______ 1. 应付票据（还有13～24个月到期）　　______ 2. 应付票据（还有6～12个月到期）

______ 3. 应付票据（期限为5年）　　______ 4. 一年内到期的长期负债

______ 5. 应缴票据（还有120天到期）　　______ 6. 应缴联邦政府失业税

______ 7. 应收账款　　______ 8. 应缴销售税

______ 9. 应付薪酬　　______ 10. 应付工资

Exercise 11-3 Sylvestor Systems开具了一张60天期、利率12%的应付票据，获得借款＄110 000。

1. 该票据的到期日是哪天？

2. 假设票据的面值等于借款的本金，即＄110 000。编制日记账分录，以记录开具票据、到期支付票据的交易事项。

Exercise 11 - 5　BMX 公司有一个员工。FICA 社会保障税规定在上限为 $ 118 500 的员工薪酬基础上按照 6.2%的税率缴纳，FICA 医疗保险税按照 1.45%的税率缴纳，不设薪酬上限。BMX 公司缴纳的 FUTA 税、SUTA 税分别在上限为 $ 7 000 的员工薪酬基础上按照 0.6%和 2.9%的税率缴纳。分别计算在 a，b，c 三种情况下 BMX 公司需要缴纳的四种税费。

	8 月工资总额	9 月工资总额
a	6 400	800
b	18 200	2 100
c	112 200	8 000

Exercise 11 - 7　使用 Exercise 11 - 5 中的数据，编制 9 月 30 日公司老板需缴纳的所得税费用的日记账分录，以及相关的负债。

Exercise 11 - 9　Mest 公司有 9 名员工。FICA 社会保障税规定在上限为 $ 118 500 的员工薪酬基础上按照 6.2%的税率缴纳，FICA 医疗保险税按照 1.45%的税率缴纳，不设薪酬上限。BMX 公司缴纳的 FUTA 税、SUTA 税分别在上限为 $ 7 000 的员工薪酬基础上按照 0.6%和 5.4%的税率缴纳。每个员工的当年累计工资如下。

员工	累计工资	员工	累计工资	员工	累计工资
Ken S.	$ 6 000	Michael M.	$ 143 500	Lori K.	$ 121 000
Tim V.	60 200	Erin C.	106 900	Kitty O.	36 900
Steve S.	87 000	Kyle B.	118 500	John W.	4 000

a. 计算下表中的项目，然后算出合计数。

员工	累计工资	FICA 社会保障税	FICA 医疗保险税	FUTA 税	SUTA 税

b. 站在公司角度计算以下各项总计：FICA 社会保障税，FICA 医疗保险税，FUTA 税和 SUTA 税。（提示：这些总计中包括公司按法律规定必须收取的员工应缴纳的税款。）

Exercise 11 - 11　截至 2017 年 12 月 31 日，Lopez 公司实施了一项基于公司净利润的员工奖励计划，员工在这一计划中将平分奖金。Lopez 的奖金费用为 $ 14 563。

1. 编制 2017 年 12 月 31 日的日记账分录，记录员工应得的奖金。

2. 编制 2018 年 1 月 19 日的日记账分录，记录发放给员工的奖金。

Exercise 11 - 13　根据以下每项独立的交易和事项，在 2017 年 12 月 31 日为 Melbourne 公司的年度财务报表编制所需要的调整分录。

1. Melbourne 公司为供应商提供了 $ 100 000 债务的担保，供应商不太可能发生债务违约。

2. 一名心怀不满的员工正在起诉 Melbourne 公司。法律顾问认为，公司可能需要支付赔偿金，但数额无法合理估计。

Exercise 11 - 15[B]　Nishi 公司每个月末编制财务报表。作为其会计过程的一部分，每月应计所得税占当月净收益的 30%。所得税在每个季度的第一个月支付上一季度的应计金额。2017 年第 4 季度信息如下所示。2018 年 1 月 20 日完成税款计算时，Nishi 确定该季度截至 2017 年 12 月 31 日的应缴所得税科目余额应为 $ 28 300（调整前余额为 $ 24 690）。

2017 年 10 月	净收益	$ 28 600
2017 年 11 月	净收益	19 100
2017 年 12 月	净收益	34 600

1. 确定会计调整金额（截至2017年12月31日），使应缴所得税账户有适当的期末余额。

2. 编制日记账分录记录：(a) 2017年12月31日对应缴所得税科目的调整；(b) 2018年1月20日第4季度税款的支付。

综合题

Problem 11-1A 下面是Tyrell公司2016年和2017年所发生的有关短期负债的交易。

2016年

4月20日	从Locust公司赊购了一批价值$40 250的商品，信用条件为“n/30”。Tyrell采用的是永续盘存制。
5月19日	将4月20日的应付账款更换为一张90天期、利率为10%、面值为$35 000的票据，同时支付了$5 250的现金。
7月8日	开具了一张120天期、利率为9%、面值为$80 000的票据，从NBR银行获得借款$80 000。
?	到期日向Locust公司支付票据上的金额。
?	到期日向NBR银行支付票据上的金额。
11月28日	开具了一张60天期、利率为8%、面值为$42 000的票据，从富国银行获得借款$42 000。
12月31日	编制签发给富国银行的票据所产生的应计利息的调整分录。

2017年

?	到期日向富国银行支付票据上的金额。

要求：

1. 计算上面3张票据的到期日各是多少。
2. 计算上面3张票据到期日的利息各是多少。(假设一年为360天。)
3. 计算2016年年末调整分录中的利息费用是多少。
4. 计算2017年记录的利息费用。
5. 编制2016年和2017年所发生的上述所有交易和事项的日记账分录。

拓展题

BTN 11-3 Cameron Bly是一家汽车经销商的销售经理。他每年的奖金根据当年汽车销售额减去相关的质量保证费用计算。在过去的10年里，实际发生的质量保证费用为汽车售价的3%～10%。Bly倾向于保守估计高端产品的质量保证费用，他会在年底与经销商的会计一起计算每年销售汽车的质量保证费用。

1. 预提质量保证费用是否给Bly造成了道德困境？
2. 由于每年质量保证费用各不相同，你认为Bly本年度应计提多少（百分比）？

全球视角

下面讨论在美国公认会计原则和国际财务报告准则下，流动负债会计处理和披露的相似与不同之处。

负债的特点 从广义上来看，美国公认会计原则和国际财务报告准则对流动负债的定义和特点的描述是类似的。尽管存在一定的差异，但是相似之处远远大于不同之处。国际财务报告准则中的“准备”(provision)就是美国公认会计原则中的“负债”(liability)。以下是诺基亚公司对负债定义的描述：

当集团因过去的事项而形成现时法律义务或推定义务时，确认为负债，履行该义务可能导致资源外流，需要对数额进行可靠的计量。

金额确定的负债　美国公认会计原则和国际财务报告准则对公司记录金额确定负债要求的方式是相似的，包括应付账款、应付销售税、预收收入、短期应付票据和与薪酬有关负债的会计处理。当然，每个国家的税收体系是不同的，所以存在不同的税率和税级，但会计处理的基本方法是一致的。

预计负债　美国公认会计原则和国际财务报告准则对能够合理估计但是金额不确定负债要求的处理方式是相同的，包括休假福利、产品质量保证、重组、养老金以及医疗保险。当这些负债的金额可以合理估计时，两种准则都要求企业将这些负债的估计额入账。例如，诺基亚公司披露支付工资、薪水和奖金共€32.15亿，养老金费用€2.07亿。

国际财务报告准则

根据国际财务报告准则，或有负债是指过去的交易或事项可能导致未来资源外流而形成的负债，或有负债的金额能够可靠计量。然而，国际财务报告准则定义“可能”时使用的是“比没有概率大”（more likely than not），而美国公认会计原则对“可能”的定义是“很可能发生”（likely to occur）。

选择题答案

1. b；$6 000×0.05×30/360＝$25
2. e；$50 000×(0.062＋0.014 5)＝$3 825
3. b；$7 000×(0.006＋0.054)＝$420
4. c；10 000 台电视机×0.01×$250＝$25 000
5. a；150 名员工×$175 每天×带薪假期每日收入＝$26 250

第 12 章

长期负债

- 12.1 债券基础知识
- 12.2 债券的平价发行
- 12.3 贴现债券
- 12.4 溢价债券
- 12.5 长期应付票据

本章预览

债券基础知识	贴现债券	溢价债券	长期应付票据
A1　债券融资	折价或溢价发行	P3　债券的偿还	C1　记录票据
债券交易	P2　债券支付	溢价债券的摊销	
P1　平价发行	贴现债券的摊销	直线摊销法	**债务分析**
	直线摊销法	P4　债券偿还	A2　债务特征
NTK 12-1	NTK 12-2	NTK 12-3	NTK 12-4

学习目标

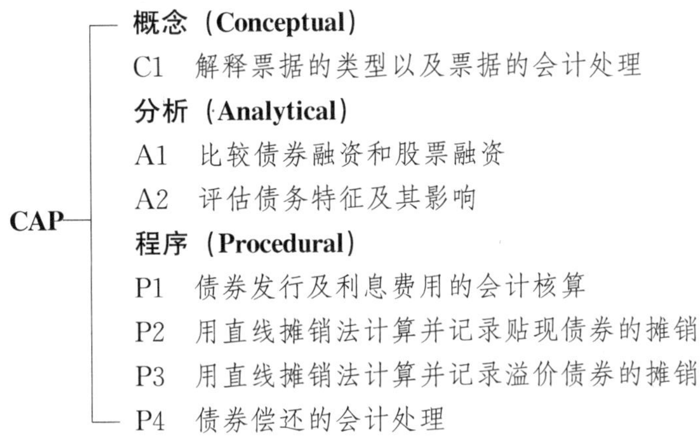

12.1　债券基础知识

本节将介绍债券的基础知识以及发行债券的动机。（营利企业和非营利企业以及国家政府、州政府、市政府、学校等单位都可以发行债券。）

债券融资

需要大量资金的项目经常通过发行债券来融资。**债券**（bond）是发行人承诺按照约定利率支付利息和面值的书面承诺。**债券面值**（par value of a bond），也叫票面金额或票面价值，要在称作债券到期日的未来特定日期偿付。大多数债券都需要发行人半年付一次利息。各期支付的利息金额通过债券面值乘以债券协议利率确定。本节将介绍债券融资的优缺点。

债券的优点

债券融资主要有三大优点：

- 债券不影响股权控制。权益融资体现为对企业的股权，债券融资则不然。如果一家公司的股本总额为$10 000，那么投资额为$1 000 的投资人通常可以拥有 1/10 的股东决策权。而 20 年期、面值为$1 000、票面利率为 11%的公司债券的持有人却不享有公司的决策权。

• 债券利息具有抵税效应。对债券发行人而言，债券利息支出可在计算所得税时予以扣除；但对股东而言，股东权益支出（分红）则不能在计算所得税时予以扣除。例如，假设某股份公司的税前利润为 $15 000，所得税税率为 40%，如果公司没有进行债券融资，那么需要缴纳 $6 000（15 000×40%）的所得税。但如果公司的部分资金来源于债券融资，那么债券利息可从应纳税收入中予以扣除。比如，如果债券利息费用为 $10 000，那么公司需要缴纳的所得税为 $2 000（(15 000−10 000)×40%），比未通过债券融资时应付的 $6 000 要少。

• 债券能够提高净资产收益率。如果企业通过债券融资筹集到的资金的收益高于其利息支出，企业就可以提高其净资产收益率。我们把这个过程称为财务杠杆或权益交易。

为了说明第三点，让我们以 Magnum 公司为例。假设 Magnum 公司拥有 $10 亿的股东权益，并计划再融资 $5 亿扩大生产规模以满足不断增长的产品需求。Magnum 公司预计，再融资 $5 亿扩大生产规模将给公司增加 $1.25 亿的息税前利润。目前，公司每年能赚 $1 亿，且不需要负担任何利息费用。Magnum 公司正在考虑三个计划：A 计划是不扩大生产规模；B 计划是扩大生产规模并通过权益融资筹集 $5 亿；C 计划是扩大生产规模并通过发行 $5 亿的年利率为 10%（利息为 $5 000 万）的债券进行融资。图表 12-1 列出了这三个计划会对 Magnum 公司的净收益、股东权益以及净资产收益率（净收益/股东权益）产生怎样的影响。分析表明，如果扩大生产规模，公司股东可以获得更高的净资产收益率。而采用债券融资的方式扩大生产规模对公司是最有利的。C 计划下的预计净收益（$1.75 亿）小于 B 计划下的预计净收益（$2.25 亿），但是净资产收益率更高，这是因为股权投资相对较少。如果公司利润需要缴纳所得税，那么 C 计划又多了一项优势。这个例子反映了一条一般规则：当新资产的预计回报率高于债务融资的利息率时，净资产收益率会增加。

图表 12-1　债券融资与权益融资比较　　单位：百万美元

	A 计划 不扩大生产规模	B 计划 权益融资	C 计划 债券融资
支付利息费用前的利润	$ 100	$ 225	$ 225
利息费用	—	—	(50)
净收益	$ 100	$ 225	$ 175
股东权益	$1 000	$1 500	$1 000
净资产收益率	10.0%	15.0%	17.5%

债券的缺点

债券融资主要有以下两大缺点：

• 债券可能会降低净资产收益率。如果企业通过债券融资筹集到的资金的收益低于其利息支出，那么企业的净资产收益率就会降低。这种财务杠杆负面作用在企业存在若干期低利润或净亏损时更容易发生。

• 债券需要定期支付利息和到期还本。当企业利润较少、现金流转较慢时，债券支付压力尤其大。而权益融资则不需要支付任何款项，因为现金提取（红利）是根据股东（或董事会）意愿决定的。

债券交易

债券是能够随时买卖的证券。一次债券发行包含大量债券，票面金额通常为 $1 000 或 $5 000，出售给不同的债权人。债券发行后，投资者可以对其进行买卖，也就是说，债券在到期之前可能要经过多次转手。由于债券可以在市场上进行交易（买卖），所以它们都拥有一个市场价值（价格）。为方便起见，我们通常用债券面值的一定百分比来表示其市场价值。例如，某公司债券以 103½ 交易，这表示该债券能以其面值的 103.5%买卖。债券也可以低于其面值的价格进行交易。例如，如果某公司债券以 95 交易，表示这些债券能够以其面值的 95%买卖。

决策洞察力　**报　价**

此处的 IBM 债券报价（从左到右）可解释为 Bonds，发行人名称；Rate，合同利率（4%）；Mat，在支付本金后于 2042 年到期；Yld，按现价计算的债券收益率（3.81%）；Vol，成交金额为 $110 000（以千为单位）；Close（当日收盘价）（103.08），以面值的百分比表示；Chg，较前一交易日收盘价的变化（+0.73%）。

Bonds	Rate	Mat	Yld	Vol	Close	Chg
IBM	4	42	3.81	110	103.08	+0.73%

债券发行程序

债券发行审批包括核定债券发行数量、面值及约定利率。我们将列明债券持有人和债券发行人权利和义务的法律文件称为**债券契约**（bond indenture），它是债券发行人和持有人之间的法律协议。债券持有人可能会收到**债券证书**（bond certificate）作为公司债务的证明。图表 12－2 给出了一张债券证书的样本。债券证书上通常列有发行人名称、票面价值、约定利率以及到期日等具体内容。

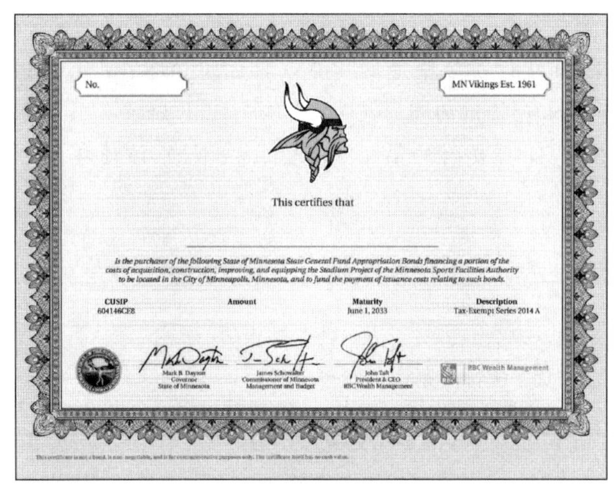

图表 12－2　债券证书（由加拿大皇家银行财务管理部门提供）

12.2　债券的平价发行

以面值发行的债券称为平价债券。为了说明这一点，假设耐克公司发行面值为 $100 000、利率为 8% 的 2 年期债券，发行日期为 2017 年 12 月 31 日，于 2019 年 12 月 31 日到期，分别于 6 月 30 日和 12 月 31 日每半年支付一次。如果所有债券均按面值出售，那么债券发行人可编制如下分录记录债券的销售业务——增加了耐克公司的现金和长期负债。

2017 年				
12 月 31 日	借：现金	$100 000		资产＝负债＋所有者权益
	贷：应付债券		$100 000	+100 000　+100 000
	（平价发售债券。）			

耐克公司记录下第一笔半年度利息的支付——在债券到期以前，耐克公司每6个月都要编制一条分录记录支付的利息。

2018年				
6月30日	借：债券利息费用	$4 000		资产＝负债＋所有者权益
	贷：现金		$4 000	−4 000　　　−4 000
	（支付半年利息（8%×$100 000×1/2年）。）			

债券到期后，耐克公司需编制如下分录记录本金的支付：

2019年				
12月31日	借：应付债券	$100 000		资产＝负债＋所有者权益
	贷：现金		$100 000	−100 000　−100 000
	（到期偿还债券本金。）			

NTK 12-1

一家公司于2017年12月31日发行了2年期的债券，票面价值$7 000，每半年支付一次利息。在发行日，这些债券的年市场利率为8%，意味着售价为$7 000。请编制以下分录：(a) 2017年12月31日的债券发行；(b) 每年分别在6月30日和12月31日支付的第1～4笔利息；(c) 该债券于2019年12月31日到期。

答案：

a.

2017年			
12月31日	借：现金	7 000	
	贷：应付债券		7 000
	（平价发售债券。）		

b. 以下支付利息的分录分别于2018年和2019年每年6月30日和12月31日做出。

	借：债券利息费用	280	
	贷：现金		280
	（支付半年利息（$7 000×8%×1/2年）。）		

c.

2019年			
12月31日	借：应付债券	7 000	
	贷：现金		7 000
	（到期偿还债券本金。）		

12.3 贴现债券

本节将介绍低于票面价值的债券——贴现债券发行的会计处理。

债券的折价或溢价

债券发行人需要支付债券契约中列明的利率，即**票面利率**（contract rate），或称息票利率、约定利率或名义利率。每年需要支付的利息额等于债券面值乘以约定利率。约定利率通常以年利率表示，即使债券规定每半年支付一次利息也是如此。例如，假设某公司发行了面值为＄1 000、利率为 8%的半年付息债券，那么该公司每年需要支付的利息为＄80，只不过是每半年支付一次，每次支付＄40。

票面利率确定了债券发行人需要支付的现金利息金额，它不一定是债券发行人实际发生的债券利息费用。债券利息费用取决于债券发行时的市场价值，而市场价值则是由市场对借款给债券发行人的风险的预期确定的。债券**市场利率**（market rate）是指针对某一特定债券及其风险水平，借款人愿意支付且贷款人愿意接受的利率。随着风险水平的提高，利率上升以弥补债券购买人承受的债券风险的增加。因此，离到期时间较远的债券，其市场利率通常也比较高，因为在较长时间内发生不利事件的风险更大。

如果票面利率等于市场利率，债券将以平价出售；如果票面利率不等于市场利率，债券就不会以平价出售，而是溢价或折价出售。图表 12－3 给出了票面利率、市场利率以及债券发行价格之间的关系。

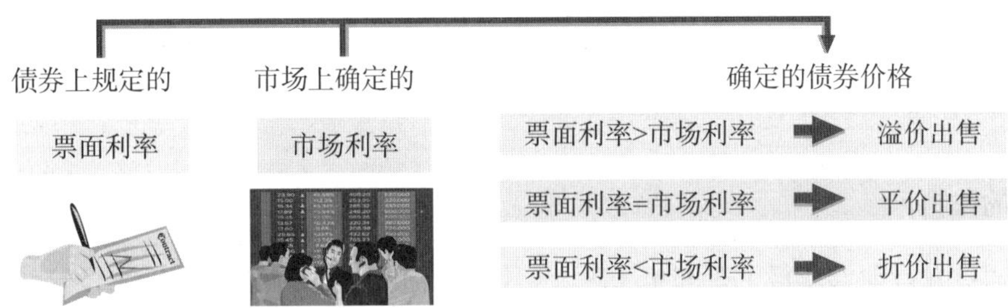

图表 12－3　债券发行价格、票面利率以及市场利率之间的关系

债券的折价发行

当企业发行票面利率低于市场利率的债券时，会产生**应付债券折价**（discount on bonds payable）。这意味着债券的发行价格低于其票面价值。让我们举个例子来看看，假设斐乐公司宣布发行面值＄10 万、票面利率为 8%、半年付息的 2 年期债券。同时假设斐乐公司债券的市场利率为 10%。在这种情况下，由于债券的票面利率低于市场利率，因此这些债券将折价出售。该债券以 96.454（或面值的 96.454%）交易。

折价债券的现金支付

这些债券要求斐乐公司：

- 2 年后债券到期时，支付其票面价值＄10 万。
- 在为期 2 年的债券有效期内，每半年支付一次利息，金额为＄4 000（100 000×8%×1/2）。

图表 12－4 给出了斐乐公司债券准确的现金流转模式。

图表 12－4　斐乐公司债券的现金流转

0	第6个月	第12个月	第18个月	第24个月	
$96 454	$4 000	$4 000	$4 000	$100 000 $4 000	合计$116 000

记录折价债券的发行

2017 年 12 月 31 日，债券发行日当天，斐乐公司收到了＄96 454 现金，为此，公司需要编制如下分录记录这笔交易：

12 月 31 日	借：现金	96 454	资产＝负债＋所有者权益
	应付债券折价	3 546	＋96 454 ＋100 000
	贷：应付债券	100 000	－3 546
	（折价发售债券。）		

如图表 12－5 所示，我们要把这些债券列示在发行人 2017 年 12 月 31 日的资产负债表的长期负债部分。债券面值减折价等于**债券账面价值**（carrying（book） value of bonds）。应付债券折价是一个负债抵减账户。

图表 12－5　债券折价在资产负债表中的列示

长期负债			
应付债券（票面利率为 8%，2019 年 12 月 31 日到期）	＄100 000		
减：应付债券折价	3 546	＄96 454	← 账面价值

债券折价的摊销

斐乐公司通过发行债券获得了＄96 454 现金，作为回报，它必须在 2 年后支付给债券持有人＄100 000（另外还要每半年支付一次利息）。图表 12－6 的 A 板块的上半部分显示，债券利息费用总额为＄19 546，它等于需要偿还给债券持有人的 4 期＄4 000 利息以及＄3 546 的债券折价之和。

图表 12－6　折价发行债券的利息计算及相关分录

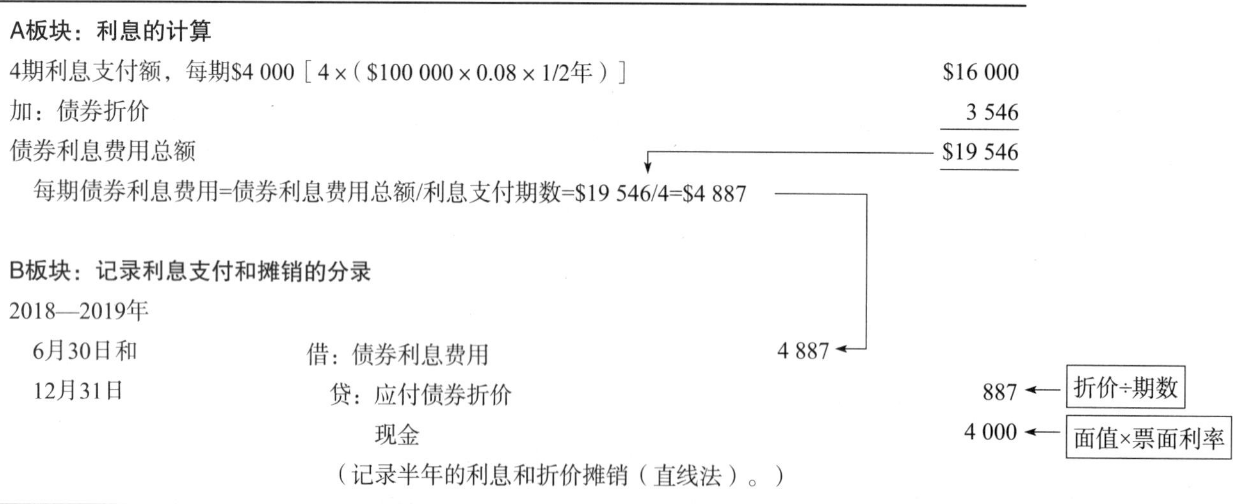

A板块：利息的计算

4期利息支付额，每期$4 000［4×（$100 000×0.08×1/2年）］	$16 000
加：债券折价	3 546
债券利息费用总额	$19 546
每期债券利息费用=债券利息费用总额/利息支付期数=$19 546/4=$4 887	

B板块：记录利息支付和摊销的分录

2018—2019年				
6月30日和	借：债券利息费用	4 887		
12月31日	贷：应付债券折价		887	← 折价÷期数
	现金		4 000	← 面值×票面利率
	（记录半年的利息和折价摊销（直线法）。）			

＄19 546 的债券利息费用总额将分摊到债券有效期内的 4 个半年利息期，且在每个资产负债表日更新债券的账面价值。可以使用直线法来完成上述工作。这两种方法都将债券折价在债券有效期内减少到 0。我们把这个过程称作债券折价的摊销。

以下部分使用直线法进行摊销。

债券直线摊销法

债券直线摊销法（straight-line bond amortization）将债券利息费用总额平均分配到各个利息期。使用直线法摊销斐乐公司债券利息费用时，首先，用债券利息费用总额 $19 546 除以 4（债券有效期内的半年利息支付期数），从而计算出各期的债券利息费用为 $4 887（包括练习在内的所有计算结果都保留到个位）。图表 12－6 的 B 板块显示了债券发行人如何记录债券利息费用，以及如何在 4 个半年利息期期末（从 2018 年 6 月 30 日到 2019 年 12 月 31 日）更新债券负债账户余额。

从图表 12－7 中我们可以看出应付债券折价账户余额是如何一点点减少的，以及债券的账面价值是如何一点点增加的。以下几点概括了折价债券的直线摊销法：

- 发行时，债券面值为 $100 000，其中包括债券发行人收到的现金 $96 454 以及 $3 546 的折价。
- 债券有效期内，（未摊销）折价随着每期摊销 $887(3 546/4) 而逐渐减少，账面价值（票面价值减未摊销折价）则每期增加 $887。
- 到期时，未摊销折价等于 0，账面价值等于债券发行人支付给债券持有人的票面价值 $100 000。

图表 12－7 债券折价的直线摊销法

半年利息支付期期末	未摊销折价*	账面价值**
(0) 2017年12月31日	$3 546	$96 454
(1) 2018年6月30日	2 659	97 341
(2) 2018年12月31日	1 772	98 228
(3) 2019年6月30日	885	99 115
(4) 2019年12月31日	0***	100 000

两栏数字的合计数等于折价债券的面值

* 未摊销折价等于债券折价总额（$3 546）减去各期累积摊销额（每半年支付的利息 $887）。

** 账面价值等于债券面值（$100 000）减去未摊销折价。

*** 保留到个位数。

决策洞察力

债券评级

许多债券购买者依靠评级服务来评估债券风险。最著名的是标准普尔、穆迪和惠誉这三家评级机构。这些机构会分析发行人的财务报表以及设定评级时的其他因素。按照质量水平从高到低排序，标准普尔的评级为 AAA，AA，A，BBB，BB，B，CCC，CC，C 和 D。评级可以包括正号（＋）或负号（－），以显示在一个类别中的相对级别。评级为 A 和 B 的债券被称为投资等级；较低评级的债券风险更大。

NTK 12－2

一家公司于 2017 年 12 月 31 日发行了利率为 8%的 2 年期债券，面值为 $7 000，每半年支付一次利息。在发行日，这些债券的年市场利率为 10%，意味着按照 96.46%的比例折价发行，发行价为 $6 752。(a) 以图表 12－7 为例为这些债券编制一个摊销表；使用债券直线摊销法。然后编制日记账分录以记录：(b) 2017 年 12 月 31 日的债券发行；(c) 在 6 月 30 日和 12 月 31 日支付第 1～4 笔利息；(d) 该债券于 2019 年 12 月 31 日到期。

答案：

a.

半年利息支付期期末	未摊销折价	账面价值
(0) 2017 年 12 月 31 日	$248	$6 752
(1) 2018 年 6 月 30 日	186	6 814
(2) 2018 年 12 月 31 日	124	6 876
(3) 2019 年 6 月 30 日	62	6 938
(4) 2019 年 12 月 31 日	0	7 000

答案 a，b，c 的利息计算

4 期利息支付额（每期 $280）	
[4 期×($7 000×0.08×1/2 年)]	$1 120
加：折价	248
总债券利息费用	$1 368
除：期数	÷ 4
每期债券利息费用	$ 342

b.

日期	摘要	借方	贷方
2017 年			
12 月 31 日	借：现金	6 752	
	应付债券折价	248	
	贷：应付债券		7 000
	（折价出售债券。）		

c.

日期	摘要	借方	贷方
2018 年			
6 月 30 日	借：债券利息费用	342	
	贷：应付债券折价*		62
	现金**		280
	（支付半年的利息并且记录折价摊销。）		
2018 年			
12 月 31 日	借：债券利息费用	342	
	贷：应付债券折价*		62
	现金**		280
	（支付半年的利息并且记录折价摊销。）		
2019 年			
6 月 30 日	借：债券利息费用	342	
	贷：应付债券折价*		62
	现金**		280
	（支付半年的利息并且记录折价摊销。）		
2019 年			
12 月 31 日	借：债券利息费用	342	
	贷：应付债券折价*		62
	现金**		280
	（支付半年的利息并且记录折价摊销。）		

* $248/4

** $7 000×8%×1/2

d.

日期	摘要	借方	贷方
2019 年			
12 月 31 日	借：应付债券	7 000	
	贷：现金		7 000
	（记录债券到期以及债券的支付。）		

12.4　溢价债券

本节将介绍超过票面价值的债券——溢价债券发行的会计处理。

□ 债券的溢价发行

当票面利率高于市场利率时，债券以高于面值的价格出售。我们将债券价格超出其面值的部分称为**债券溢价**（premium on bonds）。让我们举个例子来看看，假设阿迪达斯公司发行了面值为＄10 万、票面年利率为 12%、半年付息的 2 年期债券。又假设阿迪达斯公司债券发行日的市场利率为 10%。在这种情况下，由于票面利率高于市场利率，所以阿迪达斯公司的债券将溢价出售，这些债券以 103.546（或面值的 103.546%）发行。

溢价债券的现金支付

这些债券需要阿迪达斯公司：

- 2 年后债券到期时，支付其面值＄10 万。
- 在为期 2 年的债券有效期内，每半年支付一次利息，金额为＄6 000（100 000×12%×1/2）。

图表 12－8 给出了阿迪达斯公司债券准确的现金流转模式。

图表 12－8　阿迪达斯公司债券的现金流转

0	第6个月	第12个月	第18个月	第24个月	
$103 546	$6 000	$6 000	$6 000	$100 000 $6 000	合计$124 000

记录溢价债券的发行

2017 年 12 月 31 日，债券发行日当天，阿迪达斯公司收到了现金＄103 546，为此，公司需要编制如下分录记录这笔交易：

12 月 31 日	借：现金	103 546		资产＝负债＋所有者权益
	贷：应付债券溢价		3 546	＋103 546　＋100 000
	应付债券		100 000	＋3 546
	（溢价发售债券。）			

如图表 12－9 所示，我们要把这些债券列示在发行人 2017 年 12 月 31 日的资产负债表的长期负债部分。债券面值加溢价等于债券账面价值。应付债券溢价是一个负债附加（“增加”）账户。

图表 12－9　债券溢价在资产负债表中的列示

长期负债		
应付债券（票面利率为 12%，2017 年 12 月 31 日到期）	＄100 000	
加：应付债券溢价	3 546	＄103 546

债券溢价的摊销

阿迪达斯公司通过发行债券获得了现金＄103 546，作为回报，它必须在 2 年后支付给债券持有人＄10 万（加上利息）。图表 12－10 A 板块的上半部分显示，债券利息费用总额为＄20 454，它等于 4 期利息支付总额＄24 000（4×6 000）与债券溢价（＄3 546）之间的差额。之所以要减去债券溢价是因为债券到期时，发行人不会将溢价支付给债券持有人。我们必须采用直线法把债券利息费用总额分摊到债券有效期内的 4 个半年利息支付期。

图表 12－10　溢价发行债券的利息计算及相关分录

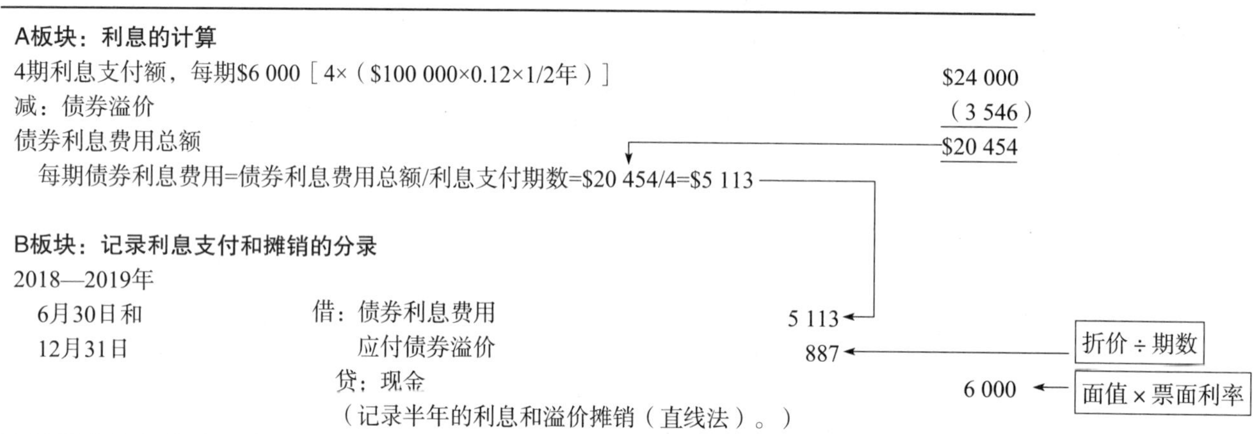

A板块：利息的计算

4期利息支付额，每期$6 000［4×（$100 000×0.12×1/2年）］	$24 000
减：债券溢价	（3 546）
债券利息费用总额	$20 454
每期债券利息费用=债券利息费用总额/利息支付期数=$20 454/4=$5 113	

B板块：记录利息支付和摊销的分录

2018—2019年				
6月30日和	借：债券利息费用	5 113		
12月31日	应付债券溢价	887		折价÷期数
	贷：现金		6 000	面值×票面利率
	（记录半年的利息和溢价摊销（直线法）。）			

以下债券溢价摊销使用的是直线摊销法。

债券直线摊销法

债券直线摊销法将债券利息费用总额平均分配到各个利息期。使用直线法摊销阿迪达斯公司债券利息费用时，首先，用债券利息费用总额＄20 454 除以 4（债券有效期内的半年利息支付期数），从而计算出各期的债券利息费用为＄5 113。图表 12－10 的 B 板块显示了债券发行人如何记录债券利息费用，以及如何在 4 个半年利息期期末（从 2018 年 6 月 30 日到 2019 年 12 月 31 日）更新债券负债账户余额。

从图表 12－11 中可以看出应付债券溢价账户中的未摊销溢价以及债券的账面价值是如何一点点减少的。以下几点概括了溢价债券的直线摊销方法：

图表 12－11　债券溢价的直线摊销法

半年利息支付期期末	未摊销溢价*	账面价值**
（0）2017年12月31日	$3 546	$103 546
（1）2018年6月30日	2 659	102 659
（2）2018年12月31日	1 772	101 772
（3）2019年6月30日	885	100 885
（4）2019年12月31日	0***	100 000

在债券有效期内，债券账面价值逐渐调整至面值，未摊销溢价逐渐调整为0

* 未摊销溢价等于债券溢价总额（＄3 546）减去各期累积摊销额（每半年支付的利息＄887）。

** 账面价值等于债券面值（＄100 000）加上未摊销溢价。

*** 保留到个位数。

- 发行时，债券面值为＄10 万，债券溢价为＄3 546，二者之和等于债券发行人收到的现金＄103 546。

- 债券有效期内，（未摊销）溢价随着每期摊销＄887(3 546/4）而逐渐减少，账面价值每期的减少额也是＄887。
- 到期时，未摊销溢价等于 0，账面价值等于债券发行人支付给债券持有人的面值＄10 万。

NTK 12－3

一家公司于 2017 年 12 月 31 日发行了利率为 8%的 2 年期债券，票面价值为＄7 000，每半年支付一次利息。在发行日，这些债券的年市场利率为 6%，意味着按照 103.71%的比例溢价发行，发行价为＄7 260。(a) 以图表 12－11 为例为这些债券编制一个摊销表；使用直线摊销法。然后编制日记账分录以记录：(b) 2017 年 12 月 31 日的债券发行；(c) 在 6 月 30 日和 12 月 31 日支付第 1～4 笔利息；(d) 该债券于 2019 年 12 月 31 日到期。

答案：

a.

半年利息 支付期期末	未摊销溢价	账面价值
(0) 2017 年 12 月 31 日	＄260	＄7 260
(1) 2018 年 6 月 30 日	195	7 195
(2) 2018 年 12 月 31 日	130	7 130
(3) 2019 年 6 月 30 日	65	7 065
(4) 2019 年 12 月 31 日	0	7 000

答案 a，b，c 的利息计算

4 期利息支付额（每期＄280）	
[4 期×(＄7 000×0.08×1/2 年)]	＄1 120
减：溢价	260
总债券利息费用	＄　860
除：期数	÷　4
每期债券利息费用	＄　215

b.

2017 年 12 月 31 日	借：现金	7 260	
	贷：应付债券溢价		260
	应付债券		7 000
	(溢价出售债券。)		

c.

2018 年 6 月 30 日	借：债券利息费用	215	
	应付债券溢价*	65	
	贷：现金**		280
	(支付半年的利息并且记录溢价摊销。)		
2018 年 12 月 31 日	借：债券利息费用	215	
	应付债券溢价*	65	
	贷：现金**		280
	(支付半年的利息并且记录溢价摊销。)		
2019 年 6 月 30 日	借：债券利息费用	215	
	应付债券溢价*	65	
	贷：现金**		280
	(支付半年的利息并且记录溢价摊销。)		
2019 年 12 月 31 日	借：债券利息费用	215	
	应付债券溢价*	65	
	贷：现金**		280
	(支付半年的利息并且记录溢价摊销。)		

* ＄260/4

** ＄7 000×8%×1/2

d.

2019 年 12 月 31 日	借：应付债券	7 000	
	贷：现金		7 000
	（记录债券到期以及债券的支付。）		

债券的偿还

本节中，我们将介绍债券的（1）到期偿还；（2）提前偿还；（3）通过转股方式偿还。

债券到期偿还

债券到期时的账面价值通常等于其面值。例如，从图表 12－7（折价债券）和图表 12－11（溢价债券）中都可以看出，债券期末的账面价值等于其面值（＄100 000）。假设利息已经支付并入账，那么到期偿还这些债券时需编制如下分录：

				资产＝负债＋所有者权益
2019 年 12 月 31 日	借：应付债券	100 000		
	贷：现金		100 000	－100 000　－100 000
	（记录债券到期偿还。）			

债券提前偿还

债券发行人有时希望在债券到期之前偿还全部或部分债券。例如，如果利率下降很多，债券发行人可能希望用较低利率的新债券替代较高利率的旧债券。发行人提前偿还债券的方法主要有两种：一种是行使赎回权；另一种是在公开市场回购其债券。在第一种情况下，债券发行人可以通过发行可赎回债券的方式保留提前赎回债券的权利。债券契约能够赋予发行人在债券到期前以面值加上赎回溢价向债券持有人赎回债券的权利。在第二种情况下，债券发行人通过在公开市场上以现行价格回购债券的方式偿还其债券。无论是行使赎回权还是重新回购债券，债券发行人支付的价格都不可能正好等于债券的账面价值。如果发行人支付的价格和债券的账面价值之间存在差价，债券发行人就要将差额记为收益或损失。

假设某公司发行了面值为＄100 000 的可赎回债券，并且规定发行人如要行使赎回权，除支付债券面值以外，还要再支付＄3 000 的溢价给债券持有人。再假设 2017 年 6 月 30 日支付利息之后，债券的账面价值为＄104 500。2017 年 7 月 1 日，债券发行人支付给债券持有人＄103 000 将这些债券赎回，并将债券账面价值（＄104 500）与付款额（＄103 000）之间的差额＄1 500 确认为债券偿还收益。此时，债券发行人需编制如下分录记录该债券偿还业务：

				资产＝负债＋所有者权益
7 月 1 日	借：应付债券	100 000		
	应付债券溢价	4 500		－103 000　－100 000　＋1 500
	贷：债券偿还收益		1 500	－4 500
	现金		103 000	
	（记录债券提前偿还。）			

通过转股方式偿还债券

可转换债券的持有人有权将自己持有的债券转换成股票。转换时，只要将债券的账面价值转入权益账户即可，不需要确认收益或损失。

举例来说，假设 1 月 1 日债券持有人将匡威公司面值为＄100 000、账面价值为＄100 000 的债券转换成了 1.5 万股面值为＄2 的普通股。为此，匡威公司需要编制如下分录记录该转股交易（债券和股票市价都与本分录无关）：

				资产＝负债＋所有者权益	
1月1日	借：应付债券	100 000			
	贷：普通股		30 000	－100 000	＋30 000
	超面值缴入股本		70 000		＋70 000
	（记录通过转股方式偿还债券。）				

决策洞察力　**垃圾债券**

垃圾债券是指信用评级较低的公司债券，其违约的可能性高于平均水平。从好的方面看，如果发行人偿还债务，垃圾债券的高风险可以带来高回报。当垃圾债券的投资者认为这些债券能够留存下来并偿还债务时，他们就会选择购买信用评级较低的债券。财务报表用来识别那些比他们的评级建议质量水平更高的垃圾债券。

12.5　长期应付票据

像债券一样，企业发行票据的目的也是获得现金等资产；但与债券不同的是，票据的交易对象一般是银行之类的单个借款人。票据发行人最初以票据的出售价格入账，即票据面值减去折价或加上溢价。票据有效期内分摊到各期的利息费用等于（票据发行时的）市场利率乘以期初票据余额。任何时点票据的账面价值都等于其面值减去全部未摊销折价或加上全部未摊销溢价。

分期付款票据

分期付款票据（installment note）是一种要求债务人分期偿还给债权人的负债。在资金借贷双方都同意分期付款的特许经营及其他业务中，我们常用到分期付款票据。

票据签发

举例来说，假设 Foghog 公司从银行借了＄600 000 用于购买设备，为此 Foghog 公司于 2017 年 1 月 1 日签发了一张利率为 8%的分期付款票据，该票据规定 Foghog 公司在未来 6 年内每年都要偿还部分本金和利息。此时，Foghog 公司需编制如下分录记录签发的这张票据：

				资产＝负债＋所有者权益	
1月1日	借：现金	60 000			
	贷：应付票据		60 000	＋60 000	＋60 000
	（通过签发利率为 8%的 3 年期分期付款票据借入＄60 000。）				

本金和利息的支付

分期付款票据支付款项通常包括应计利息加上部分借入金额（本金）。本节中介绍的是采用等额本息还款法的分期付款票据。

在等额本息还款法下，每期偿还的利息和本金都要发生变化。让我们举个例子来看看，假设 Foghog 公司通过签发面值为＄60 000 的分期付款票据的方式借入了＄60 000，该期票规定在未来 3 年内，Foghog 公司每年年底都要支付＄23 282。（连续 3 年每年支付＄23 282，这些付款按照 8%的折现率折现后的合计额刚好是＄60 000；在脚注①中给出了该计算过程。）每年支付的＄23 282 中既包括利息也包括本金，并且每次支付的利息和本金都各不相同。图表 12－12 列出了等额本息还款法下每次支付的利息和本金。其中，A 栏列出了票据的期初余额，B 栏列出了每一年的应计利息（等于票据的期初余额乘以 8%），C 栏列出了对票据本金的影响（等于 D 栏中的总支付额减去 B 栏中的利息费用），E 栏列出了票据的期末余额。

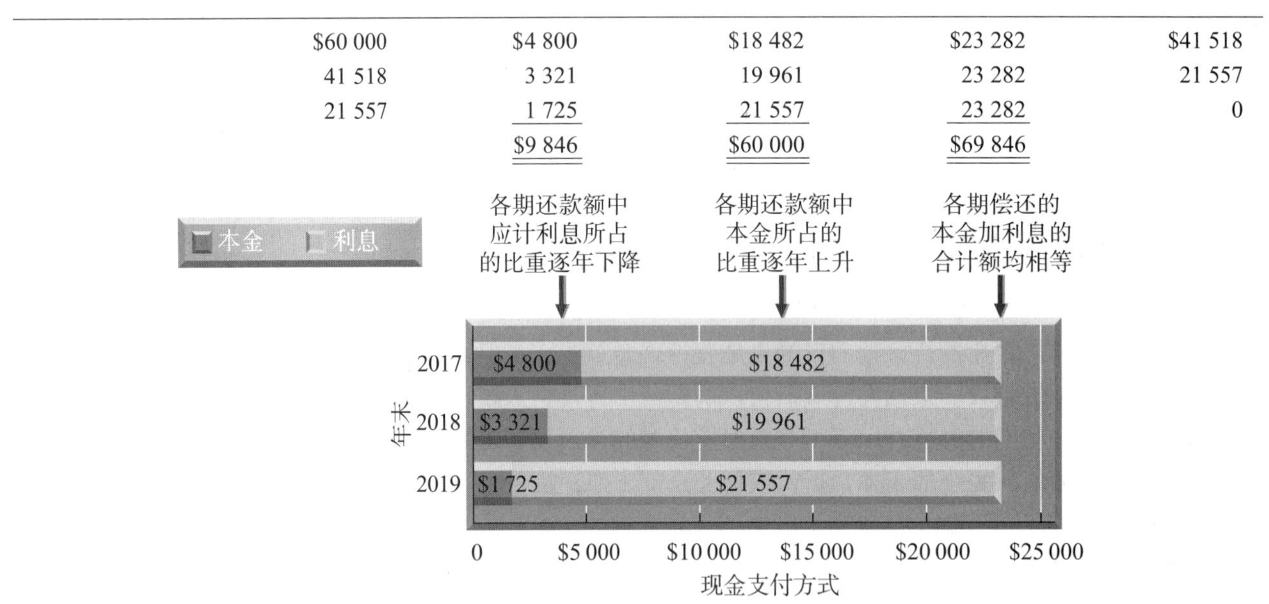

$60 000	$4 800	$18 482	$23 282	$41 518
41 518	3 321	19 961	23 282	21 557
21 557	1 725	21 557	23 282	0
	$9 846	$60 000	$69 846	

图表 12－12 分期付款票据：等额本息还款法

尽管这 3 次支付的现金总额相等，但是由于票据本金余额逐年减少，所以每年支付的应计利息额也在逐年减少。随着每年支付的利息额不断减少，每笔支付款项中本金所占的比重不断增加。图表 12－12 的下半部分用图示对这些变化进行了说明。利用图表 12－12 中的数据，可以编制出 Foghog 公司头两次支付票据本息时的会计分录（2017 年和 2018 年）：

---

① 我们要使用本书附表 3 来计算期初余额为＄60 000、利率为 8%的分期付款票据 3 次还款额。我们在附表 3 第 3 行与 8%栏的交叉处找出其现值系数为 2.577 1。可以通过解下列等式来计算出每次的还款额：

附表	现值系数		还款金额		现值
附表 3	2.577 1	×	?	=	＄60 000

根据上式，可以计算出还款金额为＄23 282（60 000/2.577 1）。

日期	会计分录	借方	贷方	资产＝负债＋所有者权益
2017 年 12 月 31 日	借：利息费用	4 800		资产＝负债＋所有者权益
	应付票据	18 482		−23 282　−18 482　−4 800
	贷：现金		23 282	
	（记录首笔分期还款额。）			

日期	会计分录	借方	贷方	资产＝负债＋所有者权益
2018 年 12 月 31 日	借：利息费用	3 321		资产＝负债＋所有者权益
	应付票据	19 961		−23 282　−19 961　−3 321
	贷：现金		23 282	
	（记录第 2 笔分期还款额。）			

在偿还最后一笔款项时，Foghog 公司还要编制类似的会计分录，只不过每次记的金额不同。3 年后，应付票据账户余额将变为 0。

决策洞察力　**潜在的债务**

一项研究报告显示，29%的财务会计从业人员在过去的一年里有过伪造或操纵会计信息的行为（KPMG，2013），包括对一些长期负债不予披露。另一项研究报告称，大多数实施欺诈的人（36%）就职于公司的财务部门（KPMG，2011）。

抵押票据与抵押债券

抵押权（mortgage）是一种法律协议，当资金借入人不能支付债券或票据所要求支付的款项时，它能够保护资金借出人。抵押权赋予资金借出人从协议中确定的资金借入人资产的出售所得现金中获得偿还的权利。在被称作抵押协议的法律文件中，借贷双方规定了各项抵押条款。

抵押票据附有抵押协议，以特定资产作为票据的担保。在购买住房和厂房设备资产时，我们经常使用抵押票据。抵押债券的使用不及抵押票据普遍。抵押债券以债券发行人的资产作为担保。除必须披露抵押协议外，抵押票据和债券的会计核算与无担保票据和债券的会计核算类似。例如，TIBCO 软件公司在其财务报表中披露，“应付抵押票据由商业不动产作为担保（公司总部）”。

决策制定者　**企业家**

假设你是一个电子产品零售商，你正在实施一个家庭影院的销售计划。你打算让客户免费使用两年，两年后再全额支付货款。该套家庭影院的建议零售价是＄4 100，但现在你愿意以＄3 000 的价格出售。假设市场利率是 10%，针对你的促销方案，即前两年免费使用，两年后再全额支付货款，你的售价是多少？

答案：这是一个现值问题。利率（10%）和现值（＄3 000）是已知的，但两年后需要支付的金额是未知的。两年后＄3 630 的价格计算过程为＄3 000×1.10×1.10。两年后的＄3 630 相当于现在的＄3 000。

NTK 12－4

2017 年 1 月 1 日，一家公司通过签署一份 4 年期、利率为 5%的分期付款票据，借入了＄1 000 现金。该票据需要从 2017 年 12 月 31 日到 2020 年 12 月 31 日分 4 次等额还款，每次还款＄282，包括应付利息和本金。

1. 为此分期付款票据编制一张摊销表，以图表 12 - 12 为例。

2. 编制 2017 年 1 月 1 日的贷款以及从 2017 年 12 月 31 日到 2020 年 12 月 31 日 4 次还款的日记账分录。

答案：

1. 贷款摊销表

期末日期	支付额						(E) 期末余额 (A)－(C)
	(A) 期初余额	(B) 借记利息费用 5%×(A)	+	(C) 借记应付票据 (D)－(B)	＝	(D) 贷记现金 (已算出)	
2017 年	$1 000	$ 50		$ 232		$ 282**	$768
2018 年	768	38		244		282	524
2019 年	524	26		256		282	268
2020 年	268	14*		268		282	0
		$128		$1 000		$1 128	

* 四舍五入到个位数。

** 每期支付金额＝票据期初余额/年金系数

＝$1 000/3.546 0＝$282（取整）

2.

2017 年 1 月 1 日	借：现金	1 000	
	贷：应付票据		1 000
	（通过签发利率为 5%的票据借入 $1 000。）		
2017 年 12 月 31 日	借：利息费用	50	
	应付票据	232	
	贷：现金		282
	（记录第 1 笔分期付款支付。）		
2018 年 12 月 31 日	借：利息费用	38	
	应付票据	244	
	贷：现金		282
	（记录第 2 笔分期付款支付。）		
2019 年 12 月 31 日	借：利息费用	26	
	应付票据	256	
	贷：现金		282
	（记录第 3 笔分期付款支付。）		
2020 年 12 月 31 日	借：利息费用	14	
	应付票据	268	
	贷：现金		282
	（记录第 4 笔分期付款支付。）		

可持续性与会计

Garrett Camp 和 Travis Kalanick 致力于使他们的 Uber 公司更具可持续性和环境友好性。他们正在推动一项称为 UberPOOL 的可持续发展举措。在使用 Uber 应用程序时，客户将有机会与其他 Uber 乘客"拼车"。这大大降低了客户的乘车成本，并且对环境友好。

乘坐同一辆汽车到相近目的地的 3 个或 4 个客户可以减少道路上的汽车数量，并降低 75%的环境成本。

Travis 解释说："我们将使道路上减少成千上万辆汽车，这将减少空气污染，并节省人们的时间。这一变化是积极而直接的，从根本上说，这是一件好事。"

在 2016 年的前 3 个月，UberPOOL 减少了 2 100 万英里的自动行驶里程。Uber 网站解释，这意味着减少了大约 40 万加仑天然气和 3 800 吨二氧化碳排放。Travis 和 Camp 承认，UberPOOL 需要一个良好的会计系统。重要的是，所有者依赖系统对采用 UberPOOL 和采用常规 Uber 的客户进行分类。如果系统无法正确执行此操作，那么 Uber 将无法准确地向客户收费。这样一来，客户购买 UberPOOL 的成本动机就会消失，碳排放节省将无法实现。Camp 坚持说："对我而言，这仅仅是解决问题而已。"此外，根据 Camp 的说法，该问题的解决方案"必须是可持续的"。

决策洞察力

抵押品

贷款人更喜欢以流动资产作为贷款的抵押品。这些通常是流动资产，例如应收账款或库存。原因是如果借款人违约且抵押品必须被扣押，放款人会希望出售易于出售的资产以弥补损失。

决策制定者

债券投资者

你计划从同一行业且规模和业绩相似的两家公司中选择一家购买债券。第一家公司的负债总额为 $350 000，所有者权益为 $1 750 000。第二家公司的负债总额为 $1 200 000，所有者权益为 $1 000 000。根据负债权益比率，哪家公司的债券风险较小?

答案：第一家公司的负债权益比率为 0.2（$350 000/$1 750 000)，第二家公司的负债权益比率为 1.2（$1 200 000/$1 000 000)，这表明第二家公司的融资风险比第一家公司高。购买无抵押债券的人会更倾向于第一家公司（其他都相同)。

NTK 12－5

Water Sports 公司（WSC）获得一种新产品的专利权并成功地进行了市场测试。为了扩大新产品的生产和市场开拓能力，WSC 公司需要筹集 $80 万资金。2017 年 1 月 1 日，公司通过以下两种方式筹得了资金：

a. WSC 公司签发了一张面值为 $40 万、利率为 10%的分期付款票据，该票据需要从 2017 年 12 月 31 日到 2021 年 12 月 31 日分 5 年等额偿还票据本息。

b. WSC 公司发行了面值为 $40 万的 5 年期债券，该债券的票面年利率为 12%，并且需要在每年 6 月 30 日和 12 月 31 日支付利息。债券的市场年利率为 10%。

要求：

1. 对于分期付款票据：(a) 计算每年的还款额；(b) 编制类似于图表 12－12 的摊销表；(c) 编制第一次还款时的日记账分录。

2. 对于债券：(a) 计算其发行价格，编制 2017 年 1 月 1 日的日记账分录，以记录债券发行；(b) 采用直线法进行摊销并编制摊销表；(c) 编制 2017 年 6 月 30 日的日记账分录，以记录首次支付利息；(d) 编制日记账分录以记录 2019 年 1 月 1 日以 $41.6 万的赎回价偿还债券。

解题步骤：

- 对于分期付款票据，使用本书附表 3 第 5 行和 10%栏交叉处的年金现值系数去除借款额以计算出各笔还款额。编制类似图表 12－12 的表格并使用表中第一行的数据登记日记账。

● 通过采用市场利率计算债券现金流量（见本书附表）的现值来计算债券发行价格。然后利用计算结果来记录债券发行。接下来编制如图表 12－11 的摊销表，并使用它查出用以登记日记账的金额。使用刚才编制的表格查出债券偿还日登记日记账所需的账面价值。

答案：

第 1 部分：分期付款票据

a. 长期应付票据摊销表如下所示：

期末日期		支付额					
	(A) 期初余额	(B) 借记利息费用 10%×(A)	+	(C) 借记应付票据 (D)－(B)	=	(D) 贷记现金 (已算出)	(E) 期末余额 (A)－(C)
(1) 2017 年 12 月 31 日	$ 400 000	$ 40 000		$ 65 519		$ 105 519*	$ 334 481
(2) 2018 年 12 月 31 日	334 481	33 448		72 071		105 519	262 410
(3) 2019 年 12 月 31 日	262 410	26 241		79 278		105 519	183 132
(4) 2020 年 12 月 31 日	183 132	18 313		87 206		105 519	95 926
(5) 2021 年 12 月 31 日	95 926	9 593		95 926		105 519	0
		$ 127 595		$ 400 000		$ 527 595	

* 年还款额＝票据余额/年金系数＝$ 400 000/3.790 8＝$ 105 519（注意：年金系数为附表 3 第 5 行和 10%栏交叉处的数字。）

b. 2017 年 12 月 31 日第一次还款时编制的日记账分录如下：

12 月 31 日	借：利息费用	40 000	
	应付票据	65 519	
	贷：现金		105 519
	（记录首笔还款。）		

第 2 部分：债券（直线摊销法）

a. 2017 年 1 月 1 日债券发行时的日记账分录为：

1 月 1 日	借：现金*	430 881	
	贷：应付债券溢价		30 881
	应付债券		400 000
	（溢价出售债券。）		

现金流量	附表	现值系数*	金额	现值
面值	附表 1	0.613 9	× $ 400 000	＝$ 245 560
利息	附表 3	7.721 7	× 24 000	＝ 185 321
债券价格				$ 430 881

* 现值系数为分 10 期偿还、半年期市场利率为 5%时的数值。

b. 溢价债券的直线摊销表如下所示：

半年利息支付期期末	未摊销溢价	账面价值
(0) 2017 年 1 月 1 日	$ 30 881	$ 430 881
(1) 2017 年 6 月 30 日	27 793	427 793
(2) 2017 年 12 月 31 日	24 705	424 705

半年利息支付期期末	未摊销溢价	账面价值
(3) 2018 年 6 月 30 日	21 617	421 617
(4) 2018 年 12 月 31 日	18 529	418 529
(5) 2019 年 6 月 30 日	15 441	415 441
(6) 2019 年 12 月 31 日	12 353	412 353
(7) 2020 年 6 月 30 日	9 265	409 265
(8) 2020 年 12 月 31 日	6 177	406 177
(9) 2021 年 6 月 30 日	3 089	403 089
(10) 2021 年 12 月 31 日	0*	400 000

* 保留到个位数。

c. 2017 年 6 月 30 日第一次支付利息时的日记账分录如下：

6 月 30 日	借：债券利息费用	20 912	
	应付债券溢价	3 088	
	贷：现金		24 000
	（支付债券半年利息。）		

d. 2019 年 1 月 1 日偿还债券时的日记账分录如下：

1 月 1 日	借：应付债券	400 000	
	应付债券溢价	18 529	
	贷：现金		416 000
	债券偿还收益		2 529
	（记录债券偿还（使用 2018 年 12 月 31 日的账面价值）。）		

小　结

C1　解释票据的类型以及票据的会计处理。需要在一段时间内分期偿还的长期应付票据称为分期付款票据。分期付款票据的偿还方式主要有两种：(1) 递减利息加等额本金偿还法；(2) 等额本息偿还法。抵押票据也很常见。可以通过将债券发行时的市场利率乘以期初账面价值的方式将利息分摊到票据有效期内的各个期间。如果票据以每期等额支付方式进行偿付，那么每期支付金额等于借入金额除以由市场利率和付息期数确定的年金现值系数（来自现值表）。

A1　比较债券融资和股票融资。企业可以使用债券融资为其业务活动提供资金支持。相对于股票来说，债券融资的优点是：(1) 不影响所有权控制；(2) 节税；(3) 通过财务杠杆增加企业的盈利。债券融资的缺点有：(1) 既要定期支付利息，还要到期支付其面值；(2) 放大了不良业绩。

A2　评估债务特征及其影响。某些债券由发行人的资产担保；其他债券，称为无担保债券，是没有担保的。系列债券在不同的时间点到期；定期债券一次到期。记名债券由发行人记载债券持有人的名称；无记名债券应支付给债券持有人。可转换债券可与发行人的股票交换。可赎回债券可以由发行人以固定价格收回。债务特征改变了债权人遭受损失的风险。

P1　债券发行及利息费用的会计核算。当债券以面值发行时，要以债券面值借记现金，贷记应付债券。在债券付息日（通常是半年期），要借记债券利息费用，贷记现金，贷记现金的金额等于债券面值乘以票面利率。

P2　用直线摊销法计算并记录贴现债券的摊销。当票面利率低于市场利率时，债券折价发行，发行（出售）价格低于票面价值。当债券折价发行时，发行人应贷记应付债券（以面值入账），借记应付债券折价和现金。可以使用直线法计算分摊到各期的债券利息费用。

P3 用直线摊销法计算并记录溢价债券的摊销。当票面利率高于市场利率时，债券溢价发行，发行（出售）价格高于票面价格。当债券溢价发行时，发行人应借记现金，贷记应付债券（以面值入账）和应付债券溢价。可以使用直线法计算分摊到各期的债券利息费用。在债券有效期内，还要摊销应付债券溢价，以降低债券利息费用。

P4 债券偿还的会计处理。债券到期偿还时以面值借记应付债券，贷记现金。债券发行人可以通过行使赎回权或在公开市场上将债券购回来提前偿还债券。债券持有人可以通过行使可转换债券的转换权来提前终止债券。债券发行人应将支付金额与债券账面价值之间的差额确认为债券偿还收益或损失。

关键术语

Bond 债券

Bond certificate 债券证书

Bond indenture 债券契约

Carrying（book）value of bonds 债券账面价值

Contract rate 票面利率

Discount on bonds payable 应付债券折价

Installment note 分期付款票据

Market rate 市场利率

Mortgage 抵押权

Par value of a bond 债券面值

Premium on bonds 债券溢价

Straight-line bond amortization 债券直线摊销法

选择题

1. 债券以97½交易的含义是什么？______

a. 该债券支付97½%的利息

b. 每＄1 000的债券交易价为＄975

c. 市场利率低于债券的票面利率

d. 债券的赎回价为每张＄975

e. 债券利率为2½%

2. 假设某债券持有人拥有一张面值为＄1 000、利率为6%的15年期债券，那么该债券持有人______。

a. 在债券到期时有权收到＄1 000

b. 对债券发行单位享有所有权

c. 在债券有效期内有权每月收到＄60

d. 在债券到期时有权收到＄1 900

e. 在债券有效期内有权每年收到＄600

3. 假设某公司发行了面值为＄50万、票面利率为8%的20年期债券。目前债券的市场利率为8%。试问每半年利息支付期发行人应支付多少利息给债券持有人？______

a. ＄40 000　b. ＄0　c. ＄20 000　d. ＄800 000　e. ＄400 000

4. 假设某公司发行了面值为＄100 000、票面利率为5%的5年期债券。该公司通过发行债券获得了＄95 735。采用直线摊销法，在第一个半年利息支付期该公司的利息费用是______。

a. ＄2 926.50　b. ＄5 853.00　c. ＄2 500.00　d. ＄5 000.00　e. ＄9 573.50

5. 假设某公司发行了面值为＄350 000、票面利率为5%的8年期债券。该公司通过发行债券获得了＄373 745。这些债券每半年支付一次利息。在采用直线摊销法的情况下，第一个半年利息支付期债券溢价摊销额为______。

a. ＄2 698　b. ＄23 745　c. ＄8 750　d. ＄9 344　e. ＄1 484

讨论题

1. 应付票据和应付债券之间的主要区别是什么？
2. 债券和股票之间的主要区别是什么？
3. 债券融资与权益融资相比有什么优点？
4. 什么是债券契约？上面通常有哪些规定？
5. 受托机构对债券持有人所承担的主要责任是什么？
6. 债券的票面利率和市场利率分别是什么？
7. 哪些因素会影响债券的市场利率？
8. 在债券的有效期内，直线摊销法是否产生了一个导致固定利率的利息费用摊销额？请解释。
9. 解释会计期末债券应计利息的概念。
10. 如果已知债券票面价值、票面利率和市场利率，怎样计算债券的发行价格？
11. 一张以 98¼ 售出的面值为＄2 000 的债券的发行价是多少？一张以 101½ 售出的面值为＄6 000 的债券的发行价是多少？
12. 解释负债权益比率，并说明债权人和所有者如何使用该比率来评估公司的风险。
13. 企业家（所有者）对购买债券为企业融资的投资者应承担什么责任？
14. 请参阅附录中苹果公司的年度报告，哪些现象表明苹果公司已发行长期债券？
15. 请参阅附录中三星公司的报表，三星公司的长期借款在 2015 年增加或减少了多少？
16. 参阅附录中三星公司的现金流量表，请问截至 2015 年 12 月 31 日，其用于偿还长期借款和债券的金额是多少？
17. 参阅附录中谷歌公司的报表，请问截至 2015 年 12 月 31 日，其负债权益比率是多少？这个比率说明了什么？

快速学习

QS 12－1 请将以下内容分类为债券融资的优点（A）或缺点（D）：

______ a. 债券不影响所有者控制。
______ b. 公司通过借用资金获得的回报比支付的利息低。
______ c. 公司通过借用资金获得的回报比支付的利息高。
______ d. 债券需要定期支付利息。
______ e. 债券利息可以免税。
______ f. 债券需要在到期时支付面值。

QS 12－7 Sylvestor 公司在 2016 年 12 月 31 日发行了面值为＄100 000、票面利率为 10％的 5 年期债券。这些债券每半年支付一次利息。根据下面的债券直线摊销表，编制日记账分录以记录：(a) 2016 年 12 月 31 日债券的发行；(b) 2017 年 6 月 30 日，第一个半年期利息支付日支付的利息；(c) 2017 年 12 月 31 日，第 2 个半年期利息支付日支付的利息。

半年利息支付期期末	未摊销折价	账面价值
(0) 2016 年 12 月 31 日	＄7 360	＄92 640
(1) 2017 年 6 月 30 日	6 624	93 376
(2) 2017 年 12 月 31 日	5 888	94 112

QS 12－9 Advocate 公司 2017 年 6 月 30 日支付完债券半年期利息之后，2017 年 7 月 1 日行使了债券的赎

回权利，支付给债券持有人＄8 000（再加上面值）将这些债券赎回。该债券的账面价值为＄416 000，面值为＄400 000。编制该债券偿还的会计分录。

QS 12-11 2017年1月1日，MM公司从银行借了＄340 000现金，作为回报，MM公司签发了一张利率为8%的分期付款票据，这张票据分5年付款，每期每笔为＄85 155，首笔在票据签发1年后付款。

1. 编制该票据发行的会计分录。
2. 截至2017年12月31日，首笔＄85 155付款中的利息费用是多少？该票据的本金减少额是多少？

QS 12-19 2015年3月31日，Vodafone公司在其应付债券中报告了以下信息（百万英镑）。

以摊余成本计量的长期金融负债			
百万英镑	票面金额	账面价值	公允价值
票面利率为4.625%（5亿美元）的债券于2018年7月到期	£337	£375	£367

a. 票面利率为4.625%的债券面值是多少？它的账面价值是多少？

b. 票面利率为4.625%的债券是折价出售还是溢价出售？请解释。

练习题

Exercise 12-1 2017年1月1日，Boston公司发行了面值为＄3 400 000、利率为9%的20年期债券。该债券规定每半年支付一次利息，付息日分别为每年的6月30日和12月31日。该债券最后以面值出售。

1. 每6个月Boston公司要向债券持有人支付多少利息（以现金的形式）？
2. 编制日记账分录，以记录：(a) 2017年1月1日债券的发行；(b) 2017年6月30日，第一个利息支付日支付的利息；(c) 2017年12月31日第二个利息支付日支付的利息。
3. 在债券的发行价为＄98和＄102的情况下，分别编制债券发行的日记账分录。

Exercise 12-5 2017年12月31日，Dobbs公司发行了面值为＄200 000的债券。债券的年利率为5%，分别于每年的6月30日和12月31日支付一次利息。债券的有效期为2年。使用下面的债券摊销表编制日记账记录：(a) 2017年12月31日债券的发行；(b) 6月30日和12月31日支付的前4次利息；(c) 2019年12月31日到期日债券的偿还。

半年利息支付期期末	未摊销折价	账面价值
(0) 2017年12月31日	＄12 000	＄188 000
(1) 2018年6月30日	9 000	191 000
(2) 2018年12月31日	6 000	194 000
(3) 2019年6月30日	3 000	197 000
(4) 2019年12月31日	0	200 000

Exercise 12-7 2017年1月1日，Quatro公司发行了面值为＄400 000的债券。债券的年利率为13%，分别于每年的6月30日和12月31日支付一次利息。债券的有效期为3年。发行日该债券的市场利率为12%，债券以＄409 850售出。

1. 发行债券的溢价额是多少？
2. 在债券的有效期内，要确认的债券利息费用总额是多少？
3. 在采用直线法摊销溢价的情况下，为这些债券编制与图表12-11相似的摊销表。

Exercise 12-9 2017年1月1日，Shay公司发行了面值为＄700 000、利率为10%的15年期债券。债券的发行价为面值的97¾。6年后，2023年1月1日，Shay公司在公开市场以面值的104½的价格出售了

20%的债券。所有的利息都在购买日的前一天，即 2022 年 12 月 31 日进行了支付。采用直线摊销法摊销债券折价。

1. 2017 年 1 月 1 日，公司发行债券时收到的现金是多少？
2. 2017 年 1 月 1 日，债券的折价是多少？
3. 从 2017 年 1 月 1 日到 2022 年 12 月 31 日，记录的折价摊销额是多少？
4. 2022 年 12 月 31 日营业日结束后，债券的账面价值是多少？同一天将要偿还的 20%的债券的账面价值是多少？
5. 2023 年 1 月 1 日，公司要为它所偿还的这部分债券支付多少金额？
6. 记录的偿还债券的损失或收益是多少？
7. 编制记录 2023 年 1 月 1 日债券偿还的日记账分录。

Exercise 12-15 2017 年 1 月 1 日，Duval 公司发行了面值为 $100 000 的债券。债券的年利率为 7%，分别于每年的 6 月 30 日和 12 月 31 日支付一次利息。债券的有效期为 4 年，以 $95 952 售出。

1. 在采用直线法摊销的情况下，为这些债券编制与图表 12-7 相似的摊销表。
2. 编制前两次支付利息的日记账分录。
3. 编制 2020 年 12 月 31 日债券到期的日记账分录（假设半年期利息支付的分录已经编制）。

综合题

Problem 12-2A 2017 年 1 月 1 日，Hillside 公司发行了面值为 $4 000 000、利率为 6%的 15 年期债券。债券规定每半年支付一次利息，付息日为每年 6 月 30 日和 12 月 31 日。债券的发行价为 $3 456 448。

要求：

1. 编制 2017 年 1 月 1 日记录债券发行的日记账分录。
2. 对于每个半年期，计算（a）支付的现金数额；（b）直线折价摊销额；（c）债券的利息费用。
3. 计算债券有效期内确认的债券利息费用总额。
4. 在直线摊销法下，编制与图表 12-7 相似的前两年的摊销表。
5. 编制记录前两笔支付利息的交易的日记账分录。

拓展题

BTN 12-1 根据附录中苹果公司财务报表相关信息回答以下问题：

1. 根据苹果公司 2015 年 9 月 26 日资产负债表上的信息，识别苹果公司长期负债的项目（如有）。
2. 假设苹果公司有 $1 亿的可转换债券，票面利率为 4.25%。该可转换债券每年必须支付多少利息？
3. 假设在第 2 题中所提到的账面价值为 $1 亿的可转换债券能转换为苹果公司 20 000 股股票，苹果公司在转换时如何编制日记账分录？
4. 从苹果公司网站（Apple.com）或 EDGAR 数据库（SEC.gov）获得其截至 2015 年 9 月 26 日的年度财务报表。2015 年 9 月 26 日以后，它是否发行了其他长期债券？如果发行了，请确定其金额。

全球视角

下面讨论在美国公认会计原则和国际财务报告准则下，长期负债中债券和票据的会计处理以及披露方式的相似和不同之处。

债券和票据的会计处理 从广义上来看，美国公认会计原则和国际财务报告准则对债券和票据的定义和特点的描述是类似的。尽管存在微小的差异，二者对债券和票据的会计处理也是类似的。具体来说，债券和票据发行时的会计处理（包括折价和溢价的摊销）、市场定价以及偿还都需要遵循本章中所讲述的规则。以下是诺基亚公司对其债券会计处理的披露，使用的是本章中讲述的成本摊销方法：

开始时，应付债券价值为公允价值减去交易成本。之后，债券价值使用摊销后的成本。

美国公认会计原则和国际财务报告准则都允许企业使用公允价值计量债券价值（和本章中所讲的摊销成本不同），这种方法称为**公允价值法**（fair value option）。在这两种原则下，运用公允价值法进行债券和股票的计量以及后续会计处理是相似的。公允价值是指资产负债表日在有序市场中，公司自愿进行资产交换或债务清偿时收到的金额。公司使用以下三种方式确定公允价值（根据使用偏好排序）：

级别1：活跃市场中相同项目的公开报价。

级别2：除级别1中可获取的活跃市场公开报价之外，也可以将不活跃市场的相同项目报价或是活跃市场中相似项目的报价作为公允价值。

级别3：换入资产或换出资产不存在相同或类似资产可比时，可以采用估值技术确定公允价值。

在资产负债表日确定负债公允价值的程序和方法将在以后的高级课程中学习。

租赁和养老金的会计处理 美国公认会计原则和国际财务报告准则都要求公司区分经营租赁和资本租赁。在国际财务报告准则下，后者又叫作融资租赁。总体来说，二者对租赁的会计处理和披露方式的要求是相似的，一个主要的不同是国际财务报告准则对融资租赁的确认标准更加宽泛。

对于养老金来说，美国公认会计原则和国际财务报告准则都要求将退休福利成本作为员工薪酬的一部分入账，并且会计处理和披露的基本方法类似。

国际财务报告准则

利息计算 与美国公认会计原则不同，国际财务报告准则统一要求使用实际利率法计算利息支出。

租赁和养老金的会计处理 美国公认会计原则和国际财务报告准则均要求公司区分经营租赁和资本租赁；在国际财务报告准则下，后者又称为融资租赁。美国公认会计原则和国际财务报告准则对租赁的会计处理和披露方式的要求大致相似。主要区别在于，国际财务报告准则对融资租赁的确认标准更加宽泛。但是，基本会计处理方法在两个准则下均适用。对于养老金而言，美国公认会计原则和国际财务报告准则均要求公司将退休福利成本作为员工薪酬的一部分入账，并且会计处理和披露的基本方法在两个准则中是类似的。

选择题答案

1. b
2. a
3. c；＄500 000×0.08×1/2年＝＄20 000
4. a；应付现金利息＝＄100 000×5%×1/2年＝＄2 500
   折价摊销＝(＄100 000－＄95 735)/10期＝＄426.50
   利息费用＝＄2 500.00＋＄426.50＝＄2 926.50
5. e；(＄373 745－＄350 000)/16期＝＄1 484

第 13 章

投资和国际经营

本章预览

投资基础知识	交易性金融资产	持有至到期投资	可供出售金融资产	权益法证券
C1 短期投资与长期投资 债权证券会计处理 权益证券会计处理	P1 负债与股权 计量 列报 出售 NTK 13－1	P2 债权证券 计量 列报 NTK 13－2	P3 分类 列报 出售 NTK 13－3	P4 具有重大影响 C2 具有控制权 NTK 13－4

学习目标

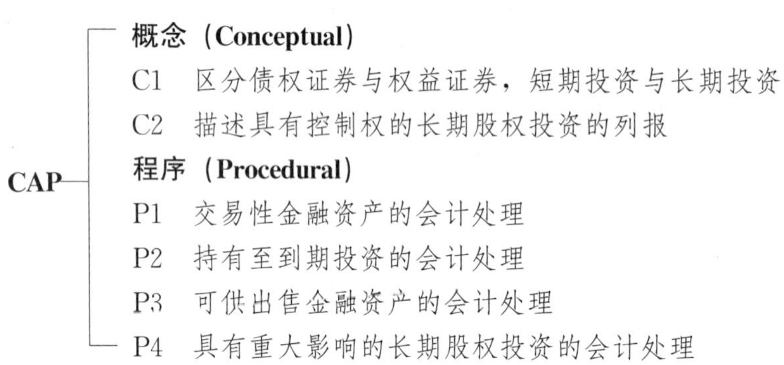

13.1 投资基础知识

本章将从买方（也称为投资者）的角度解释股权和负债的列报。第一节将描述投资的目的，短期投资和长期投资之间的区别以及投资的类型。

投资目的和类型

企业进行投资的理由至少有三种：第一，企业将闲余现金转换为投资以产生较高的收益；第二，一些诸如互助基金和养老基金的经济实体，其成立的目的就是进行投资以获得收益；第三，企业投资可能是出于战略方面的需要，例如，投资竞争对手、供应商，甚至投资客户。图表 13－1 给出了一些公司的短期投资（S-T）和长期投资（L-T）在其总资产中所占的百分比。

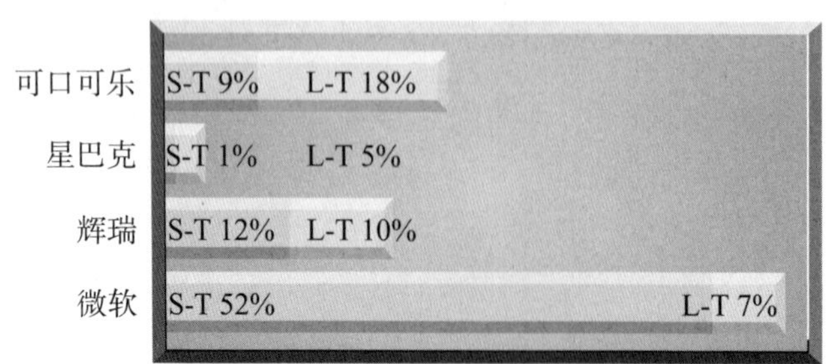

图表 13－1 选定的几家公司的投资情况

短期投资

现金等价物是很容易就能转换成确定金额的现金，并在 3 个月内到期的投资。另外，还有很多投资在 3～12 个月内到期。我们把这些投资称为**短期投资**（short-term investments），也叫临时投资或有价证券。具体来说，短期投资是具有以下特点的证券投资：(1) 管理层准备在一年或企业长于一年的一个经营周期内将其转换成现金；(2) 很容易就能转换成现金。短期投资以流动资产列报。

长期投资

长期投资是指无法轻易转换为现金或在短期内不准备转换为现金的投资。**长期投资**（long-term investments）包括指定用途的资金，例如土地投资或者其他不用于企业经营的资产投资。长期投资在资产负债表中的非流动资产部分列报，经常单列一行，冠以"长期投资"之名。

债权证券和权益证券

证券投资既包括债权证券也包括权益证券。票据、债券以及存单等都属于债权证券，债权证券一般是由政府、企业或个人发行的，它们反映的是借贷关系。权益证券反映的是所有权关系，例如公司发行的股票就属于权益证券。

投资的分类与报告

证券投资的会计核算取决于三个因素：(1) 证券的类型，是属于债权证券还是权益证券；(2) 企业是打算长期持有还是短期持有；(3) 企业（投资者）持有其他公司（投资对象）权益证券的百分比。图表 13-2 根据这三个因素将证券划分成五类，并描述了这五类证券及其列报要求。

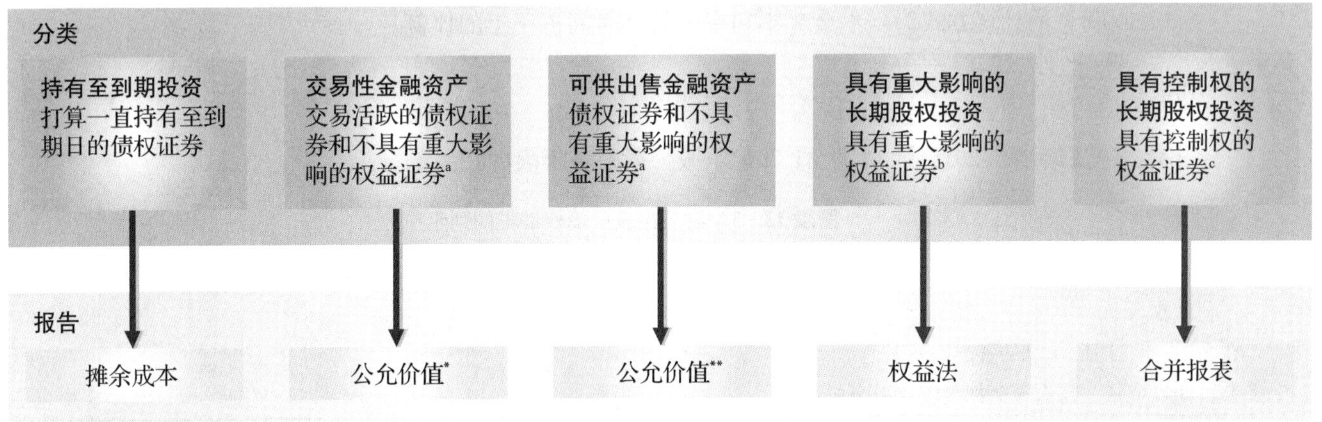

图表 13-2　证券投资

a. 持有投资对象 20%以下的有表决权资本（只限于权益证券）。
b. 持有投资对象 20%或 20%以上，50%以下的有表决权资本。
c. 持有投资对象 50%以上的有表决权资本。
* 未实现利润要列示在利润表上。
** 未实现利润要列示在资产负债表的权益部分综合收益中。

债权证券的会计核算

本节将介绍债权证券的购买、处置以及利息等基本业务的会计核算方法。

购买

债券在购入时应以成本入账。假设音乐城公司（Music City）在2016年6月30日支付＄29 500以及＄500佣金购买了戴尔公司发行的面值为＄30 000、利率为7%的2年期债券。债券半年付息一次，付息日分别为每年的1月1日和7月1日。音乐城公司打算持有这些债券直至其到期，即2018年6月30日，因此这些债券属于持有至到期投资（HTM）。（如果证券将在短期内到期，并且管理层打算持有这些证券直至其到期，那么这些证券应列入短期投资。）记录该笔债券购买交易的分录如下：

				资产＝负债＋所有者权益	
2016年					
6月30日	借：长期投资——持有至到期投资（戴尔公司）	30 000		＋30 000	
	贷：现金		30 000	－30 000	
	（购买持有至到期债券。）				

利息收入

债权证券投资的利息收入应在赚得时入账。在会计期末2016年12月31日，音乐城公司编制了如下分录确认其应收利息：

				资产＝负债＋所有者权益	
12月31日	借：应收利息	1 050			
	贷：利息收入		1 050	＋1 050	＋1 050
	（确认已赚得利息（＄30 000×7%×6/12）。）				

＄1 050利息的计算方式为：本金×年利率×付息时间占一年的比例。

列报

图表13-3给出了2016年12月31日音乐城公司财务报表的相关部分。

图表13-3 财务报表中债权证券的列示

在2016年的利润表上：	
利息收入	＄1 050
在2016年12月31日的资产负债表上：	
长期投资——持有至到期投资（摊余成本）	＄30 000

2017年1月1日，音乐城公司编制了如下分录记录收到的半年利息：

				资产＝负债＋所有者权益
1月1日	借：现金	1 050		＋1 050
	贷：应收利息		1 050	－1 050
	（收到戴尔公司债券6个月的利息。）			

处置

当债券到期时，音乐城公司需编制如下分录记录其收到的款项（不包括利息分录）：

2018 年				
6 月 30 日	借：现金	30 000		资产＝负债＋所有者权益
	贷：长期投资——持有至到期投资			＋30 000
	（戴尔公司）		30 000	－30 000
	（债券到期收回现金。）			

债权证券的成本可能高于其到期价也可能低于其到期价。当投资为长期投资时，成本与到期价之间的差额在证券剩余年限内摊销。为方便计算，假设长期债权证券的成本等于其到期价。

□ 权益证券的会计核算

本节将介绍权益证券的购买、处置以及股利等基本业务的会计核算方法。

购买

权益证券在取得时应以成本入账，其中成本包括支付的代理费或佣金。假设音乐城公司在 2016 年 10 月 10 日以＄86 000 的票面价值购买了 Intex 公司 1 000 股普通股。音乐城公司需编制如下分录记录这笔购买可供出售金融资产（AFS）的交易：

10 月 10 日	借：长期投资——可供出售金融资产			资产＝负债＋所有者权益
	（Intex 公司）	86 000		＋86 000
	贷：现金		86 000	－86 000
	（购入 1 000 股 Intex 公司股票。）			

股利收入

收到现金股利时应贷记股利收入账户，另外，收到的现金股利还应填报在利润表上。11 月 2 日，音乐城公司收到了 Intex 公司股票季度现金股利＄1 720 并记录如下：

11 月 2 日	借：现金	1 720		资产＝负债＋所有者权益	
	贷：股利收入		1 720	＋1 720	＋1 720
	（收到每股＄1.72 股利。）				

处置

出售权益证券时，应将销售所得与证券成本进行比较以便确认收益或损失。12 月 20 日，音乐城公司出售了 Intex 公司 500 股股票，获得＄45 000 现金。为此，音乐城公司编制了如下分录来记录这笔股票销售业务：

12 月 20 日	借：现金	45 000		资产＝负债＋所有者权益	
	贷：长期投资——可供出售金融资产			＋45 000	＋2 000
	（Intex 公司）		43 000	－43 000	
	出售长期投资收益		2 000		
	（出售 500 股 Intex 公司股票（＄86 000×500/1 000)。）				

13.2 交易性金融资产

交易性金融资产（trading securities）是指企业打算通过积极管理和交易以获取利润的债权证券和权益证券。企业通常会频繁买卖这类证券以期从短期价格变化中获取利润。交易性金融资产被列示在资产负债表的流动负债中。

交易性金融资产作为一个完整组合以公允价值列报；这要求对组合的成本价格进行公允价值调整。“组合”一词指的是一组证券。交易性金融资产组合公允价值变化引起的任何**未实现收益（或损失）**（unrealized gain（or loss））应在利润表中列报。

公允价值的计量

举例来说，假设 2016 年 12 月 31 日 TechCom 公司的交易性金融资产组合总成本为 $11 500，公允价值为 $13 000，该年度为 TechCom 公司第 1 年持有这些交易性金融资产。$11 500 的成本和 $13 000 的公允价值之间的差额代表 $1 500 的收益。这些收益属于未实现收益，因为公司现在还没有把这些证券卖掉以真正实现收益。在各期期末，公司都要通过编制调整分录对交易性金融资产进行公允价值调整，公允价值调整的金额等于证券组合的成本与公允价值之间的差额。TechCom 公司编制了如下分录来记录这些收益：

				资产＝负债＋所有者权益	
12 月 31 日	借：公允价值调整——交易性金融资产	1 500			
	贷：未实现收益——收益		1 500	+1 500	+1 500
	（反映交易性金融资产公允价值中的未实现收益。）				

可以使用三步来计算此调整。

步骤 1：确定调整前余额：公允价值调整——交易性金融资产＝$0（调整前余额很少为 0，此处为 0 是因为这是第 1 年）。

步骤 2：确定调整后余额：公允价值调整——交易性金融资产＝借记 $1 500。

说明：公允价值 $13 000＞成本 $11 500；因此，公允价值调整——交易性金融资产必须借记 $1 500，使其余额等于以公允价值计量的余额。

步骤 3：记录步骤 1 到步骤 2 的 $1 500 调整项。

说明：这意味着借记公允价值调整——交易性金融资产 $1 500；贷记未实现收益 $1 500。

公允价值的列报

未实现收益（或损失）应列报在利润表的其他业务收入和收益（或费用和损失）部分。未实现收益（或损失）——收益是一个临时性账户，在期末时要结转至本年利润账户。公允价值调整——交易性金融资产则是一个永久性账户，它可以把交易性金融资产组合从前期的公允价值调整为本期的公允价值。交易性金融资产组合的总成本应记入一个账户，公允价值调整则应记入另一个单独的账户。例如，TechCom 公司交易性金融资产投资在其资产负债表流动资产部分列报如下：

流动资产		
短期投资——交易性金融资产（成本）	$ 11 500	
公允价值调整——交易性金融资产	1 500	
短期投资——交易性金融资产（公允价值）		$ 13 000
或简化为		
短期投资——交易性金融资产（公允价值；成本为 $ 11 500）		$ 13 000

交易性金融资产的出售

当出售个别交易性金融资产时，要将净收入（销售价格减去费用）与所出售的个别交易性金融资产的成本之间的差额确认为收益或损失。我们不使用以前期间的公允价值调整来计算个别交易性金融资产的销售收益或损失。这是因为公允价值调整账户的余额是整个组合的，而不是个别交易性金融资产的。例如，假设 2017 年 1 月 9 日，TechCom 公司通过出售部分交易性金融资产获得了 $ 1 200现金，而这些证券的成本为 $ 1 000。为此，TechCom 公司需要编制如下分录记录这笔交易：

1 月 9 日	借：现金	1 200		资产	= 负债 +	所有者权益
	贷：短期投资——交易性金融资产		1 000	+1 200		+200
	出售短期投资收益		200	−1 000		
	（以 $ 1 200 现金的价格出售成本为 $ 1 000 的交易性金融资产。）					

收益应在利润表的其他业务收入和收益部分列报，而损失则应在其他业务费用和损失中列报。在计算交易性金融资产组合的期末公允价值调整额时，应将已经出售的证券的成本和公允价值扣除。

NTK 13 - 1

Berkshire 公司在 2017 年 12 月 15 日以 $ 130 的价格购买了交易性金融资产。（这是其第一次也是唯一一次购买此类证券。）12 月 28 日，Berkshire 公司从 12 月 15 日购买的股票中获得了 $ 15 的现金股利。截至 2017 年 12 月 31 日，该交易性金融资产的公允价值为 $ 140。

a. 为交易性金融资产的投资组合编制 12 月 15 日的收购分录。

b. 为交易性金融资产的投资组合编制 12 月 28 日的现金股利分录。

c. 为交易性金融资产的投资组合编制 12 月 31 日的年末调整分录。

d. 说明在财务报表中如何列示分录 c 的每个账户。

e. 2018 年 1 月 3 日交易性金融资产（初始购入价为 $ 33）的一部分以 $ 36 的价格被卖出，为其编制会计分录。

答案：

a.

12 月 15 日	借：短期投资——交易性金融资产	130	
	贷：现金		130
	（记录购入交易性金融资产。）		

b.

12 月 28 日	借：现金	15	
	贷：股利收入		15
	（记录收到交易性金融资产的股利。）		

c.

12月31日	借：公允价值调整——交易性金融资产	10	
	贷：未实现收益——收益		10
	（记录交易性金融资产公允价值中的未实现收益。）		

d. (1) 公允价值调整——交易性金融资产账户中的借方＄10是资产负债表中的附加账户。它将短期投资账户的余额＄130增加到＄140。

(2) ＄10的未实现收益贷记在利润表的其他收入和收益部分。

e.

1月3日	借：现金	36	
	贷：出售短期投资收益		3
	短期投资——交易性金融资产		33
	（记录出售交易性金融资产。）		

13.3 持有至到期投资

持有至到期投资（held-to-maturity securities（HTM）securities）是指企业打算并且能够持有至到期日的债权证券。如果这些证券在一年或企业超过一年的一个经营周期内到期，那么它们应在流动资产中列报；如果在超过一年或一年以上的一个经营周期内到期，那么应在长期资产中列报。持有至到期投资的会计处理在前面的章节中已做介绍。

购买和利息的会计处理

所有持有至到期投资在购入时都要以成本入账，利息收入则要在赚得时入账。

持有至到期投资成本的会计处理

持有至到期投资组合应以（摊余）成本入账，关于这方面的内容将在高级课程中介绍。持有至到期投资组合，不论是短期组合还是长期组合，都不存在公允价值调整。

决策制定者 **资金经理**

你预测几周内利率将大幅下跌并一直维持在较低的水平。试问对于持有固定利率债券和票据，你将采取什么样的策略？

答案：如果在利率下跌的时候持有固定利率债券和票据投资，投资的价值便会增加。这是因为在市场要求新的较低的利率时，你持有的债券和票据继续支付原有（较高）的利率。你的策略是继续持有这些债券和票据投资，如果可能，还可以多买些固定利率债券和票据来增加自己的持有量。

NTK 13－2

编制日记账分录以记录以下涉及短期投资的交易。

a. 5 月 15 日，支付 $100 现金购买起始日为 5 月 15 日的 Muni 公司 120 天短期债权证券（本金为 $100），利率为 6%（归类为持有至到期投资）。

b. 9 月 13 日，收到了 Muni 公司的一张支票，用于支付本金和交易 a 中购买的债权证券的 120 天利息。

答案：

a.

5 月 15 日	借：短期投资——持有至到期投资（Muni）	100	
	贷：现金		100
	（购买 120 天期、利率为 6%的债券。）		

b.

9 月 13 日	借：现金	102	
	贷：短期投资——持有至到期投资（Muni）		100
	利息收入		2
	（收回 $100 本金以及 $2 利息（100×6%×120/360）。）		

13.4 可供出售金融资产

可供出售金融资产（available-for-sale（AFS）securities）是指交易性金融资产和持有至到期投资以外的其他债权证券和权益证券。企业购入可供出售金融资产的目的是获取利息、股利或公允价值增值。对于可供出售金融资产，企业不会像对交易性金融资产那样积极管理。如果企业打算在一年或超过一年的一个经营周期内卖出可供出售金融资产，那么就应该将这些可供出售金融资产归为短期投资；如果企业不打算在一年或超过一年的一个经营周期内卖出可供出售金融资产，那么就应该将它们归为长期投资。

与交易性金融资产一样，企业需要调整可供出售金融资产组合的成本以反映公允价值变化，这是通过对组合总成本进行公允价值调整完成的。但企业不能将可供出售金融资产组合的未实现收益或损失列报在利润表上，而是应该列报在资产负债表的权益部分（并且是作为综合收益的一部分，关于这方面的内容后面将给大家介绍）。

公允价值的计量

让我们举个例子来看看，假设音乐城公司本期购入了一些可供出售金融资产，并且公司以前从未购买过可供出售金融资产。图表 13－4 给出了 2016 年 12 月 31 日报告期末这些投资的成本与公允价值。

图表 13－4 可供出售金融资产的成本与公允价值

	成本	公允价值	未实现收益（损失）
Improv 公司债券	$30 000	$29 050	$(950)
Intex 公司普通股，500 股	43 000	45 500	2 500
合计	$73 000	$74 550	$1 550

年末将这些投资调整至公允价值的分录如下：

				资产＝负债＋所有者权益	
12 月 31 日	借：公允价值调整——可供出售金融资产（长期）	1 550			
	贷：未实现收益——权益		1 550	+1 550	+1 550
	（将可供出售金融资产调整至公允价值。）				

公允价值的列报

图表 13－5 给出了这些可供出售金融资产在公司 2016 年 12 月 31 日资产负债表上的列报情况（假设这些投资是长期投资，但它们也可以是短期的）。另外，将资产负债表中的投资成本与公允价值调整账户余额合在一起作为一项列报，这种做法也比较常见。

图表 13－5　资产负债表中可供出售金融资产的列示

资产		
长期投资——可供出售金融资产（成本）	$73 000	
公允价值调整——可供出售金融资产	1 550	
短期投资——可供出售金融资产（公允价值）		$74 550
或简化为		
长期投资——可供出售金融资产（公允价值；成本为$73 000）		$74 550
权益		
加：可供出售金融资产的未实现收益*		$1 550

调节使二者相等

* 经常列在累积其他综合收益项下。

下一年的列报　让我们将本例题扩展一下，假设 2017 年 12 月 31 日音乐城公司的长期可供出售金融资产组合成本为＄81 000，公允价值为＄82 000。此时，公司需编制如下分录将可供出售金融资产组合的成本调整至公允价值：

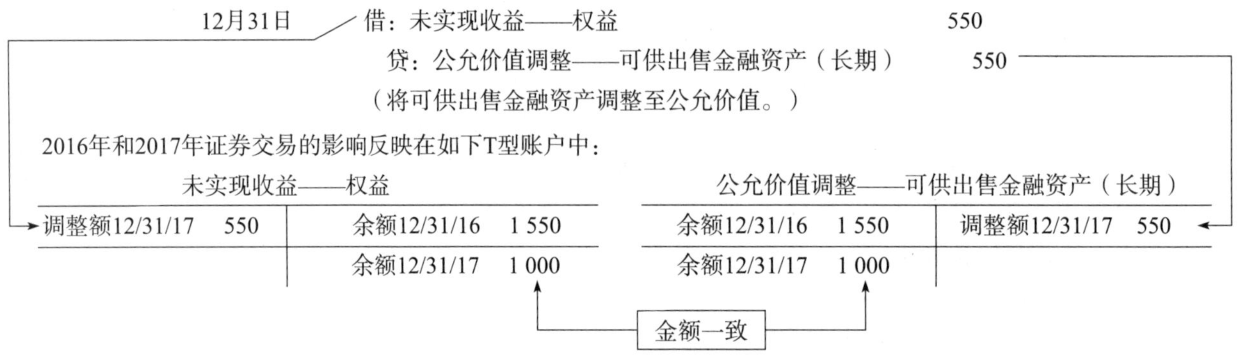

可以使用三步来计算此调整。

步骤 1：确定调整前余额：公允价值调整——AFS＝借记＄1 550。

步骤 2：确定调整后余额：公允价值调整——AFS＝借记＄1 000。

说明：公允价值＄82 000＞成本＄81 000；因此，公允价值调整——AFS 必须借记＄1 000，这样证券才有公允价值。

步骤 3：记录步骤 1 到步骤 2 的＄550 调整项。

说明：这意味着借记公允价值调整——AFS＄550；贷记未实现收益＄550。

可供出售金融资产的出售

出售个别可供出售金融资产的会计核算与前面讲过的出售交易性金融资产的会计核算相同。在个别可供出售金融资产售出后，要把所出售的个别可供出售金融资产的成本与净收入（售价减去佣金）之间的差额确认为收益或损失。

注意：美国公认会计原则和国际财务报告准则都允许企业在报告金融资产的时候采用公允价值计量。这一规定使得企业能够以公允价值报告任一金融资产并将其价值的变化确认在利润表中。这一方法之前只适用于交易性金融资产，现在也适用于可供出售金融资产和持有至到期投资（和其他金融资产和负债，如应收账款和应收票据、应付账款和应付票据，以及债券）。这些标准还设定了确定公允价值的三个层级：

层级 1：使用报出的市场价值。

层级 2：使用从相关资产或负债中可观察到的价值。

层级 3：使用以估计或假设得出的不可观测的价值。

迄今为止，已经有一小部分企业开始使用公允价值，但是其使用效果还有待观察。

NTK 13 - 3

Gard 公司完成了以下与短期投资有关的交易。

5 月 8 日　购买了 300 股 FedEx 股票，作为对可供出售金融资产的短期投资，价格为每股 \$40，外加 \$975 的经纪人费用。

9 月 2 日　以每股 \$47 的价格出售 100 股 FedEx 股票，持有其余 200 股；经纪人的佣金是 \$225。

10 月 2 日　购买了 400 股 Ajay 股票，每股价格为 \$60，外加经纪人佣金 \$1 600。这些股票是作为可供出售金融资产的短期投资持有的。

要求：

1. 编制日记账分录以记录上述交易。

2. 如果 Gard 持有的权益证券的公允价值 FedEx 为每股 \$48，Ajay 为每股 \$55，编制截至 12 月 31 日的年终调整日记账分录。（今年是 Gard 公司获得短期投资的第 1 年。）

答案：

1.

日期	摘要	借方	贷方
5 月 8 日	借：短期投资——可供出售金融资产（FedEx）	12 975	
	贷：现金		12 975
	（买入 FedEx 股票；(300 股×\$40)＋\$975。）		
9 月 2 日	借：现金（(100 股×\$47)－\$225）	4 475	
	贷：出售短期投资利益		150
	短期投资——可供出售金融资产（FedEx）		4 325
	（出售 FedEx 股票；初始成本为 \$12 975×100/300。）		
10 月 2 日	借：短期投资——可供出售金融资产（Ajay）	25 600	
	贷：现金		25 600
	（买入 Ajay 股票；(400 股×\$60)＋\$1 600。）		

2. 计算未实现收益或损失

短期投资——可供出售金融资产	股数	每股成本	总成本	每股公允价值	总公允价值	未实现收益（损失）
FedEx	200	\$43.25	\$ 8 650	\$48.00	\$9 600	
Ajay	400	64.00	25 600	55.00	22 000	
合计			\$34 250		\$31 600	\$(2 650)

调整分录如下：

12月31日	借：未实现损失——权益	2 650	
	贷：公允价值调整——可供出售金融资产（短期）		2 650
	（将可供出售金融资产调整至公允价值。）		

13.5 具有重大影响的长期股权投资的计量与列报

具有重大影响的长期股权投资

具有重大影响的长期股权投资（equity securities with significant influence）是一种投资者能够对投资对象施加重大影响的长期投资。当投资者拥有投资对象20%～50%的有投票权的股票时，投资者就被视为对投资对象具有重大影响。具有重大影响的长期股权投资应按照**权益法**（equity method）进行会计核算和报告。本节将介绍这方面的内容。

取得的会计处理

具有重大影响的长期股权投资应在取得时以成本入账。让我们举个例子来看看，假设Micron公司于2016年1月1日花＄70 650购入了3 000股（占30%）Star公司的普通股。为此，Micron公司编制了如下分录来记录这笔交易：

				资产＝负债＋所有者权益	
1月1日	借：长期投资——Star公司	70 650			
	贷：现金		70 650	+70 650	
	（记录购入3 000股Star公司股票。）			−70 650	

盈利的会计处理

投资对象（Star公司）的盈利不仅增加了其净资产，也增加了投资者（Micron公司）对投资对象净资产的求偿权。因此，当投资对象报告盈利时，投资者应在投资账户中记录其对这些盈利的应享有份额。举例来说，假设Star公司报告其2016年净收益为＄20 000。此时，Micron公司应编制如下分录记录其应享有的Star公司30%的收益：

				资产＝负债＋所有者权益	
12月31日	借：长期投资——Star公司	6 000			
	贷：长期投资收益		6 000	+6 000	+6 000
	（记录应享有的被投资者30%的收益。）				

借方反映了Micron公司在Star公司的权益增加，贷方反映了Micron公司应该享有的Star公司30%的净收益。长期投资收益是一个临时性账户（在期末，其余额应结转至本年利润账户），Micron公司应将它列报在利润表中。如果投资对象发生净损失而非净收益，那么投资者在其投资账户中应记录（贷记）其应承担的损失。投资者应将这些收益或损失结转至本年利润账户。

股利的会计处理

收到的现金股利在权益法下并不是收入，因为投资者已经确认了其应享有的投资对象的盈利份额。我们应将投资者收到的来自投资对象的现金股利视为资产形式的一种转换；也就是说，股利会减少投资账户余额。举例来说，假设 2017 年 1 月 9 日，Star 公司宣告并发放了＄10 000 的普通股现金股利。此时，Micron 公司应编制如下分录记录其收到的 Star 公司 30％的现金股利：

1 月 9 日	借：现金	3 000		资产＝负债＋所有者权益	
	贷：长期投资——Star 公司		3 000	＋3 000	
	（记录 Star 公司支付的现金股利。）			－3 000	

具有重大影响力的长期股权投资的会计处理

采用权益法，投资的账面价值等于投资成本加上投资者应享有投资对象盈利的份额，减去股利的份额。图表 13－6 给出了 Micron 公司记录完该交易后的长期投资账户。

图表 13－6 Star 公司长期投资（T 型账户）

日期	内容摘要	借方	贷方	余额
2016 年				
1 月 1 日	取得投资	70 650		70 650
12 月 31 日	分享收益	6 000		76 650
2017 年				
1 月 9 日	分得股利		3 000	73 650

Micron 公司 2017 年 1 月 9 日对 Star 公司的投资账户余额为＄73 650。这等于投资成本加上 Micron 公司自购入 Star 公司股票以来应享有的 Star 公司盈利份额，减去自购入股票以来收到的 Star 公司现金股利份额。

出售具有重大影响力的长期股权投资

当出售权益证券投资时，我们应通过比较出售所得款项和出售日投资的账面价值计算出收益或损失。假设 Micron 公司在 2017 年 1 月 10 日以＄80 000 的价格出售了所持有的 Star 公司的股票。为此，Micron 公司应编制如下分录记录这笔交易：

1 月 10 日	借：现金	80 000		资产＝负债＋所有者权益	
	贷：长期投资——Star 公司		73 650	＋80 000	＋6 350
	出售投资收益		6 350	－73 650	
	（以＄80 000 的价格出售 3 000 股股票。）				

□ 具有控制权的长期股权投资

具有控制权的长期股权投资（equity securities with controlling influence）是一种投资者能够对投资对象行使控制权的长期投资。当投资者拥有投资对象 50％以上的有投票权的股票时，投资者就可以对投资对象行使控制权。投资者在选择公司董事会时在所有股东中占据优势，对投资对象管理具有控制力。图表

13－7 总结了根据投资者拥有的股票份额进行权益证券投资的会计核算方法。

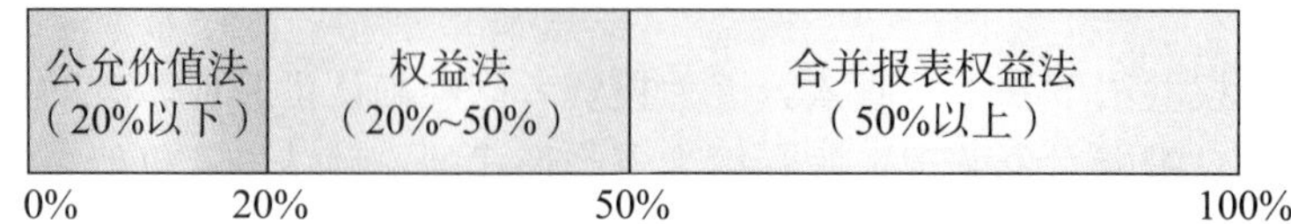

图表 13－7　根据拥有的股票份额对长期股权投资进行会计核算

我们使用合并报表权益法来核算具有控制权的长期股权投资。拥有这种证券的投资者需编制**合并财务报表**（consolidated financial statements）。我们把掌握控制权的投资者称作**母公司**（parent），把其投资对象称作**子公司**（subsidiary）。许多公司是拥有子公司的母公司，例如：（1）Gap 公司是 Gap，Old Navy 和 Banana Public 的母公司；（2）Whole Foods Market 公司是 Allegro Coffee，Mrs. Gooch's Natural Food Markets 及其他公司的母公司。当公司作为拥有多家子公司的母公司运营时，每个实体保持单独的会计记录。从法律的角度来看，母公司和各子公司都是拥有各自权利、义务及责任的独立实体。

合并财务报表反映了在母公司控制下包括所有子公司在内的全部实体的财务状况、经营成果和现金流量。要把母公司和所有子公司当成一个整体来编制这些报表。母公司采用权益法，但投资账户不在母公司财务报表中报告。要把母公司及其子公司各自的资产和负债都合并到一张资产负债表上，把它们各自的收入和费用合并到一张利润表上，把它们各自的现金流量都合并到一张现金流量表上。如何编制合并财务报表，将在高级课程中介绍。

□ 证券投资会计核算方法小结

图表 13－8 总结了证券投资的各种会计核算方法。让我们来回顾一下：根据管理层对证券的投资意图和转换能力将证券投资划分为短期投资和长期投资。

图表 13－8　证券投资的会计核算

证券投资类型	会计核算方法
短期投资	
持有至到期投资	以成本入账（无任何折价或溢价摊销）
交易性金融资产	以公允价值入账（收益的公允价值调整）
可供出售金融资产	以公允价值入账（权益的公允价值调整）
长期投资	
持有至到期投资	以成本入账（存在折价或溢价摊销）
可供出售金融资产	以公允价值入账（权益的公允价值调整）
具有重大影响的长期股权投资	权益法
具有控制权的长期股权投资	权益法（合并财务报表）

综合收益

综合收益（comprehensive income）是指在会计期间除所有人投资和股息以外的全部所有者权益变动。具体来说，综合收益是在净收益的基础上加或减其他综合收益。

净收益	$ #
其他综合收益	#
综合收益	$ #

其他综合收益（other comprehensive income）包括可供出售金融资产的未实现收益和损失、外币折算调整和其他特定调整。（累积其他综合收益指的是其他综合收益的累积影响。）

综合收益在财务报表中的披露通常有两种方式（反映了美国财务会计准则委员会（FASB）新的指导思想）：

（1）把它作为一张单独的综合收益表进行报告，并紧随利润表之后。

（2）在利润表下半部分披露（利润与综合收益表）。

最常用的是方法一：以下是 KTM 公司在美国公认会计原则指导下报表的精简版：

净收益	$16 348	
可供出售投资（税后净额）	(507)	其他综合收益
合并报表外币折算	(1 067)	
现金流量套期（税后净额）	(327)	
其他综合收益	(1 901)	
综合收益合计	$14 447	

方法二：在利润表底部净收益部分增加其他综合收益，以便计算随后的利润与综合收益表。在金额上方法二和方法一没有什么不同，只是呈现的方式不同。

NTK 13 - 4

编制会计分录以记录 Garcia 公司的以下交易。

2016 年

1 月 1 日　以 $3 000 现金购买了 400 股 Lopez 公司普通股。Lopez 拥有 1 000 股流通在外的普通股，其政策将受到 Garcia 公司的重大影响。

8 月 1 日　Lopez 公司宣布并支付每股 $2 的现金股利。

12 月 31 日　Lopez 公司宣布当年净收益为 $2 500。

2017 年

8 月 1 日　Lopez 公司宣布并支付了每股 $2.25 的现金股利。

12 月 31 日　Lopez 公司宣布当年净收益为 $2 750。

2018 年

1 月 1 日　Garcia 公司以每股 $1 300 现金的价格出售了 100 股 Lopez 公司的股票。

答案：

日期	摘要	借方	贷方
2016 年			
1 月 1 日	借：长期投资——Lopez 公司	3 000	
	贷：现金		3 000
	（记录买入 Lopez 公司股票。*）		

* Garcia 公司的投资占 Lopez 公司股票的 40%（400/1 000）。Garcia 公司采用权益法。

日期	摘要	借方	贷方
8 月 1 日	借：现金	800	
	贷：长期投资——Lopez 公司		800
	（记录收到现金股利（400×$2）。）		
12 月 31 日	借：长期投资——Lopez 公司	1 000	
	贷：长期投资收益		1 000
	（记录应享有的被投资者的收益（$2 500×40%）。）		

2017 年			
8 月 1 日	借：现金	900	
	贷：长期投资——Lopez 公司		900
	（记录收到现金股利（400×＄2.25）。）		
12 月 31 日	借：长期投资——Lopez 公司	1 100	
	贷：长期投资收益		1 100
	（记录应享有的被投资者的收益（＄2 750×40%）。）		

2018 年			
1 月 1 日	借：现金	1 300	
	贷：出售投资利益		450
	长期投资——Lopez 公司*		850
	（记录投资销售收益。）		

*2018 年 1 月 1 日账面价值（Lopez 公司股票）：	
原始成本	＄3 000
减：2016 年分得股利	(800)
加：2016 年分享收益	1 000
减：2017 年分得股利	(900)
加：2017 年分享收益	1 100
出售日账面价值	＄3 400
出售投资账面价值（＄3 400×(100/400)）	＄ 850

可持续性与会计

Echoing Green 公司的总裁 Cheryl Dorsey 希望其投资的企业对社会产生影响。Cheryl 解释说，这些企业家正在建立可持续商业模式。在做出投资决定之前，他会审查企业家的计划以及财务报表和财务预测。"听从你的直觉，" Cheryl 说道，"但是，你还需要参考可靠的（会计）数据。"

Cheryl 希望申请资金的企业家对会计和财务报告有很好的了解。他警告说："你可以成为一个有好的创意的出色领导者，但如果无法创造资源来推动解决方案的话，那你所做的一切将无济于事。"

NTK 13-5

下面是布朗公司（Brown Company）与长期股权投资有关的交易。布朗公司在这些交易以前没有进行任何长期投资。试编制：(1) 以下各笔交易的日记账分录；(2) 这几年资产负债表和利润表反映这些交易的相关部分。

2016 年

9 月 9 日　花＄80 000 现金购入了 1 000 股 Packard 公司的普通股。这些股份占 Packard 公司流通股的 30%。

10 月 2 日　花＄60 000 现金购入了 2 000 股美国电话电报公司（AT&T）的普通股。这些股份在美国电话电报公司股份总额中所占的份额不到 1%。

10 月 17 日　花＄40 000 购入了 1 000 股苹果公司的普通股作为长期投资，这些股份在苹果公司流通股总额中所占的比重不到 1%。

11 月 1 日　收到了 Packard 公司支付的＄5 000 现金股利。

11 月 30 日　收到了美国电话电报公司支付的＄3 000 现金股利。

12 月 15 日　收到了苹果公司支付的＄1 400 现金股利。

12 月 31 日　Packard 公司本年度净收益为＄70 000。

12 月 31 日　公司持有的权益证券投资的公允价值为：Packard 公司，＄84 000；美国电话电报公司，＄48 000；苹果公司，＄45 000。

12 月 31 日　为编制财务报表，注意下列结账后账户余额：普通股，＄500 000；留存收益，＄350 000。

2017 年

1 月 1 日　以＄108 000 的价格售出了 Packard 公司的股票。

5 月 30 日　收到了美国电话电报公司支付的＄3 100 现金股利。

6 月 15 日　收到了苹果公司支付的＄1 600 现金股利。

8 月 17 日　以＄52 000 的价格售出了美国电话电报公司的股票。

8 月 19 日　花＄50 000 购入了 2 000 股可口可乐公司的普通股作为长期投资。这些股份在可口可乐公司股份总额中所占的份额不到 5%。

12 月 15 日　收到了苹果公司支付的＄1 800 现金股利。

12 月 31 日　公司持有的权益证券投资的公允价值为：苹果公司，＄39 000；可口可乐，＄48 000。

12 月 31 日　为编制财务报表，注意下列结账后账户余额：普通股，＄500 000；留存收益，＄410 000。

解题步骤：

- 用权益法核算对 Packard 公司的投资。
- 核算对美国电话电报公司、苹果公司及可口可乐公司的可供出售金融资产的投资。
- 编制两个年度的资产负债表和利润表，恰当地列示相关账户以及收益和损失。

答案：

1. 2016 年的分录如下：

日期	摘要	借	贷
9 月 9 日	借：长期投资——Packard 公司	80 000	
	贷：现金		80 000
	（取得 1 000 股 Packard 公司股票，占 Packard 公司流通股的 30%。）		
10 月 2 日	借：长期投资——可供出售金融资产（美国电话电报公司）	60 000	
	贷：现金		60 000
	（购入 2 000 股美国电话电报公司股票作为可供出售金融资产长期投资。）		
10 月 17 日	借：长期投资——可供出售金融资产（苹果公司）	40 000	
	贷：现金		40 000
	（购入 1 000 股苹果公司股票作为可供出售金融资产长期投资。）		
11 月 1 日	借：现金	5 000	
	贷：长期投资——Packard 公司		5 000
	（收到 Packard 公司支付的股利。）		

11 月 30 日	借：现金	3 000	
	贷：股利收入		3 000
	（收到美国电话电报公司支付的股利。）		

12 月 15 日	借：现金	1 400	
	贷：股利收入		1 400
	（收到苹果公司支付的股利。）		

12 月 31 日	借：长期投资——Packard 公司	21 000	
	贷：投资收益（Packard 公司）		21 000
	（记录公司应该享有的 Packard 公司 30%的收益。）		

12 月 31 日	借：未实现损失——权益	7 000	
	贷：公允价值调整——可供出售金融资产（长期）*		7 000
	（记录长期可供出售金融资产的公允价值变化。）		

* 公允价值调整额计算过程如下：

	成本	公允价值	未实现收益（损失）
美国电话电报公司	$ 60 000	$48 000	$（12 000）
苹果公司	40 000	45 000	5 000
合计	$100 000	$93 000	$（7 000）

所要求的公允价值调整——可供出售金融资产（长期）账户余额（贷方）	$（7 000）
当前余额	0
需要调整（贷方）	$（7 000）

2. 2016 年 12 月 31 日，资产负债表相关项目如下：

资产	
长期投资	
可供出售金融资产（公允价值；成本为＄100 000）	＄93 000
长期股权投资	96 000
长期投资合计	189 000
所有者权益	
普通股	500 000
留存收益	350 000
未实现损失——权益	（7 000）

2016 年（截止日期为 2016 年 12 月 31 日）利润表相关项目如下：

股利收入	＄4 400
投资收益	21 000

1. 2017 年的分录如下：

1 月 1 日	借：现金	108 000	
	贷：长期投资——Packard 公司		96 000
	出售长期投资收益		12 000
	（出售 1 000 股 Packard 公司股票获得现金。）		

日期	会计分录	借方	贷方
5 月 30 日	借：现金	3 100	
	贷：股利收入		3 100
	（收到美国电话电报公司支付的股利。）		

日期	会计分录	借方	贷方
6 月 15 日	借：现金	1 600	
	贷：股利收入		1 600
	（收到苹果公司支付的股利。）		

日期	会计分录	借方	贷方
8 月 17 日	借：现金	52 000	
	出售长期投资损失	8 000	
	贷：长期投资——可供出售金融资产（美国电话电报公司）		60 000
	（出售 2 000 股美国电话电报公司股票获得现金。）		

日期	会计分录	借方	贷方
8 月 19 日	借：长期投资——可供出售金融资产（可口可乐公司）	50 000	
	贷：现金		50 000
	（购入 2 000 股可口可乐公司股票作为可供出售金融资产长期投资。）		

日期	会计分录	借方	贷方
12 月 15 日	借：现金	1 800	
	贷：股利收入		1 800
	（收到苹果公司支付的股利。）		

日期	会计分录	借方	贷方
12 月 31 日	借：公允价值调整——可供出售金融资产（长期）*	4 000	
	贷：未实现损失——权益		4 000
	（记录长期可供出售金融资产的公允价值变化。）		

*公允价值调整额计算过程如下：

	成本	公允价值	未实现收益（损失）
苹果公司	$40 000	$39 000	$（1 000）
美国电话电报公司	50 000	48 000	（2 000）
合计	$90 000	$87 000	$（3 000）

所要求的公允价值调整——可供出售金融资产（长期）账户余额（贷方）	$（3 000）
当前余额（贷方）	（7 000）
需要调整（借方）	$　4 000

2. 2017 年 12 月 31 日，资产负债表相关项目如下：

资产	
长期投资	
可供出售金融资产（公允价值；成本为 $ 90 000）	$ 87 000
所有者权益	
普通股	500 000
留存收益	410 000
未实现损失——权益	（3 000）

2017 年（截止日期为 2017 年 12 月 31 日）利润表相关项目如下：

股利收入	$6 500
出售长期投资收益	12 000
出售长期投资损失	(8 000)

小结

C1 区分债权证券与权益证券，短期投资与长期投资。债权证券反映的是借贷关系，包括票据、债券及存单。权益证券反映的是所有权关系，包括公司发行的股票。短期投资是满足以下两个标准的流动资产：(1) 它们预期在一年或超过一年的一个经营周期内转换成现金；(2) 它们容易转换成现金，或可在市场上买卖。除此以外的所有其他证券投资都属于长期投资。长期投资还包括不用于企业经营的资产以及那些为特殊目的而持有的资产，例如扩建用土地。证券投资分为五类：(1) 交易性金融资产，一般是短期的；(2) 持有至到期投资；(3) 可供出售金融资产；(4) 投资者对投资对象具有重大影响的长期股权投资；(5) 投资者对投资对象具有控制权的长期股权投资。

C2 描述具有控制权的长期股权投资的列报。如果投资者拥有另一公司50%以上有投票权的股票，那么投资者就对这家公司享有控制权。在这种情况下，投资者需要编制合并财务报表。编制合并财务报表时，投资者要把投资对象和自己看成是一个业务整体。

P1 交易性金融资产的会计处理。投资最初以成本入账，任何来自投资的股利或利息都要记入利润表。交易性金融资产投资应以公允价值报告。交易性金融资产的未实现收益和损失应列报在利润表中。当出售交易性金融资产时，出售净收入和证券成本之间的差异应确认为收益或损失。

P2 持有至到期投资的会计处理。持有至到期投资在购入时以成本入账。利息收入应于赚得时确认。长期持有至到期投资的成本需要进行调整，以摊销掉成本与到期价之间的差额。

P3 可供出售金融资产的会计处理。债权和权益类可供出售金融资产在购入时以成本入账。可供出售金融资产在资产负债表中以公允价值列报，其未实现收益或损失也要列报在资产负债表的权益部分。出售可供出售金融资产产生的收益或损失应在利润表中报告。

P4 具有重大影响的长期股权投资的会计处理。当投资者对投资对象具有重大影响时，要采用权益法来核算具有重大影响的长期股权投资。当投资者拥有投资对象20%～50%的有投票权的股票时，投资者就有权对投资对象施加重大影响。权益法意味着投资者需要通过借记投资账户、贷记收入账户来记录自己应享有的投资对象的盈利。收到的股息将冲减投资账户余额。

关键术语

Available-for-sale (AFS) securities 可供出售金融资产

Comprehensive income 综合收益

Consolidated financial statements 合并财务报表

Equity method 权益法

Equity securities with controlling influence 具有控制权的长期股权投资

Equity securities with significant influence 具有重大影响的长期股权投资

Held-to-maturity (HTM) securities 持有至到期投资

Long-term investments 长期投资

Other comprehensive income 其他综合收益

Parent 母公司

Short-term investments 短期投资

Subsidiary 子公司

Trading securities 交易性金融资产

Unrealized gain (or loss) 未实现收益（或损失）

选择题

1. 假设 5 月 1 日某公司出于投资目的购买了面值为＄30 000、票面利率为 5%的债券，债券的付息日为每年的 2 月 1 日和 8 月 1 日。试问 12 月 31 日（公司会计期期末）应计利息收入是多少？______

a. ＄1 500　　b. ＄1 375　　c. ＄1 000　　d. ＄625　　e. ＄300

2. 本期期初，Amadeus 公司花＄83 000 购买了 Bach 公司的股票作为公司唯一一项可供出售金融资产。期末，这些股票的公允价值为＄84 500，试问期末 Amadeus 公司应如何编制分录？______

a. 贷记未实现收益——权益＄1 500　　b. 借记未实现损失——权益＄1 500

c. 借记投资收益＄1 500　　d. 贷记公允价值调整——可供出售金融资产＄3 500

e. 贷记现金＄1 500

3. Mozart 公司持有 Melody 公司 35%的股份。本期 Melody 公司为股东发放了＄50 000 的现金股利。试问 Mozart 公司应如何编制分录记录 Melody 公司支付的股利？______

a. 贷记投资收益＄50 000　　b. 贷记长期投资＄17 500

c. 贷记现金＄17 500　　d. 借记长期投资＄17 500

e. 借记现金＄50 000

4. 一家公司的净收益为＄300 000，净销售额为＄2 500 000，总资产为＄2 000 000。其总资产收益率是多少？______

a. 6.7%　　b. 12.0%　　c. 8.3%　　d. 80.0%　　e. 15.0%

5. 一家公司的净收益为＄80 000，净销售额为＄600 000，总资产为＄400 000。其利润率和总资产周转率是多少？______

	利润率	总资产周转率
a.	1.5%	13.3
b.	13.3%	1.5
c.	13.3%	0.7
d.	7.0%	13.3
e.	10.0%	26.7

讨论题

1. 在哪两种情况下投资可以归为流动资产？
2. 在资产负债表中，交易性金融资产的价值如何列示？
3. 如果短期可供出售金融资产的成本为＄10 000，售价为＄12 000，那么这两者之间的差额将如何记录？
4. 分别介绍三类不具有影响力的证券投资和两类具有影响力的证券投资。
5. 什么情况下应该把投资作为流动资产？什么情况下应作为长期资产？
6. 对于可供出售金融资产，如何记录其未实现（持有）收益或损失？
7. 如果本期公司购买了一项唯一的可供出售金融资产作为长期投资，在资产负债表日该证券的公允价值低于其资产负债表上所列示的成本，那么应该编制什么分录来确认这一未实现损失？
8. 在资产负债表上，被归为可供出售金融资产的债券需要列示什么价值？
9. 在什么情况下长期债权投资要以成本报告？什么情况下要不断调整长期债权投资的成本摊销和到期值之间的差额？
10. 对长期股权投资进行会计处理，什么时候应该使用权益法？

11. 什么情况下企业需要编制合并财务报表？

12. 请参阅附录中苹果公司的综合收益表。2015年9月26日，在不考虑税费影响的情况下，外币折算的变动金额是多少？这是未实现收益还是未实现损失？

13. 请参阅附录中谷歌公司的综合收益表。其2015年可供出售投资的未实现净收益（亏损）变动额是多少？

14. 请参阅附录中三星公司的利润表。如何判断它是否使用了合并会计方法？

快速学习

QS 13-1 下列有关长期投资的表述，哪些是正确的？

a. 可在本期经营中转换为现金的一种投资。

b. 它们包括指定特殊用途的基金，如债券偿债基金。

c. 它们包括交易性金融资产。

d. 它们包括持有至到期投资。

e. 它们总是很容易出售，因此有公开市场报价。

f. 它们包括可供出售金融资产。

g. 它们包括那些不是用来作为现金来源的债券和股票。

QS 13-3 4月18日，Riley公司购买了XLT公司的300股普通股作为短期投资。每股价格为＄42，佣金为＄250。投资企业旨在积极管理这些股票以获取利润。5月30日，Riley公司收到了XLT公司支付的每股＄1的股利。编制记录4月18日和5月30日所发生的这些交易的日记账分录。

QS 13-5 Kitty公司于2016年开始运营，并持续持有交易性金融资产作为短期投资。以下是交易性金融资产投资组合年末的成本和公允价值，编制记录交易性金融资产每年12月31日年末公允价值调整的日记账分录。

交易性金融资产投资组合	成本	公允价值
2016年12月31日	＄37	＄35
2017年12月31日	42	46
2018年12月31日	60	69
2019年12月31日	56	55

QS 13-7 2017年11月25日，Journ公司花＄50 000购买了一项可供出售金融资产作为短期投资。2017年12月31日，这些证券的公允价值为＄47 000。这是该公司第一次也是唯一一次购买此类证券。

1. 编制2017年11月25日购买该证券的日记账分录。

2. 编制2017年12月31日这些证券组合的年底调整分录。

3. 请说明上题中的每个账户在财务报表上是如何列示的。

4. 2018年4月6日，当Journ公司以＄26 000卖掉这些证券的1/2时，应该如何记录这笔交易？

QS 13-9 本年度，Reed咨询公司以＄70 000的价格购买了一项长期可供出售金融资产。12月31日，这些证券的公允价值为＄58 000。这是该公司第一次也是唯一一次购买此类证券。

1. 编制与这些证券相关的必要的年底调整分录。

2. 试说明上题中的每个账户在财务报表上是如何列示的。

QS 13-11 Montero公司持有ORD公司100 000股普通股作为长期投资。这些股份在ORD公司股份总额中所占的份额为40%。2017年11月1日，ORD公司支付了＄100 000的股利，并报告2017年的净收益为＄700 000。编制会计分录以记录：(a) 收到股利；(b) 2017年12月31日投资账户所需做的必要的年底调整。

QS 13－13　使用以下术语或短语将下列空白处补充完整。

a. 子公司　　b. 母公司　　c. 控制

1. 具有控制权的投资者称为______，投资对象称为______。
2. 具有控制权的长期股权投资意味着投资者对投资对象产生______影响。

练习题

Exercise 13－1　使用以下术语或短语将下列空白处补充完整。

a. 没有意图　　b. 不准备　　c. 现金　　d. 一个经营周期
e. 一年　　f. 所有权　　g. 债权

1. 债权证券反映______关系，例如：票据、债券和存单。
2. 权益证券反映______关系，例如：公司发行的股票。
3. 短期投资是指（1）管理层能够在______或者长于______的时间里将其转换成现金；（2）很容易就能换成______。
4. 长期投资是指______转换成现金或者短期内______兑换成现金的证券投资。

Exercise 13－3　2017 年 12 月 27 日，Brooks 公司花＄66 000 购买了多种交易性金融资产（这是公司第一次也是唯一一次购买此类证券）。2017 年 12 月 31 日，这些证券的公允价值为＄72 000。

1. 编制 2017 年 12 月 31 日交易性金融资产组合的年底调整分录。
2. 请说明上题分录中所涉及的每一账户在财务报表中是如何列示的。
3. 编制 2018 年 1 月 3 日 Brooks 公司以＄35 000 卖出一部分交易性金融资产（初始成本为＄33 000）时的分录。

Exercise 13－5　编制日记账分录，以记录 Krum 公司 2017 年所发生的所有与短期证券投资相关的下列业务。

a. 8 月 1 日，花＄450 000 购买了 Houtte 公司 9%的债权证券，该债权证券的本金为＄450 000，发行日期为 2017 年 7 月 30 日，到期日为 2018 年 1 月 30 日（被归为可供出售金融资产）。

b. 10 月 30 日，收到业务 a 中所购买的 Houtte 公司的债权证券所产生的 90 天利息的支票。

Exercise 13－7　2017 年 12 月 31 日，Reggit 公司持有的短期可供出售金融资产如下，在之前的会计期内，Reggit 公司没有短期投资，编制披露以下投资 2017 年 12 月 31 日公允价值调整的分录。

可供出售金融资产	成本	公允价值
Verrizano 公司的应付债券	＄89 600	＄91 600
Preble 公司的应付票据	70 600	62 900
Lucerne 公司的普通股	86 500	83 100

Exercise 13－9　Prescrip 公司于 2016 年开始营业，其可供出售金融资产的长期投资组合成本和公允价值如下所示。编制 2017 年 12 月 31 日反映这些投资的必要的公允价值调整的分录。

可供出售金融资产投资组合	成本	公允价值
2016 年 12 月 31 日	＄120 483	＄118 556
2017 年 12 月 31 日	60 120	90 271

Exercise 13－11　Carperk 公司 2017 年的各项投资及其 2017 年 12 月 31 日的公允价值信息如下。

a. 对 Brava 公司债券的投资：成本为＄420 500，公允价值为＄457 000。Carperk 公司打算将这些债券一直持有至2022年到期为止。

b. 对Baybridge公司的普通股股票的投资：29 500股，成本为＄362 450，公允价值为＄391 375。Carperk公司拥有Baybridge公司32%的有投票权的股票，并对Baybridge公司具有重大影响。

c. 对Buffa公司的普通股股票的投资：12 000股，成本为＄165 500，公允价值为＄178 000。这些股份占Buffa公司流通股的3%。Buffa公司打算持有这些股份以获取股利。

d. 对Newton公司的普通股股票的投资：3 500股，成本为＄90 300，公允价值为＄88 625。Carperk公司投资这些股票是为了在未来3～5年内股票大幅增值，以获取其价差收益。Newton公司拥有30 000股流通股。

e. 对Farmers公司的普通股股票的投资：16 300股，成本为＄100 860，公允价值为＄111 210。这些股票是随时可供出售的，持有目的是为经营活动提供现金来源。

要求：

1. 请分别指出每一项投资是短期投资还是长期投资。如果是长期投资，请指出它是长期投资的哪一类。

2. 编制2017年12月31日记录可供出售金融资产长期投资的公允价值调整的日记账分录。Carperk公司在2017年之前从未进行过类似的长期投资。

Exercise 13-13 使用以下术语或短语将下列空白处补充完整。

a. 试算平衡表　　b. 调节　　c. 合并报表　　d. 财务报表

1. 合并______反映在母公司控制下包括所有子公司在内的全部实体的财务状况、经营结果和现金流量。

2. ______权益法用来核算具有控制权的长期股权投资。

Exercise 13-15 家乐福集团报告了其可供出售金融资产的以下情况。

可供出售金融资产按公允价值估价……未实现……收益或损失在出售前记为股东权益。

近年来，家乐福的财务报表显示未实现损失净额为€1 800万（扣除未实现收益），这些损失包括在资产负债表中报告的可供出售金融资产的公允价值中。

1. 利润表中报告的€1 800万未实现净损失（如有）是多少？请解释。

2. 如果€1 800万的未实现净损失未在利润表中列报，则应在哪份报表中列报（如有）？请解释。

综合题

Problem 13-1A 2017年开始运营的Carlsville公司将其闲余资金投在交易性金融资产上。下面是其交易性金融资产短期投资的交易事项。

2017年

1月20日　以每股＄26的价格购买了800股福特汽车公司的普通股股票，佣金为＄125。

2月9日　以每股＄44.25的价格购买了2 200股Lucent公司的普通股股票，佣金为＄578。

10月12日　以每股＄7.50的价格购买了750股Z-Seven公司的普通股股票，佣金为＄200。

12月31日　交易性金融资产短期投资的公允价值为＄130 000。

2018年

4月15日　以每股＄29的价格卖出了800股福特汽车公司的普通股股票，佣金为＄285。

7月5日　以每股＄10.25的价格卖出了750股Z-Seven公司的普通股股票，佣金为＄102.5。

7月22日　以每股＄30的价格购买了1 600股Hunt公司的普通股股票，佣金为＄444。

8月19日　以每股＄18.25的价格购买了1 800股Donna Karan公司的普通股股票，佣金为＄290。

12月31日　交易性金融资产短期投资的公允价值为＄160 000。

2019 年

2月27日	以每股＄34的价格购买了3 400股HCA公司的普通股股票，佣金为＄420。
3月3日	以每股＄25的价格卖出了1 600股Hunt公司的普通股股票，佣金为＄250。
6月21日	以每股＄42的价格卖出了2 200股Lucent公司的普通股股票，佣金为＄420。
6月30日	以每股＄47.50的价格购买了1 200股Black&Decker公司的普通股股票，佣金为＄595。
11月1日	以每股＄18.25的价格卖出了1 800股Donna Karan公司的普通股股票，佣金为＄309。
12月31日	交易性金融资产短期投资的公允价值为＄180 000。

要求：

编制记录这些短期投资活动的日记账分录。编制记录每年12月31日记录对这些交易性金融资产组合所进行的必要的公允价值调整的分录。

拓展题

BTN 13-3 Kasey Hartman是Wholemart公司的主计长，该公司在债权投资方面有许多长期投资。Wholemart公司的投资主要是5年期债券。Hartman正在编制年终财务报表，在核算长期债权投资时，她知道每项长期投资都必须指定为持有至到期或可供出售金融资产。去年利率急剧上升，导致投资组合的公允价值大幅下降。公司不打算在整个5年内持有这些债券。Hartman每年还获得一笔奖金，按净收益的百分比计算。

要求：

1. Hartman的奖金会以某种方式被债权投资的分类影响吗？请说明。
2. Hartman必须使用什么标准将投资分类为持有至到期或可供出售？
3. 公司是否有可能对Hartman的投资分类进行监督？请说明。

全球视角

下面讨论在美国公认会计原则和国际财务报告准则下，编制财务报表时投资的会计处理和披露方式的相似和不同之处。

无重大影响证券投资的会计处理 从广义上来看，美国公认会计原则和国际财务报告准则对无重大影响证券投资的会计处理是类似的。交易性金融资产采用公允价值计量，未实现收益或损失作为公允价值变动在净收益中披露。可供出售金融资产使用公允价值计量，未实现收益或损失作为公允价值变动在其他综合收益中披露（实现时计入净收益）。持有至到期投资使用摊余成本计量。美国公认会计原则和国际财务报告准则都要求公司对可供出售金融资产和持有至到期投资采用公允价值计量，且两者都要求对持有至到期投资进行减值测试。

国际财务报告准则和美国公认会计原则在术语上有一定的差别。在国际财务报告准则中：(1) 交易性金融资产称为以公允价值计量且其变动计入当期损益的金融资产。(2) 可供出售金融资产的英文又可写作available-for-sale financial assets。诺基亚公司对其无重大影响证券投资披露如下：(1) 以公允价值计量且其变动计入当期损益的金融资产包括交易性金融资产和最初指定为以公允价值计量且其变动计入当期损益的金融资产。(2) 可供出售金融资产以公允价值计量。

具有重大影响证券投资的会计处理 从广义上来看，美国公认会计原则和国际财务报告准则对具有重大影响的证券的会计处理是类似的。具体来说，在权益法下，投资公司的报表要披露在被投资公司当期获利中所占的份额；投资金额等于购买成本加上在被投资公司当期获利中所占的份额减去股利份额（对于有限寿命的资产来说，需要减去在使用期内购买价格高于可确认公允价值的摊销额）。在合并报表权益法下，投资者和投资对象的收入和费用合并在一起，抵消公司内部交易和扣除少数股东权益。同时，非公司内部交易的资产和负债也以类似的方式合并（投资账户抵销），少数股东权益从所有者权益中扣除。

在术语上，美国公认会计原则和国际财务报告准则有一定的差别：(1) 在美国公认会计原则下，长期投资收益又称为关联公司股权收益，而在国际财务报告准则下，公司通常使用联营公司股权收益。(2) 在国际财务报告准则下，少数股东权益使用 noncontrolling interests，而在美国公认会计原则下，少数股东权益使用 minority interests。

国际财务报告准则

全球一致性 与美国公认会计原则不同，国际财务报告准则要求在整个集团的子公司中使用统一的会计政策。另外，与美国公认会计原则不同，国际财务报告准则没有对评价程序提供细节上的指导。

选择题答案

1. d；＄30 000×5%×5/12＝＄625
2. a；未实现收益＝＄84 500－＄83 000＝＄1 500
3. b；＄50 000×35%＝＄17 500
4. e；＄300 000/＄2 000 000＝15%
5. b；利润率＝＄80 000/＄600 000＝13.3%
   总资产周转率＝＄600 000/＄400 000＝1.5

第 14 章 股东权益的会计核算

本章预览

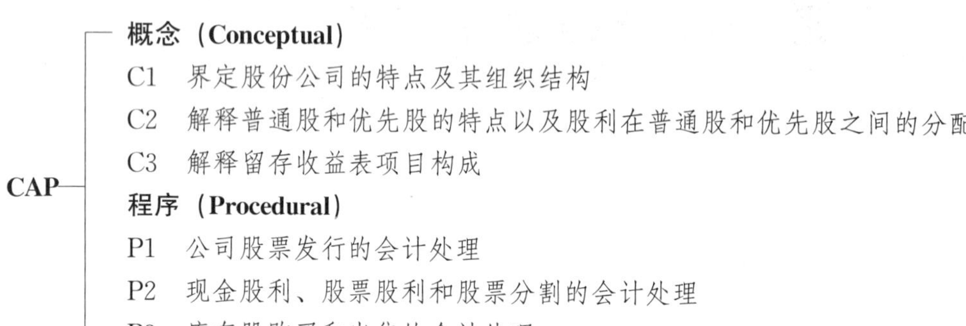

学习目标

CAP

概念（Conceptual）

C1 界定股份公司的特点及其组织结构

C2 解释普通股和优先股的特点以及股利在普通股和优先股之间的分配

C3 解释留存收益表项目构成

程序（Procedural）

P1 公司股票发行的会计处理

P2 现金股利、股票股利和股票分割的会计处理

P3 库存股购买和出售的会计处理

14.1 股份公司

股份公司（corporation）是依法成立的独立于其所有人之外的法人实体，享有类似于自然人的大多数权利。通常将股份公司的所有人称为股东。股份公司可分为两种：私人持股公司和上市公司。私人持股公司不面向公众出售股票，因此公司通常只有少数几个股东；上市公司则面向社会大众出售股票，因此公司可能拥有成千上万的股东。公开发售是指股票在有组织的股票市场上的发行和交易。

股份公司的特点

股份公司是一种重要的企业组织形式，其特点鲜明且优劣势并存。

股份公司的优势

- 独立法人实体：股份公司享有同自然人一样的权利、义务和责任，公司通过其代理人开展业务，而代理人通常是公司的经理或高管人员。
- 股东负有有限责任：股东不必对公司的行为和债务负责。
- 所有权可转让：股东间的股份转让通常不会影响股份公司及其运营，除非股份转让能导致控制或管理公司的董事会成员发生变动。
- 持续经营：公司可以无限期地持续经营下去，因为所有人的寿命不会影响公司的运营。

● 公司与股东之间不存在互为代理的关系：公司事务由经理和高管人员负责打理，经理或高管以外的股东无权代公司签约，即公司与股东之间不存在互为代理的关系。

● 易于积累资本：购买股票对投资者具有吸引力，因为：（1）股东不必对公司的行为和债务负责；（2）股票通常很容易转让；（3）公司可持续经营；（4）股东不是公司代理人。这些有利因素使股份公司从股东的组合投资中筹集到了大量资本。

股份公司的劣势

● 政府管制：股份公司必须遵守所在州的公司法，而独资企业与合伙企业则无须受到这么多的政府管制。

● 公司税收：除了要缴纳财产税和薪酬税，股份公司还要缴纳独资企业、合伙制企业无须缴纳的税收。其中最主要的是联邦所得税和州所得税，两者合计能达到公司税前收入的 40%甚至更多。此外，在发放现金股利时，作为股东个人收入的公司所得还要被再次征税，我们把这种做法称为双重征税。

决策洞察力　**宿舍公司**

马克·扎克伯格（Mark Zuckerberg）在纳斯达克发行了股票，让他的 Facebook 公司上市。Facebook 公司首次公开募股（IPO）筹集了数十亿美元。它提高了财务报告与市场炒作的重要性。扎克伯格在其大学宿舍创立 Facebook 公司 8 年之后，公司首次公开募股并快速发展直至今天。扎克伯格宣布将其约 99%的 Facebook 股份（价值约＄450 亿）捐赠给慈善事业。

□ 股份公司的组建和管理

下面将介绍股份公司的组建、组建成本及其管理。

公司的组建

要想组建股份公司，必须从州政府取得执照，通常由公司未来的股东，也被称为创办者或发起人提出申请，并在州政府备案。在完成申请程序并付清相关费用后，即可取得执照，公司即宣告成立。接下来，投资者需要认购股票，召开大会并选出董事会成员。

开办费

开办费（organization expenses），也叫组建成本，是指为设立一家股份公司而发生的成本，包括法律费用、发起人费用以及取得执照的费用。公司会把这些成本借记到一个名为开办费的费用类账户，并且要在这些成本发生时将其确认为费用。

股份公司的管理

股份公司的最终控制权属于公司股东，他们通过成立董事会或以选举出董事的方式来行使其控制权。通常，股东手里每握有一张股票就可以行使一个表决权。图表 14－1 列示了股份公司的控制关系。公司董事享有公司的最高管理权，负责管理公司的经营活动。董事会必须作为一个整体来制定决策，董事会通常只负责制定公司的总体政策。

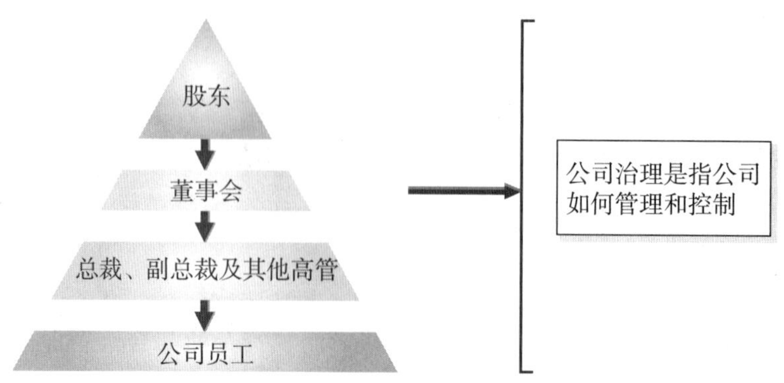

图表 14-1 股份公司的组织结构

按照法律规定，股份公司每年至少要举行一次股东大会来选举董事和处理各项事务。不参加股东大会的股东可以通过签订**授权委托书**（proxy），委托指定的代理人代为行使其表决权。

董事会任命的高管负责公司日常经营活动的管理。公司的首席执行官通常是公司的总裁，总裁下面还设有几位副总裁，副总裁一般负责财务、生产、营销等具体管理工作，他们要对总裁负责。

决策洞察力 **"天使"投资**

新公司启动资金的来源包括：(1)"天使"投资者，如家人、朋友或任何相信公司的人；(2) 可以用股票来支付的雇员、投资者甚至供应商；(3) 具有创业成功记录的风险资本家（投资者）。要寻找更多有关信息，请参考美国风险投资协会（NVCA.org）。

股份公司的股东

下面将介绍股东权利，股票的认购和销售以及股票登记代理和过户代理的作用。

股东权利

投资者在购入股票时便取得了公司章程中赋予股东的所有特定权利以及公司成立所在州的立法中赋予股东的一般权利。如果公司只发行一种股票，我们就把这种股票称为**普通股**（common stock）。尽管各州的法律规定有所不同，但普通股股东通常享有下列一般权利：

(1) 参加股东大会并行使其表决权（或通过注册的方式委托投票）。

(2) 出售或以其他方式处置自己所持有的股票。

(3) 按持股比例优先认购公司后来发行的普通股。这种**优先认股权**（preemptive right）保证了股东享有公司权益的比例。例如，假设某股东持有一家公司 25%的普通股，在该公司发行新股时，该股东享有优先认购该公司 25%的新发股票的权利。

(4) 按出资比例获取普通股股利（如果有的话）。

(5) 公司清算时，按持股比例分配公司清偿完债务后的剩余资产。

另外，股东还有权及时查阅公司的财务报表。

股份证书和股份转让

投资者购买公司股票，有时能取得一份证明其享有的所有权份额的股份证书。同一个人认购一批股票的话，许多公司只开一张股份证书，这张证书可能代表任意数量的股份。图表 14-2 列示了一张绿湾包装公司（Green Bay Packers）的股份证书。股份证书上通常列有公司名称、股东姓名、股份数额和其他一些重要信息。现在，签发股份证书的做法已经不太常见了。

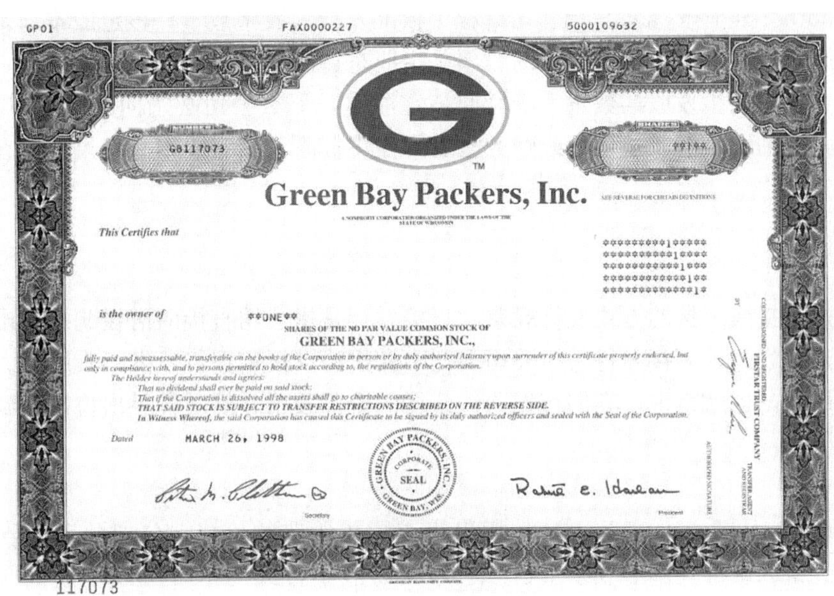

图表 14－2　股份证书

股票登记代理和过户代理

如果公司股票在证券交易所进行交易，公司就必须有股票登记代理和过户代理。股票登记代理负责记录股东信息，并在召开股东大会和发放股利时编制正式的股东名单。股票过户代理则负责处理股票的认购和出售，并在必要时签发股份证书。股票登记代理和过户代理通常是拥有计算机设备和专业员工的大银行或信托公司。

决策洞察力　**首次披露**

公司股票首次发行（IPO）时需要披露招股说明书，以提供股票发行公司的财务信息。招股说明书需要回答与首次发行价格相关的以下问题：(1) 承销商是否可靠？(2) 收入、利润和现金流是否有增长？(3) 管理层对公司运营的看法如何？(4) 股东抛售情况如何？(5) 公司面临哪些风险？

□ 股本

股本（capital stock）是企业用于获得资本的全部股份的统称（权益融资）。下面将介绍股本的含义和会计处理。

公司核定股本的子分类

如果公司回购之前发行在外的股票，最内层方框中的股票数量就会减少。

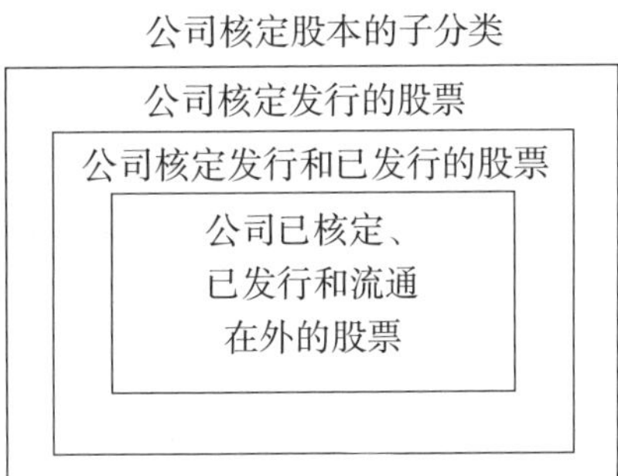

核定股本

核定股本（authorized stock）是指公司章程中核准发行的股票数量。核定股本通常远大于公司实际发行（和发行在外）的股票数量。发行在外的股票是指股东持有的已发行的股票。对核定股本不需要编制正式的会计分录。如果公司拟发股票数量大于其原核定股本，那么公司必须向州政府申请更改其公司章程。公司需在资产负债表的所有者权益项下或财务报表附注中披露其核定股本。苹果公司在资产负债表中披露的核定股本是＄126 亿。

股票出售（发行）

公司可以通过直接或间接的方式发行股票。直接发行是指公司直接向潜在购买者出售其股票，私人持股公司大多采用这种方式。间接发行是指公司委托中介机构（投资银行）发行其股票。有些中介机构承销公司间接发行的股票，也就是说，它们首先购进公司的全部股票，然后转手出售以达到投资的目的。

股票市价

每股市价（market value per share）是指出售或购买股票的价格。公司预期的收益、股利、增长程度、竞争对手和经济因素都会影响股票市价。上市交易股票每天的市价可以在报纸（如《华尔街日报》）或网上获取。已发行股票的现行市价（例如投资者之间买卖股票的价格）不会影响股票发行公司的股东权益。

股票类型

如果所有核定股本都具有同样的权利和特征，我们就把这种股票称为普通股。有时，公司经批准可以发行多种股票，包括优先股和不同类型的普通股。如 American Greetings 公司就发行了两种普通股：一股一票的甲类股和一股十票的乙类股。

有面值股票

有面值股票（par value stock）是一种带有**票面价值**（par value）的股票，每股的票面价值是由公司章程规定的。例如，Monster Worldwide 公司普通股面值为＄0.001。股票的票面价值一般设定为＄5、＄1 或＄0.01，票面价格的设定没有限制。在许多州，股票的票面价值确定了公司的**最低法定资本**（minimum legal capital）。所谓最低法定资本是指股票购买者必须投入公司或未来有义务支付的最低资本额。比如说，某家公司发行了 1 000 股票面价值为＄10 的股票，那么该公司在这些州的最低法定资本额为＄10 000。设定最低法定资本的目的是保护债权人的利益，这是因为债权人不能要求股东用个人财产偿还债务，他们的求偿权仅限于公司财产和最低法定资本。公司清算时，公司财产首先要用来清偿欠债权人的债务，剩余的资产才能分配给公司股东。

无面值股票

无面值股票（no-par value stock）是指在公司章程中没有指定票面价值的股票。它的好处在于无面值股票可以以任意价格发行，而不会遇到最低法定资本不足的问题。

设定价值股票

设定价值股票（stated value stock）是指由公司董事会指定每股价值的无面值股票。在这种情况下，指定好的每股价值就成为每股的最低法定资本。

股东权益

我们把股份公司的所有者权益称为**股东权益**（stockholders' equity）或公司资本。如图表 14－3 所示，股东权益包括实缴股本和留存收益。**实缴股本**（paid-in capital）是指股东为取得普通股向公司投入的现金和其他资产的总和。**留存收益**（retained earnings）是指公司累积的没有作为股利派发给其股东的净利润（或净损失）。

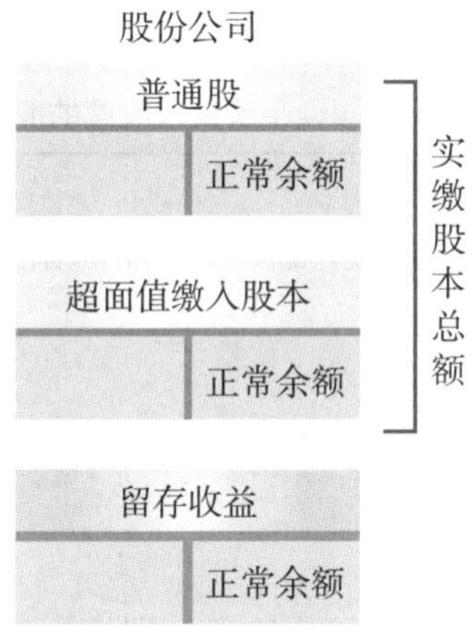

图表 14－3　股东权益的构成

> **决策洞察力**
>
> **报价单**
>
> | 52 Weeks Hi | 52 Weeks Lo | Sym | Div | Yld % | PE | Hi | Lo | Close | Net Chg |
> |---|---|---|---|---|---|---|---|---|---|
> | 85.81 | 66.46 | TGT | 2.24 | 2.67 | 15.6 | 83.63 | 82.50 | 82.75 | −0.12 |
>
> 目标股票报价分别解释为（从左到右）：Hi，过去 52 周的最高价；Lo，过去 52 周的最低价；Sym，公司交易所代码；Div，过去一年每股支付的股息；Yld %，股息除以收盘价；PE，每股股价除以每股收益；Hi，当天最高价；Lo，当天最低价；Close，当天收盘价；Net Chg，收盘价较前一天的变化。

14.2　普通股

发行普通股的会计处理只影响实缴股本账户，不会影响留存收益账户。

□ 发行有面值股票

有面值股票可以平价、溢价（高于面值）或折价（低于面值）发行，股票可以换取现金或非现金资产。

平价发行有面值股票

当普通股以平价发行时，应以相同的金额借记相关的资产账户，贷记已发行有面值股票账户。让我们举个例子来看看，假设 2017 年 6 月 5 日，Dillon 公司通过发行 30 000 股面值为＄10 的有面值股票取得了

$ 300 000 现金。为此，公司需要编制如下会计分录：

6月5日	借：现金	300 000		资产=负债+所有者权益	
	贷：普通股（面值为$10）		300 000	+300 000	+300 000
	（平价发行 30 000 股面值为$10 的普通股。）			$10×30 000 股	

假设 Dillon 公司在 2017 年（即营业的第一年）获得了$65 000 的收益，并且 2017 年公司没有发放股利，那么公司 2017 年年末的股东权益如图表 14-4 所示。

图表 14-4　平价发行股票的股东权益

股东权益	
普通股——面值为$10；核准发行股数为 50 000 股；已发行在外的股票为 30 000 股	$300 000
留存收益	65 000
股东权益合计	$365 000

溢价发行有面值股票

当公司以高于股票面值（或设定价值）的价格发行股票时，就会产生**股票溢价**（premium on stock）。让我们举个例子来看看，假设 Dillon 公司以$12 的价格发行面值为$10 的有面值普通股，则每股溢价为$2。我们把这个溢价称为**超面值缴入股本**（paid-in capital in excess of par value）。我们要把它作为股东权益的一部分列入资产负债表，而不能将其作为收入列入利润表。假设 2017 年 6 月 5 日 Dillon 公司以每股$12 的价格发行了 30 000 股面值为$10 的有面值股票。为此，公司需要编制如下会计分录：

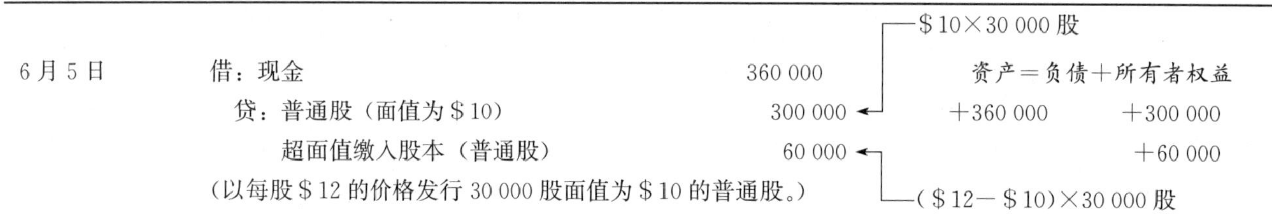

6月5日	借：现金	360 000		资产=负债+所有者权益	
	贷：普通股（面值为$10）		300 000（$10×30 000 股）	+360 000	+300 000
	超面值缴入股本（普通股）		60 000（($12－$10)×30 000 股）		+60 000
	（以每股$12 的价格发行 30 000 股面值为$10 的普通股。）				

如图表 14-5 所示，在资产负债表股东权益项下的股票面值下面，需要增加超面值缴入股本这一项。

图表 14-5　溢价发行股票的股东权益

股东权益	
普通股——面值为$10；核准发行股数为 50 000 股；已发行在外的股票为 30 000 股	$300 000
超面值缴入股本（普通股）	60 000
留存收益	65 000
股东权益合计	$425 000

折价发行有面值股票

当公司以低于股票面值（或设定价值）的价格发行股票时，就会产生**股票折价**（discount on stock）。许多州不允许折价发行股票，而在允许折价发行股票的州，在某些情况下，股东可能要以其享受的折价额为限对公司债务负责。当公司折价发行股票时，要把发行价格低于面值的金额借记普通股折价账户。该账户是普通股账户的抵减账户，其余额要从资产负债表股东权益项下的股票面值中予以扣除。

发行无面值股票

当公司发行没有设定价值的无面值股票时，应把公司收到的金额作为法定资本记入普通股账户。也就是说，要将所有的股票发行收入贷记无面值股票账户。让我们举个例子来看看，假设某公司 10 月 20 日以每股＄40 的价格发行了 1 000 股无面值股票。为此，该公司需编制如下会计分录：

日期	会计分录	金额	资产	=负债+所有者权益
10 月 20 日	借：现金	40 000	资产＝负债＋所有者权益	
	贷：普通股（无面值）	40 000	＋40 000	＋40 000
	（以每股＄40 的价格发行 1 000 股无面值普通股。）			

发行设定价值股票

当公司发行带有设定价值的无面值股票时，要将其设定价值作为法定资本贷记设定价值股票账户。如果股票的发行价格高于其设定价值（多数情况下如此），要将超出的金额贷记超设定价值缴入股本（普通股）账户，并在资产负债表的股东权益部分反映。让我们举个例子来看看，假设某公司发行了 1 000 股设定价值为＄40 的无面值股票，每股发行价为＄50。为此，该公司需要编制如下会计分录：

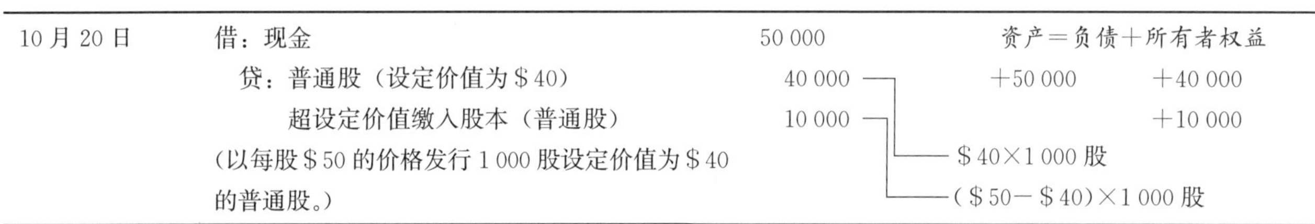

日期	会计分录	金额	资产	=负债+所有者权益
10 月 20 日	借：现金	50 000	资产＝负债＋所有者权益	
	贷：普通股（设定价值为＄40）	40 000	＋50 000	＋40 000
	超设定价值缴入股本（普通股）	10 000		＋10 000
	（以每股＄50 的价格发行 1 000 股设定价值为＄40 的普通股。）			

发行股票换取非现金资产

公司可以通过发行股票换取现金以外的其他资产。（公司还可以承担收到的资产所附带的债务，如以收到的资产作为抵押的贷款。）公司应以交易当天的市价将收到的资产入账，换出的股票则应以面值（或设定价值）入账，如果存在溢价则记入超面值（或设定价值）缴入股本账户。（如果发行的是无面值股票，那么公司应以资产的市价记录股本。）例如，假设 6 月 10 日某公司以 4 000 股面值为＄20 的股票换入一块市价为＄105 000 的土地。为此，该公司需编制如下会计分录：

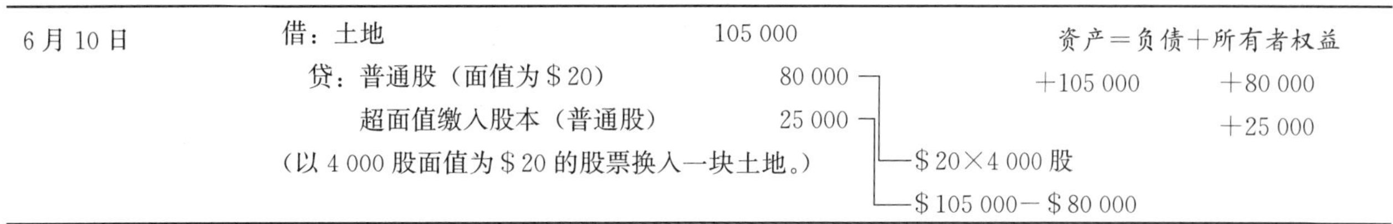

日期	会计分录	金额	资产	=负债+所有者权益
6 月 10 日	借：土地	105 000	资产＝负债＋所有者权益	
	贷：普通股（面值为＄20）	80 000	＋105 000	＋80 000
	超面值缴入股本（普通股）	25 000		＋25 000
	（以 4 000 股面值为＄20 的股票换入一块土地。）			

公司有时支付给发起人股份，作为对他们组建公司的报酬。在这种情况下，公司要将付出的股份记入开办费账户。例如，假设 6 月 5 日某公司通过支付 600 股面值为＄15 的普通股的方式换得了价值为＄12 000的公司组建服务。为此，该公司需编制如下会计分录：

6月5日	借：开办费	12 000		资产＝负债＋所有者权益
	贷：普通股（面值为＄15）	9 000	——＄15×600股	－12 000
	超面值缴入股本（普通股）	3 000	——＄12 000－＄9 000	＋9 000
	（支付给发起人600股面值为＄15的普通股，作为他们组建公司的报酬。）			＋3 000

NTK 14-1

编制日记账分录以分别记录以下四个独立的股票发行事项。

1. 一家公司以＄700现金发行了80股面值＄5的普通股。

2. 一家公司向其发起人发行了40股无面值普通股作为他组建公司的报酬，估计其价值为＄800。该股票没有设定价值。

3. 一家公司发行了40股无面值普通股来换取土地，估计价值＄800。该股票没有标明价值。

4. 一家公司以＄900现金发行了20股面值＄30的优先股。

答案：

1.

借：现金	700	
贷：普通股（每股面值为＄5）*		400
超面值缴入股本（普通股）**		300
（以现金认购的方式发行普通股。）		

*80股×＄5＝＄400

**＄700－＄400＝＄300

2.

借：开办费	800	
贷：普通股（设定价值为＄1）		40
超面值缴入股本（普通股）		760
（支付给发起人股票。）		

3.

借：土地	800	
贷：普通股（无面值）		800
（发行股票以换取土地。）		

4.

借：现金	900	
贷：优先股（每股面值为＄30）*		600
超面值缴入股本（优先股）**		300
（发行股票以换取现金。）		

*20股×＄30＝＄600

**＄900－＄600＝＄300

14.3　股利

本节将讨论现金股利和股票股利的有关事项。

现金股利

发放现金股利的决策在很大程度上依赖于董事会。在进行股利决策时，董事会不仅仅要考虑留存收益和现金数额等因素。例如，董事会可能会决定保留现金用于公司的扩大再生产、处理紧急情况、获取投机收益、清偿债务等。但也有许多公司定期向股东发放现金股利，这些现金流是对投资者的回报，并能影响股票市价。

现金股利的会计处理

股利发放过程中有三个重要日期：股利宣告日、股权登记日和股利发放日。**股利宣告日**（date of declaration）是指董事会就宣告和发放股利事宜举行投票表决的日期；股利宣告日确认了公司对股东的法定债务。**股权登记日**（date of record）是董事会规定的登记有权领取股利的股东名单的截止日期，股权登记日通常在股利宣告日的两周以后，在股权登记日拥有公司股票的人能够分得股利。**股利发放日**（date of payment）是公司发放股利的日期，通常比股权登记日滞后一段时间，以使公司有充分的时间准备支付股利的支票、办理款项过户手续等。

例如，假设 Z 科技公司拥有 5 000 股流通股，1 月 9 日公司董事会宣告每股股票将发放 $1 的现金股利。为此，公司需要编制如下会计分录：

股利宣告日

日期	摘要	借方	贷方	资产＝负债＋所有者权益
1 月 9 日	借：留存收益	5 000		资产＝负债＋所有者权益
	贷：应付普通股股利		5 000	＋5 000　－5 000
	（宣告每股普通股将发放 $1 的现金股利。）		$1×5 000 股	

应付普通股股利是一项流动负债。Z 科技公司的股权登记日为 1 月 22 日，这时不需要做正式的日记账分录。在股利发放日 2 月 1 日，需记录债务的结算和现金的减少，分录如下：

股利发放日

日期	摘要	借方	贷方	资产＝负债＋所有者权益
2 月 1 日	借：应付普通股股利	5 000		资产＝负债＋所有者权益
	贷：现金		5 000	－5 000　－5 000
	（按照每股 $1 支付普通股现金股利。）			

留存收益赤字与现金股利

如果公司的留存收益账户存在借方（非正常）余额，那么就说该公司出现了**留存收益赤字**（retained earnings deficit）。当公司累计亏损和/或支付的股利多于累计收益时，就会出现留存收益赤字。如图表 14－6所示，赤字在资产负债表上作为减项反映。许多州不允许出现赤字的公司再向股东发放现金股利，这一规定可以限制公司在财务困难时将资产分配给股东，是为了保护债权人的利益。

图表 14－6　赤字时的股东权益

普通股——面值为＄10，核准发行股数为 5 000 股，已发行在外的股票为 5 000 股	＄50 000
留存收益赤字	(6 000)
股东权益合计	＄44 000

有些州允许公司以返还部分实缴股本的形式发放现金股利，我们把这种股利称为**清算性现金股利**（liquidating cash dividend）或清算性股利，因为它将部分原始投资归还给股东。这种情况下，在股利宣告日应借记实缴股本账户而不是留存收益账户。

□ 股票股利

股票股利（stock dividend）是指公司董事会宣告将公司额外的股份无偿分配给股东作为股利。股票股利不同于现金股利，它不会减少公司的资产和权益，只是将部分留存收益变成实缴股本。

发放股票股利的原因

股票股利的存在至少有两个原因：第一，董事会可以使用股票股利将公司股票价格维持在投资者能够负担的水平。如果公司发放股票股利，其流通股的数量就会增加，每股的股价就会降低。第二，发放股票股利说明公司管理层对公司目前的良好业绩和未来保持良好业绩都非常有信心。

股票股利的会计处理

股票股利会影响股东权益的构成，因为它将一部分留存收益转入实缴股本账户，有时我们把这种做法称为资本化留存收益。股票股利的会计处理取决于公司发放的是大额股票股利还是小额股票股利。

- **小额股票股利**（small stock dividend）是指公司发放股利的股数小于或等于原有发行在外股数的 25%，此时，通过资本化留存收益的方式入账，入账金额等于即将发放的股票的市价。
- **大额股票股利**（large stock dividend）是指公司发放股利的股数大于原有发行在外股数的 25%，此时仍以资本化留存收益的方式入账，但入账金额等于各州公司法所规定的最低金额。大多数州规定，资本化留存收益的金额等于股票面值或设定价值。

如图表 14－7 所示，我们以 Quest's 公司 12 月 31 日宣告股票股利前的资产负债表的股东权益部分为例来解释一下股票股利。

图表 14－7　宣告股票股利前的股东权益

股东权益	宣告股利之前
普通股——面值为＄10；核准发行股数为 15 000 股；已发行在外的股票为 10 000 股	＄100 000
超面值缴入股本（普通股）	8 000
留存收益	35 000
股东权益合计	＄143 000

小额股票股利　假设 Quest's 公司的董事会 12 月 31 日宣告了 10%的股票股利，并定于 1 月 20 日向 1 月 15 日登记的股东发放 1 000 股股票股利（原有发行在外 10 000 股股票的 10%）。12 月 31 日 Quest's 公司的股价为＄15。因此，公司需编制如下分录记录该小额股票股利的宣告：

股利宣告日

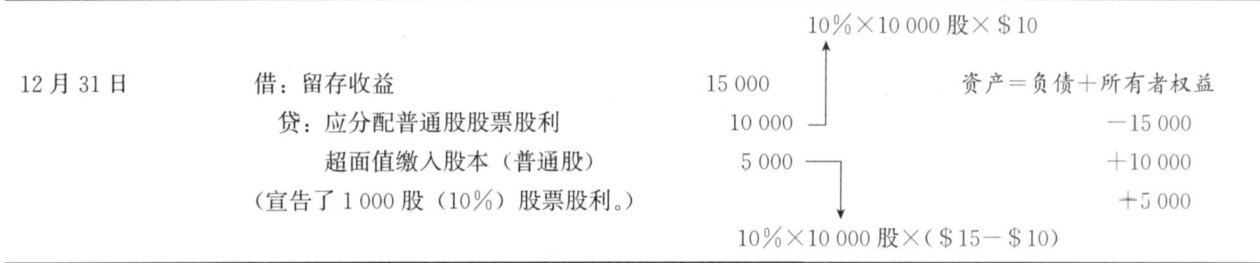

				资产=负债+所有者权益
12 月 31 日	借：留存收益	15 000		−15 000
	贷：应分配普通股股票股利		10 000（10%×10 000 股×$10）	+10 000
	超面值缴入股本（普通股）		5 000（10%×10 000 股×($15−$10)）	+5 000
	（宣告了 1 000 股（10%）股票股利。）			

当宣告发放小额股票股利时，资产负债表会产生三个变化：

- 应分配普通股股利增加 $10 000，该账户是一个只在股票发行前存在的所有者权益账户。这导致普通股权益从 $100 000 增加到 $110 000，其中 $1 000 的增加额为宣告的 1 000 股的股票股利。
- 引起超面值缴入股本增加 $5 000，它是宣告的股票股利的市价超出其票面价值的部分。
- 留存收益减少 $15 000，这是因为部分留存收益转成普通股股本和超面值缴入股本。

10%的股票股利对股东权益的影响见图表 14-8。12 月 31 日宣告发放股利的影响只显示在“宣告”一栏。

图表 14-8　宣告股利前后的股东权益

	宣告股利之前	宣告日	股利发放日	宣告股利之后
股东权益				
普通股——面值为 $10；核准发行股数为 15 000 股；已发行在外的股票为 10 000 股	$100 000	$—	$10 000	$110 000
应分配普通股股利——1 000 股	—	10 000	(10 000)	0
超面值缴入股本（普通股）	8 000	5 000	—	13 000
留存收益	35 000	(15 000)	—	20 000
股东权益合计	$143 000	$　0	$　0	$143 000

股票股利的登记日不需要编制会计分录。在股利发放日 1 月 20 日，Quest's 公司向股东发放新股票，并编制如下分录：

股利发放日——小额股票股利

				资产=负债+所有者权益
1 月 20 日	借：应分配普通股股票股利	10 000		−10 000
	贷：普通股（面值为 $10）		10 000	+10 000
	（发放普通股股票股利。）			

这两条有关股票股利的分录将留存收益中的 $15 000 转移到（资本化为）实缴股本中。资本化留存收益的金额等于新发行的 1 000 股股票的市场价格（$15×1 000 股）。发放股票股利对各个股东的持股份额没有影响。

大额股票股利　对于大额股票股利，公司资本化留存收益的金额应为各州立法规定的最低限额，通常是新发行股票的面值或设定价值。例如，假设 Quest's 公司董事会 12 月 31 日宣告公司将发放 30%而不是 10%的股票股利，由于该股票股利高于 25%，所以公司应将其作为大额股票股利处理。因此，在股利宣告日，公司应将这 3 000 股股票股利的面值资本化，其相关分录如下：

股利宣告日——大额股票股利

12 月 31 日	借：留存收益	30 000	资产＝负债＋所有者权益
	贷：应分配普通股股票股利	30 000	−30 000
	（宣告了 3 000 股（30%）股票股利。）		+30 000
			30%×10 000 股×$10

这一业务使留存收益减少了$30 000，实缴股本增加了$30 000。在股利发放日，公司应借记应分配普通股股票股利$30 000，贷记普通股$30 000。

股票分割

股票分割（stock split）是将额外的股份按现有持股比例分配给各股东。当发生股票分割时，公司“购回”其发行在外的股份，再将原来的一股换成两股或更多。分割比例可以为 2∶1，3∶1 或更高，分割后的股票面值或设定价值将会降低。

例如，假设 CompTec 公司拥有 10 万股流通在外的普通股，其面值为$20，当前市价为$88。公司以 2∶1 的比例分割股票将会使股票面值减少为原来的一半，因为根据这种股票分割方法，公司将以 20 万股面值为$10 的股票代替原来的 10 万股面值为$20 的股票。股票市价也将从每股$88 降至大约每股$44。股票分割不影响资产负债表上的股东权益额，也不影响个别股东的持股比例。发生股票分割时，实缴股本和留存收益账户都没有发生变化，因此无须编制会计分录。股票分割唯一改变的是对股本账户的描述。如果 CompTec 公司以 2∶1 的比例分割股票，那么在完成股票分割以后，公司要将股票账户的名称变为“普通股（面值为$10）”。另外，公司资产负债表中对核定股本、已发行在外的股票数和股票面值的描述也都要发生相应的变化。

决策制定者　　**企业家**

假设你与别人共同创办并拥有股份的一家公司宣告了 50%的股票股利，试问在这种情况下，你的股票投资额将会发生怎样的变化：是增加、减少，还是保持不变？如果以 3∶2 的比例分割股票，并以股票股利的形式实现，将会产生什么影响？

答案：50%的股票股利不会给你带来直接收入。股票股利反映了管理层对公司未来的乐观预期，它能提高股票的市场流动性，使更多投资者有能力购买。因此，股票股利通常反映了“好消息”，有可能（略微）抬高股票市价。3∶2 的股票分割会取得同样的效果。

NTK 14 - 2

一家公司在本年度开始时其股东权益账户余额如下：

普通股——面值为$10，核准发行股数为 500 股，已发行在外的股票为 200 股	$2 000
超面值缴入股本（普通股）	1 000
留存收益	5 000
合计	$8 000

公司成立时，发行的所有流通在外普通股每股价格为$15。编制日记账分录以记录最近几年发生的下列交易：

1 月 10 日	董事会于 1 月 28 日向在册的股东宣告了每股 $0.10 的现金股利。
2 月 15 日	支付了 1 月 10 日宣告的现金股利。
3 月 31 日	宣告当股票的市价达到每股 $18 时将发放 20%的股票股利。
5 月 1 日	发放了 3 月 31 日宣告的股票股利。
12 月 1 日	宣告当股票的市价达到每股 $25 时将发放 40%的股票股利。
12 月 31 日	发放了 12 月 1 日宣告的股票股利。

答案：

日期	科目	借	贷
1 月 10 日	借：留存收益[a]	20	
	贷：应付普通股股利		20
	（宣告每股 $0.10 的现金股利。）		
	a. 200 股× $0.01		
2 月 15 日	借：应付普通股股利	20	
	贷：现金		20
	（支付每股 $0.10 的现金股利。）		
3 月 31 日	借：留存收益[b]	720	
	贷：应分配普通股股票股利[c]		400
	超面值缴入股本（普通股）		320
	（宣告当每股市场价格为 $18 时派发 20%（40 股）股票股利。）		
	b. 200 股×20%× $18		
	c. 40 股× $10		
5 月 1 日	借：应分配普通股股票股利	400	
	贷：普通股		400
	（派发 40 股普通股。）		
12 月 1 日	借：留存收益[d]	960	
	贷：应分配普通股股票股利		960
	（宣告当每股市场价格为 $10 时派发 40%（96 股（40%×240））股票股利。）		
	d. 240 股×40%× $10		
12 月 31 日	借：应分配普通股股票股利	960	
	贷：普通股		960
	（派发 96 股普通股。）		

14.4　优先股

股份公司可以发行两种类型的股票：普通股和优先股。**优先股**（preferred stock）在若干方面有优先于普通股的权利，包括优先分得股利、公司清算时优先分得公司资产。优先股拥有普通股的所有权利，除非公司章程中取消优先股的这种权利。例如，大多数优先股没有表决权。图表 14－9 表明大约有 1/4 的公司发行优先股，而所有公司都发行普通股。

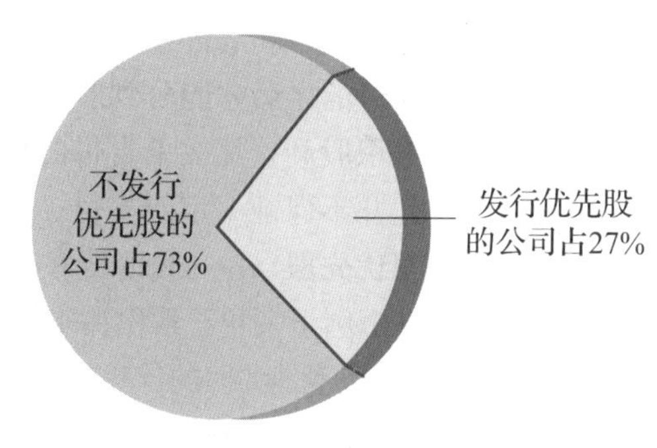

图表 14－9　股份公司和优先股

优先股的发行

优先股通常有面值，类似普通股，它能够以不同于面值的价格发行。优先股在单独的实缴股本账户反映。让我们举个例子来看看，假设 2017 年 7 月 1 日，Dillon 公司通过发行 50 股面值为 $100 的优先股收到了 $6 000 现金。为此，公司需要编制如下会计分录：

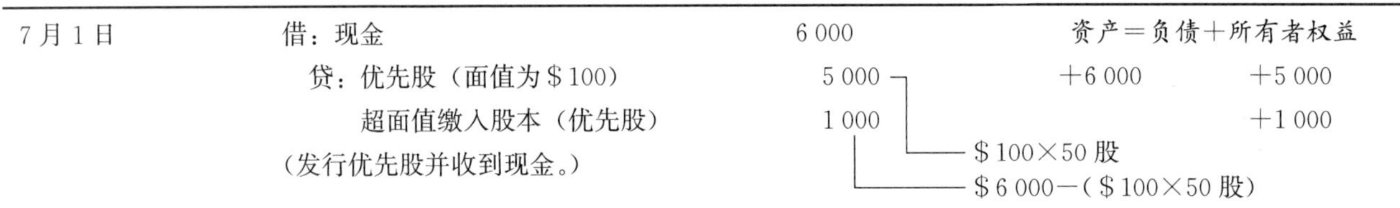

7 月 1 日	借：现金	6 000	资产＝负债＋所有者权益	
	贷：优先股（面值为 $100）	5 000	+6 000	+5 000
	超面值缴入股本（优先股）	1 000		+1 000
	（发行优先股并收到现金。）			

Dillon 公司 2017 年年底资产负债表的股东权益部分包括优先股，如图表 14－10 所示。假设普通股按面值平价发行。发行无面值优先股的会计处理方法与发行无面值普通股类似，发行优先股以换取非现金资产的会计处理方法与发行普通股以换取非现金资产类似。

图表 14－10　既有普通股又有优先股的股东权益

股东权益	
普通股——面值为 $10；核准发行股数为 50 000 股；已发行在外的股票为 30 000 股	$300 000
优先股——面值为 $100；核准发行股数为 1 000 股；已发行在外的股票为 50 股	5 000
超面值缴入股本（优先股）	1 000
留存收益	65 000
股东权益合计	$371 000

优先股的股利分配优先权

优先股通常享有股利分配优先权，也就是说，公司发完优先股股利之后才能发放普通股股利。支付给优先股股东的股利通常用具体金额或面值的百分比表示。享有股利分配优先权并不表示一定能分得股利，如果董事会没有宣告股利，那么优先股股东和普通股股东都无法分得股利。

累积股利和非累积股利

多数优先股都享有累积股利权。

- **累积优先股**（cumulative preferred stock）有权分得当期和以前各期未发放的股利，普通股股东只有在累积股利付清之后才能分到股利。对于累积优先股而言，如果董事会没有宣告优先股股利，或者宣告的股利少于累积股利，那么未支付的部分就叫作**积欠股利**（dividend in arrears）。将累积优先股的积欠股利累积在一起并不保证一定能支付。
- **非累积优先股**（noncumulative preferred stock）则无权分得以前期间未宣告的股利。

让我们举个例子来看看累积和非累积优先股的区别。假设某股份公司发行在外的股票包括：（1）1 000股面值为 $100、股利为 9%的优先股——每年可能分得 $9 000（1 000× $100×9%）股利；（2）4 000 股面值为 $50 的普通股。2016 年是公司开始营业的第一个年头，董事会宣告了 $5 000 的现金股利；2017 年，董事会宣告了 $42 000的现金股利。图表 14－11 列出了这两年的股利分配情况。2017 年的股利分配取决于公司发行的是累积优先股还是非累积优先股。如果公司发行的是非累积优先股，那么优先股股东将无法分得 2016 年少分的＄4 000 股利；如果公司发行的是累积优先股，那么这＄4 000 积欠股利将在 2017 年发放其他股利前支付给优先股股东。

图表 14－11　股利分配（累积优先股与非累积优先股）

	优先股	普通股
累积优先股		
2016 年	＄ 5 000	＄ 0
2017 年		
第 1 步：积欠股利	＄ 4 000	
第 2 步：当年的优先股股利	9 000	
第 3 步：剩余分给普通股股东的股利	—	＄29 000
2017 年合计	＄13 000	＄29 000
2016—2017 年合计	＄18 000	＄29 000
非累积优先股		
2016 年	＄ 5 000	＄ 0
2017 年		
第 1 步：当年的优先股股利	＄ 9 000	
第 2 步：剩余分给普通股股东的股利	—	＄33 000
2016—2017 年合计	＄14 000	＄33 000

只有当董事会宣告股利时，才会形成应付股利的负债。如果公司董事会没有宣告累积优先股股利，那么积欠股利就不能计入负债。充分披露原则要求公司在其资产负债表中（通常在报表附注中）披露累积优先股的积欠股利。

参与式优先股股利和非参与式优先股股利

一些优先股具有参与分红的权利——尽管并不常见。

- **非参与式优先股**（nonparticipating preferred stock）是指对每年可分得的股利规定了最高限额的优先股。这个最高限额通常是股票面值的一定百分比或是每股规定一个固定金额。在优先股股东分得这一金额后，普通股股东可以获得所有剩余的股利。
- **参与式优先股**（participating preferred stock）允许优先股股东与普通股股东一起分享支付优先股股利后的剩余股利。但是，只有在普通股股利达到与优先股股利相同的水平时，优先股股东才能行使这种参与分享的权利。

□ 发行优先股的原因

公司发行优先股的原因有很多种。首先，某些公司发行优先股是为了在不牺牲控制权的前提下筹集资本。例如，假设设立一家公司需要＄200 000 的资本，而创办人只能投入＄100 000。如果他们发行价值＄200 000 的普通股（其中价值＄100 000 的股票由创办人购入），那么他们只拥有 50％的控制权，因此，在制定决策时，他们需要和其他股东广泛地协商。但如果他们发行价值＄100 000 的普通股给自己，然后再对外发行价值＄100 000、股利率为 8％、没有表决权的累积优先股，那么创办人就可以保留控制权。

发行优先股的另一个理由是提高普通股股东的回报。比如，假设公司总投资为＄200 000，创办人预期每年税后收益为＄24 000。如果创办人发行＄200 000的普通股，那么普通股股东的投资报酬率为12%；但如果发行＄100 000的普通股给自己，然后再对外发行价值＄100 000、股利率为8%的累积优先股，那么如图表14－12所示，普通股股东的投资报酬率就可以提高到16%。

图表14－12　发行优先股时普通股股东的投资报酬率

税后净收益	＄24 000
减：优先股股利（8%）	(8 000)
普通股股东收益	＄16 000
普通股股东的投资报酬率（＄16 000/＄100 000）	16%

普通股股东的投资报酬率从12%提高到了16%，这是因为优先股股东的投资获得了＄12 000的收益，而优先股股利只有＄8 000。利用优先股提高普通股股东的回报，这就是**财务杠杆**（financial leverage）（或称权益交易）的一个例子。一般来讲，如果优先股报酬率低于公司的资产收益率，那么发行优先股就能够提高普通股股东的投资报酬率。

另外，一些投资者认为普通股的风险太大或预期收益率太低，所以他们更愿意购买优先股，这也是很多公司选择发行优先股的原因。

决策制定者

音乐会筹办人

假设你调整了自己的经营战略，将听众在1 000人以下的音乐会改为听众为5 000～20 000人的音乐会。由于诉讼风险增加，再加上你想通过发行股票筹集资金，你决定成立股份制公司。如果你想在公司决策上享有控制权，你应该发行什么类型的股票？

答案：你有两种基本选择：(1) 发行不同种类的普通股；(2) 同时发行普通股和优先股。你的目标是将所有或大部分有表决权的股票发行给自己，让其他的股票没有或仅有有限的表决权，这样你才能保持控制权并筹集到所需的资金。

NTK 14－3

公司的发行在外股票包括80股面值为＄5的非累积优先股和200股面值为＄1的普通股。在运营的前3年，公司宣告并支付了以下所有的现金股利。

2016年总现金股利	＄15
2017年总现金股利	5
2018年总现金股利	200

第1部分。确定每年向两类股东（优先股和普通股）分别支付的股利金额，并计算3年中支付给两类股东的总股利。

第2部分。假设优先股是累积的，确定每年向两类股东分别支付的股利金额，并计算3年中支付给两类股东的总股利。

答案：

第1部分

	非累积优先股	普通股
2016 年（支付＄15）		
优先股*	＄15	
普通股——剩余	—	＄ 0
本年合计	＄15	＄ 0
2017 年（支付＄5）		
优先股*	＄ 5	
普通股——剩余	—	＄ 0
本年合计	＄ 5	＄ 0
2018 年（支付＄200）		
优先股*	＄20	
普通股——剩余	—	＄180
本年合计	＄20	＄180
2016—2018 年（合计支付＄220）	—	—
3 年合计	＄40	＄180

* 非累积优先股的持有人在任何一年有权获得的股利不超过＄20（5%×＄5×80 股）。

第 2 部分

	非累积优先股	普通股
2016 年（支付＄15）		
优先股*	＄15	
普通股——剩余	—	＄ 0
本年合计	＄15	＄ 0
(＄5；(＄20×1 年)－＄15。)		
2017 年（支付＄5）		
优先股——2016 年积欠股利	＄ 5	
优先股*	＄ 0	
普通股——剩余	—	＄ 0
本年合计	＄ 5	＄ 0
(＄20；(＄20×2 年)－＄15－＄5。)		
2018 年（支付＄200）		
优先股——2017 年积欠股利	＄20	
优先股*	＄20	
普通股——剩余	—	＄160
本年合计	＄40	＄160
(＄0；(＄20×3 年)－＄15－＄5－＄40。)		
2016—2018 年（合计支付＄220）	—	—
3 年合计	＄60	＄160

* 累积优先股的持有人在任何一年有权获得＄20 的股利（5%×＄5×80 股）再加上积欠股利。

14.5 库存股

股份公司购买自己公司股票的原因有：（1）使用自己公司的股票来收购其他公司；（2）防御对公司的恶意并购；（3）将股票作为报酬重新发行给公司员工；（4）保持股票良好的市场行情，表明管理层对现行市价的信心。

我们把公司回购的股票称为**库存股**（treasury stock）。库存股和未发行股票有以下几个相似点：（1）库存股和未发行股票都不是资产；（2）两者都不能分得现金股利或股票股利；（3）两者都没有表决权。

库存股的购入

购入库存股会使公司的资产和权益同时减少相同的数额。（关于库存股的会计处理方法，我们只讨论应用最为广泛的成本法，面值法将在高级课程中介绍。）让我们举个例子来看一看，图表 14－13 给出了 Cyber 公司购入库存股前的各账户余额。（Cyber 公司没有负债。）

图表 14－13 购入库存股前的各账户余额

资产		股东权益	
现金	$ 30 000	普通股——面值为 $10，核准发行股数为 10 000 股，已发行在外的股票为 10 000 股	$100 000
其他资产	95 000	留存收益	25 000
资产合计	$125 000	股东权益合计	$125 000

5 月 1 日，Cyber 公司花 $11 500 购入了自己公司 1 000 股股票。为此，公司编制了如下会计分录：

日期	摘要	借方	贷方	资产＝负债＋所有者权益
5 月 1 日	借：库存股（普通股）	11 500		
	贷：现金		11 500	－11 500　　－11 500
	（以每股 $11.5 的价格购入 1 000 股库存股。）			$11.50×1 000 股

这个分录通过借记库存股账户（权益账户的抵减账户）减少了所有者权益。图表 14－14 列出了该业务发生之后的各账户余额。

图表 14－14 购入库存股后的各账户余额

资产		股东权益	
现金	$ 18 500	普通股——面值为 $10，核准发行股数为 $10 000 股，已发行 $10 000 股，库存股为 1 000 股	$100 000
其他资产	95 000	留存收益（其中 $115 000 用于购买库存股）	25 000
		减：库存股成本	(11 500)
资产合计	$113 500	股东权益合计	$113 500

由于购入库存股，Cyber 公司的现金、总资产和所有者权益分别减少了 $11 500，但普通股账户和留存收益账户的余额都没有发生变化。对于权益的减少，要通过在资产负债表的权益部分扣除库存股成本来反映。同时，还要做两项披露：第一，股本描述指出公司持有 1 000 股库存股，发行并流通在外的股票只有 9 000 股；第二，部分留存收益的用途是受限制的。

□ 库存股的重新发行

库存股可按照高于、低于或等于购入成本的价格重新发行。

以成本价出售库存股

如果库存股按照成本价重新发行，会计分录与购入时正好相反。例如，假设 Cyber 公司 5 月 21 日以每股 \$ 11.50 的成本价将 5 月 1 日买入的 100 股库存股再次卖出，此时，公司编制的分录如下：

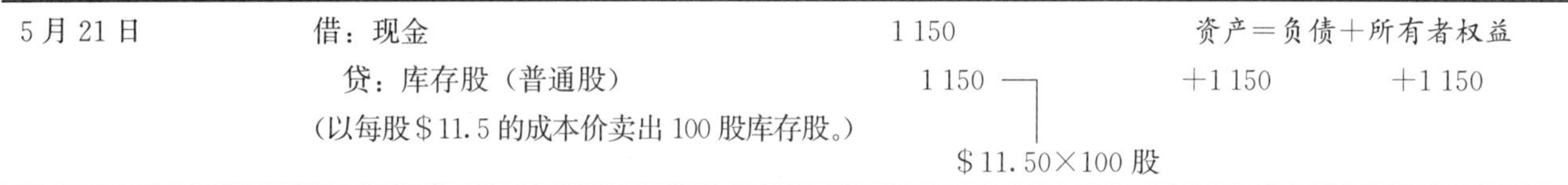

日期	分录	借方	贷方	资产	= 负债 + 所有者权益
5 月 21 日	借：现金	1 150		资产＝负债＋所有者权益	
	贷：库存股（普通股）		1 150（\$ 11.50×100 股）	＋1 150	＋1 150
	（以每股 \$ 11.5 的成本价卖出 100 股库存股。）				

以高于成本价的价格出售库存股

如果库存股的售价高于成本，超出部分应贷记实缴股本（库存股）账户，该账户将在资产负债表的股东权益项下单独列示。出售库存股不需要确认收益。让我们举个例子来看一看，假设 6 月 3 日 Cyber 公司以每股 \$ 12 的价格将成本价为每股 \$ 11.50 的 400 股库存股卖出，为此，公司需编制如下会计分录：

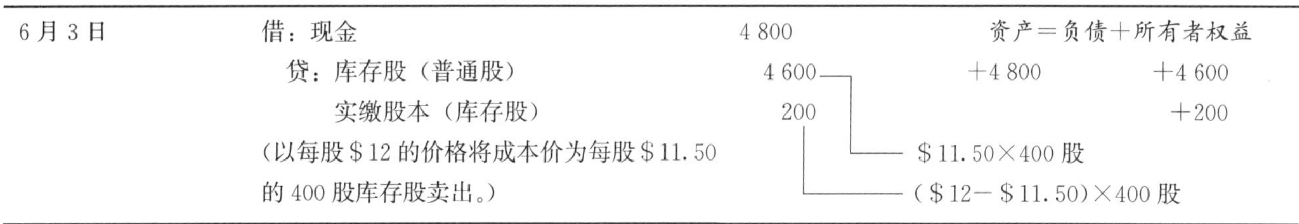

日期	分录	借方	贷方	资产	= 负债 + 所有者权益
6 月 3 日	借：现金	4 800		资产＝负债＋所有者权益	
	贷：库存股（普通股）		4 600（\$ 11.50×400 股）	＋4 800	＋4 600
	实缴股本（库存股）		200（（\$ 12－\$ 11.50）×400 股）		＋200
	（以每股 \$ 12 的价格将成本价为每股 \$ 11.50 的 400 股库存股卖出。）				

以低于成本价的价格出售库存股

如果库存股的售价低于其成本，如何编制相关会计分录取决于实缴股本（库存股）账户是否有贷方余额。如果实缴股本（库存股）账户余额为零，成本高于售价的部分应借记留存收益。如果实缴股本（库存股）账户有贷方余额，成本高于售价的部分应借记该账户，但以其原有余额为限，剩余部分再借记留存收益。举个例子，假设 7 月 10 日，Cyber 公司将剩下的 500 股库存股以每股 \$ 10 的价格卖出，股东权益将减少 \$ 750（500 股× \$ 1.50）。为此，公司需编制如下会计分录：

日期/说明	分录	借方	贷方	资产	= 负债 + 所有者权益
7 月 10 日	借：现金	5 000		资产＝负债＋所有者权益	
（\$ 10－\$ 11.50）×500 股不超过 \$ 200 的部分 →	实缴股本（库存股）	200		＋5 000	－200
超过 \$ 200 的部分 →	留存收益	550			－550
\$ 11.50×500 股 →	贷：库存股（普通股）		5 750		＋5 750
	（以每股 \$ 10 的价格卖出 500 股成本为 \$ 11.50 的库存股。）				

这一分录抵销了 6 月 3 日产生的实缴股本账户 \$ 200 的贷方余额，通过成本高于售价的 \$ 550 减少了留存收益。公司无须确认出售库存股的收益或损失。

NTK 14－4

某公司年初各股东权益账户余额如下：

普通股——面值为＄10，核准发行股数为500股，已发行在外的股票为200股	＄2 000
超面值缴入股本（普通股）	1 000
留存收益	5 000
合计	＄8 000

所有发行在外的普通股均是在公司创建时以每股＄15的价格发行的。试为发生的下列各笔交易编制会计分录：

7月1日　以每股＄20的价格购入30股库存股。

9月1日　以每股＄26的价格出售了20股库存股。

10月1日　以每股＄7的价格出售了剩余的10股库存股。

答案：

7月1日	借：库存股（普通股）[a]	600	
	贷：现金		600
	（以每股＄20的价格购入30股库存股。）		
	a. 30股×＄20		
9月1日	借：现金[b]	520	
	贷：库存股（普通股）[c]		400
	实缴股本（库存股）		120
	（以每股＄26的价格卖出20股库存股。）		
	b. 20股×＄26		
	c. 20股×＄20		
12月1日	借：现金[d]	70	
	实缴股本（库存股）[e]	120	
	留存收益	10	
	贷：库存股（普通股）[f]		200
	（以每股＄7的价格卖出10股库存股。）		
	d. 10股×＄7		
	e. 未超过现有余额		
	f. 10股×＄20		

14.6　股东权益的报告

□ 留存收益表

留存收益为自公司成立开始的累积净利润减去净损失和宣告的股利。留存收益是股东对公司净资产求偿权的一部分，公司有留存收益并不代表公司有一定金额的现金或其他资产支付给股东。例如，Abercrombie & Fitch 公司有＄25.3 亿的留存收益，但其中只有＄5.89 亿为现金。本节将介绍影响留存收益的事项和交易，以及如何报告留存收益。

限定用途留存收益和拨定留存收益

限定用途留存收益（restricted retained earnings）既包括法定限制也包括合同限制。一般的法定限制是指公司只能使用留存收益购买库存股。图表 14－14 中的资产负债表就是一个例子。一般的合同限制包括贷款合同中对支付股利不能超过一定限额或留存收益一定比例的限制。对留存收益用途的限制应在报表附注中予以披露。**拨定留存收益**（appropriated retained earnings）是指公司自愿将留存收益账户中的部分金额转至拨定留存收益账户，以告知报表使用者公司的某些特定活动需要使用资金。

以前年度损益调整

以前年度损益调整（prior period adjustments）是对以前年度财务报表中的重大错误的更正。这种错误包括计算错误、会计分录差错以及漏记事项。以前年度损益调整应在留存收益表（或股东权益表）中予以报告，以税后净额列示。对于发生在报表期间之前的事项，以前年度损益调整将改变留存收益的期初余额。让我们举个例子来看看，假设 ComUS 公司 2015 年错将购入的土地借记为费用，2017 年发现时，留存收益表就要增加一项以前年度损益调整，如图表 14－15 所示，这张表也列示了留存收益表的一般格式。

图表 14－15　带有以前年度损益调整的留存收益表

ComUS 公司 留存收益表 截至 2017 年 12 月 31 日	
留存收益，2016 年 12 月 31 日之前列报的金额	＄4 745 000
以前年度损益调整	
错记为费用的土地成本（缴纳完＄63 000 所得税后的净额）	147 000
留存收益，2016 年 12 月 31 日调整后的金额	4 892 000
加：净收益	1 224 300
减：宣告的现金股利	(301 800)
留存收益，2009 年 12 月 31 日	＄5 814 500

财务报表中的许多项目都是估算出来的，即使根据当时最好的数据进行估计，未来事件也常常会证实当时的估计是不准确的。这种不准确不属于差错，因此，不能把它们作为以前年度损益调整，而应看作**会计估计变更**（change in accounting estimates），在当期或以后期间予以反映。例如，固定资产折旧费用是根据估计使用年限和估计净残值计算出来的，但随着时间推移和新信息的获得，管理者可能需要改变估计和当期及后期的折旧费用。

□ 股东权益表

公司通常在股东权益表中反映留存收益的变动，而不需要单独报告留存收益。**股东权益表**（statement of stockholders' equity）列示每个权益账户的期初和期末余额，以及本期内账户的变动情况。图表 14－16 给出了苹果公司简化的股东权益表。

图表 14－16 股东权益表 单位：百万美元或千股

苹果公司 股东权益表					
	普通股股数	普通股金额	留存收益	其他	权益合计额
2014 年 9 月 27 日余额	5 866 161	$23 313	$87 152	$1 082	$111 547
净收益	—	—	53 394	—	53 394
发行普通股	37 624	(231)	(609)	—	(840)
回购普通股及其他	(325 032)	4 334	(36 026)	(1 427)	(33 119)
现金股利	—	—	(11 627)	—	(11 627)
2015 年 9 月 26 日余额	5 578 753	$27 416	$92 284	$ (345)	$119 355

决策洞察力

哄抬股价，高点抛售

欺诈性信息可用于抬高股票价格，促使缺乏股票知识的投资者购买股票并推高其价格。此后，那些发布欺诈信息的人以虚高的价格抛售股票。当之后的信息显示该股票被高估时，其价格就会下跌，投资者持有的该股票就会失去价值。这种诈骗手段称为“哄抬股价，高点抛售”(pump'n dump)。据称，在一个臭名昭著的案件中，一个 15 岁的男孩赚了约 100 万美元。(SEC Release No. 7891)

可持续性与会计

特斯拉汽车公司以可持续发展和环境保护为发展理念。特斯拉生产的电动汽车不使用汽油或柴油作为动力，不释放有害物质，也不产生温室气体。

联合创始人兼首席执行官马斯克说：“上大学时，我就想做能改变世界的事。我认为人类面临的最大问题是可持续能源。如果我们不能在 21 世纪解决这个问题，无论出现什么环境问题，我们都将面临经济崩溃。”

马斯克承认，如果没有准确、及时的会计数据，就不可能制造出价格可承受的电动汽车——Model 3。他解释说，早期，在特斯拉还没有数十万辆汽车的预订量时，现金管理至关重要。当时公司的销售量很低，因此现金流入很少。

马斯克介绍了他如何使用现金流量报告来战略性地计划和管理现金流出。这包括他决定不向所有者支付股利，以控制现金流出——这一政策一直延续到今天。

对会计数据的依赖以及现金流量的管理现在对马斯克来说仍然很重要。如今，特斯拉将大部分现金投资于 Gigafactory，这是世界上最大的电池工厂之一，仅使用可再生能源。毫无疑问，特斯拉将所有资金都用于实现其可持续发展的梦想。马斯克解释说：“只要你能掌控那个篮子的未来，将鸡蛋放在一个篮子里就没有问题。”

NTK 14－5

Barton 公司于 2016 年 1 月 1 日开始经营，在头两年中有关股东权益的交易如下：

2016 年

1 月 1 日 获准发行 200 万股面值为 $5 的普通股和 10 万股面值为 $100、股利率为 10%的累积优先股。

2 日 以每股 $12 的价格发行了 20 万股普通股。

3 日 通过发行 10 万股普通股换取了一栋价值 $820 000 的楼房和一批价值 $380 000 的库存商品。

4 日 支付给公司发起人 $10 000 作为公司组建的报酬。

5 日 以每股 $110 的价格发行了 1.2 万股优先股。

2017 年

6 月 4 日 以每股 $15 的价格发行了 10 万股普通股。

要求:

1. 编制上述各笔交易的会计分录。

2. 根据上述交易，编制 2016 年 12 月 31 日和 2017 年 12 月 31 日资产负债表中的股东权益部分。

3. 假设 Barton 公司 2016 年和 2017 年分别宣告了 $50 000 和 $300 000 的现金股利，试编制表格说明股利分配情况和每股股利。

4. 根据下列假设分别编制 2016 年 1 月 2 日以每股 $12 的价格发行 20 万股普通股的会计分录:

a. 普通股是没有设定价值的无面值股票。

b. 普通股是设定价值为 $10 的无面值股票。

解题步骤:

- 编制 2016 年和 2017 年上述各笔交易的会计分录。
- 确定 2016 年和 2017 年资产负债表中所有者权益账户的期末余额。
- 编制 2016 年和 2017 年资产负债表中实缴股本部分。
- 编制类似于图表 14-11 的表格，以反映 2016 年和 2017 年的股利分配情况。
- 记录两种情况（有设定价值和没有设定价值）下无面值普通股的发行。

答案:

1. 会计分录。

日期	会计科目及摘要	借方	贷方
2016 年			
1 月 2 日	借：现金	2 400 000	
	贷：普通股（面值为 $5）		1 000 000
	超面值缴入股本（普通股）		1 400 000
	（发行 20 万股普通股。）		
1 月 3 日	借：建筑物	820 000	
	库存商品	380 000	
	贷：普通股（面值为 $5）		500 000
	超面值缴入股本（普通股）		700 000
	（发行 10 万股普通股。）		
1 月 4 日	借：开办费	10 000	
	贷：现金		10 000
	（支付给发起人组建报酬。）		
1 月 5 日	借：现金	1 320 000	
	贷：优先股（面值为 $100）		1 200 000
	超面值缴入股本（优先股）		120 000
	（发行 1.2 万股优先股。）		
2017 年			
6 月 4 日	借：现金	1 500 000	
	贷：普通股（面值为 $5）		500 000
	超面值缴入股本（普通股）		1 000 000
	（发行 10 万股普通股。）		

2. 资产负债表（12月31日）。

	2017年	2016年
股东权益		
优先股——面值为＄100，股利率为10%，累积；核准发行股数为10万股，已发行在外的股票为1.2万股	＄1 200 000	＄1 200 000
超面值缴入股本（优先股）	120 000	120 000
优先股股东实缴股本合计	1 320 000	1 320 000
普通股——面值为＄5，核准发行200万股；2016年发行在外30万股；2017年发行在外40万股	2 000 000	1 500 000
超面值缴入股本（普通股）	3 100 000	2 100 000
普通股股东实缴股本合计	5 100 000	3 600 000
实缴股本合计	＄6 420 000	＄4 920 000

3. 股利分配表。

	普通股	优先股
2016年（＄50 000）		
优先股——当年（12 000股×＄10＝＄120 000）	＄0	＄50 000
普通股——剩余部分（发行在外30万股）	0	0
合计	＄0	＄50 000
2017年（＄300 000）		
优先股——2016年的积欠股利（＄120 000－＄50 000）	＄0	＄70 000
优先股——当年	0	120 000
普通股——剩余部分（发行在外40万股）	110 000	0
合计	＄110 000	＄190 000
每股股利		
2016年	＄0.00	＄4.17
2017年	＄0.28	＄15.83

4. 会计分录。

a. 2016年（没有设定价值的无面值股票）。

1月2日	借：现金	2 400 000	
	贷：普通股（无面值）		2 400 000
	（以每股＄12的价格发行20万股无面值普通股。）		

b. 2016年（有设定价值的无面值股票）。

1月2日	借：现金	2 400 000	
	贷：普通股（设定价值为＄10）		2 000 000
	超设定价值缴入股本（普通股）		400 000
	（以每股＄12的价格发行20万股设定价值为＄10的普通股。）		

小　结

C1　界定股份公司的特点及其组织结构。股份公司是独立的法人实体，股东负有有限责任；股票很容易转让；公司可持续经营，不随股东的更迭而消亡；公司事务由代理人（经理和高管人员）执行；公司需要缴纳所得税。核定股本是指公司章程中核准发行的股票数量。已发行股本是核定股本中已出售的部分。股票面值是公司章程中所规定的每股股票的价值。无面值股票是公司章程中没有规定每股价值的股票。设定价值股票是公司董事会指定每股价值的无面值股票。

C2　解释普通股和优先股的特点以及股利在普通股和优先股之间的分配。优先股相对于普通股在若干方面享有优先权：(1) 优先股可以优先分得股利；(2) 在公司清算时，优先股可以优先获得清偿。优先股通常没有表决权并且是可转换或可赎回的。可转换优先股允许持股人将其转换成普通股，可赎回优先股允许发行者在特定情况下赎回优先股。优先股股东通常能够先于普通股股东分得股利。当公司发行的是累积优先股并且存在积欠股利时，公司必须先将积欠股利发给优先股股东，才能将剩余的股利分配给普通股股东。

C3　解释留存收益表项目构成。股东权益由实缴股本和留存收益组成，实缴股本是由发行股票筹得的资金构成的，留存收益是由未分配的累积净利润（损失）构成的。许多公司的留存收益受到法律或合同的限制，公司可以将留存收益用作特定用途。前期调整是对以前年度财务报表中的重大错误的更正。

P1　公司股票发行的会计处理。当公司发行股票时，应以股票面值或设定价值贷记股本账户，超过的部分则应贷记入一个独立的实缴股本账户。如果股票没有面值或设定价值，则以全部发行收入贷记股本账户。

P2　现金股利、股票股利和股票分割的会计处理。涉及现金股利的交易事项主要包括三类：在股利宣告日，董事会宣布发放股利。宣告股利会减少公司的留存收益，增加公司的流动负债；在股权登记日，公司确定有权领取股利的股东名单；在股利支付日，公司支付现金给股东，核销掉公司因应付股利而产生的流动负债。股票股利和股票分割都不会改变公司的价值，但由于分配了额外的股份，所以会导致每股价值降低。新股的分派根据各个股东持股比例而定。对于小额股票股利（小于等于 25%），一般通过资本化留存收益的方式入账，入账金额等于发放的股票的市价；对于大额股票股利（大于 25%），仍通过资本化留存收益的方式入账，但入账金额等于发放的股票的面值或设定价值。

P3　库存股购买和出售的会计处理。当公司购买其已经发行的股票时，要将购买成本借记库存股账户，库存股账户的余额要从资产负债表所有者权益项目中扣除。如果公司重新发行库存股，要将售价超出其成本的部分贷记实缴股本（库存股）；如果售价低于成本，要将其差额借记实缴股本（库存股），并以该账户的贷方余额为限，剩余部分再借记留存收益。

关键术语

Appropriated retained earnings　拨定留存收益
Authorized stock　核定股本
Capital stock　股本
Change in accounting estimates　会计估计变更
Common stock　普通股
Corporation　股份公司
Cumulative preferred stock　累积优先股
Date of declaration　股利宣告日
Date of payment　股利发放日
Date of record　股权登记日
Discount on stock　股票折价
Dividend in arrears　积欠股利
Financial leverage　财务杠杆
Large stock dividend　大额股票股利
Liquidating cash dividend　清算性现金股利
Market value per share　每股市价
Minimum legal capital　最低法定资本
Noncumulative preferred stock　非累积优先股
Nonparticipating preferred stock　非参与式优先股

No-par value stock 无面值股票
Organization expenses 开办费
Paid-in capital 实缴股本
Paid-in capital in excess of par value 超面值缴入股本
Participating preferred stock 参与式优先股
Par value 票面价值
Par value stock 有面值股票
Preemptive right 优先认股权
Preferred stock 优先股
Premium on stock 股票溢价
Prior period adjustments 以前年度损益调整
Proxy 授权委托书
Restricted retained earnings 限定用途留存收益
Retained earnings 留存收益
Retained earnings deficit 留存收益赤字
Small stock dividend 小额股票股利
Stated value stock 设定价值股票
Statement of stockholders' equity 股东权益表
Stock dividend 股票股利
Stock split 股票分割
Stockholders' equity 股东权益
Treasury stock 库存股

选择题

1. 假设某公司以每股＄8的价格发行了6 000股面值为＄5的普通股，试问记录该交易的会计分录应包含以下哪几项？______

a. 借记超面值缴入股本＄18 000 b. 贷记普通股＄48 000 c. 贷记超面值缴入股本＄30 000
d. 贷记现金＄48 000 e. 贷记普通股＄30 000

2. 某公司报告其净收益为＄75 000。其发行在外的加权平均普通股为19 000股，没有其他发行在外的股票。其每股收益为______

a. ＄4.69 b. ＄3.95 c. ＄3.75 d. ＄2.08 e. ＄4.41

3. 一家公司拥有5 000股面值＄100的优先股和50 000股面值＄10的普通股。它的股东权益总额为＄2 000 000。普通股每股账面价值为______

a. ＄100.00 b. ＄10.00 c. ＄40.00 d. ＄30.00 e. ＄36.36

4. 一家公司支付了每股＄0.81的现金股利。它的每股收益为＄6.95，其市场价格为＄45.00。它的股利收益率是______

a. 1.8% b. 11.7% c. 15.4% d. 55.6% e. 8.6%

5. 一家公司的股票的市价为每股＄85。它的净收益为＄3 500 000，加权平均普通股为700 000股。它的市盈率是______

a. 5.9 b. 425.0 c. 17.0 d. 10.4 e. 41.2

讨论题

1. 什么是开办费？请举例说明。
2. 开办费是如何记录的？
3. 谁负责指导公司的日常事务？
4. 核定股本和流通股的区别是什么？
5. 什么是普通股股东的优先认购权？
6. 请列举普通股股东的一般权利。

7. 每股市价和每股面值的区别是什么?

8. 确定与公司股利相关的三个日期并解释它们的重要性。

9. 为什么清算性股利可以用来描述借记实缴股本账户的现金股利?

10. 宣告股票股利对企业的资产、负债和权益总额分别有什么影响?最终发放股票股利时的影响又是什么?

11. 股票股利和股票分割的区别是什么?

12. 法院规定股票股利不是股东的应纳税所得额。如何证明这一规定是合理的?

13. 购买库存股是如何影响购买者的资产和所有者权益总额的?

14. 为什么法律限制库存股的购买?

15. 具有简单资本结构的公司如何计算其每股收益?

16. 没有优先股的公司如何计算每股账面价值?使用每股账面价值对公司进行估值的主要限制是什么?

17. 请参阅附录中苹果公司的 2015 年资产负债表。公司核定了多少普通股?发行了多少普通股?

18. 请参阅附录中谷歌公司的 2015 年资产负债表。其优先股的每股面值是多少?

19. 请参阅附录中三星公司的财务报表。截至 2015 年 12 月 31 日,其用于库存股收购的现金支出和来自库存股处置的现金收入是多少?

快速学习

QS 14-1 下列有关股份公司组织形式的表述,哪一项是正确的?

1. 所有权不能轻易转让。
2. 所有人对企业债务承担无限责任。
3. 相比其他企业组织形式,资本更易于积累。
4. 派发给股东的企业收益通常要缴两次税。
5. 它是独立的法人实体。
6. 企业的经营期有限。
7. 所有人不是企业的代理人。

QS 14-3 分别根据下列假设编制 Jevonte 公司发行 36 000 股普通股的日记账分录。

a. 每股面值 \$2,每股售价为 \$18。

b. 设定价值为 \$2,每股售价为 \$18。

QS 14-5 分别编制下列各交易的发行方的日记账分录:

a. 3 月 1 日,Atlantic 公司发行了 42 500 股面值为 \$4 的普通股,收到现金 \$297 500。

b. 4 月 1 日,OP 公司发行了无面值普通股,筹集现金 \$70 000。

c. 4 月 6 日,MPG 公司发行了 2 000 股面值为 \$25 的普通股,筹集到价值 \$45 000 的存货、价值 \$145 000 的设备和一张 \$94 000 的应付票据。

QS 14-7 Jun 公司 4 月 1 日资产负债表的股东权益部分的数据如下所示。4 月 2 日,公司宣告并派发了 10%的股票股利。4 月 2 日,每股市价为 \$20(发放股利前)。记录派发股票股利后股东权益部分的变化。

普通股——面值为 \$5;核准发行股数为 37.5 万股;已发行在外的股票为 20 万股	\$1 000 000
超面值缴入股本(普通股)	600 000
留存收益	833 000
股东权益合计	\$2 433 000

QS 14-9

1. 编制日记账分录,以记录 Tamas 公司以每股 \$102 的价格发行了 5 000 股面值为 \$100、股利率为 7%的累积优先股。

2. 根据上题的信息，如果 Tamas 公司宣告了年底现金股利，那么它应支付给优先股股东的股利是多少？（假设没有积欠股利。）

QS 14-11 5月3日，Zirbal 公司花 $36 000 购买了 4 000 股自己的股票。11月4日，Zirbal 公司重新发行了 850 股之前购买的库存股，价格为 $8 500。编制 5月3日和 11月4日 Zirbal 公司购入和发行库存股的日记账分录。

QS 14-13 回答下列与企业经营活动有关的问题：

1. 在核对应付票据时发现，3年前公司将支付分期付款票据的本金和利息的总额全部记作利息费用。这一错误对当年的收益具有实质性的影响。试问该如何在当期的财务报表上报告这一更正？

2. 在连续使用了预计使用年限7年、无残值的办公设备3年后，今年年初公司认为该设备的使用年限最多还有2年。试问这一变化所产生的影响将如何在当期的财务报表上反映？

练习题

Exercise 14-1 在1～8每个股份公司特征旁边的空白处，填入与其最相关的描述的字母。

______ 1. 所有者权利和控制	a. 需要政府批准
______ 2. 易于组建	b. 对公司收入征税
______ 3. 所有权可转让	c. 独立的法人实体
______ 4. 有能力筹集巨额资本	d. 随时转移
______ 5. 持续经营	e. 一股一票
______ 6. 所有者债务	f. 高能力
______ 7. 法律地位	g. 无限制
______ 8. 收入纳税	h. 有限制

Exercise 14-3 编制日记账分录，以记录下列各股票的发行。

1. 公司发行了 4 000 股面值为 $5 的普通股，筹集到 $35 000 现金。

2. 公司向其组建者发行了 2 000 股无面值普通股，作为其组建公司的回报，估计这些股票的价值为 $40 000。每股股票设定价值为 $1。

3. 公司向其组建者发行了 2 000 股无面值普通股，作为其组建公司的回报，估计这些股票的价值为 $40 000。该股票无设定价值。

4. 公司发行了 1 000 股面值为 $50 的优先股，筹集到 $60 000 现金。

Exercise 14-5 2017年6月30日，在发放任何股票股利或进行任何股票分割之前，Sharper 公司每股股票的价格为 $62。其资产负债表的股东权益部分的数据如下。

普通股——面值为 $10；核定发行股数为 100 000 股；已发行在外的股票为 50 000 股	$ 500 000
超面值缴入股本（普通股）	200 000
留存收益	660 000
股东权益合计	$ 1 360 000

1. 假设公司宣告并发放了 50% 的股票股利，这一事件表现为按照股票面值把留存收益转化为资本。请回答发行新股后的下列有关问题。

a. 留存收益的余额是多少？

b. 股东权益合计的金额是多少？

c. 流通股的数量是多少？

2. 假设公司实施了 3∶2 的股票分割方案，而不是发放股票股利。请回答发行新股后下列有关股票权益的相关问题：

a. 留存收益的余额是多少？

b. 股东权益合计的金额是多少？

c. 流通股的数量是多少？

3. 请解释股东收到的大额股票股利所派发的新股和股票分割所派发的新股之间的差异（如果有的话）是什么？

Exercise 14－7　将与优先股的特点描述最相符的字母填在横线处。

A. 累积　　B. 非累积　　C. 非参与式　　D. 参与式

______ 1. 股票持有者有权在普通股股东分得任何股利前先分得当期和以前各期所有的股利。

______ 2. 股票持有者在某些情况下能够收到超出固定金额的股利。

______ 3. 股票持有者不能获得超出规定额度的股利。

______ 4. 股票持有者不能获得当期未宣告的股利。

Exercise 14－11　下面是 2017 年 12 月 31 日 Amos 公司所列示的信息。

a. 在发现错误之前，2016 年 12 月 31 日的留存收益余额是 $ 1 375 000。

b. 2017 年宣告并发放了 $ 43 000 的现金股利。

c. 漏记了 2015 年的折旧费用 $ 55 500，其中扣除了 $ 4 500 的税收优惠。

d. 2017 年公司的净收益为 $ 126 000。

编制 Amos 公司 2017 年的留存收益表。

Exercise 14－17　下面是联合利华集团截至 2015 年 12 月 31 日和 2014 年 12 月 31 日的股权信息（单位：百万欧元）。

12 月 31 日	2015 年	2014 年
股本	€ 484	€ 484
股票溢价	152	145
其他准备	(7 816)	(7 538)
留存收益	22 619	20 560
股东权益	€ 15 439	€ 13 651

1. 将 3 个账户名称（股本、股票溢价和留存收益）与下面 3 个美国公认会计原则下的常规账户名称相匹配：

______ a. 普通股的资本溢价　　______ b. 留存收益　　______ c. 普通股票面价值

2. 假设联合利华在 2014 年 12 月 31 日按面值以支付现金方式发行全部股票，请编制日记账分录，以记录股本的发行情况。

3. 假设仅股利和收入影响 2015 年的留存收益，公司 2015 年的收益总计€ 5 259 百万，2015 年的股息是多少？

综合题

Problem 14－1A　Kinkaid 公司年初进行合并并发生了很多交易。下列是影响其第一年经营的股东权益的日记账分录。

a. 借：现金	300 000	
贷：普通股（面值为＄25）		250 000
超面值缴入股本（普通股）		50 000
b. 借：开办费	150 000	
贷：普通股（面值为＄25）		125 000
超面值缴入股本（普通股）		25 000
c. 借：现金	43 000	
应收账款	15 000	
建筑物	81 500	
贷：应付票据		59 500
普通股（面值为＄25）		50 000
超面值缴入股本（普通股）		30 000
d. 借：现金	120 000	
贷：普通股（面值为＄25）		75 000
超面值缴入股本（普通股）		45 000

要求：

1. 根据 a～d 的分录描述所发生的交易。
2. 年底发行在外的普通股的数量是多少？
3. 年底最低法定资本（基于面值）是多少？
4. 年底实缴股本总额是多少？
5. 如果实缴股本总额加上留存收益等于＄695 000，那么年底普通股的账面价值是多少？

拓展题

BTN 14-5 访问 SEC. gov 网站上 2016 年 2 月 25 日提交的麦当劳 2015 年度报告 10-K 表（股票代码：MCD）。

要求：

1. 查看麦当劳的资产负债表，并确定其发行了多少种股票。
2. 这些股票的面值、核准发行股数和已发行股数是多少？
3. 查看其现金流量表，并确定在 2015 年购买库存股支付的现金总额。
4. 麦当劳 2015 年支付了多少普通股现金股利？

全球视角

下面讨论在美国公认会计原则和国际财务报告准则下，股权的会计处理以及披露方式的异同。

普通股的会计处理 美国公认会计原则和国际财务报告准则对普通股的会计和披露是相似的。具体而言，在两种原则下，平价、溢价、折价发行的股票以及发行股票换取非现金资产的程序是相似的。然而，我们必须意识到不同国家的法律和文化差异会影响普通股股东的权利和义务。三星公司使用的术语略有不同，因为它使用“股本溢价”这一术语来指代美国公认会计原则中的“超面值缴入股本”（见附录）。

股利的会计处理 美国公认会计原则和国际财务报告准则对股利的会计处理和披露方式是一致的，适用于现金股利、股票股利和股票分割。三星公司“向普通股和优先股股东宣布发放现金股利，作为六个月的期中股利……以及年终股利”。和许多其他公司一样，三星公司的股利政策由管理层和董事会制定。

优先股的会计处理　美国公认会计原则和国际财务报告准则对优先股的会计处理和披露方式是类似的。在美国公认会计原则下，优先股（优先股股东有选择赎回的权利）在资产负债表中既可以在负债中也可在股东权益中披露，而在国际财务报告准则下，优先股在资产负债表的负债中披露。

库存股的会计处理　美国公认会计原则和国际财务报告准则都指出公司无须记录自身股票交易的损益，包括库存股的购买、重新发行和注销。因此，本章中阐述的库存股的会计处理与国际财务报告准则要求的处理方式一致，但是美国公认会计原则对库存股的会计处理的阐述更为详细。

国际财务报告准则

与美国公认会计原则相似，国际财务报告准则要求根据对股票合同条款的分析，将优先股分类为负债或股东权益。然而，国际财务报告准则对这种分类采用了不同的标准。

选择题答案

1. e；股票发行的会计分录：

借：现金（6 000×＄8）	48 000	
贷：普通股（6 000×＄5）		30 000
超面值缴入股本（普通股）		18 000

2. b；＄75 000/19 000 股＝＄3.95
3. d；优先股＝5 000×＄100＝＄500 000
   普通股每股账面价值＝(＄2 000 000－＄500 000)/50 000 股＝＄30
4. a；＄0.81/＄45.00＝1.8%
5. c；每股收益＝＄3 500 000/700 000 股＝＄5
   市盈率＝＄85/＄5＝17.0

附　录

财务报表信息

附　表

附表 1　　**复利现值系数表**　　$p=1/(1+i)^n$

年	百分比											
	1%	2%	3%	4%	5%	6%	7%	8%	9%	10%	12%	15%
1	0.990 1	0.980 4	0.970 9	0.961 5	0.952 4	0.943 4	0.934 6	0.925 9	0.917 4	0.909 1	0.892 9	0.869 6
2	0.980 3	0.961 2	0.942 6	0.924 6	0.907 0	0.890 0	0.873 4	0.857 3	0.841 7	0.826 4	0.797 2	0.756 1
3	0.970 6	0.942 3	0.915 1	0.889 0	0.863 8	0.839 6	0.816 3	0.793 8	0.772 2	0.751 3	0.711 8	0.657 5
4	0.961 0	0.923 8	0.888 5	0.854 8	0.822 7	0.792 1	0.762 9	0.735 0	0.708 4	0.683 0	0.635 5	0.571 8
5	0.951 5	0.905 7	0.862 6	0.821 9	0.783 5	0.747 3	0.713 0	0.680 6	0.649 9	0.620 9	0.567 4	0.497 2
6	0.942 0	0.888 0	0.837 5	0.790 3	0.746 2	0.705 0	0.666 3	0.630 2	0.596 3	0.564 5	0.506 6	0.432 3
7	0.932 7	0.870 6	0.813 1	0.759 9	0.710 7	0.665 1	0.622 7	0.583 5	0.547 0	0.513 2	0.452 3	0.375 9
8	0.923 5	0.853 5	0.789 4	0.730 7	0.676 8	0.627 4	0.582 0	0.540 3	0.501 9	0.466 5	0.403 9	0.326 9
9	0.914 3	0.836 8	0.766 4	0.702 6	0.644 6	0.591 9	0.543 9	0.500 2	0.460 4	0.424 1	0.360 6	0.284 3
10	0.905 3	0.820 3	0.744 1	0.675 6	0.613 9	0.558 4	0.508 3	0.463 2	0.422 4	0.385 5	0.322 0	0.247 2
11	0.896 3	0.804 3	0.722 4	0.649 6	0.584 7	0.526 8	0.475 1	0.428 9	0.387 5	0.350 5	0.287 5	0.214 9
12	0.887 4	0.788 5	0.701 4	0.624 6	0.556 8	0.497 0	0.444 0	0.397 1	0.355 5	0.318 6	0.256 7	0.186 9
13	0.878 7	0.773 0	0.681 0	0.600 6	0.530 3	0.468 8	0.415 0	0.367 7	0.326 2	0.289 7	0.229 2	0.162 5
14	0.870 0	0.757 9	0.661 1	0.577 5	0.505 1	0.442 3	0.387 8	0.340 5	0.299 2	0.263 3	0.204 6	0.141 3
15	0.861 3	0.743 0	0.641 9	0.555 3	0.481 0	0.417 3	0.362 4	0.315 2	0.274 5	0.239 4	0.182 7	0.122 9
16	0.852 8	0.728 4	0.623 2	0.533 9	0.458 1	0.393 6	0.338 7	0.291 9	0.251 9	0.217 6	0.163 1	0.106 9
17	0.844 4	0.714 2	0.605 0	0.513 4	0.436 3	0.371 4	0.316 6	0.270 3	0.231 1	0.197 8	0.145 6	0.092 9
18	0.836 0	0.700 2	0.587 4	0.493 6	0.415 5	0.350 3	0.295 9	0.250 2	0.212 0	0.179 9	0.130 0	0.080 8
19	0.827 7	0.686 4	0.570 3	0.474 6	0.395 7	0.330 5	0.276 5	0.231 7	0.194 5	0.163 5	0.116 1	0.070 3
20	0.819 5	0.673 0	0.553 7	0.456 4	0.376 9	0.311 8	0.258 4	0.214 5	0.178 4	0.148 6	0.103 7	0.061 1
25	0.779 8	0.609 5	0.477 6	0.375 1	0.295 3	0.233 0	0.184 2	0.146 0	0.116 0	0.092 3	0.058 8	0.030 4
30	0.741 9	0.552 1	0.412 0	0.308 3	0.231 4	0.174 1	0.131 4	0.099 4	0.075 4	0.057 3	0.033 4	0.015 1
35	0.705 9	0.500 0	0.355 4	0.253 4	0.181 3	0.130 1	0.093 7	0.067 6	0.049 0	0.035 6	0.018 9	0.007 5
40	0.671 7	0.452 9	0.306 6	0.208 3	0.142 0	0.097 2	0.066 8	0.046 0	0.031 8	0.022 1	0.010 7	0.003 7

附表 2　**复利终值系数表**　$f=(1+i)^n$

年	百分比											
	1%	2%	3%	4%	5%	6%	7%	8%	9%	10%	12%	15%
0	1.000 0	1.000 0	1.000 0	1.000 0	1.000 0	1.000 0	1.000 0	1.000 0	1.000 0	1.000 0	1.000 0	1.000 0
1	1.010 0	1.020 0	1.030 0	1.040 0	1.050 0	1.060 0	1.070 0	1.080 0	1.090 0	1.100 0	1.120 0	1.150 0
2	1.020 1	1.040 4	1.060 9	1.081 6	1.102 5	1.123 6	1.144 9	1.166 4	1.188 1	1.210 0	1.254 4	1.322 5
3	1.030 3	1.061 2	1.092 7	1.124 9	1.157 6	1.191 0	1.225 0	1.259 7	1.295 0	1.331 0	1.404 9	1.520 9
4	1.040 6	1.082 4	1.125 5	1.169 9	1.215 5	1.262 5	1.310 8	1.360 5	1.411 6	1.464 1	1.573 5	1.749 0
5	1.051 0	1.104 1	1.159 3	1.216 7	1.276 3	1.338 2	1.402 6	1.469 3	1.538 6	1.610 5	1.762 3	2.011 4
6	1.061 5	1.126 2	1.194 1	1.265 3	1.340 1	1.418 5	1.500 7	1.586 9	1.677 1	1.771 6	1.973 8	2.313 1
7	1.072 1	1.148 7	1.229 9	1.315 9	1.407 1	1.503 6	1.605 8	1.713 8	1.828 0	1.948 7	2.210 7	2.660 0
8	1.082 9	1.171 7	1.266 8	1.368 6	1.477 5	1.593 8	1.718 2	1.850 9	1.992 6	2.143 6	2.476 0	3.059 0
9	1.093 7	1.195 1	1.304 8	1.423 3	1.551 3	1.689 5	1.838 5	1.999 0	2.171 9	2.357 9	2.773 1	3.517 9
10	1.104 6	1.219 0	1.343 9	1.480 2	1.628 9	1.790 8	1.967 2	2.158 9	2.367 4	2.593 7	3.105 8	4.045 6
11	1.115 7	1.243 4	1.384 2	1.539 5	1.710 3	1.898 3	2.104 9	2.331 6	2.580 4	2.853 1	3.478 5	4.652 4
12	1.126 8	1.268 2	1.425 8	1.601 0	1.795 9	2.012 2	2.252 2	2.518 2	2.812 7	3.138 4	3.896 0	5.350 3
13	1.138 1	1.293 6	1.468 5	1.665 1	1.885 6	2.132 9	2.409 8	2.719 6	3.065 8	3.452 3	4.363 5	6.152 8
14	1.149 5	1.319 5	1.512 6	1.731 7	1.979 9	2.260 9	2.578 5	2.937 2	3.341 7	3.797 5	4.887 1	7.075 7
15	1.161 0	1.345 9	1.558 0	1.800 9	2.078 9	2.396 6	2.759 0	3.172 2	3.642 5	4.177 2	5.473 6	8.137 1
16	1.172 6	1.372 8	1.604 7	1.873 0	2.182 9	2.540 4	2.952 2	3.425 9	3.970 3	4.595 0	6.130 4	9.357 6
17	1.184 3	1.400 2	1.652 8	1.947 9	2.292 0	2.692 8	3.158 8	3.700 0	4.327 6	5.054 5	6.866 0	10.761 3
18	1.196 1	1.428 2	1.702 4	2.025 8	2.406 6	2.854 3	3.379 9	3.996 0	4.717 1	5.559 9	7.690 0	12.375 5
19	1.208 1	1.456 8	1.753 5	2.106 8	2.527 0	3.025 6	3.616 5	4.315 7	5.141 7	6.115 9	8.612 8	14.231 8
20	1.220 2	1.485 9	1.806 1	2.191 1	2.653 3	3.207 1	3.869 7	4.661 0	5.604 4	6.727 5	9.646 3	16.366 5
25	1.282 4	1.640 6	2.093 8	2.665 8	3.386 4	4.291 9	5.427 4	6.848 5	8.623 1	10.834 7	17.000 1	32.919 0
30	1.347 8	1.811 4	2.427 3	3.243 4	4.321 9	5.743 5	7.612 3	10.062 7	13.267 7	17.449 4	29.959 9	66.211 8
35	1.416 6	1.999 9	2.813 9	3.946 1	5.516 0	7.686 1	10.676 6	14.785 3	20.414 0	28.102 4	52.799 6	133.175 5
40	1.488 9	2.208 0	3.262 0	4.801 0	7.040 0	10.285 7	14.974 5	21.724 5	31.409 4	45.259 3	93.051 0	267.863 5

附表 3 **年金现值系数表** $p=\left[1-\frac{1}{(1+i)^n}\right]/i$

年	百分比											
	1%	2%	3%	4%	5%	6%	7%	8%	9%	10%	12%	15%
1	0.990 1	0.980 4	0.970 9	0.961 5	0.952 4	0.943 4	0.934 6	0.925 9	0.917 4	0.909 1	0.892 9	0.869 6
2	1.970 4	1.941 6	1.913 5	1.886 1	1.859 4	1.833 4	1.808 0	1.783 3	1.759 1	1.735 5	1.690 1	1.625 7
3	2.941 0	2.883 9	2.828 6	2.775 1	2.723 2	2.673 0	2.624 3	2.577 1	2.531 3	2.486 9	2.401 8	2.283 2
4	3.902 0	3.807 7	3.717 1	3.629 9	3.546 0	3.465 1	3.387 2	3.312 1	3.239 7	3.169 9	3.037 3	2.855 0
5	4.853 4	4.713 5	4.579 7	4.451 8	4.329 5	4.212 4	4.100 2	3.992 7	3.889 7	3.790 8	3.604 8	3.352 2
6	5.795 5	5.601 4	5.417 2	5.242 1	5.075 7	4.917 3	4.766 5	4.622 9	4.485 9	4.355 3	4.111 4	3.784 5
7	6.728 2	6.472 0	6.230 3	6.002 1	5.786 4	5.582 4	5.389 3	5.206 4	5.033 0	4.868 4	4.563 8	4.160 4
8	7.651 7	7.325 5	7.019 7	6.732 7	6.463 2	6.209 8	5.971 3	5.746 6	5.534 8	5.334 9	4.967 6	4.487 3
9	8.566 0	8.162 2	7.786 1	7.435 3	7.107 8	6.801 7	6.515 2	6.246 9	5.995 2	5.759 0	5.328 2	4.771 6
10	9.471 3	8.982 6	8.530 2	8.110 9	7.721 7	7.360 1	7.023 6	6.710 1	6.417 7	6.144 6	5.650 2	5.018 8
11	10.367 6	9.786 8	9.252 6	8.760 5	8.306 4	7.886 9	7.498 7	7.139 0	6.805 2	6.495 1	5.937 7	5.233 7
12	11.255 1	10.575 3	9.954 0	9.385 1	8.863 3	8.383 8	7.942 7	7.536 1	7.160 7	6.813 7	6.194 4	5.420 6
13	12.133 7	11.348 4	10.635 0	9.985 6	9.393 6	8.852 7	8.357 7	7.903 8	7.486 9	7.103 4	6.423 5	5.583 1
14	13.003 7	12.106 2	11.296 1	10.563 1	9.898 6	9.295 0	8.745 5	8.244 2	7.786 2	7.366 7	6.628 2	5.724 5
15	13.865 1	12.849 3	11.937 9	11.118 4	10.379 7	9.712 2	9.107 9	8.559 5	8.060 7	7.606 1	6.810 9	5.847 4
16	14.717 9	13.577 7	12.561 1	11.652 3	10.837 8	10.105 9	9.446 6	8.851 4	8.312 6	7.823 7	6.974 0	5.954 2
17	15.562 3	14.291 9	13.166 1	12.165 7	11.274 1	10.477 3	9.763 2	9.121 6	8.543 6	8.021 6	7.119 6	6.047 2
18	16.398 3	14.992 0	13.753 5	12.659 3	11.689 6	10.827 6	10.059 1	9.371 9	8.755 6	8.201 4	7.249 7	6.128 0
19	17.226 0	15.678 5	14.323 8	13.133 9	12.085 3	11.158 1	10.335 6	9.603 6	8.950 1	8.364 9	7.365 8	6.198 2
20	18.045 6	16.351 4	14.877 5	13.590 3	12.462 2	11.469 9	10.594 0	9.818 1	9.128 5	8.513 6	7.469 4	6.259 3
25	22.023 2	19.523 5	17.413 1	15.622 1	14.093 9	12.783 4	11.653 6	10.674 8	9.822 6	9.077 0	7.843 1	6.464 1
30	25.807 7	22.396 5	19.600 4	17.292 0	15.372 5	13.764 8	12.409 0	11.257 8	10.273 7	9.426 9	8.055 2	6.566 0
35	29.408 6	24.998 6	21.487 2	18.664 6	16.374 2	14.498 2	12.947 7	11.654 6	10.566 8	9.644 2	8.175 5	6.616 6
40	32.834 7	27.355 5	23.114 8	19.792 8	17.159 1	15.046 3	13.331 7	11.924 6	10.757 4	9.779 1	8.243 8	6.641 8

附表4 **年金终值系数表** $f=[(1+i)^n-1]/i$

年	百分比											
	1%	2%	3%	4%	5%	6%	7%	8%	9%	10%	12%	15%
1	1.000 0	1.000 0	1.000 0	1.000 0	1.000 0	1.000 0	1.000 0	1.000 0	1.000 0	1.000 0	1.000 0	1.000 0
2	2.010 0	2.020 0	2.030 0	2.040 0	2.050 0	2.060 0	2.070 0	2.080 0	2.090 0	2.100 0	2.120 0	2.150 0
3	3.030 1	3.060 4	3.090 9	3.121 6	3.152 5	3.183 6	3.214 9	3.246 4	3.278 1	3.310 0	3.374 4	3.472 5
4	4.060 4	4.121 6	4.183 6	4.246 5	4.310 1	4.374 6	4.439 9	4.506 1	4.573 1	4.641 0	4.779 3	4.993 4
5	5.101 0	5.204 0	5.309 1	5.416 3	5.525 6	5.637 1	5.750 7	5.866 6	5.984 7	6.105 1	6.352 8	6.742 4
6	6.152 0	6.308 1	6.468 4	6.633 0	6.801 9	6.975 3	7.153 3	7.335 9	7.523 3	7.715 6	8.115 2	8.753 7
7	7.213 5	7.434 3	7.662 5	7.898 3	8.142 0	8.393 8	8.654 0	8.922 8	9.200 4	9.487 2	10.089 0	11.066 8
8	8.285 7	8.583 0	8.892 3	9.214 2	9.549 1	9.897 5	10.259 8	10.636 6	11.028 5	11.435 9	12.299 7	13.726 8
9	9.368 5	9.754 6	10.159 1	10.582 8	11.026 6	11.491 3	11.978 0	12.487 6	13.021 0	13.579 5	14.775 7	16.785 8
10	10.462 2	10.949 7	11.463 9	12.006 1	12.577 9	13.180 8	13.816 4	14.486 6	15.192 9	15.937 4	17.548 7	20.303 7
11	11.566 8	12.168 7	12.807 8	13.486 4	14.206 8	14.971 6	15.783 6	16.645 5	17.560 3	18.531 2	20.654 6	24.349 3
12	12.682 5	13.412 1	14.192 0	15.025 8	15.917 1	16.869 9	17.888 5	18.977 1	20.140 7	21.384 3	24.133 1	29.001 7
13	13.809 3	14.680 3	15.617 8	16.626 8	17.713 0	18.882 1	20.140 6	21.495 3	22.953 4	24.522 7	28.029 1	34.351 9
14	14.947 4	15.973 9	17.086 3	18.291 9	19.598 6	21.015 1	22.550 5	24.214 9	26.019 2	27.975 0	32.392 6	40.504 7
15	16.096 9	17.293 4	18.598 9	20.023 6	21.578 6	23.276 0	25.129 0	27.152 1	29.360 9	31.772 5	37.279 7	47.580 4
16	17.257 9	18.639 3	20.156 9	21.824 5	23.657 5	25.672 5	27.888 1	30.324 3	33.003 4	35.949 7	42.753 3	55.717 5
17	18.430 4	20.012 1	21.761 6	23.697 5	25.840 4	28.212 9	30.840 2	33.750 2	36.973 7	40.544 7	48.883 7	65.075 1
18	19.614 7	21.412 3	23.414 4	25.645 4	28.132 4	30.905 7	33.999 0	37.450 2	41.301 3	45.599 2	55.749 7	75.836 4
19	20.810 9	22.840 6	25.116 9	27.671 2	30.539 0	33.760 0	37.379 0	41.446 3	46.018 5	51.159 1	63.439 7	88.211 8
20	22.019 0	24.297 4	26.870 4	29.778 1	33.066 0	36.785 6	40.995 5	45.762 0	51.160 1	57.275 0	72.052 4	102.443 6
25	28.243 2	32.030 3	36.459 3	41.645 9	47.727 1	54.864 5	63.249 0	73.105 9	84.700 9	98.347 1	133.333 9	212.793 0
30	34.784 9	40.568 1	47.575 4	56.084 9	66.438 8	79.058 2	94.460 8	113.283 2	136.307 5	164.494 0	241.332 7	434.745 1
35	41.660 3	49.994 5	60.462 1	73.652 2	90.320 3	111.434 8	138.236 9	172.316 8	215.710 8	271.024 4	431.663 5	881.170 2
40	48.886 4	60.402 0	75.401 3	95.025 5	120.799 8	154.762 0	199.635 1	259.056 5	337.882 4	442.592 6	767.091 4	1 779.090 3

John J. Wild, Ken W. Shaw, Barbara Chiappetta
Fundamental Accounting Principles, Twenty-Third Edition
1259536351

北京市版权局著作权合同登记号：01-2021-2355

图书在版编目（CIP）数据

会计学原理：第23版/（美）约翰·怀尔德，（美）肯·肖，（美）芭芭拉·基亚佩塔著；崔学刚译. --北京：中国人民大学出版社，2021.7
（工商管理经典译丛. 会计与财务系列）
ISBN 978-7-300-29436-0

Ⅰ.①会… Ⅱ.①约… ②肯… ③芭… ④崔… Ⅲ.①会计学 Ⅳ.①F230

中国版本图书馆CIP数据核字（2021）第117890号

工商管理经典译丛·会计与财务系列
会计学原理（第23版）
[美] 约翰·怀尔德 肯·肖 芭芭拉·基亚佩塔 著
崔学刚 译
Kuaijixue Yuanli

出版发行	中国人民大学出版社		
社　址	北京中关村大街31号	邮政编码	100080
电　话	010－62511242（总编室）		010－62511770（质管部）
	010－82501766（邮购部）		010－62514148（门市部）
	010－62515195（发行公司）		010－62515275（盗版举报）
网　址	http://www. crup. com. cn		
经　销	新华书店		
印　刷	三河市恒彩印务有限公司		
规　格	215 mm×275 mm　16开本	版　次	2021年7月第1版
印　张	29 插页2	印　次	2021年7月第1次印刷
字　数	858 000	定　价	79.00元

教师反馈表

麦格劳-希尔教育集团（McGraw-Hill Education）是全球领先的教育资源与数字化解决方案提供商。为了更好地提供教学服务，提升教学质量，麦格劳-希尔教师服务中心于 2003 年在京成立。在您确认将本书作为指定教材后，请填好以下表格并经系主任签字盖章后返回我们（或联系我们索要电子版），我们将免费向您提供相应的教学辅助资源。如果您需要订购或参阅本书的英文原版，我们也将竭诚为您服务。您也可以扫描下面二维码，直接在网上提交您的需求。

<table>
<tr><th colspan="6">★ 基本信息</th></tr>
<tr><td>姓</td><td></td><td>名</td><td></td><td>性别</td><td></td></tr>
<tr><td>学校</td><td colspan="2"></td><td>院系</td><td colspan="2"></td></tr>
<tr><td>职称</td><td colspan="2"></td><td>职务</td><td colspan="2"></td></tr>
<tr><td>办公电话</td><td colspan="2"></td><td>家庭电话</td><td colspan="2"></td></tr>
<tr><td>手机</td><td colspan="2"></td><td>电子邮箱</td><td colspan="2"></td></tr>
<tr><td>通信地址及邮编</td><td colspan="5"></td></tr>
<tr><th colspan="6">★ 课程信息</th></tr>
<tr><td>主讲课程</td><td></td><td>原版书书号</td><td></td><td>中文书号</td><td></td></tr>
<tr><td>学生人数</td><td></td><td>学生年级</td><td></td><td>课程性质</td><td></td></tr>
<tr><td>开课日期</td><td></td><td>学期数</td><td></td><td>教材决策者</td><td></td></tr>
<tr><td>教材名称、作者、出版社</td><td colspan="5"></td></tr>
<tr><th colspan="6">★ 教师需求及建议</th></tr>
<tr><td colspan="2">提供配套教学课件
（请注明作者 / 书名 / 版次）</td><td colspan="4"></td></tr>
<tr><td colspan="2">推荐教材
（请注明感兴趣领域或相关信息）</td><td colspan="4">-</td></tr>
<tr><td colspan="2">其他需求</td><td colspan="4"></td></tr>
<tr><td colspan="2">意见和建议（图书和服务）</td><td colspan="4">-</td></tr>
<tr><td>是否需要最新图书信息</td><td>是、否</td><td rowspan="2">系主任签字/盖章</td><td colspan="3" rowspan="2"></td></tr>
<tr><td>是否有翻译意愿</td><td>是、否</td></tr>
</table>

教师服务信箱：instructorchina@mheducation.com

网址: www.mheducation.com

麦格劳-希尔教育教师服务中心

地址：北京市东城区北三环东路 36 号环球贸易中心 A 座 702 室 教师服务中心 100013

电话：010-57997618/57997600

传真：010 59575582

教师教学服务说明

中国人民大学出版社财会出版分社以出版经典、高品质的会计、财务管理、审计等领域各层次教材为宗旨。

为了更好地为一线教师服务，近年来财会出版分社着力建设了一批数字化、立体化的网络教学资源。教师可以通过以下方式获得免费下载教学资源的权限：

在中国人民大学出版社网站 www.crup.com.cn 进行注册，注册后进入“会员中心”，在左侧点击“我的教师认证”，填写相关信息，提交后等待审核。我们将在一个工作日内为您开通相关资源的下载权限。

如您急需教学资源或需要其他帮助，请在工作时间与我们联络：

中国人民大学出版社　财会出版分社

联系电话：010-62515987，62511076

电子邮箱：ckcbfs@crup.com.cn

通讯地址：北京市海淀区中关村大街甲 59 号文化大厦 1501 室（100872）